문학과 과학 Ⅲ

영혼·생명·통치

엮은이
황종연(黃鍾淵, Hwang Jong-Yon) 동국대학교 국어국문 · 문예창작학부 교수

지은이
조형래(趙亨來, Cho Hyung-Rae) 동국대학교 문화학술원 연구원
구인모(具仁謨, Ku In-Mo) 연세대학교 언어정보연구원 HK교수
김동식(金東植, Kim Dong-Shik) 인하대학교 한국어문학과 교수
송민호(宋敏昊, Song Min-Ho) 홍익대학교 국어국문학과 교수
윤대석(尹大石, Yun Dae-Seok) 서울대학교 국어교육과 교수
김행숙(金杏淑, Kim Haeng-Sook) 강남대학교 국어국문학과 교수
강계숙(姜桂淑, Kang Gye-Sook) 명지대학교 국어국문학과 교수
허병식(許炳植, Huh Byung-Shik) 동국대학교 문화학술원 연구교수
서희원(徐熹源, Suh Hee-Won) 동국대학교 다르마칼리지 강의초빙교수
정준영(鄭駿永, Jung Joon-Young) 서울대학교 규장각한국학연구원 교수
김예림(金艾琳, Kim Ye-Rim) 연세대학교 학부대학 교수
공임순(孔任順, Kong Im-Soon) 서강대학교 인문과학연구소 연구원
한민주(韓敏珠, Han Min-Ju) 홍익대학교 교양학부 강사

문학과 과학 III 영혼 · 생명 · 통치

초판 인쇄 2015년 6월 20일 **초판 발행** 2015년 6월 30일
엮은이 황종연 **펴낸이** 박성모 **펴낸곳** 소명출판
출판등록 제13-522호 **주소** 서울시 서초구 서초중앙로6길 15, 1층
전화 02-585-7840 **팩스** 02-585-7848 **전자우편** somyong@korea.com **홈페이지** www.somyong.co.kr

값 38,000원

ISBN 979-11-86356-13-5 94810
978-89-5626-977-1 (세트)

문학과 과학 Ⅲ

영혼·생명·통치

Literature and Science in Korea Ⅲ

Soul, Life, and Government

황종연 엮음

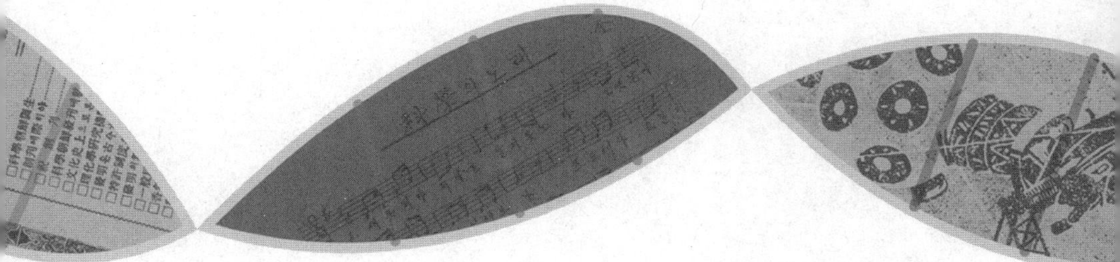

소명출판

과학주의와 국가주의의 밀약

1916년 조선총독부에 의해 설립된 경성고등공업학교는 경성제국대학 이공학부가 설립되기 전까지 식민지 조선의 공업교육을 대표하는 위치에 있었다. 그 학교에서 수학한 소수의 조선인 서클은 3·1운동 이후 조선인 공업진흥을 위한 사회운동의 주역이 되었다. 그들 가운데 1918년에 요업과를 졸업한 김용관(金容瓘)은 특히 열성적인 운동가였다. 그는 경성고등공업학교 전신인 공업전습소 금공과 졸업생 성홍석(成洪錫), 경성고등공업학교 건축과 졸업생 박길룡(朴吉龍), 염직과 졸업생 현득영(玄得榮) 등 그의 동문과 함께 공업기술 개발을 촉진할 목적으로 1924년에 발명학회를 설립했으며, 이후 식민지 사회 지도층으로부터 지지를 얻어 1932년에 이르러서는 그의 동문 집단 외에 변호사 겸 변리사 이인(李仁), 기업가 박흥식(朴興植), 민족주의 우파 지도자 윤치호(尹致昊), 경성고등공업학교 교장 야마무라 에이키치[山村銳吉]에 이르는 여러 방면의 명망가와 실력자를 임원으로 끌어들여 동일 학회를 재건했다.

재건 이후 발명학회는 기술 발명 못지않게 과학 지식 보급에도 관심을 가졌다. 1933년 10월 발명학회에서 『조선일보』 후원으로 종로 YMCA 회관에서 처음 개최한 과학 주제의 강연회가 성공을 거두자 크게 고무됐던 것으로 보이는 학회 임원들은 그 다음 해 2월에 과학 선전 연중행사를 의제로 사회 유지들을 규합하여 회의를 열었다. 그리하여 과학데이라는 이름으로 날을 정해 연례행사를 하자는 결의가 이루어졌고 그에 따라 발명학회와 별도로 실행위원회가 조직되었다. YMCA 이사 김창제(金昶濟)가 위원장을 맡은 실행위원회에서는 다윈의 서거일인 4월 19일을 과학데이로 지정하는 데에 합의하고 교육, 학술, 언론, 산업 분야 주요 기관 및 단체의 수장들이 대거 참여하는 실무 부서를 편성했다. 과학데이가 어떤 성격의 사업이었던가는 그 총무부라는 부서에 김용관과 이인 외에 윤치호 주요한(朱耀翰) 여운형(呂運亨) 김병로(金炳魯)가 이름을 내고 있다는 사실 하나만 봐도 짐작이 간다(「조선과학운동의 과거 일년간 경과보고」, 『과학조선』, 1935.6). 그것은 과학기술의 대중화를 위한 운동이면서 또한 부르주아 엘리트의 관심을 반영한 계몽사업이었다.

1934년 제1회 과학데이 행사는 산업계를 비롯한 사회 각계로부터 호응을 받으면서, 언론사들의 특별한 후원을 얻으면서, 당시의 유력한 미디어 테크놀로지의 혜택을 보면서 진행되었다. 경성과 그 밖의 몇몇 도시에서 포스터와 삐라를 이용한 행사 홍보가 활발하게 이루어졌고, 라디오 방송, 공개 강연, 과학시설 및 산업시설 견학, 활동사진 상영 등의 다양한 방식으로 과학, 기술, 공업에 대한 소개가 행해졌다. 4월 19일부터 25일까지, 경성, 평양, 선천에서 대대적으로 거행된 과학데이

행사는 주최 측의 평가에 따르면 놀라운 성황이었다. 19일에 YMCA 회관에서 과학데이 의식에 이어 진행된 일련의 강연에는 팔백 명을 넘는 청중이 모였고 경성 시내의 한 학교 강당에서 열린 활동사진 상영회에는 입장이 가능한 사람 수의 열 배에 달하는 약 팔천 명의 군중이 몰려들었다(「과학데이의 성과」, 『과학조선』, 1934.6). 과학데이 프로그램은 체계적으로 편성된 편이 아니었지만 대중의 마음속에 과학의 힘에 대한 믿음을 심어주기 위한, 과학 지식에 대한 흥미를 배양하기 위한 선전이라는 특징을 뚜렷하게 가지고 있었다. 홍보 포스터 중 동아일보사에서 제작한 포스터에는 하늘을 찌르는 거대한 발광 로봇 삽화와 함께 "과학의 승리자는 모든 것의 승리자다. 한 개의 시험관은 전 세계를 뒤집는다"는 표어가 보인다.

과학데이 행사가 성공적으로 종료된 이후 발명학회에서는 과학보급을 위한 상설기구 설치라는, 행사의 일환으로 열린 좌담회의 논제이기도 했던 과제에 착수했다. 그래서 1934년 6월에 과학지식보급회 창립총회를 열어 회칙을 제정했고 이어 윤치호를 회장, 이인을 부회장, 김용관을 전무이사로 하는 전국 규모의 조직을 창설했다. 과학지식보급회는 단지 조선인 대중의 과학 소양을 진작하기 위한 단체가 아니라 과학에 기초한 생활 개선 및 문화 개조를 도모하는 단체임을 자처했다. 그 창립 발기문은 이렇게 선언한다. "생활의 과학화! 과학의 생활화! 이천만 조선민중은 생활을 요구한다. 생활을 요구하기 때문에 과학을 요구한다. (…중략…) 우리의 모든 생활을 과학적으로 개선하자! 일절 문화운동의 기초를 과학으로 다시 쌓아올리자! 다 같이 손잡고 과학조선을 건설하기 위하여 분기하자!" 과학지식보급회에서 제2회 과학데이를 앞두고 계획한 사업 중에는 과학독본 편찬과 함께 식전(式典) 노래 제정이 있었다. 홍난파(洪蘭坡) 작곡, 김억(金億) 작사로 만들어져 과학데이 행사에서 연주된 〈과학의 노래〉 가사 삼절(『과학조선』, 1935.6)은 사상문화운동으로 고양되기 시작한 과학진흥운동의 활기 있는 낙천성을 전달한다.

새못되야 하늘을 날지못노라
그옛날에 우리는 탄식했으나
프로페라 요란히 도는오늘날
우리들은 맘대로 하늘을나네

과학과학 네힘의 높고큼이여
간데마다 진리를 캐고야마니

적은몸에 공간은 넘우도널고
이목숨에 시간은 끗업다하나
동서남북 상하를 전파가돌며
새기별을 낫낫이 알녀주거니

과학과학 네힘의 높고큼이여
간데마다 진리를 캐고야마니

두다리라 부시라 헛된미신을
이날와서 그뉘가 미들것이랴

아름답은 과학의 새론탐구에
볼지어다 세계는 밝아지거니

과학과학 네힘의 높고큼이여
간데마다 진리를 캐고야마니

김억은 과거에 프랑스 상징주의의 도입을 주도했고 독서계에 타고르 열풍을 고취했으며 근대적 서정시 창작에 선편을 쥐었으니 과학 찬송과는 별로 어울리지 않는 인물이라고 생각될지 모른다. 그러나 1930년대 김억은 음악 녹취 및 재생 기술의 발달에 따라 새롭게 생겨난 대중가요 시장에서 누구보다 왕성하게 활동한 작사가였으며 게다가 당대의 첨단 정보 기술을 보유한 경성방송국을 그의 직장 가운데 하나로 가지고 있었다. 〈과학의 노래〉의 세 절은 비행기, 정보 미디어, 계몽된 세계에 각각 초점을 맞춰 과학의 기적을 찬양한다. 여기서 과학은 인간 문명을 진보시키는 힘, 인간 조건에 대한 재래의 통념을 무너뜨리고 인간의 무한한 확장을 가능케 하는 힘이다. 후렴 악구를 구성하는 2/4박자의 반복적 리듬 구조는 과학의 힘을 찬양하는 그 후렴 가사를 확고한 신뢰와 경배의 발언처럼 울리게 한다. 과학지식보급회의 요청으로 〈과학의 노래〉 심의에 참여한 문단 인사로는 김억 외에도 김동환(金東煥), 안석주(安碩柱), 서항석(徐恒錫), 이태준(李泰俊), 이하윤(異河潤) 등이 있었다. 이 이름들을 보면 1930년대에는 타고르 숭배보다 다윈 숭배, 해파리의 노래보다 프로펠러의 노래가 훨씬 시세가 있었을지 모르겠다는 느낌이 든다.

1930년대가 과학이 헤게모니를 가지기 시작한 순간이었다는 사실은 문학의 영역에서도 예증된다. 당시 평단에서는 과학적 태도 혹은 방법이 문학의 혁신에 필요한 조건으로 유난스럽게 강조되었다. 과학 지식이 현대적인 생활의 조건으로 간주되었던 것처럼 과학적 태도와 방법은 문학적 현대성의 성취를 위한 비결처럼 인식되었다. 당시 모더니즘 문학의 기수로 통하던 김기림(金起林)은, 주지하다시피, 과학적인 것의 열성적 옹호자였다. 영미 모더니즘의 반낭만주의 주장에 동조하며 새로운 문명비판의 시를 요구하던 그는 1936년 도호쿠제국대학에서 수학한 이후에 발표한 글에서 과학을 준거로 하는 시와 시학의 새로운 구상에 경도되었다. 자연과학 분야의 교육과 연구에서 우수한 능력을 자랑한 그 대학의 학풍으로부터 그가 어떤 영향을 받았는지는 추측할 도리밖에 없지만 「과학과 비평과 시」를 비롯한 그의 평론은 과학주의적이라고 불릴 만한 성향을 뚜렷하게 드러냈다. 고대에 세계상이자 동시에 "모랄의 원천"이었던 "신화" 자리를 현대에는 과학이 차지한다고 그는 확신했다. 그래서 "시가 조직하고 통일할 것은 과학적 세계상에 알맞은 인생태도일 것이다. 그래서 그것은 과학적 태도와 근저에 있어서 일치하는 것이리라"고 주장했다. 심지어 그는 시인을 지망하는 사람에게 이렇게까지 말하고 싶다고 했다. "낡은 미학이나 시학을 읽기 전에 우선 시를 읽으라고—. 또 한 권의 미학이나 시학을 읽느니보다는 한 권의 '아인슈타인'이나 '에딩톤'을 읽는 것이 시인에게 얼마나 더 유용한 교양이 될지 모른다고."

1930년대 조선에서 과학을 지지한 민족 엘리트의 스펙트럼은 매우 넓었다. 개화파의 전설적 인물 윤치호에서 규슈제국대학 출신의 우등생 테크노크라트 안동혁(安東赫)까지 한국의 근대화를 추진한 신구세대 모두에 걸쳐 있었고, 과학자에서 정치인까지, 엔지니어에서 시인까지 넓은 직종을 포함했다. 그들은 식민지 조선에 있어서 과학 진흥을 계몽의 서사 속에서 이해하고 있었다. 〈과학의 노래〉 가사에 선언되어 있듯이, 과학은 조선인을 무지와 미신으로부터 해방시킨다는 예고였고 조선사회에 진보하는 역사의 동력을 주입한다는 약속이었다. 과학이 자연에 대한 지식에 있어서 진보를 의미한다는 생각은 1930년대의 조선인 과학주의 사도들은 물론, 그것이 얼마나 낡은 표어인가를 모르고 끊임없이 과학한국, 기술한국을 외치는 21세기 한국사회의 지도자층에서도 보인다. 그러나 과학적 사고의 본성에 대해 깊이 생각해본 사람이라면 갈릴레오와 뉴턴 이후의 과학을 진보라는 용어로 말하기를 주저하지 않을 수 없다. 그것은 지금까지 미신에 가려 있던 진리를 발견하는 유일하게 옳은 방식이 아니라 우주와 인간에 대해 관계를 맺는 여러 방식 중 하나이다. 과학이라는 관계 방식이 다른 관계 방식과 구별되는 것, 그리고 어떤 경우 다른 관계 방식보다 강력한 것은 그것이 이성의 특별한 형식이기 때문이다.

이성은 사물의 질서를 지각하는 사람의 타고난 능력을 가리키지만 인간 문화의 역사 전체를 통해 동일한 형식을 가지고 있는 것은 아니다. 갈릴레오 이전의 철학에서 이성이 관계하는 질서는 인간의 영혼 속에만이 아니라 전(全) 우주에 존재한다고 생각되었고, 그래서 이성이란 그 광대한 질서를 지각하는 능력, 특히 보는 능력을 뜻했다. 플라톤의 유명한 동굴 우화가 말해주듯이, 이성적 능력의 실현은 영원하고 불변하는 실재하는 질서에 대한 바른 시각(vision)을 획득하는 문제였다.

그러나 서양의 철학과 과학은 그러한 질서 관념, 사람들이 좋은 삶을 살려면 마땅히 주의해야 하는, 인간의 이성 앞에 스스로를 드러내는 실재라는 관념을 폐기하는 방향으로 전개되었다. 합리적 질서는 발견되는 것이 아니라 제작되는 것으로 생각되었다. 갈릴레오와 데카르트 이후의 인식론에서 실재를 안다는 것은 사물의 정확한 표상을 가지는 일이며, 사물의 표상은 마음속에서 만들어지는 어떤 것이다. 더욱이 표상이 지식의 지위를 얻으려면 외부의 실재와 정확하게 일치해야 할 뿐만 아니라 알려는 사람에게 확실하다는 믿음을 주어야 한다. "모든 과학은 확실하고 증거 있는 지식(une connaissance certaine et évidente)"이라고 데카르트는 썼다. 표상들의 질서는 표상들 자체로부터 저절로 생겨나는 질서가 아니라 인식 주관의 일정한 요구가 충족되도록 수집되고 합성된 질서이다.

전근대 자연 철학에서 이데아의 질서나 신의 의지 등으로 표현된 질서는 사람들에게 좋은 삶의 원천이었다. 플라톤에 의하면 이성은 이데아로서의 좋음에 대한 지각 속에서 완전한 실현에 이르고 동시에 이데아로서의 좋음을 지각함으로써 사람은 진실로 덕이 있게 된다. 영원한 좋은 질서에 대한 사랑은 좋은 행위와 좋은 인생에 대한 사랑의 궁극적 원천이자 진실한 형식이다. 덕의 가장 확실한 기초는 그 좋음의 질서를 자각하는 데에 있다. 그러나 그처럼 인간에게 도덕의 원천이 되는 질서는 갈릴레오 이후의 과학에서 우주로부터 사라졌다. 우주의 질서는 이제 기계처럼 작동하는 법칙들의 체계로 대치되었다. 사람은 우주 속에서 목적들 대신에 수단들을 보기 시작했고 그리하여 우주는 사람에게 유리하도록 도구적 통제가 가능한 영역이 되었다. 데카르트는 강건하고 강력한 이성 능력을 가진 "위대한 영혼들"을 찬미하는 중에 그들이 이승 세계의 운세가 그들에게 유리하게 돌아가도록 전력을 다하면서도 "이승 세계 속의 사건들을 극(劇) 중의 사건들을 보듯이 본다"고 썼다. 데카르트가 천명한 이성 주체는 진리의 기준과 도덕적 원천 모두를 그의 외부에 인정하지 않으며 자신이 관계하는 모든 대상을 도구적 통제의 태도로 대한다. 그런 점에서 데카르트적 이성 형식에는 찰스 테일러가 그의 『자아의 근원들』에서 사용한 초탈하다(disengaged)는 형용이 정녕 적당하다.

김기림이 분열된 삶을 살고 있는 20세기인에게 요구한 새로운 "모랄" 즉 "과학적 세계상에 알맞은 인생태도"가 어떤 종류의 윤리인지는 불분명하다. 그러나 그것이 데카르트적 이성과 비슷한 종류의 주관적 능력에 근거를 가지고 있을지 모른다는 추정은 불가능하지 않다. 그가 구세대 시의 일반적 특징으로 간주한 센티멘털리즘에 대해 그가 가한 맹렬한 비판은 과학이 인간에게 알려준 세계의 진상에 걸맞게 세계로부터 충분하게 초연하지 못한 인간 의식에 대한 경고라고 해석할 만하다. 그가 현대시의 새로운 덕목으로 즐겨 제기한 "지성" 역시 초탈한 이성의 원칙과 어딘가 통하는 데가 있다. "비늘 / 돛인 / 海峽은 / 배암의 잔등 / 처럼 살아났고 / 아롱진 아라비아의 衣裳을 둘른 젊은, 山脈들"이라는 『기상도』의 유명한 서두에 보이는 바와 같은 이미지 조작은 경험의 표상들을 통제하는 이성의 작용을 느끼게 한다. 그러나 김기림이 요청한, 과학적 태도와 일치하는 윤리적 태도, 과학과 조화롭게 결합한 시가 풍부하고 충만한 삶을 약속하는가는 의문의 여지가 많다. 초탈한, 도구적 이성이 인간과 자연에 얼마나 심대한 손상을 초래했는가는 18세기 낭만주의에서 20세기의 생태학에 이르는 과학 비판을 통해 널리 알려져 있으므로 여기서 상기하지 않아도 좋을 것이다. 대신에 우리는 과학이 윤리의 원천이라는 생각을 의심스럽게 하는 상황이 1930년대 후반 조선에서 엄연한 현실이었다는 사실에 잠시 유의할 필요가 있다.

식민지 조선에서 문명의 최대 원천처럼 여겨진 과학은 기독교 신학의 도그마와 외롭게 영웅적 싸움을 벌이던 자연철학자의 그것이 아니라 산업혁명 이후 국력 증강에 기여한다는 의무를 띠고 전문직업화한 과학자의 그것이었다. 19세기에 이르러 과학은 기초공학이 되고 기술은 과학적 기술이 되었을 만큼 서로 불가결한 관계였던 과학과 기술은 서양 국가들 간의 경제력과 군사력 경쟁에서 중대한 역할을 했으며 아울러 그들의 제국주의적 팽창에 불가결한 수단이 되었다. 과학에 기초하여 발명된 기술, 즉 총포 등의 화기(火器), 함선 등의 교통수단, 전신(電信) 등의 통신 기술이 유럽과 미국의 세계 지배에 얼마나 유용했던가는 굳이 말할 필요가 없다. 제국주의의 시대에 과학은 마키아벨리즘적이고 팽창주의적인 국가의 부속 장치와 다를 바가 없었다. 근대적 국가체제를 수립한 이후 도쿄제국대학을 창설하고 서양과학의 도입을 본격화한 일본의 예를 보면 과학이라는 제도는 처음부터 명백히 국민주의 및 제국주의의 목적에 연루되어 있었다. 독일 슈트라스부르크대학에서 학위를 받고 일본으로 돌아와 근대 수학 교육과 연구의 기초를 놓은 도쿄제국대학 이학부 교수 후지사와 리키타로[藤澤利喜太郎]는 학생으로부터 무엇을 위해 수학을 연구하느냐는 질문을 받자 극히 엄숙한 표정으로 "나라를 위해서"라고 답했다는 일화가 있다.

일본인이 식민지 조선에 이식한 과학기술이 일본 제국의 공고화에 기여했음은 물론이다. 일본인이 보유한 과학 지식과 기술은 조선에 대한 그들의 지배를 합리화하는 주요 근거가 됐다. 그것은 그들이 조선인들에게 보급한다고 자처한 이른바 문명의 핵심이었다. 김용관을 비롯한 과학진흥운동의 주역들은 과학이 제국의 지식, 제국을 위한 지식으로 기능하고 있었던 환경에서 식민지 정부가 공업기능인력 양성을 목표로 건립한 학교에서 최초로 과학기술을 학습한 세대이다. 그들이 과학 보급을 주장한 이유 중에는 과학 지식을 응용한 결과로 조선인의 물질생활에 다대한 이익이 생겨난다는 생각 못지않게 과학이 국가의 실력을 결정하는, 심지어 국가의 존명을 결정하는 주요 요인이라는 믿음이 있었다. 예컨대 "현대는 참으로 과학만능시대"라는 전제에서 출발한 김용관은 현대에는 국민의 과학 지식의 정도가 국가 간 경쟁에서의 승패를 결정한다고 주장한다. "과학에 뒤떠러진 국가사회는 모든 것에 뒤떠러진 참패자가 되는 것이며 가장 발달된 과학지식을 보편적으로 잘 활용하고 있는 국민은 현대 국제생활에 승리자가 되는 것이"다. 그는 민족들의 우열 관계 역시 민족이 축적한 과학 지식의 정도에 달려 있다고 본다. 그 증거가 일본인이다. "동양에 있어서는 일즉 과학 지식을 수입하야 인생 생활에 적극적으로 이용하야 문화를 축적하여온 大和民族만은 오늘날 삼대 강국에 列席하게" 되었다. 이어 그는 과학의 힘을 말해주는 한 개의 예로 독일의 전력(戰力)을 들어, 독일이 제일차 세계대전 중에 여러 국가를 상대로 전투에서 승리한 것은 독일의 과학이 상대적으로 우수했던 까닭임을 강조한다(「과학의 위력」, 『과학조선』, 1935.6).

김용관은 조선인이 과학기술 분야에서 실력을 쌓으면 언젠가는 일본인이나 독일인처럼 국민적 영광을 누릴 수 있으리라 생각했을지 모른다. 그러나 1930년대 조선에서 과학은 조선인을 일본인으로부터 독립시키기는커녕 조선인의 일본인에 대한 예속을 더욱 심화시키는 기능을 했다. 1934년에 출범한 과학지식보급회는 중일전쟁 이후 일본의 총력전 체제가 조선사회 전역으로 침투하면서 일본 제국주의에 복무하는 문화단체의 성격을 현저하게 드러냈다. 과학지식보급회 회장 윤치호는 『과학조선』, 1940년 4월호에 "科學報國의 대사명"을 강조하는 권두언을 냈다. 그는 "내선일체"의 원칙에 따른 "皇國 사상계의 統一淨化한 신건설"을 긴급한 과제로 내세우고 이어 "현대과학을 기본으로 한 대동아건설에 일치협력하기를" 당부했다. 또한 『과학조선』 1940년 5월호는 식민지 정부가 "과학동원계획"을 수립했음을 알리는 기사와 함께 "신동아건설의 聖業 완성에 대하야 총력이 동원되고 있는 이때 과학동원의 중요성을 재인식하야" 정책에 협조하라는 권고를 내보냈다. 과학지식보급회는 제국에 대한 봉사를 목적으로 하는 과학, 기술, 산업을 즐겨 화제로 삼아 제국주의 프로파간다 기구가 되기를 주저치 않았다. 예컨대 안동혁은 전시 물자 부족을 벌충할 목적으로 출현한 대용품공업이 발전을 보아 "제국의 산업"상 중요한 위치를 점유하게 됐음을 보고했다.

근대 한국에서 과학은 한국이 얼마나 근대적인가를 측정하는 기준 역할을 했다. 과학은 전근대의 주술과 미신으로부터 조선인을 해방시켜준다고 생각되었고, 과학의 실용은 조선인의 생활에 새로운 편익과 광채를 가져다주리라 믿어졌으며, 조선인의 과학기술 능력이 신장되면 조선 민족의 정치적, 문화적 갱생이 가능하리라 기대되었다. 과학은 조선인이 학습한 모든 근대적 가치—계몽, 행복, 자주 등과 같은 가치의 근원처럼 통했다. 그런 까닭에 조선민족 엘리트들이 과학지식을 보급하는 사업에 나섰고 그러한 사업이 민족 언론과 기업의 각별한 지원을 받는 문화운동으로 부상했다. 1930년대를 지나면서 과학은 상당한 헤게모니를 가지기 시작해서 김기림의 예에서 보듯이 과학과 무관한 것처럼, 심지어 과학에 대립하는 것처럼 보이는 문학의 영역에서조차 과학주의 풍조가 출현했다. 그러나 과학주의자들이 대개 그렇듯이 과학기술의 문제적 성격을 전혀 고려하지 않고 그것의 해방적이고 갱생적인 역할에 치중해서 근대 한국의 과학기술사를 본다면 착시가 생기기 쉽다. 근대 한국에서 과학은 국가의, 국가를 위한 지식으로 출현했으며 그러한 본성은 일본 제국의 총력전 체제하에서 확연하게 드러났다. 식민지의 조선인 과학자, 기술자의 이성은 초탈하기는커녕 열렬하게 국가주의에 참여했다. 김기림은 근대의 종언을 예감한 시점에서 조선인에게 근대란 소비도시의 쇼윈도와 같은 것이었다는 유명한 말을 했다. 그러나 일본 제국의 전쟁 목적에 종속된 식민지의 과학기술을 고려한다면 다르게 말해야 한다. 조선인에게 근대란 군수(軍需) 산업 공장의 기계와 같은 것이었다. 식민지시기의 과학기술은 과학과 국가의 유착 구조, 과학주의와 국가주의의 밀약 관계를 다음 시대에 남겼다. 우리가 근대 한국의 문학에 보이는 과학의 영향을 비판적으로 돌아보는 이유 가운데 하나가 여기에 있다.

이 책의 제1부는 근대 한국의 과학에 대한 비판적 이해를 위한 개념 장비 속에 과학과 종교의 대립, 지식과 신념의 대립이라는 가설을 추가하고자 한다. 19세기 서양과학 수용 이후 한국사상의 전환에 대한 종래의 연구에서는 '구학'에서 '신학'으로, 또는 유학에서 과학으로, 라는 말로 그 전환을 지칭하는 경향이 있지만 그것은 서양과학 수용을 계기로 한국사상에 출현한 새로운 현상에 대한 정확한 표시와 거리가 멀다. 유학에서 과학으로 사상의 중심이 이동했다고 보기보다 한국이 처한 근대의 요구에 따라 양자 사이의 대립과 절충이 다양하게 펼쳐졌다고 보는 편이 진실에 가깝다. 과학혁명 이후의 서양사상사 서술에 종종 사용된 지식과 신념의 대립 가설은 근대 한국사상의 보편성과 특수성을 아울러 드러내는 역사적 설명에 유용하다고 생각된다. 한학적 교양과 서양 학문을 겸비한 특이한 인물인 변영만(卞榮晩)은 그 지식과 신념의 충돌에서 생겨나는 대립의 한국적 양상을 예시한다. 황종연은 변영만이 반(反)다윈주의적 생명론에 경도되어 있었으며 『역경』의 존재론과 에머슨 식의 신령범유론을 결합하여 낭만적 문학관을 예고하기에 이르렀음을 밝힌다. 조형래는 1900년대 일본 유학생 계몽운동의 주요 단체 중 하나였던 태극학회의 지도자 장응진(張膺震)에 초점을 맞춰 과학과 종교의 서로 다른 충동이 공존한 사례를 검토한다. 기독교 관념을 내포한 소설과 과학 소개를 위한 논설을 같은 시기에 발표한 장응진의 내면에 주목한 조형래는 광대한 우주와 대면하여 미소한 자신을 발견한 근대적 개인의 흥분과 고뇌를 읽어낸다. 구인모의 논문은 1930년대 후반에 교단 분열을 계기로 각종 범죄에 연루되었음이 드러나 결국 사법적 제재를 받은 백백교(白白教)가 당시 사람들에게 이해된 방식을 다양한 자료를 이용하여 재구성하고, 그 신흥 사교(邪教) 집단의 존재가 조선인과 조선인 문화에 제기한 문제를 조명한다. 백백교 스캔들에서 소재를 취한 박태원(朴泰遠)의 장편소설 『우맹』에서 구인모는 무지와 광기가 판치는 욕망의 지옥에 대한 고발만이 아니라 계몽 이전 상태의 자기 민족에게 절망한 지식인의 고뇌를 발견한다.

제2부는 한국문학의 조류 중 과학 숭배의 태도를 두드러지게 드러냈던 마르크스주의와 모더니즘에 관한 논고들이다. 김동식의 논문은 식민지시기에 과학으로 이해되곤 했던 마르크스주의가 정치적으로 극히 불우했던 시절에 김남천(金南天)이라는 한 작가-비평가의 사유 속에서 어떻게 주체성의 원리로 작동했는가를 분석한다. 김남천이 재건하고자 시도한 주체가 리얼리즘 텍스트 혹은, 이렇게 번안해도 된다면, 육체화된 과학 텍스트의 효과임을 강조한 대목에서 이 논문은 새롭고 논쟁적이다. 송민호는 1920년대 마르크스주의 비평에 과학주의가 성립한 사정에 대해 유용한 설명을 제공한다. 마르크스주의의 교의 중 유물사관이 도입된 배경에 특히 주의를 기울인 그의 논문은 유물사관이 종래에 사회진화론이 점유했던 과학적 설명의 위상을 차지하며 등장하여 마르크스주의 비평의 과학성 주장의 근원이 되었음을 알려준다. 시와 시학에 대한 논의에서 어느 누구보다 과학주의적이었던 김기림에 대해서는 적지 않은 오해가 있었다. 윤대석은 균형 잡힌 텍스트 독해를 바탕으로 그것을 바로잡으면서 김기림이 그의 시론에서 과학이라는 이름으로 무엇을 하려고 했는가를 밝혀준다. 김행숙의 논문은 이상(李箱)의 수수께끼 같은 언어 실험 중에 수학 기호를 비롯한 과학 언어의 시적 가능성에 대한 탐사가 포함되어 있음을 확인한다. 아울러 이상 시에 제시된 건축적 공간의 유동성과 기형성으로부터 건축 주체의 불가능성에 대한 암시를 찾아낸다. 과학기술에 대한 매혹, 현대적인 미에의 열광, 코즈모폴리턴한 감성은 1950년대 모더니즘 시에서도

발견되는 주제이다. 강계숙은 김기림의 정신적 후예들이 과학기술문명에 대해 드러낸 반응을 검토하면서 과학기술 유토피아의 환상이 대두하고 붕괴한 전말을 이야기한다.

제3부에서는 몸에 대한 과학적 담론, 즉 의학, 병리학, 위생학의 담론이 문화 생산 및 국가 통치의 목적과 결합되는 양상을 식민지시기의 자료를 가지고 검토한다. 허병식은 근대인의 병 가운데서도 특히 문학적 상상력과 깊은 관계가 있는 병인 결핵이 문학 및 비문학 텍스트에서 어떻게 표상되고 있는가에 관심을 기울인다. 이광수(李光洙)와 나도향(羅稻香)의 소설에서 심미화된 몰락의 서사에 통합되어 있었던 결핵은 채만식(蔡萬植)과 강경애(姜敬愛)의 소설에 오면 조선인이 겪고 있는 궁핍의 증상으로 출현한다. 허병식의 논의에서 결핵의 미적 표상은 낭만화에서 탈낭만화로의 뚜렷한 이동을 보여준다. 서희원의 논문은 1918년에 세계 각지에 퍼져 최소 이천만 명 이상의 사망자를 냈다고 알려진 인플루엔자가 식민지 조선에서도 십수만 명에 달하는 인명 손실을 가져왔다는 사실을 확인하는 한편, 그러한 재앙의 기억이 이후의 역사에서 사라진 이유를 묻는다. 그리고 1918년 인플루엔자의 충격이 반영된 김동인(金東仁)과 전영택(田榮澤)의 소설이 그 전염병을 참조함으로써 얼마나 다르게 읽히게 되는가를 보여준다. 정준영은 1920년대에 첨단의학의 일종으로 도입된 혈액형 연구가 경성제국대학 법의학교실에서 수행되면서 식민주의와 결합했음을 입증한다. 그의 논지는 일본인의 혈액형 인류학이 비유럽 제국주의 국가였던 일본의 특수한 필요에 부응하여, 서구의 인종주의에 저항하는 동시에 일본인들의 식민지 지배를 정당화하는 논리로 기능했다는 것이다. 이 제3부의 논문은 과학적

지식의 역사에 대한 논의가 완전하려면 그 수사학적, 정치적 이용에 대한 고찰이 불가결하다는 것을 시사한다.

제4부의 논문은 한국인의 과학기술 경험을 문학이나 과학의 범위를 넘어 국제 정치, 국가 행정, 산업 노동 등과 결부시킨다. 일제 말기 및 해방기 탄광노동의 표상을 분석 대상으로 삼은 김예림은 탄광노동의 독특한 성격 — 하류계급으로부터 충원된 유랑민적 룸펜 프롤레타리아의 노동이면서 국가 경제를 위한 산업적 가치 때문에 국가의 엄격한 통제를 받는 노동이라는 이중적 성격에 주목하고, 문제의 시기에 나온 "철과 탄의 장면"을 그 시기를 지배한 국가 권력의 "지하" 이미지로 고쳐 읽는다. 일제 말기 전시경제의 압력에 따라 일본으로 이주하여 광산 개발에 종사한 조선인들이 제국 국민의 도덕적 기준에 따라 이해되고 표상된 반면, 해방 후 조선인 탄광노동자 이야기는 조선민족수난사 속으로 통합되고 탄광노동은 민족과 국가의 갱생을 위한 산업 노동으로 변형된다. 한반도에 지역 냉전이 시작된 이후 출현한 문학적, 비문학적 스파이 서사와 그 기능을 연구 대상으로 삼은 공임순은 남한 언론을 떠들썩하게 했던 이른바 국회프락치 사건과 미제 간첩단 사건이 서로 모방하는 동시에 적대하는 남북한 국가의 거울 이미지를 이루었음을 지적한다. 공임순에 따르면 스파이는 단지 국제적 첩보전의 수행자가 아니라 "'냉전과학'의 첨병"이다. 한민주의 논문은 통계학이라는, 푸코적 의미에서의 생명정치에 주요 수단이 되는 한 과학 분과의 운명에 대해 이야기한다. 한민주는 일제 말 전쟁기와 미군정기의 인구조사에서 "유령인구"가 출현한 배경을 상세하게 알려주는 한편, 그 교정 불가능한 통계 오류를 과학의 불확정성이라는 테제와 연결시켜 설명한다.

엮은이는 2011년부터 한국연구재단에서 지원하는 공동연구 형식으로 '한국 근대문학과 과학의 관련양상'에 관한 연구를 수행했다. 이 책은 그 공동연구의 세 번째이자 마지막이었던 일 년간의 연구 결과를 바탕으로 했다. 엮은이는 제3차년도 연구를 개시하면서 『문학과 과학』 제1, 2권의 논제들을 염두에 두고 삼년간의 공동연구 전체가 좀 더 풍부하고도 통일된 내용을 가지도록 보충한다는 목표하에 연구 계획을 수립했다. 그리고 연구단 단원 서희원, 이수형, 이철호, 정종현, 조형래, 차승기, 허병식, 한민주는 각자 선택한 주제 영역에서 공동 연구 계획의 실행을 도왔으며 각자 완성한 논문을 동국대학교 문화학술원 주최 학술대회(2014.1.24~25)에서 발표했다. 연구단을 운영하는 동안 소속 단원이 아니었지만 한국적 맥락에서의 문학과 과학의 관계에 관심을 공유한 학계의 여러 동료들이 연구단 콜로키엄을 비롯한 여러 모임에 참가하여 연구의 활력을 높여주었다. 특히 강계숙, 공임순, 구인모, 김행숙, 윤대석 선생은 학술대회에서 함께 논문을 발표하는 노고를 마다하지 않았다. 김동식 선생과 정준영 선생은 이 책의 취지에 공감하고 훌륭한 개인 연구 성과를 이 책에 재수록하도록 허락해주었다. 『문학과 과학』 전 3권은 내용 면에서 엮은이가 당초에 기대했던 바와 다소 거리가 있지만 근대 한국에 나타난 문학과 과학의 관련 양상을 다각도로 조명한 논문 집성으로서 얼마간 쓸모가 있지 않을까 한다. 이 책을 계기로 문학과 과학, 예술과 기술의 경계를 넘나드는 연구가 활발하게 이루어진다면 엮은이로서는 더 이상 바랄 것이 없다. 출간 목표가 달성되도록 협력을 아끼지 않은 논문 필자들 모두에게 이 자리를 빌려 감사드린다. 그리고 학술서 시장이 갈수록 열악한 형편임에도 이 시리즈가 햇빛을 보도록 선처해준 소명출판 박성모 사장님에게 감사와 존경의 마음을 표한다.

2015년 6월

황종연

차례

제1부

과학과 종교 사이

황종연 : 낭만적 영성(靈性)의 탄생 | 조형래 : 경찰과 감옥, 과학과 종교 사이 | 구인모 : 사교(邪敎) 대(對) 과학 그리고 문학

낭만적 영성(靈性)의 탄생

변영만 사상에서의 과학과 종교

황종연

1. 과학의 승리 이후의 유교

17세기 후반 아이작 뉴턴이 수학, 광학, 역학 등에서 이룩한 약진으로 그 절정에 달한 서양과학의 발전은 인간이 마침내 자연 세계의 참다운 체계를 알게 되었다는 믿음과 함께 서양문명이 비서양의 어떤 문명보다 우월하다는 확신을 유럽사회에 확산시켰다. 마테오 리치를 비롯한, 중국 방문 초기의 유럽인들에게 종종 경탄을 불러일으킨 예지와 발명의 고장이었던 중국은 뉴턴 이후 유럽의 지식인, 선교사, 여행자들에게는 오랫동안 정체에 빠져 있는 나라, 특히 과학과 기술 방면에서 그러한 나라였다.[1] 19세기에 중국에 진출한 영국과 미국의 선교사들은, 그들에 앞선 예수회 선교사들이 그러했듯이, 자신들이 중국인보다 우월한 이유가 자신들의 과학 지식에 있다고 여겼으며 중국사회의 정신적 지도자로서 자신들의 권위를 높여줄 과학의 보급에 열성적이었다. 개신교 포교활동이 특히 활발한 개항지였던 상해는 서양과학의 소개를 위한 출판업의 중심지이기도 했다. 런던선교회가 그곳에서 운영한 출판사 모하이서관[墨海書館]에서는 알렉산더 와일리(Alexander Wylie), 조셉 에드킨스(Joseph Edkins) 등이 리산란[李善蘭], 왕타오[王韜] 등의 보조를 얻어 번역한 대수학, 기하학, 역학 등에 관한 일련의 서적을 간행하여 서양과학의 전파를 선도했다. 같은 출판사에서 1850년대에 간행한 개신교 잡지 『육합총담(六合叢談)』은 서양과학의 새로운 분야들을 소개하면서 그것들을 '격치학(格致學)'이라는 이름으로 범주화했다. 이에 따라 격물치지(格物致知)라는 재래의 관념에 변화가 일어나 그것은 자연학을 포함한 사물 연구와 지식 확대의 고전적 방법을 대표하는 대신에 자연과학 내의 특정한 지식 영역을 지칭하게 되었다.[2] 서양과학의 또 다른 중개자들인 존 프라이어(John Fryer)와 쉬쇼우(徐壽)는 1876년 상해에 격치서원(格致書院)이라는 중국 최초의 민간 교육기관을 세웠고 『격치휘편(格致彙編)』이라는 중국 최초의 자연과학전문 월간지를 간행했다. 격치학은 서양의 과학 개념을 중국의 문인학자 계급에게 접근하기 쉽게 만드는 효과만이 아니라 서양과학의 연찬을 그 계급의 학문의 중심으로 만드는 효과도 있었다. 격물치지의 과제를 내세워 서양 근대과

---

1) 과학과 기술에서의 우수성을 근거로 하는 유럽인의 중국인에 대한 우월 의식에 관해서는 Michael Adas, *Machines as the Measure of Men : Science, Technology, and Ideologies of Western Dominance*, Ithaca : Cornell University Press, 1989, pp.79~95 및 이하의 여러 곳 참조.

2) Benjamin A. Elman, *On Their Own Terms : Science in China, 1550~1900*, Cambridge, Mass. : Harvard University Press, 2005, p.297.

학의 학습을 촉구하는 논법은 19세기 후반 중국에서만이 아니라 한국에서도 그리 기이하지 않았다.[3)]

중국사의 관점에서 보면, 개신교 선교사들이 주도한 과학 지식의 도입은 태평천국 반란과 애로호사건을 계기로 서양의 무력적 우위를 절감한 중국 관료들의 국력 강화 운동과 밀접한 관련이 있었다. 서양의 월등한 무력의 근원이 과학이라는 사실은 극히 명백했으므로 과학 지식의 보급과 과학 인재의 육성은 긴급하고 중대한 국정 현안이었다. 태평군 토벌에 참가하여 공훈을 세운 리홍장(李鴻章)은 상해의 외국인으로부터 자원을 매수해서 서양식으로 군비를 증강할 목적으로 1865년에 강남기기제조국(江南機器製造局)을 창설했으며 존 프라이어를 초빙해서 산학(算學)과 화학(化學)에서 포법(砲法)과 개광(開鑛)에 이르는 갖가지 과학과 기술 주제의 양서를 번역하게 했다. 청말 서양과학의 수용은 그 초기 국면에서 서양과학의 산업적, 군사적 용도에 역점을 두었으며 그것에 내포된 인간관과 자연관에는 유념하지 않았다. 이것은 중국 학문과 서양 학문의 본말 관계를 설정하는 한문 특유의 논리, 이른바 도기론(道器論)과 연관이 있었다. 이에 따르면 중국 학문에 대한 서양 학문의 관계는 본체에 대한 말엽의 관계, 목적에 대한 수단의 관계이다. 중국의 정교(政教)는 도, 서양의 기기(機器)는 기, 유교는 도, 과학은 기라는 관념은 양자를 절충하는 동시에 구분하려는 최초의 시도에 지도 이념 역할을 했다. 그러나 청일전쟁 이후 중국 멸망의 위기에 대한 인식이 심화되고 그 결과

3) 대한제국 정부의 개혁론을 대표한 『漢城旬報』와 『漢城週報』 지면에는 서양과학을 격치학이라고 지칭하면서 서양 세계의 범위를 넘어 유효한 보편의 학문('公學')으로 인정하고 그 학습이 필수적임을 역설한 발언이 보인다. 1880년대 및 그 이후 한국에서의 격치학 이해에 관해서는 구진희, 「한말 근대개혁의 추진과 '격물치지' 인식의 변화」, 『역사교육』 114, 2010 참조.

로 서양의 제도를 본뜬 중국정치 개혁론이 일어남에 따라 도기본말론은 유지하기 어렵게 되었다. 변법이라고 불린 정치개혁 주장은 민권과 공화라는 서양 원리를 기초로 하는 새로운 정체(政體)의 건설을 요구함으로써 중국 학문과 서양 학문의 본말 관계를 폐기하는 방향으로 나아갔다.[4] 서양과학 수용의 측면에서 보면 이것은 인간계와 자연계에 대한 이해의 모든 영역에서 서양과학의 학설이 준용될 소지를 만드는 변화였다. 실제로 캉유웨이[康有爲]이나 탄쓰퉁[譚嗣同] 같은 변법론의 주역은 서양 자연과학의 개념과 이론을 활용해서 변법의 주장을 정당화하는 새로운 세계관을 수립하고자 했다.[5]

청말 중국의 서양 자연과학 수용은 물질적 국력 개발이 국정의 주요 현안으로 부상하고 관료 및 문인 엘리트들 사이에 유물론적 풍조가 확산되면서 활력을 띠었다. 상해에서 시작된 서적 번역을 통한 서양과학 보급은 철학적 지식의 넓은 측면에서 보면 새로운 유물론의 발흥과 구분하기 어려웠다. 상해의 서양과학서 한역(漢譯) 사업 덕분에 중국에 출현한, 어쩌면 중국 최초의 서양과학 마니아일지 모르는 캉유웨이는 적어도 그가 주자학을 위시한 중국 재래의 학문과 천문학을 비롯한 서양과학을 종합하여 인간계와 자연계의 전역을 관통하는 법칙, 그의 표현으로는, '실리공법(實理公法)'을 사유하던 순간에는 자연주의적이고 유물론적인 경향을 뚜렷하게 드러냈다. 예컨대 중국 철학의 고전적 주제인 인간본성론에 관련된 발언만 보더라도 그는 1886년의 글 중에서

4) 小野川秀美, 『淸末政治思想硏究』, みすず書房, 1969, 52~85쪽.
5) 캉유웨이와 탄쓰퉁의 서양 자연과학 수용에 대한 유용한 개관이 板出詳伸, 『中國近代の思想と科學』, 同朋舍, 1983, 117~274쪽에 있다.

인간 본성의 선악에 관한 유교적 관념을 배격하고 생명[生]이 바로 본성[性]이라는 고자(告子)의 주장을 지지했으며, 1891년의 글에서는 인간 본성을 기질(氣質)과 의리(義理)로 이분한 주자에 맞서서 본성이란 전적으로 기질, 즉 물리적 성질이라고 주장했다.[6] 중국철학과 서양과학을 종합하려는 그의 시도가 그의 동시대 유학자들의 눈에 이단적으로 보였음은 물론이다.[7] 그러나 유교에 대한 그의 사상적 관계는 복잡하다. 여러 증거를 가지고 판단하건대, 그는 서양과학에 굴복하여 유교의 핵심을 폐기했다고 하기보다 서양과학의 위력을 의식하고 유교 전통을 지속시킬 새로운 길을 구했다고 하는 편이 아마도 옳을 것이다. 주지하다시피 그의 변법사상의 중심에는 공자가 기성 제도의 조술자(祖述者)가 아니라 새로운 제도의 창시자라는 해석과 공자를 교조(教祖)로 하는 중국의 국교(國教)에 관한 구상이 자리잡고 있다. 청조 고증학에 의해 산출된 새로운 공자상(像)들을 종합하고, 서양의 부강한 국가에서의 기독교의 역할을 의식하며 구상된 그의 공자교는 유교적 신념이 서양 문명의 우세라는 새로운 환경에 적응하여 존속하는 방식을 개척한 것이었다고 생각된다.[8]

서양과학의 전래 이후 인간계와 자연계에 대한 지식으로서 유교의

6) 「康子內外篇」, 『康有爲全集』 第一集, 上海 : 上海古籍出版社, 1987, 173~174쪽; 「長興學記」, 같은 책, 547쪽. 캉유웨이 인간본성론의 유물론적 경향에 관한 간명한 설명을 보려면 Kung-chuan Hsiao, *A Modern China and a New World : K'ang Yu-wei, Reformer and Utopian, 1858~1927*, Seattle : The University of Washington Press, 1975, pp.147~153 참조.

7) 캉유웨이 다음 세대의 저명한 유학자이자 베이징대 창립기의 철학 교수인 량슈밍[梁漱溟]은 캉유웨이가 유교 정신을 완전히 잃어버렸다고 비난했다. Kung-chuan Hsiao, 위의 책, p.549.

8) 시마다 겐지는 청말 변법파와 혁명파의 공자관에 대한 요령 있는 해설 중에 이른바 서양의 충격을 강유위 공교주의(孔教主義)의 요인으로 강조하고 있다. 島田虔次, 「辛亥革命期の孔子問題」, 『中國思想史の研究』, 京都大學學術出版會, 2005, 556~572쪽.

효력은 회복이 불가능하게 약화되었다. 역(易)의 이치를 고집함으로써 수리(數理)의 자유로운 전개를 억제한 조선시대 산술학이 전형적으로 보여주듯이,[9] 유학은 합리적인 지식의 요구에 역행하는 것으로 판명되었다. 그러나 인간계와 자연계에 대한 신념 체계로서 유교는 서양과학의 득세에도 불구하고 쉽사리 몰락하지 않았다. 캉유웨이의 공자교는 중국은 물론 한국에서도 눈에 띄게 지지자를 얻었다. 20세기 초엽 유교 개혁을 도모한 유학자들은 공자교의 보급 혹은 그것에서 영감을 얻은 유교의 종교화 작업에 열의를 보였다. 한국사상사에서 20세기 초엽은 학문의 중심이 구학에서 신학으로, 즉 구래의 유학에서 서양과학으로 이동한 시기라는 것이 정설처럼 되어 있지만[10] 사상사의 일반적 수준에서 보면 그러한 이동은 이성과 신념의 분리, 과학과 종교의 분리가 일어나기 시작한 좀 더 커다란 변화의 일부이다. 참고할 만한 예화가 20세기 초반 박은식(朴殷植)의 유교개혁론에 있다. 박은식은 당시에 유행하던 다윈주의적 사회론의 인류 세계 이미지에 따라 자기 시대의 세계를 이해했으며, 캉유웨이와 마찬가지로 민족의 강약과 우열이 물질 통제와 생산 능력에 달려 있다고 보았다. 그래서 현재 생멸의 위기에 직면한 한국인은 무엇보다도 "물질의 리"를 구하고 "실업의 학"을 강(講)해야 한다고 주장했다.[11] 그러나 그는 또한 한국의 종교는 "공자의 도"이며 종교는 국가의 존립에 필수적이라는 전제 위에서 유교에 대한 숭상을 촉

9) 川原秀城, 『朝鮮數學史 : 朱子學的な展開とその終焉』, 東京大學出版會, 2010, 313쪽.

10) 이광린, 「구한말 신학과 구학과의 논쟁」, 『동방학지』 23 · 24, 1980; 김도형, 「한말 근대화과정에서의 신학 · 구학 논쟁」, 『역사비평』 36, 1996; 노대환, 「1905~1910년 문명론의 전개와 새로운 문명관 모색」, 『유교사상문화연구』 39, 2010.

11) 「孰能救吾國者며 孰能活吾衆者오 實業學家가 是로다」, 『西北學會月報』 1~7, 1908.12(『朴殷植全書』 하, 단국대 동양학연구소, 1975).

구했다. 구체적으로 한국 정부의 학부(學部), 즉 교육부에 예속된 유교 교단을 독립시켜 종교 조직의 체모를 갖게 해야 한다고 주장했다.[12] 유교를 통치 이념으로 삼은 왕조국가가 몰락함에 따라, 과학과 기술에 대한 사회적 수요가 폭발함에 따라 유교식 학문과 교육을 무효화하는 주장이 빈발했음에도 유교적 신념이 폐절되지는 않았다. 그렇기는커녕 근대의 새로운 문화적 편제 속에서 인간의 영(靈)적, 도덕적 필요에 응하는 설명과 평가의 체계로서 변모하며 존속되었다. 이 글에서 변영만(卞榮晩)에게 주목하고자 하는 것은 과학적 지식과 분리된 유교적 신념이 근대문화의 이상(理想)들과의 타협 속에서 창조적으로 작동하는 양상을 그의 사상이 예시한다고 판단되기 때문이다.

2. 유교적 지식인의 비극–「북상사(北上詞)」 분석

변영만은 한국유학사에 올라 있는 이름은 아니다. 그가 태어난 초계(草溪) 변씨 가문은 조선 후기 내내 현달한 인물을 내지 못했고 유학의 어떤 학맥과도 무관했다. 그의 아버지 변정상(卞鼎相)이 어떤 경로였는

12) 「學規新論」, 『박은식전서』 중, 29~31쪽. 그는 과학과 종교가 별개의 영역임을 분명하게 의식하고 있어서 그의 시대의 학문에서는 "각종 과학이 즉 격물궁리의 공부"이며, 공맹의 학문 혹은 그것의 근세적 표현인 주자학과 양명학은 과학과 구별되는 "심리학" 즉 심학 및 리학에 속한다고 보았고, 그 차이를 다시 교육의 용어로 "智育"과 "德育"의 차이로 명시했다. 「儒敎求新論」, 같은 책, 47쪽.

지 불분명하나 관계(官界)에 진출하여 1900년을 전후한 시기에 고위 지방관직을 역임하며 가세를 확대하면서 비로소 그의 수학과 입신에 유리한 환경이 만들어졌다.[13] 그는 그의 아버지가 교유한 당대의 명사 중 한 사람이었던 기호유림의 거물 이남규(李南珪) 문하에서 교육을 받았지만, 같은 문하에서 함께 수학한 신채호(申采浩)와 마찬가지로 이남규의 사상적 적자(嫡子)라고 하기는 어려웠다. 그는 이남규전을 지을 계획이라고 공언했을 만큼 이남규의 인품과 학행을 숭모했지만, 이남규가 한문 창작에 출중하여 김택영(金澤榮), 이건창(李建昌)과 비견된다고 상찬한 반면에 이남규가 이황(李滉)의 계통을 이은 정통 유학자로서 특히 리학(理學)과 예학(禮學) 방면에서 이룩한 업적에 대해서는 유념하지 않았다.[14] 문헌 기록에 의거하여 말하건대 변영만은 유학자로 자처한 적이 없으며, 어떤 사람이어야 한다면 단연코 문장가이기를 원했다. 당대의 저명한 주자학자 조긍섭(曺兢燮)에게 순정하고 근실한 정통의 문장을 잃었다는 비판을 받고 회답한 글에서 그는 "수사염락(洙泗濂洛)"의 학문, 즉 유가와 신유가의 학문이 자신에게 합당치 않다고 응수했다. 덧붙여 자신은 유가와 신유가가 전범으로 여기는 문장에 구애받지 않는다고 어기대면서 "영만은 다만 영만의 문장을 창작하고자 할 뿐"이라고 선언했다.[15] 그가 자임한 문장 창작은 유학이든 유학 아닌

13) 변영만가(家)의 내력에 관해서는 최기영, 「한말 지식인의 반제국주의론」, 『한국 근대계몽사상연구』, 일조각, 2003, 57~58쪽; 김진균, 『변영만의 비판적 근대정신과 문예추구』, 성균관대 박사논문, 2004, 10~15쪽 참조.

14) 「나의 회상되는 선배 몇 분」, 『변영만전집』 하, 성균관대 대동문화연구원, 2006, 269쪽. 이남규의 학문에 관해서는 권오영, 「이남규(1855~1907)의 학맥과 유학사상」, 『조선시대사학보』 44, 2008 참조.

15) 「覆曺深齋書」, 『변영만전집』 중, 성균관대 대동문화연구원, 2006, 161 · 163쪽; 『변영만전집』 상, 성균관대 대동문화연구원, 2006, 268 · 274쪽. 앞으로 필요하다고 판단되는 경우

무엇이든 어떤 교학의 권위에도 굴복하지 않는 삶의 기율, 한마디로 정신적 자유의 추구처럼 들린다.

변영만의 문학적 업적에 대한 근래의 연구를 보면 문학 및 학문의 문제와 관련하여 그와 조긍섭 사이에 나타난 차이에 주목하면서 그의 탈유교적 사유 노선을 강조하는 논조가 두드러진다.[16] 이것은 변영만 연구의 주요 목표의 하나가 그의 저술 속에서 한문학의 '근대적' 자기 혁신에 관한 증거를 찾아내는 데에 있었음을 고려하면 이해가 가는 현상이다. 그러나 한말 한문학 작가들의 계보 속에서의 그의 위치만이 아니라 그와 같은 세대의 문인이나 학자들—신채호, 조소앙(趙素昂), 홍명희(洪命憙), 문일평(文一平), 최남선(崔南善), 이광수(李光洙), 정인보(鄭寅普) 등—과의 차이 관계를 감안하여 그의 문학가적, 사상가적 면모를 파악하기로 한다면 그의 두드러진 문화적 신원이 유가라는 사실은 오히려 강조될 필요가 있다. 그의 학문에 대한 보증인은 어쨌든 이남규였고, 그의 문장에 대한 후원자는 어쨌든 조긍섭이었지 않은가. 사실 그는 그의 글 여기저기서 자신의 신념의 주요 원천이 유교적이라는 것을 시사했다. 예컨대 이완용(李完用)과 조중응(趙重應)이 친(親)정부적 유림 육성을 위해 신기선(申箕善)을 회장으로 추대하여 설립한 단체인 대동학회(大東學會)의 1908년 10월 월보에 기고한 글을 보면 그는 올바른 정치적, 도덕적 행위의 원리로서의 중(中) 개념을 설명하는 가운데 인간 본성과 윤리를 하나로 보는 유교적 견해를 개진한다. 노자와 붓

『변영만전집』 중권의 한문 원문을 상권의 번역문과 다르게 번역하여 인용한다.

16) 이 논조를 대표할 만한 최근의 예로 한영규의 「유가 아비투스의 상대화와 근대적 문장관의 출현」, 『동양한문학연구』 35, 2012이 있다.

다의 무리는 일체의 윤리를 없애려고 하니 잘못이라고 비판하고 윤리를 지키는 것은 본성에 따르는 것과 마찬가지로 '중'의 도라고 주장한다.[17] 또한 그에게 이단적이라는 혐의를 두고 있는 조긍섭의 비판으로부터 그 자신을 방어하려고 작성한 문장 중에서는 그 자신을 공자의 사도로 내세우기도 한다. "영만은 본래 볼품이 없으나 스스로 생각의 시원을 점검해보니 요컨대 또한 명교(名教) 가운데에 있는 사람입니다. 그러므로 공자의 도는 천지를 온통 덮어도 끊어지지 않을 수 있고 모든 성왕(聖王)에게 관여해도 버려지지 않을 수 있음을 알고 있습니다."[18] 그가 유교 교의에 투신한 정도는 그의 생애를 통해 일정치 않았다고 짐작되지만 유불도 삼교 중 유교에 대해 그가 가장 친숙했고 충성했다는 것은 분명하다.

그런데 변영만의 지적 형성기인 1900년대 후반의 시류는 유가의 청년에게 전혀 우호적이지 않았다. 조선 유교의 전통적인 교육과정을 이수하면 관직으로 나아갈 기회가 열리던 시대는 진작에 끝났다. 1894년 과거(科擧) 폐지는 조선사회의 청년 엘리트의 생활에서 사서오경 공부, 재래 유학의 학통, 지역 유림의 네트워크 등이 가지는 의의를 크게 약화시켰다. 유교를 자신들의 문화로 보유한 지배 계급은 여전히 권세를 누리고 있었지만 서양의 산업적, 군사적 힘 앞에서 유교적 지식의 한계는 명백했다. 조선왕실이 서양과학과 기술을 교육하는 여러 종류의 관제

17) 「原中」, 『변영만전집』 중, 381쪽; 『변영만전집』 상, 633~634쪽. 변영만이 대동학회 간부 그룹과 같은 친일유교관료들과 어떤 관계가 있었는가는 탐구를 요하는 과제이다. 그는 박제순(朴齊純)과의 교분을 암시하는 일화를 가지고 글을 쓰기도 했다. 극소한 관련 자료에 대한 짤막하나 유일한 언급이 최기영의 「1910년대 변영만의 해외행적」, 『대동문화연구』 55, 2006, 197쪽에 있다.

18) 「再覆深齋書」, 『변영만전집』 중, 167쪽; 『변영만전집』 상, 282쪽.

학교를 설립하거나 후원하여 자신들의 통치에 유용한 인력을 스스로 수급하고자 하던 터였다. 돌이켜보면 1900년대는 유교 교양을 자산으로 하는 사(士)로부터 근대적 교육기관에서 수학한 지식인으로, 학통과 관직을 매개로 이루어진 유가 공동체로부터 활자 미디어를 통한 지식인 연합으로 세력 이동이 활발하게 일어난 시기이다. 변영만은 바로 근대적 지식인 제1세대에 속했으며, 그 세대의 준재들이 대개 그러했듯이, 청년기를 보내는 동안 쇠락 중인 유교적 문사(Confucian literati)의 문화와 발흥 중인 공공 지식인(public intellectuals)의 문화 양쪽으로부터 인력을 받을 수밖에 없었다. 그는 대한제국의 새로운 관료 충원 체제에 빠르게 적응하여 관립 및 사립 기관에서 법률교육을 받고 시험의 관문을 통과하여 1908년 그의 나이 만 19세에 무안군 목포항구재판소 판사직을 얻었다. 그러면서 그는 또한 한문 고전 외에 일본어와 중국어 신서를 읽으며 광범위한 지식을 쌓아 판사로 보임된 같은 해에 『세계삼괴물』과 『이십세기지대참극 제국주의』 두 권의 번역서를 당대의 이름 있는 출판사인 광학서포를 통해 출간했다. 1908년 무렵 그는 어쩌면 그의 아버지와 아버지의 명망 높은 친우들, 김윤식(金允植), 유길준(兪吉濬), 이남규 등이 갔던 경세가(經世家)로서의 길을 기대하며 흥분하고 있었을지 모른다. 그러나 그의 법관 생활은 일 년도 되지 않아 끝났고 그는 곧바로 자책과 고뇌의 수렁에 빠지고 말았다. 그가 1909년 음력 10월 판사를 사임하고 서울로 돌아오며 지은 한문 「북상사(北上詞)」는 그의 사인(士人)으로서의 고통스러운 자기의식을 자못 비장하게 표현한다.[19)]

19) 변영만이 말년에 스스로 편집해서 사후에 간행되었다는 그의 한문저작집 『山康齋文鈔』의 제1부 시부(詩賦)란의 허두에 놓인 작품인 「북상사」는 그와 그의 문도(門徒)에게 특별한 작

기존 변영만 연구에 따르면 그가 판사를 사임한 것은 그로부터 약 삼 개월 전에 한국 정부가 일본 정부에 사법권을 위임한다는 내용의 조약이 양자 간에 체결된 것과 관련이 있다.[20] 그 조약으로 인해 그가 사임이 불가피할 만큼 직무상 장해를 받았다는 증거는 제출된 바 없으나 한창 젊은 나이의 혈기 많은 국가 엘리트가 국가의 쇠망으로 인해 겪었을 법한 슬픔과 분노를 그가 느꼈다는 것은 분명하다. "오, 약관의 꽃다운 나이여 / 기구한 시대를 만났구나 / 남쪽 땅을 떠나 북으로 올라감이여 / 근심으로 가득한 이 마음 그 뉘와 짝 하리오"라는 「북상사」의 첫 4행은 법관 자리에서 물러나면서 세상으로부터 퇴각하는 처지에 놓인 변영만 자신을 시대를 잘못 만난 까닭에 쓰임을 얻지 못한 젊은 선비로 현상한다. 불우한 선비의 고전적 이미지는 그 다음 행에서 더욱 뚜렷하다. "동해를 밟고 돌아오지 않으면 / 이 오욕에서 벗어날 수 있을까"라는 구절은 노중련(魯仲連)의 고사를 딛고 있다. 사마천(司馬遷)이 지은 그의 전기에 따르면 책략이 뛰어나나 벼슬 욕심이 없고 절개가 높은 제(齊)나라의 선비인 그는 예법을 모르는 진(秦)나라 군주가 제왕이 되어 천하를 다스린다면 동해에 빠져 죽을지언정 그의 백성이 되지 않겠다고 선언했다.[21] "구름과 무지개 타고 홀연히 날아오르면 / 이 걱정을 잊을 수 있을까"라는 구절에서 "구름과 무지개"는 굴원(屈原)의 「이소(離

품이었던 것 같다. 이가원(李家源)은 그의 『한국한문학사』, 보성문화사, 1984, 306쪽에서 이것을 한국 사부(辭賦) 전통의 대미를 이루는 걸작으로 평가하고 있다. 이우성(李佑成)은 『변영만전집』 간행사에서 한국의 법원이 일본 통감부의 지배하에 들어가자 변영만이 사표를 던졌다고 말하면서 그때 그의 회포를 담아 "유명한 「북상사」"를 지었다고 쓰고 있다. 그러나 종래의 변영만 연구에서 이 작품은 주의 깊게 다뤄진 바가 없다.

20) 각주 13번의 최기영과 김진균 글 참조.

21) 「魯仲連・鄒陽列傳」, "彼秦者, 棄禮義而上首功之國也, 權使其士, 虜使其民. 彼卽肆然而爲帝, 過而爲政於天下, 則連有蹈東海而死耳, 吾不忍爲之民也."

騷)」에서 화자가 성군(聖君)의 시대를 만나지 못한 슬픔을 토로한 다음 천계(天界) 여행에 나서는 순간에 돌개바람이 그를 맞으러 오며 거느린 구름과 무지개, 바로 그것을 연상시킨다.[22] 노중련이 언급한 망명과 굴원이 상상한 초월은 시의 화자에게 어느 순간 유혹적이었을 것이다. 그러나 그는 그들을 흉내내기에는 너무 세속적이고 유교적이었다. 이것은 그가 이어지는 행에서 장자의 도술과 불교의 경전을 모르니 그로부터 근심을 해결할 방도를 찾을 수 없다고 말한 데서 확인된다.

변영만은 어떤 억울한 이유에서 관료의 길에서 비켜나야 했던 자신의 심경을 이야기하면서 난세를 만났으나 절조를 지킨 훌륭한 선비들의 전설에 그것을 겹쳐 놓았다. 「북상사」는 변영만의 「이소」라고 불러도 전혀 이상하지 않은 작품이다. 「이소」에 사용된 중국 고대 시문의 어조사 혜(兮)를 규칙적으로 사용하면서 또한 굴원처럼 자신의 충정이 통하지 않는 세상과 외롭게 대면하고 있는 선비의 근심을 제시한다. 「북상사」의 의고(擬古)적 스타일의 심리적 근원에는 경세(經世)를 자기의 사명이라고 믿고 있으나 그 사명에 따르기 어렵게 하는 역경을 만난 유교적 엘리트의 울분 어린 자성이 있다. 화자의 자기의식은 변영만이 속한 20세기 초반 한국 엘리트 계급 특유의 영웅주의를 또한 내포한다. 그는 통일국가 독일을 탄생시킨 "비사막(費思邈)의 비장함"과 이탈리아 국민주의의 영웅 "마지니(痲志尼)의 강개함"을 칭송하고 그에 비추어 자신의 삶이 부끄럽다고 탄식한다. 생각하면, 비스마르크와 마치니가 대표하는 민족주의가 유교의 정치적 이상에 부합되는가는 의문스럽다.

---

22) 「離騷」, "吾令鳳鳥飛騰兮, 繼之以日夜, 飄風屯其相離兮, 帥雲霓而來御."

부와 힘의 획득을 향한 국가간 경쟁에서의 승리를 무엇보다 우선하는 정치적 사고는 인(仁)을 핵심으로 하는 보편적 공동체의 실현을 이상으로 하는 유교의 정치적 사고와 양립하기 어려운 데가 있다. 중국사상의 전통적 용어로 말하면 그것은 유가적인 것이 아니라 법가적인 것이다. 청말 중국 민족주의의 강력한 대변자 중 한 사람이자 개화기 한국 민족주의의 지적 원천의 하나였던 량치차오[梁啓超]에 대해 논평하는 가운데 조긍섭은 "당초에는 서양과 중국 각자의 장점을 조사하고 그로부터 쓸모와 기능이 완미한 기구를 취하려 했을 터이나 습관과 성격이 서로 물들고 마음과 손이 모두 익어서 마침내 패도로 왕도의 자루를 잡게 했고 묵자로 공자의 자리를 빼앗았다"고 그를 단죄한 바 있다.[23] 그러나 국가가 유교 전통의 기반임을 알고, 국력의 발양을 유교의 책임이라고 여기는 한국의 유가에게 얼마간의 법가적 탈선은 부득이했다. 국교로서의 유교의 권위를 확신한 박은식 역시 국가의 부강에 대한 유가의 책임을 강조한 터이다. 변영만의 문제는 그러한 구국의 영웅적 삶을 살 수 있다는 그의 믿음이 흔들리고 있었다는 것이다.

嗚呼孽之已深兮	아아! 괴로움이 이미 깊었거니
天方怒而赫然.	하늘이 바야흐로 노하여 붉게 타는구나.
余小子之愚騃兮	이 아이 어리석어
惶戰中而望天.	속으로 두려워 떨며 하늘을 바라보네.
乞上帝之玉座兮	상제님의 옥좌 앞에 비옵나니

23) 「讀飮氷室文集」, 『深齋先生文集』 2, 경인문화사, 1995, 401쪽, "其初蓋欲點洋鐵華金, 但取其成器濟用之完具, 而習性相染心手俱熟, 遂至覇持王柄, 墨奪孔席."

子雖惡其可殺.	자식이 아무리 밉다한들 죽일 수 있사옵니까?
庶悔禍於今日兮	오늘 잘못을 뉘우치려 하오니
默啓衷而使活.	계시를 주시어 살게 하소서.
天漠漠而不答兮	하늘은 막막할 뿐 대답하지 않는데
惟日色之西流.	햇빛은 서쪽으로 흘러가는구나.
風蕭瑟而波譎兮	바람 쓸쓸하고 파도 굽이치니
噤無聲而垂頭.	조용히 입 다물고 고개 숙이네.[24]

사마천은 그의 굴원전에서 “하늘은 사람의 시작이며 부모는 사람의 근본이다. 사람이 궁해지면 근본을 돌아본다. 그러므로 힘들고 괴로워 고달프기 짝이 없을 때 하늘을 찾지 않는 자가 없고 병들고 아파서 비참하고 두려울 때 부모를 찾지 않는 자가 없다”고 썼다.[25] 변영만은 굴원이 그랬던 것처럼 하늘을 찾는 사람, 부모를 찾는 아이의 자리에 자신을 놓는다. 사마천이 궁지에 몰린 굴원의 당연한 심정이라고 추정한 원망을 변영만 역시 마음속에 품고 있었을지 모른다. 그러나 위의 구절에서 우세한 것은 하늘에 대한 원망이라기보다 간원(懇願)이다. 화자는 자신이 궁지에 이른 책임이 자신에게 있음을 인정하고 하늘이 부디 계시를 내려 자신의 삶이 부활하기를 바라고 있다. 이 묵시(默示)하는 하늘이라는 관념은 본질적으로 유교적이다. 예컨대 “하늘이 우리에게 덕을 내리셨다”, 그러니 송나라의 신하 “환추 따위가 우리를 어찌할 수

24) 「北上詞」, 『변영만전집』 중, 23쪽; 『변영만전집』 상, 40쪽.
25) 「屈原・賈生列傳」, “夫天者, 人之始也. 父母者, 人之本也. 人窮則反本, 故勞苦倦極, 未嘗不呼天也, 疾痛慘怛, 未嘗不呼父母也.”

있겠느냐"(「술이(述而)」) 또는 "죽음도 삶도 명(命)해진 것이고, 부(富)도 귀(貴)도 하늘에 달렸다"(「안연(顔淵)」)는 『논어』의 문구, "성(誠)은 하늘의 도이며, 성을 생각함은 사람의 도이다"(「이루(離婁)」 상편) 또는 "그 마음을 유지하고 그 본성을 기르는 것은 하늘을 섬기는 방법이다"(「진심(盡心)」 상편」)라는 『맹자』의 문구로 소급되는 관념이다. 그 하늘은 단순하게 말해서 도덕의 근원으로서 사람의 삶에 관여하며 사람의 운명을 규정한다. 「북상사」의 화자는 자신의 도덕적 갱생을 바라며 하늘을 우러르고 있다.

그런데 비정하게도 하늘은 그의 소망에 어떤 응답도 하지 않은 채 어두워지고, 그는 바야흐로 풍파를 만나기 시작한 자신이 천지간에 의지가지없는 사람임을 통감한다. 이 막막한, 침묵하는 하늘은 여러 가지 주석을 허용한다. 화자의 유교적 발상에 동조하여 읽으면 그것은 경세의 천직(天職)을 내버린, 결과적으로 어리석은 그에 대한 하늘의 분노처럼 생각된다. 그러나 유물론적 과학자의 시각에서 보기로 한다면 그것은 사람이 희비를 느낄 이유가 없는 순전한 자연의 사실이다. 실제로 천계(天啓) 또는 천명(天命)이란 관념은 천문학의 지식이 중국과 한국에 보급되면서 퇴박을 면하기 어렵게 되었다.[26] 하늘의 탈마법화를 도모한 사상가 중에는 변영만이 청년기에 추앙했던 장빙린[章炳麟]이 있다. 유교로부터 신비주의를 일소하려는 논의를 담은 1899년의 유명한 논설을 보면, 그는 하늘이 신성하고 영원하고 불변적이며 그래서 인간 도

26) 하늘과 사람의 일체성에 대한 재래의 유교적 관념은 한국의 경우 18세기에 이익(李瀷)이 재고하기 시작했다. 흥미롭게도 이익은 서양 천문학을 이해한 최초의 한국인 유학자 그룹에 속했다. 구만옥, 『조선 후기 과학사상사 연구 1—주자학적 우주론의 변동』, 혜안, 2004, 351~392쪽.

덕의 근원이기도 하다는 중국의 전통적 우주관을 과학의 이름으로 배격했다. 과학상의 우주는 인간의 운명을 결정하는 어떤 단일한 천상적 존재도 허용하지 않음을 이해하고 유교적 하늘 개념을 에너지와 질량의 관점에서 설명되는 자연 개념으로 대치해야 한다고 주장했다.[27] 변영만이 「북상사」를 지을 무렵에 장빙린의 자연주의적 하늘론에 접했다는 증거는 없다. 그러나 하늘의 탈신비화와 탈도덕화는 그 작품 중의 그 침묵하는 하늘이라는 형상이 의미를 가지는 한 개의 사상사적 맥락을 이룬다. 그래서 그 형상이 화자의 도덕적, 사회적 궁지를 극화(劇化)해서 보여준다고 말할 수 있다면, 그것은 또한 하늘의 신성한 권위의 쇠락을 상기시킨다고도 말할 수 있다. 하늘의 침묵과 대면한 끝에 말없이 고개를 떨구는 화자의 낙심한 몸짓은 서양과학이 패권을 가짐에 따라 졸지에 고루한 신념의 파수(把守) 같은 존재로 전락한 유교적 지식인의 비극을 상상하게 한다. 앞으로 보게 되겠지만 서양과학, 좀 더 정확하게 말해서, 다윈주의 생물학에서 강력한 표현을 얻은 서양과학의 자연주의는 변영만에게 중대한 사상적 과제였다.

27) 「儒術眞論 附 視天論」, 湯志鈞 編, 『章太炎政論選集』 上冊, 北京 : 中華書局, 1977, 118~127쪽. 내가 이 논설의 존재를 알게 된 것은 하오 장(Hao Chang)의 훌륭한 중국근대사상가론, *Chinese Intellectuals in Crisis : Search for Order and Meaning, 1890 ~1911*, Berkeley : University of California Press, 1987 덕분이다. 이 책의 107~112쪽에 순자의 "자연주의"와 서양과학의 유물론에 근거하여, 맹자 노선의 신비주의적 유교에 대해 장빙린이 개진한 비판의 요점이 정리되어 있다. 장빙린의 「視天論」이 「북상사」의 하늘관에 관여했다고 보는 것은 무리이지만 자연을 도덕으로부터 분리시키려는 장빙린의 시도에 대해 변영만이 알고 있었다는 것은 분명하다. 이것은 「如是觀」을 비롯한 변영만의 인간본성론에서 확인된다. 이에 관해서는 김진균, 「1910년을 전후한 시기 변영만의 한문산문에 드러난 근대적 사유와 그 맥락」, 『영남학』 14, 2008 참조.

3. 다원 대 괴테

변영만은 관리로서 좌절한 자신의 심정을 굴원의 어조로 토로할 만큼 미학적으로 중화존숭가(中華尊崇家)였지만 그의 당대 세계가 중국의 전통적 천하 관념에 따라 이해하기도 통치하기도 불가능한 상태임을 모를 정도는 아니었다. 중국 유교사상의 일부인 그 천하관은 정치의 층위에서는 중국이 그 중앙을 차지하고 일정치 않은 위성 국가들이 서로 다른 등급으로 그 주변에 위치하는 중국 본위의 이미지를 가지고 있다. 중국과 그 위성국가들 사이의 관계가 화이(華夷)의 차이로 표상되었다는 것, 책봉조공(冊封朝貢) 체제로 구현되었다는 것은 누구나 아는 바와 같다. 유교적 천하관은 철학의 층위에서는 세계의 모든 인민과 국가가 어떤 도덕적 원리에 따라 결합하여 단일체로 존재한다는 생각을 나타낸다. 이것의 고전적인 표현이 『예기』의 「예운(禮運)」편에 나오는 대동(大同)이라는 이상(理想)이다.[28] 송명(宋明)시대 정치철학에서 주요 역할을 했던 그 생각은 요컨대 보편적 도덕 공동체에 대한 일종의 유토피아적 비전이다. 이 정치 층위의 천하관과 철학 층위의 천하관은 서로 충돌할 소지가 다분하다. 그러나 중국계 미국인 학자 하오 장이 말하고 있듯이, 그 두 생각은 한 공통 요소를 가지고 있다. "조화의 이상"이 바로 그것이다. 정치의 층위에서는 "서열적 조화"로, 철학의 층위에서는 "대동적 조

28) "大道之行也, 天下爲公, 選賢與能, 講信脩睦. 故人不獨其親, 不獨子其子 使老有所終, 壯有所用, 幼有所長, 矜寡孤獨廢疾者 皆有所養. 男有分, 女有歸, 貨惡其棄於地也, 不必藏於己. 力惡其出於身也 不必爲己. 是故謀閉而不興, 盜竊亂賊而不作. 故外戶而不閉. 是爲大同."

화"로 그것은 시현된다.[29] 이 중국인의 천하관은 19세기를 거치는 동안 서양 국가들이 동아시아로 팽창함에 따라 점차 파괴되었다. 그러나 서양의 팽창으로 출현한 세계의 새로운 현실에도 불구하고 조화에 대한 유교적 관념을 가지고 세계를 사유하고 전망하는 태도는 캉유웨이와 탄쓰통 같은 청말 사상가들에게 강고하게 남아 있었다. 20세기 초반 한국 지식인들 역시 그들의 사상적 이력 중의 어느 연대에선가는 조화롭고 통일된 세계의 비전에 경도되었다.

1900년대 후반, 근래에는 보통 계몽기라고 불리는 시기의 한국에서 캉유웨이는 경세와 구국 담론의 주요 원천 중 하나였다.[30] 박은식은 『춘추』의 삼세설과 『예기』의 대동설, 즉 캉유웨이가 청대 후기 공양학(公羊學)파의 경전 해석을 발전시켜 수립한 학설이 서양산 신학문이 유행하기 시작한 자신의 시대에는 유교의 유일한 희망이라고까지 말했다.[31] 박은식 스스로도 보편적 공동체를 추구하는 통치[大同之治]를 정치의 이상으로 강조했다. 『주역』의 "겸괘(謙卦)의 상(象)"에 대해 논평하며 그는 이렇게 주장했다. "'군자는 많은 데는 덜고 적은 데는 보태며 사물 사이에 균형을 잡고 베풀기를 고르게 한다.' 얼마나 위대한 말씀인가! 이것이 천하의 긴요한 도다. 아, 천하의 근심이 어찌 한 쪽으로 많음이 치우치고, 적음이 치우고, 가벼움이 치우치고, 무거움이 치우

29) Hao Chang, *Liang Ch'i-ch'ao and Intellectual Transition in China, 1890~1907*, Cambridge, Mass. : Harvard University Press, 1971, p.157.

30) 『皇城新聞』의 한 논설가는 「學論의 變遷」(1909.4.25)이라는 글에서 이렇게 말한 바 있다. "余가 近日에 吾黨中 讀書者를 對ᄒᆞ야 每常 王陽明(守仁) 曾滌生(國藩) 康南海(有爲)의 學理上 說話를 擧言ᄒᆞ고 往往히 本誌上에도 其意를 發表홈이 有한지라."

31) 「雲人先生鑒」, 『박은식전서』 하, 244쪽. "今世界 自新主義發生以來 除太各教之聲 掀動天地. 孔教如非春秋三世之說大同之說 則爲時風所驅 無立足之餘望."

친 까닭에서 비롯하지 않겠는가. (…중략…) 사물 사이에 균형을 잡아 치우침을 없이함은 천하의 마음이니 기쁘게 융합하여 위로는 위태로울 위험이 없고 아래로는 분열될 우려가 없다."[32] 그는 사회진화론의 영향 아래 우열을 다투는 국가간 경쟁이 필연적임을 인정하면서도 대동이 천도(天道)라는 믿음을 견지하여 그 경쟁의 결과로 국가간 우열 관계가 고정화되지 않은 평등 세계가 수립되리라고 예상했다.[33] 그런가 하면 유길준은 대동이라는 동일한 개념을 가지고 지구 세계에 대해 사고하면서도, 국가간의 평등 가능성을 확신한 박은식과 다르게 만방의 통일 가능성에 주목했다. 변영만의 역서 『이십세기지대참극 제국주의』 서문에서 유길준은 "만국이 하나가 될 수 있고 오족(五族)이 하나가 될 수 있다면 즐거울 것이다. 천하의 일이 그러한 모양을 만들어낸다면 괜찮을 것이다"라고 인간 세계의 거대한 통일[大同]을 지지하고, 이어서 국가 간에 일어나고 있는 "경쟁은 진취의 문(門)이고 전쟁은 평화의 터이니 결국 동화(同化)의 이치란 우등한 것과 열등한 것을 통합하여 하나로 만드는 것"이라고 썼다. 그의 시대의 대세처럼 보였던 "국민주의와 제국주의"는 그의 눈에는 똑같이 "통일의 기구에 불과"했다. 그는

---

32) 「謙谷文稿」, 『박은식전서』 중, 427~428쪽. "謙之象曰, 君子以裒多益寡, 稱物平施, 大哉言呼. 此天下之要道也. 嗚呼天下之患, 何嘗不由於偏多偏寡偏輕偏重之故哉. (…중략…) 惟其稱物而無偏也, 故天下之心, 懽然融合, 上無鯱旎之危, 下無離柝之患也."

33) 「夢拜金太祖」, 위의 책, 217~218 · 220쪽. "天이 人을 生홈이 | 性分의 靈能과 職分의 權利를 賦予호심은 東洋과 西洋과 黃白種이 一般이니 他人의 能爲호 事를 我는 不能할 理가 無호지라. 天이 我이게 福을 賜호신 바 有홀지라도 我가 事業을 做치 못호면 是는 天賜의 福을 拒絶호 者 | 라. (…중략…) 大抵 天이 賦호신 靈能을 修호야 事業을 做홈이 有호 자는 權利를 得호고 其 靈能을 不修호야 事業을 做홈이 無호 者는 權利를 失호는드 | 其 稟受호 靈能은 固有호 故로 雖今日에 弱者劣者가 되야 權利가 無호 者라도 能히 自奮自强호야 事業의 進取가 有호면 旣失호 權利를 克復호야 優者勝者의 地位를 得호는 日이 有홀지니 엇지 上帝의 一視同仁과 聖人의 萬物一體를 對하야 憾홈이 有호리오."

각각의 국가가 주권을 가지는 동시에 만국 공통의 단일한 정부 아래 통치되는 상태를 꿈꿀 수 있는 단계로 세계가 진화하는 중이라고 생각했다.[34)]

변영만을 가리켜 탈(脫)유교적 계몽사상가라고 한다면 그렇게 말할 수 있는 한 근거는 1900년대 말엽의 시점에 그가 유교의 대동주의로부터 벗어나 정치경제에 대한 과학적 이해를 추구한 최초의 인물이었다는 사실이다. 그가 역술하여 1908년에 출간한 『세계삼괴물』과 『이십세기지대참극 제국주의』는 대동주의의 수사 대신에 사회과학의 용어를 가지고, 중국 성왕의 신화 대신에 서구 제국주의 열강의 역사를 준거로, 보편적인 도덕 공동체에 대한 유토피아적 비전 대신에 약육강식의 정치적 리얼리즘을 테마로 그의 시대의 인류 세계의 새로운 현실을 정의하려는 노력을 나타낸다. 더욱이 그의 역술은 "제국"이라고 불리는 현대의 팽창주의적, 강권주의적 국가가 "천하의 공리"에 위배된다는 견지에서 제국 및 제국주의를 탈신성화하려는 의도를 현저하게 드러낸다. 예컨대 "제국은 전공(戰功)을 유(由)하여 성(成)하나니 전공(戰功)은 야만인(野蠻人)의 기물(嗜物)이다"라는 말로 서구 제국의 야만적 기원을 지시하는가 하면, 제국주의에 어떤 정치적, 도덕적 명분도 인정하지 않고 반대로 제국주의의 한 중대 원인이 "상업상의 야심"임을 강조한다.[35)] 그가 "괴물"이나 "참극" 같은 단어로 제국주의를 형용한 데서 짐작이 가듯이 그는 제국주의를 인류의 생존에 대한 위협으로 간주했으며, 제국주의 바로 그것의 침략을 당해 존망의 위기에 직면한 한국

34) 유길준, 「이십세기지대참극 제국주의 서」, 『변영만전집』 하, 42쪽.
35) 「세계삼괴물」, 위의 책, 37・39쪽.

국민의 각성을 촉구했다. 당시의 사상적 상황에서 제국주의는 유길준의 『이십세기지대참극 제국주의』 서문에서 보다시피 지구 세계의 정치적 통일의 전조(前兆)로 이해될 수도 있었고, 신채호의 『세계삼괴물』 서문에서 보다시피 한국의 자강(自强) 노선의 철저화를 독려하는 국제적 정치 현실로 판단될 수도 있었다. 그러나 『이십세기지대참극 제국주의』의 자서(自敍)를 보면 제국주의에 대한 그러한 견해는 변영만으로서는 동의하기 어려운 것이었다. 한국이 장차 제국으로서 위세를 떨치는 것은 그가 원하는 바이나 제국주의 침략으로부터 자신을 지키는 일이 무엇보다 긴급한 금일 한국의 사정을 생각하면 한국 제국주의 제창은 허황한 짓이며, 한국이 마땅히 취해야 하는 노선은 제국주의가 아니라 국민주의라는 것이 그의 의견이었다.[36)]

변영만의 역서는 서양 자연과학만이 아니라 사회과학 역시 동아시아 지식인들에게 영향을 미치고 있었던 상황, 특히 눈앞의 세계 정세에 대한 그들의 이해에 준거가 되고 있었던 상황을 상기시킨다. 제국주의는 말할 것도 없이 서양 제국의 경험으로부터 생겨난 용어이다. 영어의 경우 1870년대 후반에 영국 수상 벤저민 디즈레일리(Benjamin Disraeli)의 제국 정책에 대해 비판적이었던 정치인과 지식인들이 제국주의를 오늘날과 같은 의미로 처음 사용했고, 비슷한 시기에 영국과 미국의 학계에서 제국주의의 역사와 이론에 관한 연구가 성행하기 시작했다. 변영만이 『이십세기지대참극 제국주의』의 저본이라고 밝힌 "일본 박문관(博文館)

36) 「이십세기지대참극 제국주의 자서」, 위의 책, 43~44쪽. 이 변영만의 서문이 신채호의 「세계삼괴물」 서문에 대한 반박의 성격을 띠고 있다는 점은 임형택의 「변영만의 글쓰기 형식과 문학사상」, 『대동문화연구』 55, 2006, 176쪽에서 지적된 바 있다.

에서 발행한 『시대지추세(時代之趨勢)』 중 「제국주의(帝國主義)」"는 그 실물이 미확인 상태이나 그가 역술에 참고했다고 거명한 "서인(西人) 라인슈 씨의 소저(所著) 『세계지정치(世界之政治)』"는 물론 서양 정치학 서적이다. 이것은 종전에 확인된 바대로, 미국 위스콘신대학의 정치학 교수 라인슈(Paul S. Reinsch)가 1900년에 발간한 *World Politics at the End of the Nineteenth Century as Influenced by the Oriental Situation*을 가리킨다.[37] 이 책은 출간 직후 일본인들로부터 주목을 받아 그 일역본이 정계와 언론계의 명망가였던 다카다 사나에[高田早苗]의 초역으로 『제국주의론』이라는 제목을 달고 1901년에 간행되었다. 또한 도쿠토미 소호[德富蘇峰] 주도의 유력 언론기관 민유사(民友社)계 저술가로 추정되는 인물 도쿠세 고지[獨醒居士]가 1902년에 출간한 저서 『시무삼론(時務三論)』 중의 「제국주의」 편술에 활용했다. 라인슈의 책은 량치차오에게도 주목의 대상이었다. 그는 제국주의의 이슈를 다룬 「민족경쟁의 대세를 논함」이라는 그의 1902년 논설 집필에 라인슈의 『십구세기말세계지정치(十九世紀末世界之政治)』를 미국인 기딩스(F. H, Giddings), 일본인 우키다 가즈타미[浮田和民] 등의 저서와 함께 참조했다고 밝혔다. 그런데 사실을 말하면 그가 주로 참고한 것은 라인슈와 기딩스의 일본어판의 번안인 도쿠세 고지의 「제국주의」였다.[38]

변영만의 『이십세기지대참극 제국주의』는 도쿠세의 「제국주의」와 비교해보면 제국주의론으로서의 그것이 얼마나 일반적이었는지, 얼마

---

37) 최기영, 「한말 지식인의 반제국주의론」, 『한국 근대계몽사상연구』, 일조각, 2003, 67쪽.
38) 梁啓超, 「論民族競爭之大勢」, 『飲氷室文集』 10, 上海 : 中華書局, 1936, 10쪽; 石川禎浩, 「梁啓超と文明の視座」, 狹間直樹 編, 『共同研究 梁啓超 西洋近代思想受容と明治日本』, みすず書房, 1999, 121・129쪽.

나 특수했는지 좀 더 분명하게 드러난다. 이 두 책은 세부 내용으로 들어가면 차이가 크지만 라인슈의 저작을 공통으로 참조한 까닭인지 비슷한 내용 편제를 가지고 있고 간혹 서로 일치하는 대목이 있다. 두 책의 논지는 국민주의와 제국주의의 근친 관계를 강조하는 대목에서 정확하게 일치한다. 도쿠세는 "같은 민족을 서로 흡수하고 다른 민족을 동화시키려고 함은 근세 특히 19세기에 있어서 국민적 활동의 최대동력"이라고 보고 그 동일한 활동에 국민주의와 제국주의를 결부시킨다. 그래서 "소위 국민주의란 (국민적 활동을) 비교적 협소한 범위에서 행하는 것이니 금일의 제국주의는 국민주의의 대대적인 것에 다름 아니다"라고 말한다.[39] 변영만 역서의 제1장은 아예 '국민주의와 제국주의'다. 그는 각국이 "국민주의의 세력을 발달케 하기 위하여 기(其) 활동범위를 확장함에 일전(一轉)하여 식민 정책이란 자가 발생하고 재진(再進)하여 제국주의란 자가 성립함에 지(至)한 바"라고 기술한다.[40] 그러나 제국주의를 평가하는 문제를 놓고 도쿠세와 변영만은 확실하게 갈라진다. 전자는 각국이 한편으로는 정치적, 경제적 목적에 따라 서로 제휴하고 다른 한편으로는 각자 특유의 예술과 문화를 발달시켜 서서히 "세계적 단결"에 다가가는 상황을 상정하면서 국민주의와 세계주의의 조화로운 귀결에 도달하려고 하는 데에 제국주의의 이상이 있다고 본다.[41] 반면에 후자는 제국주의가 어쩌면 가져올지 모르는 인류 세계의 통일에 전혀 관심이 없으며 그것이 국가들 사이에 성립시킨 지배와

39) 獨醒居士, 『時務三論』, 民友社, 1902, 13쪽. 이 희귀 자료의 입수를 도와준 무사시대학 와타나베 나오키[渡辺直紀] 교수에게 감사한다.

40) 「이십세기지대참극 제국주의」, 『변영만전집』 하, 46쪽.

41) 獨醒居士, 앞의 책, 93~94쪽.

피지배, 수탈과 피수탈 관계의 영속화를 우려한다. 그에게 제국주의란 인류에 대한 "재앙"일 따름이다.[42)]

변영만이 영어권의 제국주의 이론을 중심으로 서양 사회과학을 소개하기 시작했을 무렵 다윈주의적 사회론(social Darwinism)의 공식은 한국의 지식인들에게 불가결한 합리적 이해와 판단의 수단이었다. 적자생존과 우승열패 같은 공식은 한국을 포함한 인종과 국가들의 세계가 어떤 이치로 움직이고 있는가. 한국이 겪고 있는 민족적 위기의 원인이 무엇인가. 한국인이 생존하려면 어떤 능력을 가져야 하는가 하는 등등의 문제에 대한 해답을 제공하는 것처럼 보였다.[43)] 한국에서 유행한 스펜서와 다윈 이론의 통속적 버전에 따르면 인류의 역사는 단수의 보편적 진화 과정이고, 그 과정 중의 가장 선진적인 단계에 서양의 가장 부강한 국가들이 자리잡고 있다. 강대국에 공통되는 산업주의, 국민주의, 제국주의는 인류 사회의 진화에 불가피한 노선으로 이해되고, 강대국을 모델로 하는 자기개조는 약소국의 독립적 생존에 불가결한 방책으로 권장된다. 1900년대 후반에 한국의 자강과 자립을 목표로 새로운 국민사상 개발에 투신한 지식인들은 국가간 경쟁을 인류 세계의 이치라고 전제하고 한국이 승자가 되는 방법을 제안하는 형식의 논의를 자주 펼쳤다. 예컨대 박은식은 한국인이 현재 "생존경쟁을 천연

42) 「이십세기지대참극 제국주의 자서」, 앞의 책, 44쪽.

43) 한국의 진화론 수용에 관해서는 이광린의 「구한말 진화론의 수용과 영향」, 『한국개화사상 연구』, 일조각, 1979 이후 많은 연구가 나왔다. 사회진화론의 수용과 그 결과를 다룬 유용한 논문 중에 전복희, 「사회진화론의 19세기 말에서 20세기 초까지 한국에서의 기능」, 『한국정치학회보』 27-1, 1994; 박찬승, 「한말 일제시기 사회진화론의 성격과 영향」, 『역사비평』 32, 1996; 최기영, 「한말 사회진화론의 수용」, 『한국 근대 계몽사상 연구』, 일조각, 2003; 우남숙, 「사회진화론과 한국 근대민족주의－박은식을 중심으로」, 『동양정치사상사』 7-1, 2008 등이 있다.

(天演)이라"고, "약육강식을 공례(公例)라"고 말하는 시대를 살고 있기 때문에 마땅히 해야 하는 자강사업이라는 측면에서 학문과 교육 분야에서의 개혁을 일관되게 주장했다.[44] 비슷한 발상이 1900년대 말엽의 변영만에게서도 보인다. "이십 세기(二十世紀)는 공연(公然) 표절(剽竊)의 도적굴(盜賊窟)이요, 백주(白晝) 분장(扮裝)의 마극장(魔劇場)"이라는 그의 국문 논설 특유의 신랄한 어조로 시작하는 글에서 그는 그렇게 "강권(强權)이 횡행(橫行)하고 인의(仁義)가 소지(掃地)"한 상태는 "인류경쟁상의 필연적 결과"이므로 그것을 생존 조건으로 냉정하게 받아들이고 "자신의 실력(實力)을 견확(堅確)케 하고 경쟁(競爭)의 무대(舞臺)에 흘립(屹立)하여 분투적(奮鬪的) 생활(生活)로 열패적(劣敗的) 계선(界線)을 구탈"하자고 제안한다.[45]

다원주의적 사회론의 기본 공식을 전제로 하는 자강주의는 오늘날 한국사연구에서 계몽적이라고 불리는 사상의 중심을 이룬다. 한국의 계몽사조는 박은식과 변영만의 예에서 보다시피 재래의 유교 전통 내에서 일어난 혁신의 움직임과 관련이 있다. 그러나 계몽사조와 유교사상 양자 사이의 관계는 지금까지 알려진 것보다 훨씬 복잡하다. 다원주의의 자연주의적 경향, 즉 자연계에서 발견된 물리적 법칙을 인간계에 대한 설명 모델로 삼는 경향은 유교가 가지고 있는 인간과 우주에 대한 이해와 근본적으로 상치되는 것이기 때문에 다원주의적 유교사상이란 어이없는 형용모순이다. 20세기 전반 영남 보수파 유가의 중심인물 중 한 사람이었던 조긍섭은 그의 생전에 신학(新學)으로 통하던,

44) 「自强能否의 問答」, 『박은식전서』 하, 69쪽.
45) 「大呼教育」, 『변영만전집』 하, 90쪽.

오늘날 우리가 계몽적이라고 부르는 사상이 인간과 우주에 대한 어떤 종류의 지식을 가정하고 있는지 대강 알고 있었을 뿐만 아니라 한국의 정통 유학의 관점에서 그 지식을 맹렬하게 반박했다. 예컨대, 그의 '반시대적 고찰'이라고 부를 만한 「곤언(困言)」이라는 글, 흥미롭게도 변영만이 그의 작품 중 걸작이라고 평한 글에 그의 당대에 유행하던 과학의 표어들에 유교 경전의 금언들을 대치시킨 문장이 있다.[46] "만물이 경쟁하고 하늘이 선택하며 우등한 자는 이기고 열등한 자는 패한다는 것을 현재 명언이라고 하지만 그래봤자 착한 사람에게는 복을 내리고 악한 사람에게는 화를 내리는 것이 하늘임을 아는 것만 같지 못하다. 배우고 구하며 앞으로 나아가서 옛사람의 노예가 되지 않게 하는 것을 현재 좋은 교육이라고 하지만 그래봤자 서술은 하되 창작은 하지 않으며 믿음을 가지고 옛날의 문물을 좋아하는 것이 학문임을 아는 것만 같지 못하다. 자유, 평등, 사회라는 것을 현재 주요한 도리라고 하지만 그래봤자 사람마다 자기 어버이를 어버이로 섬기고 자기 윗사람을 윗사람으로 섬기니 천하가 평화로운 것이 정치임을 아는 것만 같지 못하다."[47] 이것이 어떤 과학의 주장과도 타협하지 않는 유교적 믿음을 결연하게 표현한 문장임은 말할 것도 없다.

1900년대 말엽에 변영만은 진화론에 기반한 자강주의 편이었지만 진화론의 자연주의를 좇아 인간 세계를 이해하지는 않았다. 그는 서양 학자들의 제국주의론이 그 주요한 과학적 비품 중에 진화론을 두고 제

---

46) 「나의 회상되는 선배 몇 분」, 『변영만전집』 하, 272쪽.

47) 『深齋先生文集』 2, 416~417쪽, "物競天擇 優勝劣敗 今之所謂名言也 而終不若 福善禍淫 之爲知天也. 學求進步 勿爲古人之奴隷 今之所謂善教也 而終不若 述而不作 信而好古 之爲知學也. 自由平等合群 今之所謂要道也 而終不若 人人親其親長其長 而天下平 之爲知治也."

국주의를 정당화하는 경향이 있음을 모르지 않았으며, 제국주의를 인류에 대한 재앙이라고 생각한 사람답게 진화론의 합리성에 대한 의문을 감추지 않았다. 『세계삼괴물』 중 제국주의 부분에는 그의 창작이 아닐까 의심되는 다윈 비판의 문구가 들어 있다. "근일 대지상에 이미 평화의 문교(文敎)를 반대하고 국제의 덕의(德義)를 멸기(蔑棄)하니 기(其) 원위(原委)를 추구하면 명백히 다윈 씨의 창도한 바 '적자(適者)가 존(存)'이라 하는 일설에 기인하였도다. 구인(歐人)이 강자를 적자라 부회하여 타족을 잔멸할지라도 아(我)의 강력 응용으로 아의 독존만 구코자 하니 시(是)는 당당한 인류로 금수(禽獸)의 상태를 학(學)하는 자라, 천하에 사리(斯理)가 영유(寧有)하리오?"[48] 설사 이것이 변영만의 소작이 아니라고 하더라도 그가 자연주의적 인간 이해의 문제적 성격을 알았다는 것, "금수"라는 단어가 암시하듯이 인간다움을 도덕적으로 이해하는 유교의 관행에 따랐다는 것은 분명하다. 특히 법정학(法政學) 혹은 사회과학의 주요 쟁점을 다룬 그의 1908년 논설을 보면 인간과 동물, 윤리와 물리의 범주 구분 없이 우주 만물의 가능한 모든 법칙을 진화의 법칙으로 전일화(專一化)하는 세론에 대해 그가 단호하게 부정적이었음이 확인된다.

> 進化說의 무의미. 우주간 萬有의 상태가 不斷的으로 益益進化홈은 명백훈 현상이오. 且 其 진화의 법칙이 如何ᄒᆞ냐 ᄒᆞ면 彼 진화론자의 소위 '天然淘汰' '適存惡亡' 등 원리도 余輩의 異言이 無ᄒᆞ고 容認ᄒᆞᄂᆞᆫ 바ㅣ라. 然이나

48) 「세계삼괴물」, 『변영만전집』 하, 39쪽.

> 此 진화설은 일종 物理上 言論에 불과ᄒᆞ고 其間에 별로 特立ᄒᆞᆫ 의미가 無ᄒᆞᆫ 바어ᄂᆞᆯ 世人이 왕왕 此 진화설에 風靡되야 우주간 一切 衆理가 진화뿐이라 斷言ᄒᆞ고 從ᄒᆞ야 崇神制 즉 종교ᄅᆞᆯ 嘲笑蔑視ᄒᆞᆷ이 有ᄒᆞᄂᆞ니 是ᄂᆞᆫ 심히 무지한 妄論이라. (…중략…) 余 ㅣ 曾往부터 진화설에 대ᄒᆞᆫ 관념이 심히 타인과 不同ᄒᆞ야 其 巍巍ᄒᆞᆷ을 未見하고 其 淺近ᄒᆞᆷ을 反覺ᄒᆞᆫ지라. 진화설을 일종 물리학적 이론으로 관찰ᄒᆞ야 '진화'란 자는 '物質不滅'이란 원칙과 如히 물리학적 범위에 可屬ᄒᆞᆯ 자 될 뿐이라 ᄒᆞᄂᆞ니 彼 宗教派에셔 따번 輩ᄅᆞᆯ 仇敵 갓치 視ᄒᆞᆷ은 反히 無能을 表白ᄒᆞᆷ이 아닌가 ᄒᆞ노라.[49]

인간과 동물을 분리해서 사유하는 유교를 비롯한 종교적, 철학적 전통 쪽에서 보면 인간과 동물 사이에 연속성이 있고 양자에 공통의 진화 법칙이 작동한다는 다윈 이론은 변영만의 표현대로 "망론"이다. 그것은 인간을 동물로, 윤리를 물리로, 신의(神意)를 수식(數式)으로 환원하는 경향이 있기 때문이다. 진화의 법칙은 물리학의 영역에 속한다는 변영만의 말은 바로 그러한 자연주의적 환원론(naturalistic reductionism)에 대한 경계의 의미를 가지고 있다. 그는 진화론이 종교에 대한 멸시를 유발하고 있지만 실은 종교와 다른 영역에 속한다는 논평에서 그의 논의를 멈추었고 그 환원론이 인간에 대한 합리적 이해에 어떤 문제를 초래하는가를 말하지 않았다. 그렇지만 진화론적 인간 묘사가 그에게 터무니없는 축소 내지 왜곡으로 여겨졌다고 추정해도 그리 잘못은 아니다. 그의 경험이 풍부해지고 학문이 깊어지면서 다윈에 대한 그의 반

49) 「學界瑣談」, 『法政學界月報』 10, 1908.3, 17~18쪽. 이 글은 『변영만전집』에 실려 있지 않다. 김진균 선생의 고마운 호의로 이 자료를 얻을 수 있었음을 밝힌다.

감은 더욱 확고해진 것 같다. 1930년대 초엽, 그가 고난의 중국 망명 생활과 보다 깊은 서양 공부 이후에 발표한 괴테 단평에는 다윈의 이론이 서양사상에 엄청난 변혁을 가져왔다고 하나 다윈의 인간 이해를 괴테의 인간 이해와 비교하면 "천박"하다고 단호하게 비하하는 발언이 나온다.[50)]

괴테의 업적에 대한 변영만의 논평은 길이가 짧고 방식이 직관적이고 인상적이어서 뭔가 의미 있는 발언이라고 간주하기가 꺼려진다. 그러나 인간 이해라는 면에서 괴테를 다윈보다 고수로 치는 그의 찬사는 흥미를 돋우는 데가 있다. 괴테의 갖가지 특출한 자질을 나열한 다음 "그는 영겁의 근대인"이라는 판정으로 끝난다는 점에서 더욱 그러하다. 변영만이 거론한 괴테의 작품 중 하나인 『파우스트』는, 주지하다시피, 서양 근대문화에 핵심적인 신화를 담고 있다. 그 신화는 이언 와트에 기대어 단순하게 말하면 개인주의의 구현이다. 파우스트는 우선 엄청난 에고이스트이다. 일찍이 누구도 하지 않았던 일을 자기 스스로 선택해서 자기 생명을 대가로 심지어는 영원한 겁벌을 대가로 성취하려고 한다. 그는 또한 고독한 모나드다. 부자 관계의 구속으로부터 벗어나 있을 뿐만 아니라 그의 연인 및 아이들이 모두 죽어 그들과 지속적 관계를 형성하지 않는다. 그는 또한 위대한 여행자다. 그의 여행은 공간상으로도 시간상으로 광대한 범위를 총괄하며 그의 행로는 어느

---

50) 「余의 괴테관—'근대정신의 수호신」, 『변영만전집』 하, 247쪽. "물론 구주사상상 변혁으로 말하자면 何人이든지 우선 찰스 로버트 다윈씨의 진화론적 학설을 高擡할 터이지만 그것은 다만 천박한 피상론이니 원래 진화론이란 것은 종교에 대한 일개의 도전장일 뿐이고서 결코 인류의 사상, 정서, 감능, 기욕, 충동, 반성, 우치, 허위, 몽환, 타락, 현혹 등 제반 且 전반적인 기조에 향하여 貫穿的 且 强度的인 新光線을 투사하여준 槐翁의 예업 그것과는 당초부터 相提並論할 것이 되지 못한다 함이다."

국가, 어느 지역, 어느 교회에 대한 충성으로 귀착되지 않는다. 이 에고이스트, 모나드, 여행자가 합체된 형상 속에서 자유롭고, 초(超)도덕적이며 세속적인 개인은 영웅적인 풍모를 완성한다.[51] 그가 대표하는 개인주의와 관련하여 특히 중요한 것은, 그가 「요한복음」의 구절을 고쳐 태초에 말씀이 아니라 행위가 있었다고 말하는 데에 암시되어 있듯이, 그가 행동에 투신한다는 것, 원하는 것은 무엇이든 경험하고 소유하려는 일념으로 도모하고 투쟁한다는 것이다. 그가 임종하자 나타난 천사들은 "의지로써 분투하는 자 / 우리에 의해 구원되리니"라는 노래로 그가 전력을 다해 행동했으므로 천국에 들도록 약속되었음을 알린다. 변영만의 『파우스트』 평에는 그것이 "고전문학의 재팽(再烹) 복제가 아니고서 오직 근대인 번민상의 파노라마일 뿐"이라는 찬사가 나온다. 선악의 관념에 구애되지 않고 끊임없이 의욕하고 도모하고 투쟁하는 개인을 신격화하는 심리가 괴테 쪽에 없었더라면 그러한 파노라마의 안출(案出)은 괴테의 펜 끝에서 가능하지 않았을 것이다.

괴테가 재생한 파우스트는 한국인의 경험 맥락 안에서 생각하면 이항로(李恒老)에서 조긍섭에 이르는 한국의 보수적 유학자들에게는 보이지 않았던 서양의 본질을 알려주는 인물이다. 그들이 도덕주의에 강박되어 서양문명에서 말단의 기능(技能)과 이재(利才)밖에 보지 못했다면[52] 파우스트는 그러한 피상적 관찰을 떠나서 서양적 근대성의 중핵

---

51) Ian Watt, *Myths of Modern Individualism*, Cambridge : Cambridge University Press, 1996, pp.193~207.

52) 조긍섭은 이렇게 썼다. "무릇 태서의 새로운 법이 진실로 매우 기이한 듯하나 그 실상을 철저하게 연구해보면 모두가 공리(功利)와 기예(技藝)의 말단이며 쟁탈(爭奪)과 적살(敵殺)의 원천이다[夫泰西之新法, 固甚奇矣, 然極究其實, 不過一切, 功利技藝之末, 爭奪敵殺之源]", 「論中東戰紀」, 『深齋先生文集』 2, 385쪽.

을 이루는 중단 없는 역동성이라는 성질에 다가가게 해준다. 서양 근대 사상에 정통한 최초의 중국인이었을 옌푸(嚴復)는 서양의 근대국가들을 부유하고 강력하게 만들어주는 모든 기구들이 인간 에너지가 표출되는 모든 방면 — 지식, 도덕, 기술 등의 모든 방면에서 그 인간 에너지를 한없이 고양시키는 특징을 가지고 있음을 알아보았다. 그가 관찰한 서양은 인간 능력의 무한함을 발견했고 인간 잠재성의 실현을 향해 전진하기를 두려워하지 않았다. 그가 스펜서와 다윈의 이론 속에서 접한 진화의 세계는, 벤저민 슈워츠의 표현에 따르면, "서양의 파우스트적 에너지"가 충만한 우주, 바로 그것이었다.[53] 휴식을 모르는 진취라는 면에서 스펜서적, 다윈적 진화와 파우스트적 분투는 서로 통한다. 그러나 양자는 또한 많은 차이가 있다. 그중 두드러진 하나만 보면 이렇다. 진화론적 세계관은 기계론적 자연 관념, 즉 운동하는 물질의 법칙적 체계로서의 자연이라는 관념, 그리고 생물의 영역에서 영원하고 제한 없는 개선을 확약하는 자애로운 신의 관념을 그 원천 중에 결합하여 가지고 있다. 그래서 기계론적, 진화론적 이신론(理神論)은 다윈이 생물의 산출과 소멸을 이해하는 방식의 많은 부분을 규정한다.[54] 반면에 파우스트의 모험과 분투는 어떤 이신론적 질서와도 무관하다. 그것은 대상에 결박되지 않은, 행로가 정해지지 않은 인간 에너지의 고양이며, 그 자신의 의지로써 자신과 세계를 끊임없이 개조하는 인간 행위의 파노라마이다. 중세의 원판 전설에서는 초자연의 비밀을 넘보았기에 신에게 처

53) Benjamin Schwartz, *In Search of Wealth and Power : Yen Fu and the West* , Cambridge, Mass. : The Belknap Press of Harvard University Press, 1964, p.239.

54) John C. Green, *Science, Ideology, and World View : Essays in the History of Evolutionary Ideas*, Berkeley : University of California Press, 1981, pp.128~141.

벌을 받은 과학자인 파우스트는 괴테의 버전에서는 신적인 자연 장악의 기쁨을 누리는 창조자의 면모를 보인다.[55] 변영만이 괴테를 가리켜 영겁의 근대인이라고 칭송했을 때 그는 자유로운 개인이 그의 창조적 행위 가운데 성취하는 모종의 신성(神性)에 대한 괴테의 믿음을 염두에 두고 있었을지 모른다.

4. 영(靈)의 우주 속의 예술

변영만이 신채호의 서문을 얻어 『세계삼괴물』을 출간한 시점으로부터 두 달 가량 지난 1908년 5월에 신채호는 『을지문덕』을 상자했다. 신채호와 이남규의 문하에서 함께 수학한 사이였던 변영만은 신채호를 위해 서문을 썼다. 국한문 본문과 달리 한문으로 씌어진 그 서문은 국민주의를 표방하던 시기에 그가 가졌던 강개(慷慨)의 명확한 예시이다. 그는 『을지문덕』이 한국 서적의 효시라고 칭찬한다. 그가 그렇게 궤변 같은 찬사를 발한 것은 그의 눈에는 과거 한국의 서적이라고 해야 전부 중국 시문의 이런저런 낡은 관례를 누추하게 좇으며 나라를 오도했기 때문이다. 그는 탄식한다. "이 한 나라의 서적이 나라를 속박하고 몰아붙여 노예의 학문 구역 속에서는 난만하고 분주했으나 국가의 원리와

55) 과학자-창조자로서의 파우스트에 관해서는 Peter Conrad, *Creation : Artists, Gods, and Origins*, London : Thames and Hudson, 2007, pp.297~300 참조.

민족의 대세에 대해서는 아무 언급도 하지 않거나 혹여 한다 해도 더럽히려고 하니 이런 서적을 어디에 쓰겠는가, 어디에 쓰겠는가."[56] 그러나 중국에 예속된 시문이 그토록 유행한 것은 한국인이라는 "신성한 민족이 잠깐 악마에게 유혹을 당해 일시적인 엄폐를 면하지 못한 까닭이다." 그렇다면 『을지문덕』은 한국 민족의 마음으로부터 악마를 몰아내서 한국 민족 본연의 신성성을 회복케 하는 최초의 노력인 셈이다. 신채호는 "한 자루 헤진 붓을 가지고" 그 성족성웅(聖族聖雄)의 사적을 "피로 그리고 눈물로 적어 만에 하나라도 민족정신에 도움이 되고자 한다." 이 "민족정신"이라는 말로 변영만이 뜻하는 것은 대략 한국 민족이 스스로를 본래 자주적이고 독립적이라고 믿는 데에서 비롯되는, 한국 민족 자신의 동일성을 옹위하고 발양하려는 정신이다. 변영만의 민족정신 가정(假定)은 19세기 말과 20세기 초 자강주의와 통하지만 한국인의 마음에서 민족성의 시원을 보고 그 회복을 염원한다는 점에서 국부와 국력의 유물론적, 산업주의적 추구와 동일한 부류가 아니다. 더욱이 마음에 관한 변영만의 생각은 유물론이나 자연주의와 멀찌감치 떨어진 유교적 관념의 뒤를 잇고 있는 터이다.

예를 들어 그의 초기 논설 중 하나인 「이광사석설(李廣射石說)」을 보자. 여기에는 사마천의 「이장군전(李將軍傳)」에 기록된 일화에 대한 논평이 있다. 한나라 장군 이광이 돌을 호랑이인 줄 알고 쏘았을 때는 화살이 박혔으나 돌을 돌인 줄 알고 쏘았을 때는 화살이 박히지 않았다는 이야기를 인용한 다음 변영만은 이렇게 논한다. "처음에 호랑이인 줄

56) 「乙支文德傳序」, 『변영만전집』 중, 379쪽; 『변영만전집』 상, 631쪽.

알고 쏜 것은 성(誠)이다. 나중에 돌인 줄 알고 시험한 것은 위(僞)이다. 눈앞에 돌이 없을 때는 화살이 더불어 믿어주었으나 호랑이가 마음에서 떠나니 화살이 충성하지 않았다."[57] 이 구절에서 진실하다, 성실하다는 뜻으로 사용된 성은 주지하다시피 유교의 주요 어휘이다. 그 고전적 용례가 들어 있는 『중용』의 장구에서 성은 작위와 사념에 의존하지 않고 도에 적중하는 방법을 가리킨다.[58] 성은 송학(宋學)의 수양론에서 특히 중요했다. 지고한 가치인 인(仁)을 유지하려면 어떻게 해야 하는가 하는 문제에 답하여 "성(誠)과 경(敬)으로써 이것을 유지할 뿐이다. 방호하며 검사하는 방법을 쓰지 않고 궁구하며 탐색하는 방법을 쓰지 않는다"고 정명도(程明道)는 말한다. 성은 『중용』의 예를 따라 풀이하면 천지의 진실한 이치가 인간에 있어서 의지와 작위의 개입 없이 발현되는 것을 지칭하고, 경은 "주일무적(主一無適)"이라는 정이천(程伊川)의 정의 등에 따르면 진실한 이치에 외경의 염을 가지는 것, 혹은 외경의 염을 가지고 마음을 집중하는 것을 가리킨다.[59] 성과 경 어느 쪽에 치중하느냐에 따라 유교적 실천은 달라진다. 도식적으로 말해서 성 중심의 유교는 개인의 내면적, 영적 삶에 주로 관심을 두어 진심의 완전한 현전을 중시하고, 경 중심의 유교는 개인의 외면적, 사회적 삶에 주로 관심을 두어 예의의 엄정한 준수를 요구한다.[60] 변영만의 「이광

---

57) 「李廣射石說」, 『변영만전집』 중, 59쪽; 『변영만전집』 상, 92쪽.

58) 『中庸』, 제20장. 拙譯: "성실은 하늘의 도다. 성실하게 가는 것은 사람의 도다. 성실은 힘써 하지 않아도 들어맞고, 사려하지 않아도 얻고, 침착하게 도에 들어맞아 사람을 성인으로 만든다. 성실하게 가는 자는 선을 택하여 굳세게 붙잡고 가는 자다[誠者, 天之道也. 誠之者, 人之道也. 誠者, 不勉而中, 不思而得, 從容中道, 聖人也. 誠之者, 擇善而固執之者也]."

59) 島田虔次, 「中國近世の主観唯心論について」, 『中國思想史の研究』, 京都大學學術出版會, 2005, 24~25쪽.

60) 성 중심 유교와 경 중심 유교의 차이에 대해서는 그 차이가 역사상으로 특히 중요했던 일본

사석설」은 지경(持敬)의 규범이 아니라 지성(至誠)의 규범을 따른다. 글의 후반부에서 그는 나나니벌은 다른 벌레의 새끼를 잡아 자기를 닮으라고 오랫동안 밤낮으로 축원하여 결국 나나니벌로 변신시키는 반면, 요임금과 순임금이 자신의 아들들이 불초하여 왕위를 물려주지 못했듯이 사람의 덕은 세대를 건너 존속되지 않음을 이야기한다. 그럼으로써 그가 시사하는 바는 한 가지 천성적 욕구에 전념한 미물의 성의(誠意)가 어쩌면 여러 갈래로 분열한 인간의 도덕보다 나을지 모른다는 것이다. 이것은 도에 적중하는 성의 힘이라는 『중용』의 장구를 암암리에 상기시키는 논법이다.

유가의 중론은, 앞에서 언급했다시피, 변영만이 1908년 10월에 『대동학회월보』에 기고한 「원중(原中)」이라는 글 — 기고 시점으로부터 사년 전에 지었다는 그의 말에 따르면 국문과 한문을 통틀어 현전하는 그의 글 중 최초의 것 — 의 주제이기도 하다. 이로써 미루어보건대, 그는 수학 시기에 일찍부터 유교 개념들의 원론적 검토에 상당한 관심을 가지고 있었던 듯하다. 그는 그의 자조적인 표현을 빌리면 "기형아(畸形兒)" "몽상한(夢想漢)" "우원객(迂遠客)"을 합쳐 가진 사람으로,[61] 경건하게 제어된 생활을 하며 궁리에 힘쓰는 한국 재래의 이상화된 유학자 유형과 거리가 멀었지만 그의 문집에는 그의 철학적 야심 중에 경학(經學), 특히 『주역』 연구가 포함되어 있었다는 증거가 남아 있다. 그가 중년에 지은 반성과 술회의 시를 보면 그는 『주역』 주해를 계획한 적이 있었던 것 같

의 유교사상에 대한 연구로부터 나온 논의가 유익하다. 相良 亨, 「德川時代の儒教」, 『誠實と日本人』, ぺりかん社, 1980, 133~151쪽 참조.

61) 「모친의 환력을 기념으로 하여」, 『변영만전집』 하, 117쪽.

다.[62] 그는 『주역』이 한문 문화의 범위를 넘어 철학 일반의 고전으로서 가치가 있다고 믿었던 모양으로, 베르그송이 그 일부만 보았더라도 『창조적 진화』 따위는 쓰지 않았으리라고 장담하기도 했다.[63] 그는 장언(壯言)과 경구(警句)를 즐기고 논증과 설명을 생략하는 그의 글짓기 습관을 그대로 보여, 『주역』과 『창조적 진화』의 비교가 어떻게 가능한가, 전자가 어떤 이유에서 후자를 무색케 하는가를 밝히지 않았다. 그렇지만 그 비교 항목 상정은 『주역』의 어떤 부분이 변영만에게 철학적 의의가 있었던가를 추측하도록 도와준다. 범박하게 말해서, 『창조적 진화』는 우주 내의 생명에 고유한 운동 법칙을 해명하는 데에 바쳐진 책이다. 베르그송은 무엇보다도 물질의 기계론과 생명의 유기체론을 명확하게 구분한 바탕 위에서 생명을 그것의 어떤 고정된 상태가 아니라 끊임없이 유동하는 경향 속에서 설명하려고 한다. 생명의 경향이란 다름 아닌 진화의 경향인데, 베르그송의 이론에서 그것은 자발성, 다기성(多岐性), 폭발성을 띠고 있어서 다윈의 이론에서 그것이 가지는 기계적 단순성 및 법칙성과 확연하게 다르다.[64] 그렇다면 『주역』이 있기 때문에 『창조적 진화』가 쓸모없다는 변영만의 발언은 그 경전의 현대적 의의에 대한 암유(暗喩)로 고쳐 읽을 필요가 있다. 그는 『주역』을 반(反)다윈주의적 생명철학의 정전으로 평가하고 있었을지 모른다.

이러한 추정은 1923년 5월 『동명(東明)』지에 발표된 변영만의 「여시관(如是觀)」 상편을 보면 그리 터무니없는 것이 아님이 입증된다. 그 철

62) 「회포를 적다」, 『변영만전집』 상, 67쪽.
63) 「學窓想片」, 『변영만전집』 하, 159~160쪽.
64) 생명 진화의 이론을 둘러싼 베르그송과 다윈의 차이에 관해서는 김형효, 『베르그송의 철학』, 민음사, 1991, 123~154쪽 참조.

학적 단상은 『주역』으로부터 영감을 얻은 생명론의 일단을 보여주기 때문이다. 그가 담론의 기초로 삼은 "인온(氤氳)"이라는 어휘는 『주역』「계사(繫辭)」 하편 중의 일절 "天地絪縕, 萬物化醇, 男女構精, 萬物化生[천지가 인온하면 만물이 좋아지고, 남녀가 정기를 합치면 만물이 생장한다]"에 근거를 두고 있다. 이 구절은 보통 우주의 만물을 지배하는 변화[化]의 두 국면에 대한 묘사로 이해된다. 즉 "天地絪縕, 萬物化醇"은 기(氣)의 변화, "男女構精, 萬物化生"는 형(形)의 변화를 가리킨다고 한다.[65] 인온은 기가 서로 얼크러져 왕성한 상태를 지칭하는 단어다. 변영만은 인온하게 운동하는 한 개의 기[氤氳一氣]을 우주 만물의 기원이라고 가정한다. 그가 "인온씨"라고 인격화해서 줄여 부르는 그 원초적 기에 대한 그의 생각은 우주라는 '태허(太虛)'에 가득한 기의 자기운동에서 생명의 근원을 찾은 중국 북송시대의 유학자 장재(張載)의 사상을 딛고 있다. "인온씨는 무한한 허공에서 숨을 죽이고 천천히 움직이다가 곧 아무 이유 없이 한 개의 본질적 요소를 만들어내는데 이것을 이름하면 이름을 초월한 것[絶名]이다. 이 이름을 초월한 본질적 요소가 실제로 만상의 시조가 되니 억만 개의 별이 오직 이로부터 유래하여 분화하고 변모하고 팽창하고 응축하고 완성하는 것이다."[66] 그렇게 별이 완성된 다음에는 별마다 온갖 물(物)이 생겨나 번성한다. 천지간의 모든 물은 모양과 능력이 각각이지만 그것들은 본디 인온씨의 소생으로 인온씨의 주재를 받

---

65) 氣의 변화와 形의 변화를 구분하는 독해는 呂祖謙의 것이다. 주희 · 여조겸 편, 이광호 역주, 『근사록집해』 1, 아카넷, 2004, 76쪽.

66) 「如是觀」, 『변영만전집』 중, 390쪽. 「나는 이처럼 본다」, 『변영만전집』 상, 646쪽. 張載의 기론에 대한 본문 중의 진술은 시마다 겐지의 『주자학과 양명학』(김석근 · 이근우 역, 까치, 1986, 80~83쪽)에 따랐다. 「여시관」의 기론의 논지를 인성론과 문예론의 여러 맥락으로 확장시킨 논문으로 류준필, 「변영만의 문예론과 그 사상적 기저」, 『대동문화연구』 55, 2006 참조.

기 때문에 그것들 사이에는 귀천이 없다고 변영만은 주장한다. 문제는 물과 영(靈)의 관계이다. 데카르트 이후의 서양철학에서는 양자를 별개로 구분하는 경향이 우세하지만 변영만은 그것을 하나로 통일하는 논리[一統之說]를 취하여 이렇게 주장한다.

> 영(靈) 또한 한 개의 기[一氣]의 나머지에서 벗어나는 것이 아니고 다만 그 한 개의 기의 밝은 방면일 뿐이다. 불을 여기에 비유해보자. 그 위로 치솟는 것이 형(形)이라면 그 환하게 빛나는 것은 영(靈)에 가깝다. 치솟는 것과 빛나는 것이 합해져 불의 힘을 이루는 것이니 이것들은 나눌 수 없는 것이다.
>
> 그러므로 영은 우리 안에 존재하는 데에 그치지 않으며 사실은 만상 안에 어디에나 숨어 보편적으로 존재한다. 우리가 만약 나무가 고정된 장소에 심어져 있고 바위가 묵묵히 한 곳에 있다고 해서 저들이 영이 없다고 여긴다면 우리가 동작을 자유로이 하고 언어를 뜻대로 한다고 자만하고 있는 것이 아닌지 의심된다.[67]

영이라는 한자는 중국사상의 어려운 용어 중 하나로 『서경(書經)』「태서(泰誓)」 상편의 "천지는 만물의 부모이고 사람은 만물의 영이다[惟天地萬物父母, 惟人萬物之靈]"라는 유명한 문구 등에 고전적 용례가 있다. 그 「태서」 상편의 문구에 대한 주석들에 의하면 영이란 신(神)과 동일한 종류이며, 신이 정(精)하고 명(明)하면, 즉 순수하고 밝으면 영이라고

67) 「如是觀」, 『변영만전집』 중, 391쪽. "靈亦不外乎一氣之餘烈, 特一氣之光明底方面耳, 比如火炎於此, 其騰上爲形, 其照耀近靈, 而合騰與照, 成一火力焉, 不可分開矣. 故靈, 不止在於吾曺之內而已, 實遍伏普在于萬象之內, 吾曺, 若以樹木之植立定所, 巖石之默居一處, 而謂彼爲不有其靈, 則是殆欲以吾曺動作之自由, 言語之如意, 自驕者也." 『변영만전집』 상, 648쪽.

한다는 풀이가 널리 통한다. 중국 유교사상사에서 사람이 만물의 영이라는 생각을 래디컬하게 발전시킨 철학자로는 왕양명(王陽明)이 단연 두드러진다. 그는 양지(良知)에 대한 별칭으로 "영명(靈明)"이라는 단어를 쓰면서 사람의 영명 덕분에 천지간의 만물이 존재한다는 주장을 폈다. 왕양명이 제자에게 인물동체(人物同體)를 설명한 『전습록』 하권 336조를 보면, 천지의 마음은 사람이며, 사람의 마음은 영명이라는 제자의 말을 이어받아 왕양명은 이렇게 말한다. "하늘과 땅 사이를 가득 채우고 있는 것은 이 영명뿐이라는 것을 알 수 있다. 사람은 사람의 형체 때문에 물과 간격이 있을 뿐이다. (…중략…) 천지, 귀신, 만물이 나의 영명을 떠난다면 천지, 귀신, 만물은 존재하지 않을 것이다. 천지, 귀신, 만물이 나의 영명을 떠난다면 나의 영명 또한 존재하지 않을 것이다. 이처럼 한 개의 기가 흘러서 통하니 어찌 그것들과 간격이 있겠는가."[68] 이렇게 보면, 변영만의 영론은 왕양명의 영론에 대한 반박의 성격을 띠고 있음이 이해된다. 영은 사람 속만이 아니라 만물 속 곳곳에 존재한다고 말함으로써 변영만은 모든 존재의 근원이 되는 영명을 오직 사람에게만 인정하는 왕양명의, 변영만식으로 말하건대, 자만하는 인간 철학에 맞서고 있다. 변영만에게 인물동체의 경지가 가능하다면 그것은 사람의 타고난 영명한 마음을 정일(精一)하게 유지하고 활발하게 행사함으로써가 아니라 사람과 사물 모두를 똑같이 영적이게 만들어주는 만유의 근원으로 돌아가 합일을 이룸으로써다. 「여시관」에서 인온씨라고 불린 그 근원은 「몽담(夢談)」이라는 그의 글에서는 "대령(大

68) 왕양명, 정인재·한정일 역주, 『전습록』 2, 청계, 2001, 853쪽. 왕양명의 영론에 대한 설명으로는 정인재, 『양명학의 정신』, 세창출판사, 2014, 365~373쪽이 유용하다.

靈)"이라는 이름을 얻고 있다.[69)]

만물의 영에 관한 변영만의 추론은 그의 반(反)양명학적 심성론과 상관없이 그의 사상의 원천 속에 유교의 오랜 전통이 크게 자리를 잡고 있음을 새삼스레 깨닫게 한다. "위대하도다, 한 개 기(氣)의 덕(德)이여. 하나이면서 둘이 아니어서 만상이 그것에 의하여 생하는도다"라는 그의 「여시관」의 결어를 읽으면 『주역』의 우주론을 특징짓는 '생(生)함', 즉 생명의 낳음과 살림에 대한 대(大)긍정을 떠올리지 않을 수 없다. '인온'이라는 변영만의 키워드의 유래인 「계사」 하편에는 "천지의 큰 덕은 무엇인가. 생하는 것이다. 성인의 큰 보물은 무엇인가. 자리이다. 무엇으로 자리를 지키는가. 인(仁)이다. 무엇으로 인민을 모으는가. 재(財)다"라는 유명한 구절이 나온다.[70)] 변영만의 글 중에는 영과 관련하여 인을 말한 대목이 없지 않다. 사람은 언어와 사상이 조잡하고 엉성해서 우주의 큰 영과 합일하기가 쉽지 않지만 "인(仁)한 자만은 말이 되지 않고 조리가 서지 않는 상태에 있음에도 어렴풋이 사실을 이해하고 묵묵히 깨달음을 얻는다"는 구절이 있다.[71)] 이 인간과 우주의 영적 합일의 원리로서의 인이라는 언명은 만물이 자신과 별개라고 보지 않는 마음을 일러 인이라고 하는, 인간 심성에 대한 유교적 담론에 닿아 있다. 구체적으로는 "인한 사람은 천지만물을 자기와 일체로 여기니 그에게는 그 자신이 아닌 것이 없다. 천지만물을 모두 자기라고 인정하니 그

69) 「夢談」, 『변영만전집』 중, 388쪽; 「꿈 이야기」, 『변영만전집』 상, 644쪽.
70) "天地之大德, 曰生. 聖人之大寶, 曰位. 何以守位, 曰仁. 何以聚人, 曰財." 이 문구 중의 '仁'을 어떤 판본에서는 '人'으로 적는다. 朱子도 후자가 옳다고 보았다. 문장의 흐름으로 보면 후자가 자연스럽다.
71) 「夢談」, 『변영만전집』 중, 388쪽; 「꿈 이야기」, 『변영만전집』 상, 644쪽.

가 어디엔들 미치지 못하겠는가"라는 정호(程顥)의 테제에 닿아 있다.[72] 그러나 정호나 왕양명의 만물일체의 철학에서 인이 함유하고 있는, 인간 본성에 뿌리를 두고 있는 박애의 의미가 변영만의 인 개념에는 보이지 않는다. 영과 결부시켜 인을 거론한 그의 문맥에서는 확실히 그렇다. 아울러 그의 인은 '천지의 큰 덕'과 '성인의 큰 보물'을 이어놓은 「계사」 하편에 보이는 바와 같은 통치의 도덕적 원리로서의 인과 무관하다. 「몽담」에서 인이 가리키는 것은 한마디로 말해서 언어와 사변의 한계를 넘어서 우주의 영에 감응하는 인간 능력이다. 변영만이 인한 자에게만 인정한 종류의 이해와 각성은 보통 영통(靈通, communion)이라고 불리는 경험에 속한다.

그러므로 변영만의 영론은 유교의 고전적 어휘들에 의존하고 있지만 정통의 유교적 심성론을 좇고 있지는 않다. 만물에 편재하는 영이란 관념은 유교와는 다른 종교 교리의 영향을 느끼게 한다. 그런 점에서 그의 가정이 기독교와 상당히 깊은 관계가 있었다는 것은 예사롭지 않은 사실이다. 그의 후손이 증언한 바에 따르면 그의 어머니는 독실한 기독교 신자였으며, 그가 스스로 밝혔듯이, 그는 어린 시절에 비록 세례를 받지는 않았으나 교회에 다니기를 좋아했다.[73] 그의 첫째 아우 변영로(卞榮魯)는 십대 후반에 중앙 기독교 청년회(YMCA) 산하 학교의 영어반을 다녔고 나중에는 같은 학교의 영어 교사로 근무했으며 그 청년회의 지도

72) 주희·여조겸 편, 이광호 역주, 『근사록집해』 1, 아카넷, 2004, 115쪽. "仁者, 以天地萬物爲一體, 莫非己也. 認得爲己, 何所不至." 윙지 찬의 영문 번역을 참조하여 번역문 수정. *Reflections on Things at Hand : The Neo-Confucian Anthology*, compiled by Chu Hsi and Lü Tsu-ch'ien, translated with notes by Wing-tsit Chan, New York : Columbia Universty Press, 1967, p.19.

73) 한영규, 「변영만의 근대문명 비판—'觀生錄'을 중심으로」, 『대동문화연구』 55, 2006, 280쪽.

자였던 이상재(李商在)로부터 감화를 받았다. 둘째 아우 변영태(卞榮泰)는 미국인 감리교 목사 스크랜튼(W. B. Scranton)이 서울에 설립한 상동교회에 이회영(李會榮)의 독지(篤志)로 1908년에 부설된 청년학원에 다녔다. 이러한 변영만과 그의 형제들의 종교적 환경을 염두에 두면 그의 영론의 기독교적 구조에 생각이 미치지 않을 수 없다. 그의 인온일기(氤氳一氣)는 「창세기」의 '태초의 말씀'의 유교적 변형처럼 보이고, 그의 '일통지설(一統之說)'은 일신교(一神教)의 논리와 동일하게 보인다. 또한 자연의 만물 내부에 보편적으로 존재하면서 인간과 그밖의 사물을 근본적으로 통일하는 영이라는 그의 관념은 기독교의 유산으로부터 자라나온 '신령범유론(神靈汎有論, spiritual pantheism)를 연상시킨다. 그것은 특히 에머슨(R. W. Emerson)의 영 관념과 아주 흡사하다. 에머슨이 말하는 영은 인간에 있어서는 인간으로 하여금 친밀감과 외경감으로 자연에 대해 열려 있게 하며 궁극적으로 인간 존재 자체를 우주적 존재의 일부로 파악하게 하는 인간 내부의 생명을 가리킨다. 자연에 있어서는 자연 세계의 모든 사물이 통일을 이루어 그 세계가 한 개의 전체로서 현존하는 상태를 말한다. "우리는 세계를 하나씩 하나씩 나누어서 해로, 달로, 동물, 나무로 본다. 그러나 이것들은 빛나는 부분이 되어 전체를 이루고 있으니 그 전체가 영이다." 대자연이 개개의 인간 존재를 포용하는 동시에 여타의 존재와 일체가 되게 하는 순간에 대자연은 초령(超靈, the over-soul)이 된다.[74] 영의 힘 덕분에 개인은 권위와 관습에 휘둘리지 않는 자시(自恃, self-reliance)의 능력을 획득하고 아울러 개인 너머의 몰개성적이고 보편

74) "The Over-Soul", *The Selected Writings of Ralph Waldo Emerson*, New York : The Modern Library, 1992, p.237; 랠프 왈도 에머슨, 신문수 역, 『자연』, 문학과지성사, 1998, 137쪽, 번역문 수정.

적이며 영원한 생명과 하나가 된다.

변영만의 글에는 괴테와 블레이크를 비롯해서 많은 서양 문호들의 이름이 등장하지만 그중에 에머슨은 없다. 그러나 그가 에머슨을 읽지 않았다고 단정할 근거는 없다. 변영만처럼 한학 교양을 바탕으로 서양 공부로 나아간 최초의 한국인 세대에게 가장 인기 있는 미국사상가는 바로 그 미국 국민문화의 아이콘이었기 때문이다.[75] 에머슨의 유명한 에세이들이 한국의 엘리트들에게 반향을 일으킨 증거는 1910년대 일본 유학생의 글에서 쉽게 발견된다. 그 대표적인 예가 변영만보다 다섯 살 연하인 와세다대 유학생 장덕수(張德秀)가 1905년에 『학지광』에 발표한 「의지의 약동」이라는 글이다. 여기에서 장덕수는 동시대의 청년에게 "內的人(inner man)의 自覺"이 절실히 요망된다는 주장을 펴면서 유학의 숙어가 남아 있는 문체로 그러한 자각에 의해 비로소 가능한 이상적 인간을 자못 거창하게 말하고 있다. "거죽눈을 슬즉 감고 영안(靈眼)을 말게 떠서 만물(萬物)의 진상(眞相)을 통관(通觀)ᄒᆞ고 자기(自己)의 선 곳을 깨달으며 자기(自己)의 갈 길을 알고 자기(自己)의 가치를 인식(認識)ᄒᆞ야 자기(自己)의 사명(使命)을 다흠으로써 천지(天地)의 화육(化育)을 찬(贊)ᄒᆞ고 여천지(與天地)로 참(參)ᄒᆞ는 자(者)가 즉 그 사람이라."[76] 여기서 장덕수가 사용한 '자기'라는 말은 '위기(爲己)'나 '수기(修己)' 같은 유교 어휘 속의 자기를 연상시키지만 그것이 표시하는 개인의 재귀적(再歸的) 관계는 실은 유교의 우주론과 인성론의 범위를 벗어나 있다.

---

75) 崔南善 개인 장서가 보관된 고려대 도서관 육당문고에는 도가와 슈코츠[戸川秋骨]의 에머슨 에세이집 제2편 번역본(『エマーソン論文集』 下篇, 玄黃社, 1912)이 남아 있다.

76) 張德秀, 「意志의 躍動」, 『學之光』 5, 1915.5, 41쪽.

장덕수는 그토록 유능한 사고와 행위의 주체로서의 자기의 기초를 유교적이 아니라 기독교적인 우주관에서 구한다. 에머슨은 말하자면 그러한 형이상학적 정초(定礎)의 단서를 장덕수에게 시사한 인물이어서 장덕수는 에머슨의 자연론으로부터 신의 일부로서의 자아라는 명제를 빌려오는가 하면, 에머슨의 강연록『대표적 인간』중의 괴테편 — 괴테의 업적을 건전하고 광활한 자아 함양의 수범으로 묘사한 강연 — 으로부터 우주의 만상은 영의 발현이라는 공식을 가져오고 있다.[77] 장덕수의 자아주의의 가장 강력한 사상적 근거가 바로 에머슨의 영론이었던 것이다.

1910년대 한국의 청년 엘리트들이 어째서 에머슨에게 공명했는지는 알아내기가 쉽지 않다. 짐작컨대 그것은 그들의 사상의 새로운 준거로서 기독교적 교의가 비교적 중요했던 사정과 관련이 있을 것이다. 변영만 형제의 예가 말해주듯이 그들의 수학 시기에 기독교 교회의 영향은 그리 이례적이지 않았고, 장덕수를 비롯한 일본 유학생들의 글이 입증하듯이 그들에게 기독교의 어휘는 유교나 불교의 어휘만큼이나 친근했다. 한국인에게 에머슨은 그렇듯 친근한 기독교의 어휘로, 그러나 기성 기독교 사회의 교조적, 종파적 담론을 떠나서 인간 생활의 일반 문제에 대한 사색을 펼친 최초의 철인이자 시인에 해당했다. 게다가 에머슨의 사상은 아시아 재래의 종교들과 통하는 데가 적지 않다. 그

---

77) 위의 글, 43~44쪽. 장덕수가 에머슨의 괴테론의 예를 좇아『파우스트』중의 일절에 대해 논평한 대목에는 이런 구절이 나온다. "우리 青年이여 깨달으라 우리ᄂᆞᆫ 永遠히 새럽고 永遠히 創造ᄒᆞ는 者이니 우리의 선 곳은 無限한 우리 神의 宮殿이요 우리의 地位는 永遠한 우리 神의 子의 地位로다."(45쪽) 필자가 앞 절에서 거론한,『파우스트』가 변영만에게 주었던 매혹과 결부시켜 참조할 만한 대목이다.

는 1840년대, 그의 유명한 에세이집 제1편과 제2편이 나온 시기에 실제로 힌두교를 비롯한 아시아 종교에 진지한 관심을 가졌고, 그로부터 그의 사색에 유용한 교훈을 얻었다. 아시아 종교는 그로 하여금 프로테스탄티즘의 속박에서 벗어나 반(反)이원론적 영성(靈性)을 설정하는 데에 도움을 주었고, 특히 영의 몰개성에 관한 그의 이론을 강화하고 물질 세계의 환영성을 사유하도록 이끌었다고 한다.[78] 에머슨 사상의 친(親)아시아적 성분은 최초로 그 사상에 공감한 최초의 아시아인 학자와 시인들의 눈에 명확하게 보였다. 동아시아의 에머슨 수용사에서 기념비적 저작인 기타무라 도코쿠[北村透谷]의 『에머슨』(1894)을 보면, 에머슨 사상의 요점을 정리한 그 마지막 장에서 저자는 에머슨의 교리를 religion of nature라는 영어의 일역(日譯)인 "시젠쿄[自然教]"라고 지칭하고, 이어서 근대 유럽의 과학과 기술의 패권에 맞서 자연에 대한 신앙을 회복하려는 19세기 사상의 한 조류 속에 그것을 위치시키면서 그것이 특히 자연에 대한 "동서 두 세계에 거대하게 비장된 사상을 결합"했다고 평했다. 구체적으로 에머슨이 추구한 일원론적 우주론을 예로 들어, 그 기본 개념인 일(一)이란 동양과 서양의 신(神) 사상을 절충한 결과로, 동양의 신으로부터 "객관성의 心," 서양의 신으로부터 "주관성의 心"을 각각 취해 양자를 합일시켰으며, 이를 바탕으로 그의 자연교의 중추인 자연과 심의 조화를 추구했다고 설명했다.[79]

근대 일본과 한국에서 에머슨 수용은 낭만주의 문학의 탄생과 밀접

---

78) Lawrence Buell, *Emerson*, Cambridge, Mass. : The Belknap Press of Harvard University, 2003, p.173.

79) 北村透谷, 「エマルソン」, 『透谷全集』 3, 岩波書店, 1955, 100~108쪽.

한 관계가 있다.[80] 서양 낭만주의의 주요 인자 중 하나는 자기확신, 자기표현, 자기확대에 대한 서양인의 욕망이다. 낭만적 자아는 현실과 이상, 자연과 초자연, 유한과 무한, 인간과 신이 융일되는 경험을 추구하는 가운데 스스로를 지고한 창조적 주체로 실현한다. "낭만주의는 범신론이 신학에서 의미하는 바를 예술에서 의미한다"는 것은 정곡을 찌른 표현이다. 낭만주의에 있어서 신은 파우스트적 에고에 대한 인준이다. 신은 약하고 죄 많은 피조물을 구원에 값하는 존재로 변화시키기 위해서가 아니라 인간의 생래적 선(善)을 보증하고 인간의 팽창 충동에 성스러운 비준을 내려주기 위해서 존재한다.[81] 에머슨의 경우, 그가 프로테스탄티즘과의 관계에서 드러낸 복잡함의 많은 부분은 그의 낭만적 성향에서 기인한다. 그가 말한 초령은 바로 낭만적으로 이해된, 인간의 신격화를 확증하는 신에 대한 다른 명칭이라고 해도 무방하다. 일본 낭만주의의 영웅으로 손꼽히는 도코쿠 역시 그를 에머슨에 대한 연구로 이끈 정신적 편력 속에 자기확대에 대한 욕망의 궤적을 가지고 있었다. 낭만주의 시인으로서의 그의 탄생을 알린 「초수(楚囚)의 시」는 어떤가. 한편으로는 스에히로 뎃쵸[末廣鐵腸]의 『설중매(雪中梅)』를 비롯한, 이야기 속에 옥중(獄中) 공간을 도입한 종전의 자유민권운동 서사물과, 다른 한편으로는 16세기 제네바의 전제정치에 대항하여 싸우다가 투옥된 수도사 프랑수아 보니바르를 주인공으로 삼은 바이런(Byron)의 장시 「시옹성

80) 한국 낭만주의 문학의 원천으로서의 에머슨에 대해서는 이철호가 논의한 바 있다. 그의 『영혼의 계보—20세기 한국문학사와 생명담론』, 창비, 2013, 82~93쪽 참조.

81) Hoxie Neale Fairchild, "Romantic Religion", in *Romanticism : Points of View*(second edition), Robert F. Gleckner · Gerald E. Enscoe(ed.), Detroit : Wayne State University Press, 1975, pp.206~208.

(城)의 죄수(The Prisoner of Chillon)」와 연결되는 이 장시는 옥중(獄中) 유폐라는 소재를 이용해서 자유에 대한 열망을 노래한다. 시의 문면에는 애인, 친구, 세상으로부터 격리되어 홀로 죽음과 대면하고 있는 자의 그 자신에 대한 슬픈 연민과 함께 그의 유년의 고향으로 대표되는, 잃어버린 자유의 세계에 대한 절절한 상상이 두드러진다. 그는 그가 처한 세계와 다른 세계로부터의 신호와 같은 그의 의식 속의 환영을 끊임없이 응시한다. 「초수의 시」에서 감옥은 고문과 처벌의 형장이기보다, 마에다 아이가 조르주 풀레(Georges Poulet)를 응용하여 설명한 바대로, 화자가 상상 속에서 벌이는 "자기증식" — 분열(分裂)과 사산(四散)을 반복하는 자기증식이 끊임없이 계속되는 "몽환극" 극장이다.[82] 그의 몸은 감금되어 있으나 그의 영혼은 자유롭다. 그러므로 그가 그의 고립과 구속을 비탄하는 중에도 "나의 몸에도 …… 신(神)의 마음은 미치는도다"라고 말하는 것은 별로 이상하지 않다.[83]

영의 관점에서 보면 우주의 만물은 서로 분리되어 있지 않을 뿐만 아니라 동일한 물질적 형상으로 고정되어 있지도 않다. 그러한 사물의 특별한 존재 양식을 논의하는 중에 에머슨은 "자연의 일체는 인간 마음의 비유다. 도덕적 본성의 법칙은, 마치 거울 속의 얼굴이 실제의 얼굴에 대응하듯이, 물질의 법칙에 대응한다. (…중략…) 물리학의 공리는 윤리학의 규범을 번역한다"고 쓰고 있다.[84] 모든 사물이 물질이기를 그치고 상징(emblem)으로 화하는 세계는 말할 것도 없이 낭만적 상

82) 前田愛, 『前田愛著作集 5 都市空間のなかの文學』, 筑摩書房, 1989, 137~140쪽.

83) 「楚囚之詩」, 『透谷全集』 1, 29쪽.

84) "Nature", *The Selected Writings of Ralph Waldo Emerson*, p.17; 랠프 왈도 에머슨, 신문수 역, 『자연』, 문학과지성사, 1998, 45~46쪽, 번역문 수정.

상의 진원지이다. 도코쿠는 「초수의 시」의 몽환극 중에 변상(變相, metamorphosis)의 법칙에 따르는 사물들에 대한 비전을 삽입했다. 옥중의 화자는 철창 밖에서 새가 우는 소리를 듣고 상념에 빠진다. "나는 다시 속으로 의심한다 …… 이 새야말로 / 참으로 사랑하는 아내의 화신이려니 / 꾀꼬리는 나의 유령의 몰골을 돌아보고 / 날아가려 하지 않네 / 다시 노래 부르는 소리 시원하구나! / 나의 몇 년의 우울을 떨쳐주네."[85] 영의 변상이라면 그건 변영만이 주목한 논제였다. 그의 세대에서는 보기 드문 꿈에 관한 논설에서 그는 "대개 만물이란 곧 한 개의 대령(大靈)이 변화하여 나타난 것"이라고 전제한 다음 꿈이란 만물이 사람에게 말하는 방식의 하나라고 주장한다. 영통(靈通)을 원리로 하는 천인합일의 기적(奇蹟)적 성질을 강조하여 그는 "성스럽구나, 계시여! 신비롭구나, 상징이여!"라고 찬탄하기까지 한다. 도코쿠는 『에머슨』 출간 이후에 발표한 한 평론에서 시의 모태가 우주의 근원적 일체성이라는 지론을 펴면서 "종교가 하늘의 계시임과 같이 예술 역시 일종의 하늘의 계시이다"라고 주장했다.[86] 이것은 변영만이 들었다면 주저 없이 동의했을 명제이다. 변영만은 꿈을 계시의 일종으로 취급한 그의 논의를 이렇게 마친다. "나는 아노라. 앞으로의 예술은 상징을 버리고서는 그 진(眞)을 파악할 수 없고, 계시를 등지고서는 그 미(美)를 높일 수 없을 것이다."[87] 변영만의 영 관념이 예술론의 영역에서 낭만주의에 근접해 있음을 입증하는 문장이다.

---

85) 「楚囚之詩」, 앞의 책, 29쪽.
86) 「萬物の聲と詩人」, 『透谷全集』 2, 316쪽.
87) 「夢談」, 『변영만전집』 중, 388~389쪽; 『변영만전집』 상, 644~645쪽.

5. 한국 낭만주의의 전주(前奏)

서양사상사에서 19세기는 자연에 대한 진실한 지식의 자리를 놓고 수세기에 걸쳐 진행된 싸움에서 과학이 신학을 이긴 시기이다. 뉴턴의 물리학이 기계적 규칙성에 따르는 힘과 양의 세계를 발견한 이후 서양 과학은 자연이 신의 섭리를 상정하지 않고도 설명이 가능한 법칙의 체계임을 입증했지만 그에 따라 신학의 교리가 전면적 붕괴의 위기에 직면하지는 않았다. 뉴턴 자신 그 세계-기계가 지성적인 신에 의해 고안되었고 신의 목적을 표현한다고 믿었다. 18세기의 사상가들은 과학적 지식의 진전에 대응하여 기계적 자연 질서와의 관계에서 신이 하는 역할에 대한 이론을 개발하고자 했다. 그들은 심판자로서의 신 또는 구원자로서의 신보다 창조자로서의 신을 강조하는 노선을 취했으며, 시계처럼 정확하게 작동하는 세계-기계에 대응되는 성스러운 시계제작자로서의 신이라는 관념을 유행시켰다. 그러나 세계가 어떻게 생성되었는가에 대한 과학적 설명이 진전됨에 따라 자연 법칙을 고안한 신이라는 관념은 위태로워졌다.[88] 특히 진화론적 생물학은 결정적인 타격을 자연신학에 가했다. 유기체 구조들의 적응 형태를 자연 선택의 몰인격적인 과정으로 설명함으로써 신의(神意)에 의한 설계의 개념을 생물의 세계로부터 사실상 퇴출했다. 다윈은 그의 생애 후반기에 자연 세계의 '최초의 원인'에 관한 한 불가지론의 입장을 취했다. 물론 19세

88) John H. Randall, *The Making of the Modern Mind*, Boston : Houghton Mifflin, 1940, p.554.

기에도 독실한 기독교 신자들은 새로운 과학적 발견을 자신들의 신념을 더욱 공고히 하는 수단으로 여겼다. 그중에 19세기 중국에서 서양과학의 전파를 주도한 프로테스탄트 선교사들이 포함된다. 예컨대 19세기 전반에 과학과 의학을 처음으로 꾸준하게 보급하는 도입하는 데에 공헌한 인물인 벤저민 홉슨(Benjamin Hobson)은 자연신학의 입장에서 과학이론을 해설하곤 했다. 1849년에 간행된 그의 천문학 개요는 코페르니쿠스의 태양계를 뉴턴의 중력 이론에 따라 제시하고 신을 가리켜 우주라는 작품의 저자라고 했다.[89]

과학과 종교, 이성과 신념은 홉슨 같은 선교사들에게는 별개가 아니었을지 모르지만 서양과학과 종교의 내습을 당한 한국 유학자들에게는 그렇지 않았다. 한국의 유학자들은 그들이 서학이라고 부른 것을 연구하기 시작한 단계에 과학적인 것과 종교적인 것을 변별했을 뿐만 아니라 도와 기의 개념을 가지고 양자에 자주적으로 대응하는 논리를 고안했다.[90] 그러나 서양과학과 종교가 한국의 정치와 지식 엘리트들 사이에서 널리 지지를 받기 시작하고 서양산 과학과 종교 관념 및 편제가 이식되기 시작하면서 유교가 그 양 영역에서 자체의 전통을 유지하기 어렵게 되었다. 과학의 영역에서는 특히 그러했다. 서양과학과 기술이 국력 강화의 방책으로 대대적으로 도입된 이후 자연 세계에 대한 합리적, 실용적 지식 생산이라는 면에서 주자학의 한계는 명백했다.

---

89) Benjamin A. Elman, *On Their Own Terms : Science in China, 1550~1900*, Cambridge, Mass. : Harvard University Press, 2005, p.295.

90) 이익의 서교와 서학 구분에 대한 자세한 논의가 구만옥의 『조선 후기 과학사상사 연구 1 — 주자학적 우주론의 변동』, 혜안, 2004, 372~375쪽에 있다. 강재언에 따르면 동도서기론은 바로 이익에게서 시작되었다. 姜在彦, 『西洋と朝鮮 異文化の出會いと格闘の歴史』, 朝日新聞社, 2008, 93~104쪽.

자연학을 가리키는 재래 어휘인 격치조차 주자학적 자연학이 아니라 서양 자연과학을 가리키는 단어로 의미의 변동을 겪은 터였다. 유교가 스스로를 보존하기에 보다 적합한 영역은 종교였다. 20세기 초반 한국에서 종교는 그 고유의 영역에 대한 인식, 특히 통감부의 종교 정책 및 일본계 종교들의 조선 포교에 따라 점차 확산된 인식을 배경으로 출현한 새로운 개념이자 제도였다.[91] 「학규신론」의 박은식이 예증하듯이, 유교부흥의 주도자들은 근대적인 종교 제도의 중요성을 파악하고 있었고 유교의 교의를 그 제도에 적합하게 변형시키고 그 제도 속에 정착시키는 데에 관심을 가지고 있었다. 식민지시기 한국의 유교부흥은 사실상 종교운동이라는 형식, 특히 국가주의와 결합된 종교운동의 형식 속에서 가장 활기를 띠었다. 유교의 국교화(國教化)는 당시의 유학자들에게 필요할 뿐만 아니라 유망하게 보인 사업이었다. 캉유웨이가 시작한 공자교운동은 친일 유교과 반일 유교 사이의 스펙트럼 전체에 걸쳐 유교개혁운동의 표본이 되었다.[92] 또한 1900년대에 일본의 국체론과 결부되어 크게 선양되고 있었던 일본 양명학은 박은식과 최남선처럼 세대와 환경이 다른 계몽가들이 공히 주목한 근대적 유교의 전범이었다.[93]

---

91) 磯前順一・尹海東 編, 『植民地朝鮮と宗教』, 三元社, 2013의 제1부의 金泰勳과 張錫萬 논문 참조.

92) 유준기, 『한국 근대유교 개혁운동사』, 삼문, 1994, 41~133쪽 참조.

93) 1900년대 초판이 간행된 일본 양명학사의 창시적 저작에서 저자 이노우에 데츠지로는 일본 양명학이 "神道와 합일한다"고 주장했다.(井上哲次郎, 『新訂 日本陽明學派之哲學』, 富山房百科文庫, 1938, 410쪽) 이노우에는 도쿄제국대학 철학교수 재임 중인 1908년 히가시 게이지[東敬治]가 주동이 되어 창립한 陽明學會에 수석평의원으로 참여했다. 1909년 12월에 히가시 앞으로 박은식이 써서 양명학도로서의 우의를 표시한 두 통의 서한 본문이 남아 있다. 도쿄제국대학에서 철학을 전공한 다카세 다카지로[高瀨武次郎]의 『王陽明詳傳』은 박은식이 자신의 『王陽明實記』 저술에 이용했다고 장지연(張志淵)에게 보낸 서한 중에 스스로 밝힌 바 있다.(「與韋庵書」, 『白巖朴殷植全集』 5, 동방미디어, 2002) 최남선은 『소년』 1911년 5월

변영만은 근대 문화의 특징인 과학과 종교의 대립을 얼마간 알고 있었다. 그는 다윈주의 생물학을 종교에 대한 도전이라고 여겼고 그 공세로부터 종교적 신념을 방어하는 데에 관심이 있었다. 그가 종교운동 형식의 유교부흥사업에 관여했다는 증거는 없다. 그러나 앞에서 그의 영론을 검토한 결과가 말해주듯이 그는 유교와 기독교의 개념을 절충한 사유를 하고 있었고 그런 만큼 많았든 적었든, 지속적이었든 단발적이었든 간에 종교적 충동을 가지고 있었다. 그의 생애 후반기의 작품에 속하는 「관생록(觀生錄)」에는, 그의 종교적 성향과 관련하여 주목할 만한 문장이 있다. "유가와 묵가는 세상을 가지려고 하는 것이요 불교와 기독교는 세상을 버리려고 하는 것이요 도가는 가지기와 버리기의 중간에 있으려고 하는 것이다. 그것들 모두는 한 개의 몸으로 있으면서 그것들을 아우르고 완미하게 하는 것만 같지 못하다. 가지기와 버리기가 아울러지고 완미하면 그것들 모두에 해가 없을 것이다."[94] 변영만이 말하는 다섯 종교 교의의 종합이 어떻게 가능한지, 그 종합의 결과라는 아우름[兼]과 완미함[完]이 인간 생존의 어떤 상태를 가리키는지 불분명하지만 모종의 종교적 혹은 메타-종교적 달관이 그의 지적 관심의 중심에 있었음은 확실하다. 그 달관은 그의 영(靈)에 대한 발언을 참조하여 풀이하면 만물의 근원 혹은 실체와 자연스럽게 교합하는

호를 양명학 특집으로 꾸려, 왕양명 초상화와 함께 "明治維新 전후의 王學으로 得力한 名士"라는 소개하에 사쿠마 쇼잔[佐久間象山], 요시다 쇼인[吉田松蔭], 사이고 다카모리[西鄉隆盛]의 초상화를 내보냈고, 이어 양명학을 선양한 그 자신의 「王學提唱에 對하야」와 박은식의 『王陽明實記』 전권을 게재했다. 박은식 및 최남선의 일본 양명학과의 관계에 대해서는 최재목이 논의한 바 있다. 최재목, 「박은식의 양명학과 일본 양명학과의 관련성」, 『일본문화연구』 13, 2005; 최재목, 「최남선 '소년'지에 나타난 양명학 및 일본 양명학」, 『일본어문학』 32, 2006.

94) 「觀生錄」, 『변영만전집』 중, 71쪽; 『변영만전집』 상, 109쪽.

심(心)의 경지에서 일어나는 일이다. 「관생록」에 따르면 그 영과 심의 문화는 모든 나라, 모든 민족이 동일한 정도로 가지고 있는 것이 아니다. "물(物)의 나라가 있고, 기(氣)의 나라가 있고, 영(靈)의 나라가 있다. 서구는 다분히 물의 나라이고 중국 여러 지역은 기의 나라이며 한국, 유태, 인도는 영의 나라이다. 물의 나라는 반드시 이(理)의 성인을 낳고, 기의 나라는 반드시 윤(倫)의 성인을 낳고, 영의 나라는 반드시 심(心)의 성인을 낳는다." 그런데 20세기 현재에 이르는 동안 유태와 인도는 변화를 겪어 이와 윤의 세계로 각각 이동했고 한국이 유일하게 영의 세계에 남아 있다. 하지만 한국 역시 "세속의 부강으로 승리를 다투는 술책"을 택하고 있으니 어쩌면 본연의 영적 "덕성"을 잃어버릴지도 모른다. 변영만은 영의 나라로서의 한국의 보전을 위한 교화 작업을 자임하고 "대심학(大心學)"이라는 자칭하에 자신의 영성주의적 수양론을 개진한다.[95] 그래서 「관생록」은 어느 대목에서는 마치 교주(教主)의 설교처럼 들리기까지 한다.

「관생록」이 발표된 1936년 무렵은 자본주의 시장 경제에 대한 순응 풍조가 한국 사회의 넓은 범위에 걸쳐 가시적이었던 시기이다. 물질적 부와 힘의 획득을 위한 싸움이 인간 생활의 진리이며, 그 싸움에서 이기기 위한 실력의 습득이 인간 수양의 요체라는 생각은 이미 만인의 상식이었다. 변영만 아들 세대의 한 작가는 당시를 "서정시인조차 황금광으로 나서는 때"라고 썼다.[96] 게다가 한국 사회의 자본주의의 발전은 다원주의적이든, 유물론적이든, 인류 보편의 역사라는 관점에서 이

95) 『변영만전집』 중, 75쪽; 『변영만전집』 상, 118쪽.
96) 박태원, 『소설가 구보씨의 일일』, 문학과지성사, 2005, 118쪽.

해되기 시작한 터였다. 자본가들의 부와 힘의 추구는 진보로서의 역사, 그것 속에 스스로를 정당화하는 근거를 가지고 있었다. 변영만은 "세속의 부강"을 수단으로 하는 경쟁의 이치를 의심한 사람답게 역사라는 인간 세계에 대한 이해의 준거에 대해 회의적이었다. "여기 사람의 바다가 있는데 역사란 그 한 방울의 허광(虛光)에 지나지 않는다. 그러므로 진정한 학은 반드시 역사를 중히 여기지 않는 데서 일어나는 것이다"라고 「관생록」에는 적혀 있다.[97] 그가 말하는 대심학은 영성주의에 대한 그의 명칭이다. 대심학의 핵심 개념인 영은 부단하게 만물을 생성시키는 동시에 초역사적으로 존재하는 만물의 실체를 가리킨다. 대심학의 수련은 사람의 내면에 영과 교통하는 마음을 함양함으로써 자연적, 인간적 생명의 근원적 일체성을 되살려낸다. 영의 나라인 한국의 민족적 생명과 관련해서도 대심학은 복원적(復原的)이고 보전적(保全的)이다. 그것은 한국을 민족간 우승열패의 싸움에 휘말려 물(物)의 나라로 추락하지 않도록 방지하고, 그의 억지 많은 주장에 따르면, 옛날에 중국의 성왕(聖王) 순(舜)과 절사(節士) 백이(伯夷)를 배출한, 한국 민족 본래의 위대한 영성을 회복하게 한다. 데리다가 말하듯이, "무결한 것," 즉 순일하고 청정하고 순결한 것, 모든 모독, 손상, 침범, 병변(病變)이 일어나기 이전의 성스럽고 거룩한 것"은 종교의 문제 바로 그것이다. 자아 혹은 공동체가 본래의 오손(汚損) 없는 상태에 있도록 보호하거나 복구하려는 충동, 한마디로 "방역(防疫)" 충동은 종교의 주요 원천 가운데 하나를 이룬다.[98] 따라서 변영만의 영성주의는 종교를 자

97) 『변영만전집』 중, 74쪽; 『변영만전집』 상, 115쪽.

98) Jacques Derrida, "Faith and Knowledge", edited and with an introduction by Gil Anidjar, *Acts*

칭하고 있지 않음에도 불구하고 종교적이다. 한국을 영의 나라로서의 거룩하고 무구한 상태로 회복시킨다는 약속이기 때문이다.

변영만은 자신의 신념을 종교 교전으로 정리하지도 않았고 종교운동으로 발전시키지도 않았다. 근대 한국의 종교와 관련해서 그의 신념이 의의가 있다고는 말하기 어렵다. 그러나 문학과 관련해서는 그렇지 않다. 그가 다윈주의를 인간과 자연에 대한 합리적 설명으로 인정하지 않고 대신에 영의 우주론을 주장한 것은 유럽 낭만주의 문학가들이 뉴턴 이래의 기계론적 자연관에 맞서서 인간을 치유하고 보전하는 힘의 원천으로서의 자연관을 발전시킨 것에 견줄 만하다. 물질이 아니라 정신, 역사가 아니라 영원, 개별이 아니라 전체를 진리라고 여기는 그의 영성주의는, 이성의 폭정에 대한, 유교를 비롯한 한국의 재래 사상으로부터 자라난 낭만적 저항의 최초 형식이라고 인정할 만하다. 실제로 그는 만물에 편재하는 영과의 소통을 예술의 과업으로 간주함으로써, 그리고 "상징"과 "계시"를 예술의 불가결한 수단이라고 선언함으로써 그의 낭만적 입장을 명확히 했다. 물질 속에서 정신, 자연 속에서 초자연을 보는 힘은 그가 어쩌면 동시대의 한국문학이 보유하기를 간절히 바라던 바였을지 모른다. 정지용의 첫 시집에 대한 단평에서 그는 정지용(鄭芝溶)이 지금까지 "기분(氣分)"의 시를 썼을 뿐이라고 폄하하고

---

of Religion, New York : Routledge, 2002, p.48. 데리다는 무결한 것, 즉 안전한 것, 성스러운 것, 성인(聖人)스러운 것의 경험 외에, 모든 특수한 종교에 선행하는 신념의 경험, 즉 신용, 신뢰, 충심, 성의의 경험, 다시 말해 증언 혹은 간증을 낳는 경험을 종교의 또 하나의 원천으로 상정한다. 「신념과 지식」의 주요 내용은 그 두 원천이 어떻게 과학과 연관되어 있는가를 드러내는 작업, 즉 종교와 과학의 대립이라는 통념을 혁파하는 작업이다. 종교가 과학에 의존하거나 과학과 밀통하는 방식에 대한 데리다의 통찰은 대단히 교훈적이다. 다만 20세기 전반 한국 종교와 과학 현상의 설명에 얼마나 유용할지 의문이다.

당시에 "신비의 시인"으로 통하던 블레이크가 정지용의 요망되는 미래라고 말했다.[99] 변영만은 한국어 창작에 주력하지 않았고 그래서 근대 작가로서 성공하지 못했지만 낭만주의 문학의 창도자들이 종종 그러했던 것처럼, 과학과 구별되는 혹은 과학에 대항하는 문학이라는 근대적 문학 실천의 기초가 되는 관념을 창시했다. 그는 과학이 차가운 추상을 추구하며 소거하는 사물들의 느낌, 즉 사물들이 사람에게 주는 놀라울 만큼 친밀하고 신선하고 신비로운 느낌에 문학의 원천이 있음을 알았다. 그의 한학 교양 때문에 생기기 쉬운 오해와 달리 그는 미학적 이상에 있어서 동세대의 어느 누구보다 근대적이었다. 영성의 예술에 대해 숙고했더라면 그는 낭만적 시인을 우주와 인간의 영매(靈媒)로 현창하기를 주저치 않았을 것이다. 아마도 도코쿠처럼. "가을의 벌레는 그 슬픔을 시인에게 전하고, 하늘의 새는 그 자유를 시인에게 알린다. 감옥도 시인은 사절하지 않고, 벽공도 시인은 멀리하지 않는다. 천지는 한 개의 예술이다. 시인이 없다면 누가 능히 이 신비[妙機]를 열어 인간에게 말하랴."[100]*

99) 『변영만전집』 하, 274쪽.

100) 「萬物の聲と詩人」, 『透谷全集』 2, 318쪽.

* 이 논문은 2014년 『한국문학연구』 47집에 게재된 논문을 일부 수정한 것임.

경찰과 감옥, 과학과 종교 사이

장응진의 소설과 논설을 중심으로

조형래

1. 과학과 사법

알다시피 이인직과 이해조, 최찬식의 신소설에 나타나는 20세기 초반의 조선은 그야말로 현세의 지옥이었다. 전쟁과 같은 각종 이유로 말미암아 고아가 된 소녀, 처첩의 갈등이나 계모의 음모로 인해 집으로부터 쫓겨난 개인들은 세계 각지를 유랑하면서 온갖 시련에 봉착하지 않을 수 없었다. 부패한 관리는 가렴주구에만 몰두하고, 사방에서 화적떼와 살인자, 도둑, 사기꾼이 준동하고 있다. 무당과 결탁한 비복은 주인을 기만하고 편취하는 데 여념이 없으며, 그들의 음모로 집 안에서는 머리 없는 시체가 발견되거나 또는 손각시가 출몰한다는 등의 흉흉한 소문이 돈다. 이를 견디다 못해 출분한 여성들은 살인 청부를 받은 사내로부터 어린 아들과 함께 난자당하고, 심지어 멀리 도쿄의 우에노 공원 한복판에서 젖가슴을 움켜잡힌 채 칼에 찔리는 식으로 겁간이나 인신매매, 살해의 위험에 항상적으로 노출되어 있으며 집을 떠난 유약한 소년들 역시 그에 준하는 무수한 위기를 경유하지 않으면 안 되었다.[1] 이러한 류의 이야기가 신소설 내부에 국한되는 단순한 서사적 과장이나 픽션에 그치지 않는다는 사실은 당대 『황성신문』이나 『대한매일신보』의 잡보에 게재된 다수의 엽기적인 범죄 기사를 보면 확인할 수 있다. 확실히 현실에 엄존하는 위협이었던 그것은 신문 · 잡지 및 신소설이라는 글쓰기의 형식을 통해 일상적인 것으로 포착, 서술되고 또한 널리 알려지기 시작했다. 그런 만큼 살아남기 위해 필사적으로 분투하는 주인공들에 대해 독자들은 약육강식과 적자생존의 이법이 지배하는 세계 속에서 스스로가 그야말로 만인의 만인에 대한 투쟁 상태에 놓여 있다는 사실을 자연스럽게 긍정하거나 체득하지 않을 수 없었다.

따라서 신소설의 주인공 일반이 문명개화한 서구나 일본을 모델로 조선의 전면적인 개혁의 필요성을 요청하는 비전을 전가의 보도처럼 제시하면서 설유(說諭)하거나 아예 그러한 이념의 체현자로 귀결되고 있는 것은 사실 상당히 절박한 시대적 · 현실적 요구에 호응한 것이라고 간주하는 편이 타당하다. 그래서 신학문 교육과 습득의 중요성이 반복하여 강조되었던 것은 널리 알려져 있다. 그것은 신소설의 주인공이 생존하고 또한 금의환향하도록 하는 권위의 원천이었다. 한편으로

1) 이재선, 『한국 개화기 소설 연구』, 일조각, 1972.

근대적 경찰-사법제도의 공평무사한 작동에 대한 기대 또한 대단히 각별한 편이었다. 악인이 결국 법정에서 심판받는 것은 많은 신소설에서 공통적으로 나타나는 클리셰다. 신학문의 학과 일반을 지칭하는 용어였던 과학(科學) 그리고 사법 양자는 모든 구악을 합리적으로 일소하고 각양각색의 분쟁과 갈등을 해결하는 데우스 엑스 마키나처럼 형상화되어 있다. 뿐만 아니라 선악 간 극단적 대립을 도덕적으로 해소하고자 하는 멜로드라마적 구조를 뒷받침한다. 이러한 특징이 신소설이 제시했던 문명개화, 자주독립, 부국강병 등의 슬로건으로 대표되는 특정한 역사적 정치적 비전과 관계되어 있다는 것은 말할 것도 없다. 그래서 일반적으로 신소설이 내용에 있어서는 계몽적이며, 형식에 있어서 작위적이라고 오랫동안 비판되어 왔던 것일 터다.

그런데 『혈의 누』의 연재를 계기로 이와 같은 신소설의 형식이 이제 막 정초되기 시작할 무렵, 이와 유사하면서도 동시에 구별되는 가능성을 내포한 별개의 텍스트가 존재했던 것도 사실이다. 특히 1907년 1월 『태극학보(太極學報)』 제6호에 게재되기 시작했던 「다정다한(多情多恨)」이 대표적이다. 장응진이 '백악춘사(白岳春史)'라는 필명으로 발표한 것으로 알려져 있는 이 소설은 보통 신소설과 함께 거론되는 경우가 많았지만, 단편 정도의 분량이었을 뿐만 아니라 『만세보』에 연재될 당시의 『혈의 누』와는 구별되는 국한문 혼용체의 스타일을 취하고 있었다. 또한 문명개화와 같은 특정한 비전을 제시하거나 신학문 교육과 습득의 중요성을 강조하고 있지 않았으며 멜로드라마적 구조와도 거리가 멀었다. 그 대신 만민공동회와 같은 민회에 가해지는 정부의 탄압 및 그로 인한 실패에 대한 회의, 법률을 자의적으로 농단하는 관료 및 그것을 용인하는 제도의 오작동에 대한 비판이라든가, 사회운동에의 참여 및 좌절로 인한 투옥과 기독교로의 전향 등의 내용이 전경화되고 있었다. 이인직 소설에서 영웅적 주인공을 통해 직접적으로 표명되는 구질서의 유제(遺制)나 폐습에 관한 증오에 가까운 비판과 개혁에 대한 의지도, 이해조의 『빈상설(鬢上雪)』이나 『구마검(驅魔劒)』 등에서 나타나는 근대적 사법제도의 공평무사한 적용에 관한 무한한 신뢰도 「다정다한」에서는 찾아볼 수 없다. 그렇기는커녕 갑오개혁 이후 본격적으로 도입된 경찰, 법률, 관료, 감옥 등의 사법체제 전반이 일차적인 불신과 회의의 대상으로 되고 있다. 요컨대 「다정다한」에서 과학과 사법은 구세계의 폐단을 일소하는 합리적인 대안으로 간주되고 있지 않았다.

2. 경찰과 감옥의 암흑–「다정다한」을 중심으로

최근 10여 년 간 한국의 개화기 소설 및 서사 텍스트에 관한 논의의 기조는 현격하게 변화했다. 특히, 임화의 『신문학사』를 기원으로 하고 전광용의 『신소설연구』를 통해 정착된 이인직-이해조의 신소설 중심의 이해가 근대소설 발흥의 문제를 둘러싼 일종의 '고안된 전통'[2)] 으로

2) 이인직과 이해조, 최찬식의 신소설이 문명개화나 국민교육, 미신타파 등의 시대적 요청에 호응하는 문제의식의 수준이라든가 서사의 자기완결적인 구조, 세계관의 규모와 같은 다양한 부분에 있어서 동시대 여타 소설-서사텍스트에 비해 상대적으로 우수했다는 것을 부정하기란 쉬운 일이 아니다. 특히 「최병도 타령」을 위시한 전래의 서사적 형식은 물론이고 동

근본적인 검토의 대상이 되는 등 다양한 도전에 직면하게 되었다. 신소설은 당대 동아시아 3개국에서 유통되고 있었던 각양각색의 서사(조선의 '소설', 메이지 정치소설 및 번안소설, 만청소설 등)에 대한 복합적인 참조와 모방을 통해 형성된 이합집산의 산물이다. 이 과정에서 「일념홍(一捻紅)」 같은 신소설과 직접적으로 연결되는 한문소설[3] 및 1910년대 이후 대중적 독서물로 파생 / 변형되어 간 후기의 신소설이 아울러 새롭게 조명되기 시작했고, 일찍이 송민호와 이재선을 통해 그 존재가 알려진 바 있었던 「다정다한」이나 「몽조(夢潮)」 같은 단편 형식 또한 본격적으로 주목받았으며,[4] 특히 「소경과 앉은뱅이 문답」 및 「거부오해(車夫誤解)」를 위시한 이야기체 기사들이 대거 발굴, 정리되었다.[5] 다종다양한 번역 / 번안소설의 원전 및 번역 / 번안 경로가 서지학적으로 속속 확인되는 과정[6]에서 『금수회의록』 같은 몇몇의 신소설 또한 본래 번안된 것이었다는 사실이 새롭게 규명되기도 했다.[7] 더욱이 개화기

시대 일본과 중국에서 유통되고 있었던 소위 '新小說' 및 번역 / 번안 소설의 구성 성분을 단일한 국문 서사로 통합해 내는 데 있어서 다분히 선구적이었다. 아울러 권선징악의 테마와 관계되어 있는 범죄의 잔혹한 묘사 및 선악 간 극단적 대립을 도덕적으로 해소하고자 하는 멜로드라마적 서사 등의 형식적 장치(devices)가 신소설의 대중적 유통과 확산 그리고 이로 인한 잔존에 특별하게 기여했다. 여러 논란에도 불구하고 신소설이 개화기 문학의 우세종 내지는 정전으로 채택되어 오랫동안 기억된 것은 이러한 요인들이 복합적으로 작용한 결과였다는 점을 부정할 수 없다.

3) 권영민, 『서사양식과 담론의 근대성』, 서울대 출판부, 1999.

4) 송민호, 『한국 개화기 소설의 사적 연구』, 일지사, 1975; 이재선, 『한말의 신문소설』, 한국일보사, 1975; 양진오, 「기독교 수용의 문학적 방식과 그 의미에 관한 연구」, 『어문학』 제87집, 2004.

5) 권영민, 앞의 책; 정선태, 『개화기 신문 논설의 서사 수용 양상』, 소명출판, 1999; 김영민 · 구장률 · 이유미, 『근대계몽기 단형 서사문학 자료전집』 상 · 하, 소명출판, 2003.

6) 대표적 성과로 김종욱, 「쥘 베른 소설의 한국 수용과정 연구」, 『한국문학논총』 제49집, 2008; 손성준, 「『이태리건국삼걸전』의 동아시아 수용양상과 그 성격」, 성균관대 석사논문, 2007; 박진영, 「한국의 근대 번역 및 번안 소설사 연구」, 연세대 박사논문, 2010.

7) 서재길, 「『금수회의록』 번안에 관한 연구」, 『국어국문학』 제157호, 2011.

문학 및 각종 서사 형식이 대중적으로 유통될 수 있었던 제도적 / 물질적 기반 내지는 맥락(context)으로 작용했던 당대의 각종 미디어에 대한 집중적인 조명 및 각종 텍스트의 서지적 검토 또한 본격적으로 진행되었다. 이를 통해 기존에 간과되었던 각양각색의 텍스트가 논의의 대상으로 포함되면서 관련 연구의 규모와 범위가 양적으로나 질적으로 전례 없이 확장된 것이다. 그러면서 개화기 '문학의 도살장'[8] 속에서 역사적으로 도태될 수밖에 없었던 개별 작품과 기사들 또한 여러 이유에서 대대적으로 복권되었다. 이러한 과정을 거쳐 이광수의 『무정(無情)』(1917)이 출현하기 이전, 그러니까 대략적으로 1906~16년간의 시기는 사실상 노블 즉 근대 소설의 프로토타입에 해당하는 다양한 유형의 국문 서사 형식이 출현하여 경합했던 역동적인 전사(前史)로 탈구축되었다고 해도 무방하다.

역사적으로 이러한 경합이 시작되었던 것은 알다시피 이인직의 『혈의 누』가 『만세보』에 연재되고 또한 단행본으로 출간되었던 1906~7년간 전후다. 『혈의 누』가 연재 종료된 지 불과 2~3개월 후에 발표된 「다정다한」 또한 부지불식간 그러한 글쓰기의 실험에 호응하고 있었던 소설 가운데 하나였다. 공교롭게도 이해조 또한 거의 동일한 시기에 「잠상태(岑上苔)」(『소년한반도』, 1906.10~1907.4)를 통해 한문소설의 개작을 시도하는 것으로 그 과정에 참여하면서 소설가로서의 경력을 시작했다. 그러나 「잠상태」과 「다정다한」은 비슷한 시기에 발표된 서사라고 보기에는 믿을 수 없을 정도로 문체와 발상, 형식 등 여러 면에서

8) 프랑코 모레티, 조형준 · 김태환 역, 「문학의 도살장」, 『세계의 문학』, 민음사, 2001.

상당한 대극을 이룬다. 「잠상태」가 「영영전(英英傳)」이라는 원작이 있는 한문현토소설로서 국내 잡지인 『소년한반도』에 연재되었으며 결국 미완으로 그쳤다면, 「다정다한」은 실존 인물의 이력을 취재하여 집필된 국한문 혼용체의 '사실소설(寫實小說)'임을 내세워 도쿄에서 간행된 대표적인 유학생잡지에 발표되었고 일단 2회에 걸쳐 완결되었다. 이 해조는 확실히 전기(傳奇)와 같은 전래의 (환상적) 서사 형식을 개작하고자 했던 당대의 일반적인 발상에 기인한 장치의 재기능화[9]로부터 출발하고 있었다. 이에 비해 「다정다한」의 경우 그 제목은 물론 북송시대의 문인 증적(曾覿, 1109~80)의 송사(宋詞) 중 하나인 「화당란함점소광(畫堂欄檻占韶光)」의 한 구절에서 연유[10]한 것이지만, 20세기 이전에 널리 통용되던 관용구가 아니었던 만큼 한학에 대한 소양을 특별히 과시한 일이 없었던 장응진이 그 출전을 명지(明知)하고 있었으리라고 단언하기는 어렵다. 오히려 그것은 오자키 고요[尾崎紅葉]의 『타죠타콘[多情多恨]』(1896)을 통해 일반적으로 통용되기 시작한 수사였던 만큼 도쿄사범학교의 유학생으로서 유학생학회지 『태극학보』를 통해 문필 경력을 시작했고 동료들과 함께 해수욕을 나가는 등의 문명 생활을 영위했던 장응진 또한 이쪽을 의식하고 있었던 것으로 보인다.[11] 물론 누차 지

9) 종래의 소설을 개작한 다수의 한문소설 및 『신단공안』의 경우가 이에 해당할 것이다. 물론 그것은 기존에 존재했던 국문 문체와 같은 여러 특별한 장치를 재기능화했다. 프랑코 모레티, 조형준 역, 『근대의 서사시』, 새물결, 2001, 44~47쪽.

10) "畫堂欄檻占韶光. 端不負年芳. 依倚東風向曉. 數行淡仙粧. 停杯醉折, **多情多恨**, 冶染眞香. 只恐去爲云雨, 夢魂時惱襄王." http://www.shicimingju.com/chaxun/list/351974.html(강조-인용자.) 이 시에 관해 자문해준 동국대학교 김일환 선생님께 감사드린다.

11) 白岳生, 「海水浴의 一日」, 『太極學報』 제2호, 1906.9. 장응진을 비롯한 1900년대 도쿄 유학생이 향유했던 문명적 라이프스타일이 내포한 이중적 의미에 대해서는 조형래, 「학회(學會), 유토피아의 미니어처-근대계몽기의 지역학회 및 유학생 단체를 통해서 본 지역성과 고향의식」, 『한국문학연구』 제31집, 2006 상반기 참조.

적된 것처럼 그 내용에 있어서는 양자 간 별다른 유사성을 확인・발견할 수는 없다. 하지만 「다정다한」의 경우, 실제의 사적(事蹟)으로부터 취재한 '사실소설'에 입각하고자 했다는 점에서 종래의 서사 형식에 의존하는 비중이 상대적으로 적었다. 아울러 표지 상단에 '정치소설' 등의 표식을 부가하여 해당 소설의 성격을 미리 제시하고 규정하는 관행이 역사적으로 메이지 정치소설에서 기원했다는 사실도 참조해볼 법하다. 확실히 「다정다한」은 일본 소설의 선례 및 그것을 둘러싼 관행을 일정 부분 의식하고 있었던 것으로 생각된다.

잘 알려져 있는 것처럼 「다정다한」은 삼성 김정식(三醒 金貞植, 1862~1937)이라는 실존인물의 이력을 소재로 하고 있다.[12] 경무국장으로 재직하고 있었던 그는 순검 병력을 동원하여 만민공동회의 강제 해산에 항의하는 민회[13]를 진압하라는 명령을 정면으로 거부한다. 또한 이로 인해 목포 경무관으로 좌천된 후 하급 관원들에 의해 법률적 근거 없이 또는 그것을 확대 적용하여 가혹한 형벌이 이루어지고 있는 폐단 및 무지한 백성들을 현혹하는 미신의 근거지로서의 신당(神堂)을 철폐케 하는 등 "部下를 撫服ᄒᆞ며 舊習을 一掃淸新ᄒᆞ고 人民保護의 實을 益擧ᄒᆞ더니"[14]게 하는 성과를 거두었으나 곧 면직되어 버리고 만다. 이후 그는 교육 사업에 뜻을 두고 소학교 신축에 열성을 다하였으나 도리어 그것을 빌미로 시국사건에 연루되어 체포, 수감된다. 민회와 백성과 자신

12) 김윤재, 「백악춘사 장응진 연구」, 『민족문학사연구』 제12호, 1998.

13) 당대 만민공동회와 같은 민회의 구체적인 양상과 의미에 대해서는 정여울, 「근대계몽기 민족담론의 경계와 그 균열－기억되지 못한, 혹은 은폐된 '계몽의 외부'」, 『한국근대문학연구』 제4권 제2호, 2003. 특히 33~40쪽 참조.

14) 白岳春史, 「寫實小說－多情多恨」, 『太極學報』 제6호, 1907. 1, 50쪽(띄어쓰기는 인용자, 이후의 모든 인용에 있어서 동일한 원칙을 적용한다).

을 정도 이상으로 처벌하고자 하는 사법 제도의 혹독한 적용에 대해 일관되게 문제시하며 대립각을 세우고 있는 것이다. 그러나 그것은 "今古의 活學問과 外國의 新智識을 隱然自修"[15] 하는 것 또는 서구적 근대의 학습을 통한 과학과 사법의 힘으로 간단히 퇴치 가능한 구악(舊惡)이 아니다. 목포에서의 혹법(酷法)과 미신 정도가 그런 폐습에 해당할 뿐, 오히려 '선생'을 주로 핍박하는 것은 '건양 원년' 이후에 성립된 신체제하의 정부와 법률의 오작동에 있다. 좌천과 면직을 거쳐 누명을 쓰고 투옥되는 그 자신의 역정은 이러한 시대와의 불화에서 비롯된 것이다.

상부의 부당한 명령에 항의하여 경무국장직을 내던졌으며 악법과 구습 철폐에 앞장섰던 한 시대의 지사(志士)가 이제 하필 과거의 지인이었던 순검에게 체포되어 수감당하고, 수하(手下)였던 사환에게 동정 받는 처지로 바닥없이 전락해버린다. 그가 중죄인처럼 문초당하고 있는 현실 및 사실상 "生前地獄"인 감옥서(監獄署)로 이감된 후 "도야지우리 ᄀᆞᆺᄒᆞᆫ 젹은 房에 罪人은 充滿ᄒᆞ고 臭氣ᄂᆞᆫ 紛紛ᄒᆞ여 鼻柱를 觸ᄒᆞ며 이곳뎌곳에셔 呻吟ᄒᆞᄂᆞᆫ 소릐 傷心嘆泣ᄒᆞᄂᆞᆫ 景光 人으로 ᄒᆞ여곰 正視키 難ᄒᆞ고 人으로 ᄒᆞ여곰 二度 聞치 못ᄒᆞ"[16] 는 처참한 상황 속에서 그야말로 한없는 부자유와 고통을 절감하지 않을 수 없다. 물론 그곳은 갑오개혁을 전후하여 기존의 전옥서(典獄署)를 개편하여 설립된 한성감옥서(종로감옥)를 지칭하는 것일 터이다. 1898년 1월 '감옥규칙(監獄規則)' 및 '감옥세칙(監獄細則)'의 제정 및 공포에 따라 감옥서장의 책임하에 미결감과 기결감을 분리하고 남녀, 공범 간 동반 수감을 금지하며 입감(入

15) 위의 글, 46쪽.
16) 白岳春史, 「寫實小說－多情多恨」, 『太極學報』 제7호, 1907. 2, 50쪽.

監), 영치(領置), 정역(定役) 등의 원칙 및 수감생활의 세세한 규칙(청결과 위생의 최우선시, 부녀-유아의 동반 수감의 허락, 환자의 격리 수용 등)이 성문화(成文化)된 근대적 법령에 의해 운영되어야 할 감옥의 현실은 그렇지 못하며 실로 '생전지옥'이다. 문초 즉 일종의 재판을 거쳐 미결수에서 기결수로 이감된 그에게 있어서 유일한 위안이 되었던 평양 출신의 '선편(先便)' 또한 그렇기 때문에 여름을 넘기지 못하고 병에 걸려 불귀의 객이 되어버리고 만다. 외부와 마찬가지로 성문화된 법령과 실제의 현실이 한 없이 유리되어 있는 감옥에서 그는 아무 것도 할 수 없으며 모든 고통을 감수하지 않으면 안 되는 세상의 가장 낮은 위치로 떨어져버린다. 요컨대 감옥이란 예전에는 지사로서 자각할 수 없었던 그 자신의 비참과 미소(微小)와 무력을 절실히 의식하도록 하는 최초의 장소로 형상화되어 있다.

본래 "不世의 大事業을 成ᄒᆞ야 一世의 耳目을 驚動ᄒᆞ며 千秋의 雄名을 遺傳"하고자 하는 입신양명에 대한 전통적 사고에 입각해 있었던 선생은 그가 찾아다녔던 허다한 "異人道僧"과 "奇士術客"이 한낱 허명에 지나지 않았다는 사실을 깨닫고 "今古의 活學問과 外國의 新智識을 隱然自修"하고 있던 차에 "建陽 元年 돌아와서 天運이 泰回에 國運이 維新"[17]하는, 즉 2차 김홍집 내각이 집권하고 태양력의 채용을 공식화하는 역사적 반전 속에서 경무국장의 직위에 오른다. 그러나 그가 체득한 학문과 지식 그리고 무엇보다 새로운 시대가 공포한 법에 내포되어 있는 원칙과 현실 사이의 괴리에 의한 시대와의 불화를 타개하지 못하

---

17) 이상 白岳春史, 「寫實小說－多情多恨」, 『太極學報』 제6호, 1907.1, 46쪽.

고 결국 수감되기에 이른 것이다. 공교롭게도 그것을 가장 절실히 체감하게 되는 계기가 바로 경무청(경찰)과 감옥서 내에 있다. 특히 중앙의 경무국장에서 지방의 경무관으로의 좌천 그리고 면직 후 재야로 물러나 사회운동가로의 변신을 도모하던 순간에 체포 투옥되는 식으로 신분이 급전직하(急轉直下)하는 재반전은 종래의 군신 관계 내지는 반상(班常) 질서 속에서는 결코 경험될 수 없는 성질의 것이다.

특히 그는 '형률명례(刑律名例)'(1896)와 '형법대전(刑法大全)'(1905)의 제정과 공포 이전까지 『대명률(大明律)』에 기초하여 지역・친족 공동체로부터의 영구적인 축출과 격리에 입각한 형벌로서 주로 신체형과 함께 부과되었던 유형(流刑)이나 신체형과 노역형의 결합 형태로 시행되었던 도형(徒刑)과는 여러모로 변별되는 구금형에 의해 처벌되고 있다. 그것에는 일체의 신체형이 배제되어 있다. 또한 형벌의 종류와 정도가 신분에 따라 달리 결정되지 않을뿐더러 수령의 재량 여하에 따라 죄인의 처분이 유동적으로 확정되지도 않는다. 무엇보다도 지역 주민에 대한 훈도(薰陶)나 집필 등을 통해 유교적 사회질서 내부의 복권을 도모하는 등의 가능성 또한 일체 허락되지 않는다. 그러므로 선생의 옥고(獄苦)란 사실 신체제가 구축한 (불완전한 형태이기는 하지만) 근대적 경찰-(사법)-감옥 제도를 전제하지 않으면 도저히 불가능한 체험이다. 더군다나 과거 자신이 부리던 순검과 사환에 의해 동정 받게 되는 극적인 신세의 역전 및 이로 인한 통절한 자기모멸이란 전적으로 이러한 체제 내에서 성립한 새로운 사회적 관계에 의해 체감되는 감정인 것이다.

앞서 언급했다시피 이러한 체험이 극대화되는 장소가 감옥소다. 과거 하급자였던 이들의 동정에 의한 자기모멸에 더하여 생전지옥인 그곳 내부의 비참은 "先生은 原來 軟弱흔 身體에 무겁고 무거운 착拷를 이긔지 못흐야 길고 긴 놀에 안졋다 누엇다 前途를 沉思흐며 길고 긴 밤에 甘夢을 不成흐고 허리가 끈어지는 듯 展轉自嘆" 하는 신체의 끔찍한 불편과 고통까지 수반한다. 그러므로 "허허 人이 스스로 經驗치 못흐면 凡事가 이럿코나 내 前日 警務局長으로 在任 時에 幾百의 不幸흔 者를 如此히 惡刑에 處흐엿든고 許多흔 怨恨을 世上에 싸앗도다. 頃刻後에 思想이 또 一變흐면 怒氣가 騰騰흐야 痛罵 曰 無罪흔 人을 如此히 惡刑흐고! 한번 내 손에 權利만 도라오면 ……"[18]과 같이 이렇게 세계의 바닥으로 떨어져 버린 처지에 대해 탄식하고 분노하며 통곡하고 꾸짖는 온갖 감정이 천변만화하는 가운데 스스로의 불행을 예민하게 반추하는 자의식의 미묘한 왕복 운동이 전경화된다. 그것은 실제의 감옥소가 과거 선생의 이상에 비추어 '감옥규칙'과 '감옥세칙'이 천명하고 있었던 법치에 입각한 옥내와 죄수 관리, 청결과 위생의 원칙에 의해 운영되어야 할 감옥이라는 문명개화의 폐쇄된 유토피아(Utopia) 즉 어디에도 없을 이상의 장소와 극명한 대비를 이루는 가운데 출현하고 있다. 심지어 유일하게 자신을 위무해주던 '선편'까지 감옥 내부의 비참한 환경에 의해 목숨을 잃고 만다. 그곳에서 역설적으로 두드러지는 것은 감옥 내외를 둘러싸고 있는, 끝을 알 수 없는 암흑이다. 그러므로 '건양 원년' 이후 성립된 세계 전체란 다시금 어떤 원리도 적용되거나 관철되지 아니하는 도무지 불가사의한 운명의 장난만이 작용하는 형국이 된다. 신체제가 조성한 가장 밑바닥, 폐쇄된 채로 텅 비어 있는 장소에까지 홀

18) 이상 白岳春史, 「寫實小說－多情多恨」, 『太極學報』 제7호, 1907.2, 50쪽.

로 떨어져 버린, 스스로의 미소함을 온몸으로 체감하고 있는 선생에게 있어서 그러므로 감옥의 무한한 암흑은 사실상 불가사의한 우주 전체라고 해도 좋다.

이것은 비단 선생 고유의 체험이 아니다. 마에다 아이에 따르면 파스칼의 『팡세』에 나타난 고도(孤島)의 이미지는 루소가 자발적으로 스스로를 유폐시킨 감옥으로서의 생피에르섬의 형상과 대조된다. 몽상의 골몰에 자족하는 자발적인 폐쇄 공간인 후자에 비해 전자는 도무지 어디인지 측량 불가능하고 탈출하는 것도 불가능한, 광막하고도 어두운 우주의 폐색된 장소다. 그곳에 갇힌 '나'는 "광대한 우주의 미소한 한 점에 불과한"[19] 자신의 모습을 자각하며 인간의 지식이 무한한 공간과 대치되고 있는 사태를 그야말로 절감하지 않을 수 없는 존재다. 감옥으로서의 우주에서 방황하는 미소한 존재인 인간이라는 이미지는 조반니 피라네시의 판화 〈환상의 감옥〉 연작을 통해 나타나는 기괴한 미궁적인 감옥 내부에서 가망 없는 절망적인 도주를 감행하는 개인의 형상으로 연결되며 그것은 탈출과 비상을 희구하는 낭만적 자의식의 프로토타입에 해당한다. 그러나 피라네시의 〈환상의 감옥〉 연작이 보다 중점을 두고 있었던 것은 낭만적 정신이 아니라 감옥의 미궁이 환기하는 바로크적인 장대함이고 그 속에서 방황을 거듭하지 않을 수 없는 개인들이 처한 무한한 공간의 공포였다.[20] 이는 한편으로 메이지 일본에서 만년의 미야자키 무류[宮崎夢柳]와 기타무라 도코쿠[北村透谷]가 자유 민권 운동의 좌절을 계기로 감옥의 어둠에 대해 각별한 관심을 보

19) 前田愛, 「監獄のユトピア」, 『都市空間のなかの文學』, 筑摩書房, 1988, 103쪽.
20) 前田愛, 앞의 책, 105쪽.

였던 사례와 연동된다. 하지만 무류가 시대 상황을 비추는 거울의 상 즉 문명개화 이면의 어둠을 지칭하는 것으로서의 감옥의 이미지에 집착한 데 반해, 바이런의「시옹의 수인」으로부터 영감을 얻은 것임에 틀림없는 도코쿠의『수인(囚人)의 시(詩)』(1889)에서 감옥의 암흑이란 사실상 폐쇄적 자의식의 유비 자체가 되고 있다. 마에다 아이는 조르주 풀레를 인용하면서 이와 같은『수인의 시』의 자의식이 도저히 동일시가 불가능한 스스로의 상을 도처에 투영하면서 그것을 보는 것을 결코 중단하지 못하는 고통 즉 시선의 지옥에 영원히 포박될 수밖에 없는 어둠 그 자체가 되고 있다고 쓰고 있다.[21)]

「다정다한」의 선생에 있어서 감옥을 둘러싼 어둠이란 물론 일차적으로 파스칼적인 의미를 갖는다. 앞서 언급한 바와 같이 그가 계속해서 불화할 수밖에 없는 시대의 전체상이란 포착될 수 있는 성질의 것이 아니며 좌천과 면직, 수감으로 이어지는 불운의 연쇄는 도무지 납득 불가능한 것이다. 그렇기 때문에 그는 감옥이라는 밑바닥의 어둠 속에서 분노와 탄식과 통곡과 타매(唾罵)를 거듭 반복하면서 스스로가 철저히 무력하고 왜소한 존재로 전락했다는 사실만을 수긍하지 않을 수 없다. 그는 사면이 벽으로 가로막힌 텅 빈 암흑의 장소에 최종적으로 홀로 남겨진 것이나 다름없다. 실제로 먼저 죽어버린 동료를 제외한 다른 이들에 대한 인상은 대단히 흐릿하다. 물론 그것은 감옥 내외의 현실에 관한「다정다한」의 빈약한 묘사에 의한 것이며 또한 일체의 사건을 해설하고 논평하여 독자에게 직접적으로 전달하는 서술 전면에 나선 화

---

21) 위의 책, 137~139쪽.

자의 존재에 입각한 기존의 '-더라'체에 의존할 수밖에 없었으며 리얼리즘적 문체가 정초되지 않은 시대적 한계로부터 비롯된 것이다. 그럼에도 불구하고 선생이, 한 차례의 역사적 반전을 거쳐 자신이 신뢰하게 된 신체제의 질서와 의미가 퇴색되어 버리는 일련의 과정을 통해, 불가사의한 운명의 장난이라는 그 처음도 끝도 알 수 없는 거대한 규모의 암흑에 압도되어 버린 최초의 인간의 형상으로 출현했다는 사실은 확실하다. 그것은 한편으로 미야자키 무류가 천착했던 것과 유사하게 사회운동의 실패로 들여다보게 된 문명개화(경찰-사법)의 이면이 포착되고 있는 현장인 것도 맞다. 그러나 선생의 자의식이 역사적으로 남다른 폐쇄적 형태로 출현한 것은 분명하지만 도코쿠의 시선의 지옥에 포박된 것은 아니다. 오히려 「다정다한」의 선생은 『팡세』의 해법을 답습한다. 그것은 감옥을 둘러싼 암흑 일체를 해명할 수 있는 새로운 전일적인 세계상을 발견하고 전적으로 수용하는 것이다.

기독교로의 전향은 이러한 경험 이후에 비로소 이루어진 것이다. 물론 그 과정과 맥락 역시 그다지 핍진하거나 구체적이지 않다. 단지 『천로역정』을 읽은 '선생'의 주도로 감방 동지들과 함께 성경을 읽고 일제히 감복하여 신앙을 갖게 된 것뿐이다. 물론 여기에 서구가 이룩한 진보와 문명의 저변을 형성하고 있는 정신문화의 대표로서의 기독교의 의미라든가 인류 원죄를 대속한 예수를 그리스도 즉 구세주로 영접하기 위한 참회와 회개와 같은 행위가 개입할 여지가 없으며 별반 중요한 것으로 취급되지도 않는다. 보다 중요한 것은 저자 존 버니언이 감옥에서 『천로역정』을 집필한 것 및 예수 그리스도가 인류의 죄를 대속하여 십자가에 못 박힌 사건, 특히 화재가 난 배에서 아들을 살리기 위해 자신의 목숨을 희생하고 해저로 침강해버린 어머니의 일화 등에 대한 선생의 동일시, 그리고 그것에 의한 극적인 전회다. 즉 기독교의 세계에서 원래의 위치에서 전락한 자는 선생 혼자만이 아닐뿐더러 오히려 대단히 각별한 의미와 가치로 환원되는 통과의례 같은 것이다. 이를 통해 도무지 이해 불가능하고 수긍하기 어려웠던 감옥 내외의 암흑과 비참이 새로운 인간으로의 갱생을 도모하는 시련의 의미로 재구성된다. 그는 이제 세계로부터 버림받은 자가 아니다. 그의 시련은 더 이상 개인적 불행에 그치는 것도 아니다. 궁극적으로 신의 섭리에 의해 세계는 의미를 가지는 것이 된다. 일생에 걸친 그의 방황은 이렇게 종식된다. 독서와 신앙을 통해 체득한 이러한 진리가 그 자신의 마음의 평정을 회복하도록 하고 있다. 선생의 투옥으로 인해 가족이 궁핍에 시달리고 있는 데서 알 수 있는 것처럼 그가 기독교를 받아들인 후에도 현실 자체는 전혀 달라지지 않았다. 바뀐 것은 세계를 응시하고 이해하는 그 자신의 시선이다. 그렇게 외부의 대상 일체를 수렴하는 내면이라는 소실점이 정초되고 있는 것이다. 그러므로 「다정다한」은 사실상 건양 원년을 경계로 한 구세계와 신체제 양쪽 모두와 불화를 거듭하지 않을 수 없었던 한 개인의 내면적 드라마에 관한 최초의 소설이라고 해도 과언이 아니다. 물론 앞서 언급했다시피 이러한 갱생의 이야기가 경무국과 감옥소를 경유하고 또한 지양하는 과정 즉 근대적인 의미의 경찰-사법-감옥 제도를 전제하고 이루어지고 있다는 것도 의미심장하다. 또한 선생이 체득한 기독교적 의미의 통과의례는 선생 개인의 내면적 드라마에 그치지 않고 가족에게까지 확대되어 적용된다. 즉 그는 자신을 포함한 인접한 개인들의 삶의 불행이 더 이상 불가사의한 운명의 암흑으로 남아 있는 세계 대신 시련과 갱생이라는 형이상학적 의미를 갖게 되는, 신의 원리가 관철되는 새로운 유토피아를 몽상하고 있었던 것이다. 그것의 다른 이름이 바로 기독교다. 그러므로 「다정다한」이 무죄한 인민들을 죄인으로 몰아붙이는 혹법이 지배하는 현세 대신 그러한 부조리 일체를 신이 부여한 시련의 의미로 받아들이는 기독교적 사고에 입각한 개인적 각성과 수용을 새로운 가능성의 중심으로 빈약하나마 상정하고 있었던 것은 사실이다. 이러한 「다정다한」의 시대와의 불화로 인한 감옥 체험과 기독교적 갱생의 드라마가 동시에 유사한 체험을 소재로 취한 동시대 몇몇 신소설 작품의 내용과 질적으로 구별된다는 것은 확실하다. 「은세계(銀世界)」(1908)의 경우처럼 무죄한 인사가 영어의 몸이 된 후 그 옥고로 인해 죽음을 맞이했다는 소식이 간접적으로 전해지는 것이라든가, 또는 앞서 언급한대로 구습과 물신(物神)에 미혹된 악인이 응분의 대가를 받고, 그로 인해 누명을 쓴 주인공의 결백이 밝혀지는 등 대부분의 신소설이 선망했던 권선징악과 사필귀정의 원리가 관철되는 문명개화의 장소로서의 재판정에 참석한 개인들의 면모에서 선생이 경험하고 있는 것 같은 전환을 발견하기란 무리다. 오히려 이 두 소설에서 무죄한 개인들의 누명이라는 계기는 주인공의 문명개화를 둘러싼 모험, 외유를 촉발하는 동기부여로 전환되는 것이 보다 특징적이다.

한편 「다정다한」이 보통 「몽조」나 「성산유람기」(『성산명경(聖山明鏡)』), 『고목화(枯木花)』, 『금수회의록』, 『경세종(警世鐘)』 등 서양 문화의 정수로서 기독교의 도입을 통한 구습 혁파의 필요성을 역설하는 소설과 함께 논의되었던 것도 당연하다고 할 수 있다.[22] 그런데 이들 소설 대부분은 토론체로서 여타 주제와 마찬가지로 기독교의 중요성에 대해서도 직접적인 연설의 수사를 취하고 있었다. 그것은 권보드래가 지적한대로 「서호문답」이나 「여우와 고양이의 문답」 같은 개화기 신문의 문답체 기사와 맥락을 같이 하고 있는 것이라고 할 수 있다.[23] 예외에 해당하는 「몽조」나 「고목화」 역시 기독교와 관련된 부분에서는 유독 전도 마누라라는 특정한 인물을 매개로 성경 내용의 일부를 거의 그대로 소개하는 식으로 사실상 비교적 논설에 가까운 문체로 처리하고 있다. 물론 기독교가 일종의 대안적 위치를 차지한다는 점에서 이들 소설과 「다정다한」은 상호 유사한 비전을 제시하고 있다. 그러나 후자의 경우 주인공의 심정적 전회에 결정적으로 작용한다는 점에서 기독교는 서사적 구성과 보다 밀접한 관계를 갖는 장치다. 뿐만 아니라 특정한 사회적 비전과 직접적으로 연결되고 있지도 않다. 그러므로 장응진의 여타 소설 외에 「다정다한」과 근접한 서사적 구성을 가진 동시대의 소설은 사실상 반아(槃阿)의 「몽조」 이외에는 없다고 해도 좋다. 그러나 「몽조」조차 미완에 그쳤을 뿐만 아니라 정부인의 회개가 전도 마누라의 직접적인 언설을 통한 설득에 의해 이루어지고 있다는 점에서 「다정다한」과는 상당히 맥락을 달리 한다. 다만 과거 개혁 운동에 투신했다가 역적으로 몰려 감옥에서 생을 마감한 남편 한대흥의 부당한 죽음이 그러한 정부인의 심적 전회를 가능하게 하는 시련의 원인으로 주어져 있다는 점에 있어서 일정 부분 유사하다는 사실만큼은 마땅히 지적되어야 할 것이다.

22) 양진오, 「기독교 수용의 문학적 방식과 그 의미에 관한 연구」, 『어문학』 제87집, 2004.
23) 권보드래, 「신소설에 나타난 기독교의 의미 –『금수회의록』, 『경세종』을 중심으로」, 『한국현대문학연구』 제6집, 1998, 15~19쪽.

3. 무한의 우주와 미소한 개인

그러나 「성산유람기」의 최병헌이나 『경세종』의 김필수, 그리고 안국선 등과 달리 장응진의 경우 기독교도로서의 이력이 그다지 두드러지지 않았다. 오히려 1900년대 후반 장응진의 문필 활동에서 부각되었던 것은 국민교육에 대한 비상한 관심 및 그것의 방법적 기초를 이루어야 할 과학에 대한 일관된 신뢰다. 도쿄사범학교를 졸업하고 귀국 이후 각종 교육운동에 참여하였을 뿐 아니라 휘문고보의 학감으로 재직하는 등 일생에 걸쳐 교육자로 살아간 그의 경력에 비추어 이것은 별로 이상한 일이 아니다. 그러나 근대 과학이 종교와의 배타적 관계 속에서 스스로를 정립해갔다는 역사적 통념을 감안할 때, 딱히 독실한 기독교도로서의 행적이 두드러지지 않았던 그가 「다정다한」을 쓰고, 또한 그것의 종교적 비전에 반하는 것으로 여겨지는 과학적 지식과 교양의 중요성을 강조한 여러 논설을 발표했다는 사실은 일견 해소불가능한 모순처럼 보이기도 한다. 실제로 장응진은 『태극학보』의 편집인으로서 창간호(1906.8)에 「공기설(空氣說)」, 제2호에 「화산설(火山說)」, 제3호에 「아국(我國) 국민교육의 진흥책」을 발표하는 등 자연과학적 지식 및 교양의 확산에 주력하는 것으로 본격적인 글쓰기의 경력을 시작했다. 뿐만 아니라 예컨대 4호에 발표한 「진화학 상 생존경쟁의 법칙」에서 그는 생존경쟁으로 인한 자연도태의 원리가 인류 사회 전반에 고스란히 적용된다는 사회진화론의 과학을 믿어 의심치 않고 있었다.[24] 뿐만 아니라 생리학-생물학적 지식에 기초하여 인간 행동과 심리, 언어에 대한 이해를 도모하고자 했던 당대의 많은 논설의 대표격에 해당할 「심리학 상으로 관찰한 언어」에 따르면 사물 일체는 지각에 의해 인간의 기억을 환기하고 심상 및 관념으로 환원되며, 이 모든 것은 음성이라는 매질(媒質)을 통해 언어에 의해 언표되고 의사소통 또한 이루어질 수 있다.[25] 의미나 심상의 복현(復現), 사상의 교환 등 그 무형(無形)의 일체가 소위 운동이라고 명명된 감각기관의 작용에 의한 물리적인 메커니즘으로부터 자유롭지 않다고 설명하고 있다는 점에서 인간 심리 일반에 대한 과학적인 이해를 추구하고 있다. 이는 1900년대 들어 식민화의 위협에 직면하여 약육강식과 적자생존, 우승열패의 논리에 입각한 사회진화론에 대한 회의가 일어났으며 그 대안으로 기독교적 세계관의 중요성이 강조되기 시작했다는 맥락에서 당대의 몇몇 소설을 설명하는 기존의 논의와 배치된다.

무엇보다도 장응진은 「다정다한」을 발표하기 불과 한 달 전, 1900년대를 통틀어 과학에 관한 가장 체계적인 정의를 시도하고 있었던 논설 「과학론」을 썼다.

> 吾人 人類의 居生ᄒᆞᄂᆞᆫ 地球가 雖云廣大ᄂᆞ 彼 無窮히 廣闊ᄒᆞᆫ 宇宙에 對比ᄒᆞ면 滄海의 一粟이 莫如ᄒᆞ고 吾人의 一平生 生活ᄒᆞᄂᆞᆫ 時間이 雖云百年이ᄂᆞ 彼 無限히 永遠ᄒᆞᆫ 時間에 比ᄒᆞ면 一瞬萬年의 比가 아니라 비록 吾人 人類가 地球上에 栖息ᄒᆞᆫ 以來로 今日ᄭᆞ지의 年代로셰도 彼 無限히 永遠ᄒᆞᆫ 時間에 比ᄒᆞ면 一秒 億億萬年에 比가 아니로다. 如此히 廣闊ᄒᆞᆫ 宇宙間에 如此히 永遠ᄒᆞᆫ 時

24) 張膺震, 「進化學上 生存競爭의 法則」, 『太極學報』 제4호, 1906.11.
25) 張膺震, 「心理學上으로 觀察ᄒᆞᆫ 言語」, 『太極學報』 제9호, 1907.4, 2~3쪽.

間中에 千態萬像으로 變化ᄒᆞᄂᆞᆫ 奇奇妙妙ᄒᆞᆫ 無限의 自然的 現象을 吾人의 有限ᄒᆞᆫ 頭腦와 知識으로써 一一의 眞相을 窺破코져 ᄒᆞᆷ은 到底 期望키 難ᄒᆞᆯᄲᅮᆫ 不啻라. 吾人이 비록 如何ᄒᆞᆫ 腦力으로써 如何ᄒᆞᆫ 精力을 盡ᄒᆞᆯ지라도 其 億億萬分의 一을 窺知치 못ᄒᆞ리로다. 然이ᄂᆞ 人類ᄂᆞᆫ 地球上에 靈物이오 生物界의 覇王이라. 精神이 特出ᄒᆞ고 智力이 發達ᄒᆞ야 地球上 萬物을 統御ᄒᆞ며 自然界의 現象을 可及의 程度ᄭᆞ지ᄂᆞᆫ 硏究 利用ᄒᆞ야 自己에 生活을 助進ᄒᆞ며 種種의 便利ᄒᆞᆫ 規範을 製定ᄒᆞ야 人類共同의 幸福을 維持向上케 ᄒᆞᆷ이로다.

上所謂 自然的 現象이라 ᄒᆞᆷ은 如何ᄒᆞᆫ 者를 指ᄒᆞᆷ이뇨. 此ᄂᆞᆫ 宇宙間 萬物이 天然的으로 互相間에 起作ᄒᆞᄂᆞᆫ 事實을 謂ᄒᆞᆷ이니 日月星辰은 空際에 懸ᄒᆞ야 運行不息ᄒᆞ고 晝去夜來ᄒᆞ며 春夏秋冬은 一定ᄒᆞᆫ 法則으로 互相 交代ᄒᆞ니 (…중략…) 如此ᄒᆞᆫ 自然的 現象(事實) 一一히 枚擧키 難ᄒᆞᄂᆞ 此等 現象에 對ᄒᆞ야ᄂᆞᆫ 吾人의 知識이 經驗上 大槪 一定ᄒᆞᆫ 法則으로 從出ᄒᆞᆷ을 推想ᄒᆞᆯ지니 此等 種種의 現象을 吾人이 事實로 硏究ᄒᆞ야 此間에 一定ᄒᆞᆫ 共通의 法則을 發見ᄒᆞᄂᆞᆫ 者를 自然科學 或 事實科學이라 稱ᄒᆞᄂᆞ니 天文學 地理學 博物學 物理學 化學 心理學 其他 種種의 區別이 有ᄒᆞ고 ᄯᅩ 吾人 人類가 社會生活上에 必要ᄒᆞᆫ 種種의 規則(規範)을 製定ᄒᆞ고 準標을 立ᄒᆞᆫ 後에 種種에 事實을 此等 標準에 對照ᄒᆞ야 善惡 正不正 好不好 等에 區別을 精神上으로 判斷ᄒᆞᄆᆡ 此等學을 規範的 科學이라 稱ᄒᆞᄂᆞ니 倫理學 政治學 美學 論理學 等은 다— 規範的 科學이라. 倫理學은 子가 其 父母에게 對ᄒᆞ야 孝道을 盡치 아니치 못ᄒᆞᆯ 理由를 吾人에게 敎示ᄒᆞ며 國民이 되여ᄂᆞᆫ 其 國家를 愛ᄒᆞ고 人類ᄂᆞᆫ 人類를 相愛ᄒᆞ며 人을 殺害ᄒᆞ고 物을 盜ᄒᆞᆷ은 惡이라 ᄒᆞ고 弱者를 扶護ᄒᆞ며 病者을 憐恤ᄒᆞ야 博愛에 道를 行ᄒᆞᆷ은 善이라 ᄒᆞ야 如此히 一個人이 世上에 處ᄒᆞᆯ 時에 家族에 對ᄒᆞ야 如何ᄒᆞᆫ 行爲를 如何히 行ᄒᆞ며 國家와 社會에 對ᄒᆞ야ᄂᆞᆫ 如何히 行

爲홀 것슬 規範的으로 硏究ᄒᆞᄂᆞᆫ 者요. 政治學은 人類의 團體行動에 對ᄒᆞ야 規範的으로 硏究ᄒᆞᄂᆞᆫ 者니 卽 人類ᄂᆞᆫ 政治的 團體를 作ᄒᆞᄂᆞᆫ 者라. 如此ᄒᆞᆫ 團體가 如何히 組織될ᄂᆞᆫ지 如此ᄒᆞᆫ 團體가 如何히 行動홀 것슬 規範的으로 硏究ᄒᆞᄂᆞᆫ 者요. 美學은 物의 美醜를 硏究ᄒᆞ고 論理學은 事實의 眞僞를 確定ᄒᆞᄂᆞᆫ 學이니 科學을 大別ᄒᆞ면 以上二名稱下에 大略 包含ᄒᆞ깃도다. 然이나 科學이라 ᄒᆞᄂᆞᆫ 것슨 如何ᄒᆞᆫ 性質을 俱備ᄒᆞᆫ 然後에 謂홈인지 換言ᄒᆞ면 如何ᄒᆞᆫ 〈10〉要件을 俱有ᄒᆞᆫ 然後에 科學의 要件을 滿足홀고 ᄒᆞ면 左擧 三條를 俱備ᄒᆞᆫ 然後에야 實로 科學의 性質을 盡備ᄒᆞ엿다 謂ᄒᆞ리로다.

一 觀察 / 二 分類 / 三 說明

(…중략…)

如此ᄒᆞᆫ 事實을 精密히 觀察ᄒᆞ고 如此ᄒᆞᆫ 事實을 其特性에 從ᄒᆞ야 區分ᄒᆞᆫ 後에도 다시 精細ᄒᆞᆫ 說明을 用ᄒᆞᆫ 然後에야 비로소 科學에 義意를 盡ᄒᆞᄂᆞ니 大抵 某 現象을 說明ᄒᆞᆫ다 홈은 此 現象을 生ᄒᆞ게 ᄒᆞᄂᆞᆫ 全 條件의 搆成上 如此ᄒᆞᆫ 現象이 生치 아니치 못홀 理由를 明示홈이라. 吾人의 經驗ᄒᆞᄂᆞᆫ 凡般 現象은 各其 全體가 一體系를 作홈이니 體系的 全體를 組成ᄒᆞᆫ 各 部分의 互相關係를 明知ᄒᆞᆫ 然後에야 비로셔 全體의 條件을 盡ᄒᆞ다깃 謂ᄒᆞ깃도다.

(…중략…)

以上 說來ᄒᆞᆫ 數多에 科學으로 硏究ᄒᆞᄂᆞᆫ 各種에 現象은 個個 特殊ᄒᆞᆫ 義意를 有홈이 아니라 其間에 互相 深密ᄒᆞᆫ 關係가 有ᄒᆞ미 結局 此等 現象界에 總範

> 圍를 다—包含ᄒᆞ야 一大 體系 卽 宇宙 全體가 組成된 것시니 此 宇宙 全體를 體系的으로 說明ᄒᆞᆷ은 實로 哲學의 目的이라. 各 科學의 硏究ᄒᆞᄂᆞᆫ 體系ᄂᆞᆫ 定限ᄒᆞᆫ 範圍가 有ᄒᆞᄂᆞ 哲學에 硏究ᄒᆞᄂᆞᆫ 體系ᄂᆞᆫ 全 宇宙를 包容ᄒᆞ야 各 科學의 究極的 說明을 供給ᄒᆞᄂᆞᆫ 者니 此로써 觀ᄒᆞ연 哲學은 科學 以上의 科學이라 稱ᄒᆞ리로다. 然이ᄂᆞ 哲學의 硏究가 哲學의 領域에 達ᄒᆞ연 其理也—玄妙ᄒᆞ고 其義也深遠無窮ᄒᆞ야 古來幾多哲人明士의 腦漿을 絞搾不絶ᄒᆞᄂᆞᆫ 者ᄂᆞ 所說이 都是 主觀的 思想에 不過ᄒᆞ고 其 玄玄ᄒᆞᆫ 秘密은 依然 黑暗中에 伏在ᄒᆞ니 吾人의 不完全ᄒᆞᆫ 頭腦와 不完全ᄒᆞᆫ 感官이 到底 宇宙에 秘密ᄒᆞᆫ 眞相을 窺破ᄒᆞᆯ 能力이 無ᄒᆞᆫ가.[26]

구장률의 흥미로운 연구에 따르면 「과학론」은 태극학회의 지도자로 부상했을 당시의 장응진이 도쿄사범학교 수리과에서 수학했던 강의록을 바탕으로 집필한 글이다. 그런 만큼 메이지 일본의 사상적 맥락 및 학제와 분리되어 논의될 수 없는 것이다.[27] 특히 과학의 목적, 대상, 범주 등을 규정하고 분류와 체계에 입각한 초보적인 정의를 시도하고 있는 방식에 있어서 유근이 역술한 「교육학원리」[28] 등 동시대의 교육학에 기반한 과학 관련 논의와 맥락을 같이 하는 측면이 있다.

「과학론」에 따르면 과학은 자연과학(사실과학)과 규범적 과학으로 구분될 수 있다. 자연과학은 우주 간 만물이 천연적으로 상호 간에 일어

---

26) 張膺震, 「科學論」, 『太極學報』 제5호, 1906.12, 9~12쪽.

27) 구장률, 「과도기적 문학 개념과 소설의 내면성」, 『지식과 소설의 연대』, 소명출판, 2012, 290쪽.

28) 柳瑾 譯述, 「敎育學原理」, 『大韓自强會月報』 제6호~13호, 1906.12~1907.7. 나카지마 한지로[中島半次郎]가 강술했던 『교육학원리(敎育學原理)』(1901)가 원저다. 구장률, 「근대지식의 수용과 문학의 위치—1900년대 후반 일본유학생의 문학관을 중심으로」, 『대동문화연구』 제67집, 2009, 338쪽.

나고 작용하는 일체의 자연적 현상을 대상으로 하며 그 개별적 사실을 연구 관찰하여 일정한 공통의 법칙을 발견하는 것으로 천문학, 지리학, 박물학, 물리학, 화학, 심리학 등의 하위분과를 포괄하는 개념이다. 한편 규범적 과학은 인류가 "社會生活上에 必要ᄒᆞᆫ 種種의 規則(規範)을 製定ᄒᆞ고 準標을 立ᄒᆞᆫ 後에"[29] 이를 준거로 선악·정부정(正不正)·호불호 등을 판단하는 학문으로 윤리학, 정치학, 미학 등이 여기에 해당한다. 이러한 분과학문이 과학으로서 요건과 성질을 구비하려면 관찰, 분류, 설명이라는 3단계의 방법을 반드시 경유해야 한다. 또한 인간의 경험 일반에 내포된 전체적 체계를 파악하기 위해 전체를 구성하고 있는 각 부분 간의 상호 관계에 대한 명지(明知) 또한 수반되어야 한다. 과학을 통해 부분은 전체와의 관련 속에 그리고 전체 역시 부분의 종합으로서, 즉 일체는 부분과 전체가 상보적으로 구성하는 체계 내의 대상으로 정위될 수 있다. 이를 합리적으로 통찰할 수 있는 존재가 바로 인간정신과 지력이다. 그럼에도 불구하고 과학으로 모든 난점이 완전히 해소되는 것은 아니다. 과학은 앞서 열거된 자연과학과 규범과학의 분리에 입각한 분과학문적 세분에 따라 각각의 한정된 범위에 대한 해명에 그칠 수밖에 없다. 그러므로 과학은 궁극적으로 현상계 전반 즉 우주 전체를 체계적으로 설명하기 위한 철학을 지향해야 하며 과학의 연구 대상은 그 범위가 한정되어 있으나 철학은 "全 宇宙를 包容ᄒᆞ야 各 科學의 究極的 說明" 제시하는 "科學 以上의 科學"[30]으로 규정될 수 있다. 전체와 부분이 구성하는 상보적 체계로서 우주와 자연의 비의를 총체

29) 張膺震, 「科學論」, 『太極學報』 제5호, 1906.12, 10쪽.
30) 張膺震, 앞의 글, 12쪽.

적으로 해명하기 위해서 철학은 불가결하다. 물론 「과학론」에서 논의되고 있는 철학이 니시 아마네[西周]가 필로소피(philosophy)의 역어로서 채택하면서 그 의미가 정립되고 또 일반적으로 통용되었던 바로 그 학문을 가리키는 것인지는 확실치 않다. 당시 철학이 차지하고 있던 학문적 위상을 감안해도, 또한 그 이전에 필로소피의 역어로서 이학(理學)이나 경학(經學) 등의 다양한 용어가 경쟁했으며 심지어 그것이 때로 사이언스의 의미를 일부 포함하기도 했던 역사적 사정을 고려한다고 해도[31] 「과학론」의 철학은 오히려 우주적 진리를 통관할 수 있는 궁극적 학문 내지는 과학의 이상적 형식 자체를 요청하는 것처럼 보이는 것이 사실이다. 그 실체에 대한 구체적인 언급도 부족한 이 과학을 능가하는 가상의 절대지(絶對知)에 대한 요청은 역설적인 의미에서 인간의 유한성을 상쇄할 수 있는 보편적 체계에 대한 열망이 그 속에 잠재되어 있었다는 사실을 단적으로 시사하는 것이다. 나아가 그것은 인간에게 "吾人의 不完全ᄒᆞᆫ 頭腦와 不完全ᄒᆞᆫ 感官이 到底 宇宙에 秘密ᄒᆞᆫ 眞相을 窺破ᄒᆞᆯ 能力"[32]을 부여한다. 이 철학을 통해서 인간은 우주 전체의 체계를 통관하여 조망할 수 있도록 하는 신적인 지혜를 전유하는 것이 극적으로 가능해진다. 이처럼 전능한 학문에 대한 요청은 물론 장응진을 비롯한 당대의 유학생들이 과학을 비롯한 서구 학문 일반에 대해 얼마나 거대한 기대와 낙관을 가지고 있었는지를 단적으로 보여주는 사례라고 할 수 있다.

그러나 사실상 「과학론」의 결론이라고 할 수 있는 인간 정식과 지력

31) 石塚正英・柴田隆行 監修, 『哲學・思想 飜譯語事典』, 圖書出版論創社, 2003, 210쪽.
32) 張膺震, 「科學論」, 『太極學報』 제5호, 1906.12, 9~12쪽.

이 과학과 철학을 통해 종합할 수 있는 부분-전체 간 불가결한 상호 연관에 대한 인식에 있어서 제일의적인 전제로서 무한의 우주 대 미소(微小)한 인간 존재의 구도가 서두에서부터 언급되고 있는 것은 인상적이다. 인류가 거주하는 지구는 광대하다. 하지만 우주에 비하면 대단히 미소한 하나의 천체에 불과하다. 인간의 일생은 물론이고 인류의 역사 전체조차 영원이라는 시간의 규모에 견주어 지극히 보잘 것 없는 것에 지나지 않는다. 그러므로 공간적으로 무한에 가까운 우주와 영겁의 시간 속에서 부단히 유위변전하는 자연 현상을 인간의 유한한 두뇌와 지식으로 파악하고자 하는 것은 실로 무모하기 짝이 없는 일이다. 그러나 인간을 만물의 영장으로 일컫는 것은 바로 자연 현상에 관한 일정 부분의 이해를 도모할 수 있고 이를 근간으로 개인의 생활, 나아가 인류 공동의 행복을 증진할 수 있는 존재이기 때문이다. 즉 우주 그리고 지구라는 시공간 전체의 무한한 자연적 현상을 파악한다는 것은 극난(極難)한 일임에 틀림없으며 단지 인간 고유의 정신과 지력에 근거하여 연구 가능한 대상으로 삼을 수 있을 뿐이다. 그 자연적 현상이란 우주 간 만물이 상호 작용하는 양상을 가리키며, 일월성신이 공중에서 밤낮을 막론하고 운행을 그치지 아니하고 계절이 순환하는 것처럼 일정한 법칙이 존재한다. 과학과 철학은 이러한 자연적 현상 일반을 인간의 정신과 지력이라는 역량에 의거 체계 일반으로 해명 가능한 연구 내지는 학문이다. 특히 철학의 영역에 이르면 기존의 모든 사상가들의 생각이나 학설이 주관적인 것에 불과한 것이 되고 우주의 비밀은 암흑 속에 숨어 있는 것이 된다. 오히려 무엇보다도 인간의 불완전한 두뇌와 감관으로도 그 진상을 규파할 능력 또한 보유할 수 있게 되는 것이다.[33]

일찍이 구장률도 「과학론」에 대해 "우주의 무한한 공간이나 감각기관으로 포착할 수 없는 인간의 유한성을 절감"하면서 "유적(類的) 존재로서의 인간"으로서의 존재론적 질문을 제기하고 있다고 지적한 바 있다.[34] 다만 이와 같은 견해에 내포되어 있는 근대적 전회에 관한 암묵적인 전제를 보다 강조할 필요가 있다. 무엇보다도 장응진에 따르면 우주와 자연의 전모를 파악할 수 없다는 근본적인 한계에도 불구하고 인간은 본유적 능력으로 어느 정도까지는 자연적 현상이 내포한 비의의 일부에나마 접근해갈 수 있으며 바로 이러한 역설에 힘입어 문명을 건설하고 생활을 개선해온 존재다. 무엇보다도 관찰-분류-설명의 과정을 거쳐 일체를 해명하는 체계인 과학을 통해 그것이 가능해진다. 즉 장응진이 「과학론」 등에서 절실하게 의식하고 있는 인간의 유한성 및 한계란 그 자체로 끝나는 것이 아니라 이와 같은 과학이라는 지적 체계로의 전환을 위한 일차적인 전제가 된다. 인간 자신의 미소하고 무력한 존재를 강조하는 수사 또는 "其 玄玄훈 秘密은 依然 黑暗中에 伏在ᄒᆞ니 吾人의 不完全훈 頭腦와 不完全훈 感官이 到底 宇宙에 秘密훈 眞相을 窺破훌 能力이 無훈가"와 같은 구절에 이르면 특히 그러하다. 「과학론」에서 인간은 우주와 세계의 규모에 비해 한없이 왜소하고 불완전한 존재에 지나지 않지만 동시에 무한한 의문과 궁리 끝에 각 부분의 상호 연관적 종합으로서의 전체의 체계를 그 내면에 품을 수 있는 특별한 존재로 정의된다. 알다시피 이러한 인간 존재의 유한성에 관한 알

33) 「과학론」의 이와 같은 성격에 대해서는 조형래, 「한국 근대 과학과 문학 개념의 형성 과정 연구」, 동국대 박사논문, 2014 참조. 3절의 내용은 논지의 전개상 부득이하게 해당 논문을 상당 부분 참조했다.

34) 구장률, 「과도기적 문학 개념과 소설의 내면성」, 『지식과 소설의 연대』, 소명출판, 2012, 290쪽.

레고리는 역사적으로 『실천이성비판』의 “내 위의 별이 빛나는 하늘과 내 안의 도덕법칙”[35]이라는 저 유명한 구절을 거쳐 신으로부터 유리된 채 오직 자신의 빛에 의지하여 길을 찾을 수밖에 없는 근대적 개인 즉 주체의 형상을 정초하는 방향으로 나아가는 데 있어서 필수 불가결했다. 신이 없는 시대에 종교의 위상을 대체하게 된 서구적 근대의 새로운 신앙이 바로 과학이라는 형식이라는 사실에 대해서도 마찬가지다. 심지어 한스 블루멘베르크는 그의 대작 『코페르니쿠스적 우주의 생성』에서 이것이 고대 그리스 이래 우주를 우러러보는 인간의 상을 규정하는 데 있어서 역사적으로 상반되는 두 가지 태도, 즉 “코스모스(낙관주의)와 비극(비관주의)” 사이에 발생했던 유서 깊은 긴장에서 비롯된 것이라고 쓰고 있다. 우주를 미적 · 감성적으로 직관할 것인가 이성을 통해 합리적으로 이해할 것인가라는 문제 사이의 대립은 고대-중세로 지속된 끝에 코페르니쿠스와 칸트의 결정적인 전회를 거쳐 후자의 우세가 확립되고 이른바 별이 총총한 밤하늘을 올려다보며 이성을 통해 합리적인 법칙을 파악하고자 하는 주체-자기의식의 지배적인 상(像) 및 인간중심주의를 확립했다. (그러나 이것은 독일 관념론에 의해 다시금 재고되는 등, 그 반목의 역사는 종결되지 않았다는 것이 블루멘베르크의 판단이다.)[36] 인간과 우주 간 관계의 역동성에 관한 실로 간단치 않은 역사적 맥락을 내포하고 있었던 “별이 총총한 밤하늘”을 올려다보는 인간의 상이 바로 장응진을 통해 들어오고 있었던 것이다. 그것은 세계의 조

---

35) 임마누엘 칸트, 백종현 역, 『실천이성비판』, 아카넷, 2002, 271쪽.

36) Hans Blumenberg, trans., by Robert M. Wallace, *The Genesis of the Copernican World*, Cambridge, Mass. : MIT Press, 1987; ハンス・ブルーメンベルク, 後藤嘉也 外 譯, 「天の兩意性」, 『コペルニクス的宇宙の生成』 I, 法政大學 出版部, 2002.

화로운 법칙으로부터 유리된 자의 비탄을 전제하지 않으면 성립되기 어려운 인간의 모습이다.

그러므로 장응진의 또 다른 논설에서도 일찍이 강조되고 있는 것처럼 "宇宙의 大法則을 觀察ᄒᆞ면 上으로 太陽系의 大와 下으로 有機微物에 至ᄒᆞ도록 宇宙間 萬物은 活動 變化ᄒᆞ야 暫時라도 進化의 程路를 不息ᄒᆞ"[37]는 공간적으로는 무한에 가까운 우주를 내부에 품는다는 것은 곧 "그것을 단지 생각할 수 있다는 것만으로도 감관의 모든 자(척도)를 뛰어넘는 마음의 능력을 증명하는"[38] 숭고한 것, 그중에서도 특히 수학적-숭고를 방불케 하는 상상력의 작용과 관계된다. 그리고 이것이 가능해지기 위해서는 역설적으로 대상의 압도적인 규모와 대비되어 한없이 비루하고 또한 무력하기 짝이 없는 인간 존재의 왜소함이 발견되지 않으면 안 된다. 이를 통해 자연의 압도적인 위력으로부터 거리를 둘 수 있거나 또는 독립된 독자적인 위치와 능력을 자각토록 한다.[39] 더 나아가 가라타니 고진에 따르면 주관(이성)의 무한성에 근거를 두고 있는 숭고가 오히려 대상 쪽에서 발견된다고 하는 전도에 의해 풍경의 묘사가 가능해지며 "그것이 리얼리즘으로 불린다."[40]

무한하고 광막한 우주 앞에서 망연자실한 근대적 개인은 파스칼처럼 신과의 신비주의적 감응과 일치를 통한 모순 없는 조화와 합일을 도모하는 길을 선택하기도 했고, 칸트처럼 그 거대한 규모를 포괄할 수 있는

---

37) 張膺震, 「我國教育界의 現象을 觀ᄒᆞ고 普通教育의 急務를 論홈」, 『太極學報』 제1호, 1906.8, 12쪽.
38) 임마누엘 칸트, 백종현 역, 『판단력 비판』, 아카넷, 2009, 256쪽.
39) 위의 책, 271쪽.
40) 가라타니 고진, 박유하 역, 『일본 근대문학의 기원』, 도서출판b, 2012, 40~42쪽.

내면의 빛에 의거하여 객관의 진리를 추구하려는 방향으로 나아가려하기도 했다. 단언컨대 전자가 종교라면 후자는 과학이다. 그리고 장응진은 「다정다한」을 통해서 전자를, 「과학론」을 통해서 후자를 추구하는 상이한 경로를 통해 동일한 인간 형상을 발견하고 주조하는 방향으로 나아갔다. 그러므로 구장률이 쓰고 있는 것처럼 장응진 소설에서 이루어진 내면의 발견이란 바로 이와 같은 종교적 직관과 과학의 명철 사이에서 무한한 우주 및 지극히 왜소한 인간 존재 간 단적인 대비에 관한 자각을 통해 이루어진 것이다. 한편으로 그러한 개인의 형상은 「다정다한」의 속(續)과 함께 발표된 「사회아(社會我)를 논(論)함」을 통해 타아(他我), 궁극적으로 사회와의 불가결한 연관 즉 전체와 부분 간의 조화라는 이상에 입각하여 규정되는 '사회아'의 개념적 중요성을 강조하는 방향으로 나아가기도 했다. 그러나 그것은 동시에 "四千載歷史上에 誰가 宇宙의 絶對的 眞相을 闡破ᄒᆞ며 人生의 秘關을 洞開ᄒᆞᆫ 者이 有ᄒᆞᆫ가! 아아 人이 何物이며 余ᄂᆞᆫ 何物인고? 地上에 匍匐ᄒᆞᄂᆞᆫ 一小蟲인가. 宇宙의 本源과 聯關ᄒᆞᆫ 一靈泉인가. 문득 웃고 문득 嘆息ᄒᆞ고 문득 울고 머리를 드러 四面을 바라보니 至今ᄭᆞ지 光明ᄒᆞ든 世界ᄂᆞᆫ 何處엔지 消去ᄒᆞ고 前後左右에 雲霧가 자옥ᄒᆞ야 天地ᄂᆞᆫ 黑暗暝暝 萬象은 고요ㅣᄒᆞᆫ데 惡魔의 奮鬪ᄒᆞᄂᆞᆫ 소릐만 往往耳朶를 來打로다. 아아 寂寞ᄒᆞ구나! 내 어ᄃᆡ로 向ᄒᆞᆯ고"[41]라고 거대한 우주와 세계, 인생 전반의 의미를 해명할 수 없는 지극히 작은 자 하나로서의 처지를 자각하고, 봄에 꾸는 꿈속에서 탄식하면서 방황을 거듭하고 있는 개인의 형상으로 귀결되고 있다.

41) 백악춘사, 「春夢」, 『太極學報』 제8호, 1917.3, 36쪽.

4. 과학과 종교 사이에서 – 결론을 대신하여

일찍이 권보드래는 1900년대 중반의 서사 형식에 나타나는 기독교 지향이 기존의 지배적인 담론으로 작용했던 진화론적인 세계관에 관한 대안으로 제시되었다고 쓰고 있다.[42] 물론 이러한 논의는 전적으로 옳다. 특히 일본에서 아네자키 마사하루(姉崎正治)가 독일, 영국, 인도 등지에 걸친 3년간의 유학생활을 청산하고 귀국한 직후인 1904년 『부활의 서광(復活の瑞光)』을 발표하여 기존의 서구화에 기초한 문명개화를 견인한 소위 '과학 전능의 공상'에 대해 신랄하게 비판하고, 그 대안으로 다시금 종교의 위의와 가치에 대해 본격적으로 사유할 필요성을 제기하고 있었던 시대적 조류를 감안하면 더욱 그러하다. 그러나 근대 이후 과학과 종교는 양립하면서 스스로의 정당성을 주장해 왔지만 바로 그 점에서 동시에 상보적이었다. 양자는 모두 역사적으로 세속화의 진전에 따라 자기완결적 · 자기목적적인 객관으로 파악된 우주와 자연으로부터 결정적으로 유리되어 버린 인간 존재의 위기에 대한 상이한 문제의식을 성립시켰다. 인간은 아무것도 아니며 중심 또한 아니다. 인간은 이제 "동물, 고로 나는 존재한다(The Animal, that therefore I am)"[43]라는 명제를 자발적으로 수용하지 않으면 안 된다. 그러나 바로

---

42) 권보드래, 「신소설에 나타난 기독교의 의미 – 『금수회의록』, 『경세종』을 중심으로」, 『한국현대문학연구』 제6집, 1998.

43) 자크 데리다의 에세이의 영역판 제목을 수사적으로 차용한 것이다. Jacques Derrida, David Wills trans., "The Animal, that therefore I am", *Critical Inquiry* 28-2, The University of Chicago Press, Winter, 2002.

그렇게 세계로부터 분리된, 아무 것도 아닌 동물에 가까운 한없이 왜소한 존재이므로 그 내면에 신(神) 또는 무한한 우주라는 숭고의 대상을 품을 수 있다는 점에서 역설적으로 위대하다. 장응진 소설과 논설에 등장하는 우주와 세계의 불가사의에 전율하는 미약한 개인 또한 바로 그 과학과 종교 사이에서 부단히 길항하면서 스스로의 정당성을 확립해 갔던 근대적 개인의 형상에 적실하게 부합하는 사례다. 무엇보다도 그것은 1900~10년대에 걸쳐 다양한 논설과 서사적 형식을 통해 나타나거나 예고되고 있었던 낭만주의적 개인의 프로토타입으로 출현하고 있었다고 해도 실로 과언이 아니다.

물론 장응진의 소설 같은 사례는 일종의 예외다. 앞서 언급했던 것처럼 이후 시장과 문학사에서 살아남았던 것은 알다시피 이인직-이해조-최찬식으로 이어지는 신소설이었다. 그럼에도 불구하고 「다정다한」은 신소설 형식으로 수렴되지 않았던 특정한 서사적 글쓰기가 개별적으로 시험하고 있었던 특별한 가능성의 중심을 사전에 예고하고 있었다. 1900년대 후반을 통틀어 장응진의 여러 소설 외에도 「몽조」, 「쓰러져 가는 집」, 「요조오한[四疊半]」 등 신소설과는 다소 이질적인 몇몇의 중단편 형식이 출현하고 있었던 것을 염두에 둔다면 이들 텍스트에서 이와 유사하면서도 다른 가능성을 발견해 내는 것이야말로 향후의 과제로서 더욱 중요하다고 생각된다.*

---

* 이 논문은 2015년 『한국학연구』 36집에 게재된 논문을 일부 수정한 것임.

사교(邪教) 대(對) 과학 그리고 문학

백백교(白白教)사건을 둘러싼 내러티브 실천들

구인모

1. 프롤로그

중일전쟁의 발단이 된 노구교(蘆溝橋)사건(1937.7.7)이 일어난 그해 1월 16일, 경성부 하왕십리정(町) 백백교(白白教) 신자 유인호(柳寅鎬)의 집에서는 그의 아들 유곤룡(柳崑龍)과 백백교 교주 전용해(全龍海, 1896~1937), 교단 간부들 사이에 큰 다툼이 일어났다. 결국 유곤룡은 하왕십리 주재소로 피신하여 전용해와 교단 간부들을 고발했고, 이로써 백백교라는 밀교의 존재와 3백 수십 건의 살인을 비롯한 교단의 온갖 죄상이 세상에 알려지게 되었다. 당시 백백교사건이라고 불린 이 사건은, 흔히 세계 범죄사에서 공전절후할 사건으로 평가되며, 1937년부터 재판이 종결된 1942년까지 당시 신문과 잡지에 희생자 수만큼이나 허다한 기사를 통해 세간의 공포와 공분을 불러일으켰다.[1] 그리고 오랫동안 망각된 이 백백교사건은 최근 국립과학수사연구원에서 수장 중이던 교주 전용해의 시신 일부(頭部)의 존재가 다시 세상에 알려지며, 다시 인구에 회자되기도 했다.[2]

백백교사건은 단순한 연쇄 살인사건이 아니라, 근대기 조선에서 종교의 교의, 율법과 세속법이 대립하는 가운데 후자가 전자에 의해 정치적으로 단죄된 사례이자, 조선총독부가 신종교 교단을 탄압하는 명분과 계기이기도 했다. 또한 백백교사건은 과학(엄밀하게는 법의학과 범죄인류학)이 범죄의 원인을 이해하는 데에 중요한 방법이자 근거로 등장하는 보기 드문 사례였다. 무엇보다도 백백교사건은, 근대기 이후 식민지 조선에서 근대적 교육과 과학 문명에 기반한 계몽의 이상이 어느 정도 성취를 이루었다고 자부했던 당시 조선총독부와 조선의 지식인 사회에, 그 이상이 실상은 좌절되고 있었음을 드러낸 사건이었다. 한편 조선총독부와 조선의 지식인 사회에서 사건 발생의 근본적인 원인과 사건의 사회적 의의를 규정하는 가운데, 근대기 이후 지식과 과학 문명에 근간한 계몽의 기획이 조선 사회에 여전히 긴요한 과제로서 식민지 시기 후반 새삼 제창되는 한 장면이기도 했다.

특히 백백교사건 이후 조선총독부를 비롯하여, 당시 언론사들, 심지어 소설가까지 앞장서서 백백교라는 교단과 교의, 교주와 교단 간부들

1) 신문 기사만 두고 보더라도, 백백교사건과 관련한 기사는 『매일신보』 총 153건(「暴露된 白白教의 凶狀」, 1937.4.13, 호외 1면 외), 『동아일보』가 총 135건(「發掘屍體三百八十 또 楊平서 發掘에 着手」, 1937.6.9, 2면 외), 『조선일보』가 총 72건(「白白教의 正體!! 第一次 掃蕩事件以後 換骨한 '殺人宗教' 最近까지는 當局서도 度外視」, 1937.4.13, 호외 3면 외)이다.

2) 「백백교 교주 머리표본 70년 만에 화장」(기사), 『한겨레신문』, 한겨레신문사, 2011.11.3, 23면.

의 죄상과 동기, 사건의 의의를 묻고 평가하는 가운데, 저마다 내러티브를 서술했던 사건이기도 했다. 백백교사건에 대해 누구보다도 깊고도 넓은 사실을 알고 있었을 뿐만 아니라, 가장 많은 기록을 남긴 것은 사법 당국이었다. 예컨대 현장 수사 담당 검사는 경찰이 초기 수사를 일단락하고 수사결과를 발표했으나(1937.4.13), 아직 피의자들을 검찰에 송치하지도 않은 상황에서 사건 관련 술회 기사를 발표했으며,[3] 재판 담당 검사는 제일심 판결(1940.4.6) 이후 자신의 구형 논고를 발표하기도 했다.[4] 더구나 법원은 판결문을 책자로 제작하여 배포하기도 했다.[5] 이 기록들은 물론 경찰의 검찰 송치 관련 문서부터,[6] 한결같게 백백교의 기원(사건의 발단), 교단 형성 및 운영(사건의 전개), 범죄 사실의 순차적 서술뿐만 아니라, 적용 혐의와 그 타당성 서술(사건의 절정) 등의 순서로 구성된 하나의 내러티브였다. 이 가운데 백백교사건은 신종교 단체의 살인 사건에서 일종의 독립운동 사건으로 규정된다(사건의 결말).[7]

한편 언론사들은 경찰의 수사발표 이후 백백교 교주와 간부들의 죄상, 희생자 시신 발굴 상황, 검거된 피의자들의 동정 등을 앞 다투어 보도했다. 이를테면 조선일보사는 신문과 잡지를 모두 동원해서 백백교

---

3) 長崎祐三(朝鮮總督府檢事), 「白々教斷片記㈠」, 『思想彙報』 第11號, 朝鮮總督府 高等法院 檢事局 思想部, 1937.6; 「白々教斷片記㈡」(기사), 『思想彙報』 第13號, 朝鮮總督府 高等法院 檢事局 思想部, 1937.8; 「白々教事件」, 『思想彙報』 第12號, 朝鮮總督府 高等法院 檢事局 思想部, 1937.7.

4) 杉本 檢事, 「白白教事件論告全文」, 『朝光』 第6卷 第5卷, 朝鮮日報社出版部, 1940.5, 73~80쪽. 이 글의 등사판 초고(1940.3.19 작성)가 연세대학교 도서관에 현존하는데, 내용은 대동소이하나 스기모토 검사의 수정 가필의 흔적을 알 수 있어서 매우 흥미롭다.

5) 朝鮮總督府 京城地方法院, 『白白教事件』, 朝鮮總督府 京城地方法院, 1940, 10쪽. 이 자료 또한 연세대학교 도서관에 현존한다.

6) 京畿道警察部長(1937.12.11), 수신 警務局長・京城地方法院 檢事正(1937.12.13), 「白々教關係送致ニ關スル件」

7) 朝鮮總督府 警務局, 「九. 昭和一二年中ニ於ケル特殊重要事件 : 白々教事件ノ檢擧狀況」, 『昭和一二年 第七十三回 帝國議會 說明資料』, 朝鮮總督府, 1937.

사건 심층 취재 기사와 취재 후일담을 비롯하여, 유곤룡을 비롯한 백백교사건 피해자와 피의자들의 인터뷰와 회고, 수기, 담당 검사의 제일심 구형논고와 제일심 방청기까지 게재했다. 이 가운데 유곤룡의 술회는 기자의 전지적 시점에 따른 내러티브 형식으로 여러 차례 재구성되었다. 이 사건의 보도 과정에서 언론사들은 관음증적 시선으로 백백교사건의 엽기적 선정적 요소만을 부각하면서 백백교에 대한 사회적 윤리적 심판에 앞장섰다.

그런가하면 박태원은 신문과 잡지의 기사, 자신의 현장 답사 등을 기반으로, 장편소설 「우맹(愚氓)」(『조선일보』, 1938.4.7～1939.2.14, 총 219회)을 통해, 저마다 비루한 욕망으로 얼룩진 백백교신자들은 물론 교주와 교단 간부들의 내면을 묘사하고, 백백교와 같은 신종교 교단이 활개를 치던 조선 사회의 암면을 재현해냈다. 또한 이 사건을 계기로 근대적 교육과 과학 문명에 근간한 계몽의 기획이 여전히 시급한 과제라고 새삼 역설했던 동시대 지식인과는 달리, 후진적인 조선의 현실에서 계몽의 기획의 덧없음, 수치심, 자괴감으로 무력한 지식인의 우울한 내면을 그려내기도 했다.

이처럼 백백교사건을 둘러싸고 이루어진 글쓰기들은 저마다 내러티브 형식에 기반하여 이 사건을 구성하고 이해하고 평가하기 위한 실천이라는 점에서 공통점을 지닌다. 그 가운데 주목할 것은, 우선 백백교사건의 충격과 공분에 긴박되어 저마다의 입장에서 이 사건을 심판할 뿐, 사교(邪教)에 빠져든 신자들의 일상적 실존적인 불안(가난, 기근, 질병, 전란의 위협 등)과 영적 불안(세계의 종말), 사회적 욕구(망)에 대한 근원적 탐색은 정작 외면하고 있다는 점이다. 또한 사건 이해를 위한 보편타당한 방법으로서, 혹은 이 사건을 배태한 조선 사회의 후진성을 극복할 가치로서 과학의 권능은 절대화되는 반면, 과학이 진정한 구원의 비전일 수 있는가에 대한 반성적 사유는 이루어지지 않았다는 점이다.

이 글은 바로 이러한 인식을 근간으로 백백교사건은 물론 이 사건을 둘러싼 내러티브들과 그 실천 양상을 조망하고, 그 가운데 방법과 가치로서 과학이 권위를 얻는 양상을 섬세하게 추적하고자 한다. 그리고 비록 백백교사건의 충격과 공분으로부터 온전히 자유롭지는 못했으나, 이 사건을 소재로 삼아 관념과 당위로서 조선 사회의 현실이 아닌, 있는 그대로의 현실과 조선인의 내면을 파노라마적으로 재현하여, 과학은 물론 계몽의 초월적 권능마저도 회의했던 「우맹」을 돌이켜 보고자 한다. 그리하여 이 글은 궁극적으로는 근대와 전근대, 문명(화)과 미개, 계몽과 몽매 등 비동시적인 것들이 동시적으로 현존하는 조선의 현실에서, 과학(그리고 계몽), 문학의 개념과 소명이 동요했던 특징적 국면을 다면적으로 조명하고자 한다.

2. 허구의 교리와 내러티브, 헛된 신앙과 욕망의 복마전

백백교는 교조(教祖) 전정예(全廷藝, 1867~1919)라는 평안북도 영변 출신의 동학교도가 1912년 창시한 '가광생인수교(家廣生人壽教)' 혹은 '백도교(白道教)'의 후신으로서, 전정예의 차남 전용해와 우광현(禹光鉉) 등이

1923년 중창한 신종교였다. 백도교 혹은 백백교는 근대기 여느 신종교들과 마찬가지로 근본 교리는 유불선(儒佛仙)을 통합한 데에 도참설과 종말론의 요소를 더한 것으로서, 주로 주문의 염송과 기도를 전례와 신앙생활의 중심으로 삼은 종교였다. 교단의 종지(宗旨)는 교조의 순결한 영성으로 타락한 세상을 구원하고 인심을 결백하게 하며, 현세를 교화하고 선도하여 광명 세계를 실현한다는 것이었다. 하지만 그것에 따라 교단이 운영되지는 않았다.[8)]

한편 백백교는 정경(正經, canon)도 성전(聖傳, traditio)도 없어서, 그 교리를 간단하게라도 설명하기는 쉽지 않다. 그나마 알려진 바에 따르면, 천부(天夫)님 즉 하느님인 전정예가 득도하여 지은 몇 가지 주문이 적힌 첩지를 지니고 그것을 염송하면 무병장수를 누리고 신선이 된다는 것,[9)] 그의 아들 구세주인 대원(大元)님 전용해에게 자신이 가진 모든 것을 봉헌하고 의탁하면 머지않아 닥칠 불의 심판과 물의 심판을 피해 부귀영화를 누릴 수 있다는 것을 믿을교리(教義, dogma)로 삼았다. 이외에도 백백교는 총 15개의 계명과 교주를 중심으로 한 교계제도, 경성을 중심으로 한 교구도 설정하여 명목상 기성종교에 준하는 면모도 갖추고 있었다.[10)]

---

8) 長崎祐三, 「白々教斷片記(一)」, 위의 책, 313~315쪽; 「白々教事件」(기사), 위의 책, 14~19쪽; 杉本 檢事, 위의 글, 위의 책, 73~80쪽.

9) 전정예는 신자들에게 그가 신명(神明)으로부터 계시 받았다는 '白白白衣衣衣赤赤赤' 등의 주문을 염송하게 하는 한편 '弓弓乙乙' 네 자를 도서(圖書)로 인쇄한 부적을 지니도록 했다고 한다. 「一枚에 百圓, 五十圓식 時局憑藉한 帖紙賣喫」(기사), 『每日申報』, 每日申報社, 1937.4.13, 호외 2면.

10) 長崎祐三, 앞의 글, 앞의 책, 311~318쪽; 「白々教事件」(기사), 앞의 책, 14~19쪽; 杉本 檢事, 앞의 글, 앞의 책, 73~80쪽; 발신 京畿道警察部長(1937.12.11), 수신 警務局長·京城地方法院 檢事正(1937.12.13), 앞의 글.

특히 천부님의 출현과 구원, 불과 물의 심판을 중심으로 한 묵시록적 세계관은 백도교와 백백교의 핵심인데, 천부님의 출현은 이미 『정감록』에서 예언한 바의 실현이라고 했다. 또한 겨울에 닥칠 불의 심판은 전세계의 화산이 일시에 폭발하면서 이루어지며, 여름에 닥칠 물의 심판은 대홍수로 인해 육지가 모두 침수되며 이루어진다고 했다. 어느 것이든 생명체는 절멸할 수밖에 없지만, 이 환란 이후 후천개벽 때에 재림할 천부님과 대원님이 신자들과 함께 동해에서 떠오를 영산(瀛山, 7개의 금강산)에서 새로운 왕국을 건설하여 부귀영화를 누리게 된다고 했다. 그리고 심판을 피하거나 심판 이후 부귀영화를 누릴 자격은 교주가 전국에 지정한 성소인 피수궁(避水宮)에서의 공동체 생활 여부와 신자들 저마다 봉헌(헌성금(獻誠金)과 헌낭(獻娘))의 정도에 따라 주어진다고 했다.[11)]

일별해 보더라도 백도교와 백백교의 교리는 근대기 여느 신종교 교단들과 마찬가지로 『정감록』,[12)] 불교의 미륵신앙이나 그리스도교의 묵시론적 예언,[13)] 그리고 동학의 후천개벽론을 공소한 예형론(豫型論,

11) 長崎祐三, 위의 글; 杉本 檢事, 위의 글.

12) 전정예는 "全羅道雲峯頭流山 乃生方門", "聖人出於咸陽林中" 구절을 단장취의해서 "전(全) 씨(전정예)가 도(道)를 펼쳐(羅) 운수(雲을 運으로 왜곡)를 만나(峯을 逢으로 왜곡)니 두류산(함경남도 문천군 운림면 마양리의 뒷산이라고 왜곡)이 곧 생방문(살 길)이며, 성인은 함양(함경남도, 마양리) 숲에서 나온다"고 왜곡했다. 또한 "無鬚者先入卽否" 생방문으로 이끄는 이는 수염이 없는 이, 즉 수염이 없는 전정예 자신이라고 주장했다(長崎祐三, 위의 글, 311~318쪽; 杉本 檢事, 위의 글, 78~79쪽). 이 구절과 관련 있다고 여겨지는 원문은 다음과 같다. "雲峰頭流山下, 銅店村百理內, 可以永保之地 (…중략…) 無鬚者先入卽否"(南師古, 「南格菴山水十勝保吉之地」, 안춘근 편, 『鄭鑑錄集成』, 아세아문화사, 1981, 581~582쪽).

13) 백도교 교리 중 말세의 병란은 요한 묵시록의 하르마게돈(묵시록, 16 : 16)을 연상케 하기도 한다. 한편 백백교 교리 중 말세의 물의 심판, 선택받은 이들의 새로운 세상의 시작은 역시 구약성경 창세기의 대홍수(노아의 방주(창세기 제6~10장))를 연상케 한다. 그리고 불의 심판은 구약성경(신명기 32 : 22 등)을 비롯하여 신약성경(마태오 3 : 10 등)에 이르기까지 그리스도교 성경에 빈번히 등장하거니와, 특히 요한 묵시록(8 : 7, 9 : 18, 11 : 5, 14 : 10, 19 :

typologia)적 혹은 자의적으로 해석하고 편집하여 이루어낸 내러티브였다는 것을 알 수 있다.[14] 그것은 창세로부터 말세까지 우주와 인류의 연대기, 혹은 역사를 설명하는 보편 종교나 신화와 달리, 오로지 인류가 처할 환란과 역사의 종언과 새로운 시작만을 설파했다는 점에서 불완전한 내러티브이기도 했다. 그것은 정경으로 선포되고 영적 독서 행위를 통해 이해되는 대신, 오로지 교주의 말과 권위로 정당성을 얻고, 소박한 신비 체험에 의해 진실성을 얻었던 것으로 보인다.[15] 전정예가 『정감록』과 기도를 통해 얻었다는 계시는, 조선조 말기의 가렴주구, 해마다 거듭되는 기근과 홍수, 청일전쟁의 경험이 생생한 이들에게는 제법 설득력 있게 받아들여졌던 것으로 보인다. 그래서 1910년대 중반 전성기 북선 지역을 중심으로 전정예를 따르는 신자들은 만여 명 혹은 수만 여 명에 이르기도 했다.[16]

20, 20 : 9-15, 21 : 8)의 경우 가장 현저하다. 실제로 백백교 교주 전용해는 '재림 예수'를 자처하기도 했다.

14) 근대기 신종교 교단들이 교의 정당성을 내세우기 위해 『정감록』의 일부로도 알려진 『格菴遺錄』의 두찬본(杜撰本)들을 저술하는 일은 흔했다. 허호익, 「격암유록」의 위조와 기독교 이단들의 종교혼합주의」, 『장신논단』 제36집, 장로회신학대 기독교사상과 문화연구원, 2009.

15) 전정예는 서당에서 초보적인 한학을 겨우 배운 정도이지만 『정감록』을 숙독하여 주변으로부터 탄복과 존경을 받았다고 한다. 또한 백도교 신자들은 수염이 없는 자신이야말로 『정감록』이 예언한 성인이라는 전정예의 말을 온전히 믿었다고 한다(長崎祐三, 앞의 글, 앞의 책, 311~312쪽). 한편 백백교 간부였던 피고 문봉조(文鳳朝)는 전용해가 종일 술을 마셔도 취하지 않는 것을 보고 그를 신의 아들이라고 믿었다고 한다(長崎祐三, 앞의 글, 앞의 책, 321쪽). 교단 간부였던 피고 이경득(李敬得)도 백백교 신자 안국선(安國善)이 20일 동안 음식을 먹지 않고도 아무렇지 않았던 데에, 백백교 신자가 되면 불로장수를 하고 신선도 될 수 있다는 말에 감복해서 입교했다고 한다. 또한 이경득은 전용해가 자신의 마음을 꿰뚫어 보는 독심술을 지니고 있다고 여겨, 전용해를 신의 아들로 믿었다고 한다(蔡廷根, 「白白教事件公判傍聽記」, 『朝光』 第6卷 第5號, 朝鮮日報社出版局, 1940.5).

16) 재판 과정에서 밝혀진 바에 따르면, 전성기 백백교 신자 수는 8만 1천 명이었다. 朝鮮總督府京城地方法院, 앞의 책, 10쪽.

하지만 백도교와 백백교는 초기부터 줄곧 이 공소한 교리의 허구에 환멸을 느낀 냉담 신자 혹은 배교자들이 일으킨 소동, 전정예의 문란한 생활(축첩, 여성 신자들과의 성관계)과 범죄(신자의 재산 편취와 사기)로 사회적인 물의를 빚고 교단은 위기에 직면하곤 했다. 특히 전정예가 백도교 창시 당시 설파한 갑진년(1904) 3월 병란 예언이 빗나가자, 전재산을 봉헌한 신자들이 폭동을 일으켜 당국의 수사를 받았다. 그 결과 백도교는 지하 비밀 종교의 형태로 활동할 수밖에 없었다(1904년의 이른바 마양동(馬陽洞) 사건). 백도교가 백백교로 중창된 이후에도, 교조 전정예가 백도교를 운영하던 당시 그에게 성병을 전염시킨 첩들을 살해, 암매장한 사건(1911 · 1916 · 1917년의 이른바 김화사건(金化事件)과 가평사건(加平事件))이 발각되어, 백백교 교주 전용해는 도주하고 나머지 교단 간부들은 처벌을 받았다(재판종결 1931년).[17)]

이 사건의 재판 과정에서 교조 전정예가 이미 사망했음에도 불구하고, 전용해와 교단 간부들이 그의 죽음을 비밀에 부쳐 두었던 사실도 드러나, 1923년 이후 백도교 교단은 분열(장남 전용수(全龍洙)의 인천교(人天教), 차남 전용해의 백백교, 삼남 전용석(全龍石)의 도화교(都化教))한다. 그 가운데 백백교는 교의, 교계 · 교구제도를 일신했지만 전용해는 기소중지자 신분으로서 온전히 교단을 이끌 수 없었고, 자신의 명령을 따르지 않는 신자, 봉헌을 감당할 여력이 없는 신자, 냉담 신자와 배교자를 비롯하여 교단의 비리(전용해의 축첩과 문란한 생활)와 범죄 사실을 아는 신자들 일가를 모두 살해하는 폭력으로 교단을 유지했다. 그러다가 1937

17) 長崎祐三, 앞의 글; 「白々教事件」(기사), 앞의 글; 杉本 検事, 앞의 글, 앞의 책, 77~80쪽.

년 교단의 실체가 사법 당국에 발각되기에 이르렀던 것이다.

그런데 1937년에 드러난 사건이 아니었더라도 이 교단은 정상적으로 유지되기 어려웠다. 그것은 백도교 혹은 백백교의 교리가 교조와 교주의 권위만으로는 무류성(無謬性)을 역설하기 어려울 만큼, 신자들의 절대적 신앙으로만 미봉하기도 어려울 정도로 허술한 내러티브로 이루어져 있었기 때문이다. 특히 교조를 불사의 신선 혹은 현인신(現人神)의 위격으로 흠숭하는 교리의 허구 때문이다. 이미 1910년대 두 건의 사건을 통해서 드러난 바와 같이, 무병장수해야 할 교조 전정예의 사망을 비밀에 부칠 수밖에 없었던 것은 바로 그러한 사정을 드러낸다.

이 허구를 진실로 신앙하도록 하는 근거와 교단의 권위는, 당연히 조만간 도래할 환란의 자명한 표징에 대한 구경적 함의와 영성적 해석에 근간해야 했다. 하지만 실상 백백교와 전용해는 단지 신자들의 영적 불안과 공포, 일신의 구원은 물론 종말 이후 부귀영화의 욕망을 부추기는 일, 그리고 냉담해진 신자와 배교자에 대한 폭력으로 허구를 미봉했을 뿐이었다. 물론 종교의 교리와 그 내러티브적 설명 방식에는 으레 합리적 이성으로 설명할 수 없는 섭리의 차원이 있게 마련이고, 그것을 정당화하는 근거가 바로 신앙이게 마련이다. 이 점에서는 백도교 혹은 백백교라고 해서 예외는 아니다.

하지만 백백교는 그 근거를 세속의 법과 윤리와 이반하는 신앙, 특히 폭력에 두고 있다는 점에서 문제적이었다. 특히 이 교단은 전제왕조 혹은 파시즘의 정치와 상동성을 지니는 운영 메커니즘으로 인해, 마치 사라진 왕조의 재현 혹은 제국 천황제의 식민지 아류처럼 보이기도 했다. 후술하겠지만 이것은 1937년 백백교사건 이후 조선총독부와 사

법 당국이 백백교는 물론 그 외 신종교 교단을 탄압하는 중요한 동기가 된다.[18)]

백도교가 백백교로 전신하고 또 몰락해 간 과정, 그리고 사법 당국이 이 교단 관련 사건을 모두 처리한 과정이 사실상 대한제국 말기부터 식민지시기 거의 전 기간에 걸친다는 사실을 주목할 필요가 있다. 이것은 그 기간 동안 예언자 혹은 하느님 혹은 그의 아들 구세주에 의한, 간난신고로부터 해방, 세상의 종말을 둘러싼 영적 불안과 공포로부터의 구원, 현세적 입신출세의 욕망에 사로잡힌 신자들이 끊이지 않았음을 시사한다. 바로 그 믿음과 욕망이 교주의 비리, 범죄, 폭력마저도 정당화하기도 했던 것이다.[19)]

어쨌든 이 믿음과 욕망은 원초적인 생명 유지의 욕구와 사회적 계층 상승의 욕망을 근원으로 한다는 점에서 예사롭지 않다. 그것은 우선 세상의 공변된 이념과 질서의 폭력적 변화에 내던져진 조선의 향촌 사회와 민중의 내면을 반영한다는 점에서 그러하다. 아울러 역사적 전환기에 향촌 사회와 민중의 그 불안한 내면이 근세의 비기도참설을 소환해 내고, 영웅의 후천개벽을 여전히 갈망하는 심리가 신종교의 내러티

18) 이러한 백백교와 제국 천황제의 상동성에 주목해서 후술할 박태원의 「우맹」을 주목한 연구도 있다. 장성규, 「일제 말기 박태원의 파시즘 인식과 대응—사소설 연작과 『금은탑』을 중심으로」, 『구보학보』 제7호, 구보학회, 2012.

19) 문봉조 등 24명의 간부와 신자들은, 취조 당시는 물론 결심공판까지도 살인 등 자신들의 범죄에 대해 전용해의 명령에 따랐을 뿐이라는 이유로, 자신의 무식함을 이유로 무죄를 호소하기도 했다(蔡廷根, 앞의 글, 앞의 책, 68~69쪽). 특히 문봉조는 검찰 조사 당시 전용해가 신의 아들이므로 무슨 일이든 할 수 있다고 여겨, 죄책감을 느끼지 않았다고도 진술했다(長崎祐三, 앞의 글, 앞의 책, 327쪽). 또한 자신들이 체포될 당시 교주가 신통력으로 구해주지 않자 비로소 신앙을 회의하고 죄를 깨닫기도 했다. 특히 문봉조는 검사의 취조 과정에서 교주의 신통력과 자신의 주문으로 경찰이 채운 수갑이 풀어질 것으로 믿었다고 진술했다(長崎祐三, 앞의 글, 앞의 책, 322쪽).

브를 통해 기형적으로 변용하고 세속화했던 사정을 드러낸다는 점에서 더욱 그러하다.

이 믿음과 욕망 그리고 불안은 근대기 지식인 계층과 제국 일본이 추구했던 중세 혹은 근세의 추문화와 탈마법화, 그들이 추진한 온갖 근대와 계몽의 기획을 무색하게 하는 어두운 심연과도 같았다. 그것은 이 믿음과 욕망이 근대적인 제도와 삶의 외연이자 타자인 향촌 사회와 민중 사이에서 문자(正經)를 매개로 하지 않은 채, 오로지 위협과 유혹의 말(주문과 예언)로 이루어진 풍문과 같은 내러티브를 통해 힘을 얻고 확산되고 있었다는 점에서 그러하다. 또한 우주와 인간의 의미 있는 시간을 미래를 가장한 과거, 즉 근대 이전으로 설정한다는 점에서 그러하다. 그래서 백도교와 백백교의 교리와 무관하게 그 신자들의 신앙은 결코 간단하지만은 않은 문제를 제기한다.

3. 제국의 치욕과 불안, 식민지 현인신(들)에 대한 심판

조선총독부는 이 신종교의 교리나 범죄뿐만 아니라 신자들의 신앙과 욕망의 원천에 대해 집요하게 알고자 했다. 조선총독부는 일찍이 김화사건과 가평사건 이후 백도교 혹은 백도교 창시 전후 전정예의 신상, 동정, 비리는 물론 그 교리까지 소상하게 파악하여 일본 정부에 보고했다.[20] 이후 백도교 교단의 분열로 중창된 인천교와 백백교와 관련한 정보도 경성제국대학의 무라야마 지준[村山智順]의 조사로 보완했을 뿐만 아니라,[21] 이에 근간하여 일본에서 발행한 한 소책자를 조선의 경찰관들에게 심득(心得)하도록 하기까지 했다.[22] 이미 두 차례 사건을 통해서 유명무실해졌다고 판단했던 백백교에 대해 조선총독부가 여전히 주시하고 있었던 것은, 동학농민전쟁(1894)과 3·1운동(1919)의 혹독한 경험을 근간으로, 동학의 동근이지(同根異枝)인 백백교 또한 식민지통치의 잠재적 위협일 수 있다고 판단했기 때문일 것이다.

앞서 거론한 바와 같이 1937년 경찰의 수사 결과 발표 이후, 사법 당국은 백백교의 실체에 대해서 공개적으로 발표하고, 1940년 제일심 판결 이후 법원은 판결문을 책자로 간행하기까지 했다. 그런데 스기모토 검사의 수고는 물론 사법 당국의 각종 간행물과 공식문서, 그리고 일본 정부 및 의회에 제출한 보고서까지,[23] 사법 당국의 문서들은 한결같게 백도교의 창시 이후 사건 발생까지의 경위를 내러티브 형식으로 구성해냈다. 이 가운데 동학계 신종교의 생성과 분화과정을 통시적으로 서술한 무라야마 지준의 보고(『朝鮮の類似宗教』, 1935)가 중요한 참조 자료였다는 점은 주목할 만하다. 그것은 조선총독부와 사법 당국이 백도교

---

20) 발신 內務省 警保局長 川村竹治(1919.3.26), 수신 外務省 政務局長 埴原正直·外務大臣 內田康哉(1919.3.31), 「朝鮮人概況 送付ニ間スル件」·「朝鮮人概況 第二 壹部 參考 送付」, 『不逞團關係雜件(七雜)』(警秘 第26號).

21) 朝鮮總督府 編, 「第二部 東學係類似宗教團體—九. 人天教と白々教」, 『朝鮮の類似宗教』(調査資料 第42輯), 朝鮮總督府, 1935, 234~236쪽. 그런데 이 책이 간행될 당시 조선총독부는 백백교는 신자 수가 63명에 불과한 유명무실한 종교라고 소개하고 있다.

22) 佐藤武·三木格二, 『宗教の知識 : 朝鮮版』, 東京 : 稲光堂書店, 1936. 더구나 이 책에서는 백백교의 신자 수가 1년 전에 간행된 『朝鮮の類似宗教』의 통계보다도 훨씬 적은 일족(一族) 일곱 명에 불과하다고 소개하고 있어서 흥미롭다.

23) 朝鮮總督府 警務局, 「九. 昭和一二年中ニ於ケル特殊重要事件 : 白々教事件ノ檢擧狀況」, 『昭和一二年 第七十三回 帝國議會 說明資料』, 朝鮮總督府, 1937.

와 백백교의 실체와 사건을 서술하는 데에, 또한 그 이해 방식을 결정하는 데에 선행하는 다른 역사적 서술이 개입하고 있었던 것을 의미하기 때문이다.

어쨌든 조선총독부와 사법 당국의 각종 기록들의 공통된 주안점은, 첫째, 백도교와 백백교의 근본 교리는 무엇이며, 전정예와 전용해는 어떤 인물인가, 둘째, 어떻게 신자들이 이 교단의 황당무계한 교리를 신앙했던가, 셋째, 이 교단은 두 차례에 걸친 사법 당국의 단죄에도 불구하고 암약할 수 있었던가, 넷째, 이 사건을 어떻게 정의할 것인가라는 의문을 규명하는 데에 있다. 그 결과 사법 당국은 백도교 혹은 백백교를 '사교(邪教)'로, 이 교단의 범죄를 "소화(昭和) 성대(聖代)에 일대 오욕"이라고 단정했다.[24] 그것은 우선 이 교단이 종교를 빙자하여 공전절후할 규모의 살인을 저질러 조선총독부가 추진한 심전개발운동의 성과를 무색하게 했으며, 제국의 '흥아위업(興亞偉業)의 추요(樞要)'인 조선의 치안을 방해했기 때문이었다.[25] 하지만 근본적으로는 전정예와 전용해 부자가 저마다 하느님과 구세주를 자처하고, 제국에 도전하여 새로운 왕조를 건설하려 함으로써, 결국 제국의 질서는 물론 명징한 국체마저도 훼손했다고 판단했기 때문이다.[26] 그래서 사법 당국은 교주와 교단 간부들의 소행이 반인륜적일 뿐만 아니라 정치적으로도 불온하다는 이유로, 사건 관련자들에게 살인과 사체유기 등의 혐의 이외 보안법 위반 혐의까지 적용했다.[27]

---

24) 杉本 檢事, 앞의 글, 앞의 책, 90쪽.

25) 朝鮮總督府 警務局, 앞의 글, 앞의 책, 990~992쪽; 杉本 檢事, 앞의 글, 앞의 책, 92쪽.

26) 朝鮮總督府 京畿道警察部, 「治安總說－2. 一般治安ノ概要」, 『治安政況』(昭和十三年九月), 朝鮮總督府 京畿道警察部, 1938.9, 14쪽; 朝鮮總督府 警務局, 앞의 글, 앞의 책, 990~992쪽.

조선총독부와 사법 당국은 백백교 교단이 사법 당국의 감시를 피해 오랫동안 암약했던 데에 당혹스러움을 감추지 못했다. 그리고 사건 수사가 본격적으로 이루어진 이후, 예심종결(1939.3.31) 시점까지도 희생자 수와 이 교단의 신자 수를 특정할 수 없었을 뿐만 아니라, 교단 간부들의 검거에도 불구하고 여전히 백백교 신자들이 암약하고 있던 데에 조바심을 느끼고 있었다.[28] 그리고 검찰의 구형 논고에서 알 수 있듯이, 이 사교를 지탱한 동력이 근본적으로 조선인의 민족의식, 특히 동학 이래 신앙과 결합한 민족의식이었으며, 그것이 일본 몰락의 예언을 사실로 받아들이게 했을 뿐만 아니라, 교단의 비리와 범죄에도 불구하고 사법 당국에 의지하지 않게 했던 사정을 매우 심각하게 여기고 있었다.[29]

---

27) 경찰의 검찰 송치 기록 중 기소자 총 33명 중 보안법 혐의 적용자는 총 13명이었는데, 그중 살인, 사체유기 등 주요 혐의가 적용되지 않은 이에게는 모두 보안법 협의가 적용되었다(발신 京畿道警察部長(1937.12.11), 수신 警務局長・京城地方法院 檢事正(1937.12.13), 앞의 글). 식민지시기 신도(神道), 불교, 그리스도교 이외 종교 단체는 조선총독부의 '포교규칙(朝鮮總督府告示 第253號, 1915.10)'에 근거, 일반 결사단체로 취급되었으므로, 단속의 근거는 '보안법'일 수밖에 없었다(박승길, 「일제 무단통치시대의 종교정책과 그 영향」, 『한국사회사연구논문집』 제35호, 한국사회사연구회, 1992, 39쪽). 그런데 스기모토 검사의 『백백교사건논고초고』 수고의 목차 중 '第七. 適用法條' 부분과 '第八. 求刑' 부분에 먹으로 삭제한 흔적이 남아 있던 것으로 보건대(실제로 후일 『조광』지에 소개된 같은 글에도 이 항목들은 제외되어 있다), 단순 피의자에게도 보안법 혐의를 적용하고 구형할 지 여부는 스기모토 검사가 『백백교사건논고초고』 작성(1940.3.19) 이후 제일심 판결(1940.5.5) 사이에 결정된 것으로 보인다. 제일심 재판부는 전용해의 딸 전선녀(全先女)에 대해 살인, 살인방조, 사체유기, 범인은닉 등의 범죄에 직접적으로 가담한 사실이 없지만, 백백교를 전교하면서 정치적으로 불온한 언동을 하여 치안을 방해했다는 이유로 보안법 위반 혐의를 적용했다(朝鮮總督府 京城地方法院, 앞의 책, 76쪽).

28) 사법 당국은 백백교 간부 검거 이후 신자들의 동향을 예의 주시하고 있었으며, 그 규모를 정확하게 파악할 수 없는 상황을 매우 불안하게 여기고 있었다. 발신 京城東大門警察署長(1937.10.20), 수신 京城地方法院 檢事正(1937.10.22), 「白々敎徒ノ動靜ニ關スル件」(京東警高秘 第14335號); 발신 京城東大門警察署長(1937.12.13), 수신 京城地方法院 檢事正・關係各警察署長(1937.12.27), 「白々敎關係者釋放ニ關スル件」(京東警高秘 第1512號 1); 발신 京畿道警察部長(1939.5.2), 수신 京城地方法院 檢事正 외(1939.5.3), 「白々敎事件豫審免訴者ノ動靜ニ關スル件」(京高特秘 第1152號).

29) 長崎祐三, 앞의 글, 앞의 책, 322쪽; 「白々敎事件」(기사), 앞의 책, 14～19쪽; 杉本 檢事, 앞의

물론 사법 당국은 재판 과정에서 살인과 사체유기 등 반인륜 범죄를 보안법 위반보다 중히 여겼고, 백백교 사건의 정치적 파장을 언급하면서도 치안유지법 위반 혐의까지는 적용하지 않았다. 특히 사법 당국은 이 사건이 사악한 교주의 광기와 무지몽매한 교단 간부와 신자들의 욕망에서 비롯했다는 점을 중시했다.[30] 그리고 문맹률이 높았던 당시 조선 사회에서 신앙과 결합한 민족의식이 제국의 질서를 위협하기 전에 본보기로써 이 사건을 엄중하고도 신속하게 처리하려고 했던 것으로 보인다. 이를테면 백백교사건 수사와 동시에 백도교에서 분화한 인천교와 도화교를 동근이지라는 명목으로 수사하여 처벌하는 한편으로,[31] 수사와 재판 관련 문헌에서 전용해의 자살을 서둘러 단정했던 것이 그 근거이다.[32]

글, 앞의 책, 77~80쪽; 朝鮮總督府 警務局, 앞의 글, 앞의 책, 990~992쪽. 이러한 사정에서 수사 초기부터 백백교사건은 조선총독부 경무국(警務局)의 지휘로, 경기도 경찰부 고등과(高等課)・특고과(特高課), 강원도 경찰부 고등과(高等課)가 합동수사를 했다(발신 京畿道 警察部長(1937.3.12), 수신 警務局長・京城地方法院 檢事正(1937.3.15), 「白々教關係事犯捜査方針打合開催ノ件」(京高特秘 第585號)). 그리고 일본의 사법 당국도 사건 발생 초기부터 경시청(警視廳) 특고과 경부(警夫) 두 명을 수사본부인 동대문경찰서에 파견했다(「警視廳員이 來鮮하야 白白教眞相調査」(기사), 『每日申報』, 每日申報社, 1937.12.17, 2면).

30) 경성지방법원 제일심 관련 문서들에서 알 수 있듯이, 검사와 판사는 피고의 신원을 확인하는 절차에서부터 피고들의 교육 정도에 주목했다. 실제로 이자성(李子成)만이 보통학교를 중퇴했을 뿐, 나머지 피고들은 약간의 서당 교육을 받았거나 대부분 무학이었다. 朝鮮總督府 京城地方法院, 앞의 책, 7쪽.

31) 이 외에도 백백교 사건을 계기로 삼아 사법 당국은 신종교 교단들을 지속적으로 감시하고 탄압했다. 발신 京畿道 警察部長(1937.3.23), 수신 警務局長 외(1937.3.23), 「類似宗教三皇仙道教檢擧ニ關スル件」(京高特秘 第651號); 발신 京畿道 警察部長(1938.5.26), 수신 警務局長 외(1938.5.27), 「李禧龍一派ノ人天教關係者檢擧ノ件」(京高特秘 第1202號); 발신 江原道 警察部長(1938.11.18), 수신 警務局長 외(1938.11.21), 「太極教ト稱スル不穩類似宗教檢擧ノ件」(江高第1137號); 「宗教類似團體ノ檢擧狀況 : 人天教事件」, 「宗教類似團體ノ檢擧狀況 : 都化教事件」, 『治安情況』, 京畿道 警察部, 1938.9; 「邪教 檢擧ノ狀況」, 『治安狀況』(昭和 13年), 江原道 警察部, 1938.12.

32) 전용해로 추정되는 시신은 사건 수사 후 약 2개월 만에 경기도 양평군 용문산에서 발견되었다. 사체의 안면부는 야생 조수에 의해 심하게 훼손된 상태였으나, 사법 당국은 전용해의

조선총독부와 사법 당국이 이 사건을 서둘러 처리하고자 했던 배경에는 보강 수사가 더디게 이루어지고 있던 상황도 있지만, 역시 동학농민전쟁과 3·1운동의 트라우마가 자리하고 있다. 그리고 이 사건의 처리 태도와 트라우마는 사실 동학계 이후 신종교와 백백교 교단에 대한 내러티브적 설명 방식의 효과이기도 하다. 물론 백백교를 비롯한 그 외 신종교에 대한 탄압과 단죄는 사실 내지와 외지를 막론한 여론의 요구를 배경으로 한다.[33] 하지만 그러한 요구가 없었다고 하더라도 조선총독부와 사법 당국의 사건 처리 태도나 방식이 달라지지 않았을 것이다. 조선총독부와 사법 당국은 수사와 재판 과정에서 단 한 번도 명시적으로 언표하지 않았어도, 제국 일본에서 정교일치의 현인신은 전정예도, 전용해도 아닌 오로지 만세일계(萬世一係)의 천황뿐임을 사건의 피고들은 물론 식민지 주민들에게 분명히 각인시킬 필요가 있었기 때문이었다.[34]

의복과 소지품, 전종기(全鍾基)의 확인, 부검 결과에 근거하여 시신의 신원을 전용해로 단정했다(발신 京城地方法院 檢事正(1937.4.13), 수신 法務局長・高等法院檢事長・京城覆審法院長, 「白々教教主全龍海ノ死體會見ニ關スル件」(地檢秘 第396號)). 또한 사법 당국은 시신 부검(감정인 경성제대 의사 濁川加紗太郎 2명)을 통해 전용해가 평소 소지하고 있던 단도[五德刀]로 자살했다고 단정했다(朝鮮總督府 京城地方法院, 앞의 책, 80쪽). 하지만 결정적 사인(출혈과다)을 일으킨 상처의 부위(자상 3개소)와 정도(후두와 인후 연골, 경동맥, 갑상선 절단), 사체 발견 당시 안면부만 훼손되어 있던 점, 사후 경직 상태에서 왼손에 단도가 들려 있던 점, 사체 주변에서 발견된 혈흔이 상처에 비해 매우 적다는 점으로 보아 타살의 가능성도 배제할 수는 없었다. 長崎祐三, 앞의 글, 앞의 책, 323~325쪽; 朝鮮總督府 京城地方法院, 앞의 책, 80쪽.

33) 당시 이 사건을 접한 일본과 조선의 지식인들 사이에서는 이 사건을 계기로 쇼와 성대를 위협하는 신종교 교단 전체를 단속해야 한다는 여론이 형성되어 있었다고 한다. 발신 京畿道警察部長(1937.4.20), 수신(警務局長, 1937.4.21), 「白々教事件檢擧ニ對スル部民ノ感想ニ關スル件」(警高秘 第1268號).

34) 동대문경찰서에서는 백백교사건 피해자들의 위령제를 약초정(若草町)의 니시혼간지[西本願寺]에서 개최하려다가(「三百四十六名 冤魂의 慰靈祭를 執行한다」(기사), 『每日申報』, 每日申報社, 1937.12.12, 2면; 「白白教의 魔手에 慘殺 冤魂 慰靈祭」, 『朝鮮日報』, 朝鮮日報社,

그래서 이 사건에 대한 심판은 중층적인 함의를 지닌다. 즉 표면적으로는 제국 일본의 식민지에서 종교를 가장한 범죄와 미신에 대한 단죄이지만, 심층적으로는 제국 일본의 키키(기기[記紀]: 『고사기(古事記)』와 『일본서기(日本書紀)』)신화에 근간한 현인신 천황의 만세일계의 역사적 내러티브와 정교일치의 천황제 이데올로기가 이민족의 미신과 죄에 대해 내린 징벌이라는 점에서 그러하다.[35] 무엇보다도 백백교사건을 이른바 이 사건을 두고 "쇼와 성대의 일대 치욕" 등으로 단정했던 점에서 그러하다. 이로써 사법 당국과 조선총독부의 심판은, 적어도 역사 혹은 역사 이후의 시간에 의미를 부여하는 서로 다른 신앙과 내러티브 사이의 고투로 이해할 수 있게 된다.

그러나 사법 당국과 조선총독부가 구성해 낸 내러티브는 백백교사건을 둘러싼 의문도 온전히 해소하지 못하고, 사건 자체도 온전히 해결하지 못했다. 전용해의 자살로 인해 그를 법정에 세워 단죄하지 못했기 때문이다. 그래서 자살한 전용해의 시신이 발견된 이후에도 그가 여전히 살아 있다는 유언비어까지 횡행할 정도였다.[36] 바로 이 사법적, 정치적 단죄의 한계점에서 사법 당국은 백백교사건, 특히 전용해

1937.12.12, 2면) 돌연 취소했다(「白白教毒牙의 犧牲者 合同慰靈祭는 中止」(기사), 『東亞日報』, 東亞日報社, 1937.12.13, 2면; 「白白教 犧牲者 慰靈祭는 中止」, 『朝鮮日報』, 朝鮮日報社, 1937.12.13, 2면). 그것은 아마도 이 사건에 대한 일말의 동정마저도 허락하지 않으려는 사법 당국과 조선총독부의 입장이 반영된 결과로 보인다.

35) 실제로 백백교사건 이후 사법 당국은 신종교 교단 중 교주가 현신인을 자처하며 환란 이후 새로운 왕국을 건설한다는 교의를 전교했던 교단들을 대체로 천황에 대한 불경죄, 치안유지법 위반 혐의를 적용하여 탄압하고 심판했다. 문지현, 「(부록) 1937년 이후 검거된 신종교단체」, 『전시체제기(1937~45) 일제의 신종교 정책과 신종교단체 검거사건 연구』, 이화여대 석사논문, 2009.

36) 「白白教主 全龍海 瑞麟町에 나타낫소 京城地方法院에 怪常한 投書」(기사), 『每日申報』, 每日申報社, 1940.6.26.

의 범정(犯情)에 대해 비로소 '과학'적인 이해 방식으로 접근했는데, 그것은 나가사키 검사의 술회를 통해서 알 수 있다. 특히 나가사키 검사가 전용해의 부검을 통해 신체상 특징, 특히 두개골과 뇌의 특징에 대해 상세히 계측하고 분석한 후 이른바 '롬브르소의 범인형' 인물로 단정한 대목을 주목해야 한다.[37] '롬브로소의 범인형'이라는 구절에서 알 수 있듯이, 당시 전용해의 부검 결과는 20세기 범죄학의 비조(鼻祖) 체사레 롬브로소의 범죄인류학 이론에 따라 정리되었던 것이다.[38]

설사 그러한 유전학적 결정론이 첨단의 과학이라고 해도, 백백교를 둘러싼 근본적인 의문은 해소되지 않는다. 또한 그것에 따라 이루어진 검시결과가 전용해(전정예까지도)를 전형적인 범죄형 인간으로 규정한다고 해도, 그와 교단 간부들이 어째서 사교로 혹세무민했던가, 신자들이 어째서 그토록 그들에게 맹종하여 범죄까지 마다하지 않았던가는 온전히 밝힐 수 없었을 터이다. 특히 백도교・백백교의 교리를 사

37) 그의 술회에 따르면 전용해는 이마가 넓고, 눈두덩이 높았고, 코와 귀가 매우 뾰족했으며, 왼손잡이였다. 또한 전용해의 두개골은 보통 사람보다 두 배가량 두꺼웠다. 한편 전용해의 체형은 여성과 흡사했고, 몸에는 체모가 없었으며 피부의 결도 여성과 흡사하여, 마치 외국인 같았다고 한다. 長崎祐三, 앞의 글, 앞의 책, 318~319쪽.

38) 체사레 롬브로소(Cesare Lombroso, 1835~1909)는 이탈리아의 정신의학자・법의학자로서, 범죄인의 두개골 3백여 개와 범죄인 5천여 명의 체형을 조사하고 그 신체적・인류학적 특징을 유형화하여, 근대 범죄학(criminology) 혹은 범죄인류학(criminal anthropology)을 창시한 인물이다(Mary Gibson, "1. Criminal Man", *Born to Crime : Cesare Lombroso and the Origins of Biological Criminology*, Westpoint : Praeger, 2002). 그의 이론은 20세기 전반 이탈리아를 비롯하여 아시아에 이르기까지 전세계적으로 영향을 미쳤다(Paul Knepper・Per Jørgen Ystehede(ed.), *The Cesare Lombroso Handbook*, New York : Routledge, 2012). 그리고 일본에서는 이미 1910년대 그의 주저서 두 권이 간행되었고(Cesare Lombroso, 三浦關造 譯, 『犯罪と遺伝個性の教育』, 東京 : 隆文館図書, 1916; 中村古峡 譯, 『死後の生命』, 東京 : 內田老鶴圃, 1916), 근대 초기 법의학에도 깊은 영향을 미쳤다고 한다(柳本正春, 「刑事政策學の先驅者2 : ケトレ・ロンブローゾー, フェリーと實証學派の人びと」, 『罪と罰』 第28巻 第2号, 東京 : 日本刑事政策硏究會, 1991).

적으로 악용한 교주와 교단 간부들의 서로 다른 욕망, 그 내러티브를 진실로 믿고 구원과 입신출세, 어쩌면 식민지로부터의 해방마저도 간구했던 신자들의 욕망까지도 분석하고 단죄할 수는 없기 때문이다.

사법 당국도 당연히 그 점을 의식하고 있었던 것으로 보인다. 그래서 스기모토 검사는 구형 논고 가운데 한 장을 할애하여 전용해를 비롯한 피고들의 '사악'한 범정을 상술하고,[39] 나가사키 검사는 재판 과정에서 거론되지 않았던 전용해의 변태 성욕을 상술했다고 보아야 한다.[40] 요컨대 그들은 무지한 데에다가 더할 나위도 없이 '사악한' 인간들이었다는 것, 그래서 단죄해야 마땅하다는 것만 반복해서 강조할 뿐이었다. 반면에 마루야마[丸山] 변호사는 이 사건이 어디까지나 피고들이 보통교육도 못 받고 무지한 탓에 저지른 일인 만큼, 그들의 죄는 사실상 사회의 책임이므로 동정 있는 판결을 바랐다.[41] 하지만 사법 당국의 심판은 단호했다.

사형을 언도받은 피고 다수가 고등법원에 항소했지만,[42] 항소심에서도 사법 당국의 입장은 달라질 것이 없었다.[43] 그리고 당시 언론은

39) 杉本 檢事, 앞의 글, 앞의 책, 92~95쪽.

40) 長崎祐三, 「白々教斷片記(二)」, 『思想彙報』 第13號, 朝鮮總督府 高等法院 檢事局 思想部, 1937.8, 276~278쪽.

41) 「無智가 나흔 犯罪 各辯護人, 同情的 判決을 熱望」(기사), 『每日申報』, 每日申報社, 1940.3.20, 3면.

42) 이와 관련한 『매일신보』 소재 기사는 다음과 같다. 「鬼畜들 生의 發惡 死刑不服한 白白教徒等 十八名 一月八日에 覆審公判」(1940.12.29, 3면); 「殺人魔의 白白教 : 控訴公判明日開廷」(1941.1.8, 2면); 「十四名에 死刑言渡 : 白白教徒覆審公判 今日最後斷罪」(1941.1.30, 2면); 「生에 愛着은 더 强烈 : 白白教被告十五名 또 不服上告」(1941.1.31, 2면); 「上告한 白白教徒 六月 十九日 高等法院에서 公判」(1941.4.10, 3면); 「白白教 上告 明日에 審理」(1941.6.19, 2면); 「白白教 上告公判 今日 開廷, 言渡는 七月」(1941.6.20, 2면); 「十四名死刑確定 今日, 白白教上告審棄却判決」(1941.8.15, 2면); 「白白教 被告의 奸智 : 死刑回避策으로 再審을 또 請求」(1941.8.30, 2면).

43) 「殺人記錄 되풀이 : 傍聽客殺到中에 白白教覆審公判」(기사), 『每日申報』, 每日申報社, 1941.1.9, 2면.

피고들이 단지 사형을 면하기 위해 뻔뻔하게도 항소를 했다고 비난했다. 그럼에도 불구하고 피고들은 자신들이 보통교육이라도 제대로 받았더라면 교단과 범죄에 가담하지 않았다며 선처를 바랐다.[44] 특히 문봉조의 경우 조선총독부가 조속히 의무교육을 시행하여 자신들이 저지른 일이 다시는 일어나지 않게 해달라고 호소하기도 했으며, 심지어 판사 앞에서 자신이 대일본제국 천황 폐하의 신민임이라고 부르짖기도 했다.[45] 이 사건 재판의 심층적인 의미를 염두에 두고 보면, 자신이 한때나마 천부님과 대원님의 신민이었던 것을 회개하고 고해하며, 비로소 천황 폐하의 신민으로서 귀의하겠다는 문봉조의 서원은 의미심장하다.

4. 소비되는 사실, 묻지 않은 의문들

언론을 통해 백백교사건의 전말이 세상에 알려지기 시작한 것은 『매일신보』가 호외로 보도한 경기도경찰부의 수사발표 이후(1937.4.13)였다. 당시 일간지들의 보도는 제한적일 수밖에 없었다. 그도 그럴 것이 사법 당국이 취재 및 보도 금지 조치를 취하기도 했을 뿐만 아니라, 백

44) 「惡魔의 弟子된 動機: 被告들의 陳述一致 白白教覆審公判續報」(기사), 『每日申報』, 每日申報社, 1941.1.9, 3면; 「殺人은 無識의 탓: 白白教 被告의 義務教育論 覆審公判 二日續報」, 『每日申報』, 每日申報社, 1941.1.10, 3면.

45) 「殺人은 無識의 탓: 白白教 被告의 義務教育論 覆審公判 二日續報」(기사), 위의 책, 3면.

백교사건의 실상과 관련된 모든 사실을 사법 당국이 독점하고 있었고, 이 사건을 이해하는 방식마저도 사법 당국이 통제하고 있었기 때문이다.[46] 하지만 무엇보다도 사건 발표 당시 경찰이 발표한 희생자 수는 46명이었으나,[47] 보강 수사 중 그 수가 한 없이 늘어가던 상황에서, 일간지들의 보도 또한 사체 발굴 관련 기사가 주류를 차지했다.[48] 한편 본격적인 재판 시작 이후에는 재판의 추이에 관한 기사를,[49] 사법 당국이 인천교를 비롯한 신종교 교단 검거에 본격적으로 나선 다음부터는 관련 기사를 게재하기에 급급했다.[50] 그 가운데 백백교와 사건에 대한 관점과 서술 태도 또한 사법 당국의 발표에서 크게 벗어나지 않았고, 재판이 시작되자 스기모토 검사의 논고와 그 요지를 앞 다투어 게재했다.[51]

그리하여 당시 일간지들은 백백교를 '사교(邪教)', '마교(魔教)', '요교(妖

46) 당시 조선일보사의 한 사회부 기자의 술회에 따르면, 수사본부가 있던 동대문경찰서는 기자의 출입 자체를 통제하기까지 했다고 한다. 金承熹, 「民間紙의 卄年 : 白白教와 府議政」, 『朝光』 第6卷 第10號, 朝鮮日報社出版部, 1940.10.

47) 「京畿道警察部發表 白白教事件檢擧眞想」(기사), 『每日申報』, 每日申報社, 1937.4.13, 호외 2면.

48) 관련 기사는 『매일신보』가 총 18건(檢事와 城大教授一行 楊平郡下에 急行 시체 무든 곳이 쏘 새로 발견되여 白白教取調益峻烈」, 1937.5.14, 3면 외), 『동아일보』가 총 15건(「發掘屍體三百八十 또 楊平서 發掘에 着手」, 1937.6.9, 2면 외), 『조선일보』가 총 14건(「長崎檢事 現場에 白白教徒 屍體檢證차」, 1937.4.16, 2면 외)이다.

49) 관련 기사는 『매일신보』가 총 18건(「殺人魔의 白白教事件 二十四名公判廻附」, 1939.4.1, 2면 외), 『동아일보』가 총 31건(「十四罪名의 白白殺人魔 卄八名豫審廻附」, 1937.12.24, 2면 외), 『조선일보』가 총 15건(「白白教殺人魔 殘黨頭領一名送局」, 1938.9.17, 2면 외)이다.

50) 관련된 기사는 『매일신보』가 총 2건(「爼上에 올은 類似宗教 撲滅」, 1937.5.7, 2면 외), 『동아일보』가 총 19건(「人道教中心 怪秘社全貌」, 1937.9.5, 2면 외), 『조선일보』가 총 2건(「撲滅의 血祭에 오르는 惑世誣民 邪教群」, 1937.5.2, 2면 외)이다.

51) 관련 기사는 『매일신보』가 총 7일간 7건(「法의 鐵槌, 惡鬼들 頭上에 滿廷이 숨을 죽이고 檢事論告에 傾聽! 今日, 白白教徒에 論告와 求刑」, 1940.3.20, 2면 외), 『동아일보』가 총 6일간 8건(「白白教事件論告要旨㊀」 1940.3.20, 2면 외)이다. 한편 조선일보사는 일간지가 아닌 월간지 『朝光』에 스기모토 검사의 구형논고를 게재했다.

敎)'로, 전용해와 교단 간부들은 물론 신자들까지도 '살인마', '음마(淫魔)', '사도(邪徒)', '마도(魔徒)', '귀축(鬼畜)'이라고 지탄하면서, 사회적 윤리적 심판에 앞장섰다. 한편 이미 희생자 시신 발굴 기사가 그러하듯이, 일간지들의 보도는 처음부터 선정적인 경향을 드러내기도 했다.[52] 이를테면 『매일신보』는 호외 발행 당시부터 전용해의 남다른 정력에 대해 특기하면서 첩의 수와 명단까지 공개하는가 하면, 구속된 피의자들 중에서도 굳이 임신한 전용해의 첩들의 동정에만 주목하기도 했다.[53] 『동아일보』도 사건 발생 직후 전용해 첩들의 동정을 소상하게 보도하는가 하면, 그가 여성 신자들을 능욕한 수법을 소상하게 소개하기도 했다.[54] 더구나 다른 일간지들과 달리 사법 당국에 검거된 신종교 교단 중에서도 특히 교주가 신자를 능욕한 교단에 주목했다.[55] 이러한 보도 태도는 『조선일보』라고 해서 다르지 않았는데,[56] 경기도 경찰부의 발표 이후 사건 관련 희생자 수를 과장한 기사가 검열로 인해 삭제되기까지 했다.[57]

전용해의 살인(敎唆), 축첩과 여성 신자에 대한 변태적 행위들은 사법

---

52) 「埋藏된 姙婦 地下에서 分娩」(기사), 『東亞日報』, 東亞日報社, 1937.6.17, 2면. 『동아일보』는 이를 두고 "백백교도가 남긴 죄악의 씨"라면서, 법의학계의 호재라고도 했다. 「警視廳員이 來鮮하야 白白敎眞相調査」(기사), 『每日申報』, 每日申報社, 1937.12.17, 2면.

53) 「蓄妾의 記錄으로도 朝鮮一의 全龍海」(기사), 『每日申報』, 每日申報社, 1937.4.13, 호외 2면; 「白白敎徒一齊檢擧餘聞」, 『每日申報』, 每日申報社, 1937.4.14, 2면.

54) 「白白敎幹部의 妻妾 五十餘名處置難」(기사), 『東亞日報』, 東亞日報社, 1937.7.8, 2면; 「白白敎天下를 꿈귀고 沃畓과 貞操 '獻上'」, 『東亞日報』, 東亞日報社, 1937.12.14, 2면.

55) 「惑世誣民한 邪敎! 性道敎一黨을 送局」(기사), 『東亞日報』, 東亞日報社, 1938.11.29, 2면; 「新版 "桃色白白敎"」, 『東亞日報』, 東亞日報社, 1939.3.7, 2면. 그런가하면 여성 교주가 남성 신자를 능욕한 교단에 대해 보도하기도 했다. 「自稱 『南方女法王』인 女子詐欺師被逮」(기사), 『東亞日報』, 東亞日報社, 1939.1.22, 3면.

56) 「東署 留置場의 喜悲 雙奏曲 男女老幼의 白白敎徒」(기사), 『朝鮮日報』, 朝鮮日報社, 1937.4.14.

57) 「出版不許可의 理由 및 記事該當要旨(執務資料) : 『朝鮮日報』」(기사), 『朝鮮出版警察月報』 第106號, 朝鮮總督府 警務局 圖書課, 1937.6.

당국의 취조 과정에서도 밝혀졌고, 그중 일부는 제일심 중에 언급되기도 했다.[58] 사법 당국은 이미 전용해가 자살하기도 했거니와, 그러한 행위가 살인이나 보안법위반보다도 중죄가 아니라고 판단하여 재판 과정에서 배제했을 터이다. 그러나 당시 일간지들은 도리어 전용해와 백백교의 엽기적 행태를 부각하여 한편으로는 윤리적 심판의 근거로 삼고, 다른 한편으로는 기사거리로 삼는데 열중하는 이중성을 드러냈다. 특히 조선일보사는 그 일에 가장 적극적이었는데, 다른 언론사들과 달리 「살인마교 백백교 여담」이라는 후일담 내러티브를 『조선일보』(1937.4.17~21)에 게재하기도 하고, 심층 기사는 물론 스기모토 검사의 구형논고와 제일심 방청기를 『조광』지에 게재하기도 했던 것이다.[59]

이 가운데 「살인마교 백백교 여담」은 '교주 전용해 회견편'과 '교주 전용해 음학편'으로 구성되어 있다. 이 모두 사법 당국의 수사결과 발표는 물론 동대문경찰서에 백백교의 죄상을 처음으로 고발한 유곤룡의 술회를 토대로, 기자가 전지적 시점으로 마치 소설과 같은 형식으로 재구성한 기사이다. '교주 전용해 회견편'에서 주목해야 할 대목은, 연재에 앞서 기자가 드러낸 이 사건에 대한 관점이다. 이를테면 기자는 아버지(유인호)로 인해 전용해에게 가산과 누이(유정전)를 빼앗기자, 신자를 가장해 전용해와 교단 간부들을 만나 격투를 벌이고 동대문경찰서에 고발한 유인호의 이야기야말로, 마치 '근대 국제 스파이전(傳)' 혹은

---

58) 나가사키 검사는 「白々教斷片記」에서 "백백교 교주의 엽기 취미"라는 장에서 피고들의 진술을 인용하여 전용해의 성도착(가학성애, 소아성애)과 변태 성행위 사례 3건을 소개했다(長崎祐三, 앞의 글, 앞의 책, 276~277쪽). 이 가운데 한 건과 관련해서 제일심 재판부는 피고 중 김찬범(金贊範)에게 폭행외설 혐의를 인정, 미결구류일수로 형집행을 대신한다는 판결을 내렸다(『白白教事記』, 朝鮮總督府 京城地方法院, 1940, 78・106쪽).

59) 金大觀, 「白白教事件의 正體」, 『朝光』 第3卷 第6號, 朝鮮日報社出版部, 1937.6.

탐정영화 이상으로 독자들의 흥미와 박진감을 자아내는 최고 수준의 실화라고 소개했던 것이다.[60] 한편 '교주 전용해 음학편'에서 주목해야 할 대목은, 기자가 전용해와 교단 간부들이 '대원님의 시녀'를 간택하는 절차, 기준과 더불어 그들의 혼음(混淫)까지도 소개했던 부분이다.[61]

이처럼 『조선일보』는 백백교사건의 실상을 소개하는 기사라는 구실로, 액션과 서스펜스, 에로티시즘 등의 선정적인 요소를 상업적으로 활용하고자 한 혐의가 짙다. 그리고 그 근저에는 백백교와 백백교사건에 대한 관음증(voyeurism)적 시선이 가로지르고 있다. 그 연장선에서 『조선일보』는 피고 중 김군옥(金君玉)의 수기를 전재하기도 하고,[62] 전용해의 딸 전선녀의 출옥 현장 취재 기사와 인터뷰를 사진과 함께 게재하기도 했다.[63] 그러한 사정은 이를테면 『조광』지가 스기모토 검사의 「백백교사건 구형논고」와 「백백교사건공판방청기」를 게재한 일, 『여성』지가 「백백교의 마수에 걸린 여성의 고백」을 게재한 일에서도 마찬가지이다. 특히 후자의 경우, 전선녀와 피고 이자성의 딸 이학실(李鶴實)의 수기를 게재했는데, 이 중 미성년자였던 이학실은 전용해의 변태 성욕의 희생자이기도 했다.[64]

---

60) 「殺人魔教 "白白教" 餘談(1) : 教主全龍海會見篇」(기사), 『朝鮮日報』, 朝鮮日報社, 1937.4.17, 2면. 후술하겠지만 유곤룡의 술회는 박태원의 「愚氓」에서 내러티브의 중심 가운데 하나이다. 한편 『조선일보』는 유곤룡의 법정 증언을 소개하면서, 내용과는 무관하게 전용해의 '정력'을 제호로 명기하기도 했다. 「精力絶倫한 鬼畜」(기사), 『朝鮮日報』, 朝鮮日報社, 1940.3.14, 2면.

61) 「殺人魔教 "白白教" 餘談(4) : 教主全龍海淫虐篇」(기사), 『朝鮮日報』, 朝鮮日報社, 1937.4.21, 2면. 경위는 알 수 없으나, 이 기사는 전용해의 '음학'을 본격적으로 소개하지 못한 채 끝나고 말았다.

62) 「白白教幹部 金君玉 獄中 懺悔記」(기사), 『朝鮮日報』, 朝鮮日報社, 1940.3.13, 2면.

63) 「모두 내 아비의 罪 무엇으로 죄갑슬 할까요 : 昨夜白白教全先女等五名出獄」(기사), 『朝鮮日報』, 朝鮮日報社, 1940.4.6, 2면.

64) 「白白教의 魔手에 걸린 女性의 告白」(기사), 『女性』 第5卷 第5號, 朝鮮日報社出版部, 1940.5. 이학실의 필설로 형언할 수 없는 피해 사항에 대해서는 나가사키 검사의 술회를 참조하기

그런데 이러한 기사들의 범람 가운데, 정작 어떻게 신자들이 이 교단의 황당무계한 교리를 신앙했던가, 이 사건을 어떻게 정의할 것인가라는 의문들은 제기되지 않았다. 더구나 사건을 합리적 이성에 따라 이해하려는 태도는 전혀 결여되어 있다.[65] 그것은 『매일신보』를 제외한 나머지 일간지들이 변호인단의 최종 변론을 게재하지 않았던 데에서도 알 수 있다. 이를테면 『조광』지에 게재된 「백백교사건공판방청기」의 필자는 검사와 판사 피고들 사이의 대화를 통해 피고들의 죄상과 범행 수법, 전용해의 '음탕 생활' 그리고 혐의를 부인하는 피고들 사이의 다툼은 자세히 묘사되어 있다. 하지만 이 사건의 재판 과정에는 마치 변호사가 입회조차 하지 않은 듯, 변호인단의 변론은 전혀 거론하지 않았던 것이다. 즉 『조선일보』의 「살인마교 백백교 여담」은 물론 「백백교사건공판방청기」 마저도 사건을 이해하기 위한 내러티브라기보다는, 사건의 엽기적 선정적 요소만을 소비하기 위한 내러티브들이었다고 하겠다.

물론 이 의문들과 이성의 합리성은 사건 보도가 아닌 논설의 몫일 터이다. 하지만 논설 대부분은 일단 사건 기사의 규모에 미치지 못했고 그 논조도 대동소이했다. 요컨대 범죄사에 공전절후할 백백교사건은 문명(화) 사회 조선의 치욕이라는 것, 이 사(마)교가 득세했던 근본적인 원인은 민중의 잘못된 신앙심, 전근대적 의식과 무지몽매 때문이라는

바란다. 長崎祐三, 앞의 글, 앞의 책, 276~277쪽.

65) 이와 관련해서 앞서 인용한 조선일보사 사회부 한 기자의 술회를 상기할 필요가 있다. 그에 따르면, 수사 초기 취재와 보도가 모두 통제된 상황에서 언론사간의 취재 경쟁이 치열했다고 한다. 조선일보사의 경우 사법 당국의 공식 발표 이전 그나마 수집한 정보 중에서 독자의 이목을 집중시킬 만한 몇 가지만을 골라 미리 기사를 써 두었다고 한다. 金承熹, 앞의 글, 앞의 책, 110쪽.

것, 따라서 그들에게 근대적 교육과 과학문명의 보급이 시급하다는 것이다.[66] 이 논설들에서 주목해야 할 대목은, 필자들 대부분이 백백교 사건을 계기로 조선 사회의 아노미, 즉 근대와 전근대, 문명(화)과 미개, 계몽과 몽매의 잡거를 새삼 절실히 깨닫고 있다는 점, 단지 범죄의 잔학성이 문제가 아니라 그 비동시적인 것들의 잡거가 근본적인 문제라고 인식하고 있다는 점이다.

그 근저에는 두말할 나위도 없이 백백교사건이 사회적으로도 윤리적으로도 천인공노할 사건일 뿐만 아니라, 문명(화)한 조선에서 일어나서는 안 될 사건이었다는, 일종의 당위론적 인식을 공유하고 있었다. 바로 이러한 인식의 측면에서 이 논설들은 백백교사건 이전 신종교 혹은 미신에 대한 지식인들의 논설과 구분된다.[67] 어쩌면 당혹감에서 비롯했을 이 당위론적 언설들은, 한편으로는 계몽의 주체로서 도회의 지식인과 그 타자로서 향촌의 무지한 민중이라는 계급적 위계를 새삼 드러낸다는 점에서, 교육과 과학에 근간한 계몽적 이성과 기획만이 조선에서 체현되어야 할 유일한 역사적 행정임을 새삼 천명했다는 점에서 중요하다.

특히 서인식의 경우 백백교사건 이후 조선의 당면 과제가 문화의 식

66) 「길 잘못 든 신앙심 천당 못미처 지옥 또다시 한번 어리석은 사람들께 백백교 사건이 큰 교훈」(기사), 『朝鮮日報』, 朝鮮日報社, 1937.4.16, 4면; 「백백교의 교훈 이 기회에 미신을 타파」(기사), 『每日申報』, 每日申報社, 1940.3.16, 4면; 「백백교사건은 우리게 무엇을 가르첫나 무지가 나흔 범죄」, 『東亞日報』, 東亞日報社, 1940.3.20, 5면; 「魔教邪黨의 根本的除去策」(사설), 『東亞日報』, 東亞日報社, 1940.3.23, 1면; 徐寅植, 「現代와 迷信」, 『朝鮮日報』, 朝鮮日報社, 1940.4.2~6, 각 3면; 靜觀生, 「白白教가 存在하든 社會」, 『四海公論』 第3卷 第6號, 四海公論社, 1937.6; 金台俊, 「殘忍兇慘의 絶!! 魔道白白教의 正體」, 『白光』 第6輯, 白光社, 1937.6.

67) 姜仁澤, 「歷史的으로 본 科學과 迷信(上)」, 『開闢』 第8號, 開闢社, 1921.2; 夜雷, 「續兎糞錄」, 『開闢』 第15號, 開闢社, 1921.9; 照明彈, 『東光』 第20號, 東光社, 1931.4.

민지성을 극복하는 것이며,[68] 근대문화의 보편타당한 관념인 과학적 진리가 신앙의 지위에서, 혹은 신앙과 대등한 지위에서 사회적 통제원리로 체현되어야 한다고 했던 것은 흥미롭다.[69] 그것은 서인식을 비롯한 논설의 필자들의 언설이 사실은 교육과 과학, 즉 계몽의 절대적·특권적 지위를 믿어 의심치 않는 태도를 드러내기 때문이다. 더구나 이러한 언설들 근저에 가로놓인 인식의 틀은, 근본적으로 식민지 주민에 대한 제국의 그것과 동일하다는 점에서 문제적이기도 하다. 이를테면 신종교 교단의 발호, 유사 사건의 재발 방지책으로써 교육과 계몽의 필요성을 거론했던 것은, 사법 당국과 조선총독부, 심지어 백백교사건 피고들에 대한 관용을 구했던 변호인단마저도 마찬가지였던 것이다.[70]

그러나 무엇보다도 백백교사건들에 대한 논설들은, 식민지조선에서 교육과 과학이 과연 민중에게 구원의 복음일 수 있는가에 대한 원론적인 사유를 결여하고 있다는 점에서, 특히 가난과 기아, 질병, 비루한 사회적 지위를 숙명과 죄의식으로 지고 살던 민중의 근원적인 욕구(망)을 그저 '중세적인 것'이나 '몽매함'으로만 재단했다는 점에서 한계를 드러낸다. 물론 서인식의 경우 예외적으로 백백교 교리의 근저에 숨은 신자들과 민중의 요구와 동기를 이해할 것을 주문하기도 하고, 백백교 교

68) 徐寅植, 「現代와 迷信 : 邪教의 社會的 地盤」, 『朝鮮日報』, 朝鮮日報社, 1940.4.2, 3면.

69) 徐寅植, 「現代와 迷信 : 東洋 社會의 特質」, 『朝鮮日報』, 朝鮮日報社, 1940.4.3, 3면; 「現代와 迷信 : 信仰과 知識의 機能」, 『朝鮮日報』, 朝鮮日報社, 1940.4.6, 3면.

70) 예컨대 스기모토 검사는 구형논고에서 사건의 근본적 원인이 사회적 교육기관의 부족, 신문을 비롯한 근대적 생활문화의 부재라고 지적했는데(「白々教事件論考草稿」; 「白白教事件論告全文」, 앞의 책, 92쪽), 그것은 당시 사법 당국의 공통된 판단이기도 했다(「白々教事件」(기사), 『思想彙報』 第12號, 朝鮮總督府 高等法院 檢事局 思想部, 1937.9, 43쪽). 또한 그것은 조선총독부가 일본 정부에 보낸 보고서들에서도 마찬가지이다(朝鮮總督府 警務局, 「九. 昭和一二年中ニ於ケル特殊重要事件 : 白々教事件ノ檢擧狀況」, 앞의 책, 99쪽).

리의 미신성을 비웃는 상식과 과학도 일종의 미신일 수 있음을 인정하기도 했다.[71] 그럼에도 불구하고 그가 고민했던 것은 과학과 계몽의 근간인 '지식'이 조선 사회의 아노미, 비동시적인 것들의 잡거로 인해 온전히 건설적 기능을 할 수 없다는 현실일 뿐이었다.[72]

5. '우맹(愚氓)'의 내면과 문학의 몫

백백교사건의 실상은 점차 조선 사회에 알려지고 있었으나, 정작 이 사건에 대한 본질적인 의문은 해소되지 않은 채 사건 자체가 소비되고 있던 상황은, 부단히 새로운 내러티브적 이해와 실천을 요구했을 터이다. 박태원의 「우맹」은 바로 그러한 내러티브적 이해와 실천의 소산이었으며,[73] 이 또한 공교롭게도 사건의 내러티브적 구성에 가장 적극적이었던 『조선일보』를 통해서 이루어졌다. 박태원이 「우맹」을 연재한 시점은 아직 제일심이 개정되기 이전이었으며, 소설의 구상과 취재는 연재 예고 기사에서 그가 밝힌 바와 같이, 사건 피의자들이 검찰에 전원 송

71) 徐寅植, 「現代와 迷信 : 常識과 迷信의 限界」, 『朝鮮日報』, 朝鮮日報社, 1940.4.5, 3면.

72) 위의 글, 3면.

73) 주지하는 바와 같이 이 작품은 후일 신문 연재본의 일부가 상태로 『金銀塔』이라는 제목으로 1949년 한성도서주식회사에서 단행본으로 간행되었고, 1997년 다시 신문 연재본을 근간으로 동명의 단행본이 간행되기도 했다(박태원, 『금은탑』(전2권), 깊은샘, 1997). 「우맹」의 개작과 관련한 사항은 다음의 논문을 참조하기 바란다. 김미지, 「박태원의 『금은탑』: 통속극 넘어서기의 서사 전략」, 『어문연구』 제37권 제3호, 2009. 한편 이 글에서는 1997년 판본 『금은탑』을 참조하되, 인용할 경우에는 본문 괄호 안에 장의 제목과 쪽수만 명기한다.

치된 1937년 10월 이전부터 하고 있었던 것으로 보인다.[74] 그 가운데 박태원은 소설의 주요 배경 중 하나인 해주 일원을 답사하기도 했다.[75]

이 사건을 소설로 형상화하는 일은 1938년 벽두 『동아일보』의 「명일(明日)의 조선문학좌담회」(1938.1.1~3)에서부터 거론된 바 있다. 이 좌담회에서 김남천(金南天)이 문학의 고발정신을 제안한 데에 김문집(金文輯)이 고발정신, 리얼리즘, 낭만정신이 한 데 내포된 비근한 사례로서 백백교사건 관련 신문기사를 거론했던 것이다.[76] 박태원이 이 좌담회의 논의에 얼마나 공명했던가는 분명히 알 수 없다. 하지만 박태원은 여전히 수사가 진행 중이었던 상황에서 사실의 재현이나 고발의 차원을 넘어서, 사건과 관련 인물들의 행위의 본질을 내러티브를 통해 설명하고자 했다는 점에서, 어느 정도 저 좌담회의 문제의식에 연맥하고 있었다.

어쨌든 「우맹」이라는 새로운 내러티브가 기획되고 창작되는 과정에서 박태원이 당시 일간지 보도 기사들은 물론 사건 관련 인물들의 수기 등의 내러티브들을 기반으로 하고 있었음은 두말할 나위도 없다. 이를테면 「우맹」 내러티브의 주인공인 김학수(실제 인물 전종기)의 성장 과정은 『조선일보』 기사에 근간한다.[77] 또한 박태원이 '부주인공'이라고도

---

74) "내가 처음에 『백백교』 사건을 소설화하여 보겟다고 말을 내엿을 때, 이를 들은 대부분의 사람들이, 글세, 과연 그것이 소설이 될 수 잇슬까 — 고개를 기웃거렷다. 그런지도 이미 반년이 넘어 지낫다. 그 **반년동안 나는 오로지 이 소설 하나를 위하여 준비하여 왓다**", 「緊張과 興奮으로 읽게 될 長篇 取題는 白白教事件」(기사), 『朝鮮日報』, 朝鮮日報社, 1938.4.5, 5면, 강조-인용자.

75) 朴泰遠, 「西遊日記」, 『朝鮮日報』, 朝鮮日報社, 1938.2.15~22, 각 2면.

76) 「明日의 朝鮮文學座談會」(좌담), 『東亞日報』, 東亞日報社, 1938.1.1, 2면.

77) 「乃子의 入學願書에 宗教欄은 "無" 全宗基 擔任教員 談」(기사), 『朝鮮日報』, 朝鮮日報社, 1937.4.13, 3면. 한편 백백교사건 관련 인물들과 「우맹」의 등장인물을 대조한 다음의 연구는 일독할 만하다. 이병렬, 「박태원의 『금은탑』 연구」, 『숭실어문』 제15호, 숭실어문학회, 1999.

명명했던 최건영(실제 인물은 유곤룡)의 조부와 부친이 가산과 누이를 백백교 교주 전영호(실제 인물은 전용해)에게 봉헌한 내력, 이후 최건영의 와신상담과 복수의 이야기도 『조선일보』와 『조광』지의 기사에 근간한다.[78] 심지어 신문사 사회부 기자 강신호가 '도쿠타네[特種]'를 얻기 위해 동분서주하는 이야기는, 『조선일보』 사회부 기자 김승도의 회고를 참조한 것으로 보인다.[79] 하지만 무엇보다도 『조광』지의 「백백교사건의 정체」 기사는 사건의 실상은 물론 내러티브를 구성하는 데에 중요한 참조점이 되었음에 틀림없다. 한편 박태원은 「우맹」의 내러티브, 특히 김학수의 인물을 형상화 하는 가운데 다른 텍스트도 참고한 것으로 추측된다. 이를테면 전용해와 김학수의 관계, 그 부자간의 정서적 유대와 관련한 박태원의 묘사는 나가사키 검사에게 제출했다는 전종기의 회고(「父の思ひ出」)에 나타난 바와 흡사하다.[80]

이러한 사실과 회고들을 통해서 박태원이 우선 조명하고자 했던 것은, 저마다의 허망하고도 비루한 욕망으로 백백교에 미혹된 바로 '우맹'의 내면이다. 이를테면 교주의 환심을 얻기 위해 누이를 바치는 장동오(「누이의 정조」), 가난한 남편의 아내의 삶 대신 호사스러운 교주의 첩의 삶을 선택하는 장동오의 누이 장봉자(「아낙을 찾는 사람」), 환란 이후

---

78) 「愛妹는 教主妾 親父는 狂信者 今番 事件端緒를 提供한 柳昆龍君 談」(기사); 「참말로 무서운 이 그이가 죽다니요 愛妾 柳貞全 談」, 『朝鮮日報』, 朝鮮日報社, 1937.4.13, 3면; 「殺人魔教 "白白教" 餘談(1) : 教主全龍海會見篇」, 앞의 책, 앞의 글, 2면; 「殺人魔教 "白白教" 餘談(2) : 教主全龍海會見篇」, 『朝鮮日報』, 朝鮮日報社, 1937.4.18, 2면; 金大觀, 앞의 글, 앞의 책, 31~34쪽.

79) 金承熹, 앞의 글, 앞의 책, 110쪽.

80) 長崎祐三, 「白々教斷片記(一)」, 앞의 책, 322~323쪽. 박태원이 이 전종기의 회고를 참조했다면 『사상휘보』를 통해서 였을 터이나 단정하기는 어렵다. 그 외 참조한 저본이 있다면 동대문경찰서가 간행하려고 했던 책자였을 가능성도 배제할 수는 없다(「書籍으로 白日下에 暴露될 "殺人白白教의 眞狀"」(기사), 『東亞日報』, 東亞日報社, 1937.11.18, 2면). 하지만 이 책자의 간행 여부는 불분명하고, 현존하지도 않는다.

가문의 영달을 위해 전 재산을 탕진하고도, 교주의 징벌에 대한 두려움과 교단 내에서의 위신을 위해 딸까지 봉헌하는 최 주부 · 최인화 부자(「최 주부의 집」), 교주의 인정과 교단 내의 위신을 위해 살인을 마다않는 조원준(「근동위의 우울」, 「최후의 범죄」), 병든 자녀의 치유와 신분 상승을 위해 백백교에 빠져들었다가 결국 죽음을 맞는 홍 서방 부부(「산 속의 요파」, 「새우재의 그믐밤」, 「세 가지의 일」), 심지어 백백교사건이라는 도쿠타네를 좇아 김학수를 추적하는 강신호(「강 군의 활약」)도 예외는 아니다.

박태원은 이들의 욕망이 그려낸 파노라마 속에서 엽기성과 선정성으로 얼룩진 이 사건의 의미와 동시대 조선의 세태를 드러내고자 했던 것으로 보인다. 즉 저마다 사연은 다르나 숙명과 같은 가난과 질병, 비루한 사회적 지위를 초월적 권능을 빌어 해원(解寃)하고자 하는 욕망, 신앙을 통한 영신적 삶 대신 초월적 힘을 빌어 현세의 부귀영화를 누리고자 하는 욕망, 이들의 욕망을 이용하여 삼천 신자의 재산은 물론 삶과 죽음까지도 제 한 몸으로 오로지 지배하는 권능과 호사에 대한 욕망, 그리고 사건 피해자의 참담한 처지나 김학수의 비극적 생애를 희생시켜서라도 도쿠타네와 사회적 반향만을 추구하는 욕망, 이 모든 것이 들끓는 도가니와 같은 것이 바로 우맹의 내면 풍경이며, 문명한 현대에서 그 비루함과 끝을 알 수 없는 혼돈의 지속이야말로 조선의 현실임을 웅변적으로 시사하고 있는 것이다.

백백교에 미혹된 이 군상의 욕망이 사실은 어리석음에 불과하다는 인식은 사법 당국도, 당시 저널리즘도, 또한 박태원도 마찬가지이다. 하지만 흥미롭게도 「우맹」의 내러티브는 이 욕망은 비루할지언정 어리석음은 결코 선악의 이분법으로만 간단히 재단될 수 없다는 박태원의 인식을 드러낸다. 이를테면 홍 서방 부부가 백백교에 미혹될 수밖에 없었던 것은 숙명과 같은 무지함과 가난 탓이다(「산 속의 요파」, 284). 최 주부 부자가 최건영과 최음전마저도 백백교에 봉헌하고자 했던 것은, 환란 이전은 물론 환란 이후에도 부귀영화를 누리는 데에 최건영이 일본에서 배운 신학문은 그저 경조부박한 풍조일 뿐이라는 환멸에서 비롯한다(「최 주부의 집」, 200). 한편 전영호가 수없는 살인을 하면서도 교단 운영을 그만두지 못했던 것은, 백도교 교주의 아들이라는 숙명과 이미 저지른 죄만으로도 속죄의 길은 없다는 절망 때문이었다. 또한 그가 자신과 아들의 신분을 속일 수밖에 없는 것은, 자신의 죄가 아들에게 미치지 않게 하기 위해서이다(「거리의 철학자」, 97~98).

특히 전영호의 김학수에 대한 애련(「교주와 그 아들」, 74)과 김학수의 전영호에 대한 애증과 연민(77~78) 에서 알 수 있듯이, 박태원이 이들을 인지상정을 지닌 인간들로 재현한 것은 중요하다. 일쑤 살인마 · 음마 · 귀축으로 일컫던 이들에게도 인성을 부여함으로써, 이 내러티브는 소극적으로나마 범박한 우맹을 리얼리스틱한 시선으로 이해하도록 이끈다. 이로써 「우맹」의 내러티브가 일간지에 함께 게재되었을 기사나 다른 유형의 내러티브와 변별될 뿐만 아니라, 그 목적이 사회적 윤리적 심판이 아님을 드러낸다. 이야말로 박태원이 「우맹」을 집필한 동기이자, 백백교사건과 관련한 다른 종류의 내러티브들과 다른 「우맹」이라는 문학적 내러티브의 핵심적 기능이기도 하다.

물론 소설이라는 내러티브 형식을 통해 재현되고 해석된 우맹의 내면과 욕망이 그들의 행동을, 특히 전용해의 죄와 인간성을 온전히 설명한다고 보기 어렵다. 바로 이것이 박태원의 내러티브 구성 방식의 한

계라고 볼 수도 있겠지만 이러한 판단은 일단 유보해야 한다. 그것은 소설가로서 박태원의 수완보다는 이 내러티브를 구성하는 그의 시좌(視座)와, 백백교 사건에 대한 그의 입장이 반영된 결과이기 때문이다. 그것은 홍 서방 부부와 최 주부 부자를 통해서 은연중에 드러난 근대, 문명, 계몽의 비전에 대한 의심, 향촌 사회 민중의 삶이 전근대적인 가치와 행동 양식으로부터 벗어나고 있지 못한 현실에 대한 자괴감이라고 하겠다. 그리고 박태원의 이 의심과 자괴감이 빚어낸 인물이 바로 김학수이다.[81)]

김학수는 남다른 재주와 학식도 지니고 있었지만 중학교도 중퇴하고(「옆방의 중학생」, 60), 신문 기자 강신호로부터 안두호와의 '문화사업'도 권유받지만 시큰둥할 뿐이며(「교주와 그 아들」, 80), 부친의 권유대로 일본에 유학할 생각도 없이(「학수와 건영」, 189~190), 그의 도움과 권유에 따라 유람으로 소일하는 인물이다. 그리고 조부와 부친의 종교가 모순과 거짓, 죄악으로 얼룩진 사교라는 것을 짐작하면서도, 그 내막을 알기 두려워한다(「교주와 그 아들」, 77). 김학수의 저회(低徊)는 한편으로는 사교 교주의 아들이라는 수치심, 최음전을 구하지 못하는 죄책감과 자괴감(「최 주부의 집」, 217~221), 아울러 부친의 죄악에 분노하면서도(「사랑과 유명옥」, 123~124) 그 도움에 의지해서 살 수밖에 없는 무력감에서 비롯한다. 김학수의 복잡한 심리는 한편으로는 그의 출생에서, 다른 한

81) 비록 「우맹」의 연재가 한창일 때 발표된 평론이기는 하나, 임화가 「우맹」에서 김학수를 두고 백백교사건을 바라보는 인텔리의 눈 가운데 하나라고 한 것은 예리한 판단이다. 그러면서도 임화는 김학수의 저회에 대해 불만을 드러내면서, 그것이 결국 내러티브의 구성의 결함일 수 있음을 언급하기도 했다. 林和, 「俗文學의 擡頭와 藝術文學의 悲劇(四)」, 『東亞日報』, 東亞日報社, 1938.11.23, 3면.

편으로는 전근대와 근대, 문명과 야만, 이성과 무지 혹은 광기 사이에서 질식하는 처지에서 비롯한다. 그리고 그 숙명으로 인해 그가 선택할 수 있는 행동은 출가이며 자살이다.

주변의 회의적인 시선에도 불구하고 박태원이 굳이 서둘러 「우맹」의 내러티브를 서술했던 것은, 그리고 전용해의 아들 전종기를 굳이 내러티브의 중심인물로 삼았던 것은,[82] 그를 통해서 근대, 문명, 계몽 기획의 공동(空洞) 앞에 수치스럽고, 죄스럽고, 무력할 수밖에 없는 박태원 자신과 지식인 사회의 복잡한 심리를 투영하고자 했기 때문이다. 일본 유학생 출신임에도 불구하고 조부와 부친의 맹신을 설득할 수 없고, 누이의 불행을 방관할 수밖에 없는 최건영, 스무 살이 넘어서 중학교나마 졸업하고자 하나 분명한 비전도 없는 최문달, 부친의 유산으로 상경해 문화사업을 하겠다고는 하나 특별한 마련도 없는 안두호까지도 저마다 박태원과 그의 시대 지식인 사회의 복잡한 심리를 투영하기는 마찬가지이다. 즉 김학수를 비롯하여 최건영, 최문달, 안두호 심지어 강신호마저도 박태원을 비롯한 동시대 지식인들의 초상인 셈이다.

바로 이 점에서 「우맹」은 백백교사건을 통해 지식인들이 오인(誤認)했던 조선(인), 있는 그대로의 조선(인)에 대한 무력감과 환멸이 투영된 내러티브이자, 그 조선(인)을 새삼스럽게 직시하도록 요구하는 내러티브로도 이해된다. 그래서 김학수의 출가와 자살, 특히 자살을 통한 대속(代贖)은 단지 그의 비극적 결함에서 비롯한 거스를 수 없는 귀결 이

82) 적어도 조선어 기록 가운데 전종기와 관련한 것은 기사 두 건이 전부일 뿐(「殺人鬼 全龍海는 楊平山中서 自刎」; 「乃子의 入學願書에 宗教欄은 "無" 全宗基 擔任教員 談」, 앞의 책, 3면), 그의 존재는 백백교사건과 관련해서 좀처럼 주목받지도, 거론되지도 않았다. 더구나 전종기는 당시 15세에 불과한 충신학원(忠信學院) 학생이었다.

상을 의미한다. 그것은 전근대와 근대, 문명과 미개, 이성과 광기가 한데 얽힌 혼돈으로부터, 수치심, 죄책감, 무력감과 자괴감으로부터 탈출할 다른 길은 없다는 것을 상징적으로 드러낸다. 그래서 차문달이 자살한 김학수를 발견한 후 그를 두고 '천치', '바보'라며 오열했던 것을 주목할 만하다(「가엾은 동무」, 288). 그것은 백백교사건이라는 공전절후할 사건 앞에서 지식인 또한 '우맹'에 불과함을, 또한 '우맹'의 죄는 지식인의 희생으로 대속해야 한다는 전언으로 독해하도록 이끈다. 그리고 그 희생과 대속이 과학과 지식에 근간한 계몽의 비전이 아님을 은연중에 드러낸다.

이러한 김학수의 비극적 결함과 행동, 특히 내러티브의 결말이, 소설과 함께 『조선일보』에 게재된 백백교사건 관련 기사들을 호기심을 품고 읽었을 독자들과 문학인들에게 얼마나 공명했던가는 분명히 알 수 없다. 그러나 박태원에게 자신은 무지할 뿐, 죄는 없다는 백백교사건 피의자들의 항변이나, 근대적 교육과 과학문명의 보급이 여전히 시급한 과제라는 지식인들의 논평이 그다지 호소력이 없었을 것임은 어렵지 않게 짐작할 수 있다. 박태원이 1949년 「우맹」을 단행본으로 간행하면서 제목을 '금은탑'으로 개작했던 것, 즉 부모의 죄를 대속하는 자녀의 공양(供養) 설화(「장수산행」, 167)로부터 제목을 취했던 것은 중요한 근거이다. 이것은 한편으로는 박태원이 백백교사건 앞에서 누구든 우맹일 수밖에 없는 니힐리즘으로부터의 벗어났음을 의미하는 듯하지만, 희생과 대속이 여전히 유효한 것임을, 그리고 그 몫은 바로 문학임을 웅변적으로 드러낸다.

6. 에필로그

문봉조의 뒤늦은 회개, 고해, 서원에도 불구하고 항소심 재판부의 판결은 제일심에 비해 더 무거웠으며,[83] 피고들의 항소도 모두 기각되었다. 그렇게 이 사건에 대한 재판은 태평양전쟁 개전을 앞둔 1941년 8월 사실상 끝났다.[84] 판결대로라면 문봉조를 비롯한 피고 14명은 처형되었을 것이나, 당시 언론은 그와 관련하여 어떠한 기사도 남기지 않았다.[85] 백백교와 백백교사건을 둘러싼 조선총독부와 사법 당국의 의문과 입장, 언론의 관심과 보도 방식, 사회의 경악과 절망을 염두에 두고 보면, 어쩌면 이 사건과 관련 인물들은 서둘러 망각되어야 했는지도 모르겠다. 하지만 이 사건은 여전히 현재형이었다. 만세일계 현인신 천황의 제국 신민들이 미영 귀축(鬼畜)을 단죄하여 대동아공영권의 공존공영을 이루고 장차 세계 평화에 기여해야 할 엄중한 시국에,[86] 스스로 하느님을 참칭하는 사악한 신종교 교주와 신자들의 잠재적 위협은 지속되고 있었던 것이다.[87]

---

83) 朝鮮總督府 高等法院 刑事部(판사 原 正鼎 외), 「文鳳朝等十六人判決文」(昭和十六年 刑上第二四號乃至第二八號), 朝鮮總督府 高等法院, 1941.8.14.

84) 「十四名死刑確定 今日, 白白教上告審棄却判決」(기사), 『每日申報』, 每日申報社, 1941.8.15, 2면.

85) 문봉조가 처형되었던 당시의 정황을 전하는 문헌이 있기는 하나, 그 근거는 분명하지 않아 신빙성이 떨어진다. 탁명환, 『그들은 이렇게 속았다』, 한국종교문제연구소, 1987.

86) 참고로 쇼와 천황의 「미영양국에 대한 선전 조서(米英兩國ニ對スル先戰ノ詔書)」(1941.12.8)의 첫 문장은 "하늘의 도움으로 만세일계의 황위를 잇는 대일본제국천황은, 충성스럽고 용감한 너희 신민들에게 분명히 알린다(天佑を保有し, 万世一系の皇祚を踐める大日本帝國天皇は, 昭に忠誠勇武なる汝, 有衆に示す)"로 시작한다.

87) 사법 당국은 백백교사건 제일심 판결 이후에도 백백교 신자들의 동정을 부단히 감시했다. 또한 인천교를 비롯하여 이미 단죄한 신종교 교단의 동향도 부단히 감시하여 탄압을 지속했다. 발신(1939.6.28) 京畿道警察部長, 수신(1939.6.30) 警務局長 외, 「正道教ノ再建運動事

비록 천황과 제국의 권력으로부터, 사회로부터 법적으로 또 윤리적으로 단죄받기는 했으나, 중일전쟁과 태평양전쟁을 둘러싼 온갖 풍설 속에서, 백백교 신자들(혹은 신자였던 이들)에게 전정예와 전용해의 예언은 여전히 두렵고도 솔깃한 이야기였는지도 모르겠다. 조선총독부와 사법 당국은 물론 조선의 지식인 사회조차도 그 우맹의 일상적 실존적 영적 불안, 무병장수, 부귀영화와 후천개벽에 대한 욕망을 온전히 잠재울 수 없었던 사정이야말로, 천황제의 내러티브와 이데올로기가 식민지에서 온전히 관철되지 못했다는 것을, 근대적 교육과 과학적 지식을 통한 계몽의 이상도 온전히 체현될 수 없었음을 드러낸다. 설령 그것이 체현된다고 하더라도, 그 요란한 시국에서 식민지 조선인들이 다른 종교(혹은 도그마, 이데올로기)의 신자[臣民]으로서의 중생(重生)을 위한 것일 뿐이었다. 그래서 김학수의 출가가 자살로 인해 무위로 끝나는 것은 더욱 의미심장하다. 요컨대 그것은 식민지시기 후반 조선 반도 안팎을 둘러싼 이중의 폭력과 광기 앞에서 무력한 지식인의 초상으로도 읽을 수 있기 때문이다.[88)]

한편 식민지시기에 이루어진 백백교사건 관련 기록들이나 내러티브들 가운데, 이를테면 전용해의 첩들을 비롯한 백백교 관련 신자들과 주변 인물들의 온전한 술회나 후일담은 없었다.[89)] 구원의 복음이 사기

件檢擧ニ關スル件」(京高特秘 第1702號); 발신 淮陽警察署長(1942.5.29), 수신 京城地方法院 檢事正 외(1942.6.3), 「人天教再建事件捜査ニ關スル件」(淮高秘 第512號); 발신 淮陽警察署長(1943.5.27), 수신 京城地方法院 檢事正 외(1943.5.31), 「人天教徒ノ不穩計劃ニ關スル件」(淮高秘 第2949號).

88) 한 연구자는 김학수의 우유부단함이 근본적으로는 모더니스트로서 박태원의 이중성이자 한계라고 지적한 바 있다(이상갑, 「전통과 근대의 이율배반성—『금은탑』론」, 『상허학보』 제2집, 상허학회, 1995). 하지만 이러한 평가는 「우맹」 내러티브 생성의 다면적 맥락으로 보건대, 유보되거나 수정될 필요가 있다.

와 범죄에 불과했다는 환멸과 절망감, 세간의 윤리적 심판을 십자가로 지고 살았을 이들, 백백교 사건에 대해서 어떤 것도 스스로 발화할 수 없던 이들은 실상 좀처럼 주목받지 못했다.[90] 어쩌면 식민지시기, 특히 태평양전쟁시기 이들에게도 가장 분명하고 당연한 구원의 길은, 문봉조의 경우와 마찬가지로 개종을 통한 중생뿐이니, 백백교사건을 둘러싼 어떤 내러티브도 필요치 않았을 터이다. 아니 그 이전에 이들 또한 백백교사건 피고들과 마찬가지로 사건에 대해 스스로 어떤 것도 발화할 수 없고, 어떤 내러티브도 구성할 수 없었다.

백백교사건의 의미는 물론, 근대적 교육과 과학적 지식이 이들에게 진정한 구원의 복음일 수 있었던가는 이들의 생애와 내러티브를 통해 드러날 터이다. 그러니 백백교사건과 관련하여 소설 혹은 문학이 맡은 몫은 적지 않았다. 그럼에도 불구하고 박태원의 「우맹」은 백백교사건의 충격과 호기심이 사건에 대한 반성적 사유를 압도하던 상황에서 쓰인 탓에, 지식인의 자기연민에서 벗어나지 못한 측면이 다분히 있다. 흥미로운 것은 그러한 사정이 『금은탑』을 간행할 무렵이라고 해서 다

89) 유곤룡은 1980년대 백백교사건을 다시 회고한 바 있는데(유곤룡, 「백백교 내가 고발했다」, 『현대종교』 제110호, 현대종교사, 1982), 이것은 탁명환의 저서에 재수록되기도 했다(탁명환, 앞의 책).

90) 백백교사건 피해자들이나 유족들과 관련한 기사는 『조선일보』에서 간간히 소개되기는 했다(「愛兄 一族 6名의 白骨이나 찾아줘! 白白敎 檢擧本部 東門署에 失踪者 照會狀 暴注」, 『朝鮮日報』, 조선일보사, 1937.4.18, 2면; 「白白敎事件 取調 一段落. 嫌疑업는 敎徒들은 今後로 속속 釋放 3日에 우선 4名을 故鄕으로 돌려 보내어 '惡夢' 깨인 그들의 善導가 問題」, 『朝鮮日報』, 朝鮮日報社, 1937.7.4, 2면; 「동기들은 毒牙에 犧牲 식솔 9명은 소식 묘연 본지 백백교 공판기사 보고 강계에서 올려온 文一燮, 文賢燮 양군」, 『朝鮮日報』, 朝鮮日報社, 1940.3.19, 2면). 한편 조선총독부는 백백교 신자들의 갱생과 선도 방침을 발표하기도 했다(「昨年兩年間에 二萬餘邪敎徒檢擧 物心兩面으로 今後를 善導 警務局의 斷乎 方針」(기사), 『每日申報』, 每日申報社, 1938.1.15, 1면). 하지만 이들은 앞서 거론한 바와 같이 사법 당국으로부터 오랫동안 감시를 받았다.

르지 않았다는 것이다. 한편 백백교사건은 해방 이후 극 장르를 통해 재구성되기도 했지만, 이 또한 사건의 엽기성, 선정성을 소비하기 위한 내러티브들일 뿐이었다.[91]

요컨대 백백교사건은 단지 엽기적이고 선정적이거나, 치욕적인 사건만은 아니었다. 그것은 서로 다른 초월적 현존(교주 대 천황, 근대·문명)과 그 복음(미신 대 대동아공영권, 지식·과학)이 서로 경합했던 형국을 고스란히 드러냈다. 또한 이 사건을 이해하기 위한 서로 다른 내러티브적 실천들을 촉발하기도 했다. 당시 그 경합의 결과는 자명했지만, 제국과 식민지 지식인들이 저마다 전파했던 복음의 공동(空洞)을 직시하고 반성적으로 사유할 계기를 제공했다는 점에서 중요한 의의를 지닌다.

하지만 그 공동은 복음의 당위를 통해 곧장 봉합되었고, 사건의 강렬한 엽기성과 선정성만을 소비하는 내러티브만이 지속적으로 등장하는 가운데, 정작 백백교사건과 그 함의에 대한 본질적이고도 형이상학적 의문들은 여전히 남고 말았다. 그 가운데에는 근대기 한국에서 신앙 혹은 종교의 지위를 찬탈한 지식과 과학은 민중의 일상적 실존적 영적 불안, 원초적 욕구(무병장수)나 사회경제적 욕망(부귀영화), 다른 세계와 삶의 비전과 갈망(후천개벽)에 어떻게 응답, 오도(誤導), 심판했던가, 그 가운데 문학만의 소명은 무엇이었던가 하는 의문도 포함된다.*

91) 이 사건은 세 차례 극화되었는데, 악극 〈백백교사건〉(전12경)(연출 김용호, 樂劇舍, 1946.9), 영화 〈백백교〉(감독 하한수, 주연 황해·도금봉, 부국영화사, 1961), 〈백백교〉(감독 최영철, 주연 이대근·김형자, 화풍흥업, 1991)가 그 작품들이다. 영화의 경우 전자에 비해 후자의 내러티브가 백백교사건의 알려진 사실들에 더욱 가깝게 구성되었던 것으로 보인다. 「樂劇舍公演」(광고), 『東亞日報』, 東亞日報社, 1946.7.9, 2면; 한국영상자료원 한국영화데이터베이스(http://www.kmdb.or.kr).

* 이 논문은 2014년 『사이間SAI』 16호에 게재된 논문을 재수록한 것임.

제2부

마르크스주의, 모더니즘, 과학

김동식 : 텍스트로서의 주체와 '리얼리즘의 승리' | 송민호 : 마르크스주의와 진화론 | 윤대석 : 김기림 시론에서의 과학 | 김행숙 : 이상 시와 건축 | 강계숙 : 1950년대 모더니즘 시에 나타난 과학기술의 표상

텍스트로서의 주체와 '리얼리즘의 승리'

김남천 비평에 관한 몇 개의 주석

김동식

1. 카프 소설반 연구회에 대한 소묘 – 테제, 카프, 정치적 병졸

여기에 한 가지 사람을 가상하자! 그는 스물이 되기 전, 학생시대에 "나는 한 개의 적은 정치적 병졸로서 싸워질 때, 모든 예술을 집어던져도 좋다!" 하고 외쳤다고 하자.[1)]

1) 김남천, 「창작과정에 대한 감상」, 『조선일보』, 1935.5.19; 『김남천 전집』 1, 78쪽. 앞으로 『김남천 전집』 1권은 1로, 2권은 2로 표시하고, 콜론(:) 뒤에 인용쪽수를 명기함. 인용문에 사용된 강조는 모두 인용자. 김남천 비평 텍스트로는 『김남천 전집』 1~2(정호웅 · 손정수 편, 박이정, 2000)를 이용했으며, 글을 작성하는 과정에서 참조한 기존 연구는 다음과 같다. 권영민, 「김남천과 계급의식의 창작적 실천」, 『소설과 운명의 언어』, 현대소설사, 1992; 김외곤, 「김남천 문학에 나타난 주체 개념의 변모과정 연구」, 서울대 박사논문, 1995; 김윤식, 「김남천, 물논쟁, 논리적 대결의식」, 『임화 연구』, 문학사상사, 1989; 김윤식, 「자기고발과 주체성 재건에 대하여」, 『김남천』, 새미, 1995; 김재남, 『김남천 문학론』, 태학사, 1991; 노지승, 「1930년대 후반 비평에서의 내면의 가치화 양상에 대한 고찰」, 『한국현대문학연구』 8, 2000; 박성창, 「1930년대 후반 한국 근대문학비평에 나타난 묘사론 연구－임화와 김남천의

> 정치를 위하여는 예술을 버려도 좋다. 예술의 대가가 되는 것보다 정치의 병졸을![2]

정치적 혁명에 모든 것을 걸었던 젊은 시절을 김남천은 이렇게 회고하고 있다. 그에게 마르크스주의는 곧 볼셰비즘이었고, 전위 당을 매개한 정치적 실천은 소부르주아 출신의 인텔리겐차의 존재론적 근거 또는 정체성의 근거를 바꾸는 핵심적인 기제였다. 1930년대 초반의 김남천은 정치의 병졸로서 평양고무공장 파업에 참여했고, 그 경험을 바탕으로 「공제생산조합」(1930) 「공장신문」(1931) 등과 같은 작품을 카프 소설반 연구회에서 발표했으며, 동성동본의 여학생과 사회주의 이념에 근거한 붉은 연애를 하고 있었다.[3] 하나의 원칙이 그의 삶과 의식을 지배하고 있었고, 그의 주체는 흔들림이 없었다. "사회주의적 프롤레타리아트는 (…중략…) 시종일관 어떠한 예외도 없이 그 속에 살아 있는 프롤레타리아 대의에 삶의 흐름을 주입시켜야만 한다"[4]는 레닌

묘사론을 중심으로」, 『한국현대문학연구』 26, 2008; 이덕화, 『김남천 연구』, 청하, 1991; 이상갑, 「1930년대 후반기 창작방법론 연구」, 고려대 박사논문, 1994; 이수형, 「김남천 문학 연구」, 서울대 석사논문, 1998; 정여울, 「'풍속'의 재발견을 통한 '계몽'의 재인식－김남천의 『대하』론」, 『한국현대문학연구』 14, 2003; 정호웅, 「김남천론－주체의 정립과 리얼리즘」, 『한국근대리얼리즘작가연구』, 문학과지성사, 1988; 채호석, 「김남천 문학 연구」, 서울대 박사논문, 1999.

2) 「몽상의 순결성」, 『조광』, 1938.3; 2 : 57.

3) 「어린 두 딸에게」(『우리들』, 1934)에는 엄마를 잃은 두 딸에게 보내는 안타까운 부정(父情)이 표현되어 있다. 그와 더불어 김남천의 결혼생활이 사상적 동지적 결합에 근거한 것이었다는 것을 말하고 있다.(전집 2 : 8) 김남천은 동성동본으로 결혼이 난관에 처하게 되어서 아내가 결혼은 포기하려고 했을 때 "역사의 바퀴를 후퇴에로 이끌려는 가장 반동적인 봉건적 잔재의 최후의 발악 밑에 머리를 수그리고 굴복하는 것"(2 : 10)이라고 편지에 썼다. 그리고 연인을 향해 "여태껏 가지고 있는 소부르주아적 근성을 근대로 발로한 일화견주의(日和見主義)/에 사로잡힌 가장 악한 동물"(2 : 10～11)이라고 말한 적이 있음을 밝히고 있다.

4) V. I. 레닌, 「당 조직과 당 문학」, 이길주 역, 『레닌의 문학예술론』, 논장, 1988, 53쪽.

적 교의에 충실한 것이었다.

'정치적 병졸'은, 프롤레타리아의 대의를 향해 실천(정치)과 문학과 연애가 하나의 흐름을 형성하고 있었던 김남천의 주체를 유표화하는 은유이다. 정치적 병졸이 소속된 정치적 조직이 없을 수 없는데, 2차 방향전환(볼셰비키화)을 감행한 카프가 바로 그것이다.[5] 이 시기에 발표된 평문 「반 카프 사건의 계급적 의미」(1931.9), 「경제적 파업에 관한 맨세비키적 견해」(1931.10) 등에서 확인할 수 있듯이, 거의 모든 논의들이 전위 당(党) 또는 조직 문제에 집중되는 양상을 보인다. 반면에 마르크스주의의 일반적인 주제인 유물론에 대한 철학적 논의나 프롤레타리아에 대한 계급적 인식에 대한 논의는 거의 이루어지지 않고 있다. "강철같은 조직적 규율에 의하여 카프는 전진하지 않으면 안"[6] 되며 카프를 중심으로 "모든 잡지가 장렬된 세력으로 전진"[7]해야 한다는 것이 그의 신념이었다. 이러한 신념의 저변에는, 신문과 잡지를 비롯한 문학 관련 매체가 당의 통제 아래 두어져야 한다는 「당 조직과 당 문학」(1905)의 문제의식이 투영되어 있다.[8]

---

5) 1934년까지 김남천의 글에는 군대와 관련된 용어가 많이 등장한다. 볼셰비키적 수사학의 특징이라 할 것이다. 「반 카프 사건의 계급적 의미」(1931.9)에서는 "정치적 청산파의 예술부문에의 파견졸(派遣卒)"(1 : 3)이나 "계급진영에서 탈주병이 일증하고"(1 : 6) 등과 같은 구절이 여러 곳에서 사용된다. 이러한 수사학적인 특징은 출옥 후에 쓰인 1933년의 글 「문학 시평—문화적 공작에 관한 약간의 시감」에서도 그대로 유지된다. "어째서 이 곤란한 사업에 몸써 투신하여 일신을 문화부대의 일 병졸로서 참가하려고 하지 않을 것인가?"(1 : 9)

6) 「반'카프' 음모 사건의 계급적 의의」, 『시대공론』, 1931.9; 1 : 6.

7) 「잡지문제를 위한 각서」, 『신계단』 9, 1933.6; 1 : 32.

8) V. I. 레닌, 앞의 글, 54쪽. "신문은 다양한 당조직들의 기관지가 되어야만 하며, 그 필자들은 반드시 이들 조직의 성원이 되어야만 한다. 출판과 배포의 중심, 서점과 독서실, 도서관 및 그와 유사한 시설들은 모두 당의 통제 아래 두어져야만 한다."

㉠ 작가 이기영 자신도 물론 회상할 줄 믿는다. 소설반 연구회가 훌륭한 발동(發動)을 갖고 있을 때에 반종교(反宗教)에 대한 주제내용으로 이기영에게 소설제작을 명령했을 때 그 속에서 생산한 「최전도사」라는 작품을! (…중략…) 나는 이 작품이 벌써 만 2년 전의 것임에도 불구하고 작가 이기영의 가장 최고점을 지은 것이라고 믿는다.[9)]

㉡ 주요한 씨 주간의 『동광』에 이기영 씨가 원고를 팔았다가 다시 찾아온 일도 있고, 심지어는 최승희 씨와 안막 씨(당시 카프 중앙위원이었다)의 결혼까지 반대 결정한 일까지 있었으니 가히 당시의 예술단체의 면목을 알 수 있을 것이다.[10)]

김남천의 회고에 의하면, 카프의 소설반 연구회는 활발한 상호비판을 통해 개인적인 오류를 집단적인 차원에서 교정하는 공간이었다. 또한 작가에게 주제를 제시하고 작품 생산을 명령할 수 있었고, 부르주아 매체에 기고하는 일은 금지되었으며, 심지어 개인적인 결혼에 대한 결정까지 이루어지고 있었다. 소설반 연구회의 분위기는 "문학은 프롤레타리아트의 공동 대의의 일부분이 되어야 하며, 전 노동계급의 정치의식화된 전 전위에 의해 가동되는 단일하고 거대한 사회민주주의적 기계장치의 '톱니바퀴와 나사'가 되어야만 한다"[11)]라는 레닌적 교의를 실천하고 있었던 것이다.

9) 「문학시평－문화적 공작에 관한 약간의 시감」, 『신계단』 8, 1933.5; 1 : 18~19.
10) 「『비판』과 나의 십년」, 『비판』 1939.5; 2 : 332.
11) V. I. 레닌, 앞의 글, 52쪽.

소설반 연구회의 이와 같은 분위기 속에서 김남천이 개인주의적인 작가 개념을 철저하게 거부한 것은 지극히 당연한 일이었다 : "훌륭한 작가를 그의 재능으로 돌리지 말라 … 카프 작가의 진정한 전진! 그것은 카프라는 그것의 진정한 발동(發動)을 떠나서 있을 수 없는 것이다."[12) "작가들과 조직과는 떼어서 생각할 수는 없다."[13) 훌륭한 작가는 개인적 재능을 가지고 태어나는 것이 아니라, 조직적 훈련과 정치적 실천을 통해서 만들어진다는 것이다. 김남천에게 작가는 조직(카프)과의 변증법적 관계 속에서 성장하고 완성되는 존재였고, 조직은 작가의 문학적 실천을 정치적 실천으로 전화(轉化)하는 매개항이었다.

특히, 카프가 결혼과 같은 개인적인 삶(생활)의 영역에 이르기까지 영향력을 행사할 수 있었다는 것은 주목의 대상이다. 단편 「물」(1933)을 사이에 두고 임화와 논쟁을 벌였을 때 김남천이 기억하고 있었고 포기하지 않으려 했던 카프의 핵심적인 이미지가 이 지점에 놓여 있기 때문이다. "단순한 작품상의 지적을 가지고는 작가는 그의 오류에서 구출될 수 없다. 비평가는 「물」의 오류의 근원을 「물」의 작가의 실천에서 찾아서 그것을 해명하는 데까지 그의 분석을 칼을 아껴서는 안 된다."[14) 문학비평이 작가의 실천 더 나아가서는 삶의 방향성까지 제시해야 한다는 김남천의 주장은, 일견 상식을 넘어선 억지처럼 보일 수 있다. 하지만 그 배후에는 김남천이 기억하고 있는 1930~31년 시기의

---

12) 「문학시평—문화적 공작에 관한 약간의 시감」, 『신계단』 8, 1933.5; 1 : 15.

13) 위의 글, 1 : 21.

14) 「창작과정에 대한 감상」, 『조선일보』, 1935.5.17; 1 : 76. 「창작과정에 대한 감상」에서 「임화적 창작평과 자기비판」의 취지를 회고적으로 제시하는 과정에서 김남천이 직접 인용한 부분이다. 1933년에 발표된 「임화적 창작평과 자기비판」에는 없는 부분이다. 김남천 자신이 가지고 있던 원고에서 인용한 것으로 보인다.

카프 소설반 연구회의 풍경이 자리잡고 있다.

그렇다면 카프의 정치적 방향성은 어디에서 주어지는가. 또한 문학적 실천이 지속적으로 참조해야 할 정치적 규범은 어디에서 제공되는가. 코민테른에서 발신되는 테제들의 환유적인 운동성이 그것이다.

> '1928. 12월' '1930. 9월 18일' 그리고 '1930. 11월' 하리코프에서 열린 제2차 작가동맹 국제회의의 일반 활동방침에 관한 결의와 기타 각종의 테제 등등—작가는 여기에 대하여 절대적인 관심을 가져야 한다. 관심이 아니라 그것의 예술상의 실천! 이것과 분리하여 제기되는 일체의 논의는 완전히 이에 대한 배반의 실천이다.[15]

1933년 공산주의 협의회 사건으로 기소되어 2년의 수감 생활을 마친 후에도 김남천은 볼셰비키적인 정치적 실천과 전위 당을 중심으로 하는 조직론을 굳건하게 유지한다. '코민테른의 테제-카프-정치적 병졸'로 집약되는 도식 속에 김남천의 주체가 놓여 있었다고 해도 과언이 아니다. 코민테른의 테제로 대변되는 사회주의 운동의 국제성, 국내 사회주의 운동의 집단적 조직체인 카프, 그리고 '바퀴와 나사못'의 자리에 자신의 주체를 구성하고 있는 정치적 병졸. 지젝이 지적한 것처럼 이 시기의 김남천은 정치적 텍스트를 개인적·조직적 실천으로 전환하는 메타정치(사회주의 혁명의 역사적 필연성이라는 상징적 질서)의 틀 안에서 자기말소를 통해 주체를 정립하고 있었던 것이다. 개인으로서의 나

---

15) 「문화시평—문화적 공작에 관한 약간의 시감」, 『신계단』 8, 1933.5; 1 : 16.

를 집단적인 주체로 고양하는 자기말소 또는 자기삭제의 과정을 통해서 마련되는 주체의 자리, 이를 두고 주체의 도착(倒錯)적인 구성이라고 할 수도 있을 것이다.[16] 하지만 소시민 인텔리겐차에서 혁명적 사회주의자로의 주체 구성(자기개조)은 도착적인 면모 없이는 도저히 불가능한 것이기도 했다. 김남천에게 주체의 문제는, 정치적 억압이 가중되었던 1930년대 후반에 이르러서 제기된 것이 아니라, 정치적 주체로 자신을 정립하고자 했던 1930년대 초반부터 이미 내재화되어 있었던 것이다.

2. 고리키적 방황과 '의도하지 않은 무서운 결과' –「물」 논쟁

널리 알려진 대로 김남천이 단편 「물」을 발표한 것은 병 보석으로 감옥에서 풀려난 1933년의 일이다. 임화는 「6월 중의 창작」에서 비속한 경험주의, 생물학적 심리주의, 우익적 일화견주의 등의 용어를 사용하며 「물」을 비판하게 되고, 여기에 대해 김남천은 「임화적 창작평과 자기비판」을 통해 반론을 제기한다. 겉으로 드러난 문면에 주목할 때 「물」 논쟁은 작가의 실천과 「서화」에 대한 평가를 중심으로 전개되는

16) S. 지젝, 이성민 역, 『까다로운 주체』, 도서출판b, 2005, 308쪽. "과학적 인식에 의해 접근가능해지는 역사적 필연의 한낱 순수한 도구라는 고유하게 도착적인 자리를 차지하는 것은 자코뱅 당원이 아니라 오로지 레닌주의적 혁명가다", 같은 책, 313쪽.

양상을 보인다. 하지만 그 배후에는 보다 복잡한 맥락이 가로 놓여 있다. '작가가 의도하지 않은 무서운 결과'와 '레닌적인 응시 아래에 놓인 작가의 위상'이 그것이다.

「6월 중의 창작」에서 임화는 「물」에 대해 물 담당이 물을 통제하는 과정은 사상범을 감옥제도에 순응시키기 위한 것으로 읽힌다며 "작자도 의도하지 않은 무서운 결과"[17]를 가져왔다고 평한 바 있다. 반면에 「서화」에 대해서는 레닌의 관점에서 농민의 소유자적 특성을 문학적으로 형상화한 작품이며, 향후 프로문학의 획기적인 발전을 가져올 작품으로 기대를 표시하고 있다. 김남천의 항의는 외견상 「서화」에 대한 임화의 과중평가에 맞추어져 있지만, 실질적으로는 「서화」와 관련된 '의도하지 않은 무서운 결과'에 그 초점이 맞추어져 있다.

> 물론 이기영이가 농민을 복잡성에 있어서 취급하였으며 소유자적 특성을 그린 것은 사실이다. 그러나 이것으로 곧 농민문제에 있어서의 레닌적 설정을 예술상으로 적용하였다고 볼 수 있는가? 레닌은 사실에 있어서 농민의 소유자적 특성을 강조하였다. 그러나 그는 문학자에게 그것을 도박이라든가 투전을 가지고 묘사하기를 희망하지 않았을 것이다. (…중략…) 농민의 복잡성을 '도박'과 '간통'(아름다운 술어를 쓰자면 자유연애라고 한다)의 긍정에서 묘사하는 것은 과연 레닌적 파악이며 원칙적으로 정당한 예술적 방법인가?[18]

17) 임화, 「6월 중의 창작」, 신두원 편, 『임화문학예술전집 4－평론 1』, 소명출판, 2009, 262·264쪽.
18) 「임화적 창작평과 자기비판」, 『조선일보』, 1933.8.3; 1 : 49~50.

「물」 논쟁의 배후에는 '작가도 의도하지 않은 무서운 결과'에 대한 치열한 공방이 가로놓여 있다. 김남천은 "대저 「서화」를 노력군중에게 가지고 가면 여하한 이해가 생길 것을 생각하여 보았는가?"(1 : 50)라고 임화에게 반문한다. 「물」에서 물 담당의 통제와 관련된 부분이 작가가 '의도하지 않은 무서운 결과'를 가져왔다고 한다면, 「서화」는 특히 농민 대중화 문제와 관련해서 도박과 강간을 긍정적으로 인식하게 만드는 '의도하지 않은 무서운 결과'를 가져오게 될 것이라는 지적이다. "「서화」는 농민의 소유심을 생생한 생산관계를 통하여 묘사하지 못하고 '도박'이라는 비생산적 유희적 수단을 통하여 도박의 긍정이라는 결과"를 가져올 것이며, 이것은 작가 이기영이나 비평가 임화가 '의도하지 않은 무서운 결과'가 아니겠는가 하는 반론인 것이다.[19] 달리 말하면 「서화」가 도박(투전)을 통해서 농민의 소유자적 성격을 드러낸 것이나, 「물」이 감옥 내의 물 부족과 관련하여 지식인의 이중적인 성격을 드러낸 것은 등가가 아닌가라고 김남천은 말하고 있는 것이다.

'작가도 의도하지 않은 무서운 결과'는 텍스트가 작가의 의도와 비대칭적인 관계를 맺을 수 있으며 작가의 의도를 초과할 수 있다는 사실을 전제한다. 이러한 맥락에서 보자면 「물」 논쟁은 작가의 의도를 초과하여 작동하는 텍스트의 효과를 거론한 본격적인 논쟁이라는 점에서 그 비평사적 의의를 찾을 수 있다. 발자크의 리얼리즘의 승리와 대비해서 보면 '의도하지 않은 무서운 결과'의 의미는 보다 선명하게 드러난다. 정치적 실천에 투신해서 감옥까지 다녀온 김남천의 작품 「물」이 지식

19) 위의 글; 1 : 49.

인의 기회주의적 심리를 부각시키는 '의도하지 않은 무서운 결과'를 가져왔다면, 왕정복고를 꿈꾸었던 왕당파 보수주의자인 발자크의 『인간희극』은 역사의 객관적 법칙을 형상화하는 '작가가 의도하지 않은 놀라운(즐거운) 결과'를 가져온 경우에 해당한다. 작품에 작가의 의도를 벗어나 작동하는 부분이 있을 수 있으며 작가의 의도와 무관하게 형성되는 텍스트적 효과가 있을 수 있다는 것, 이 지점은 「물」 논쟁을 거쳐온 김남천이 1935년 이후 발자크의 리얼리즘의 승리에 주목하게 되는 무의식적인 계기라 할 수 있다.

> **작품을 결정하는 것은 작가이며 작가를 결정하는 것은 어떤 혹자의 이론보다도 그 당자의 실천이다 그러므로 작품을 논평하는 기준은 그의 실천에 두어야 하는 것이다.** 이것에 대하여 무이해한 비평가는 그가 변증법적 유물론을 백만 번 운운하여도 진실한 맑스주의 평가(評家)는 될 수 없는 것이다.[20]

「물」 논쟁에서 김남천이 제기한 또다른 항의는, 임화의 비평이 정치적 실천보다 문학적 실천을 우위에 두고 있는 것이 아닌가 하는 것이었다. 카프의 서기장 임화가 쓰는 월평은 비평가 임화의 개인적인 견해여서는 안 되며, 전위적 문학단체의 지도와 강령이어야 한다는 것이 김남천의 지적이다.[21] 김남천에 의하면, 문학작품은 작가의 정치적 실

20) 위의 글; 1 : 45.

21) "(1931년 1차 검거 당시—인용자) 임화의 출감을 들었을 때에는 그를 신뢰하는 탓에 '카프'의 앞에 안심과 낙관을 가지고 홀로 떨어진 나 자신을 위안하면서 있었다. (…중략…) 나는 면회 오는 처를 붙들고 몇 번인가 임화의 위독(맹장염—인용자)의 보(報)에 수심 지었으며 그가 기적으로 쾌도(快度)를 전할 때에는 한종일 눈물을 흘리도록 가슴의 고동을 억제치 못하였던 것이다", 「임화에 관하여」, 『조선일보』, 1933.7.25; 1 : 41.

천의 반영이다. 만약 작품에 오류가 있다면 그것은 실천에 문제가 있다는 방증이다. 따라서 카프는 작품에 나타난 오류를 지적하는 데 그쳐서는 안 되고, 작가의 실천이 프롤레타리아의 대의에 합류할 수 있는 방도를 제시해야 한다. 만약 임화가 이와 같은 책임을 방기하고 있다면 정치적 실천에서 물러나서 문화운동으로 나아간 것이라고, 김남천은 비판하고 있는 것이다.[22)]

작가가 범한 정치적 과오와 실천상의 오류를 바로잡아 줄 수 있는 비평을 요구한다는 것은 대단히 무리한 일에 해당한다. 하지만 김남천이 너무나도 당당하게 이를 요구할 수 있었던 데에는, 그가 생각하고 있는 전범적인 모델이 있었기 때문으로 추측된다. 레닌적 교의에 대단히 충실하고자 했던 당시 김남천을 고려할 때, 우선적으로 참조할 수 있는 모델은 레닌과 고리키의 관계이다. 널리 알려진 대로 레닌은 고리키를 가장 중요한 프롤레타리아 작가로 생각했고, 고리키 역시 레닌의 논문들을 읽으며 존경해 왔다. 하지만 그 이후로 고리키는 레닌의 기대와는 달리 부르주아 매체들과 관련을 맺거나 관념론적인 일탈을 거듭했고, 그때마다 레닌은 서한을 통해서 고리키의 오류를 비판하면서도 고리키에 대한 기대와 애정을 유지했다. 김남천이 고리키에 대해 보여준 지속적인 관심에 주목할 때, 김남천은 자신과 임화의 관계를 고리키와 레닌의 관계와 유비적으로 사고했을 가능성이 적지 않다.[23)]

---

22) 김남천은 「임화에 관하여」의 끝부분에서 임화가 1932년 이후 산적한 문제에도 불구하고 침묵을 지키고 있음을 우려하며 그와 동시에 그의 활동에 대한 기대를 표시한다. 그러면서 "우리들은 지금 결단적인 전향의 앞에 도달하고 있다. 이 전향을 위하여는 정책적인 모든 문제뿐만 아니라 우리가 일찍이 범한 중요한 정치적 범오(犯誤)에 대한 엄격한 자기 비평도 절대로 필요한 것이다"(1 : 41)라는 말로써 글을 끝맺고 있다. 행간의 의미에 주목할 때 레닌주의 = 볼셰비즘으로부터의 조직적 이탈을 지적하고 있는 것이라고 보아도 크게 틀리지 않을 것이다.

만일 일리치가 그의 「러시아 ××(혁명—인용자)의 거울로서의 톨스토이」 중에서 지시한 바와 같이 톨스토이 가장제적 농촌에 있어서의 농민 일규(一揆)의 약점, 결함의 거울이고 가장제적 농촌의 연약과 '경제적 소농민'의 의고한 겁나(怯懦)와의 반영이라면, 고리키는 노동자 계급, 소시민, 인텔리겐트의 강점과 약점을 반영하고 동시에 그것을 자기 자신의 것으로 극복한 위대한 예술적 천재가 아닐 수 없다.[24)]

레닌이 혁명 이전 러시아 농민의 모순적인 상황에 대한 반영이라는 관점에서 톨스토이 소설을 분석했고, 고리키의 경우에는 사상적 오류들을 비판하면서 사회주의 혁명에 동참하도록 지도하는 태도를 취했다는 것은 널리 알려진 바와 같다. 김남천의 입장에서 말하자면, 레닌의 비평적 시선 아래에 톨스토이와 고리키의 소설이 자리를 잡고 있었듯이, 카프의 대표자인 임화의 시선 아래에는 톨스토이의 자리를 대변하는 이기영과 고리키의 자리를 대변하는 김남천이 배치되어 있어야 하지 않겠는가라는 무의식(판타지)이 작동하고 있었던 것이다.

특히 「고리키에 관한 단상」(『조선중앙일보』, 1936.3.13~16)은 물 논쟁에 투영된 김남천의 무의식을 엿볼 수 있는 자료라고 생각된다. 이 글에서 김남천은 레닌에 대한 고리키의 회상을 주요하게 다루면서 두 사람 사이의 관계를 고찰하고 있다. 고리키에 대한 단상이라고 제목을 붙였지만 실제적으로는 레닌에 대한 고리키의 추억을 김남천이 다시 더듬

---

23) 김남천은 고리키에 대한 4편의 글을 발표한 바 있다. 「고리키에 관한 단상」, 『조선중앙일보』, 1936.3.13~16; 「고리키를 곡(哭)함」, 『조선중앙일보』, 1936.6.22~24; 「고리키의 사후 1주년」, 『조광』, 1937.6; 「고리키의 세계문학적 지위」, 『현대일보』, 1946.6.18.

24) 「고리끼에 관한 단상」, 『조선중앙일보』, 1936.3.16; 1 : 160.

어가고 있는 글이다. 고리키의 레닌 회상기에서 김남천이 주목하고 있는 지점은 다름 아닌 레닌의 시선 아래에 놓인 고리키의 내면이다. 1918년에 레닌과 재회한 고리키는 그때의 광경을 레닌 회상기에 기록해 놓았고, 김남천은 이 장면을 매우 중요하게 인용한 후 자신의 생각을 덧붙이고 있다.

> 우리들은 친히 얼굴을 마주 대하였으나 물론 친애하는 일리치의 찌르는 듯 날카로운 눈은 '길 잃은 나'(고리키 – 인용자)를 연민의 정을 가지고 바라보았다. 그 눈초리는 내가 늘 보아 온 것이었다. 일찍이 30년 동안이나 그 눈으로 나를 보고 있다. 결국 이 눈초리로 나를 묘지에까지 전송하여 주리라고 확신하면서 그때를 기다리고 있다.[25)]

체홉, 톨스토이, 에세닌 등 대문호를 만났을 때에도 정신적으로 굴복하는 일이 없었던 고리키가 레닌의 시선 아래에서는 '궤배(跪拜)'의 유혹을 느끼며 압도당했다는 것이다. 고리키는 레닌의 시선 아래에서 자신의 동요와 일탈을 부끄러워하면서도, 레닌의 시선과 맞서 "은근한 저력을 가지고 심중에 솟아 오르는 반발과 항의"를 느낀다. 이 지점을 김남천은 정치와 문학의 근원적인 관계를 상징적으로 대변하고 있는 장면으로 읽어간다. 그렇다면 김남천이 고리키에서 보았던 것은 무엇인가. "정치와 문학의 기점을 방황하다가 그 완전한 통일적인 융합을 발견"(1 : 158)하는 과정이 그것이다. 김남천의 논지에 의하면, 정치를

25) 위의 글; 1 : 156.

향한 고리키의 의욕이 일탈과 방황으로 이어졌고, 그러한 고리키의 모습을 레닌은 신뢰와 비판이 함께 깃든 시선으로 바라보았으며, 정치와 문학 사이에서 방황하던 고리키는 마침내 정치와 문학의 완전한 통일(사회주의 리얼리즘)에 이르렀다는 것이다. 고리키는 시련과 방황을 통해서 완성되는 자율적인 주체를 상징하는데, 김남천이 욕망하던 주체의 이미지 또는 주체의 드라마를 압축적으로 대변하고 있다.

그렇다면 「물」이란 무엇인가. 김남천에게 「물」은 정치와 문학 사이에서 벌어진 고리키적인 방황의 기록이다. 따라서 김남천의 입장에서 보자면 고리키적인 방황에 부합하는 레닌적 시선을 임화에게 요청할 수밖에 없었던 것이다. 고리키는 1930년대 초반(카프 해산 이전) 김남천이라는 주체의 위상학을 상상적·상징적으로 재현하고 있는 기호이다. 달리 말하면 레닌적 응시 속에서 김남천은 고리키의 자리를 욕망하고 있었던 것이라고 보아도 크게 틀리지 않을 것이다.[26] 하지만 김남천의 이러한 내밀한 욕망이 비평적 언어로 표현되었을 때, 아이러니컬하게도 그는 문학작품과 정치적 실천 사이의 괴리를 보여주는 대표적인 사례로 자리를 잡게 된다. 이것이야말로 김남천이 의도하지 않은 가장 무서운 결과였다.

---

26) 응시(gaze)는 단순히 "보여지는 응시가 아니라 타자의 장 속에서 내가 상상하는 응시"라는 의미로 사용되었다. 여기에 대해서는 J. 라캉, 이수련 역, 『라캉의 세미나 11－정신분석의 네 가지 근본 개념』, 새물결, 2008, 107~123쪽 참조.

3. '몸'의 유물론에 근거하는 마르크스주의 예술학

「물」 논쟁 이후 김남천은 임화의 지적처럼 '작자도 의도하지 않은 무서운 결과'에 둘러싸이게 된다. 볼셰비키화에 근거하여 작가의 정치적 실천의 중요성을 이야기한 것이 그의 의도였지만, 비평가에게 작가의 사생활까지 알고 비평하라는 것이냐 라는 예상하지 않았던 비아냥까지 듣는 처지에 이르게 되었다.[27] 감옥을 다녀올 정도로 정치적 실천에 투철했던 사람이 기껏해야 생물학적 심리주의로 귀결되는 작품을 내놓았다는 것. 김남천은 정치적 실천과 문학적 성취 사이의 상위 또는 괴리(분열)를 보여주는 대표적인 사례로서 자리를 잡게 된다. 이 지점에서 그가 할 수 있는 것은 자신의 사상적 불철저함을 대중적으로 고백하며 자기비판을 수행하거나,[28] 정치주의를 거듭해서 천명하며 카프의 재건 = 주체의 재건을 주장하는 일이 가능했을 따름이다.[29] 1934~35년경의 김남천은 '테제-카프-정치적 병졸'의 주체성 도식을 재건하고자 했던 것이다. 하지만 '테제-카프-정치적 병졸'의 주체성 도식이

---

27) 량은, 「김남천 군에게」, 『조선일보』, 1933.8.16. "적어도 작가의 실천은 그의 친우가 아니면 종이에 올릴만치 정확히는 알 수 없는 것이 아닌가. 정확히 알지도 못하는 작가의 실천을 작품과 대조하야 평함은 말할 수 없이 더 큰 오류이(가의 오식-인용자) 아닐 것인가?"

28) 「문학적 치기를 웃노라-박승극의 잡문을 반박함」, 『조선일보』, 1933.10.12; 1 : 57. "나는 나의 고민을 자백한다. 소부르주아 출신 그리고 미완성적인 인텔리겐차의 일(一) 분자인 김남천 자신의 세계관의 불확고를 대중의 앞에 발표함에, 그리고 그것을 엄격한 자기비판에 의하여 청산하고자 노력함에 아무러한 수치도 또한 정치가적 불안도 느끼지 않는다."

29) 「당면과제의 인식」, 『조선일보』, 1934.1.9; 1 : 62. "'×(당-인용자)의 과제를 그려라' '××(전위-인용자)의 눈으로 보아라' 등의 여태까지의 슬로건 대신에 '진실을 그려라'란 그것 자체로 보아 동의구(同義句)같이 생각되지마는 엄밀한 의미에서 그것은 정치주의의 일탈로밖에 볼 수 없습니다."

유지되기는 어려웠다.[30)]

김남천의 변화는 사회주의 리얼리즘이 본격적으로 논의되기 시작했던 1934년부터 카프의 해산이 있었던 1935년 사이에 가시화되어 나타난다. "각종의 테제 등등—작가는 여기에 대하여 절대적인 관심을 가져야 한다"[31)]라고 말하며 코민테른 테제의 중요성을 역설하던 모습과는 달리, 김남천은 사회주의 리얼리즘이라는 테제 앞에서 머뭇거리는 모습을 보인다. 사회주의 리얼리즘의 핵심이 조직의 문제에 있음을 지적하며 날카로운 모습을 보여주기도 하지만, 정작 사회주의 리얼리즘의 수용 여부에 대해서는 유보적인 태도를 취하고 있다. 사회주의 건설 단계에 돌입한 소련과 사회주의가 비합법의 단계로 접어들고 있는 식민지 조선의 간극이 너무도 크게 다가왔기 때문이다. 사회주의 리얼리즘이 테제로서 제시된 마당에 종전의 유물변증법적 창작방법론을 고수할 수도 없는 노릇이었고, 그렇다고 해서 조선과 소련의 역사적 단계를 무시하고 사회주의 리얼리즘을 복창할 수도 없었던 것이다.[32)]

또한 1935년 카프의 해산과 함께 사회주의 문학운동을 펼쳐나갈 집단적 조직도 사라지고 만다. 달리 말하면 '테제-카프-정치적 병졸'의 주체성 도식에서 테제와 카프가 불안정하게 된 것이다. 코민테른 테제

---

30) 김남천은 1936년까지 정치주의에 대한 신념을 저버리지 않는다. 「춘원 이광수 씨를 말함」에 의하면 프로문학으로부터 이미 전향한 사람들이 모멸하겠지만 "유일한 나의 건전한 상식 '문학과 정치와의 관계에 있어서의 정치의 우위성'의 관점을 고집하"(『조선중앙일보』, 1936.5.8; 1 : 165)겠다고 말한다. 그는 춘원 이광수에 대한 글에서 절반 이상을 할애하여 문학과 정치의 관계에 대한 고민 없이 전향해 버린 카프 맹원들을 비판하고 있다. 이러한 주장은 「물」 논쟁 이후 그가 받은 상처에 대한 원한(ressentiment), 2차 검거 이후 적극적으로 전향에 나서고 있는 구 카프 맹원들에 대한 비판과 관련된 것이다. 보다 정확하게는 문학에 대한 정치의 우위를 고민하며 정치주의와 결별하는 과정으로 보는 것이 합당할 것이다.

31) 「문화시평—문화적 공작에 관한 약간의 시감」, 『신계단』 8, 1933.5; 1 : 16.

32) 「창작방법에 있어서의 전환의 문제」, 『형상』 2, 1934.3; 1 : 63~72.

는 사회주의 운동의 국제성을 확보하는 상징적 대타자였고, 카프는 레닌의 교의에 따라 운영되어야 할 '바퀴와 나사못'이었다. 1934~5년의 김남천은 더 이상 사회주의 리얼리즘이라는 테제와의 국제적 동시성을 유지하지 못한다. 설혹 사회주의 리얼리즘과의 동시성을 유지하더라도 그 양상은 지극히 간접적이고 암시적인 방식으로 이루어진다. 게다가 사회주의 운동의 '바퀴와 나사못'이었던 카프는 김남천 자신의 손으로 해산계를 제출한 터였다. 따라서 정치적 실천에 매진하는 병졸이라는 자기 이미지는 더 이상 유지되지 못한다. 그렇다면 국제성(테제), 조직(카프), 실천(병정)의 문제는 어떻게 재편성되어야 할까. 김남천의 경우 국제성(테제)은 문예학(예술학)으로, 조직(카프)은 소시민성에 대한 반성으로, 정치적 실천은 창작과정(이후에는 리얼리즘)으로 치환되는 양상을 보인다.

김남천이 코민테른의 테제를 대신할 새로운 국제성의 차원을 발견한 지점은 문예학의 영역이었다. 1935년에 발표된 「예술학 건설의 임무」(『조선중앙일보』, 1935.7.2)는 짧지만 중요한 글이다. 김남천은 사회주의 리얼리즘이 제기된 이후 창작방법과 세계관의 문제가 극심한 혼란 상태에 빠져있음을 지적한다. 그와 더불어 동경과 모스크바에서도 이 문제와 관련해서 혼란을 겪고 있는 상태이기 때문에 외국의 이론을 이식하려고 해서는 문제가 해결될 수 없음을 지적하고 있다.[33] 이 글에

33) 「예술학 건설의 임무」, 『조선중앙일보』, 1935.7.2; 2 : 263~264. "새로운 창작방법의 설립을 조선의 문학사와 조선의 현실생활에서 찾으려 하지 않고 헛되이 모스크바와 동경 이론의 서투른 이식에서만 탐구하려는 조선적 비평가에서만 볼 수 있는 현실이 아니라 동경은 물론 모스크바의 논의에서까지도 용이하게 간취할 수 있는 상태인 만큼 외국 이론의 이식에서 일어나는 '창피'를 면하려는 양심적인 학도가 한가지로 관심을 가져야 할 문제이라고 생각한다."

서 김남천은 예술학 건설을 위해 관념론으로 치부되던 미학체계까지 포용할 필요가 있음을 역설하고 있다.

> 텐느, 크로체는 물론 칸트, 헤겔의 관념론 미학체계에서 또는 더 올라가 희랍 미학에서부터 우리 인류가 가지고 있는 일체의 미학적 재산을 토대로 하여 진정한 예술 과학의 건립 공작은 시작되어야 할 것이다.[34)]

1930년대 초반에 간행된 마르크스 엥겔스의 미학적 논의들을 보다 광범한 맥락에서 독해하여 예술학(미학)의 체계화를 도모하겠다는 언명이다. 세계관과 창작방법의 문제 해결을 조선의 문학사와 현실에서 찾자고 주장하면서, 관념론 미학까지도 포괄적으로 살피겠다고 하는 김남천의 언급은 주목의 대상이다. 이 지점은 단순히 사회주의 리얼리즘의 수용 여부를 논하는 문제가 아니라는 점에 주목을 요한다. 달리 말하면 코민테른으로부터 테제가 주어지고 거기에 복종하는 수준의 문제가 아니라 마르크스와 엥겔스가 단편적으로 남겨 놓은 미학적 논의들을 종합적으로 해석하는 차원이 펼쳐진 것이다. 마르크스와 엥겔스의 사상을 준거로 삼아 그들의 미학적 논의들을 해석하고 실천적으로 적용하는 주체가 요청되는 지점인 것이다.

서구에서 1920년대 중반부터 1930년대 초반은 마르크스와 엥겔스의 저작들 특히 『경제학 철학 수고』(1932년 발굴)나 『독일 이데올로기』(1932년 발간)와 같이 초기 저작들이나 미간행 원고 및 서한들의 발굴과 간행

34) 위의 글; 2 : 264.

이 이루어지면서 마르크스주의 내부에서 새로운 철학적 논의들이 왕성하게 이루어지던 시기이다.[35] 또한 사회주의 체제하의 소비에트 마르크스주의와 자본주의 아래의 서구 마르크스주의가 분기되는 시기, 달리 말하면 정치적 · 경제적 · 지역적 차원에서 마르크스주의의 분화가 구조화되는 시기였다. 이 시기에 새롭게 출간된 『독일 이데올로기』, 『경제학 철학 수고』 등은 청년 마르크스의 사상과 학문에 대한 관심을 불러일으키기에 충분했다.

미학사상과 관련된 마르크스와 엥겔스의 텍스트들이 최초로 발간된 것은 1933년의 일이다(*Ob iskusstivje*, ed., A. Lunacharsky, M. Lifshitz, F. Schiller, Moscow, 1933). 이 편집서는 학자들로 하여금 적절한 주의를 요하도록 하는 출발신호였으며, 문학과 예술에 대한 플레하노프(Plekhanov), 메링

---

35) 마르크스의 초기 저작들의 발견 및 간행은 마르크스주의의 역사에서 매우 중요한 의미를 갖는다. 마르크스의 초기 저작들이 재발견되자 그때까지 마르크스 사상의 본질적인 견해하고 알려진 것들 대부분이 불안정해지는 양상을 낳았던 것이다. 마르크스의 가장 중요한 저술 가운데 하나인 『헤겔 법철학 비판』은 1927년에, 「독일 이데올로기」는 1932년에 간행되었다. 「경제-철학 수고」의 경우 1932년에 발견되었고, 러시아에서 마르크스-엥겔스의 저작집이 출간된 것 역시 1933년의 일이다. 마르크스주의의 저작을 전 후기로 구분하고 고전적인 정식화를 수행한 사람은 레닌이었다. 하지만 『1844년 경제학-철학 수고』, 『헤겔법철학 비판 서문』, 『독일 이데올로기』 등과 같은 주요한 초기 저작은 그의 사후에 초판이 발간되었다(쉴로모 아비네리, 이홍구 역, 『칼 마르크스의 사회사상과 정치사상』, 까치, 1983, i~17쪽). 마르크스가 생전에 출판한 저작물은 다음과 같다. 『헤겔 법철학 비판 서설』(1844), 『신성가족』(1845), 『철학의 빈곤』(1847), 『공산당 선언』(1848), 『프랑스에서의 계급투쟁 1848~1850』(1850), 『루이 보나파르트의 브뤼메르 18일』(1852), 『프랑스의 내전』(1871), 『정치경제학 비판을 위하여』 제1책(1859), 『자본론』 1권(1867). 마르크스 사후(1883)에 엥겔스에 의해 『자본론』 2권(1885), 『자본론』 3권(1894)이 출간되었다. 『자본론』 3권의 4부에 해당하는 『잉여가치학설사』는 1905년부터 1910년 사이에 3책이 발간되었다(정문길, 『니벨룽의 보물』, 문학과지성사, 2008, 27~30쪽 참조). 페리 앤더슨에 의하면, 마르크스의 방대한 저술 중에서 적어도 4분의 3 이상이 그가 사망할 때까지는 미출판 상태였다. 그의 미발표 저술이 공개되는 과정은 마르크스주의 변천 과정에서 중요한 요소로 작용하게 되었다. 마르크스주의의 마르크스의 미발표 저술의 간행과 서구 마르크스주의의 역사적 관계에 대해서는 페리 앤더슨, 장준오 역, 『서구 마르크스주의 연구』, 이론과실천, 1987, 11~16쪽 참조.

(Mehring), 라파르그(Lafargue) 및 기타 후계자들의 저작들과 구별되는 마르크스주의 창설자들의 미학사상에 대한 인식의 척도가 되었다.[36) 1933년에 간행된 문학예술론의 경우 마르크스주의 미학 = 문예학 = 예술사회학에 대한 새로운 근거들을 제시했으며, 사회주의 리얼리즘 제창과 더불어 마르크스 엥겔스의 문예학 자료들이 함께 논의된 배경도 여기에 있다. 식민지의 지식인 김남천에게 마르크스 엥겔스의 문학예술론집은 코민테른의 테제와는 구별되는, 또다른 국제성의 차원을 열어준 주요한 계기였다.

김남천의 경우, 1935년 6월 「지식계급 전형의 창조와 『고향』 주인공」에서 엥겔스가 민나 카우츠키에게 보낸 편지(1885)를 직접 인용하고 있으며, 1935년 12월에 쓰인 「건전한 사실주의의 길」에서는 엥겔스의 「운문과 산문에 나타난 독일사회주의II」(1847)의 내용을 서지를 밝히지 않고 소개한 바 있다. 이미 1934년경에 사회주의 리얼리즘이 소개되는 과정에서 마르크스 엥겔스 미학 자료들이 간접적 · 부분적으로 소개되었는데, 김남천은 카프의 해산 이후 마르크스 엥겔스 문학론을 텍스트의 차원에서 접근해가기 시작한 경우라 할 수 있다.[37)]

36) S. 모라브스키, 「머리말」, L. 박산달 · S. 모라브스키 편, 김대웅 역, 『마르크스 · 엥겔스 문학예술론』, 한울, 1988, 18쪽. 마르크스의 초기 저작들은 종종 마르크스주의 내부의 모순과 혼란을 불러일으켰는데, 플레하노프의 『일원론적 역사관』는 「독일 이데올로기」와 일정 정도의 중요한 차이를 드러내며, 레닌의 『유물론과 경험비판론』은 「경제학-철학 수고」와 대비된다. 마르크스의 초기 저작들은 단순히 늦게 출간된 것이 아니라 마르크스주의 내부에 이론적인 충격으로 다가왔다는 점이다. 또한 마르크스의 사상이 정치경제학 또는 혁명이론에 국한되어 있다는 기존의 통념을 불식시키고 마르크스의 사상에 담겨있는 풍부한 철학적 주제들이 조명되는 계기가 되었다. 러시아의 마르크스주의 외에도 루카치, 그람시, 코르쉬, 프랑크푸르트학파 등 서구 마르크스주의가 활발한 논의를 펼쳐나간 것도 이 시기부터이다. 마르크스의 초기 저작과 관련된 마르크스주의 내부의 문제의식은, 인식론적 단절과 징후적 독해를 제안한 알튀세의 『마르크스를 위하여』에서도 확인된다.

37) 김남천은 자신이 이용한 마르크스-엥겔스 문학예술론집의 간략한 서지를 밝혀놓은 바 있

1935년 김남천의 변화를 보여주는 두 번째의 계기는 생활의 발견이다. 1931년 투옥되어 1933년에 출옥한 김남천은 같은 해 12월에 아내를 잃는다. 그에게는 마땅히 돌아갈 조국도, 조직도, 가정도 없는 상황이 펼쳐진 것이다. 1935년부터는 『조선중앙일보』의 기자로 일하게 되는데 이 시기에 쓴 수필 「귀로－내 마음의 가을」(『조선중앙일보』, 1935.9.23)은 눈여겨 볼 필요가 있다. 담당하고 있던 경찰서 출입을 마치고 밤 11시 반이 넘어 전철을 갈아타고 집으로 돌아가는 과정의 감상을 적은 글이다.

> 그리고 내가 지금 가는 곳이 하숙방 — 아무도 없는 쇠 채운 채 희미한 전등이 기다리고 있을 한 간 방이라는 것을 생각한다. 땀내 나는 낡은 세탁꾸러미, 흩어진 책, 종이조각, 사발시계, 칫솔, 비누, 맥없이 걸려있는 때묻은 여름 양복 그리고 유일의 장식인 죽은 아내의 사진 액면(額面) — 나는 이때에 나 자신의 생활을 생각해 본다. 그리고 언제부터 자전거와 버스의 충돌에 흥미를 가지게 되고 언제부터 나의 신경은 절도(竊盜)의 명부(名簿)를 노려보기에 여념이 없어지고 언제부터 나의 붓은 음독(飮毒)한 젊은 여자를 저열한 묘사로 갈겨쓰는 것에 취미를 가지기 시작하였던고? 그리고 언제부터 수상한 청년의 검거가 울렁거리는 흥분과 마음의 아픔 아닌 과장된 구조

다. "이들의 예술에 대한 문제를 말한 편지와 프라그먼트는 개조사(改造社)판으로 모아서 나온 것이 있고 또 에프 쉘렐과 게오르그 루카치의 평석(評釋)이 붙은 것으로 암파(岩波)문고판이 있다"(「창작방법의 신국면」, 『조선일보』, 1937.7.13; 1 : 239). 정문길의 연구에 의하면 소련에서 구MEGA가 발간된 것은 1927년부터 1935년까지이다. 같은 시기에 일본에서는 개조사에서 마르크스 엥겔스 전집이 발간되었다(『マルクスエンゲルス全集』 1～27, 山本美(編纂), 改造社, 1928～1933.) 콤 아카데미에서 편집했고 김남천이 참조했다고 밝힌 책은 다음과 같다. コム・アカデミー文學芸術研究所(編集), 『芸術論マルクス、エンゲルス』, 外村史郎(翻譯), 改造社, 1935. 쉴러와 루카치의 평석이 있는 암파문고본은 조사 중에 있다. 레닌의 문학예술론으로는 전후(戰後)에 藏原惟人이 번역한 바 있다(レーニン, 『レーニン 文化·文學·芸術論』 上・下, 藏原惟人・高橋勝之 編譯, 大月書店, 1969).

(口調)를 넣어서 사단(四段)을 만드는 정열로 바꾸어졌던가? (…중략…)

이것이 생활이란 것이었다. 그리고 수많은 사람이 이것을 생활로 하고 있었던 것이다. 나는 하숙 문을 열고 방안에 들어서매 너저분한 신문지를 발로 밀고 이불을 막 쓴 채 숨막힐 듯한 적막을 가슴속으로 깨물고 있었다.[38)]

이 글은 수감생활을 마치고 「물」 논쟁을 겪고 가정을 잃어버린 1935년 당시 김남천의 내면을 여실하게 보여준다. 내가 욕망하는 주체는 무엇인가를 묻기 전에 나의 몸이 놓여(묶여) 있는 곳은 어디인가라는 물음이 전면화되어 있다. 자기 자신의 물적 토대를 재생산하기 위해서 경찰서와 신문사와 여관방을 옮겨 다녀야 하며, 정치적 대의와는 전혀 무관한 일을 하며 살아야 한다는 것을 자각하고 있는 것이다. 그가 제시하는 하숙방의 너저분한 모습들은 일상적인 삶의 토대가 붕괴되어버린 상황을 상징적으로 대변하고 있다. 이 지점에서 김남천은 '생활'을 발견하고 있음이 인상적이다. 정치적 혁명이란 사회경제적 토대를 근원적으로 바꾸는 일에 해당하지만, 무수히 많은 사람들은 일상생활의 토대를 유지하기 위해 모든 노력을 기울여 살아가고 있다는 것. 김남천에게 생활의 발견은 곧 생활에로의 귀환이기도 했다. 감옥을 나와 물 논쟁을 거치고 아내를 잃은 상태에서 자신의 발밑(토대)을 보니 '생활'이 입을 벌리고 있는 형국이었다. 분명한 사실은 생활의 발견이 소시민성에 대한 자각과 일정 정도 대응관계를 이루고 있다는 점이다.

1935년에 김남천이 마련한 세 번째의 전기는 창작과정이라는 매개

38) 「귀로－내 마음의 가을」, 『조선중앙일보』, 1935.9.23; 2 : 37~38.

항의 설정이다. 「창작과정에 대한 감상」(1935.5)에서 김남천은 「물」 논쟁에서 '비평과 작품과 작가의 실천의 결합'(1 : 76)을 주장했음을 고백한다. 달리 말하면 작가의 정치적 실천과 작품과 비평이 무매개적인 동일성의 차원에 놓여있었다는 의미이다. 그렇다면 1935년에 제기하는 창작과정은 어떠한 성격을 갖는 것일까.

> 비평 방식의 일면의 타개로서, 작품만이 아니라 작품 이전 작가의 **창작과정(이것이야말로 가장 중요한 작가의 인간적 실천이 예술로 담아지는 과정이다)**에 대한 추구—이것이 이야기될 순서에 도달하였다.[39]

창작과정은 정치적 실천이 예술적 실천으로 전화되는 매개과정이다. 창작과정의 제시가 주목의 대상이 되는 이유는, 김남천이 정치적 실천의 일원론 내부에 분열의 계기를 도입하고 있는 장면이기 때문이다. 정치적 실천은 실천의 하위범주가 아니라 그 자체로 실천 일반이며 따라서 정치적 실천은 예술적 실천을 규정할 수밖에 없다는 정치주의에서 눈을 돌려, 정치적(인간적) 실천을 예술로 전화하는 창작과정의 특수성에 주목하게 된 것이다. 김남천이 새롭게 주목하게 된 창작과정은 어떠한 모습일까. 흥미롭게도 관념의 차원과 대비되는 육체의 차원이 제시된다. 테제를 관념으로 치부하면서 몸의 차원을 열어가고 있다. 그것은 유물론의 토대를 테제의 차원이 아니라 몸(신체)의 차원에서 사고하고 감각하고자 하는 것이다. 김남천이 창작과정의 유물론적

39) 「창작과정에 대한 감상」, 『조선일보』, 1935.5.19; 1 : 78.

근거를 몸에서 찾고 있음을 확인할 수 있다.

> 30년대 전후의 작가가 경형(經亨)한 바 작가는 당면과제의 형상화에 급급하였다. 그리하여 붓을 들 때 테제를 생각하고 붓을 놓을 때 다시 명제를 회상하였다. 그러나 한 개의 인물, 한 개의 진실을 추구하여 머물 줄을 모르는 **리얼리스트 작가의 열정은 그것이 객관적 현실을 향하여 용서 없는 칼을 둘러 열중할 때에, 그의 앞에는 공허한 테제도, 실질을 떠나고 육체를 떠난 슬로건도 보이지 않고 자기 자신을 찾을래야 찾을 수 없는 혼미한 안개의 연속만 있을 것이다.** 이 혼미의 속에서는 작가의 전 실천이 뭉쳐지고 빚어준 사회적 인간으로서의 전모가 **적나라한 몸**을 가지고 모든 **관념적인 명제** 앞에 거인과 같이 나서서 광분에 가까운 춤을 출 것이다.[40)]

몸이 유물론적 근거이자 무의식의 장임을 보여주는 매우 인상적인 장면이다. 유물론의 근거로서 몸을 발견하게 되자 몸과 무의식이 동시적으로 제시되고 있다. 그렇다면 몸의 차원 = 창작과정이란 무엇인가. 몸 = 창작과정은 관념화된 테제와 슬로건이 효력이 정지되고 더 나아가서는 자기 자신마저도 찾을 수 없는 차원이다. 몸 = 창작과정은 이데올로기들 = 관념들이 자리하고 있는 곳이며 이데올로기 = 관념들에 대한 싸움이 벌어지는 곳이며 실천 = 사회와의 교섭을 통해서 형성된 사회적 인간의 벌거벗은 몸이 드러나는 곳이다. 또한 자기 자신을 찾기 어려울 정도의 혼미와 광분(광기의 파토스)가 분출하는 곳이다. 외부세

40) 위의 글, 1 : 81～82.

계로 향했던 정열이 내부세계로 퇴각하는 자기-철회의 과정에서, 김남천은 혼돈과 광기와 벌거벗은 몸을 만난다. 김남천의 입장에서 보자면 창작과정의 혼돈, 광기, 육체, 무의식은 주체 형성을 위한 또다른 계기일 수밖에 없다. 창작과정에 내재된 광기의 파토스로부터 김남천이 고발문학의 단초를 마련한 것은 당연한 귀결이라 할 것이다.[41)]

4. '유다적인 것의 승리'와 '리얼리즘의 승리'

—소시민의 계급 무의식

김남천은 카프 시절에 대해 '칸트의 비둘기'를 중심으로 회고한다. 『순수이성비판』에 등장하는, 공기의 저항이 없는 진공이라면 더 높이 날 수 있을 것이라고 생각하는 비둘기가 그것이다. 공기의 저항이야말로 날 수 있는 물질적 근거인데, 그 사실을 몰각하고 공기가 없다면 더 높이 날 수

41) 김남천의 고발문학은 1935년의 「창작과정에 대한 감상」과 「지식계급 전형의 창조와 『고향』 주인공에 대한 감상」에서 논의되었다가, 1937년의 「고발의 정신과 작가」, 「창작방법의 신국면」에서 다시 집중적으로 논의된다. "지식계급의 일 전형의 가면을 박탈하는 용서 없는 리얼리스트적 정신에 의하여 작가 자신의 내면적 가면까지를 잡아 찢음에 주저치 않는 육체적 열정"(1 : 81)에서 볼 수 있듯이, 고발문학론은 가면박탈 및 자기고발의 정신으로 요약된다. 필자가 조사한 범위 내에서 가면박탈과 리얼리즘이 함께 논의된 텍스트로는 레닌의 「러시아 혁명의 거울인 레프 똘스또이」(1908)가 있다. 해당 구절은 다음과 같다. "한편으로, 자본주의적 착취에 대한 무자비한 비판, 정부의 불법행위와 우스꽝스런 법정 및 국가행정에 대한 폭로, 그리고 이의 심각한 모순에 대한 폭로가 있다. 다른 한편, '악에 저항하지 말라'는, 복종에 대한 얼빠진 설교가 있다. 한편으로, **냉정한 리얼리즘, 온갖 잡다한 가면들을 찢어 발기는 행위**가 있다. 다른 한편, (…중략…) 구역질나는 교권주의를 장려하려는 노력이 있다", V. I. 레닌, 이길주 역, 『레닌의 문학예술론』, 논장, 1988, 59쪽.

있을 것이라고 생각한다. 여기에는 카프가 보여주었던 관념론적 오류에 대한 자기비판과 현실적 조건을 초월하고자 했던 열정에 대한 자기긍정이 함께 자리하고 있다. 이것은 카프 작가들의 초상이었다.[42]

김남천이 보기에 카프의 해산은 카프의 계급적 기반을 명확하게 보여준 사건이었다. 또한 카프 해산 이후 구 카프 작가들이 보여준 양태들이 '소시민으로의 귀환'으로 귀결되고 있음을 인식하게 된다. "하루아침 역사의 행정(行程)이 이러한 것의 일반적인 퇴조적 현상을 우리의 앞에 강요할 때에 집단성의 밑에 종속되었던 작가와 비평가는 자신의 출신 계급을 따라 일개의 독립된 자기로 귀환하고 말았다."[43] 「고발의 정신과 작가」에서 김남천은 조선사회의 미성숙(시민계급의 기형적 발전과 근로계급의 상대적 유약성)으로 인해 인텔리겐차가 프로문학의 담당자로 출현할 수밖에 없었음을 지적하고 있다. 조선의 프로문학자들은 '시민계급의 서자'였던 것이고, 결과적으로는 계급적인 한계를 벗어나지 못하고 말았다는 진단이다. '시민계급의 서자'들의 집단인 카프의 오류는 유물론의 관념론화(공식화) 및 리얼리즘의 주관주의화로 집약되는데, 이러한 오류의 저변에는 소시민 지식인의 나약함과 조급함이 가로놓여 있을 수밖에 없었다.

---

42) "경쾌한 비둘기는 공중(空中)을 헤치고 날아서 공기의 저항을 느끼는 사이에, 진공(眞空) 중에서는 더 잘 날 줄로 생각한다. 이와 마찬가지로 플라톤은, 감성계가 오성에 대해서 답답한 제한을 하기 때문에, 이념의 날개에 의탁하여 감성계를 떠나 피안(彼岸)에 즉 순수오성의 진공 중에 감히 뛰어 들어갔다. 그러나 그는 오성을 움직이기 위해서 그 기초가 되는 지점(支點), 즉 자기의 힘을 쓸 수 있도록 하는 지점인 저항을 가지지 않았기 때문이다", I. 칸트, 「(再版의) 들어가는 말」, 최재희 역, 『순수이성비판』, 박영사, 2005, 59쪽. 칸트의 비둘기가 인용된 김남천의 글로는 「최근의 창작」, 『조선중앙일보』, 1935.8.4; 1 : 110.

43) 「고발의 정신과 작가—신 창작이론의 구체화를 위하여」, 『조선일보』, 1937.6.3~5; 1 : 221.

> 이러한 시민계급의 방탕한 불효 자식들은 이 과분한 그러나 남자 일생의 천직으로 할 만한 새로운 문학의 개척자의 임무를 띠고, 역사의 위에 등장하면서 **장구한 시일 동안의 생활적 교양과 관습으로 인하여 뼈와 살을 이루고 있는 시민적인 혹은 소시민적인 자의성과 우유부단성**을 그대로 가져다가 집단성의 밑에 종속시키고 이 문학적 실천을 통하여 완전히 자기 자신의 고유한 유약성을 극복하려는 노력에 전심하지 않으면 안 될 것을 각오하고 있었다. 그러나 이러한 노력에 전심하기 십 유여 년, 오늘날의 이 개인적 문학경향의 혼란 상태를 앞에 놓고 엄정히 자기 자신을 검토한다면 무엇보다도 먼저 우리들 문학가들이 파지(把持)하였다는 문화사상이라는 것이 얼마나 미약한 것이고 또한 **우리들이 입으로 지껄이던 문학이론이라는 것이 온전히 빌려온 물건에 불과하였다는 것**을 스스로 인정하지 않을 수 없을 것이다.[44]

이 대목을 단순한 후일담적인 회한의 기록으로 읽어서는 곤란하다. 고발문학론의 외시적인 메시지 배후에는 또 다른 문제틀이 설정되어 있는데 그것은 다름 아닌 소시민성의 재 / 발견이라 할 수 있다. 왜 10년 간의 조직적 훈련과 실천에도 불구하고 소시민성은 극복될 수 없었던 것일까. 달리 말하면 왜 소시민에서 마르크스주의에로의 전향(자기개조)은 실패하게 되었는가를 묻고 있는 것이다. 소시민성은 "장구한 시일 동안의 생활적 교양과 관습으로 인하여 뼈와 살을 이루고 있"기 때문이다. 마르크스주의의 일반적 상식인 건축의 비유(토대-상부구조론)에 빗대어 설명하자면 소시민성은 토대에 해당하고 계급주의는 상부

44) 위의 글; 1 : 223.

구조에 해당한다. 소시민성은 단순히 계급적 지형으로부터 연역될 수 있는 문제가 아니라 관습과 교양에 의해 뼈와 살의 차원을 형성하고 있는 것이다. 보다 정확하게 말하자면 김남천은 소시민성의 육체적 차원 또는 무의식의 차원을 문제삼고 있는 것이다. 따라서 고발의 의미도 분명해진다. 단순한 자기반성이 아니라 소시민적 무의식과 싸움을 벌이는 장이 되는 것이다. 김남천이 술회하였듯이 고발문학이 자기고발을 본령으로 하는 이유가 여기에 있다. 자신의 몸(뼈와 살)과 무의식을 형성하고 있는 소시민적인 것 "일체를 잔인하게 무자비하게 고발하는 정신, 모든 것을 끝까지 추급(追及)하고 그곳에서 영위되는 가지각색의 생활을 뿌리째 파서 펼쳐보이려는 정열"(1 : 231)이기 때문이다.

중요한 것은, '뼈와 살'과 '입'의 대비에서 보듯이, 의식과 의식의 대결이 아니라는 점이다. 소시민적 무의식과 대결하는 리얼리스트의 의식의 대결이 김남천이 말하는 고발문학론 = 자기고발의 본령이다. 카프가 해산에 이를 수밖에 없었고 카프의 맹원들이 전향으로 나아가게 된 가장 중요한 원인 가운데 하나가 소시민성이라고 할 때 골육(骨肉)화된 소시민적 무의식이 승리를 거둔 것이다. 따라서 소시민성과 대결할 수 있는 리얼리스트의 정신 = 고발의 정신을 제외한 모든 것이 고발의 대상이 될 수밖에 없다.

> 이(고발의—인용자) 정신 앞에서는 공식주의도 정치주의도 폭로되어야 한다. 영웅주의도 관료주의도 고발되어야 한다. 추(醜)도, 미(美)도, 빈(貧)도, 부(富)도 용서 없이 고발되어야 한다. 지식계급도 사회주의자도 민족주의자도 시민도 관리도 지주도 소작인도 그리고 그들이 싸고도는 모든 생활과 갈등

과 도덕과 세상관이 날카롭게 추궁되어 준엄하게 고발되어야 할 것이다.[45]

고발의 정신은 모든 도덕적 미학적 가치나 사상적 지향성을 영도의 지점으로 되돌린다. 소시민성을 대상으로 정립하는 과정에서 필요한 주체화의 제스처이기도 하다. 자기-안으로의-철회는 모든 것에 대한 의심과 코기토로의 환원 속에서, 달리 말하면 근본적인 광기의 계기를 통과하는 과정을 통해서, 인간화의 토대를 마련하는 몸짓이다. "이 철회의 제스처 없이는 어떠한 주체성도 없다."[46] 고발문학론의 의의 가운데 하나는 소시민적 무의식과의 대결을 설정함으로써 주체화의 방향을 분명하게 설정했다는 점에 있다.

골육화된 소시민성에 대한 고발을 지식인의 모랄 차원으로 끌고 가는 과정에서 제시된 주요한 비유어가 다름 아닌 '유다적인 것'이다. 「유다적인 것과 문학」에서 김남천은 유다에게서 소시민의 혈연적 육체적 친연성을 발견한다. "유다의 속에는 우리들 현대의 소시민과 가장 육체적으로 근사(近似)한 곳이 있"(1 : 306)다는 언급에서 알 수 있듯이 유다적인 것은 소시민적인 것을 의미한다.

이곳에 유다를 성서에서 빼어다가 우리들의 선조로 빼어다 세우려는 **가공할 만한 현실성**이 있는 것이다. 실로 **현대는 그가 날개를 뻗치고 있는 구석**

---

45) 위의 글, 1 : 231.

46) S. 지젝, 이성민 역, 『까다로운 주체』, 도서출판b, 2005, 64쪽. "명심해야 할 것은, 대상이 '자아로부터 태어나기' 위해서는 말하자면 백지상태에서 출발하는 것이 ―'세계의 밤'을 통과함으로써, '자아로부터 태어난' 것이 아직 아닌 한에서의 현실 전체를 지워버리는 것이 ― 필요하다는 점이다. (…중략…) 셸링의 기본적 통찰 ― 이에 따르면, 주체는 (…중략…) 자기 밖의(제외한―인용자) 모든 존재를 부정하는 폭력적인 모순의 제스처다", 같은 책, 62~63쪽.

> **구석까지 유다적인 것을 안고 있다**는 것으로 고유의 특징을 삼고 있다. 이러한 **대상의 전(全) 포위진**을 향하여 리얼리스트 작가가 그의 필검을 휘두르기 전에 우선 무엇보다도 자기심내(自己心內)에서 유다적인 것을 발견하려는 태도가 작가의 최초의 모랄이 되는 것에 대하여는, 그러나 이곳에 약간의 문학적, 사회적 해명이 필요할까 한다.[47]

유다적인 것은 안과 밖에 동시에 존재하고 있다. 유다적인 것은 소시민의 유전자인 동시에 소시민의 의식을 규정하는 현대사회의 일반적 특징이다. 지식인의 내부에서는 소시민성을 형성하고 있으며, 외부에서는 지식인을 전방위적으로 포위하고 있는 환경인 것이다. 유다적인 것은 단순히 의식 차원의 문제가 아니라 소시민의 몸과 무의식을 형성하고 있다.

> 유다는 그의 마음을 은 삼십으로 바꾸는 것으로써 범한 유다적인 것의 승리를 민사(悶死)에 의해 승화하였다. 이리하여 유다는 겨우 죽음이란 최후의 수단을 가지고서야 그의 심내(心內)에 있는 유다적인 것을 극복할 수 있었다.[48]

결국 카프의 해산이란 '유다적인 것의 승리'이다. 죽음을 통해서만 유다적인 것을 극복할 수 있다는 표현은, 유다적인 것은 의식 수준에서 해결될 수 있는 문제가 아니라, 몸과 무의식의 문제라는 점을 말하고 있는 것이다. 몸을 소멸에 이르게 하지 않고서는, 달리 말하면 죽지 않

---

47) 「유다적인 것과 문학」, 『조선일보』, 1937.12.15; 1 : 306.
48) 위의 글; 1 : 312.

고서는 도저히 극복할 수 없는 것이 '유다적인 것'이다. 유다적인 것은 억압 또는 은폐되어 있던 주체, 또는 주체가 인식하지 못하던 또다른 주체이다. 이 지점에서 '유다적인 것'은 주체의 분열을 명징하게 보여주는 기호가 된다.

> 우리는 지난날의 일체의 문학적 실천의 과오와 일탈을 소시민적 동요에 기인하는 것이라고 개괄해 본다. 주관주의적 내지는 관조주의적인 창작상의 제 결함을 주체의 소시민성에 귀납시켜 본다. 이러한 때에 어찌하여 「주체의 재건과 문학세계」의 논자는 주체 그 자신의 속에서 분열과 모순을 발견하려 하지 않는가! 주체 자신의 소시민성을 어찌하여 뚜껑을 덮은 채 홀홀히 지나치려 하는가![49]

김남천에게 있어 주체의 분열이란 '소시민의 몸-무의식'과 '의식 수준의 마르크스주의' 사이의 분열이다. 따라서 의식 수준에서 마르크스주의를 강화하거나 변화시키거나 하는 방법으로는 주체의 재건(자기개조)은 이루어지지 않는다. "유다적인 것을 발견하려고 하고 이것과의 타협 없는 싸움을 통과"(1 : 308)해야 한다는 김남천의 말은, 의식 수준에서 이루어지는 자기반성이나 자기비판을 의미하지 않는다. '소시민 지식인의 몸-무의식'과 '의식 수준에서의 마르크스주의'(공식주의적인 이해)의 대결로는 '유다적인 것의 승리'가 반복될 수밖에 없다는 사실을 지적하고 있는 것이다.

---

49) 「자기분열의 초극」, 『조선일보』, 1938.1.25; 1 : 325.

그러나 물론 소시민 지식인 일반이 문제라는 것보다도 구체적으로 우리에겐 문학자가 문제이었다. 소시민 지식인으로서의 문학자, 시민사회의 서자로서의 문학자! 이것의 성찰 뒤에 오는 문제를 우리는 집요하게 따라가야만 한다.[50)]

유다적인 것 = 소시민적인 것을 '가공할 만한 현실'로서 승인하게 되면서 김남천의 문학적 태도에는 커다란 변화가 나타나게 된다. 김남천의 입장에서 보자면, 유다적인 것은 주체의 육체적 · 유물론적 근거였다. 동시에 유다적인 것을 넘어서야만 새로운 주체의 건설이 가능했다. 그렇다면 유다적인 것이 지배하고 있는 소시민의 몸과 무의식이 아닌, 다른 장(場)이 필요할 것이다. 그것은 다름 아닌 문학이다. 1935년까지 정치적 실천 일원론을 강고하게 주장했던 김남천은 1937년에 이르면 문학자에게는 문학적 · 예술적 실천만이 존재할 뿐이라고 말한다. "대체 문학자에게 있어서의 생활적 실천이란 무엇이며 작가에게 있어서의 사회적 실천이란 무엇일 것이냐? 나는 그것을 문학적 예술적 실천이라고 말하려고 하며 또한 이것 이외에는 있을 수 없다고 단언한다."(1 : 329) 따라서 소시민적인 것 = 유다적인 것과 관련된 주체의 분열을 넘어서 주체의 재건은 문학의 장에서 이루어질 수밖에 없다. 김남천은 이 대목을 "자기분열의 문학적 초극"(1 : 324)으로 요약한다.

그렇다면 몸과 무의식을 소시민성 = 유다적인 것에 의해 규정당하고 있더라도 '자기분열의 문학적 초극'을 통해 새로운 주체에 도달할

50) 위의 글; 1 : 326.

수 있다는, 최소한의 희망을 가질 수 있었던 근거는 무엇일까. 1935년 이후 정치적 억압이 가중되면서 문학을 도피처로 삼을 수밖에 없었을 것이라는, 예술을 내팽개치고 혁명에 헌신하는 정치적 병졸을 꿈꾸었던 젊은 청년이 끝내 정치적 억압을 견디지 못하고 예술의 영역으로 귀환한 것이라는, 일종의 억압가설에 근거한 추정은 잠시 괄호에 넣고자 한다. 그 대신에 소시민성 = 유다적인 것의 문학적 초극이라는 가능성을 유비적으로 추론할 수 있었던 긍정적인 근거를 '발자크의 리얼리즘의 승리'에서 찾고자 한다.[51]

김남천이 발자크의 리얼리즘의 승리를 집중적으로 소개한 것은 「비판하는 것과 합리화하는 것과」(1936.8)에서이다. 이 글에서는 몇 가지 중요한 변화를 읽어낼 수 있다. 첫 번째는 세계관과 창작적 실천의 관계이다. 작가의 정치적 실천이 작품을 규정한다는 관점에서 벗어나 창작적 실천에 의해 세계관이 변화할 수도 있음을 인정하고 있다.[52] 두 번째는 세계관이라는 용어가 현저하게 이중적인 의미로 사용된다는 점이다. 역사적 · 과학적 진리로서의 마르크스주의를 지칭하는 세계관(정당한 세계관)과 개별 작가들의 계급의식과 관련되는 인식의 구조로

---

51) 김남천이 1935년부터 수사적으로 사용한 '나파륜의 칼'은 발자크의 서재에 있던 나폴레옹의 조상(彫像)이 들고 있던 칼에 새겨져 있던 글귀와 관련된 것이다. "그가 칼로 이루었던 것을 나는 펜으로 이룰 것이다", Georg Brandes, *Main currents in nineteenth century literature V:The Romantic School in France*, London : William Heinemann Ltd., 1923, p.179. 브란데스에 따르면 발자크는 나폴레옹 숭배 세대였으며 그의 소설에서 10페이지마다 나폴레옹의 이름이 등장한다고 기술하고 있다. 김남천은 발자크 연구노트에서 브란데스의 『19세기 구주문학 주조사』를 인용하고 있다. 영역본에서 발자크와 관련된 페이지는 5권의 158~204쪽이다.

52) 김남천, 「비판하는 것과 합리화하는 것과」, 『조선중앙일보』 1936.8.2; 1 : 186. "세계관이란 본질적으로는 예술가의 생활에 의하여 규정된다. 그가 여하한 사회 계급에 속하여 어떠한 실천을 하고 있는가에 의하여 결정된다. 그러나 **예술가의 세계관은 창작적 실천에 의하여서도 완성 혹은 변경되는 것**이니."

서의 세계관(예술가의 세계관)이 그것이다. 또한 세계관은 이질적인 요소들이 모순적으로 구조화될 수도 있으며 대상과 시간에 따라 다른 양상을 보일 수 있음을 지적하고 있다.[53] 세 번째는, 이 점이 무엇보다도 중요한데, 발자크론을 통해 마르크스주의의 지평에서 카프의 문학활동을 비판하고 반성할 수 있는 좌표가 제시되었다는 점이다. 그와 동시에 리얼리즘의 승리는, 유물론자는 곧 리얼리스트라는 종전의 관습적 사고를 근본적으로 뒤흔들어 놓은 이론적 계기이기도 했다.

발자크의 리얼리즘의 승리는 세계관(관념론 / 유물론)과 창작방법(아이디얼리즘 / 리어리즘) 사이에서 생겨나는 4가지의 조합을 자연스럽게 생각하게 만든다. 김남천의 비평에 근거하여 4가지의 조합을 제시하면 다음과 같다 : ① 보수적 관념론적 세계관-아이디얼리즘, ② 보수적 관념론적 세계관-리얼리즘, ③ 진보적 유물론적 세계관-아이디얼리즘, ④ 진보적 유물론적 세계관-리얼리즘.

> 그가 설혹 보수적이고 관념적인 세계관에 서 있는 자라고 할지라도 그가 리얼리스트일 때에는 창작적 실천에 의하여 반동적인 세계관의 제방을 넘을 수가 있다. 다시 그가 정당한 세계관의 파지자이면서도 아이디어리즘의 창작 방법에 의하여 창작한다면 그의 세계관은 창작적 실천에 의하여 심화

53) "다시 말하면 예술가에 있어서의 세계관은 어떤 부면에 있어서는 유물론적이고 어떤 부면에 있어서는 관념론적 그리고 어떤 시대에 있어서는 진보적이고 어떤 시대에 있어서는 반동적이듯이 그것은 오히려 균정(均整)되지 않고 불통일되어 있는 일이 많은 것이 사실일 것이다. 괴테가 자연에 대하여는 유물론적이면서 역사에 대할 때엔 반드시 그렇지도 못하였고 쏠라 하웁트맨 또는 박씨의 말과 같이 입센 등은 처음에는 유물론적이던 것이 후년에는 관념론적 색채를 농후하게 하였고 톨스토이의 후년은 진보적인 견지와 반동적인 견지와의 쌍방을 작품에 반영하고 있는 등등", 위의 글; 1 : 187~188.

> 확대되지 못하고 작품 그 자체가 공식화될 수가 있다. 발자크가 그의 반동적 사상에도 불구하고 오히려 그가 사상적으로 지지하는 계급의 내면적인 제모순을 능히 폭로하고 해부할 수 있었음은 이것에 의하여만 설명될 수 있으며 종래의 카프 작가들이 정당한 세계관의 파지에도 불구하고 공식적인 작품만을 생산하였던 것도 그가 철저한 리얼리즘을 그의 창작 방법으로 하지 못하였던 때문인 것이다.[54]

위의 지형도에서 발자크는 보수적 세계관과 리얼리즘(②)이 결합된 경우이고 카프는 진보적 세계관과 아이디얼리즘(③)이 결합된 경우에 해당한다. 그렇다면 여기서 물어야 할 것이 있다. 카프가 진보적이고 정당한 세계관을 파지했음에도 불구하고 창작방법에 있어서 리얼리즘에 불철저함으로 해서 공식주의에 귀결되고 말았다면, 세계관의 정당한 파지는 유지하면서 창작방법의 측면에서 리얼리즘을 강화하는 것이 가장 손쉽고 확실한 방법이 아니겠는가, 하는 물음이 그것이다. 달리 말하면 리얼리즘을 강화하여 진보적 세계관과 리얼리즘의 결합(④: 고리키적인 길 또는 사회주의 리얼리즘이라고 보아도 무방할 것이다)으로 나아가는 것이 가장 확실한 방법인데도 불구하고, 이 가능성에 대해서는 침묵으로 일관하는 이유는 무엇일까. 그 대신에 왕당파였던 발자크가 소설을 통해 리얼리즘의 승리에 이르는 과정을 매우 인상깊게 주목하고 있는 이유는 무엇일까. 왕당파 보수주의자인 발자크가 리얼리스트가 되는 전도(顚倒)와, 리얼리스트라고 자처한 카프가 아이디얼리즘적 과

---

54) 위의 글; 1 : 187.

오를 범하게 되는 전도가, 서로 마주보고 있었기 때문이다.

> 리얼리스트로 자처한 우리들이 창작과정에서 혹은 아이디얼리스트적인 과오를 범하지는 아니하였는가. 그리고 이런 것이 있다면 그것은 무엇에 기인되어서인가. 우리가 우리들의 장구한 시일 동안의 창작태도의 내적 과정을 한번 돌이켜 생각해 본다면 우리는 실로 의외의 결론을 가지게 됨에 놀라지 않을 수 없을 것이다. **우리들은 리얼리스트라고 하면서 사실은 다분히 아이디얼리즘의 침범을 받아왔으며 이것은 실로 우리들이 가지고 있는 철학적 사상적 진리에 대한 지극히 공식적인 파악에 의하여 발생하였던 것이다.**[55)]

김남천은 역사적 진리로서의 마르크스주의를 지칭하는 세계관과 소시민 지식인 계급이 갖는 인식의 체계로서의 세계관이 자신을 비롯한 카프 작가들에게 불안정하게 혼재되어 있고 모순적으로 구조화되어 있음을 무의식적으로나마 감지하고 있었이다. 이 지점에서 발자크의 리얼리즘의 승리는 자기분열의 문학적 초극의 긍정적인 모델로 다가오게 된다. 부르주아 출신이면서도 왕당파였던 발자크의 자기분열이 리얼리즘을 통해서 초극될 수 있었다고 한다면, 그 과정 속에는 마르크스주의를 욕망하는 소시민 작가가 자기분열을 문학적으로 초극할 수 있는 방법론적 가능성이 내재되어 있을 것이라는 기대가 작동하고 있기 때문이다. 발자크의 리얼리즘의 승리는 그 자체로 마르크스주의 미학의 중요한 계기이기도 했지만 그와 동시에 김남천에게는 주체 재건

55) 「창작방법의 신국면－고발의 문학에 대한 재론」, 『조선일보』, 1937.7.11; 1 : 237.

(자기분열의 문학적 초극)의 가능성을 내재하고 있는 드라마이기도 했던 것이다. 1930년대 후반 김남천이 「발자크 연구 노트」를 진행시켜 나갈 수밖에 없었던 이유 또한 바로 이 지점에서 찾을 수 있을 것이다.

소시민 지식인의 한계 = 카프의 공식주의 = 아이디얼리즘적 경향에 대한 비판은 문학자로서의 주체형성의 출발점이 된다. 흥미로운 것은 카프의 공식주의란 발자크의 리얼리즘의 승리가 전도된 양상이라는 사실이다. 왕당파를 자처한 발자크가 리얼리즘의 승리에 도달한 것과는 반대로, 유물론자이자 리얼리스트를 자처한 카프의 작가들은 아이디얼리즘에로 귀착되고 말았다는 것이다. '유물변증법의 관념론화' '리얼리즘의 주관주의화'로 집약되는 오류를 어떻게 바로 잡을 것인가. 여기에 대한 김남천의 모색은 몸 또는 육체의 자리에서 이루어질 수밖에 없다. 또한 그것은 어떠한 방식으로든 골육화된 소시민적 '무의식'과의 대결일 수밖에 없다. 그와 동시에 리얼리즘이 단순히 주관적인 선택으로 이루어지는 태도가 아닐 수 있는 근거를 찾아야 한다. 이 지점에서 김남천은 모랄-풍속론을 제기한다.[56)]

김남천에게는 유다적인 것(소시민의 몸-무의식) 위에 마르크스주의에 대한 공식주의적인 이해가 덧씌워져 있는 상황이다. 따라서 두 가지의 방향에서 주체재건(자기개조)를 위한 논의가 전개된다. 하나는 소시민의 몸-무의식과 대결하는 새로운 무의식을 구성해나가는 것이고, 다른 하나는 유다적인 것의 승리를 뛰어 넘을 수 있는 문학적 초극을 도모하

---

56) 김남천의 모랄-풍속론은 일본의 철학자 도사카 준(戸坂潤)의 『사상으로서의 문학』, 『도덕론』, 『문학과 풍속』과 관련이 있다(戸坂潤, 『戸坂潤全集』 4, 勁草書房, 1966). 김남천의 풍속론과 도사카 준의 관련성을 검토한 논문으로는 차승기, 「임화와 김남천, 세태와 풍속의 거리」, 『현대문학의 연구』 25, 2005 참조.

게 하는 것이다. 새로운 무의식을 만들고자 하는 시도는 과학의 혈육화를 추구하는 모랄론으로 전개되며, 유다적인 것의 승리와 맞서고자 하는 문학적 시도는 리얼리즘의 승리를 통해서 추구된다. 왕당파인 발자크가 그의 견해 여부에도 불구하고 리얼리즘의 승리에 도달했듯이, 소시민인 김남천 역시 견해 여부에도 불구하고 리얼리즘의 승리에 도달할 수 있는 방법적 가능성이 그 속에 내재되어 있을 것이기 때문이다.

5. 무의식과 잠재성으로서의 마르크스주의-과학·모랄·풍속

김남천이 강조하고 있듯이 고발문학은 소시민적 현실에 대한 리얼리즘적 태도를 촉구하고 문학적 열정의 자리(topos)를 재확인하는 주체화의 출발점이다. 고발문학이 소시민 지식인 작가의 자기고발의 일환으로 제기되었고, 그 대상이 골육(骨肉)화한 소시민적 몸-무의식이라는 점은 앞에서 살핀 바와 같다. 따라서 자기고발은 소시민적 몸-무의식으로부터 '고발하는 의식'을 분리해서 이끌어내고, 고발하는 의식을 리얼리즘으로 나아가는 단초로 삼은 것이다. 하지만 여기에는 난점이 도사리고 있다. 일체를 고발하여 그 근원까지 추급하는 고발정신은, 그 논리를 조금만 더 밀고 나가게 되면, 고발정신 자체를 고발해야 하는 지점에 도달하게 된다. 고발문학은 고발하는 자아마저도 다시 고발해야 한다는 논리를 피할 수 없고, 그렇게 되면 자의식의 과잉과 관념적

유희에 빠져드는 상황을 면하기 어렵다.[57)]

고발문학을 통해 리얼리즘이 도입될 수 있는 주관적 계기는 마련되었다. 하지만 리얼리즘의 근거를 찾는 일의 필요성은 여전히 남아있다. 작가의 창작과정에 한정되어 있을 때 리얼리즘의 근거는 여전히 관념적일 수 있기 때문이다. 이 경우에 리얼리즘은 소시민 작가가 주관적으로 선택할 수도 있고 선택하지 않을 수도 있는 태도나 방법의 수준에 머물게 되는 것이다. 작가의 주관적 영역 바깥에서 리얼리즘의 근거를 찾는 일이 필요하게 되는 바, 이를 해결하는 방법으로 모색된 것이 모랄론이다. 도덕이 아니고 굳이 모랄이어야 하는 이유는, 한국어에서 도덕이란 말이 주체 외부에 이미 자리잡고 있는 이데올로기적 관념이라는 고정적 의미를 갖는 반면에, 모랄의 경우 주체의 구성 및 위상과 관련해서 새로운 의미 부여가 가능한 말이었기 때문이다.[58)] 모랄론은 「도덕의 문학적 파악―과학 · 문학과 모랄 개념」, 「일신상(一

57) "이렇게 생각하여 보면 필자 왕년의 자기고발문학은 일종의 체험적인 문학이었다. 그것은 주체재건(자기개조)을 꾀하는 내부 성찰의 문학이었으니까. 이러한 과정은 나와 같은 작가에게는 필연적인 과정이었던가. 추상적으로 배운 이데, 현실 속에서 배우지 않은 사상의 눈이 현실을 도식화하는 데 대하여, 자기 자신의 눈을 통하여 현실 속에서 사상을 배우고, 이것에 의하여 자기를 현실적인 것으로서 인식하자는 필요에 응하여서였다. 자아와 자의식의 상실이 리얼리즘을 오히려 그 반대의 경향에 몰아넣어 돌아보지 않는 문학정신의 추락을 구출하기 위하여서였다. 그러나 나는 아무러한 경계나 용의가 없이 이것에 시종(始終)한 것은 아니었다. 자의식 자체가 문학의 목적이 되는 것, 자의식의 관념적 발전이 문학적 자아를 건질 수 없는 자기혼미 속에 몰아넣는 것―이것은 내가 극도로 경계한 바이었다", 「체험적인 것과 관찰적인 것(발자크 연구4)」, 『인문평론』 1940.5; 1 : 609.

58) 김남천이 말하는 도덕은 주체의 외부에 이미 형성되어 경화(硬化)된 관념이자 이데올로기를 말한다. "아이디얼리스트들이 도덕을 간판처럼 내걸고 속중의 인기를 낚으려 하지만 누구나 수신교과서적 덕목이나 권선징악을 문학이라 부르지는 않는다. 우리 문단의 한두 분이 불교적 교설을 걸고 소설을 구성한 것을 친히 보았으나 불행히 그것은 현대문학이 아니었다", 「문학과 모랄」, 『조선일보』, 1939.4.27; 2 : 290~291) 또한 1930년대 후반에 관심을 끌었던, 앙드레 지드로 대변되는 모랄론 역시 자신의 모랄론과는 무관하다고 말한다.

身上)의 진리와 모랄」 등으로 이어진다.

김남천은 모랄론의 시작을 과학과 문학의 구별에서 시작한다. 과학이나 문학이 진리를 추구한다는 점에서는 동일하다. 하지만 "과학은 개념에 의한 인식이고 문학은 형상(표상)에 의한 인식이다."(1 : 342) 문학의 표상(형상)적 인식이 과학에 적용될 때는 혼란을 일으키지만, 과학의 개념적 인식이 문학에 삼투되는 것은 가능할 뿐만 아니라 필수적이다. 그렇다면 과학과 문학의 만남은 어떠한 방식으로 이루어지는가.

> ㉠ 과학적 개념은 공식에 의한 법칙 이상에까지 그의 인식 목적을 연장할 때 그것은 벌써 과학의 성능은 아니라는 것, 이리하여 과학이 이 한계를 넘는 곳으로부터 인식 목적은 문학의 권내로 연장된다는 것이다. 실로 이 과정이 다름아닌 주체화의 과정이었다.[59]

> ㉡ 과학적 진리가 작가의 주체를 통과하는 과정 — 이곳에 설정된 것이 문학적으로 파악된 도덕 모랄이었다. 이것을 바꾸어 세계관과 창작방법의 관계에서 본다면 전자가 후자를 거쳐 문학적 표상에까지 구상화되는 중간 개념으로서 모랄을 설정한다는 것이다.[60]

문학개론의 일반적인 상식에 해당하는 과학과 문학의 구분이 중요한 이유는 무엇인가. 과학과 문학의 구분이 중요한 것이 아니라 양자의 관계가 주목의 대상이다. 모랄은 과학과 문학의 경계이자 접점이며

59) 「도덕의 문학적 파악－과학 · 문학과 모랄 개념」, 『조선일보』, 1938.3.11; 1 : 346.
60) 위의 글; 1 : 347.

매개항이다. 과학을 혈육화하는 영역이 모랄이며 모랄이 풍속과 만나 형성되는 것이 문학이다. 그렇다면 '과학-모랄-풍속-문학'의 도식의 유용성은 어디에 있는가. 세계관과 창작방법의 재정식화라는 점에서 의미를 갖는다. 앞에서 살펴보았듯이, 엥겔스의 발자크론을 검토하면서, 김남천은 세계관이 함(含)모순적이고 가변적일 수 있으며 리얼리즘은 창작주체가 선택한 방법 내지 태도라는 수준에서 논의를 정리한 바 있다. 문제는 세계관이라는 용어가 ① 과학적 · 합리적이며 정당한 세계인식(마르크스주의) ② 유물론적 계기와 관념론적 계기가 모순적으로 구조화될 수 있는 주관성의 영역이라는 두 가지의 의미로 혼란스럽게 사용될 수밖에 없었다는 점이다. 그런데 과학과 모랄의 구분은 세계관이라는 용어와 관련된 혼란을 제거한다. 합리적 세계인식은 과학으로, 주관성과 관련된 차원은 모랄로, 보다 변별적인 위상을 제공하기 때문이다. 또한 과학이 (주관의 바깥에 위치한) 외부성 또는 외부의 타자로 설정됨으로써 리얼리즘은 작가가 주관적으로 선택한(선택할 수 있는) 태도라는 종전의 규정을 넘어설 수 있게 된다.

그렇다면 모랄은 어디에 위치하게 되는가. 김남천의 소론을 종합하여 말하면, 모랄의 위상은 '자기'와 '풍속'에 그 위상이 배분되어 있다.

> ㉢ 사회를 특수화하면 '개인'이 된다. 이곳까지는 확실히 과학의 영역이다. 그러나 '개인'을 아무리 특수화하여도 '자기'로는 안 된다. 이 '개인'이 '자기'로 되는 과정, 다시 말하면 과학적 개념의 기능이라 하여 문학적 표상 앞에 자리를 물려줄 때 모랄은 제기된다.[61)]

ㄹ 풍속이란 사회적 습관과 밀접한 관계를 갖고 있다. 그리고 사회적 습관, 습속은 사회의 생산기구에 기(基)한 인간생활의 각종의 양식에 의하여 종국적으로 결정을 본다. 이라하여 이것은 일방으로 '제도'를 말하는 동시에 '제도의 습득감(習得感)'을 의미한다. 풍속, 습속은 생산관계의 양식에까지 현현되는 일종의 제도(예컨대 가족제도)를 말하는 동시에 다시 그 제도 내에서 배양된 인간의 의식인 제도의 습득감(예컨대 가족의 감정, 가족적 윤리의식)까지를 지칭한다.[62]

김남천은 도사카 준[戶坂潤]의 논의를 따라서 '개인'과 '자기'를 구분한다. '개인'이 일반성의 범주라면 '자기'는 개별성(단독자)의 범주이기 때문이다. 일반성의 범주인 개인은 몸을 추상화하지만, '자기'는 몸[一身]에 근거할 수밖에 없다는 차이에 주목한 것이다. 과학이 일반성의 범주인 개인을 이야기하는 데 그친다면, "문학은 일신(一身) 상의 진리를 지향하며 일신상의 진리란 과학적 개념이 주체화된 것이다."(1 : 354) 반면에 풍속은 사회적 제도 및 제도의 습득감으로 규정된다.[63] 풍속론

61) 위의 글; 1 : 347.

62) 「일신상의 진리와 모랄」, 『조선일보』, 1938.4.22; 1 : 359.

63) 앞에서 밝힌 바 있듯이 풍속 개념이 모랄과 관련되는 지점은 도사카 준의 논의에 기댄 바가 크다. 하지만 기자생활 당시의 감각과 고현학에 대한 관심이 뒷받침되어 있다는 점 또한 간과되어서는 안 될 것이다. "필자 역시 2년 전(1937－인용자)년부터 끊임없이 시정을 배회하였다. 필자가 세태와 고현학을 구별하여 문학적 개념으로서 '풍속'을 토구한 것이 로만 개조론 전후다. 그리고 '풍속'을 '모랄'과 밀접히 관련시킨 까닭도 만연한 산보나 편력으로 하여 되려 소설정신이 시정 세계 속에 몰입되어 버리거나 상실되어 버릴 것은 경계하기 위하여서였다", 「소설의 당면과제」, 『조선일보』, 1939.6.24; 1 : 506. 김남천은 여성, 도시 어린이의 놀이 공간, 커피, 음악의 유행, 교육열 등 다양한 문화적 주제에 관한 글들을 남겼다. 특히 여학교에서 동성애가 유행이라는 그의 지적은 당대 풍속에 대한 김남천의 관심이 어느 정도였는지를 보여주는 것이다. 의상, 두발, 신발에 대한 「풍속시평(風俗時評)」(『조선일보』, 1939.7.6~11)과 지참금, 유행, 골동(骨董)에 대해서 이야기하고 있는 「풍속수감(風俗隨感)」은 매우 뛰어난 문화론이다. 「풍속수감」에서는 발자크의 소설과 관련해서 지참금의 문제

은, 경제적 토대와 이데올로기적 상부구조를 사회적 제도 및 몸의 차원에서 매개하고자 하는 시도(사유)라는 점에서 비평사적 의미를 갖는다. 몸을 가진 개인이 사회(경제적 토대와 이데올로기적 상부구조) 속에서 살아가면서 사회를 어떠한 방식으로 육체화하고 있는지를 묻고자 하는 것이다. 따라서 풍속론의 주요한 매개항인 사회제도가 몸의 차원과 관련되는 것은 매우 자연스럽다고 할 것이다. "사회기구의 본질이 풍속에 이르러서 비로소 완전히 육체화된 것"(1 : 359)이기 때문이다. 그렇다면 과학-모랄-풍속은 어떠한 관련을 맺는가. "과학적 탐구를 답대(踏臺)로 한 작가의 도도(道道)한 일신상 진리화는 풍속 속으로 들어가 개념의 표상화를 얻을 것이다."(1 : 361)

> 리얼리스트가 가지는 로만에 대한 이상적 원망(願望)은 무엇일까? 그것은 여러 가지 말로써 표현할 수 있음에도 불구하고 역시 이렇게 개괄하여 봄이 본질적이 아닐까. **과학이 가진 이론의 합리적 핵심** — 바꾸어 말하면 이론적 모랄이 심리를 통하여 윤리를 통하여 성격을 통하여 풍속에까지 뚜렷하게 나타나기를, 다시 말하면 **작가가 이론적으로 파악하고 인식한 결과 얻은 사상이 뼈다귀째로가 아니고 활짝 풀어져서 독자에게 어느 것이라고 잡**

(자유결혼의 퇴조)에 대해서 이야기하고 있다. 고현학적인 방법으로 글을 쓴 경우로는 「가로(街路)」(『조선일보』, 1938.5.10)와 「현대여성미」(『인문평론』, 1940.1) 등이 있다. "이야기의 주인공을 거리로 끌고 나오면 그를 가장 현대적인 풍경 속에 산보시키고 싶은 충동을 느낀다. 대체 어디로 그를 끌고 갈 것인가? 종이 위에 붓을 세우고 생각해 본다"(2 : 65), "때로 용의주도한 산보인이 되어본들 어떨 것이랴"(2 : 175), "인제 고현(考現)산보는 그만하고 수첩을 공개한다"(2 : 177). 김남천은 고현학적인 세태를 보여주는 경풍속과 제도적 습득감 및 역사성에 근거한 중풍속으로 구분한 바 있는데, 중풍속을 잘 보여주는 사례가 연애문제이다. 「조선문학과 연애문제」에서는 소설에 등장하는 연애를 관찰하여 현대의 모랄, 현대인의 윤리와 성도덕의 기준을 발견할 수 있을 것이라고 전망하고 있다.

> **아낼 수 없을 만큼 충분히 감성화되어 풍속에까지 침윤된 것으로 표상화**되기를 우리들은 항상 희망하고 있는 것은 아닌가. 실로 주체화가 이 외의 별다른 것이 아니었고 과학적 방법과 예술적 방법의 상호침투나 세계관과 창작방법의 성찰이 이것을 토구한 것임에 틀림없다. **이 자리에서 우리는 엥겔스가 경향소설에 대해서 말한 바 예술작품 가운데는 작가의 의도나 사상이 명백하게 나타나지 않으면 않을수록 더욱 아름답다는 의미의 말을 연상할 필요가 있다.** 이 말은 이론적 모랄이 완전히 감성화하여 풍속에까지 풀어져 나오기를 희망한 말 이외의 별다른 것이 아니다. 그러므로 그것은 결코 모랄에는 이론적 핵심이 없어도 좋다든가 또는 없어야 한다는 것을 의미하지 않음은 물론이다. **사상이 주체화**되기를, 다시 말하면 **세계관이 일신화(一身化)** 한 것으로 되기를, 또다시 바꾸어 말하면 이론적 모랄과 풍속이 완전히 융합되기를 희망한 것뿐이다. 과거의 위대한 문학은 모두가 이러한 것들이었다.[64]

위의 인용문은 과학-모랄-풍속에 대한 김남천의 사고가 압축되어 제시된 부분이다. 먼저 문제 삼아야 할 점은 김남천이 말하는 '과학'이 어떠한 성격을 가지고 있는가 하는 것이다. 과학은 마르크스주의를 말하는 것인가, 아니면 합리적 · 논리적 지식 체계를 말하는 것인가. 또는 여러 이데올로기 가운데 하나로서 마르크스주의를 생각하고 있는 것인가. 고발문학론을 제창하면서 김남천은 고발의 정신 앞에서 공식주의, 정치주의, 미와 추, 사회주의자, 민족주의자 등을 가리지 않고 고

64) 「세태 · 풍속 묘사 기타」, 『비판』 26, 1938.5; 1 : 364.

발되어야 한다고 말한 바 있다.[65] 또한 세계관이라는 용어가 반드시 마르크스주의를 지칭하지 않을 수도 있음을 암시한 적도 있다.[66] 하지만 '합리적 핵심' '세계관' '사상' 등의 용어에서 감지할 수 있듯이, 그리고 엥겔스의 편지가 중요한 참조(reference)의 대상이 되어 있는 데서 알 수 있듯이, 과학은 마르크스주의라고 보는 것이 타당하다. 특히 『자본론』에서 흔히 인용되는 구절인 '합리적 핵심'은 이후의 글에서도 반복되어 나타난다.[67] "모랄 탐구의 뒤에는 과학적인 합리적 핵심을 두어야 한다."[68] 마르크스주의의 저작이나 용어에 대한 참조의 틀은, 김남천이 말하는 과학이 마르크스주의를 지칭한다는 사실을 은유화하고 있는 것으로 볼 수 있다.[69]

모랄-풍속론을 통해서 분명해진 것은 과학 = 마르크스주의가 작가의 몸 속에 모랄로서 내재하는 동시에 외부세계의 풍속에 잠재되어 있다는 점이다. 모랄은, '유다적인 것'이 지배하는 소시민의 몸-무의식에 맞서서, 과학을 혈육화(血肉化)・일신화(一身化)해서 구성된 몸-무의식

65) 「고발의 정신과 작가—신 창작이론의 구체화를 위하여」, 『조선일보』, 1937.6.3~5; 1 : 231.

66) 「자기분열의 초극」, 『조선일보』, 1938.2.1; 1 : 326. "(흔히 세계관이라면 어떤 특정된 주의 학설을 연상하는 모양인데 이것은 그렇게 협착하게 생각할 것이 아니라 역시 호판윤(戶坂潤)류로 세계직관이라고 넓게 생각해 봄이 좋지 않을까.)", 괄호는 김남천의 것—인용자.

67) '합리적 핵심'과 관련된 부분의 오늘날의 번역은 다음과 같다. "헤겔에게는 변증법이 거꾸로 서 있다. 신비한 껍질 속에 들어 있는 합리적인 알맹이를 찾아내기 위해서는 그것을 바로 세워야 한다", K. 마르크스, 「제2판 후기」, 김수행 역, 『자본론』 1권 상(제2개역판), 비봉출판사, 2001, 19쪽.

68) 「체험적인 것과 관찰적인 것」, 『인문평론』, 1940.5; 1 : 609.

69) 김남천은 "과학은 실천과 실험을 통해서 검증되어야 한다"고 말한다. 이 대목은 마르크스주의에 대한 이중의 신뢰가 내재된 지점으로 보인다. 달리 말하면 회의적인 시선으로 검증되어도 나타날 수밖에 없는 '진리'가 과학이라는 믿음이 그것이다. 이러한 성격은 발자크의 리얼리즘의 승리와 논리적으로 등가이다. 작가의 주관에도 불구하고 현실의 객관적 법칙이 형상화되듯이, 과학적 진리는 실험과 검증의 단계의 회의의 시선을 뚫고도 자신을 입증할 것이라는 생각이 그것이다. 여기에 대해서는 섬세한 논증이 필요하다.

이라는 의미를 갖는다. 또한 풍속은 마르크스주의가 역사의 법칙으로 잠재되어 있는 영역으로 설정된다. 모랄-풍속론의 의의는 이 지점에 있다고 해도 과언이 아니다. 모랄론은 단순히 과학(마르크스주의)을 내면화(의식화)하는 수준이 아니라 마르크스주의를 무의식화(체화, 일신화)하고자 하는 기획이며, 풍속론은 자신이 몸담고 살아가고 있는 경험적 현실에 잠재되어 있는 역사적 법칙(마르크스주의)을 재발견하고자 하는 기획인 것이다.[70)]

또한 문학이 형상(표상)을 통한 인식이며 과학이 개념을 통한 인식이라는 구분 역시 새로운 의미를 부여받게 된다. "작가가 이론적으로 파악하고 인식한 결과 얻은 사상이 뼈다귀째로가 아니고 활짝 풀어져서 독자에게 어느 것이라고 잡아낼 수 없을 만큼 충분히 감성화되어 풍속에까지 침윤된 것으로 표상화되기"를 원한다는 구절에서 알 수 있듯이, 과학의 합리적 핵심을 무의식화(혈육화)하게 된다면 과학의 개념적인 언어를 사용하거나 작가가 과학적 진리의 담지자라는 사실을 노골적으로 드러내지 않고도 작품 속에서 과학적 진리를 문학적으로 형상화해낼 수 있게 된다. 헤겔적인 논리가 반영되어 있고, 어느 문학개론에서든 쉽게 발견할 수 있는, 이 대목이 각별한 의미를 부여받고 있는 이유는 다른 곳에 있지 않다. 이어서 제시된 '발자크의 리얼리즘의 승리'와 관련된 인용 때문이다. "이 자리에서 우리는 엥겔스가 경향소설에

70) 단순화의 위험을 무릅쓰고 김남천의 논의를 도식화해 보면 다음과 같다. 김남천의 문학론은 크게 3가지의 선으로 고리를 이루고 있다. ① 과학은 현실(풍속) 속에서 진리를 개념으로 표현한다. ② 문학자는 과학의 진리를 일신상의 모랄로 혈육화한다. ③ 문학자는 모랄을 통해 풍속(현실) 속의 모랄을 발견하고 형상화한다. 따라서 모랄은 과학을 통해서 습득되며 풍속 가운데서 발견된다. 모랄을 사이에 두고 과학과 풍속(현실)은 반영의 관계에 있는 것이다. 모랄의 자리가 문학의 자리이고 주체의 자리가 되는 이유도 여기에 있다.

대해서 말한 바 예술작품 가운데는 작가의 의도나 사상이 명백하게 나타나지 않으면 않을수록 더욱 아름답다는 의미의 말을 연상할 필요가 있다." 과학과 모랄의 관계 설정을 통하여, 그리고 '발자크의 리얼리즘의 승리'를 매개하여, 비(非)마르크스주의적 언어로 모랄과 풍속에 잠재되어 있는 합리적 핵심(마르크스주의)을 반영해낼 수 있음을 확인하게 된 것이다. 이 지점에서 과학-모랄-풍속은 언어의 차원 또는 텍스트의 차원과 연계된다.

> 왕왕이 '모랄'이 도덕상 덕목을 주제로 했거나 어떤 도덕적 입장을 제재로 한 작품에 뚜렷이 나타나는 것처럼 알고 있는 속된 견해가 유행하고 있는 것을 보지만 **'모랄'이란 오히려 작가가 의식적으로 도덕적이지 않으려 할 때에 더 많이 작품 속을 관류하고 있는 법이다.** '모랄'은 표면에 얼굴을 내놓고 이러 저러한 '아트랙션'에 이용되는 것보담은 작품의 근저에 깊숙이 들어앉아서 작가와 작품을 모세관처럼 둘러싸는 것을 더욱 즐긴다.[71)]

글의 문면에서 알 수 있듯이 모랄은 작가가 의식적으로 드러내는 도덕적 입장이나 태도가 아니라 작가와 작품을 둘러싸고 있는 일종의 무의식이다. 작품에 의식적으로 제시되지 않을수록 더 많이 작품 속을 관류하게 되는 무의식이 바로 모랄이다. 이 글에도 엥겔스가 말한 리얼리즘의 승리가 참조되어 있다. '의식적으로 드러내려하지 않는다'는 리얼리즘의 규정은 일종의 억압으로 작용하고 있는 동시에, 모랄을 '작

71) 「문학과 모랄」, 『조선일보』, 1939.4.27; 2 : 290.

가와 작품을 관류하는 무의식'으로 형성하고 배치하는 원리로서 기능하고 있다. 김남천의 모랄론이 실존적인 주체의 문제를 해결하면서 텍스트의 층위로 그 강조점이 옮겨가고 있음을 알 수 있다.

모랄-풍속론에 근거한 리얼리즘론은, 작가의 주관성 차원이 아닌 외부성(타자)의 차원에서 리얼리즘에 정당성을 부여한다. 하지만 여기에는 여전히 해결되지 않은 문제가 있다. 모랄이 과학의 합리적 핵심을 일신상의 진리로 육체화(무의식화)하는 과정이라고 할 때, 과연 모랄을 통해 과학이 어느 수준까지 육체화되었는지를 가늠할 수 있는 근거는 무엇인가, 라는 물음이 제기될 수밖에 없기 때문이다. 모랄이 풍속을 경유하여 표상(감각적 형상)을 얻는다는 주장만으로 충분할까. 그렇지는 않다. 과학의 육체화 정도는 리얼리즘에 근거해서 생산된 소설 또는 텍스트에 의해서만 확인될 수 있다. 소시민 지식인의 몸-무의식을 대체하며 마르크스주의를 육체화하여 형성된 몸-무의식, 달리 말해서 주체재건(자기개조)의 표지로서의 모랄은, 리얼리즘에 근거한 소설(텍스트) 이후에 출현하게 되는 것이다. 또한 주체 재건과 관련해서, 마르크스주의를 육체화하여 형성된 몸-무의식을 소설 텍스트의 영역으로 반영 또는 사상(寫像)하는 예술적 방법이 중요해질 수밖에 없다. 리얼리즘이 바로 그것이고, 여기에서의 리얼리즘은 작가가 해보겠다고 덤벼들면서 의욕하다고 해서 성취될 수 있는 성질의 것이 아니다. 이 지점에서 소설 텍스트의 규약, 또는 리얼리즘의 규약은 주체 재건의 문제와 내밀한 관련성을 갖게 된다. 리얼리즘의 재(再)규약화와 주체의 재건은 동시에 그리고 함께 논의될 수밖에 없다. 리얼리즘이 주체 재건과 관련될 수밖에 없는 사정이 여기에 있는 것이다.

6. 텍스트의 효과로서의 주체, 또는 리얼리즘을 통한 마르크스주의의 승리

1935년 이후 김남천은 마르크스 엥겔스의 문학예술론에 근거하며 리얼리즘을 위한 규약들을 새롭게 정돈해 간다. 김남천이 문제삼고 있는 것은 리얼리즘을 둘러싸고 있는 정치적-미학적 견해의 복합물들이다. 그는 리얼리즘에 대한 관습적·암묵적으로 승인되던 규약들을 지적하고 균열을 만들며 억압되어 있던 가능성들을 복원하고자 한다. 감성의 재배치 또는 재분할이라고 할 수 있을 정도의, 문학적이면서도 동시에 정치적인 기획이다. 특히 그는 정치적 견해와 미학적 관습 사이의 암묵적인 공모관계를 문제 삼는다. 김남천은 이러한 공모관계를 역시 소시민의 주관주의적 경향이 침전되어 형성된 것으로 파악하고 있다. 따라서 리얼리즘의 규약을 새롭게 확인하는 작업은, 작품에 소시민성이 개입할 수 있는 통로를 차단하는 방식으로 전개된다. 소시민성이 리얼리즘의 주관주의화를 가져왔기 때문에, 리얼리즘의 규약은 소시민성을 제어하는 것이 되어야 한다고 생각한 것이다. 리얼리즘의 재규약화 또는 탈규약화의 과정에서 김남천은 문학예술에 관한 마르크스와 엥겔스의 글을 지속적으로 참조하고 있다.

> 예술가가 이러고(계급이론에 부합하는 현실을 찾아다니고-인용자) 있는 동안에도 현실은 유전하여 그칠 줄을 모른다. 객관적 현실은 흘러서 정지할 줄을 모를 때에 작가의 공식과 추상적 주관을 고정하여 왜곡된 현실

을 피상적으로 개괄하고 있다. **유물변증법이 공식으로 사용될 때엔 그의 대립물로 진화[전화의 오기 - 인용자]되고 만다. 문학은 시대의 거울이 되는 대신에 '주관의 전성기(傳聲機)'가 되어 버린 것이다.**[72)]

김남천은 발자크의 리얼리즘의 승리를 비롯하여, 그리스 비극의 문제, 아시아적 생산양식론, 민나 카우츠키 · 파울 에른스트에게 보낸 편지, 괴테와 입센에 관한 글들 등을 참조하고 있다. 위의 글에서도 엥겔스가 파울 에른스트에게 보낸 편지와 마르크스가 라살레에게 보낸 편지의 일절들이 인용되어 있다.[73)] 김남천이 리얼리즘의 관습을 재규약화하고 있는 지점들을 개략적으로 항목해 보면 다음과 같다.

첫 번째는 주인공을 이상화하는 경향이다. 김남천이 「지식계급 전형의 창조와 『고향』 주인공에 대한 감상」에서 문제삼았던 것은 "주인공의 이상화" 또는 "자기 계급 출신 주인공에 대한 익애"(1 : 88)에 있었다. 소시민 지식인 계층의 작가가 지식인 주인공을 내세우며 관념적으로 이상화하면서 애정을 표현하는 것이다. "작자가 자기와 가장 근접한 육체적인 연계(連繫)를 가진 지식계급의 전형을 적극적인 방향에서 찾고자 할 때에 나는 작자가 흔히 작중인물에 대한 익애와 관념적인 이상화에 빠질 위험성이 있다."(1 : 88) 그 결과 과거의 프로문학이 "일꾼과 투사"라는 추상적인 인간만을 양산했다는 것이다. 이러한 비판은 엥겔스가 민나 카우츠키에게 보낸 편지의 한 구절 "그러나 어쨌든 작자가

---

72) 「창작방법의 신 국면」, 『조선일보』, 1837.7.14; 1 : 241~242.
73) 「엥겔스, 파울 에른스트에게 보내는 편지」, 김대웅 역, 『마르크스 · 엥겔스 문학예술론』, 한울, 1988, 117~118쪽; 「맑스가 베를린의 라살레에게—1859년 4월 19일 런던에서」, 조만영 역, 『맑스주의 문학예술논쟁』, 돌베개, 1989, 37~42쪽.

자기가 그리고 있는 주인공에 반하여 버리는 것은 언제 보아도 보기 흉한 일입니다"(1 : 90)에 의해서 뒷받침되고 있다.

두 번째는 작가의 경험한 세계만을 형상화하거나 계급이론에 들어맞는 현실을 찾는 것으로 리얼리즘을 이해하는 것이다. 김남천은 『고향』이 수준 높은 전형성에 도달할 수 있었던 것은 작품이 작가의 "체험에 속하는 세계"(1 : 241)였기 때문이라고 평가한다. 작가에게 익숙한 세계를 다룰 경우에는 체험이 공식을 압박하여 비교적 높은 수준의 리얼리즘에 도달할 수 있다. 하지만 작가의 경험이 뒷받침되지 않는 경우에는 계급이론에 따라 현실을 재단하는 공식주의가 작품을 압도하게 된다. 따라서 작가의 경험 영역을 벗어나거나 계급이론으로 포착할 수 없는 경우에는 문학적으로 형상화하지 못하는 무능력을 보여줄 수밖에 없게 된다. "이여(爾餘)의 광범한 세계에 몸을 던지자 그들은 파탄하지 않을 수 없었다."(1 : 241)

> 우리는 우리가 가지고 있는 몇 개의 계급이론에 들어맞는 현실의(을의 오기－인용자) 찾아서 지주와 소작인과 빈궁의 사이를 하루같이 팔방(八方)도를 하는 결과를 낳은 것이다.[74)]

세 번째는 주인공은 작품의 주제를 압축적으로 제시할 뿐만 아니라 작가의 세계관을 대변한다고 보는 관습적 사고이다. "주인공이 진보적인 인간인가 아닌가"를 "주제의 적극성을 결정"(1 : 262)하는 기준으로

74) 「창작방법의 신 국면」, 『조선일보』, 1837.7.14; 1 : 241.

삼고, 주제의 적극성을 작중인물의 사상으로 환원시키고 더 나아가서는 작가의 세계관에 대한 평가로 수렴시키는 경향을 말한다. 마르크스는 라살레의 희곡 〈프란츠 폰 지켕엔〉에 대해 작중인물이 작가의 사상을 대변하는 전성기(傳聲機)가 되었음을 지적하며 쉴러적인 경향(아이디얼리즘)을 견제하고 셰익스피어적인 경향(리얼리즘)을 강화할 것을 충고한 바 있다. 김남천은 마르크스의 견해에 근거하여 주인공이 작가의 사상을 대변하는 경우에 대해서 매우 비판적인 태도를 유지한다. 1930년대 후반 임화와의 논쟁에서 '주인공-성격-사상'의 도식을 거부한 것 역시 같은 맥락에서이다.

> 속된 비평가들은 이런 때에 곧잘 엉터리 삼단논법을 사용한다. 이 작품에는 주인공이 양심적이다. 그러므로 작품도 양심적이다. 그러니까 작가도 양심적 작가라고.[75)]

네 번째는 전형의 편협함이다. 김남천은 전형적 인물은 혁명적 사상과 실천을 담지한 적극적인 인물이라는 암묵적인 견해에 대해서 비판하고 있다. 햄릿과 돈키호테가 중세의 몰락을 대변하는 전형적인 인물이듯이, 혁명을 말하는 적극적인 인물뿐만 아니라 소극적인 인물을 통해서도 전형이 구현될 수 있음을 말하고 있다. 또한 김남천은 자본주의에 대해 비판적 · 냉소적인 태도를 미리부터 취하고 있는 인물을 거부한다. 그러한 인물의 경우 소시민 작가의 관념이 투영되기 쉽기 때

75) 「현대 조선소설의 이념」, 『조선일보』, 1938.9.16; 1 : 400.

문이다. 오히려 자본주의에 대해 광기어린 집착의 관계를 맺고 있는 인물들에 주목하면서 전형의 폭을 확장할 것을 제안하고 있다. 이성적인 인물(양심적인 인물)에서 벗어나 비이성적인 인물을 향한 가능성을 열어 놓고 있는 것이다. "시대정신을 체현한 자, 영웅, 천재, 사상가들만이 주인공 될 자격이 있겠고 성격의 피라미드 기저에 깔린 자들은 하나도 성격이 될 가치가 없는 것"[76]인가라며 반문하며, 특정 인물유형(영웅, 천재, 사상가 등)이 주인공이 되거나 전형으로 제시될 수 있다는 관습적 견해를 거부한다.

> 김희준은 사상을 말하고 고민도 하고 사회적으로 좋은 일도 한다. 그러나 이 인물 속에 구현된 작가의 사상이란 지극히 안가(安價)한 것이다. 그것은 대부분 배운 사상이고 얻어들인 사상이고, 입술만의 사상인 때문이다. 그러나 사상도 지껄이지 않고 도박만 하고 술만 먹고 다니는 '돌쇠'가 인물로서는 생채가 있고 살아 있다. 이것은 인물로 된 이데이다. 당해 시대정신을 듬뿍이 몸과 행동에 지니고 나와 다니는 인물이다.[77]

김남천의 이러한 지적이 1930년대 중반 이후에 발표된 소설들의 실제적인 경향을 겨냥하고 있다고 볼 필요는 없을 것이다. 오히려 김남천이 자신에게 침천되어 있었던 리얼리즘의 규약들을 스스로 드러내면서 탈규약화하고자 하는 시도라고 보는 편이 정확할 것이다. 분명한 사실은 김남천이 작가의 계급적 기반을 소시민 지식인으로 생각하고

---

76) 「명일에 기대하는 인간 타입」, 『조선일보』, 1940.6.11; 1 : 612~613.
77) 「현대 조선소설의 이념」, 『조선일보』, 1938.9.16; 1 : 400.

있다는 점이며, 소시민 작가가 범할 수 있는 주관주의적 오류들을 차단하려는 전략을 제시하고 있다는 것이다. 작가와 주인공의 관계를 차단하고, 작가의 사상을 대변할 수 있는 주인공의 설정을 경계하고, 작가의 경험적 한계에 함몰되는 것을 거부함으로써 김남천은 작품에 대한 작가의 영향력을 최소화시키고 있다. 또한 작품의 구성에서 주인공이 차지하는 주도적인 위상과 역할을 탈중심화하고 있다. 단적으로 말하면 소시민 지식인과 유사하게 혼돈스런 자의식을 가진 인물보다는, 소시민 작가가 자신의 주관을 투영시키기에 곤란한 성격들, 달리 말하면 색정한, 악당, 편집광 등과 같은 비이성적 인물에 주목하고 있다. 조금 거친 표현이 되겠지만, 작가 중심주의와 주인공 중심주의의 공모관계로부터 벗어나는 양상을 보이고 있는 것이다.

> 여기에서 나는 전형적 성격 창조에 있어서의 리얼리스트의 최대의 교훈을 다음과 같이 정식화하려다. 자본주의 사회의 화폐의 위력과 그의 법칙을 폭로하는 데 소설가는 청빈주의(淸貧主義)와 빈궁문학(貧窮文學)을 택하지는 않았다고! 황금을 기피하고 그것을 경멸하는 샌님을 그려서 시민사회가, 그리고 그 사회에서의 화폐의 죄악이 묘파된 것이 아니라, (…중략…) 발자크의 수법에 의하면 작가는 속물성을 비웃는 인간이 아니라, 속물 그 자체를 강렬성에서 구현하고 있는 인물을 창조하는 것이 리얼리즘의 정칙(定則)이었다.[78]

78) 「성격과 편집광의 문제(발자크 연구노트 2)」, 『인문평론』 3, 1939.12; 1 : 550.

자본주의에 대해 비판적인 주인공을 내세우거나 속물형 인간에 대한 냉소적인 태도를 취하여 작가의 양심적인 태도를 암시하는 것은, 소시민 지식인 작가의 주관주의적 오류이며 동시에 리얼리즘에 도달하는 길을 스스로 차단하는 일이다. 김남천은 리얼리즘에 도달하고자 한다면 역설적으로 자본주의적 속물형 인간에 육박하는 것이 중요하다고 말하고 있다. 귀족 계급에 무한한 애정을 가진 발자크가 소설에서 귀족 계급의 몰락을 노래하는 비가(elegy)를 제시했듯이, 김남천은 자본주의에 광기어린 집착을 가진 인물을 통해서 자본주의의 역사적 법칙과 운명을 제시할 수 있을 것이라고 보았던 것이다. 리얼리즘은 자본주의에 대한 소시민 작가의 비판적인 포즈(pose)를 넘어선 지점에 자리를 잡고 있는 것이다.

작가와 주인공의 내밀한 공모관계에 대한 비판, 비이성적인 인물을 향한 개방적 태도 등을 통해 김남천이 도달한 지점은 사회 계층을 대표하는 전형들을 단수가 아닌 복수로 제시하는 것이었다.

> ㉠ 그러면 우리의 취할 바 길은 어디 열려 있는 것일까. '전형적인 성격'에 대한 별개의 해석을 가져야 한다고 나는 대답한다. 다시 말하면 **전형적 성격 내지 타입이란 것을 한 사람의 피라미드의 상층으로 이해하지 말고 당해 시대가 대표하는 각층의 각 계층의 타입으로 파악할 필요가 있다고 생각한다.** 지도자나 사상가나 돌격대원만을 시대 정신의 구현자라 보지 말고 그리고 **이러한 한 사람의 주인공의 운명을 통하여서만 사상을 읽으려고 하지 말로 역사적 전환기가 산출하는 각층의 대표자의 개별적 성격 창조를 통하여 역사적 법칙의 폭로에 도달하는 문학적 방법**을 배워야 할 것이다.[79)]

ⓛ 그러나 발자크에 이르면 더욱 철저하다. **그에게 있어서는 작품의 하나 하나 또는 작중 인물의 주인공이란 것도 무의미하여진다.** 『인간희곡』은 백 편에 가까운 소설로서 형성되어 있다. 여기에 등장하는 각층 **각 계급의 각양 각색한 수천의 인물들이 죽는가 죽이는가의 맹렬한 생존투쟁을 통하여 불란서의 특정한 역사적 시대의 내적 행진의 모순의 양태째로 폭로**하고 있는 것이다.[80)]

김남천이 지향했던 작가 중심주의 및 주인공 중심주의에 대한 비판이 조금 명료해지는 지점이다. 오늘날의 문학이론이 도달한 지점에서 보자면 바흐친의 다성성 이론에 이미 친숙한 상태이기 때문에 그다지 새로울 것도 없을지 모른다. 하지만 이 대목은 김남천이 소시민 작가의 사상이 한 사람의 주인공에게 이입되는 것을 차단하기 위해서, 주인공의 사상이 작가의 사상으로 환원되는 것을 차단하기 위해서, 서로 다른 사회적 계층에 소속된 복수의 주인공들을 전형으로 제시하자고 제안하고 있는 장면이다. 작가-주인공의 공모관계를 차단하기 위한 김남천의 고민과 그 진정성이 느껴지는 대목이다.[81)] 시대정신은 인물의 입을 통해서 표출되는 것이 아니라 생존경쟁에 매달리는 각 계층의 인

---

79) 「소설문학의 현상」, 『조광』, 1940.9; 1 : 635.

80) 「명일에 기대하는 인간 타입」, 『조선일보』, 1940.6.12; 1 : 615.

81) 김남천의 생각은 작품의 완결적 구성을 문제시하는 지점에까지 미치고 있다. 그는 '구성력의 결여'를 당시 소설문학의 문제점으로 지적하는 비평가들에게 다음과 같이 말한다. "장편소설이 가진 바 모든 문학적 본질의 제시를 억압하고 제한하는 낡은 구성력은 소설의 미학에서 잠영(潛影)하여야 한다. **19세기 이래 20세기 우금(于今)까지 어떠한 위대한 장편 작가도 그의 작품 가운데서 희곡과 극이 가지는 구성미를 발휘한 자는 없었다.** (…중략…) 20세기에 들어와서도 우리들이 지금 친히 애독하고 있는 『티보 일가』나 『붓덴부르크 일가』 등이 어떠한 구성미를 가지고 있는지 우리는 알지 못한다. 전체성의 제시, 다양성의 포용, 이것과 모순되고 질곡을 느끼게 하는 여하한 구성도 장편소설의 줄거리를 둘러싸지는 못할 것이다", 「소설문학의 현상」, 『조광』, 1940.9; 1 : 636~637.

물들의 관계를 통해서 표현되어야 한다는 것이다. 따라서 장편소설의 주인공은 사회의 계급적 관계를 반영할 수 있을 정도로 복수화되어야 하며 한 명의 주인공을 중심으로 하는 위계적(계서적) 인물구성은 해체되어야 한다.

「물」 논쟁이 있었던 1933년은 말할 것도 없고 카프 해산 당시였던 1935년경까지도 김남천은 작품은 작가의 소산이라는 입장을 굳건히 가지고 있었다. "작품을 결정하는 것은 작가이며 작가를 결정하는 것은 (…중략…) 그 당자의 실천이다."(1 : 45) 작품에 이르는 매개항이 정치적 실천이든 문학적 실천이든 작품은 작가의 소산이며 리얼리즘은 작가의 태도(방법)이었다. 하지만 리얼리즘의 승리, 지켕엔 논쟁, 민나 카우츠키와 마가렛 하크니스에게 보낸 편지 등과 같은 마르크스 엥겔스의 문학예술론과 매개되면서, 또한 1937년 이후 소시민의 계급적 무의식을 가공할만한 현실로 받아들이게 되면서, 리얼리즘에 대한 김남천의 인식과 태도는 근원적으로 변화하게 된다. 1938~9년의 김남천에게 리얼리즘은 소시민 작가가 선택할 수 있는(또는 선택하지 않을 수 있는) 태도나 방법일 수 없었다. 리얼리즘은 소시민 작가의 주관적 차원(의식, 의도, 계급의식 등)을 넘어선 지점에 그 위상을 마련하게 된다.

발자크의 리얼리즘의 승리에서 알 수 있듯이 리얼리즘이란 작가가 선택할 수 있는 예술적 방법이나 태도로 환원되지 않을 뿐만 아니라 작가의 계급(무)의식을 초월하는 그 어떤 마술적인 힘을 가지고 있다. 리얼리즘은 작가의 의도나 태도로 규정되지 않는 텍스트적 효과와 관련되거나, 그러한 텍스트적 효과를 만들어내는 소설(글쓰기)의 근원적인 힘과 법칙과 관련된다. 리얼리즘을 하겠다는 태도를 취하거나 방법으로 삼겠다고 의욕하는 것만으로는 리얼리즘은 성취되지 않는다. 리얼리즘은 주관적인 의욕을 넘어서 있다. 따라서 리얼리즘은 소시민 작가가 선택할 수 있는 예술적 방법이 아니다. 리얼리즘의 규약에 따라 자신의 주체를 재구성해야 하는 것은 오히려 소시민 작가이다. 단순화의 위험을 무릅쓰고 말하자면, 리얼리즘의 승리를 위해서는 리얼리즘의 텍스트적 규약에 맞게 주체 구성의 원리를 재조정해야 한다. 소시민 작가와 리얼리즘의 관계가 전도(顚倒)된 것이다. 바로 이와 같은 전도에 의해서 리얼리즘은 주체성의 원리로 자리를 잡게 된다. 이와 같은 전도의 지점에 투영된 김남천의 욕망은, 소시민적 지식인의 무의식을 리얼리즘의 영역으로 전치(displacement)하는 것이었다.

「관찰문학소론(발자크 연구노트 3)」에서 김남천은 "작가 중심의 신변소설, 심경소설, 정치(情痴)문학, 또는 낭만주의적 개성문학 등이 개인적인 기호나 주관을 중심으로 하는 일종의 '자아문학(自我文學)'"(1 : 597)을 비판하고 있다. 그가 말하는 자아문학이란 작가 중심주의의 다른 말에 불과하다. 그리고 리얼리즘을 위한 규약으로 '몰아성'(沒我性)을 제시하고 있다. '여하한 계급이나 신분의 인물도 성격도 창조할 수 있는 문학'을 위해서는 몰아성이 견지되어야 한다는 주장에는, 개인의 경험적 한계에 함몰되는 소시민 작가에 대한 비판이 투영되어 있다.

> 여하한 계급이나 신분의 인물도 성격도 창조할 수 있는 문학, 어떠한 사회와 인간의 생활과 마음의 세계에도 자유자재로 들어가고 나오고 할 수 있는 문학, 그것은 작자의 몰아성(沒我性)과 객관성의 보지(保持)가 없이는 전연 불가능한 일이다.[82)]

몰아성은 고발문학만큼이나 오해 가능성이 많은 말이다. 분명한 사실은 몰아성이란 사회의 총체성을 재현하는 리얼리즘에 이르는 예비적 전략이자, 소시민 작가의 무의식을 차단하고 리얼리즘을 준비하기 위한 예비적 전략이라는 점이다. 유다적인 것을 없애기 위해서는 죽음이 최종적인 해결책이라고 했던 대목과 상응을 이룬다. 소시민 지식인의 몸-무의식을 리얼리즘으로 환치하는 것, 그 과정에서 요청되는 예비적 전략이 몰아성이다. 김남천은 지속적으로 몰아성이 세계관의 포기를 의미하지 않는다고 말한다. "관찰자의(작자의 주관의) 관찰의 대상(현실 세계)에 대한 종속 — 그러나 이러한 명제 가운데서 작자의 사상이나 세계관이 몰각되었다고 생각하는 자는 우매한 이해력이다."(1 : 598) 이 말은 매우 수사학적인 것 같지만 김남천의 다른 글들과 함께 보면 매우 독특한 장면을 연출한다. 몰아성은 작가의 주관을 객관에 종속시킨 것이지 세계관의 몰각을 의미하는 것은 아니다. 김남천 비평의 맥락에 따른다면, 객관에 종속시킨 작가의 주관은 다름 아닌 소시민적 몸-무의식이기 때문이다. 그렇다면 세계관은 어디에 있는가. 다름 아닌 리얼리즘, 소설, 텍스트 속에 자리를 잡게 되는 것이다. 단적으로 말하면 소시민적 몸-무의식은 몰아되고 리얼리즘 텍스트 속에 새로운 주체, 재건된 주체, 세계관, 사상, 모랄이 자리를 잡게 된다. 달리 말하면 소시민적인 것을 극복한 새로운 주체는 리얼리즘의 텍스트적 효과인 것이다.

이러한 추정을 가능하게 하는 글이 '발자크 연구 노트 4'에 해당하는 「체험적인 것과 관찰적인 것」이다. 이 글의 앞부분에서 김남천은 문학

82) 「관찰문학소론(발자크 연구노트 3)」, 『인문평론』 7, 1940.4; 1 : 597.

자의 사회적 생존방식을 두 가지로 나누고 있다. 하나는 체험적인 것에서 자기를 살리려는 작가이고, 다른 하나는 관찰적인 묘사를 자신의 사회적 존재 이유로 삼으려는 작가이다. 이 부분을 읽어나가는 데 있어 유념해야 할 점은, 작가의 생존방식에 대한 분류 체계 바깥에 김남천이 위치하고 있는 것이 아니라, 김남천 자신이 그 내부에 포함되어 있는 분류 체계를 제시하고 있다는 점이다.

> 전자(체험적인 것에서 자기를 살리려는 작가—인용자)에 있어서는 작품은 하나의 수단이오 차라리 인격에서 자기를 도야하는 것이 일의적(一義的)이 될 것이다. 그러므로 그에게서 만약 문학적 작품의 거개(擧皆)를 박탈해 버린다고 하여도 그는 종교가나 혹은 도덕가나 또는 인생의 하나의 고행자로서 훌륭히 살아있을 수 있을 것이다. 그러나 후자(관찰적인 묘사를 존재 이유로 삼는 작가—인용자)에 있어서는 **문학작품을 떠나서는 아무것도 없어질 것이다.** 그러므로 그는 끝까지 작품의 속에서만 살려고 하고, 그곳에서 한 보를 물러서면 자기는 전혀 무의미하여져도 후회하지 않으려 할 것이다. **그가 사회적으로 생존한다는 이유를 우리는 그의 문학작품을 떠나서는 알아볼 건덕지가 없을 것이다.**
>
> 전자에 속하는 작가에 있어서는 그의 작품을 그의 개인적 행동으로부터 분리할 수는 없다. (…중략…) 그러나 후자에 속하는 작가에 있어서는 **문학작품은 작가 개인의 행동이나 체험을 떠나서도 훌륭히 살아있을 수 있을 것**이다. 그에게는 자기의 문제보다 대상을 관찰 묘파(描破)하는 것이 중요하였고, **자기를 무(無)로 하여 대상 가운데 침잠하는 것**만이 소중하였기 때문이다. 예를 들어보면 체험적인 것에서 문학적인 생존방식을 살고 그의 최후를 비극으로 장

> 식한 레오 톨스토이는 전자요, 관찰적인 것에서 문학을 관철하여 그것으로 자기의 생존을 훌륭히 취급한 작가, 오노레 드 발자크는 후자이다. 톨스토이로부터 『부활』을 빼어버리고 『안나 카레리나』를 뽑아버린다고 하여도 그는 하나의 위대한 체험가, 인생의 고행자로서 수많은 톨스토이안의 숭앙을 받을 지는 알 수 없다. 그러나 **발자크에서 『인간희곡』을 빼어버리면** 그곳에 남는 것은 무엇일까. **하나의 비열한 속물** — 귀족생활에 연연하여 사교계의 여왕의 발 밑에 꿇어 엎데이는 자, 은광(銀鑛)에 홀려서 수천 리의 고난에 찬 여행을 감행하는 황금의 익애자(溺愛者), 왕통파의 고루한 이상을 품고 채귀(債鬼)에 쫓겨서 전전하는 **불쌍한 파리의 시민이 남을 뿐일 것이다.**[83)]

김남천이 말한 몰아성의 의미가 부각되는 장면이다. 김남천이, 경험에 근거하는 톨스토이의 후예가 아니라, 관찰에서 존재 이유를 발견하는 발자크의 후예라는 것은 명확하다. 관찰과 묘사를 작가의 존재이유로 삼는 경우 작가 자신은 무(無)가 되더라도 작품은 독자적인 삶을 살 것이라고, 김남천은 말하고 있다. 이 말이 단순히 작가와 작품의 분리나 독자적 세계로서의 작품을 말하고 있는 것은 아니다. 작가와 작품 사이의 근원적인 교환 내지는 대체에 대해서 말하고 있는 것이다. 김남천 역시 자신에게서 소설을 빼앗는다면, 발자크가 파리의 속물로 환원되는 것처럼, 경성의 소시민에 불과할 것임을 말하고 있는 것이다. 이 지점에서 보자면 소설 = 리얼리즘 텍스트는 주체이면서 동시에 타자이다. 유다적인 것이 소시민 지식인에게 주체이면서 타자였듯이, 소

83) 「체험적인 것과 관찰적인 것」, 『인문평론』, 1940.5; 1 : 601～602.

설 = 리얼리즘 텍스트는 새로운 주체이면서 타자이다. 암시적이고 비유적인 방식이기는 하지만 김남천은 자신의 주체가 소설 = 텍스트 속에서 형성될(수밖에 없을) 것임을, 달리 말하면 주체가 텍스트의 효과임을 말하고 있는 것이다.

> 산문정신은 불사신의 정신이다. 그러므로 필요한 것은 공연한 비관론의 되풀이가 아니다. 비관이나 절망은 시인의 주관적인 고백으로선 재미도 있지만 비평 정신으로서는 자기파산에 지나지 않는다. 소설은 살아야 한다. 살려야 한다. 그러기 위해서는 써야 한다.[84]

김남천은 왜 "소설은 살아야 한다. 살려야 한다. 그러기 위해서는 써야 한다"고 절규하듯 외치고 있는 것일까. 이 대목은 단순히 문학정신 또는 소설정신을 앙양하고자 하는 말일 수도 있다. 하지만 김남천의 비평이 형성하고 있는 맥락에서 읽게 되면 또 다른 의미로 다가온다. 1940년을 전후하여 김남천이 소설 양식의 붕괴를 역사철학적인 차원에서 진단하고 있었다는 것은 널리 알려진 사실이다. 「소설의 운명」이 대표적인 비평에 해당한다. 이 시기 김남천의 독법은 소설 양식의 변화를 역사적인 '징후'로 읽는 것이었다. 소설 양식이 근대 시민계급을 대표하는 양식인 만큼, 소설 양식이 붕괴하고 있다는 것은 근대적인 세계질서가 역사적인 전환점에 도달한 징후라는 것이다. 따라서 소설 양식은 근대적 질서의 몰락과 동시에 사라질 수도 있고, 불균등발전이론

84) 「명일에 기대하는 인간 타입」, 『조선일보』, 1940.6.12; 1 : 615.

에 근거한다면 문학양식으로서의 생명은 유지할 수도 있는 상황이었다. 소설 양식의 역사철학적 운명을 지속적으로 점검하는 와중에, 김남천은 "소설은 살아야 한다. 살려야 한다"고 말하고 있는 것이다. 이미 우리는 김남천의 비평에서 소설 = 리얼리즘 텍스트가 주체가 되고 작가는 무(無)의 위치를 차지하게 됨을 확인한 바 있다. 소설이 죽는다면 주체가 위치할 가능성의 공간도 사라지게 되며, 그것은 곧 주체의 사멸을 의미하는 지점에 이른 것이다. 루카치의 소설론을 참조하여 작성된 평문의 제목이 「소설의 운명」이 될 수밖에 없는 이유도 여기에 있다. 김남천 스스로 평론의 제목을 '소설의 운명'으로 지은 이유를 설명하고 있어서 대단히 인상적이다. 소설 양식(리얼리즘 텍스트의 가능성)은 주체를 초월한 타자이자 동시에 주체 그 자신이다.

> 소설의 장래를 말하려고 하면서 내가 이곳에 운명이란 말을 사용하는 것은 소설의 당면한 문제가 주체를 초월하여 외부적으로 부여된 문제이면서 동시에 내재적 요구에 의하여 주체에 부여된 문제인 것을 진심으로 자각하고자 생각한 때문이었다. 소설의 장래를 자기의 문제로서, 운명으로 초극하려는 데 의하여서만 문학은 그의 정신을 유지 신장할 수 있으리라고 생각하기 때문이었다.[85]

소설양식의 붕괴를 고민하는 상황에서, 달리 말하면 소설양식이 글쓰기 내지는 텍스트의 차원에서 고려되고 있는 상황에서, 김남천은 발

85) 「소설의 운명」, 『인문평론』 13, 1940.11; 1 : 660. 김남천이 제목의 의미에 대해 설명하고 있는 주석임.

자크적인 리얼리즘의 승리로 버틴다. 동아협동체론을 고려하는 자리에서도, 전환기의 문제를 고민하는 자리에서도, 그는 리얼리즘의 승리를 자신의 입장으로 제시한다. 그에게는 리얼리즘이 사상(思想) 즉 주체의 자리였기 때문이다.[86] 그렇다면 이제 김남천에게 리얼리즘이란 무엇이었던가를 다시 물어야 한다. 그에게 리얼리즘은 마르크스주의로 대변되는 과학을 텍스트의 무의식으로 배치하는 방법이었다. 모랄론을 통해 그가 꿈꾸었던 주체, 과학적 진리를 육체화(일신화)하고 있는 주체와 상동(相同)적인 텍스트. 리얼리즘의 승리를 통해 그는 자신의 소설 = 리얼리즘 텍스트 속에 마르크스주의가 무의식으로 자리 잡게 되기를, 달리 말하면 리얼리즘을 통한 마르크스주의의 승리를 욕망하고 있었다.

> 피안(彼岸)에 대한 뚜렷한 구상을 가지고 있지 못한 우리가 무엇으로써 이것(개인주의의 극복—인용자)을 행할 수 있을 것인가. **작자의 사상이나 주관 여하에 불구하고 나타날 수 있는 단 하나의 길, 리얼리즘**을 배우는 데 의하여서만 그것은 가능하리라고 나는 대답한다.[87]

김남천은 마르크스 엥겔스의 문학예술에 관한 단편적인 서한들을 주석하면서, 보다 정확하게는 그 내용을 작품 창작의 전략으로 전환하면서 1930년대 후반과 일제 말기를 보냈다. 마르크스 · 엥겔스의 문예학 관련 자료는, 아도르노의 '한 줌의 도덕'에 빗대어 말해도 좋다면, 최

86) "**문학에 있어서의 사상성의 진수를 오히려 객관적 사실적(寫實的) 방법에 두고**, 구체적으로 현순간의 우리의 문학의 상태에 있어서는 '세태 = 사실 = 생활'의 표현이 오히려 가당하리라", 「체험적인 것과 관찰적인 것」, 『인문평론』, 1940.5; 1 : 608.

87) 「소설의 운명」, 『인문평론』 13, 1940.11; 1 : 668.

소한인 동시에 최대한의 마르크스주의였다. 김남천에게 리얼리즘은 마르크스주의라는 초월적 기표를 숨기는 동시에 드러내는, 비(非)마르크스주의적 기표들의 집합적 연쇄이다. 리얼리즘은 마르크스주의의 은유였고, 마르크스주의는 리얼리즘의 무의식이었다. 만약 마르크스주의의 정통성이 정치주의(볼셰비즘)에 있다는 점에 동의를 한다면, 1935년 이후 김남천의 행적은 마르크스주의로부터의 전향이 될 것이다. 하지만 마르크스주의의 정통성이 정치주의(볼셰비즘)에 있다는 것을 잠시나마 괄호 속에 넣어도 좋다면, 김남천의 경우 마르크스주의 문학운동으로부터 텍스트로서의 마르크스주의에로 전향한 경우라고 볼 수 있다.[88)]

김남천은 리얼리즘의 승리를 중심으로 마르크스주의 문예학 텍스트에 내재된 가능성을 집요하게 탐색한 비평가이자 소설가이다. 그는 리얼리즘의 승리에 대한 해석과 사유를 거듭하면서, 그 과정에서 리얼리즘을 통한 마르크스주의의 승리를 욕망하고 있었다. 일견 당연해 보이는 이러한 평가가 그 나름의 중요성을 갖는 이유는, 아마도 김남천의 비평이 임화의 비평과 함께 한국 근대문예비평사에서 마르크스주의의 역사적 의미를 다시 사유하도록 하는 시금석이기 때문일 것이다.[89)*]

---

88) '마르크스주의로의 전향'과 '텍스트로서의 마르크스주의'에 대한 생각은 『현대 일본의 비평』을 읽어가는 과정에서 얻은 것이다. 가라타니 고진[柄谷行人]·노구치 다케히코[野口武彦]·미우라 마사시[三浦雅士]·아사다 아키라[淺田彰]·하스미 시게히코[蓮實重彦], 『현대 일본의 비평』, 송태욱 역, 소명출판, 2002, 99~104·201~205쪽 참조.

89) '리얼리즘의 승리'와 관련된 1930년대 임화의 비평에 대해서는 졸고, 「1930년대 비평과 주체의 수사학」, 『한국현대문학연구』 24, 2008; 졸고, 「'리얼리즘의 승리'와 텍스트의 무의식」, 『민족문학사연구』 38, 2008 참조.

* 이 논문은 2011년 『한국현대문학연구』 34호에 게재된 논문을 재수록한 것임.

마르크스주의와 진화론

일제강점기 문예학적 이념의 형성과 과학주의의 수용

송민호

1. 서론–마르크스주의의 과학성과 예술성

일제강점기 한국에서 문학예술에 대한 학문적 경향의 형성 및 전개 과정을 고찰하는 데 있어 '과학주의' 혹은 '과학적 태도'는 중요한 연구의 대상이 될 수 있다. 이는 KAPF의 결성과 해체 과정 당시 마르크스주의에 기반한 문학론을 견지했던 논자들이 한결같이 바로 이 '과학적 태도'를 강조하고 있기 때문이기도 하고, 또한 그들이 사용하는 '과학'의 개념이 자연과학에서 사용되는 과학의 개념과는 다른 독특한 차원을 구성하고 있기 때문이기도 하다.[1] 당시 유물사관의 입장을 견지했던

1) "내가 학생이었을 때, 과학사와 그것이 가진 문제들은 전략적 요충지에 위치해 있었습니다. 이론적 논쟁의 거의 대부분이 과학적 지식이라는 주제를 중심으로 전개되었고, 과학적 지식이 가진 토대와 그것의 합리성, 그것의 역사 등이 검토되곤 했지요. 특히 현상학의 경우

논자들은 대부분 계급적인 구분에 대한 투철한 의식을 바탕으로 마르크스주의를 기존의 사회사상과는 다르게 명확한 체계를 가진 과학이자 필연적이고 결정론적인 세계관을 내포하고 있는 사상으로 변별해 내고자 했던 것이다. 하지만 마르크스주의가 표방하는 사회과학의 이념이란 한편으로는 객관적인 세계에 대해 물리적으로 해명하고자 하는 자연과학처럼 사회의 보편적인 법칙과 역사의 발전 원리를 해명하고자 하는 것이면서[2] 다른 한편으로는 계급의식과 가치의 개념을 도입하여 단일하고 보편적인 지식에 균열을 가져오는 양면적인 성격을 갖는 것이었다. 특히 사회과학으로서의 마르크스주의의 이념과 문학의 예술적 실천성을 결합하고자 했던 문예학자들에게 있어서 마르크스주의에 내재된 과학성을 어떻게 파악하고 그것을 예술성과 조화하고자 했는가 하는 논쟁을 벌였던 사실은 마르크스주의 문예학에서의

가 이러했는데, 후설 사상의 그러한 측면을 발달시킨 현상학자들은, 지식(connaissance)의 객관성과 토대를 조사하는 방향으로 나아갔습니다.
그런데 이와 유사한 담론이 해방이후 이론적 영역과 일상생활 영역 둘 다에서 젊은 학생들과 지식인들에게 중요한 영향력을 가지고 있었던 맑스주의 진영에서 제기되었습니다. 실제로 사람들은 맑스주의가 하나의 과학이라고, 혹은 적어도 과학의 '과학성'에 대한 일반 이론이라고 주장했습니다", 미셸 푸코, 이승철 역, 『푸코의 맑스－미셸 푸코 둣치오 뜨롬바도리와의 대담』, 갈무리, 2005, 62~63쪽.

2) 이매뉴얼 월러스틴은 사회과학이 19세기 후반에 들어서야 제도화 되었으며 뉴턴 과학의 문화적 지배를 받고 있었다고 본다. 즉 사회과학은 인문학과 자연과학 사이에 낀 분열된 지식 영역으로 사회 속에서 보편적이고 일반화된 원칙들을 발견해내는 방식으로 과학적이 되고자 시도했다는 것이다(이매뉴얼 월러스틴, 유희석 역, 『지식의 불확실성』, 창비, 2007, 23~42쪽, 제2장 「21세기의 사회과학들」을 참조할 것). 월러스틴이 '사회과학'에 대한 비판적 모델로 지칭하고 있는 것은 다름 아니라 콩트의 실증주의 철학이다. 콩트는 뉴턴의 영향을 받아 사회에서 물리법칙에 상응하는 보편적 법칙을 발견해내고자 했던 것이다. 하지만 월러스틴은 마르크스주의가 사회과학으로서 기능했으며 받아들여졌는가 하는 사실은 거론하지 않는다. 이는 그가 마르크스주의적 가치를 아직도 유효한 운동성을 가진 것으로 판단하고 있기 때문일 것이다(이매뉴얼 월러스틴, 백승욱 역, 『우리가 아는 세계의 종언－21세기를 위한 사회과학』, 창비, 2001, 19~34쪽).

'과학주의'가 얼마나 중요한 의미를 갖는가 보여주는 바가 있다.

김윤식은 1920년대 마르크스주의 문학론에서 '과학주의'가 성립하게 된 계기로 아오노 스에키치(靑野季吉, 1890~1961)이 사용한 '외재적 비평(外在的 批評)'의 개념을 박영희가 「투쟁기에 있는 문예비평가의 태도(鬪爭期에 잇는 文藝批評家의 態度)」(『조선지광(朝鮮之光)』 63, 1927.1)에서 차용한 데서 비롯된 것으로 간주하고 있다.[3] 이 '외재적 비평'이란 문학 작품을 하나의 사회적 현상으로, 예술가를 사회적 존재로 보아 그 현상 그 존재의 사회적 의식을 결정하는 비평을 의미하는 것으로[4] 마르크스주의의 유물론적인 입장이 예술가라는 사회적 존재에게도 해당된다는 사실을 강조하고 예술가가 갖는 계급이나 토대 초월적인 양상을 부정하는 것이다. 이것이 객관적 비평으로 지칭되었던 것은 바로 그러한 이유 때문이라고 볼 수 있다. 박영희는 '외재적 비평'의 개념을 통하여 김기진이 제기했던 내용과 형식 논쟁에 있어서 내용이 형식을 결정한다는 주장을 내세우며 맞대응하였다. 김윤식은 박영희에 의해서 '외재적 비평', 즉 과학적 비평이 도입되면서 마르크스주의 문예학에서의 비평 우위의 방법과 문학적인 형식보다는 현실과 내용을 중시하는 경향이 확립될 수 있었다고 판단하였다.[5]

---

3) 김윤식, 『한국근대문예비평사연구』, 일지사, 1976, 46~48쪽.

4) "日本의 푸로文藝批評家인 靑野季吉 氏는 말하엿다. '오늘 우리 압헤 잇는 文藝 批評에는 두 가지의 當然한 길이 잇다. 한아는 內在的 批評이라고 말한 것이고, 한아는 이것에 對應해서 外在的 批評이라고 해도 조흘 것이다. (…중략…) 外在적 批評이라는 것은 이러하다. 나타난 藝術作品을 一個의 社會現象으로써 나타난 藝術家을 一個의 社會的 存在로서 그 現象 그 存在의 社會的 意義를 決定하는 批評이니 이것을 前 것과 對立해서 文化史的 批評이라고 해서 無關할 것이다'", 박영희, 「鬪爭期에 잇는 文藝批評家의 態度」, 『朝鮮之光』 1927.1, 이동희 · 노상래 편, 『박영희 전집』 3, 영남대 출판부, 1997, 194쪽에서 인용.

5) 김윤식은 일제강점기 조선 문단에서 일본에 비해 이 외재적 비평이 널리 호응을 받았던 이유로 일본에는 자연주의 비평의 기반이 확립되어 있었기 때문에 이 객관적 비평이 문단을

물론 한국의 문예비평 연구에 있어서 문학비평이 가져야할 객관적이고 과학적인 기준이 최초로 문제시 된 것이 바로 카프가 결성된 이후, 김기진과 박영희가 주도하고 권구현, 양주동 등이 이에 동조하여 문예이론과 표현형식 사이에서 내용형식 논쟁을 벌였던 이 장면에 해당한다는 사실은 분명하다. 하지만 이것을 단순히 문학비평사 내부적인 차원의 문제로만 파악하기는 어렵다. 카프의 문예론은 식민지 조선의 지식사회 전반에 큰 영향력을 행사하고 있었던 마르크스주의에 근거하고 있기 때문에 마르크스주의가 어떻게 과학으로서 일반에게 받아들여졌는가 하는 문제를 확인해야만 비로소 올바른 이해에 다다를 수 있기 때문이다.

초기 마르크스주의 문예론자들이 강조하던 과학적 태도가 비롯하고 있는 맥락에 대해 이해하기 위해서 이를 단순히 마르크스주의 문예학적 차원에서 내용, 형식 논쟁이 이루어질 무렵에야 확립된 문예비평사 내부적인 문제로 간주하기보다는, 일제강점기 지식체계 내부에서 사회사상으로서의 마르크스주의가 도입된 이후, 그것이 개화기 이래로 가장 강력한 영향력을 행사하고 있었던 사회진화론적 지식구조에 균열을 가져오는 새로운 과학으로서 등장했던 당시의 양상과 관련된 문제로 파악하는 것이 필수적일 것이다. 따라서 마르크스주의 문예학에 있어 과학적 태도가 어떠한 배경하에 형성되었는가 하는 문제를 살피기 위해서는 19세기 말에서 일제강점기에 이르는 한국의 지식 체계의 심층을 살피는 작업이 무엇보다도 필요한 것은 두말할 나위가 없다.

풍미하기 어려웠지만 한국에서는 자연주의 비평 혹은 다른 비평이 확립되지 않았기 때문에 이 외재적 비평이 상당한 힘을 발휘할 수 있었을 것이라고 분석한다. 김윤식, 앞의 글, 48쪽.

2. 일제강점기 한국 지식 체계의 변동과 진화론의 파급력

마르크스의 사유 체계는 1910년 말부터 국내에 수입되기 시작하여 1920년대 중반에는 조선공산당과 KAPF의 설립 등과 더불어 일반 지식 계급 사이에서 폭넓은 지지층을 형성하였다. 물론 만주 혹은 시베리아 등 국외지역에서는 진작부터 조직적인 형태로 마르크스-레닌주의가 수용되어 러시아의 코민테른과 직렬적인 관계를 유지하며 비밀결사조직의 운동방향적인 기반이 된 것이 사실이나[6] 이러한 조직운동 차원의 활동의 경우, 민족독립운동과 명확하게는 구분되기 어려워서, 조직이나 운동양상에 국한된 지금까지의 연구 경향만으로는 사유의 체계와 방식으로서의 마르크스주의라는 지식의 수용과 전파의 문제를 설명하는 데에는 한계를 갖는다.

일제강점기였던 1920년대 마르크스주의에 대한 지적 열풍이 특별한 의미를 갖는 것은 그것이 국외와 국내에 비밀조직을 암약하도록 하는 사상적 기반을 제공했다는 사실에도 있을 수 있겠지만, 그보다는 1919년 3 · 1운동의 성취와 좌절 이후, 조선 민중들과 지식계층으로 하여금 기존의 사회진화론적인 세계 인식에서 벗어나 새로운 방식의 세계관을 갖도록 하는 충격을 주었기 때문으로 보는 것이 보다 적당하다. 당시 마르크스주의는 단지 몇몇 계열의 사회운동 소그룹들[7]의 행동 방식에만

---

6) 임경석은 『한국사회주의의 기원』(역사비평사, 2003)에서 주로 국외 지역, 시베리아와 중국(만주, 상해, 북경)에서 공산주의 조직의 전개가 이루어졌는가 치밀하게 살피고 있다.

7) 전명혁, 『1920년대 한국사회주의운동연구』, 선인, 2006, 99~183쪽.

영향을 준 것이 아니라 당시 일반 대중의 정치의식과 지식교양(특히 과학을 중심으로 한), 그리고 예술 전반의 변화에도 중요한 영향을 준 세계 보편의 사유였기 때문이다. 이러한 사회주의의 사유 중에서도, 특히 마르크스의 공산주의에 대해 쏟아진 당대의 폭넓은 지지에는 어떤 연속적인 인식적 기반이 존재하고 있었는가 하는 것을 설명해내는 것은 1920년대 지적 상황을 설명하는 데 있어 무엇보다 중요한 작업이 된다.

따라서 1920년대 초부터 마르크스주의가 조선에 본격적으로 소개되기 시작하면서 그것이 기존의 지식구도를 어떻게 깨뜨리며 등장하였는가 하는 문제를 단절적인 관점이 아닌 연속적인 지식의 흐름 속에서 살피기 위해서는 우선 개화기 이래로 일제강점기에 이르기까지 조선의 사상적 흐름을 주도했던 사회진화론에 대해 일별하고 난 뒤, 마르크스주의가 그 연장선에서 어떻게 새로운 과학적 세계관으로 등장하게 되었는가 하는 단계를 밟아갈 필요가 있을 것이다.

19세기 다윈이 발표했던 진화론은 스펜서 등의 사회학자를 통해 단지 자연과학적 원리만이 아닌 사회 전반에 적용 가능한 학문으로 변용되었고, 양계초 등을 경유하여 조선에 수입되어 개화기와 식민지 조선의 지식체계의 형성 및 변화 과정에 커다란 영향을 주었다. 이른바 사회진화론은 생물진화와 우승열패라는 철저한 과학적 사실을 바탕으로 하여, 기존에는 유교적인 '군신' 관계와 '가족' 관계를 중심으로 하고 있던 조선의 왕조정치체제와 그와 관련된 제반 지식체계를 그 내용과 가치를 중심으로 재배열하여 봉건 / 근대라는 새로운 이항대립을 형성함으로써 개화기 조선의 독특한 정신구조를 형성하는 데 중요한 역할을 담당하였다. 지금까지 많은 연구자들이 19세기 말과 20세기 초 조선의 정신사적 지형도에서 '사회진화론'이 어떤 영향을 주었는가 하는 데 관심을 가지고 제국주의적 침탈에 대응하는 당시의 지식인들의 의식을 파악하고자 애써왔던[8] 배경에는 진화론이라고 하는 이전까지는 경험하기 어려웠던 과학적 사상이 개화기 조선의 지식담론을 형성하고 변모하도록 하는 데 커다란 영향을 끼쳤다는 판단이 전제되어 있다.

18세기 말과 19세기 초, 사회진화론의 입장을 취한 지식인들은 일개의 집단이 민족국가체제로 발전해나가는 과정을 진화론적인 역사발전 법칙으로 보았을 뿐만 아니라 이는 인종 간, 민족 간의 우열학과 연동되어, 힘을 갖지 못한 국가는 도태되고 오직 힘을 가진 국가만이 살아남는다는 위기의식을 불러일으켜 '지식'이 바로 힘이라는 인식하에 지식, 특히 자연과학기술에 관련한 지식을 중시하는 풍조를 조성하였다. 이러한 풍조에 힘입어 개화기 초부터 설립되었던 다양한 협회들이 발간하였던 많은 협회지들[9] 속에는 협회의 개별적인 성향을 막론하고

---

8) 사회진화론이 개화기 당시 한국사회에 어떠한 영향을 끼쳤는가 하는 사실에 대해서는 이미 정치학계나 역사학계에서 많은 연구가 진행되어 있다. 특히 이광린은 한말 진화론의 수용과 영향을 학계에 최초로 제기하였다(이광린, 「구한말 진화론의 수용과 영향」, 『한국개화사상연구』, 일조각, 1979). 그는 개화기 지식인들의 사회진화론이 양계초의 저작물을 통해 수용된 것이라는 사실을 처음으로 밝혀내어 이후의 연구를 촉발하는 계기가 되었다. 이후에 개화기 사회진화론의 영향을 다룬 연구들이 쏟아져 나오기 시작했는데 그 방향은 대략 2가지 정도로 정리될 수 있다. 하나는 사회진화론의 유입경로를 해명하는 데 치중한 연구들이며(신연재, 「동아시아 3국의 사회진화론 수용에 관한 연구 : 加藤弘之, 梁啓超, 申采浩의 사상을 중심으로」, 서울대 박사논문, 1991; 전복희, 『사회진화론과 국가사상』, 한울, 1996). 다른 하나는 개화기 지식인들과 독립협회 등의 단체가 사회진화론과 관련하여 어떤 인식을 갖고 있었는가 하는 연구들이다(전복희, 「19세기 말 진보적 지식인의 인종주의적 특성－『독립신문』과 『윤치호일기』를 중심으로」, 『한국정치학회보』 29, 1995, 125~145쪽; 안건호, 「1910년 전후 이상룡의 활동과 사회진화론」, 『역사와 현실』 29, 1998, 250~274쪽; 허동현, 「1880년대 개화파 인사들의 사회진화론 수용양태 비교 연구－유길준과 윤치호를 중심으로」, 『史叢』 55, 역사학연구회, 2002, 169~193쪽; 우남숙, 「한국 근대사에서의 사회진화론 수용 양식－장지연, 박은식, 신채호를 중심으로」, 『한국정치외교사논총』 21, 1999, 27~60쪽).

9) 개화기 이래로 일제강점기 이전까지 『대조선독립협회회보』(독립협회, 1896.11~1897.8),

특히 과학적 세계관의 형성과 관련된 과학 지식 교양을 담고 있는 기사들을 앞다투어 싣고 있었다.[10] 이러한 배경하에서 당시 민족자강계열의 지식인들 사이에서 과학지식을 중시하는 경향이 형성되어 있던 것은 어쩌면 당연한 일이라고 할 수 있을 것이다. 하지만 당시 이들이 중시하던 과학적 지식이란 새로운 세계관의 창출에 이르는 것이기보다는 단편적인 지식의 모음에 불과했던 것이라고 평가할 수 있다. 물론 이러한 과학계몽이 큰 틀에서 보면 유교적 세계관을 벗어나도록 하여 세계를 자연과학적으로 인식하도록 하는 데 기여한 것은 부인할 수 없는 사실이라 할 것이나, 당시의 잡지를 통해 소개되던 자연과학적 지식이란 미개-문명의 절박한 경쟁구조의 내부에서 적자가 되기 위해 어쩔 수 없이 습득해야만 하는 절박한 강박을 표현하는 것에 다름 아니었기 때문이다.

하지만 지금까지 일제강점기 조선에서 사회진화론이 담당했던 기능

『대한자강회월보』(대한자강회, 1906.7~1907.7), 『태극학보』(태극학회, 1906.8~1908.11), 『서우』(서북학회, 1906.12~1908.5), 『대한유학생회학보』(대한유학생회, 1907.3~5), 『대동학회월보』(대동학회, 1908.2~1909.9), 『대한학회월보』(대한학회, 1908.2~11), 『대한협회회보』(대한협회, 1908.4~1909.3), 『서북학회월보』(서북학회, 1908.6~1910.1), 『호남학보』(호남학회, 1908.6~1909.3 『기호흥학회월보』(기호흥학회, 1908.8~1909.7), 『대한흥학보』(대한흥학회, 1909.3~1910.5), 『교남교육회잡지』(교남교육회, 1909.4~1910.5) 등 다수의 협회보들이 존재했다.

10) 『대조선독립협회보』 1호(1896.11)를 예로 들자면 피졔손의 글을 번역한 「공긔(空氣)」(13~19쪽)라는 글이 실려 있다. 이는 '공기'라는 대상을 과학적으로 설명하고 있는 글이다. 이 글뿐만 아니라 당시의 본 잡지 속에는 물에 대한 과학적인 해석이 담겨 있는 「水論」(4호, 1897.1, 5~6쪽), 바람에 대한 과학적인 해석이 담겨 있는 「風論」(6호, 1897.2, 3~4쪽) 등이 실려 있다. 이러한 상황은 10여 년이 지난 뒤 발간된 『태극학보』에서는 더욱 커져 태극학보 1호에는 「空氣說」(27~29쪽), 「水蒸氣의 變化」(29~31쪽), 「石炭」(31~33쪽), 「衛生」(34~35쪽) 등 과학기사의 비중이 이전보다 높아졌다. 이는 당시 발간되었던 협회보들의 일반적인 경향이었다. 당시의 협회보들은 자연과학적인 지식만이 아닌 지리학, 인종분류학 등 사회진화론적인 관점과 연관된 지식들을 소개함으로써 과학적, 학술적으로 세계를 인식하도록 하는 지식교양을 축적하도록 하였다.

을 다루고 있는 연구들은 독특하게도 대부분 그것이 끼친 영향을 대한 제국 말기, 곧 개화기 무렵으로 국한하고자 하는 경향이 있다.[11] 물론 이는 사회진화론이 궁극적으로는 제국주의 구도를 공고화하는 이론적 기반을 제공하였다는 공통적인 인식에서 비롯한 것이라고 할 수 있다. 즉 사회진화론은 제국주의체제 내에서 지식인들로 하여금 적자생존이라는 불안의식을 만들어내어 민족주의강화와 실력양성이라는 신념 구조를 형성하도록 하였고 결국 식민-피식민의 지배구조를 공고화하도록 하는데 기여하였다는 인식이 연구자들에게 널리 퍼져 있었기 때문에 '사회진화론'이 만들어낸 도식은 극복해야 할 논리임이 분명[12]했던 것이다.

물론 이러한 제국주의 체제 내에서 사회진화론이 담당했던 기능에 대해 비판적으로 접근하는 방식 자체는 타당한 것이며 이를 통해 개화기 지식인들이 품고 있었던 세계 인식의 요소들을 파악하는데 있어서 상당한 진전을 이룬 것도 사실이다. 다만 그럼에도 불구하고 사회진화론, 혹은 최소한 과학으로서의 '진화론'을 단지 한말, 개화기에만 일시적으로 기능했던 것으로 한정짓는 태도에는 상당히 무리가 뒤따를 수 있다. 적어도 진화론적인 세계 인식은 특히 과학 혹은 과학적 태도라는 담론의 일부로 일제강점기 지식체계 내부에서 지속적으로 중요한 역

11) 박성진 역시 이러한 경향을 지적하고 있다. 그는 기존 학계에서 사회진화론의 기능을 1910년대 이전으로 국한하는 경향을 비판적으로 문제 삼으며 1910년 이후, 일제강점기 동안 사회진화론 혹은 진화론적 담론이 한국 사회에 지속적인 영향력을 행사하고 있었음을 확인하고 있다. 박성진, 『사회진화론과 식민지사회사상』, 선인, 2003, 14~17쪽 참조.

12) 박노자는 1910년대의 사회진화론이 "'독점적' 무소불위의 권위'를 보유하고 있었으며 1920년대 공산주의자들과 아나키스트들은 이러한 사회진화론을 제국주의적인 세계체제의 부도덕한 원리로 보아 타도의 대상으로 삼았다고 보고 있다. 박노자, 『우승열패의 신화』, 한겨레출판, 2005, 405~414쪽, 특히 6장 중 「사회진화론에 대한 도전」 참조.

할을 담당하였으며 일제의 지배정책과 다양한 형태로 결합하여 조선총독부의 통제 및 지식 관리에 중요한 역할을 해온 것이 분명해 보이기 때문이다. 개화기 지식인들을 중심으로 형성된 사회진화론 이후에 그것의 연장이거나 극복의 차원에 이광수를 중심으로 한 민족개조론 등의 개조사상의 발흥이 있었는가 하면 사회주의 사상으로서의 마르크스주의와 아나키즘의 도입이 있었고 전통담론의 부활이라는 다양한 지식체계적인 재편과정 등의 다양한 흐름들이 존재해 있었음에도 불구하고, 진화라고 하는 과학적 법칙 자체는 포기되거나 변형되는 것이 아니라 일제강점기 내부의 여러 사상들과 접목되고 있었던 것이다.

3. 마르크스주의 수용의 지적 배경

—과학적 세계관의 형성과 진화의 방향성

1919년의 3·1운동을 지나 사회진화론의 영향력이 한풀 꺾였을 무렵, 한국의 지식체계 속에 새로운 과학적 세계관으로 등장한 것이 바로 '사회주의', 특히 마르크스의 사회사상이다. 1920년 이후로 『개벽(開闢)』이나 『신생활(新生活)』과 같은 잡지를 중심으로 식민지 조선에 '마르크스주의'라는 새로운 사상이 소개되고 수용되기 시작하면서[13] '마르크스주의'는 유물사관을 바탕으로 하는 새로운 과학적 태도를 한국의 지식 사회에 천명하기 시작하였던 것이다. 이를 통해 기존에는 단편적인 신지식의 수입이라는 모양을 취할 수밖에 없었던 지식체계의 판도 역시 다양한 방식으로 분화하기 시작하였다. 따라서 당시 마르크스주의가 어떠한 배경하에 도입되었으며 어떤 방식으로 '과학'적 지식으로 기능하게 되었는가 살피는 작업은 일제강점기 지식체계 속에서 단순히 민족담론과 계급담론의 대립을 넘어, 유심론과 유물론, 지식담론과 제국주의적 검열 체계 등 다양하게 전개된 국면을 분석하는 데 필수적이라고 할 수 있을 것이다.

마르크스주의가 일제강점기 조선에 본격적으로 소개된 것은 1920년 무렵이다. 물론 1920년 이전에도 당시 조선에서도 비밀결사의 형태로 사회주의 운동조직이 존재하였으며 강연, 독서회[14] 등 공적 매체 외의 다양한 형태로 사회주의 관련지식을 공유하고자 하는 노력이 진행되었다고는 하지만, 역시 일반 대중에 대해 파급력을 가진 신문과 잡지를 통하여 마르크스주의가 소개되고 전파된 시점을 따라 1920년대 초로 보는 것이 타당할 것이다. 이는 3·1운동 이후 일제의 식민정책의 변화에 따라, 보다 다양한 표현매체가 생겨난 저간의 사정과 무관하지 않

---

13) 홍영두, 「마르크스주의 철학사상 원전 번역사와 우리의 근대성-20세기 초엽부터 1953년까지를 중심으로」, 『시대와 철학』 14, 한국철학사상연구회, 2003.

14) 천정환은 1920년대 번성했던 독서회가 1925년 중반에 사회주의 조직과 관련되면서 '사회주의 문화'의 영향 관계 속에서 존재했던 것으로 본다. 이렇게 당시의 공적 매체에 드러나지 않은 사회주의적 실천의 양상을 살피는 데 있어서 독서회와 같은 소규모 모임을 살피는 것은 당시 사회주의라는 지식이 어떻게 공유되었는가 하는 사실을 실증적으로 밝힘으로써 기존의 사회주의 관련 조직운동사 중심의 연구경향이 범하기 쉬운 당시 사회주의 지식수준에 대한 과잉적 해석이라든가 러시아 소비에트 중앙조직과의 일방적인 관계성에 대한 강조를 넘어서는 관점을 제시한다. 천정환, 「1920년대 독서회와 '사회주의 문화'」, 『대동문화연구』 64, 성균관대 대동문화연구원, 2008, 특히 59~61쪽의 독서회와 사회주의 조직이 결합되는 양상에 대한 분석에 주목할 것.

다. 일제강점기 조선에서 마르크스의 유물사관이 본격적으로 소개된 것은 『개벽(開闢)』 3호에 '우영생(又影生)'이라는 필자가 번역한 「막쓰와 唯物史觀의一瞥(읽은中에서)」이라는 글이다. 이 글 속에는 당시만 해도 생소한 사회사상이었던 마르크스주의를 어떠한 관점과 토대를 가지고 받아들이고자 했는가 하는 토대에 관한 단서가 들어 있다.

> **막쓰의 學說의 特徵은 헤겔의 哲學에서 進化的 思索法을 取하야 此를 唯物論과 結合함**에 在하니 卽 世界事物에 對한 進化的 思索方法과 唯物論的 見解로써 學說의 根柢를 構成하며 出發하엿다 (…중략…) **막쓰의 學說은 決코 詭辯이 안이다 進化的 思索法 卽 事物을 歷史的으로 考察하야 吾人의 世界는 動的 狀態로 間斷업는 變化 成長의 連鎖라 觀察하야 立論함**이요 事物을 理解함에는 그 生死와 盛衰의 原理를 討究치 안이치 못할 것이니 **이 思索法을 唯物論者가 人類社會의 歷史硏究에 應用함**이 이것이 卽 唯物史觀이며 막쓰 學說의 根據가 되는 것이다.
>
> 이에 唯物史觀의 學說은 이러하다 人生社會의 進步 또는 制度의 進化는 唯心論者의 所論과 如히 人生思想의 變化한 結果가 안이라 그 社會에 對한 物質的 條件이 發達된 結果라 하야 物質的 條件이 吾人社會의 眞實한 根本이 된다 함이다 (…중략…) 經濟的 條件이 歷史的 進化에 根本的動力이됨을 闡明하고 此에 依하야 眞適한 歷史의 變遷을 說明하고 아울러 從來의 唯物的 史學者들의 學說에 明證을 與하엿고 光輝를 添하엿나니 이것이 **막쓰의 唯物史觀의 科學的 價値가 되는 것**이다.[15] (강조–인용자)

---

15) 又影生, 「막쓰와唯物史觀의一瞥(읽은中에서)」, 『開闢』 3, 1920.8, 98~99쪽.

이 글은 마르크스의 사상을 소개하면서 그것이 어떻게 추상적인 철학을 넘어 구체적인 과학으로 발전하였는가 하는 문제를 다루고 있다. 이 글의 필자는 마르크스의 학설의 특징을 헤겔의 철학에서 '진화적 사색법'을 취하여 그것을 유물론과 결합한 것이라고 규정하고 있다. 마르크스의 학설이 궤변이 아니라 과학적인 까닭은 다름 아니라 바로 이 '진화적 사색법'을 통해 사물의 역사적인 진화의 과정을 고찰하고 있기 때문이라는 것이다. 즉 마르크스의 유물사관의 과학적 가치는 바로 자연과학적 사실로서의 진화론을 인류사회에 적용함으로써 경제적 조건을 통해 역사적 진화를 해명하고자 하는 데 있다는 것이다. 물론 이 글은 '우영생(又影生)'이 직접 쓴 것이 아니며 마르크스의 사상을 소개한 원문을 읽고 번역한 것이긴 하지만 번역자가 특히 마르크스의 새로운 사회사상을 경제적인 조건이라고 하는 유물론적 토대를 중심으로 하여 사회의 역사적 발전을 진화론적 법칙으로 설명해내는 사상으로 소개하는 대목을 중심으로 번역하고 있는 것은, 마르크스주의를 도입하고자 했던 지식인들이 주로 어떠한 논리적인 연결 관계의 형성에 신경쓰고 있었는가 짐작하도록 하는 바가 있다.

한편 이 글은 1922년에 「유물사관의 개요(唯物史觀의 槪要)」라는 제목으로 『금지(今至)』라는 잡지에 다시 번역된다.[16] 이 번역본에서는 앞서 '우영생'이 번역한 글과는 다르게 진화론('진화적 사색법')을 전면에 내세우지 않고 '짜이아렉틱스(dialectics, 변증법)'의 개념으로 치환하고 있다. 하지만 이 글의 번역자 역시 "「짜이아렉틱스」의 고찰방법(考察方法)(卽世

16) 一記者, 「唯物史觀의槪要」, 『今至』, 1922.11, 10~12쪽.

界의事物에對한進化的思索方法)"이라고 괄호 안에 설명을 달고 있어 이것이 단순한 번역상의 실수가 아니라는 사실을 알 수 있도록 한다. 아마도 이전에 이 글을 번역했던 '우영생'은 자신이 잘 이해하기 어려웠던 '변증법'이라는 개념을 제외하고 자신에게 익숙했던 '진화론'이라는 과학을 전면에 내세워 번역했던 것으로 추측할 수 있다.[17] 이는 마르크스주의의 독특한 역사발전 법칙으로서의 변증법이라는 독자적인 개념에 대한 당시의 낮은 이해수준에서 기인하는 것이기도 하지만, 그보다는 마르크스주의를 소개하고 보급했던 논자들에게 당면한 중요한 문제가 마르크스주의라는 사회사상을 단순히 하나의 철학적 사변이 아닌 기존의 사회진화론의 논리를 대체할 만한 과학적인 사상으로 제시할 수 있을 것인가 하는 것이었다고 보는 것이 더 타당하다.[18] 물론 이러한 태도 자체가 마르크스주의를 인식하고 수용하는 데 있어서 발생한 일

17) 이 글의 원저자가 누구인가 하는 사실은 본고에서는 확인이 불가능하다. 박종린은 이 글의 다음편인 「唯物史觀의槪要」(속)(『今至』, 1922.12)에 마르크스의 글인 '유물사관요령기'가 번역되어 있는 것을 두고 그것이 堺利彦[사카이 도시히코]의 『社會主義學說の大要』의 제2장 3절인 '唯物史觀の要領'을 완역한 것이라고 보고 있지만 『社會主義學說の大要』의 원본을 확인하지 못하여 대조하지는 못하였다. 박종린, 「1920년대 초 공산주의 그룹의 맑스주의 수용과 '유물사관요령기'」, 『역사와 현실』 67, 한국역사연구회, 2008, 77~100쪽. 하지만 이 『社會主義學說の大要』가 『開闢』(1923.10~1924.3)에 번역되어 실린 「社會主義學說大要」와 같은 것이라면 적어도 1922년 11월호에 실린 앞의 글은 堺利彦의 해당 글이 아니다. 다만 앞서 又影生의 「막쓰와 唯物史觀의 一瞥(읽은中에서)」이라는 글과 이 「唯物史觀의槪要」라는 글의 번역이 매우 달라 동일한 일본어 저본을 바탕으로 하고 있는 것은 아니라는 사실을 감안하면 이 글 역시 다른 언어로 된 원본이 존재한다는 사실을 알 수 있다.

18) 아래와 같은 이성태의 발언은 당시의 일반인들에게 있어서 '과학'이라는 것이 어떤 의미였는가 알게 하며, 사회주의 논자들이 마르크스주의 소개와 전파에 있어서 그것을 새로운 현대적인 사상으로 소개하기보다는 과학적 증명과 답안을 가진 사상으로 소개하고자 했다는 사실까지 추론할 수 있게 한다.
"오늘날의 사람들은 科學을 밋는다. 모든 일 모든 現象에 對한 明確한 科學的 證明과 答案을 要한다, 이것이 업고는 아모 것도 밋지 안는다. 미더지지를 아니하는 것이다. 누가 예수의 奇籍가튼 것을 미드랴. 正氣일흔 迷信徒들 以外에야. 엇던 精神나간 놈이 독맹이를 빵이라 하면 그것을 먹을 天痴가 잇스랴", 李星泰, 「왼편을 밟고서」, 『開闢』 44, 1924.2, 17쪽.

종의 오해나 착종일 가능성이 존재한다는 것 역시 분명한 사실일 것이다. 하지만 그러한 오해나 착종은 역으로 당대 마르크스주의 수용자들이 '과학'을 어떻게 인식하고 있었는가 보여준다는 점에서 필연적으로 발생할 수밖에 없었던 인식적 한계를 지시하는 것으로 이해할 수도 있을 것이다. 이는 그동안 마르크스주의 수용을 중심과 주변 사이의 투명한 소통의 과정으로 이해하고 동시성의 경험을 무리하게 강조했던 기존의 연구를 넘어설만한 관점을 제시하는 것도 사실이다.

이렇게 당시 마르크스주의를 지면을 통해 소개하고자 했던 이들이 그의 사상을 다른 여타의 다른 정치경제적인 주의와는 달리, 과학적으로 증명된 학설로 그 특징을 변별하고자 했으며 특히 이를 당대 가장 유행했던 진화적 법칙과 연관시키고자 했던 사실은 1920년 5~6월, 『독립신문』에 5회 동안 연재되었던 손두환(孫斗煥)의 「사회주의연구(社會主義硏究)」이라는 글에서 역시 마찬가지로 확인할 수 있다.

> 맑쓰의 出現 以後 社會主義는 엇더한 變化가 잇섯느냐 하면 空想的으로붓터 科學的에 進化하엿다.[19] (…중략…) **이 社會가 退職을 不望하는 以上 資本主義社會는 必然코 倒壞한다. 이것을 科學的으로 證明한 것이 彼의 平生의 大著 『싸스, 카피탈』**(資本論)**이다.**[20] (…중략…)
>
> 社會의 生産力은 엇던 時期에 在하야는 正히 그 社會의 經濟組織과 一致調和하야 不絶히 發達하는 것이다. 그러나 엇던 時期에 至하면 卽生産力의 發達이엇던 程度에 이른 時에 至하면 그 社會의 生産力은 그 社會의 現存組織

19) 孫斗煥, 「社會主義硏究 1」, 『독립신문』, 1920.5.29, 4면.
20) 孫斗煥, 「社會主義硏究 2」, 『독립신문』, 1920.6.1, 4면.

과 衝突한다 싸라서 그 社會의 財産關係 卽 所有關係와 衝突한다. 何故오하면 所有關係는 그 社會의 經濟組織의 反映인 𛀙둙이다. 그런데 한 가지 注意할 것은 '엇던時期에이르러衝突한다' 하엿다고 그 衝突이엇던 時期에 至하야 一旦에 突生한 것으로 아라서는 안된다. **그 衝突도 쏘한 社會進化의 法則을 隨하야 徐徐히 發生한 것이다.**[21](강조—인용자)

윗글의 글쓴이는 마르크스의 유물사관을 설명하면서 그의 사회주의가 여타와 달리 과학적인 것은 그의 유물사관이 자본주의사회가 진화하게 되면 붕괴할 수밖에 없다는 사실을 과학적으로 증명하고 있기 때문이라고 보고 있다. 이 글은 앞서 국내에서 마르크스주의를 소개했던 글과 같이 번역된 것이 아니라 글쓴이가 독일어 원본을 직접 읽고 해설한 글이라는 점에서, 또한 비교적 정확한 이해 수준을 보여주는 글이다. 이 글에서는 마르크스주의가 '과학'일 수 있는 것은 두 가지 차원, 즉 그것이 사회진화의 필연성을 제시하고 있으며 과학적으로 증명하고 있기 때문으로 보고 있다. 이 대목은 '유물사관' 혹은 '변증법'이라는 생소한 개념을 이해하고 포섭하는 데 있어 '과학'을 매개로 하는 전대의 진화론적 사고가 이른바 사상적 연속성의 측면에서 큰 영향을 주었음을 확인할 수 있도록 한다. 즉 마르크스주의 유물사관을 설명하는 데 있어서, 경제적인 조건과 계급투쟁설을 바탕으로 사회 진화의 필연적 방향성을 증명하여 역사적인 발전의 법칙을 도출한다고 하는 과학으로 이해하고 설명하는 방식은 그만큼 간명하고 강력한 것이었을 뿐

21) 孫斗煥, 「社會主義硏究 5」, 『독립신문』, 1920.6.17, 4면.

만 아니라 그만큼 이해하기 쉬운 것이기도 했기 때문이다. 그렇게 본다면 당시 사회주의자들은 전대의 지식사회를 풍미했던 사회진화론적 사유와 절대적으로 결별한 것이기보다는 그 진화의 법칙과 귀결점, 특히 그것이 선취하고 있던 과학성을 전유하여 마르크스의 유물사관을 이해하는 지식적 바탕으로 활용하였던 것으로 이해하는 것이 여러 모로 타당할 것이다.

한편, 1923～4년에 『개벽(開闢)』에 번역, 연재되어 큰 반향을 일으켰던 사카이 토시히코[堺利彦]의 「사회주의학설대요(社會主義學說大要)」[22]은 당시 마르크스주의 수용과정에서 진화론이라는 과학이 얼마나 중요하게 기능하고 있는가 하는 바를 잘 보여준다.

> 進化論은 輸入되든 그 當時로부터 資本家擁護를 爲하야 만히 利用되엿습니다. 元來부터 人間社會에는 競爭이란 것이 업서서는 進步가 업다. 社會를 進步向上케 하는데는 競爭이 必要하다. 또 競爭을 할라면은 弱肉强食은 엇절 수 업는 일이다. 弱子가 亡하는 것은 强者가 興하는 까닭이다. 그것을 無視해서는 人間의 發達이 될 수가 업다는 意味로써 進化論이 대단히 唱道되엿습니다. (…중략…)
>
> 그러면 이번에는 社會主義와 進化論의 關係가 엇더한가, 한말로 잘나 말하면 進化論은 生物界의 進化의 法則이오, 社會主義는 人間社會의 進化法則이라고 하는 것임으로 社會主義者가 進化論에 贊成하는 것은 進化라는 이

22) 이 「社會主義學說大要」는 堺利彦의 강연을 모은 것으로 『開闢』에 번역자 미상으로 1923년 11월부터 1924년 3월까지 5회에 걸쳐 번역, 연재되었다. 각 회의 부제는 다음과 같다. '社會主義와 資本主義자 立地'(2회), '唯物史觀과 唯心史觀'(3회), '唯物史觀의 「要領記」'(4회), '歷史進化의 事實的 說明'(5회).

말에 對하야 立場이 가튼 까닭임니다. (…중략…)

이 人間이라는 것으로 된 社會에 關한 特殊한 進化法則이 發見되엿습니다. 그것이 卽 맑스說임니다. 勿論, 짜윈도 社會的動物에 關한 것을 말하지 안은 것은 안입니다. 짜윈 自身도 그 點을 生物學者로서 是認하엿슬뿐 안이라, 多少間說明도 하엿슴니다. 마는, 짜윈을 利用한 쏼조아지-로 보아서는 그런 말은 所用이 업슴니다. (…중략…)

그런대 한쪽에서 크로포토킨의 相互扶助說이 나왓습니다. 크로포토킨의 相互扶助說은 進化論에 對한 一面의 法則으로서 짜윈이가 말하지안은 바, 主力을 쓰지 안엇든 方面, 卽 動物中의 社會的 生活을 하는 動物은 相互扶助에 依하야 生存競爭을 한다는 것을 特히 말햇습니다. 이것이, 進化論上에 大段히 重要한 發見입니다. (…중략…)

맑쓰의 學說은 人間社會의 進化는 階級鬪爭에 依한다는 것임니다. 人間社會는 이 階級鬪爭에 依하야 여러가지로 變遷하고 進化합니다. 이가티 말하기는 맑쓰로부터 始初올시다.[23] (강조-인용자)

사카이는 여기에서 진화론이 부르주아계급에 기여하게 되었다가 마르크스에 의해 유물사관으로 전환되는 과정을 상세하게 설명하고 있다. 다윈의 진화론이 내포하는 생존경쟁, 약육강식의 논리는 부르주아계급에 의해 이용되어 인간사회의 진보에 있어서 경쟁의 당위성을 합리화하는 데 쓰였다는 것이다. 하지만 그가 보기에 다윈의 학설은 자연계에서 독립생활을 하는 동물에게 해당되는 경쟁의 논리이므로 인

23) 사카이 토시히코 講演, 「社會主義와 資本主義의 立地-社會主義學說大要(其二)」, 『開闢』 41, 1923.11, 39~43쪽.

간 사회에는 이러한 다윈의 진화론적 법칙이 그대로 적용될 수 없었다. 그의 견해를 따르면 오히려 인간 사회에서 진화의 원칙을 새롭게 제시한 것은 바로 사회는 상호부조를 통해 경쟁한다고 본 크로포트킨[24)]이었다. 마르크스는 여기에서 더 나아가 사회 진화의 원리로 계급투쟁을 통해 인간사회가 진화한다는 견해를 내세운 것이다. 사카이의 이러한 견해는 스펜서 등의 제창하여 개화기 조선에서 널리 받아들인 사회진화론이 실제로는 다윈의 진화론적 원리에서 전혀 나아가지 못한 것이라고 보고 있다는 점에서, 그리고 크로포트킨과 마르크스의 이론이 여기에서 인간 사회의 진화라고 하는 기준에 따라서 기존 진화론의 문제점을 타파하고 나아간 바가 있다고 맥락화하고 있다는 점에서 퍽 독특하면서도 간명한 것이라고 볼 수 있다.

물론 그의 이러한 생각이 당시 식민지 조선에 있어서 아예 전혀 처음으로 경험되는 것이었다고 볼 수는 없다. 이미 이전에 김기전은 「사회봉공의 근본의식(社會奉貢의根本意義)」에서 스펜서의 '사회유기체설'이 톨스토이의 반박을 통해 의의를 잃고 새롭게 공동책무의 사상이 대두되었는데, 이것은 루소의 '사회계약론'과 크로포트킨의 '상호부조론'이 결합된 것이라는 해석을 제시하였기 때문이다.[25)] 또한 이성태는 「크로포트킨학설연구(크로포트킨學說硏究)」라는 글을 통해, 좀 더 마르크스

24) 크로포트킨의 상호부조설을 인류 사회 진화의 맥락에서 위치짓고 있는 논자는 사카이만은 아니었다. 그가 제시하고 있는 이론은 여타의 동물들의 진화과정과는 다른 인류 사회의 진화과정의 특이성을 설명하는 데 있어 그만큼 효과적이었기 때문이다. 당시 책광고 등을 통해 1924년 무렵에 번역된 것으로 확인되는 高倡素之의 『社會主義と進化論』(大鐙閣, 1919)은 라마르크, 다윈에서 콩트와 헤켈을 거쳐 크로포트킨에 이르는 설명으로 '사회주의'와 진화론의 관계를 설명하고 있다. 이를 통해 당시 크로포트킨의 상호부조설을 사회진화론의 발전형태로 보는 견해가 당시에 존재했었다는 사실을 확인할 수 있다.

25) 金起田, 「社會奉貢의根本意義」, 『開闢』 10, 1921.4.

주의에 치우친 입장에서 크로포트킨의 상호부조설의 근거를 인류 진화의 법칙을 통해 정당화하려고 하였다.[26] 또한, 신일용은 「맑스사상의 연구(맑쓰思想의研究)」라는 글을 통해 마르크스의 계급투쟁설을 '인류 사회 진화의 한 법칙(人類社會進化의한法則)'으로 제시하기도 하였다.[27] 물론 이 글에서 그들이 이러한 사유가 사카이의 영향을 받은 것인가, 아니면 다른 누구로부터 영향을 받은 것인가 하는 것은 분명히 파악하기 어려우며, 향후의 연구 대상으로 남겨둘 수 있을 뿐이지만, 이들의 견해를 일별하면 일제강점기 한국에서 크로포트킨이나 마르크스의 학설이 도입되는 과정에서부터 진화론적인 사유가 중요한 매개가 되었다는 사실만큼은 분명하다. 1924년에 번역되었던 사카이의 글은 지금까지의 단편적인 인식을 인류 사회의 진화라는 하나의 논리로 통합하는 명료한 관점을 제시하였던 것이다.

26) "크로포트킨은 먼저 '人類의 行爲를 律할만한 最高法則은 幸福적은 生活로부터 可能한 最大量의 幸福된 生活까지의 人類의 進化의 法則이라'고 말하엿습니다. 그래서 이 '進化의法則'으로부터 正義의 命令과 實力의 命令을 推論하엿습니다. (…중략…) '進化의法則' 이에 對하야, 크로포트킨은 科學的方法을 들엇습니다. 그러고 이 科學的 方法에는 自然科學의 方法이 唯一한 것이라고 말하엿습니다. 이 方法을 人類에게 關係되는 모든 科學, 特히 社會科學에 適用햇습니다. '現今에 進化論을 原動力으로 한 激烈한 革命이 全科學이 領域에 넘처들어왓습니다. 自然의 萬有는 固定한 것이라는 從來의 思想은 根本的으로 破壞되고 破碎되고 放棄되엿습니다", 이성태, 「크로포트킨 學說研究」, 『新生活』 7, 1922.7, 32~34쪽.

27) "이 階級鬪爭說은 人類社會進化의 한 法則으로 보아서 歷史的過程中에 介在한 儼然한 事實로 보아서 無產階級의 創造하라는 新文化의 基礎的意味로 보아서 가장 重要한 것이다 唯物史觀과 經濟學說은 實質的組織이요 武器라 하면 階級鬪爭의 學說은 元氣요 策戰인 세음이다", 辛日鎔, 「맑쓰思想의研究」, 『新生活』 6, 1922.6, 35쪽.

4. 유물사관의 역사발전론의 과학적 지위

한편, 마르크스의 사회주의는 이처럼 다윈의 진화법칙을 전유하여 동물계에서 벌어지는 경쟁적인 진화원리가 내포한 모순을 극복하였던 크로포트킨의 '상호부조론'을 거쳐 인간 사회에 적용될 수 있는 진화의 지향점을 새롭게 설정한 학설로 이해되고 소개되었다. 마르크스주의는 이러한 사유틀 속에서 여타의 정치, 경제학적 언설이나 주장과는 전혀 달리, 역사적 진화의 필연적인 방향성을 증명하는 과학으로 받아들여졌던 것이다. 특히 경제적인 토대와 물질적인 조건이 인간의 계급적인 차이를 구성한다고 하는 유물론적인 태도와 인류 사회의 진화가 궁극적으로는 프롤레타리아 계급이 중심이 되는 사회로 발전하게 된다는 역사발전론의 제시는 마르크스주의를 자연과학 법칙에 상응하는 인간 사회의 진화를 해명하는 사회과학으로 정립하도록 하였던 것이다.

당시 마르크스주의에 대한 대중의 폭넓은 지지의 배경에는 그것이 모더니티 지향성과 관계된 국제적이고 동시적인 사유였다는 사실 이외에, 그것이 인류 사회의 진화과정의 필연적 방향성을 확증한 과학적 세계관이었다는 사실이 놓여 있었던 것이다. 당시 마르크스주의 유물사관에 관한 강연이 자주 이루어졌고 그것이 과학적 지식을 다루는 강연과 함께 이루어지곤 했다는 사실은 바로 이러한 정황을 명료하게 보여준다.[28] 이러한 과정을 통해 마르크스주의는 한편으로는 그것은 인

28) 1920년대 초에 유독 '사회진화'에 관한 강연이 많이 이루어진 것은 바로 마르크스의 유물사관을 일종의 지식이자 과학으로 강연 등의 매체를 통하여 전파하고자 했던 노력의 일환으

간의 경제적 조건에서 비롯된 계급을 중시하여 기존에는 민족주의 혹은 반제국주의 나아가 실력양성론의 이름으로 알게 모르게 은폐되고 있었던 계급적인 차이를 드러내는 사상이면서 소유와 착취라는 경제 구조에 의해서 형성되는 계급에 의해 필연적으로 결정되는 진화적 귀결점의 필연성과 결정론적 세계관을 드러내었던 것이다.[29)]

> 人類의 社會生活幕中에는 社會的淘汰作用에 伴하야 品位의 階級도 生하고 權位의 差異도 生하며 其他 知識, 技能, 職業, 名譽, 貧富, 貴賤等各種의 階級差別이 生하야 階級과 階級間, 部類와 部類間에는 恒常 各各 自己階級의 勢力을 確立키 爲하야 相互排他拮据하며 挑戰反目하야 異種他類의 階級的私幕을 形成얏슬 쏜만 아니라 同階級同種類中에서도 教義의 解釋과 主義理想의 衝突로 分裂各立하야 同家에서 分派를 作出하는 事實도 적지 아니하니 그 例는 宗教階級이나 學派에서 만히 實証할 수 잇다. 人類의 社會幕이 이와가티 階級으로 形成하엿다 하면 **各階級의 社會的地位와 幸福은 同一均等한가? 否라, 社會的淘汰作用의 現象은 階級과 階級間部類와 部類間에 地位의 差異, 權位의 差異를 漸漸擴大케 할 쑨이다.**[30)] (강조－인용자)

로 파악할 수 있다. 당시 신문매체들이 이 강연들의 제목만을 전하고 있어 내용을 명확하게 파악하기는 어려우나 가령 김철수의 '社會進化와 協同運動'(영동청년회대강연회, 1923.5.9), 金鐘範의 '社會組織의 進化'(社會問題講演, 1923.9.4)이라든가 '社會의 進化는 生存競爭이냐 相互扶助이냐'(朝鮮學生토론대회, 1923.11.9) 그리고 朴衡秉의 '社會進化의 必然性'(서울청년회 신춘대강연회, 1925.2) 등의 강연제목이나 강연자의 면면을 보면 이것이 개화기 이래의 사회진화론에 관한 강연은 아니었다는 것을 분명하게 파악할 수 있게 한다.

29) 박헌호는 근대지식으로서의 사회주의를 논하며 그것이 한편으로는 총체성의 지식체계로 현상되며 다른 한편으로는 계급성을 바탕으로 하여 근대적인 지식의 균열자로 등장했다고 설명하고 있다. 박헌호, 「'계급' 개념의 근대지식적 역학」, 『상허학보』 22집, 2008, 13~35쪽.

30) SWJ생, 「社會運動의 歷史的 考察과 現代社會運動의 一大進展」, 『開闢』 13, 1921.7, 32~33쪽.

1921년 『개벽(開闢)』에 발표된 이 글에서 글쓴이는 1900년대 초 만연했던 다윈의 진화론에 입각한 사회진화론적 경쟁구도가 결과적으로는 계급 간의 지위나 권위의 차이를 확대하는 데 기여했다는 사실을 비판한다. 이렇게 기존의 지식체계가 모두에게 이익이 되는 공리적인 것이 아니라 계급에 따라 그 가치와 성과가 달리 경험될 수 있으며, 나아가 지식 자체의 성격이 맹목적인 것이 아니라 계급의식에 따라 그 가치를 달리할 수 있다는 사실을 폭로하고[31] 계급의식의 각성을 촉구하는 견해들이 힘을 얻기 시작했던 것이다.[32] 이는 무엇보다 일제의 식민지 상황 속에서 민족독립을 위한 시도로서 일어난 3·1운동의 열기가 제국주의적 통치체제로 말미암아 잦아들게 된 이후, 기존 사회진화론에 입각한 민족주의 운동이 자체적으로 내포한 한계에 대한 반성에서 비롯된 것이라고 볼 수 있다.[33] 3·1운동의 결과가 일제의 통치정책의 변화로 이어졌을 뿐 실질적인 전망을 확보하기 어려워진 채, 실력양성과 같은 과도기적인 운동으로 전락하거나 '민족성'의 개조와 같은 정신적인 방면으로 퇴행하는 것처럼 보이는 일련의 상황 속에서 '경제적인 관계'를 통해 필연적으로 구성되는 '계급'에 따라 기존의 단일했던 민족

31) 박헌호, 앞의 글, 18~19쪽.

32) "現在社會制度가 支配하는 階級의 存在를 肯定하며 또 支配를 受하는 階級의 存在를 强要하는 基礎上에 建立되야 잇는 必然的結果로 被支配階級에 屬한 사람의 群은 他의 支配를 脫하는 意味의 現狀打破가 自己生存의 利益이 될 샏 아니라 그리하는 것이 사람의 正當한 本能的要求라 하는 意識을 가지고 現在의 社會制度에 向하야 前進하며 支配階級에 屬한 사람의 群은 他를 依然히 支配하는 意味의 現狀維持가 自己生存의 利益이 되리라는 意識을 가지고 現狀維持에 向하야 努力하는 兩個의 勢力은 各々對立하야 自己의 分野를 固守하고 相爭한다", 金霽觀, 「社會問題와 中心思想」, 『新生活』 7, 1922.7, 48쪽.

33) 박찬승은 일제시기 사회진화론의 영향을 검토하면서 1910년대 맹위를 떨치던 사회진화론이 1920년대에 이르러서는 세계 사조의 변화와 3·1운동의 경험, 공산주의와 무정부주의의 도입으로 말미암아 그 영향력을 유지하기는 어려웠다고 본다. 박찬승, 「한말·일제시기 사회진화론의 성격과 영향」, 『역사비평』 34, 1996, 351~352쪽.

의 개념이 새롭게 분할되고 그러한 계급들 간의 투쟁을 통해 역사가 진화하여 간다는 유물사관의 역사발전론은 식민지 조선의 청년에게 본격적인 근대의 과학적인 세계관을 경험하도록 하였을 뿐만 아니라 분명한 이념적 지향점을 제시하여 주었던 것이다.

문제는 이처럼 마르크스주의가 과학적 사실로서의 진화론을 바탕으로 그것에 계급의식을 도입하여 진화의 방향성과 단계를 새롭게 설정함으로서 새로운 과학으로서 등장했다는 사실 뿐만 아니라 사회진화론이 차지하고 있던 과학적 세계관의 지위를 대체하여 새롭게 재구성하고자 하였다는 것이다. 당시 마르크스주의자들이 필연적으로 진화의 방향을 두고 이론적인 경쟁을 빚을 수밖에 없었을 것이라는 것은 충분히 예측가능하다. 실제로 초기 마르크스주의자들이 실력양성론의 대표격인[34] 이광수의 「민족개조론」을 둘러싸고 논쟁을 벌였던[35] 배경에는 이와 같이 유물론이 가진 과학적 지위를 더욱 공고히 하는 과정이 담겨져 있다.

> 唯物論者의 立脚에 잇서々 改造라 하면 — 假令 使用하는 範圍와 使用하게 된 動機乃至慣例는 그럿치 안타 하더래도 — 오즉 制度나 組織에 限局하지 아니하면 안될 말이라고 自信한다. 그(이광수–인용자)는 모든 精神生活은 物質的生活의 反影에 不過하다는 歷史觀을 信條로 하는 까닭에 더욱히 그러하다는 말이다. (…중략…) **春園君 사람은 進化한다는 事實을 是認하는가?** 이것을

34) 위의 글, 351쪽.

35) 춘원의 「민족개조론」이 발표된 뒤, 『新生活』 6, 7호에는 비판의 목소리가 터져나온다. 申相雨의 「春園의民族改造論을讀하고그一端을論함」(『新生活』 6, 1922.6)의 경우, 특별히 유물론이라는 이론적 토대를 통해 비판하고 있는 것이 아니라 단순히 비분강개를 표시하고 있는 글이며 辛日鎔의 글 「春園의民族改造論을評함」(『新生活』 7, 1922.7)과 金霽觀의 「社會問題와 中心思想」(『新生活』 7, 1922.7)은 거의 같은 논지로 이광수의 개조주의와 문화운동의 허구성을 비판하고 있다.

是認한다면 個人의 集合인 民族도 進化할 것이요, 民族이 進化한다면 짜러서 變化가 잇슬 것도 定理가 될 것이다. (…중략…) **變化는 오즉 進化의 法則과 制度 變革의 二個動力에 依하야 圓錐形으로 展開되여갈 싸름이라는 結論에 到達한다.** (…중략…) **民族的改造를 主張한다면 民族衛生學의 見地에서 優生學的原理를 根據로 하고 主唱한다면 나는 幾分의 容忍을 不憚하겟다**, 만은 참君의 論이야말로 無根據한 沙上家屋論이다.[36] (강조—인용자)

이광수의 「민족개조론」은 발표 직후, 다양한 비판에 직면하게 된다. 특히 신일용이 행한 위의 비판의 요점은 춘원이 민족성이라고 하는 정신적 생활을 개조하자고 주장하고 있으나, 정신이 제도나 조직과 같은 물질적인 기반에 의해 좌우된다고 하는 유물론적인 견해에 따르면, 제도나 조직의 변화 없이 민족성만을 변화하도록 하는 것은 불가능하다는 것이다. 또한 그는 이광수에게 인류가 진화한다는 사실을 믿는가 물으면서 귀납적으로 확인되는 과학적 사실을 받아들여야 할 것을 강조하고 있다. 이미 「무정」을 통해 그리고 다른 논설 등을 통해, 사회진화론에 근거한 실력양성론과 계몽주의를 설파한 바 있던 이광수에게 진화론의 수용을 묻는 글쓴이의 태도가 무모하기 짝이 없어 보이는 것도 사실이다. 하지만 중요한 것은 그의 속내에는 '진화의 법칙'이라는 거부할 수 없는 과학적 사실을 이용하여 유물사관의 필연성을 도출해 냄으로써 전시대의 사회진화론과 스스로를 변별해내고자 하는 의도가 내포되어 있다는 것이다. 결국 신일용이 이 글을 통해 이광수를 비판

36) 辛日鎔, 앞의 글, 4~6쪽.

하는 요점은 다름이 아니라 그가 민족적인 정신의 개조라는 다소 모호하고 비과학적인 주장을 펼쳤다는 사실이다. 그런 의미에서 글쓴이는 차라리 이광수가 기존 사회진화론의 우생학적 논리를 펼쳤다면 어느 정도 용인하겠다고 말하고 있는 것이다.[37] 이는 1920~30년대를 걸쳐 지속된 유물론과 유심론 사이의 논쟁의 시작에 해당하는 것이면서 마르크스주의자들이 내세운 유물사관이 진화론이라는 과학적인 법칙을 통해 '과학'으로 자기 정립하기 시작했으며 여타의 사상들을 비과학적인 것으로 규정하고 있음을 보여주는 것이다.

5. 초기 마르크스주의 문예학에서의 '예술'과 '과학'의 상관성

박영희는 『개벽(開闢)』의 편집에 참여하게 된 지 얼마 되지 않은 1924년 8월에 발간된 50호의 부록으로 실린 「중요술어사전(重要術語事典)」 '사상부(思想部)' 부분을 편집하며 다름 아니라 '유물사관(唯物史觀)'이라는 용어에 대하여 다음과 같이 규정하고 있다.

37) 이광수는 留日學友俱樂部의 '제1회 강연'에서 '볼셰비즘'이라는 제목으로 강연을 한 바가 있다. 당시 『독립신문』(1920.3.18, 4면)은 당시의 내용을 요약해서 전하고 있는데 이 내용을 고려하면 당시의 이광수는 계급 개념에 대한 비교적 정확한 이해를 보여주고 있지만 결국 "歷史는 恒常 被革命階級이 革命階級에 征服된 記錄이니라"라고 하며 결국은 계급 간의 우열 경쟁으로 파악하여 사회진화론적 인식을 벗어나지 못하고 있다.

> (唯物史觀은—인용자) **人類의 歷史를 物質的 方面, 卽 經濟關係의 生産的 現象으로뿐 解決하려는 것, 自然科學 特히 進化論을 두고, 그 論據를 삼으려는 것은 勿論이고, 물질적, 機械的 人生觀이 一步를 나아가서 人類生活一般의 發展, 卽 社會的 變化, 政治的 變遷을 모도 다 物質的 原因으로부터 說明하려고 한다.** 이 學說도 그 起源은 18世紀의 哲學者 곤도루세 等의 主唱이엿스나 近代에서 가장 有名한 代表者는 맑스인 것이다. (…중략…) **따윈의 進化論은 食物에 對한 競爭과 生殖에 對한 競爭이 모든 生物進化의 根源이라 하엿스나, 이 唯物史觀도 이 2個의 條件을 一般人類가 活動하는 歷史의 根本이라고 한다. 얼는 말하면 唯物史觀은 有機的 自然界에 잇는 進化의 法則을 곳 人類發達의 歷史에 適用한 것에 不過하다.** 따려서 歷史의 過程에는 進化에 잇는 同一한 必然性이 잇고 移動할 수 업는 決定條件이 잇다. 故로 決코 人間의 自由意志로서는 左右할 수 업다고 하는 決定論에 歸着한다. 唯物 史觀外에도 史的唯物史觀, 社會的決定論等이 잇스나 다 한가지로 人類歷史를 物質的 方面 卽 經濟的 關係 生産的 現象에 두려는 것이다.[38] (강조—인용자)

여기에서 박영희는 마르크스의 유물사관을 다윈의 진화론과 관련성 속에서 설명하고 있다. 마르크스의 유물사관은 종족보존을 위한 생존경쟁의 측면을 다윈의 진화론과 공유하고 있으며, 그런 의미에서 진화의 법칙을 인류발달의 역사에 적용한 것이라는 것이다. 이는 앞서 살펴본 바와 마찬가지로, 당시 마르크스주의가 어떻게 경제적 계급을 중심으로 한 물질적 조건을 토대로 하여 사회 진화의 필연적 방향성을 과

38) 박영희 편, 「重要術語事典」, 『開闢』 50, 1924. 8, 65~66쪽.

학적으로 증명하는 사상으로 당시 일반 대중에게 널리 받아들여질 수 있었는가 하는 당대의 사상 수용적 토대를 명료하게 보여주는 바가 있다. 특히 박영희가 KAPF를 결성하던 당시에 발표했던 평론인 「고민문학의 필연성(苦悶文學의 必然性)」[39]이나 「문단의 투쟁적 가치(文壇의 鬪爭的 價値)」[40] 속에서 '문학'을 '사회생활의 진화(社會生活의 進化)'를 추구하는 '적극적 활동(積極的 活動)'으로 규정하고 있다거나 '우리 생활(生活)에 대한 사회적(社會的) 진화(進化)'를 얻기 위해서 진리를 탐구하는 자에게 투쟁이 필요하다고 말하고 있는 속내에는 문학이 마르크스주의 유물사관이 가리키는 방향으로의 진화를 위한 일종의 도구라는 인식이 내포되어 있는 것이다.

한편, KAPF 결성의 다른 한 축인 김기진은 이 유물사관에 대한 이해에 있어서 박영희와는 전혀 다른 태도를 보인다. 그는 '과학'을 철저하게 문예상의 자연주의에 귀속시키고 있으며 자연주의의 패배가 바로 '과학의 파산'에서 기인한다고 보고 있다.[41] 그런 의미에서 그는 이어 같은 글에서 유물사관을 이러한 과학과는 거리가 있는 것으로 파악하며 보다 문예사적인 의미를 가진 것으로 해석해내고 있다.

---

39) 박영희, 「苦悶文學의 必然性」, 『開闢』 61, 1925.7, 62~65쪽.

40) 박영희, 「文壇의 鬪爭的 價値」, 『朝鮮日報』, 1925.8.1.

41) 八峯山人, 「今日의 文學, 明日의 文學」, 『開闢』 44, 1924.2, 45쪽.
"自然主義는 『自然의 無關心』이라는 말을 고대로 自己의 觀照의 態度로 하여가지고, 人生을 고대로 再現하고자 하엿다. 人生을 조곰도 自己의 主觀을 집어놋치말고서 如實히 그리여 내는 것이 「眞」이라고 하엿다. 여긔에서 主觀을 挿入하자는 印象主義와 小分裂을 하게 되고, 「科學의 未解決」에 對한 反動으로 말미암아 일어난 新主觀主義때문에 自然主義도 敗北하지 안이하면 안이될 지경에 이르러 버렷다. 主觀은 獨斷的이나 歸納的客觀이다-하든, 自然主義가 敗北한 原因은 「科學의 破産」에 잇다."

朝鮮서, 唯物史觀이라고 하면, 바로 哲學上의 唯物論으로 解釋해버리는 傾向이 잇는 것을 나는가슴가슴 發見한다. 그러나 唯物史觀이라는 것은 그러한 哲學上 言論은 안이다. 哲學에서 말하는 唯物論은, 肉體와 精神, 物質과 心靈, 神佛과 宇宙를 말하는, 그 本質을 말하는 것이나, 歷史的唯物論은, 精神이 社會常態에 依해서, 勞動에 依해서, 生產方法에 依해서, 엇더한 進路를 取해 가지고서 엇더케 進行하느냐 하는 것을 말한다. 哲學上 唯物論이라는 것은, 精神의 本質을 말하나, 歷史的唯物論은 精神이엇더케, 무엇에 依해서, 變化햇느냐 하는 것을 말한다. 다시말하면 哲學的唯物論은, 精神의 起源을 말할려고 하고, 歷史的唯物論은 精神의 變遷을 말할려고 한다. 卽前者는 哲學的이요, 後者는 歷史的이요, 前者는 精神-思想이 存在하기 前을 豫想하지만은, 後者는 存在한 뒤를 豫想한다, **唯物史觀은, 全世界를 가지고 다만 機械的活動을 하는 物質에 지나지 안는다고는 말하지 안는다. 物質과 勢力은 永刼不滅의 것이라고는 말하지 안는다. 思想은 다만 腦髓에서 分泌하는 것이여서, 胃에서 胃液을 分泌하는 것이나 맛찬가지라고는 말하지 안는다. 唯物史觀은, 다만 社會의 變化를 ᄯᅡ라 思想의 變化됨을 歷史的으로 例證하는데 不過하다.**[42] (강조—인용자)

김기진은 유물사관을 철학적인 유물론과 역사적인 유물론으로 나누고 있으며, 유물사관이 단순한 차원의 물질주의나 기계주의 차원으로 이해되는 것을 경계한다. 그는 '과학'의 영역을 단지 자연과학에 국한된 것으로 협소하게 설정하고 있으며 문예사 내에서 '유물사관'을 새롭게 규정해내고

42) 위의 글, 47쪽.

자 하고 있는 것이다.[43] 이러한 관점에서 본다면, 김기진은 이미 KAPF 결성 이전부터 마르크스주의 유물사관을 중심에 두고 이를 문학예술을 통해 추구하고자 한 것이라기보다는 오히려 문학예술을 중심에 두고 이를 통해 마르크스주의 유물사관을 재해석하고 있는 것이라고 볼 수 있다.

따라서 과학으로서의 '유물사관'을 어떻게 예술과 접목할 것인가 하는 것에 있어서 박영희와 김기진 양자는 이미 전혀 다른 이해를 보이고 있는 것이다. KAPF 결성 이후, 두 사람이 내용-형식 논쟁을 벌일 수밖에 없었던 맥락은 이미 예비되어 있었던 셈이다. 논쟁의 와중에서 박영희가 아오노 스에키치[青野季吉]의 '외재적 비평(外在的 批評)'의 개념을 끌어와 과학적 비평 혹은 객관적 비평이라는 용어를 통해 김기진을 공박하는 것이 가능했던 까닭 역시 마찬가지 관점에서 이해될 수 있다. 마르크스주의 유물사관을 하나의 사회과학, 혹은 과학적 세계관의 수립과 연관 짓는 것은 당대 마르크스주의자들에게는 무엇보다도 중요한 일이었기 때문이다. 물론 문학 또는 예술도 이러한 전반적인 경향에서 예외일 수는 없었던 것이다. 물론 박영희 역시 문학, 예술을 고스란히 과학, 즉 유물사관으로 환원하고 있었다고 볼 수는 없다. 사실 그가 김기진보다는 과학, 즉 유물사관이 내포하는 사회진화의 필연적 방향성에 대한 신념을 드러내고 있으며 예술을 그를 위한 도구로 간주하고 있으되, 이른바 자연과학적

---

43) 김기진이 유물사관 자체를 부정하고 있는 것은 아니며 단지 과학주의와 연계되는 것을 경계했다는 사실은 다음과 같은 그의 글 속에 드러난다. 그가 바로 이 과학 혹은 철학상의 유물사관을 어떻게 문예학상의 개념으로 변환하고 있으며 이것이 향후에 어떤 역할을 하게 되는지에 대해서는 별도의 논의가 필요할 것으로 보인다.
"現代의 文學은 唯物史觀 우에 섯다. // 唯物史觀에 多少의 誤謬가 잇다 하더래도 우리는 唯物史觀의 眞理를 否認하지는 못한다. // 맑쓰나 엥겔쓰의 일이 나투루게네-쭈나쏘스토이예쭈스키-의 일이 그 距離가 果然 얼마나 멀 것이냐", 金基鎭, 「Promeneade Sentimental」, 『開闢』 37, 1923.7, 87쪽.

물질주의 혹은 공식주의적인 차원에서 사용하고 있는 것은 아니었기 때문이다.[44] 그가 「신흥예술운동의 초기(新興藝術運動의初期)」[45]에서 과학과 예술을 유물사관의 확립과 전개를 위한 두 가지 중요한 수단으로 천명하고 있다는 것을 보아도 역시 이러한 사실은 분명하게 드러난다. 물론 이러한 박영희의 불철저한 의식은 이후 KAPF 소장파들에게 격렬한 비판을 받게 되는 단초가 되는 것이긴 하지만, 초기 KAPF의 목적의식기를 이끈 동력 속에는 바로 그의 과학적 태도, 즉 유물사관을 과학적 세계관으로 이해하는 태도가 내재되어 있음이 확실한 것이다.

6. 결론

이 글은 1920년대 마르크스의 사회주의 사상이 사회 저변에 널리 영향을 주게 된 원인을 밝혀내어 보고자 하는 시도의 일환으로, 지금까지

44) 김윤식은 비록 懷月이 八峯의 문학주의에 비하면 사회과학적 관념론으로 규정할 수 있으나 그의 관념론이 공식주의적인 것은 아니었다고 보고 있으며, 이것이 결국 임화를 중심으로 한 소장파로부터 비판을 받게 되는 주요 원인이라고 보고 있다. 즉 그에게는 팔봉과 같은 파스큘라係의 리버럴리즘이 잠복해있었다는 것이다. 김윤식, 『近代韓國文學研究』, 일지사, 1973, 287~296쪽.

45) "더욱 文化의 衰弱한 우리 民衆에게는 科學과 藝術이 必要하다(…중략…) 이제 無産階級 無權階級의 사람들은 쁘르즈와가 남겨논 享樂으로써 滿足하려고 하지말고 自覺과 한가지 自己階級의 積極的進化를 爲해서 鬪爭하지 안흐면 아니된다 卽 前者는 無産階級에 對한 政治的手段이며 後者는 無産階級의 解放運動이다 前者에 對한 例證으로는 米國시카코 某教授가 學生들에게 짜윈의 進化論을 講義하엿다고 起訴된 事件이 일어난 것을 明確히 볼 수 있는 것이다", 朴英熙, 「新興藝術運動의初期」, 『朝鮮日報』, 1926.1.26. 여기에서 박영희는 미국에서 발생한 진화론 논쟁을 거론하고 있으나 미국에서 발생한 논쟁은 종교와 과학의 대립으로 맥락상 맞지 않는 예증이다.

대부분 마르크스주의 논자들이 벌였던 논쟁들을 중심으로 행해졌던 연구 경향에서 탈피하여, 마르크스주의가 당시의 지식체계에 등장하여 널리 받아들여지게 된 인식론적 배경을 밝혀보고자 하였다. 당시 마르크스주의 수용과정 속에는 이전 세대, 한말과 개화기를 거치며 한국의 지식체계를 좌우했던 사회진화론의 핵심적인 이론적 배경이었던 다윈의 진화론이라는 과학적 원리를 중심으로 진화의 대상과 방향성을 새롭게 전유하는 과정이 담겨 있다. 이른바 마르크스의 유물사관은 1920년대 초 한국에 소개될 당시에 역사발전의 동력으로써의 변증법을 중심으로 하는 특유의 역사발전론으로 소개되기 보다는, 오히려 당시의 지식인들에게 익숙했던 다윈의 진화 발전이 인류사회의 진화에 적용된 것으로 보다 명료한 이해를 얻을 수 있었다는 것이다.

당시 마르크스의 사회주의는 이렇게 전대의 사회진화론과의 영향관계가 강조되면서 이제껏 한국에서는 본격적으로 경험해보지 못했던 과학적 세계관으로 널리 받아들여졌다. 그것은 계급에 대한 의식을 바탕으로 기존의 사회진화론적인 구도에서는 은폐되어 있던 계급적인 착취의 문제를 드러내었고 이를 통해 필연적인 인류 진화의 방향으로서 계급혁명이라는 귀결점을 과학적으로 도출해내었던 것이다. 이렇게 단순히 철학적인 견해가 아닌 결정론적인 '과학'으로 제시된 유물사관을 표방한 마르크스의 사회주의를 식민지 체제하의 당시의 청년들이 환영하며 받아들였던 것은 그런 의미에서 당연한 일이었던 것이다. 당시 마르크스주의를 받아들였던 지식인들은 사회진화론의 흐름을 간접적으로 계승하고 있었던 이광수의 민족개조론을 반근대, 반과학적인 논의로 비판하는 과정에서 온전하게 마르크스주의 유물사관을 유일한 사회 진화의 원리로 자리매김할 수 있었던 것이다. 이러한 유물사관은 문학, 예술 분야에 있어서도 마찬가지로 영향을 끼쳐 마르크스주의 문예학, 특히 KAPF의 이론중심적인 경향을 형성하는 데 기여하였으며 김기진, 박영희 등의 이론 분화에 중요한 역할을 담당하였던 것이다.

이와 같은 분석을 통하여 지금까지는 정치와 예술과의 상호작용으로만 이해되던 초기 KAPF의 내용형식 논쟁이 실제로는 과학으로서의 유물사관과 예술적 실천의 차원을 어떻게 통합할 것인가 하는 문제로 볼 여지를 부족하나마 얻게 된 것은 향후의 다른 과제의 방향을 새롭게 결정하는 데 중요한 계기를 주는 것으로 볼 수 있다. 특히 경성제국대학 출신의 사회주의자들과 그들이 내던 잡지 『신흥』이 내포하던 학술적인 마르크스주의 연구가 전체 사회주의 조직의 판도에 어떤 영향을 주었는가 하는 문제라든가 소비에트와 직렬적인 관계를 유지하고 있던 KAPF 소장파들이 논쟁에 참여하게 되면서 또한 사회주의 지식 판도에 어떤 영향을 주었는가 하는 것들이 일단 직접적인 과제가 될 수 있을 것이며, 다른 한편으로는 마르크스주의와 함께 조선에 수립된 사회과학이 당시 일본 제국주의권력과 어떤 검열투쟁을 벌이며 지식적인 차원의 관계를 형성하게 되었는가 하는 바 역시 중요한 연구과제가 될 수 있을 것이다.*

---

* 이 논문은 2009년 『한국현대문학연구』 29집에 게재된 논문을 재수록한 것임.

김기림 시론에서의 과학

윤대석

1. 문제 제기

김기림의 시론과 이에 관한 연구들을 비교해 보면, 이 둘 사이에 '과학'이라는 말을 둘러싸고 서로 어긋나는 견해가 있음을 알 수 있다. 김기림의 글에서는 '과학'이라는 단어가 많이 등장하고 거기에 상당한 의미를 부여한 데 반해, 연구자들은 여기에 거의 의미를 부여하고 있지 않다는 점이 그것이다.

김기림이 쓴 글 가운데 과학이라는 말을 최초로 언급한 글은 「비평(批評)의 재비평(再批評)—'딜레탄티즘'에 대하여」(『신동아』, 1933.5)이다. 여기서 그는 과학의 정신이 무엇인가에 대해 언급할 뿐이고,[1] 그것을

1) 여기서는 "과학의 정신은 부여된 사물을 냉정하게 분석하여 개개의 의미를 발견하는 데 있

문학의 영역에 도입해서 비평의 준거로 삼지는 않는다. 김기림이 비평은 과학적이어야 한다고 하여 비평의 올바른 태도로서 '과학'을 언급하는 것은 「현대비평(現代批評)의 딜렘마」(『조선일보』, 1935.11.29~12.6)에서 이고,[2] 본격적으로 '과학'을 비평의 준거로 도입해야 한다고 주장하기 시작한 것은 「과학(科學)과 비평(批評)과 시(詩)－현대시(現代詩)의 실망(失望)과 희망(希望)」(『조선일보』, 1937.2.21~26)에서부터이다. 이 글 이후로 그의 비평, 특히 나중에 『시론(詩論)』(1947)이라는 제목으로 묶인 글들에서는 '과학'이라는 말이 빈번히 나타날 뿐만 아니라 김기림이 여기에 대단히 큰 중요성을 부여하고 있다는 것을 어렵지 않게 볼 수 있다. 나아가 그는 스스로가 주장하는 시론에 '과학적'이라는 한정사를 부여하기까지 하는 것이다.

이에 반해 연구자들은 김기림이 자신의 시론에 사용하는 '과학적'이라는 한정사에 별다른 의미를 부여하지 않았다. 물론 김기림이 '과학'이라는 말을 빈번히 사용한다는 사실은 누구도 놓치지 않았다. 그럼에도 불구하고 그의 시론을 검토한 연구자들은 그게 한갓 수사의 수준이라고 파악하거나, 체계적인 것에 대한 막연한 지향으로 판단하여 그것이 가진 의미에 대해 자세히 살펴보려 하지 않았다. 또한 김기림 시론에서 '과학'이 의미하는 바에 천착했던 연구들도, 김기림이 '과학적'이라고 할 때 그것이 리처즈의 시론을 의미한다고 판단하여 리처즈와의 비교로 연구방향을 잡았던 것이다.

다"(김기림, 『김기림전집』 2, 심설당, 1988, 351쪽. 이하 '『전집』 권수, 쪽수'로만 표기함)라고 하여 과학이 가진 일반적 의의를 언급하고 있음에 불과하다.

2) "비평가는 먼저 분석자이다. 다음에는 판단자이다. 시종일관 과학적인 객관적인 입장에 서야한다. 그는 그의 시론을 초월해야 한다", 위의 책, 41쪽.

김기림에 대해 본격적으로 언급하기 시작한 최초의 글인 『시학평전』(1963)의 저자 송욱은 리처즈와 김기림을 비교하는 가운데 김기림이 주장한 '과학적 시론'에 대해, 특히 '과학'이라는 주장에 대해 다음과 같이 악평을 퍼붓기를 주저하지 않았다.

> 기림이 이룩하려던 '시의 과학'은 끝내 몽상에 지나지 않았으며, 그의 『시론』은 리처즈 기타 외국문학에서 얻은 단편적 지식의 두루뭉수리를 꿰뚫고 나오는 과학과 새로운 것에 대한 소박한 신앙고백이 되풀이 된 것에 지나지 않았다.[3)]

리처즈와의 검토하에서 김기림의 시론이 가진 공(功)과 실(失)을 살펴보는 가운데 한계전은 김기림이 가진 과학에 대한 맹신이 리처즈와 다른 점이라고 지적하면서[4)] 그것이 리처즈를 과대 해석함으로써 빚어진 현상이라고 한다. 따라서 김기림의 시론에서 '과학'이 차지하는 의미를 리처즈 수용에만 국한시키고 그 나머지의 부분은 리처즈를 과대 해석한 것으로서 김기림의 오류로 판단한다. 김윤식은 리처즈와의 비교에서 벗어나서 1930년대의 상황과의 관련성을 중심으로 논의하는 가운데 김기림의 '과학적 시론'을 "심리적인 것과 사회적인 것의 종합을 도모하는 형식논리학적 사고"[5)]의 소산이라고 판단한다. 김유중은 김기림의 시론에서 과학이 의미하는 바에 대해 몇 가지 특성만 나열하

3) 송욱, 「김기림 즉 모더니즘의 구호」, 김유중 편, 『김기림』, 문학세계사, 1996, 239쪽.
4) 한계전, 『한국현대시론연구』, 일지사, 1983, 168쪽.
5) 김윤식, 『한국 근대문학사상사』, 한길사, 1984, 476쪽. 조달곤은 이를 이어받아서 김기림의 시론을 '절충론'이라고 결론 내린다. 조달곤, 『의장된 예술주의』, 경성대 출판부, 1998, 77쪽).

고 과학적 태도를 '지성'으로 환치시켜 설명하고 있다.[6)]

크게 보아 대략 이 세 가지 방향으로 나눌 수 있는 기존 연구는 모두 김기림의 시론에서 '과학'이 의미하는 바를 부당하게 축소 해석하고 있다. 그러나 김기림 시론의 방법론은 리처즈에만 국한되지 않았고, 그가 말하는 '과학'은 '지성'을 벗어나는 경우가 상당히 많았다. 이처럼 김기림의 시론에 대한 논의들이 가진 공통점은 거기에 나오는 '과학'이라는 말에 그다지 큰 의미를 부여하지 않았다는 사실에 있다. 김기림이 과학에 부여한 중대한 의미에 비한다면, 이는 이상한 일이라 하지 않을 수 없다.

김기림이 말하는 '과학'이라는 것이 리처즈에만 국한되는 것은 아니라는 것은 확실하다. 결론을 미리 말하면 그것은 오히려 자연과학을 지칭하는 것이다. 김기림은 막연히 체계적인 것, 확실한 것이라는 의미로만 '과학'이라는 말을 쓰지는 않았다. 김기림은 자연과학의 방법론을 시론에 직접 도입하려고 했는데, 그것이 연구자들에게 이해되지 못했던 것이다. 혹은 연구자들 모두가 김기림이 말하는 과학이 '자연과학'이라는 것을 의미한다는 사실을 전제로 하기 때문에 그에 대한 논의가 부족했는지도 모르겠다. 그러나 김기림이 말하는 '과학'이 리처즈가 말하는 의미의 '과학'과는 다른 의미를 내포하고 있으며, 오히려 김기림은 자연과학의 방법론에 비추어서 리처즈를 해석하고 받아들이고 있다고 판단된다.

이 글은 '과학'이라는 용어를 통해 김기림이 무엇을 말하고자 했는

6) 김유중, 「김기림의 주지주의적 시론 연구」, 서울대 석사논문, 1989.

지, 리처즈를 벗어나서 설명해 보고자 한다. 즉 리처즈와의 비교로 포섭되지 않는 김기림의 모습, 혹은 근대성이나 근대적 지성이라는 커다란 틀로 설명되지 않는 김기림의 모습을 포착하고자 한다. 그것은 당시 서양에서 논의되었던 과학철학의 성과와 비교해봄으로써 가능할 것이다.

2. 과학적 시론의 배경

김기림은 과학을 근대 이성의 산물이며, 서양 사회를 이루는 핵심 가운데 하나로 파악하고 있다. 이때 김기림은 '과학'이라는 단어를 객관적인 것, 명확한 것, 체계적인 것이라는 의미로 사용하고 있다. 이를 두고 근대 이성이 가지는 하나의 성격으로 환원해도 관계없을 것이다. 즉 칸트류의 '오성의 범주적 체계'로 이를 파악할 수 있다. 김기림은 과학이 사물에 대한 명확하고 체계적인 인식이며, 인식하고 종합하는 능력은 있지만 판단 능력은 없는 것으로 파악하고 있다. 그는 조선 문학의 장래를 논의하는 가운데, 두 가지 태도가 있을 수 있다고 하는데, 그것은 "첫째, 사태의 발전을 있는 그대로 객관적으로 관찰하는 경우"이고, "둘째, 관찰에 그 당자의 '모럴'(윤리)이 참가하여 '이러하리라'는 것보다 '이러해야 한다'고 하는 규범을 보이는 경우"라고 하면서 다음과 같이 이 둘을 명확하게 구분한다.

> 전자는 어디까지든지 사실의 객관성과, 實然성에 충실하는 과학적 태도요, 후자는 한 개의 가치론에서부터 사태의 필연성을 논하여 당위로서의 규범을 보여주는 철학적 태도다.[7)]

초기의 시론에서 이 두 가지를 결코 혼동하고 있는 것은 아니며, 이는 1939년 이후로도 마찬가지이다. 여기서 우리가 볼 수 있는 것은, 김기림이 사물이나 현상을 볼 때 명확한 사실에 대한 인식이 선행되어야 하며 그에 대한 가치 부여는 나중의 문제라고 하여, 가치와 사실을 분리하고 있다는 사실이다. 따라서 그는 초기에는 비평의 문제를 논할 때만 과학을 언급한다. 비평은 작품의 사실에 대한 인식이 평가에 앞서야 하며 그래야 올바른 비평이 될 수 있다는 것이다.[8)]

여기서 김기림이 말하는 과학은 체계적이거나 객관적인 것에 대한 지향 정도로 파악해도 좋을 것이다. 그러나 이것은 가치와 사실의 분리라고 하는, 자연과학의 전유물은 아니지만 최소한 그에서 파생되어 나온 실증주의의 문제의식이라고 할 수 있을 것이다. 따라서 이를 구체적인 방법을 가지지 않는 하나의 '태도로서의 과학'이라고 말해볼 수 있을 것이다.

1937년 이후로 가면 김기림이 과학에 의존하는 경향은 폭발적으로 커진다. 과학적인 인생 태도, 과학적인 세계상을 가지라는 충고에 이

---

7) 『전집』 3, 131쪽.

8) "비평은 철학이기 전에 과학이라야 할 것이다. 다시 말하면 비평가는 대상으로서 제공되었거나 선택한 작품을 판단하기 전에 그것을 구성하고 있는 뭇 계기를 분석하여 그 상호간의 관계와 전체와 각 부분에 대한 관계를 구명하여야 할 것이다. 분해한 다음에는 해명해야 할 것이다", 『전집』 2, 39쪽.

어 "한 권의 미학이나 시학을 읽느니보다는 한 권의 아인슈타인이나 에딩톤을 읽는 것이 시인에게 얼마나 더 유용한 교양이 될는지 모른다"[9]라는 괴상한 주장까지 하게 되는 것이다. 그러나 이러한 과학에 대한 신앙적인 예찬은 시대와의 관련성을 떠나서는 이해될 수 없다.

> 서양적인 근대 문화가 다음 문화에 남겨줄 가장 중요한 유산의 하나는 '과학적 정신 = 태도 = 방법'이 아닌가 생각한다. 과학 문명이 아니다. 과학하는 정신, 과학하는 태도, 과학하는 방법이다. 과학 문명, 널리는 근대 문화는 물론 허다한 편견 · 미신 · 독단의 雜踏한 簇生을 만발케 하여 드디어 造花의 무리와 같이 무너지려 하지만 이러한 혼잡 가운데서도 그 가치 있는 부분을 지지해온 것은 틀림없는 과학 정신이었고, 편협한 경향에서 사고를 정도로 몰아온 것은 과학적 태도였고, 정확한 해답에 가까워 온 것은 늘 과학적 방법의 혜택이었다.[10]

이 글은 1941년이라는 시점에서 발표된 글이라는 점에서 의미를 지닌다. 글 자체로는 다소 무리한 주장이라는 생각이 들기는 하지만, 크게 문제적이라고는 생각이 되지 않는다. 그러나 '근대의 초극'이 논의되고 있고 대동아공영권의 논리가 횡행하던 시점에 쓰였다는 사실은 다른 사람들과의 입장과 뚜렷한 대조를 이룬다는 점에서 주목할 만하다. 당시의 입장을 요약하고 있는 '근대의 초극 좌담회'(1942.7)에서 과학이 어떤 대접을 받고 있는지를 보기로 하자.

---

9) 위의 책, 33쪽.
10) 『전집』 6, 53쪽.

과학은 초극되지 않으면 안 된다. ('근대의 초극' 좌담회에서의 물리학자 기쿠치 세이시[菊池正士]의 발언)

소위 자연을 고문하여 자연 자신에게 답하게 하고, 이런 의미에서 근대 과학의 인식은 오히려 순수하게 객관적인 관찰, 사물 그것의 본질의 직관이 아니라 말하자면 기술 형성적 인식이라는 성격을 가지고 있다. (시모무라 도라타로[下村寅太郎]의 발언)[11]

'근대의 초극' 좌담회가 근대 과학에 대한 의문을 배후에 깔고 있을 뿐만 아니라, 시대의 방향성 자체가 근대 과학과 그 성과를 지양하는 방향으로 진행되고 있었다고 할 수 있다.[12] 과학적 사고 방식이 스스로를 체계적인 것, 확실한 것으로 내세우지만 그것이 근거가 없는 것이며, 또한 타자를 배제함으로써만 존립할 수 있다는 사실을 지적함으로써 이 시대는 근대 과학의 위상 변경을 도모하고 있는 것이다. 이런 사정은 식민지인 조선에서도 다르지 않았다.

이제 우리는 이 자연과학적 인식에서 해방되지 않고는 우리의 정신적 사고를 계속할 수 없게 되었다. 좀 더 고차적인 사고 원리가 없이 우리의 정신적 위기는 제거되지 않을 것임으로써이다. 우리는 그저 덮어놓고 과학 정신을 요망해서는 안 된다. 실증적 정신과 합리적 정신은 이제 인과법칙을

---

11) 인용문은 각각 히로마츠 와타루[廣松渉], 『'近代の超克'論』, 東京 : 講談社, 1989의 27 · 29쪽에서 인용했다.
12) 위의 책, 24쪽.

초월한 고도의 사고 방법을 획득하는 데서만 정신의 재건, 원리의 건설에 기여할 수 있는 것이다.[13)]

김기림 또한 이런 사정을 모르지는 않았다. "전(前) 세기에는 사람들이 자연과학의 장래에 대한 절대한 희망을 가지고 역사학조차가 글자 그대로 자연과학을 복사하려고" 했지만 "현대의 구라파인은 과학 문명에 결국은 속았다고 생각한다. 전후의 불안 시대란 그런데서 온 것"이라고 말한다.[14)] 그러나 그는 두 가지 점에서 이러한 '근대의 초극'론을 배척한다. 첫 번째는 '새로운 시대'가 시작된 것은 아니고, '근대가 청산되고 있는 시점'이라고 당시를 판단하기 때문이다. 현재의 시점에서 보면, 선불리 신체제론으로 나아갔던 사람들에 비해, 이 점에서는 김기림이 올바른 역사 인식을 가지고 있었다고 볼 수 있다.

김기림은 이러한 역사 인식을 가지고 이전의 자신의 행위와 문학 운동 및 근대 자체를 반성하는데 그 일환의 하나가 '전체시론'이다. 이 논문이 모더니즘에 대해 그랬듯이, 동일한 문제의식에서 김기림은 과학 정신도 또한 그 비판의 도마 위에 올려놓는다. 그는 우선 "사실의 정확한 계산과 법칙에 대한 열렬한 경도로써 표현할 수 있는 과학 정신은 근대 그것의 청산장에서 어떻게 취급되어야 할 것인가"라고 질문한다. 이에 대한 대답이 '근대의 초극'론을 배척하는 두 번째 이유이다. 그는 "그것을 부려온 고주(雇主)의 실책은 오늘 와서는 감출 수 없으나 그렇다고 해서 기사의 지식과 지혜의 산모인 과학 정신조차를 고발하려는

13) 김오성, 「원리의 전환」, 『인문평론』, 1941.2.
14) 『전집』 5, 432쪽.

것은 무모나 만용이 아닐까" 하고 '근대의 초극'론을 외면적으로 비판한다. 그에 따르면 결국 근대의 청산 과정에서 남을 수 있는 것은 과학적 정신·태도·방법이며 "새로운 세계의 구조에 있어서도 과학 정신은 의연히 가장 정확한 지표일 것이고 또 과학은 가장 신뢰할 수 있는 조언자일 것이다."[15] 이러한 그의 신념은 별다른 근거가 없어서 시모무라[下村]나 김오성의 논리에 비한다면 오히려 억견이라 할 수 있겠지만, 이것이 그의 행위나 시론을 결정짓는다는 점에서 중요하다고 할 수 있다. 이러한 그의 신념 때문에 다른 문인들이 신체제로 전향할 때 그는 과학적 시론을 주장할 수 있었고, 1940년대 전반기에는 글을 발표하지 않고 『조선일보』가 폐간되자 고향으로 돌아가서 영어와 수학을 가르치는 교사가 될 수 있었다.[16]

여기서 그는 여전히 사실과 가치를 분리시키는 입장에 있었다. 즉 새로운 체제에 대해 가치 판단을 유보하는 입장에 있었고, 그러기 위해서는 철저히 사실에 몰입해야만 했다. 사실만을 탐구하고, 가치를 유보하는 것, 그것이 학문의 길이라 생각했고 그 결과가 그의 '과학적 시론'이었던 것이다.[17] 그는 신앙에 몰입하듯 여기에 몰입함으로써 시대를 헤쳐 나가고자 했다.

여하간에 현대인의 불행은 그들이 아무 신념도 가지지 못했다는 데 있다.

---

15) 『전집』 2, 49~50쪽.
16) 김기림의 일제 말 행적에 관해서는 김유중이 쓴 「김기림 평전」, 『김기림』, 문학세계사, 1996을 참조할 것.
17) 이를 두고 김윤식은 "이 순간 이미 그는 시인이 아니고 비평가도 아닌, 한갓 학자로 되어버렸다"라고 표현했다, 김윤식, 앞의 책, 77쪽.

> 그러므로 우리는 각각 제 자신의 종교를 찾아냄으로써 얼마간은 구원을 받을 수 있다고 생각한다. 즉 全情熱을 기울여 열중할 수 있는 대상을 찾는 일이다. 그것이 학문이라도 좋다. 예술이라도 좋다. 기업이라도 좋다. 때때로는 연애라도 괜찮다. 이리해서 우리는 제 스스로 꽤 행복을 결의할 수 있다.[18)]

뒤에서 보겠지만 그는 시에 관한 학문, 즉 시학을 세우는 것이 철저히 가치와는 상관없는 사실 확정의 문제라고 생각했다. 시를 객관적인 대상이라고 보고 그것의 사실만을 추구하는 것이 시학이라 여겼다. 그러나 결코 그는 이것을 확장하지는 않았다. 시를 과학적으로 써야 한다고 주장하지도 않았고, 비평을 과학적으로 써야 한다고 주장할 때에도 가치의 개입을 비난한 것이 아니라, 가치의 개입 이전에 사실 확정의 문제에만 과학적이어야 한다고 주장하였다. 또한 사실의 문제에 천착하다 보면 가치의 영역, 즉 비판의 정당성도 또한 구해지지 않을까 하고 생각했는데, 이야말로 '과학'에 대한 하나의 신앙에 지나지 않았지만 그것은 1930년대 후반 지식인들이 공통적으로 가지고 있는 신앙이기도 했다.

이처럼 자연과학의 방법론을 인문학에 도입했던 김기림과 비교해 볼 수 있는 인물로 자연과학의 방법론을 사회 원리로 수용하고자 했던 칼 포퍼를 들 수 있다. 칼 포퍼는 독일 나치즘을 피해 뉴질랜드로 망명한 유태인 철학자이다. 그런 만큼 전체주의에 대한 그의 증오심은 남달랐다고 할 수 있다. 망명지에서 포퍼는 전체주의 비판서인 『열린사

18) 『전집』 5, 432쪽.

회와 그 적들』(1945)을 썼는데 그는 현대 전체주의의 원천을 멀리는 플라톤, 가깝게는 마르크스 등의 역사주의에서 발견했다. 그가 보기에 역사주의는 목적론적이고 그 점에서 비합리적이며 신화를 내포하고 있다고 보았다. 이러한 '역사주의의 빈곤'을 탈출하기 위해 그가 주장한 것이 자연과학의 방법론을 사회 진화를 위해 도입하는 것이었다. 그는 이것을 '사회공학'이라고 불렀다.

1930년대 후반은 영미 철학계에서 신실증주의가 태동하는 시기였다. 과학의 방법론을 여타 학문에 도입하려는 것이 신실증주의였기 때문에 당연히 여기에서 중심적인 분야는 과학 철학이었다. 김기림은 톰슨의 『과학개론』을 번역(1948)할 정도로 이러한 동향에 대해서 민감했는데, 이러한 감각은 그가 유학했던 도호쿠 제국대학과 관련이 있지 않을까 추측할 수 있다. 그가 글 속에서 과학을 강조하게 되는 것이 1937년부터이며 그가 도호쿠 제대를 졸업한 1939년 이후 집중적으로 과학적 시론이 주장되고 있는 것으로 그것을 짐작할 수 있다.

일본에서 제국 대학은 서양 학문에 대한 체계적인 수입을 목적으로 계획적으로 만들어진 것인데, 「제국대학구상(帝國大學構想)」에 따라 도호쿠 제대가 '이공 계통'의 학부를 중심으로 세워진 것이 1911년이며, 법문학부는 그로부터 11년 후에나 생기게 된다.[19] 숲으로 둘러싸인 고지(高地)인 센다이[仙臺]가 적격지로 선정된 이유가 "자연과학이라는 학문의 성질상 실사회와 관계하는 바가 적어야 하기 때문"[20] 이었다고 할 정도로 자연과학 분야에 대한 배려가 강했다. 실사회와 떨어져서, 즉 가치

19) 「東北帝大沿革」, 『東北帝大便覽』, 1939 참조.
20) 城山三郎, 「東北大學」, 朝日ジャ：ナル編輯部 編, 『大學の庭』 下, 弘文堂新社, 1964, 204쪽.

의 체계를 떠나 학문 연구에 몰두하는 것에 대한 김기림의 가치 부여가 여기에서 발단되었다고 단정은 할 수 없겠지만, 추측은 가능할 것이다.

3. 『시론(詩論)』의 방법론

도호쿠 제대를 마치고 김기림이 조선으로 돌아와 『조선일보』에 복직한 것은 1939년 4월경이었다. 그가 시론의 방법론을 밝히고 있는 글들을 집필한 것은 이 직후로 집중되어 있다. 그는 이 글들을 모아서 『시론(詩論)』(1947)을 낼 때 「방법론(方法論) 시론(試論)」이라 이름 붙여 맨 앞자리에 내놓았다. 이 가운데서 방법론만 집중적으로 논의하고 있는 것은 「과학(科學)으로서의 시학(詩學)」(『문장』, 1940.2)이다. 이 글은 『시론』의 맨 앞에 「시학(詩學)의 방법(方法)」으로 재수록되었다.

1) 소박한 귀납주의(歸納主義)

김기림은 시에 관한 논의를 나누고, 배제함으로써[21] 과학적 시학을 구성하려고 한다. "과학으로서의 시학의 성질을 밝히기 전에 과학 아닌 시학 내지는 그것에 유사한 여러 가지 환영을 씻어 버리는 것이 옳

---

21) 김기림의 표현에 의하면 '防疫'을 함으로써, 『전집』 3, 7쪽.

겠다."[22] 그 분류는 박식, 형이상학, 시론, 시학으로 구성된다.[23]

김기림의 설명에 따르면 박식(博識)은 "방법과 체계가 없는 것"이며 "동양의 재래 학문이 모두 여기에 속"하는 것이다. 시로 한정해서 말하자면 "여러 나라의 시인의 이름과 경력과 일화에 정통하고 또 그들의 약간의 시를 외울 수 있는 지식"인 것이다. 이러한 지식의 단편적인 나열을 두고 우리는 시에 관한 상식이라 이름 붙일 수 있을 것이다. 여기에서 박식을 배제하는 원칙은 '체계성, 법칙성'이다.

두 번째로 그의 시론에서 배제되는 것은 형이상학이다. 이것은 체계(김기림은 '조직된'이라고 표현한다)는 가지고 있으나 객관적으로 검증할 수 없다는 점에서 시학에서 배제된다. 아리스토텔레스나 월터 페이터의 시학이 이에 해당한다. 여기서 배제의 원칙은 '검증 가능성'이다. 형이상학은, 김기림에 따르면 하나의 가설에 속하는 것이다. 형이상학은 가설인 한에서만 유용하지만 그 유용성도 제한되어야 한다. "과학서에는 오직 이상의 한도 한에서만 가설이 생길 수 있다. 그리고 그 가설은 이미 정해진 같은 체계 안의 다른 정설과 모순되어서는 안 된다."[24] 또한 형이상학이 가설로서 의미를 가진다고 하더라도 사실에 대한 엄밀한 관찰에서가 아니라 직관에서 출발한 이상, 그 사용 범위는 현저히 좁혀져야 할 것이다. 여기서 배제의 원칙으로 '가설의 관찰 의존성'이 첨가될 수 있을 것이다.

세 번째는 "한 시파의 혹은 한 시인의 그 자신의 시의 합리화" 혹은 "한

22) 『전집』 2, 11쪽.
23) 위의 책, 13 · 28쪽.
24) 위의 책, 16쪽.

개인이나 유파가 그들이 있기를 원하는 시의 가상을 그리는 것"인 시론(詩論)이다. 이것은 현실적으로 시를 생산해내고 있기 때문에 충분히 검증 가능한 것이고, 자신의 논리를 가지고 있으므로 체계성을 가지고 있기는 하지만, 객관성을 상실하고 있다는 점에서 시의 과학, 즉 시학이 아니다. 이것은 자신의 유파나 해당 시론을 쓴 개인이 생산한 시에만 진실이기 때문에 부분적인 것에 지나지 않는다. 이를 실증주의의 용어로 표현하면 '단칭적 관찰 언명의 수적 · 조건적 제한'이다. 하나의 명제가 법칙으로 성립될 수 있기 위해서는 동일한 현상이 수적으로 많아야 하며 다양한 조건 속에서도 반복될 수 있어야 하는데[25] 시론은 거기에 부합되지 못한다. 여기서 배제의 원칙은 '일반화의 가능성'이다.

이 모든 것을 만족시키는 것이 과학이라 할 수 있고, 시에 관해서는 시학이라 할 수 있다. 과학과 시학의 방법론이 '소박한 귀납주의'에 기반을 두고, 그 이외의 것은 학문, 즉 과학이 될 수 없다고 하여 배제하는 것이다. 김기림의 배제의 원칙을 다시 정리하면 ① 체계성, 법칙성 ② 검증가능성 ③ 가설의 관찰 의존성 ④ 객관성, 일반성이다. 김기림이 말하는 바의 시학을 이를 바탕으로 재구성하면 다음과 같다. 시라는 객관적으로 존재하는 현상, 혹은 시라는 사물(학자에게는 이것은 사물과 같다)에 대한 투명한 가설을 세운 다음, 이 가설을 수적으로 많이 혹은 조건을 달리해 검증하고, 즉 시간적으로 공간적으로 지금여기가 아닌 곳에서, 혹은 다른 유파들에 의해 쓰인 시들도 모두 이 가설로 포괄할 수 있을 때 가설은 법칙으로 되며, 이 법칙을 체계적으로 정리하면 시학이 된다는 것이다.

---

25) A. F. 챠머스, 신일철 · 신중섭 역, 『현대의 과학철학』, 서광사, 1985, 35쪽.

과학적 방법에 의한 시의 연구는 시의 사실에서 출발할 것은 물론이다. 그래서 그것의 치밀한 관찰과 분석에서 일을 시작할 것이다.[26)]

주장을 품은 모든 명제는 사실의 검증에 비추어서 그 진가를 결정하는 것을 안목으로 한다.[27)]

시학이 문제 삼는 것은 다만 이러한 특수한 사건이 아니고 시의 일반적 사실에 대한 인식이다.[28)]

이 방법론에 '소박한'이라는 한정사가 붙은 것으로도 알 수 있겠지만, 과학 철학계 내부에서도 이러한 귀납주의는 제2차 세계대전 후 상당한 반박과 함께, 포퍼의 반증주의 및 쿤의 패러다임 이론을 낳게 되지만, 김기림이 도호쿠 제대에서 수학할 당시는 가장 최첨단의 과학 철학이 아닐 수 없었다. 따라서 이를, 가장 객관적이고 체계적이어서 학문의 지위를 보증해줄 방법론으로 김기림이 판단한 것은 그리 이상한 일이 아닐 수도 있다. 문제는 시의 이론, 혹은 문학의 이론, 크게 보아 인문학에 이러한 방법론이 도입될 수 있을 것인가 하는 것과 그것이 과연 생산적인 결과를 가져올 것인가 하는 것에 놓여 있다. 그러한 고민 속에서 그는 객관적 과학의 방법론을 '시학'으로 변형시킨다.

---

26) 『전집』 2, 29쪽.
27) 위의 책, 28쪽.
28) 위의 책, 15쪽.

2) 본질주의(本質主義)에 대한 거부

귀납주의적 방법론으로 시학의 체계를 세우기 위해 형이상학과 시론을, 객관적이지 못하고 검증 가능하지 않다는 이유로 배제시킨 김기림이 도달한 곳은 언어에 대한 비본질주의적 입장이었다. 김기림은 시론이나 형이상학이 잘못된 결론으로 유도될 수밖에 없었던 이유를 시에 관한 잘못된 질문 방식에서 찾았다. 시에 관한 시론이나 형이상학의 질문방식이 본질론적인 것이었기 때문이라는 것이다.

> 시란 '무엇'이냐.
>
> 시는 '왜' 있느냐.
>
> 이런 유의 설문에 대해서는 우리는 여러 종류의 서로 대립 혹은 모순된 해답을 예기할 수밖에 없다.[29]

이제까지 시에 관한 과학이 세워지지 못한 것은 그들의 질문방식이 위와 같은 "본체론(本體論)적인 또는 목적론(目的論)적인 성질의 것"이었기 때문이었고, 그런 이유로 "시에 대한 이론은 당파의 수만큼이나 많은 해답이 나왔다는 것"라고 김기림은 주장한다. 이 수많은 해답을 주는 방식이 형이상학이나 시론인데, 그것은 "신학(神學)의 질문 방식과 닮아 있고 결국은 신학의 삼단 논법과 마찬가지로 모순 논법에 빠져 버렸다"라는 것이다. 그러나 그에 따르면 자연과학의 질문 방식은 이와

29) 위의 책, 14쪽.

는 다른 것이다.

이러한 상황은 신실증주의자라고 불리는 포퍼에게도 마찬가지로 생겼다. 그도 역시 과학의 입장에서 보니까 사회과학이 너무나 낙후되어 있다는 것이다. 그래서 사회 철학 저서인 『열린사회와 그 적들』[30]에서 이 문제에 대한 해결을 구하고 있다. 그도 마찬가지로 사회과학, 혹은 철학의 질문 방식을 문제 삼고 있다. 즉 그 학문들은 대부분 본질주의에 빠져있는데 본질주의는 근본적으로 질문 방식, 즉 정의에서 문제가 생긴다. '피정의항-종차-유개념'으로 이루어진 하나의 정의에서 본질주의의 질문 방식은 왼쪽에서 오른쪽으로 진행된다. 즉 피정의항의 대답으로서 정의항이 무엇인가를 묻는 것이 본질주의(essentialism)의 방식이라 할 수 있다. 그래서 '이것은 무엇인가'라는 질문이 나오고 그것은 결국 순환 논법이나, 시대에 대한 추측, 예측이 난무하는 역사주의를 낳을 뿐이다. 그가 플라톤, 헤겔, 마르크스, 히틀러를 싸잡아 '열린사회의 적'이라고 비난하는 근거의 하나가 여기에 있는 것이다.

그러나 '열린사회'에서는 다른 방식이 되어야 하는데, 그것은 자연과학의 방법을 도입함으로써 가능하다. 자연과학의 질문 방식은 오른쪽에서 왼쪽으로 진행되어 '이러이러한 정의항은 어떻게 불리는가, 혹은 어떠한 이름을 붙일 수 있는가'라는 식의 유명론(nominalism)적 해석이다. 유명론적 해석은 무한 소급에 빠지는 것을 피하기 위해 어느 단계에서는 정의를 그냥 받아들인다. 이러한 것에 의해 과학은 지금의 수준에까지 발전해왔다고 포퍼는 주장한다. 따라서 사회과학이나 인문

30) 이 책이 출판된 것은 1945년이지만 포퍼가 이 책을 쓴 것은 1930년대 후반이고 비슷한 문제의식은 이미 과학철학자들 사이에 만연해 있었다.

과학의 영역에서도 이러한 자연과학의 방법론을 도입해야 하는데 이는 방법론적 자연주의, 혹은 사회공학(社會工學)이라 명명되며 '열린사회'의 논리가 된다.[31)]

김기림에게 있어서도 "문제 제출의 방식 자체가 잘못되었던" 순환논법을 벗어나서 과학적인 시학을 세우는 길은 포퍼와 같이 유명론적 해석을 받아들이는 것, 즉 질문 방식을 다음과 같이 바꾸는 것에 의해 가능하다.

> 그러면 새로운 시학은 어떤 모양으로 물어야 할까. 그것은 '무엇' 또는 '왜'와 같은 방식의 물음은 일체 버려야 할 것이다. 그것은 다만 시는 '어떻게' 있는가 하는 물음에서 시작해서 거기서 끝나야 할 것이다.[32)]

'이것은 무엇인가'와 같은 본질주의적 질문은 포퍼에게는 사회과학을, 그리고 김기림에게는 시학을 잘못된 길로 들어서게 하는 지름길이었다. 그 대신 '이것은 어떻게 존재하는가'와 같이 '어떻게'에 초점을 맞추어야 자연과학처럼 사회과학이나 시학이 성립할 수 있다고 생각했다. 그러나 포퍼가 본질주의를 비판하면서 언어의 유명론적 해석을 주장하고 있는 데 반해 김기림은 언어론으로까지 이 견해를 이어가지 못하고 시의 사실 자체에 멈추고 있다.

---

31) 포퍼의 유명론적 견해에 대해서는 칼 포퍼, 이명현 역, 『열린사회와 그 적들』 2, 민음사, 1982, 35~48쪽 참조.

32) 『전집』 2, 14쪽.

> 시에 대해서 무슨 환상이거나 이상을 그려내거나 만드는 것이 아니고 시의 사실에 실로 사실에만 육박할 것이다. 그것이 설정하는 명제는 형식 논리의 식에 맞느냐 안 맞느냐 하는 점으로써 완전함을 자랑할 수는 없다. 다만 참이냐 거짓이냐 하는 점에서만 긍정되거나 부정된다. 그것은 시에 대한 아름다운 꿈을 보여주는 것이 아니라 시의 사실만을 가리킨다. 명제들은 시의 사실 자체와 비추어 보아서만 그 참이고 아닌 것을 결정한다.[33]

포퍼와 김기림이 갈리는 지점은 이곳이다. 포퍼가 언어가 사회적 구성물이며 그 속에는 아무런 선험적 의미도 내포되어 있지 않다는 유명론적 언어관을 가지고 있었다면, 김기림은 이러한 견해를 시 자체에만 적용했다. 그러나 용어를 통일해야 시학이나 사회 공학이 발전해 갈 수 있다는 점에서는 두 사람의 견해가 일치하고 있다. 이를 언어에 대한 유명론적 견해라고까지 하기는 어렵겠지만, 적어도 비본질주의적 견해라고는 할 수 있을 것이다.

> 사실 오늘의 문화 과학을 자연과학보다 뒤떨어지게 하고 있는 원인의 하나는 문화 과학이 아직도 정리하지 못한 조잡하고 몽롱한 그 어휘와 어법의 운무다. (…중략…) 문화 과학이 그 상호간에는 물론 자연과학과의 공통된 관심 아래서 그 용어의 어휘를 一義적으로 정돈하고 아울러 통일된 문법을 세운다면 더 한층 높고 완성된 단계로 더 빨리 올라설 것은 자연한 추세다.[34]

33) 위의 책, 14~15쪽.
34) 위의 책, 23~24쪽.

위 인용문에서 말하고 있는 것은 합의로서 어의(語義)를 확정시키는 것(포퍼의 표현에 의하면 정의를 그냥 받아들이는 것)에 의해 과학적 시론, 즉 시학이 세워질 수 있을 것이라는 견해이다. 물론 김기림은 시의 언어는 다르다고 본다. 그것은 역시 정의(情意)적인 언어이므로 당연히 가치가 내포되어 있다는 것이다. 이러한 언어의 비본질주의적 견해는 학문의 경우에만, 그러니까 '과학적 시론'에만 해당한다고 보아야 한다.

3) 반증주의(反證主義)

시학에 관한 비본질주의적 입장은, 무작정 자연과학의 방법론을 도입하는 것이 아니라 어느 정도의 자의식을 가지고 시학을 발전시키기 위해 그러한 방법론을 원용할 수 있다고 생각한 점에서 '소박한 귀납주의'에 비해 한결 세련된 태도라고 할 수 있을 것이다. 아래에서 보게 될 반증주의적 견해는 시학과 자연과학의 차이 때문에 김기림이 도출해낸 것이다. 그러나 그것도 또한 실증주의의 방법론을 전제로 깔고 있기 때문에 그 틀을 벗어나지는 못한다.

'시학은 어떻게 갱신될까'라는 항목에서 김기림은 "새로운 시가 계속해서 생산됨에 따라서 시학이 그러한 시들을 포섭하지 못할 경우에 어떻게 될 것인가"라고 질문한다. 이 문제는 시학, 혹은 과학이 어떻게 발전하는가 라는 문제와 연관되어 있다. 소박한 귀납주의는 사물에 대한 명징한 관찰과 분석에 의해 항상 새로운 이론이 개발될 수 있다고 믿는다. 그러나 핸슨에 의해 관찰이 항상 이론에 의존하고 있다는 것이 밝혀진 이후 신실증주의가 등장하게 된다. 그 대표자라 할 수 있는 포퍼는 귀납주의의 이론적 결함을 반증주의로 해결하고자 했다.[35] 반증주의는 관찰의 이론 의존성을 인정하고, 귀납적 방법에 의해 진리가 발견된다고도 생각하지 않는다. 모든 실험이나 관찰이 기존 이론에 따라 이루어지지만, 그러한 이론과 상충되는 실험 결과나 관찰 결과가 나올 수도 있다는 것이다. 그러한 반증에 의해 기존 이론은 무너지고, 이론은 새로운 발견을 설명해줄 수 있는 것으로 대체된다는 것이다. 이렇게 반증에 의해 과학이 발전한다고 하는 것이 반증주의, 즉 신실증주의이다.[36]

김기림도 이와 마찬가지로 시학이 새로운 시 경향을 포섭하지 못할 때 시학의 갱신은 불가피하다고 한다.

> 오늘의 문명 생활이 사람들의 문화적 충동을 더욱더 복잡다기하게 해갈수록 어떤 문화 부분의 일반성까지에 새로운 사태가 나타나도록 변천이 심할 수 있으며 그 문화 부분을 취급하는 일반적인 과학도 그 사태마저를 포용하고 남을 수 있게 체계의 확충・갱신을 해야 할 것이다.[37]

35) 과학 이론의 발전에 관한 논쟁은 A. F. 챠머스, 앞의 책 참조.

36) 이 이론은 다시 토마스 쿤에 의해 반박을 받게 된다. 즉 쿤에 따르면 새로운 관찰 결과가 나왔다고 해서 과학 이론이 폐기되지는 않고 오히려 새로운 관찰 결과가 무시된다고 한다. 이것은 교육과 전문가 집단을 통해서 공고하게 된 정상과학(normal science)의 형식으로 하나의 패러다임이 존재하기 때문이다. 과학자 집단은 이러한 정상과학 아래에서 일정한 역할을 분담하는 수수께끼 풀이(puzzle solving)로서 과학 활동을 한다. 그러나 새로운 관찰 결과가 축적되면 정상과학은 위기를 겪게 되고 이른바 과학 혁명을 겪게 된다. 이 시기를 이상과학(abnormal science)의 시대라 하는데 이것이 인정을 받으면 다시 정상과학의 시대가 시작된다. 토마스 S. 쿤, 박정자 역, 『과학혁명의 구조』, 동아출판사, 1992 참조.

37) 『전집』 2, 18쪽.

따라서 "영구한 시학은 없으며 시학은 끊임없이 갱신되어야 한다"라고 그는 주장한다. 자연과학의 이론적 안정성에 비해 시학이 불안정한 것은, 이것이 문화적 현상을 포착하는 학문이기 때문이다. 문화는 "문명의 진도를 따라서 점점 더 의식적으로" 되고, 더 의식적으로 될수록 "그 변천은 더욱 급하고 심해"진다고 한다. 그런 이유는 "자연에 있어서의 사태란 '나타나는 것'이고 문학에 있어서의 그것은 '만들어지는 것'"이라는 차이가 있기 때문이다. 자연과학의 경우 새로운 관찰 결과는 이론에 비추어 보아 틀린 것이면 관찰 결과를 의심받게 되지만, 문학에 있어서는 그럴 수 없다. 항상 새로운 것이 요망될 뿐만 아니라, 그 결과가 사실로 항상 인정되기 때문이다. 이러한 차이점으로 말미암아, 반증에 따라 시학이 항상 갱신된다고 하는 반증주의의 이론적 결과를 김기림은 선취하게 된다.

4) **리처즈 이론과의 관련성**–시론의 전체적 구도

김기림 시학의 방법론은 자연과학적 실증주의이다. 구체적으로는 귀납주의, 비본질주의, 반증주의이다. 앞에서 말했다시피 이러한 방법론이 『시론』 앞자리에 놓여 그 뒷부분의 논리 전개를 어느 정도 통제하고 있다. 그러나 이 방법론은 제한적이다. 그 이유는 이것이 시학에만 적용되는 것이기 때문이다. 이것을 모든 국면에 적용하려는 것은, 김기림에 따르면, '범과학주의(汎科學主義)'이다. 그 반대의 극단은 이른바 '범시주의(汎詩主義)'라 지칭할 수 있다.[38] 그것은 시(문맥적으로 읽으면 형이상학도 포함한다)를 부당하게 높은 지위에 끌어올린다. 리처즈의 시론이 그것이다. 이 대목은 형이상학적인 면모가 있다는 점에서 리처즈를 비판하는 듯이 보인다.

그러나 대부분의 경우, 김기림은 리처즈의 논리를 수용한다. 그의 시론을 과학적이라 생각하기 때문이다. 리처즈의 시론이 과학적일 수 있었던 이유는 심리학을 도입했기 때문이다. 시인의 경험이 어떠한 통로를 통해 언어화되어 시 창작이 이루어지며, 어떠한 경로를 따라 독자들에게 전달되는가를 심리적으로 밝혀낸 것이 리처즈의 시론이라면, 김기림이 생각하기에, 그러한 이론의 성공 여부는 그가 차용한 심리학이 얼마나 과학적인가에 달려 있다. 그러나 심리학은 아직도 과학적이지 않다.

> 자연과학의 어느 것, 예를 들자면 물리학에서와 같이 통일성과 일의성이 아직은 없다는 점은 심리학의 가장 큰 약점일 것이다.[39]

가설의 영역이 너무 많을 뿐만 아니라 사실에 의해서 검증받지도 못하기 때문이다. 실험 심리학이 있지만 그것도 물리학, 화학의 실험에 미칠 것이 못되기 때문이다.[40] "그리하여 시를 과학적으로 파악하며 밝혀 체계가 선 시학 또는 더 분명하게는 시의 과학을 세우는 것은 아직도 미완성 상태에 있는 것이다."[41] 이를 통해서 보면 김기림은 자연

38) 위의 책, 24쪽.
39) 위의 책, 204쪽.
40) 위의 책, 206쪽.
41) 위의 책, 201쪽.

과학적 방법론을 시학으로 도입하고, 다시 그 원리를 심리학으로 이전시키고 있는 것이다. 그렇다면 시학이 좀 더 과학적일 수 있는 다른 방법은 없을까. 김기림이 내린 결론은 과학적인 다른 학문을 하나 더 끌어오는 것이다. 사회학이 바로 그것이다. "시학에 가장 중요한 도움이 될 과학으로서는 언어학과 심리학과 사회학이 있다."[42]

> 나는 年來로 문학의 사실을 기술하는 과학은 심리학과 사회학의 두 지주 위에 서야 할 것이라고 생각하고 있다.[43]

여기서 주의할 점은 김기림이 주목하는 사회학 혹은 사회성이라는 말에는 가치 개념이 없다고 하는 사실이다.[44] 시를 형성시키는 하나의 원인으로 사회성이라는 말이 쓰인 것이라고 할 수 있다. 즉 어떻게 사회성의 요소가 시를 형성시키는가 라는 과정적인 것, 혹은 인과적인 것에만 집중하고 있는 것이다. 김기림에 따르면 어떠한 사회적인 면이 그 시를 형성시키는가를 면밀히 관찰하고 기록하는 것에만 시학의 임무가 놓여있는 것이고, 더군다나 그러한 사회적 경험 또한 추상화되기 때문에 그 과정만이 중요한 것이 된다.[45] 즉 인과 관계가 검증될 수 있느냐에 사회학의 성패가 놓인 것이다. 그 이후의 문제는 비평이 할 일이라고 할 수 있을 것이다. 이렇듯 사회학과 심리학이 시학에 도입된

---

42) 위의 책, 15쪽.
43) 『전집』 3, 12쪽.
44) 따라서 '전체시론'에서 주장하는 '모더니즘과 사회성의 종합'이라고 할 때의 '사회성'과 이것은 차이를 지닌다. '전체시론'에서 그것은 비판의 정당성을 의미한다. 『전집』 2, 58쪽.
45) 『전집』 3, 23~27쪽의 「문학의 사회학」을 참조할 것.

가장 큰 이유는 과학에 가장 가까운 인문학이기 때문이다. 좀 더 과학적인 인문학이 있다면 얼마든지 그 목록이 추가될 수 있을 것이다. 그러나 아무리 많이 다른 학문들의 성과를 가져온다고 하더라도 자연과학적 방법론을 시론의 방법론이라고 맨 앞에 내세운 김기림의 기대에 못 미칠 것은 당연한 것으로 보인다.

4. 결론

이상으로 김기림의 시론에서 과학이 의미하는 바를 살펴보았다. 그에게 있어 '과학'이란 단순히 과학적 방법론을 의미하는 것이 아니라 곧바로 자연과학의 방법론을 의미했다. 그것은 단순한 수사나 지성으로 환원되지 않는 구체적인 방법론을 가진 것으로서 당대의 자연과학 방법론에서 차용한 것으로 보인다. 물론 자연과학의 방법론이 시학이나 인문학에 아무런 여과장치 없이 도입될 수 있는가는 논란의 여지가 분명히 있다. 그러한 시도뿐만 아니라 자연과학의 방법론 자체가 회의되고 있는 시점이었기 때문이다. 그러나 김기림에게 있어도 자신의 방법론 자체가 절대적인 위치를 차지하고 있는 것은 아니다. 오히려 그는 그것의 상대성, 즉 언제나 갱신될 수 있는 가능성을 열어두었다. 그가 자연과학의 도그마에 빠지지 않고 시학을 염두에 두고 있었기 때문에, 그리고 그가 현실의 시 창작과 관련을 가지고 있었기 때문에 그것은 가능했다.

김기림의 이러한 소박한 논리가 빛을 발하는 것은 1930년대 말, 1940년대 초반이라는 시대와의 긴장감 때문이다. 근대에 대한 파산선고와 그것의 초극이라는 당대 담론의 장 속에 그의 논리가 어디에 어떻게 배치되는가는 앞으로의 연구 과제일 것이다.*

* 이 논문은 2006년 『한국근대문학연구』 제7권 제1호에 게재된 논문을 재수록한 것임.

이상 시와 건축

김행숙

1. 시의 모더니티와 건축의 은유

1930년대 "문학의 과학, 시의 과학"[1]을 역설하였던 김기림은 「모더니즘의 역사적 위치」(『인문평론』, 1939.10)라는 글에서 "최초의 모더니스트"로 정지용을, "가장 우수한 최후의 모더니스트"로 이상을 배치하면서, 이 일군의 모더니스트들에 의해 비로소 진정한 "20세기의 문학"이 식민지 조선에서 "의식적으로 추구"될 수 있었다고 평가하였다. 김기림이 강조했던 '의식적'인 문학적 태도란, 그가 비평적으로 지지하였던 모더니스트들은 "건축학적 설계 아래서" 시작(詩作)을 했다는 것이다.[2] 김

1) 김기림, 「시의 르네상스」(『조선일보』, 1938.4.10), 『김기림 전집』 2, 심설당, 1988, 127쪽.
2) 위의 책, 53~58쪽.

기림이 '20세기적'인 역사적 요구로 모더니즘 시학을 내세웠을 때, 그것은 "조만간 학문은 모조리 과학으로 통일되어야 할 운명에 있다"[3]는 진단에 부응하는 것이었으며, 과학성을 담보한다는 것은 건축적인 사유와 체계를 시와 비평에서 관철시킨다는 의미였다.

이 장면은 우리에게 "측량술에서 비롯된 자연의 과학화가 인문, 사회, 심리학에 무차별적으로 적용되는 세기적 장관"[4]에 연루되는 한국 근대문학사의 버전을 극명하게 보여준다. 플라톤 이래의 서구 형이상학을 관통하는 기저의 욕망을 '건축에의 의지'에서 찾았던 가라타니 고진에게는 그 사태가 형식주의적인 충동의 팽창이 "19세기 최후의 보루였던 영혼, 생명, 시에 이르기까지 확장"되었던[5] 사례로 보일 것이다. 김기림에게 새로운 시학(모더니즘)의 질문법은 시에 관한 '무엇'(시란 무엇인가) 또는 '왜'(시는 왜 존재하는가)에 해당하는 것이 아니라, "시는 '어떻게' 있는가 하는 물음에서 시작해서 거기서 끝나야 할 것"으로서,[6] 그것은 철저하게 형식주의적인 것이었다. 건축의 은유가 '구축'과 '구성'의 의지를 드러내는 것이라면, 형식주의나 구조주의에 있어서 건축적인 사유와 용법은 근본적으로 작동하고 전면적으로 부각되는 것이다.

시를 "언어의 건축"이라고 거듭 규정하는[7] 김기림에게 시인은 "제작자"이고 비평가는 "분석자"[8]여야 했다. 시인이 제작자로서, 비평가가 분

3) 김기림, 「과학과 비평과 시」(『조선일보』, 1937.2.21~26), 위의 책, 28쪽.
4) 김윤식, 『한국문학의 근대성 비판』, 문예출판사, 1993, 37쪽.
5) 가라타니 고진, 김재희 역, 『은유로서의 건축』, 한나래, 1998, 81쪽.
6) 김기림, 「방법론 시론」(『문장』, 1940.2), 『김기림 전집』 2, 심설당, 1988, 14쪽.
7) 김기림, 「동양인」(『조선일보』, 1935.4.25), 위의 책, 162쪽. "일찌기 나는 말한 일이 있다. '시는 언어의 건축이다' 그렇다. 시는 어디까지든지 정확하게 계산되어 설계되고 구성되어야 한다."
8) 김기림, 「비평과 감상」(『조선일보』, 1935.11.29~12.6), 위의 책, 41쪽.

석자로서 마땅한 의식적인 방법론을 가졌을 때라야 그들은 김기림의 시학적 지평에서 "말의 과학자"[9]의 위상을 획득할 수 있다. 그러나 "최후의 모더니스트 이상"[10]의 시를 비평가의 자리에서 김기림은 '분석' — 작품을 "구성하고 있는 뭇 계기를 분석하여 그 상호간의 관계와 전체와 그 각 부분과의 관계를 규명"[11]한 바가 없다. 김기림은 이상의 가장 적극적인 비평적 지지자를 자처하며 모더니즘의 첨단, 극단, 초극의 위치에서 이상을 찾았으나, 그 비평적 판단은 이상 시의 건축적 구성을 분석하여 종합한 것이 아니었다. 말하자면 김기림의 이상 비평은 그가 비평적으로 저급하게 여겼던 인상주의적인 태도를 넘어서지 않는 것들이면서 나아가 인상주의 비평으로서 매우 탁월한 것이었다. 그 일례로, '분석'이라기보다는 '직관'을 통해서 이상 문학의 핵심을 간파해내고 있는 그의 평문 「이상의 문학의 한모」(『태양신문』, 1949.4.26~27)를 보면, 이상의 문학에 대해 "내부 세계의 분석을 더 어쩔 나위 없는 막다른 골목까지 몰고" 갔다고 말하고는 있지만 김기림은 그 분석을 생략했고, 마찬가지로 "대상과 자기와의 불이 나는 교섭의 장소로서 팽팽해 있는 실례"를 이상 문학에서 찾았으나 그 교섭의 양상을 비평적인 논리로 설명해내지 못했다.[12]

이러한 사정은 건축의 은유로 문학의 과학을 수립하고자 했던 김기림의 모더니즘 시학에 이상의 텍스트가 매끄럽게 부합하지 않기에 빚어질 수밖에 없는 것이었다. 일견 김기림 시학의 키워드랄 수 있는 '건

---

9) 김기림, 「과학과 비평과 시」(『조선일보』, 1937.2.21~26), 위의 책, 32쪽.
10) 이렇게 이상을 호명하면서 김기림은 "모더니즘의 초극이라는 이 심각한 운명을 한 몸에 구현한 비극의 담당자"라고 했다.
11) 김기림, 「비평과 감상」, 앞의 책, 39쪽.
12) 김기림, 『김기림 전집』 3, 심설당, 1988, 180~183쪽.

축'이나 '과학'에 이상의 시만큼 잘 어울리는 예를 달리 찾기 어려워 보인다. 그러나 김기림이 '문학의 과학화'를 기도했다면 이상은 차라리 '과학의 문학화'를 실험했다고 할 수 있다. 건축의 은유를 빌려 김기림의 시적 접근을 '구축적'이라고 말한다면 이상은 '해체적'이라고 말할 수 있을 것이다. "모더니즘의 초극"을 이상의 시적 운명으로 짚었을 때 이미 김기림은 자신의 시학으로부터 벗어나는 이상 텍스트의 탈선을 감지했을 터이다.

한국문학사에서 이상의 텍스트만큼 다양한 분과들, 이를테면 수학, 물리학, 심리학, 건축과 디자인 등의 전문적인 참조와 융합적인 상상력을 발동시킨 사례는 찾아보기 어렵다. 예술을 20세기의 신화적인 과학기술과 접속시켰던 백남준을 이상으로부터 떠올리면서 김민수는 한국 최초의 융합예술가로서의 이상을 우리의 '오래된 미래'로 호명하기도 한다.[13] 문학연구나 비평의 자장 안에서 그 다양한 분과의 언어적 용법과 사유를 끌어들여 활용하는 경우는 말할 것도 없고, 문학 외부의 연구자나 예술가들이 이상 텍스트의 '사용법'을 개발하고 확장하면서[14] 이상 문학은 "외부의 침입을 초대하는" 특별한 장소가 되었다.[15] 이제

13) 김민수, 『이상평전』, 그린비, 2012, 358~365쪽.

14) 수학자 김용운의 「이상문학에 있어서의 수학」(『신동아』, 1973.2), 의과대학 정신과 교수 조두영의 「이상의 인간사의 정신분석」(『문학사상』, 1986.11), 미술비평가 오광수의 「화가로서의 이상」(『문학사상』, 1976.6), 시각 디자이너 안상수의 「타이포그래피적 관점에서 본 이상 시에 관한 연구」(한양대 박사논문, 1995), 디자인 이론과 비평을 전공으로 하는 김민수의 「이상 시의 시공간 의식과 현대디자인적 가상공간」(『한국시학연구』, 2009.12)과 『이상평전』(그린비, 2012) 등은 문학 외부에서 이상의 텍스트를 탐문하고 그 사용법을 문학의 범주 바깥으로 개방시킨 사례들이라고 할 수 있다.

15) 엘리자베스 그로스, 탈경계인문학연구단 공간팀 역, 『건축, 그 바깥에서』, 그린비, 2012, 26쪽에서 "건축은 외부의 '침입'을 초대하는 몇 안 되는 장소들 중 하나"라고 했던 말에서 빌려온 것이다. "철학과 건축 간의 생산적인 상호교환"을 사유하는 저자가 지적하듯이 건축은 자신이 과학인지, 기술 분과인지, 예술이나 미적 생산의 한 방식인지에 대해 내부적으로 합

이상 문학은 '해석되는' 텍스트라기보다는 '사용되는' 텍스트로서 또 다른 가능성들을 작동시키고 있다고 하겠다. 이는 이상이 분과적 경계를 넘어 문학의 외부-수학, 물리학, 건축, 디자인, 회화 등에서 발견한 언어와 사유에 그의 문학을 활짝 열어놓고 있기 때문이다. 건축은 시의 외부이고 시는 건축의 외부이지만, 이상에게 시와 건축은 서로에게 개방적인 외부였고 그 사이에서 이상의 시쓰기는 생산적인 상호교환을 특이하게 수행하면서 새로운 언어와 형식과 상상력을 펼쳐냈다.

이상 문학의 매력을 말할 때나 해석적 곤경을 토로할 때도 자주 인용되는 "秘密이 없다는 것은 財産 없는 것처럼 가난할뿐만 아니라 더 불쌍하다"는 문장은[16] 이상 문학 연구자들로 하여금 탐정의 태도를 취하도록 유인하고 해석적 경쟁을 유도하는 듯하다. 그러나 미학적으로 '비밀'이란 말하지 않는 작가가 남겨둔 수수께끼나 비의(秘義) 같은 것이 아니다. 그것은 텍스트가 해석에 의해 소진되지 않고 매번 새로운 텍스트로 살아나는 미적 생산성을 스스로 보존하고 창출하는 것이다. 발레리를 참조하여 말한다면, "텍스트는 구조보다 더 복잡하고 더 초과한다." 텍스트의 비밀은 "항상 구조를 초과하는 어떤 것"이라고 할 수 있다. 이렇게 참조한 발레리에게서 가라타니 고진은 "시적 상상력이라는 근원적 입장에 호소하지 않고, 그 대신에 구축의 입장에서 건축의 불가능성에 접근하"는 태도를 읽어낸 바 있다.[17] 이상 문학 연구의

의가 되어 있지 않다. 그리고 이 불확실성이 건축의 외부랄 수 있는 인문학에 개방적이 되도록 유도했다고 할 수 있다.

16) 이상, 「十九世紀式」, 김주현 주해, 『이상문학전집 3－수필 기타』, 소명출판, 2005, 103쪽. 앞으로 이상 텍스트는 김주현 편의 『이상문학전집』에서 인용한다. 1권은 시, 2권은 소설, 3권은 수필 텍스트인데, 이하 『전집』 1, 『전집』 2, 『전집』 3으로 약칭한다.

17) 가라타니 고진, 김재희 역, 『은유로서의 건축』, 한나래, 1998, 89～91쪽.

목록과 역사는 그 자체로 연구 대상이 되기에 충분한 축적을 이루어왔으며 담론적 지형을 형성해왔다. 그럼에도 다시 이상을 말할 수 있고, 또 다시 말하고 싶어 한다면, 그것은 연구에 의해 텍스트 안에서 비밀이 줄어드는 것이 아니라 연구 담론과 함께 이상의 문학이 비밀의 운동성을 활성화하고 텍스트의 사용법을 개방하면서 '건축의 불가능성'을 계속해서 환기하기 때문일 것이다.

2. 『조선과 건축』이라는 지면과 이상의 시쓰기

건축의 은유에서 "동요 속에서 안정을 찾고" "허무와 혼돈으로부터 有와 질서로 정돈하려는 예술의 근본적인 형상작용"을 찾는[18] 김기림을 보면서, 우리는 철학자를 정의하기 위해 건축가를 은유로 도입했던 플라톤을 먼저 떠올려볼 수 있다. 플라톤에게 있어서 이때의 건축이란 자연적이고 우연적인 "생성을 '제작(making)'에 의해 재구축함으로써 모든 생성에 저항하고 버틸 수 있게 하는 능동적인 입장"을 의미한다. 이것은 "데카르트, 칸트, 헤겔과 마찬가지로 견고한 토대 위에 지식의 대건축물을 구축하고자 하는" 형이상학적 의지를 대변하는 은유라 할 수 있다. 그러나 철학적 건축가 플라톤은 실제로 건물을 짓는 데 사용되

18) 김기림, 「30년대 掉尾의 시단 동태」(『인문평론』, 1940.12), 『김기림 전집』 2, 심설당, 1988, 69쪽.

는 기술이나 노동은 열등한 것으로 여겼다. 플라톤이 은유로서의 건축가는 칭송하면서 세속적인 노동자로서의 건축가를 경멸했던 이유는 현실적인 건축가와 물질적인 건축은 세속적인 타자들과 조건들(고객, 스탭, 이웃사람, 돈, 법규 등등)에 의해 우연적인 사건과 생성의 과정 속에 항상 놓이게 되기 때문이다.[19] 이상은 바로 그 현실적인 건축가였다. 이상이 자신의 텍스트에 건축적인 용어와 용법을 활용하거나 건축적인 상상력을 전개할 때, 거기에는 그 현실적인 건축가와 사용자와 거주자의 감각과 물질성이 동반한다. 그에게 건축은 그 자체의 원리와 체계를 가진 견고한 구조물을 표상하는 것이 아니라, 인간 존재가 살아내는 삶의 방식들에 의해 그 공간이 열리고 닫히며 순환하고 굴절하는 특이한 흐름을 가진 유동적인 건물로 투시되고 펼쳐지는 것이다. 그 구체적인 시적 양상과 효과를 살피는 일은 잠시 뒤로 미뤄두고, 여기서는 우선 현실적인 건축가 이상에게 이른바 문단 데뷔 이전에 주어졌던 지면인 『조선과 건축(朝鮮と建築)』이 이상의 시쓰기에 어떻게 호응했는지부터 생각해보기로 한다.

이상의 공식적인 글쓰기는 문단 바깥에서 본명 김해경(金海卿)으로 시작되었다. 김해경은 경성고공 건축과를 수석으로 졸업하고(1929) 바로 그해 조선인으로서는 이례적으로 조선총독부 건축 기사로 채용되어 일하면서 건축 전문 학회지인 『조선과 건축』에 1931~32년 동안 네 차례에 걸쳐 일본어 시 총 28편을 발표하게 되는데, 마지막 네 번째 발표 지면에서야 이상(李箱)이라는 이름을 썼다. 「이상(異常)한가역반응(可逆反

19) 가라타니 고진, 위의 책, 42·51~52쪽.

應)」 외 5편(1931.7), 8편으로 이루어진 계열시 「조감도(鳥瞰圖)」(1931.8), 「선(線)에관(關)한각서(覺書) 1」에서 「선(線)에관(關)한각서(覺書) 7」까지 총 8편으로 구성된 계열시 「삼차각설계도(三次角設計圖)」(1931.10), 총 7편으로 구성된 계열시 「건축무한육면각체(建築無限六面角體)」(1932.7)가 바로 그 작품군이다. 『조선과 건축』지에 그의 이색적인 시편들이 발표될 수 있었던 것은 그가 건축 기사로 입사한 그해에 출품한 디자인 작품이 잡지 표지 디자인 현상 공모에 1등과 3등으로 당선되고 이듬해 이 잡지의 표지로 사용되면서 김해경의 존재가 『조선과 건축』 편집진에게 알려졌기 때문일 것이다.[20]

그러나 당시 그가 『조선과 건축』에 시인으로 인지됐던 것은 아니었다. 조선건축회 정회원이면서[21] 예술적 감각이 남달라보였던 젊은 조선인 엘리트 건축기술자에게 『조선과 건축』에서 내준 지면은 '만필(漫筆)' 코너였다. 여기에 실린 28편의 작품을 우리는 별다른 이견 없이 일문시(日文詩)라고 일컫고, 그 번역시를 이상이 한국어로 쓴 시들과 나란히 이상 문학으로 나아가 한국 전위시의 성취로 수용한다.[22] 건축이라는 전문분야의 일본어 잡지 『조선과 건축』이 일본어 글쓰기를 강제

20) 권영민, 「『조선과 건축(朝鮮と建築)』의 일본어 시」, 『이상 문학의 비밀 13』, 민음사, 2012, 63~73쪽 참조.

21) 『조선과 건축』은 식민지 조선에 나와 있었던 일본인 건축기술자들이 주축이 되어 결성된 조선건축회의 학회지였다.(위의 책, 68~69쪽)

22) 위의 책에서 제기하고 있듯이 언어 중심의 한국문학이라는 범주에서 보면 논란의 소지가 있을 수 있다. 권영민은 이것은 이상의 문학 활동 초기에 국한되며 이 시절의 작품이 비문단권에서 이루어진 습작 단계의 성격을 크게 벗어나지 않는다고 말한다. 그러나 여기서 좀 더 숙고해보아야 할 것은 이상의 일문시(잡지나 신문 같은 지면에 발표된 시 말고도 이상의 노트에서 발굴된 다수의 일문시가 번역되어 이상 문학의 텍스트로 정전화되어 있다)가 유정, 임종국, 김수영 등의 번역을 거쳐 국문 중심의 한국문학이라는 범주를 돌파할 수 있었던 내적 동력을 살피는 일일 것이다.

했다고 할 수 있지만, 이것이 병합 직후 식민지에서 태어난 이상의 이중 언어 상황에서는 글쓰기를 미학적으로 제한하는 구속 요인이 되지 않았다. 어떤 측면에서 보자면 『조선과 건축』이라는 지면은 이상에게 문학제도나 장르관습과 같은 미적 제약이 작용하지 않는 더없이 자유로운 글쓰기 공간이었다.

문학 제도 바깥의 이 기호 공간에서는 글쓰기를 둘러싼 문학적인 기대지평이 부재했다고 할 수 있다. 1934년 『조선중앙일보』에 연재한 「오감도(烏瞰圖)」 연작이 "정신이상자의 잠꼬대"[23]로 왜 신문지면을 낭비하고 또 그걸 왜 읽어야 하느냐는 독자들의 거센 항의로 중단되었던 사태를 떠올려본다면, 문단으로부터도 대중 독자로부터도 멀리 떨어져 있었던 이 고요하고 고립된 글쓰기 공간은 실험적인 문학을 출발하는 이상으로서는 한동안 "외로된 사업에 골몰"(「거울」)하기에 적당한 자리였다. 이는 「오감도」 연재가 떠들썩하게 중단되고 나서 이상이 썼다고 하는 글에서 "깜빡 신문이라는 답답한 조건을 잊어버린 실수" 운운했던 것에서도 드러나는 바다.[24] 『조선과 건축』에서 장르론적으로 매우 느슨한 '만필(漫筆)'이라는 호명을 받은 이상의 작품들은 이상 문학이 문단과 문학사에 많은 논란과 더불어 진입하면서 시 장르의 외연을 넓힌 특이한 미학적 성과로 받아들여지게 되었지만, 여전히 그 안에는 장르론적인 불확정성을 가지고 있다. 이러한 사정은 물론 『조선과 건축』에 발표한 작품군에만 해당되는 것은 아니다.

---

23) 박태원, 「李箱의 片貌」(『朝光』, 1937.6), 류보선 편, 『구보가 아즉 박태원일 때－박태원 수필집』, 깊은샘, 2004, 206쪽.
24) 이상, 「오감도 작자의 말」(박태원, 위의 글).

김주현이 『이상문학전집』(소명출판, 2005)을 편찬하면서 고심했던 문제 중의 하나가 바로 장르 분류였다. 일례로 김주현이 시전집에 실은 「실낙원(失樂園)」 계열시(「소녀(少女)」 등 총 6수)는 이상의 유고로 『조광(朝光)』(1939.2)에 발표 당시 '신산문(新散文)'이라는 지칭을 받았고, 그중 일부 작품 「자화상(自畵像)」은 『평화신문』(1956.3.20)에 시로 소개된 바 있으며, 임종국 편 전집(태성사, 1956)과 이어령 편 전집(갑인출판사, 1977~78) 그리고 문학사상판 전집(시집(1989)은 이승훈이 편했고, 소설집(1991)과 수필집(1993)은 김윤식이 편했다)에서는 수필집에 싣고 있는 것이었다.[25] 이러한 저간의 사정 속에서 전집 편찬자가 가졌던 고민을 과격하게 밀어붙이면, 1950년대 김춘수가 『한국현대시형태론』에서 에세이집으로 분류되는 유치환의 『수상록』을 가리키면서 이것이 "산문시와 어떻게 다른가?"라고 물으면서 에세이와 시가, 시와 소설이 넘나드는 장르론적인 혼종과 해체의 국면에 주목했던 지점에 설 수도 있다.[26] 김춘수가 '산문시'를 가지고 장르의 해체 속에서 장르의 확장을 사유할 때, 그 극단에서 호명되는 문학사적 사례가 바로 이상이었다. 김춘수에게 숫자와 수식과 도표를 도입하고 도저한 산문성을 획득한 이상의 시들은 '형태론적'으로 시의 '한계'를 돌파하여 장르의 경계를 개방하고 있는 특별한 선례(先例)로 보였던 것이다. 이상 문학에서 장르적 분류를 확정하는 작업은 경우에 따라 필요하겠지만, 불확정성 그 자체가 가지고 있는 문학적 의미를 그보다 앞서 물어야 한다. 시와 소설과 에세이를 넘나들

25) 『전집』 1의 각주 361 참조(125쪽). 이외에도 「最低樂園」(133쪽), 「무제」(152쪽), 「구두」(155쪽), 「哀夜」(164쪽), 「獚」(169쪽) 등이 비슷한 사정에서 고려되었다.

26) 김행숙, 「김춘수의 『한국 현대시 형태론』 고찰」, 『어문논집』, 민족어문학회, 2007.4.

었던 이상의 문학에서 일어나는 장르론적인 진동과 개방과 전이와 침입과 겹침의 운동들은 문학 제도로서의 장르를 전제한 글쓰기가 아니라 그 관습적 기대가 거의 미치지 않은 제도 바깥에서 시작되었고 "제 아무에게도 굴하지 않겠"다는[27] 미적 의지 속에서 전개되었다. 개화기를 거쳐 우리 근대문학사는 문학의 제도를 구성하고 장르적 범주를 형성하는 구성적 의지에 의해 다양한 문학적 모색들을 의미화해 왔고, 1930년대라면 이제 '문학이란 무엇인가', '자유시는 무엇인가'라는 물음이 문학사적 요구로부터 놓여나 근대문학은 자명한 토대가 된 시점이었는데, 이 사적(史的) 위치에서 이상은 근대문학의 자명성을 흔드는 미학적 모험과 실험을 해나갔다고 할 수 있다. 문단과 문학적 언어로부터 동떨어져 있었던 『조선과 건축』이라는 특이한 기호 공간은 의외로 이상의 문학이 가동되는 데 용이한 자리였던 것이다.

이상이 시에 도입한, 그 당시의 문학적 언어로서는 거의 외계어처럼 느껴졌을 숫자와 수학기호와 수식과 도형과 점・선・면을 활용한 도안 등은 오히려 그 존재 자체로만 보자면 『조선과 건축』에서는 그리 생경한 것이 아니었을 것이다. 물론 공업학교에서 건축설계를 전공한 건축 기사였던 이상에게도 그것들은 친근한 것들이었고, 나아가 이상의 노동과 사유와 유희 속에서 그 미적인 가능성이 촉발되고 실험되었던 것들이었다. 기하학적 사유나 그것의 전복적 상상력들, 최신 물리학 담론인 아인슈타인의 상대성 이론에서[28] 촉발되고 변형되는 시적 상

27) 이상, 「오감도 작자의 말」(박태원, 앞의 글).

28) 아인슈타인이 특수 상대성이론을 발표한 것이 1905년, 일반 상대성이론을 내놓은 것이 1915년인데, 1920년대 초반에 벌써 그 이론은 일본유학생들에 의해 꽤 흥미롭게 소개되고 요약적인 버전이 만들어지고 있었다.(이철호, 「한국 근대소설과 '의식의 흐름'」, 『문학과 과

상력들, 현미경, 망원경, X-광선 같은 과학기술의 산물들과 함께 공진화(co-evolution)하는 새로운 감각적 능력과 미적 가능성들을 이상의 시는 매우 적극적으로 활용한다. 이는 1933년 이후에 발표되는 이상 작품들에서도[29] 지속적으로 나타나는 바이지만, 1931~32년 『조선과 건축』의 작품군들에서 한층 전면적이고 직접적인 양상을 보인다. 이상은 기계적이고 실용적인 근대에 대하여 그 시대적인 절망을 통절하게 수행하였다는 점에서 "과학의 언어로 과학을 심문하고 다른 세계를 꿈꾸는 각서를 적어 내려갔다"고 할 수 있겠지만,[30] 다른 차원에서 이상은 '과학의 언어' 그 자체에서 시적인 매혹을 발견했고 과학의 용어와 용법을 시적으로 응용하고 실험하였다. 이 매혹은 근대인들의 과학에의 동경이나 열광에서는 비스듬히 비껴나 있으면서도 그의 시에 과학의 언어와 사유를 초대하여 미적인 변이체를 생성케 하는 동력이 된다. 비(非)시적인 언어의 계열로 간주되었던 과학 언어의 시적 가능성은 이상으로부터 개척되었는데, 이는 한국시의 어휘(vocabulary)에 이질성을 추가하는 인상적인 장면이고 시적인 것과 비시적인 것에 대한 관념적인 경계를 의문에 붙이는 강력한 계기였다고 할 수 있다.

특수한 소수집단 안에서 유통되었던 건축전문 학회지 『조선과 건축』에서 이상 시가 출발하였고 또 그 윤곽을 드러내었다는 점, 그리고

학』 1, 소명출판, 2013, 142~145쪽 참조) 아인슈타인의 사유는 그 어떤 물리학 담론들보다 당대 예술가들의 영감을 자극하고 새로운 예술운동들과 조우했다고 할 수 있는데, 이를테면 초현실주의 화가 살바도르 달리의 유명한 그림 〈기억의 고집〉(1931)에 나타나는 유동적인 반고체 시계들은 그 영감의 산물이라 알려져 있다. 이상 시의 주요한 테마 중의 하나인 시간의 '이상한 가역반응'은 이러한 흐름들과 접속된다.

29) 박태원, 정지용, 김기림, 이태준 등과 교우를 갖게 되고 1933년 7월 『카톨릭靑年』지에 「꽃나무」 외 2편의 시를 발표하면서부터 이상의 문학은 문단에 나오게 된다.

30) 신형철, 「이상 문학의 역사철학적 연구」, 서울대 박사논문, 2012, 13쪽.

문단에서 고립된 이 잡지가 가진 성격이 이상의 문학적 실험에 오히려 용이하게 작용했다는 점에서도 이 지면에 대한 일정한 고려가 필요하다. 이 고려와 더불어 우리는 이상에게 있어서 (탈)건축적 감각과 상상력이 시와 어떻게 연동하는가를 심층적으로 살펴봐야 할 것이다. 이상은 경성고공 시절부터 『조선과 건축』이 대상으로 하는 소수의 독자군에 속해 있었다. 그리고 『조선과 건축』에 실린 연작시들의 표제, 「조감도」, 「삼차각설계도」, 「건축무한육면각체」가 모두 건축 모델에서 떠올린 것들이었다. 물론 그의 (탈)건축적 상상력은 비단 『조선과 건축』에 발표된 작품군에서 유난하게 두드러지는 현상이랄 순 없고 이상 문학 전체를 관통하는 문제라고 할 수 있다. 이상의 마지막 작품으로 알려진 소설 「종생기」의 다음 구절은 이 점을 인상적으로 반영한다. "왜 나는 미끈하게 솟아있는 近代建築의 偉容을 보면서 먼저 鐵筋鐵骨, 세멘트와 細沙, 이것부터 선뜩하니 感應하느냐는 말이다."[31]

3. 공간을 살아가는 존재와 건축의 불가능성

이상 문학의 혁신성을 그 무엇보다도 시각의 혁신성에서 찾은 신형철은 '도시 산책가'이기 이전에 '도시 설계자'였던 이상의 특별한 시선, 즉

31) 이상, 『전집』 2, 373쪽.

X-ray처럼 건물의 외관을 꿰뚫어 철골 구조물과 건축의 물질적인 재료들, 또한 어떤 구조물을 떠받치고 있는 수학 공식과 기하학까지를 투시하는 시선을 '오감(烏瞰)하는 시선', '(건축된 것들을 탈-건축하는) 건축학적 시선'이라 명명한 바 있다.[32] 이상의 이 '(탈)건축학적 시선'은 건축을 골격구조로 환원하고 그 구조적 메커니즘의 일부를 환기하기도 하지만, 부분의 종합으로서의 자기 완결적인 전체의 개념에 적용되지도 않고 기여하지도 않는다. 고정점을 구하지 못하고 계속해서 내부로 미끄러지는 이상의 투시는 건축적 토대를 증명하지 못하며 그 토대의 불가능성을 향해 나아간다. 「건축무한육면각체(建築無限六面各體)」라는 시제(詩題)가 드러내듯이, 이상에게 건축은 유한한 결정체가 아니라 '무한'을 생산하는 동력이 가동되는 장소다. 이를테면, "四角形의內部의四角形의內部의四角形의內部의四角形의內部의四角形"[33]의 연쇄는 완료되지 않는다. 이것이 백화점이라는 근대의 건축물이 이상에게서 투시되고 펼쳐지는 한 가지 방식이었다. 이상의 표현법을 빌리자면, 이 무한 연쇄는 "立體에의絶望에依한誕生"[34]의 운동이라고 할 수도 있을 것이다. 건축에의 절망, 건축에의 불가능성은 건축에 생성적인 차원을 여는 조건이기도 하다.

공간에 건물이 자리 잡기 위해서는 일단 땅을 파야 한다. 굴착(掘鑿)

---

32) 신형철, 「이상 시에 나타난 시선(視線)의 정치학과 거울의 주체론」, 신범순 외, 『이상 문학 연구의 새로운 지평』, 역락, 2006, 272~275쪽.

33) 「AU MAGASIN DE NOUVEAUTES」(총 7편으로 구성된 계열시 「建築無限六面各體」의 한 편), 『전집』 1, 67쪽. 이 구절과 형식적 상동성을 보이는 "나와나의아버지와나의아버지의아버지와나의아버지의아버지의아버지"(「烏瞰圖 : 詩第二號」, 『전집』 1, 83쪽)의 경우도 그 연쇄는 완료되지 않는다. 서구 형이상학의 전통에서는 '아버지의 아버지'로 거슬러 올라가는 "무한후퇴하는 연쇄를 끝내고, 그렇게 함으로써 그 기호체계를 완성하는" 지점에서 궁극적 기표인 신(세계 건축가로서의 신)이 나타난다고 할 수 있다.(가라타니 고진, 앞의 책, 107쪽)

34) 「線에關한覺書 1」, 『전집』 1, 56쪽.

공사는 건축의 토대를 마련하는 기초 작업이라 할 수 있다. 이상 시에는 땅을 파는 굴착의 행위와 그 이미지가 반복적으로 등장하면서 변주된다. 「건축무한육면각체」 계열시 중의 한 편인 「차(且)8씨(氏)의 출발(出發)」[35]에는 "地球를掘鑿하라"는 강렬한 명령형의 문장이 두 차례에 걸쳐 나타나는데, 여기서 '출발'의 선언은 '굴착'의 명령을 동반하고 있는 것이었다. 그렇지만 이때 '출발'은 목적론적 노선을 상정하고 그 진행을 작동시키는 시작 지점과 같은 것이 아니다. 이상에게 시적으로 '굴착'의 행위는 건축물을 세우기 위한 기초 작업, 다시 말해 건축적 과정의 한 단계라기보다는, 건축적 존재의 내적 근거를 끊임없이 탐색하고 검토하고 해체하는 그 자체의 '숙명(宿命)'적 과제에 붙들려 있다.

> 역사를하노라고 땅을파다가 커다란돌을하나 끄집어내여놋코보니 도모지어데서인가 본듯한생각이들게 모양이생겻는데 목도들이 그것을메고나가드니 어데다갓다버리고온모양이길내 쪼차나가보니 危險하기짝이업는 큰길가드라.
>
> 그날밤에 한소낙이하얏스니 必是그돌이깨끗이씻겻슬터인데 그잇흔날가보니까 變怪로다 간데온데업드라. 엇던돌이와서 그돌을업어갓슬가 나는참이런悽량한생각에서아래와가튼作文을지엿도다.
>
> '내가 그다지 사랑하든 그대여 내한平生에 참아 그대를 니즐수업소이다. 내차레에 못올사랑인줄은 알면서도 나혼자는 꾸준히생각하리다. 자그러

35) 『전집』 1, 73~74쪽. 이 시에 각별한 의미를 부여하는 김민수는 제목의 '且8氏'를 '또-팔-사람'으로 해석하면서 "질척거리는 현실의 땅에서 분투적으로 땅을 계속 '또 파려는' 한 인간의 실존적 숙명과 새로운 출발을 다짐한 처절한 시"로 읽는다.(김민수, 앞의 책, 10 · 241~243쪽)

면 내내어엿부소서'

엇던돌이 내얼골을 물끄럼이 치여다보는것만갓하서 이런詩는 그만찌저 버리고 십드라.

—「이런 詩」 전문(『전집』 1, 77쪽)

꼿이보이지안는다. 꼿이香기롭다. 香氣가滿開한다. 나는거기墓穴을판다. 墓穴도보이지 안는다. 보이지안는墓穴속에나는들어가안는다. 나는눕는다. 또꼿이香기롭다. 꼿은보이지안는다. 香氣가滿開한다. 나는이저버리고再차거기墓穴을판다. 墓穴은보이지안는다. 보이지안는墓穴로나는꼿을깜빡이저버리고들어간다. 나는정말눕는다. 아아. 꼿이또香기롭다. 보이지도안는꼿이 —보이지도 안는꼿이.

—「절벽」 전문(『전집』 1, 111~112쪽)

이 두 편의 시는 이상 시에서 빈번하게 일어나는 굴착의 사건이 어떤 성격의 것인지를 잘 보여준다. 먼저 「이런 시(詩)」의 경우를 보면, 땅을 파다가 커다란 돌을 발견한 상황을 설정하고 있다. 굴착 공사 중의 암석이라면 이는 공사에 방해되는 장애물에 해당하는 것이므로 마땅히 치워버려야 할 것이다. 그것은 하나의 건축적 구조물이 자리를 잡기 위해서 제거되어야 하는 그 무엇인 것이다. 그런데 이 지점에서 시적 화자의 관심은 건축 공사의 과정에서 벗어나서 바로 그 장애물 돌덩어리에로 향한다. 그는 그 돌을 "어데서인가 본 듯"하다고 느낀다. 왠지 그 돌은 자꾸 그에게 잊었던 무엇인가를 떠올리게 하는 것이다. 현실적으로 공사는 그 돌을 제거하고 계속 진행되겠지만, 이제 그는 건축

공사의 작업일지를 따라가지 않고 그 돌의 행방을 쫓고 추궁한다. "위험하기 짝이 없는 큰길가"에 방치된 돌은 어쩐지 그의 실존적인 위태로움을 암시하고, 다음날 그 소재를 확인하니 온데간데없이 사라진 돌은 그에게 사랑의 상실을 환기한다. 그래서 그는 부치지 못하는 사랑의 편지와 같은 시를 쓰게 되는데, "이런 시"는 내가 대상(돌)을 들여다보며 쓰는 시가 아니라 "어떤 돌이 내 얼굴을 물끄러미 치여다보"며 쓰는 시다. 굴착 공사 중에 제거되어야 했던 돌덩어리에 과도한 관심과 이상한 불편함이 작동된 순간부터 이미 이상에게 그 돌은 구성적 주체에 포획되지 않고 저항하는 심리적 곤경을 환기하는 사물이었다고 하겠다. 문학적으로 발견된 공간이라고 할 수 있는 내면을 이상은 건축적인 상상력을 통해 파헤치면서 주체의 상징적인 네트워크를 찢고 나타나는 복수(複數)의 시적 주체들을 찾으려고 하였다. 이 시의 '돌' 또한 그런 시적 주체들 중의 하나라고 할 수 있다. 문학적으로 이상은 굴착 행위를 통해 내적 장애물을 소거하려고 했던 것이 아니라, 오히려 상징적으로 소거된 장애물들을 발굴하여 주체의 장애물을 통해 주체를 심문함으로써 건축적 주체의 불가능성을 폭로한다.

두 번째 인용시 「절벽」은 굴착의 자리에서 자발적으로 '묘혈(墓穴)'을 구하면서 굴착의 행위에다 숙명적인 의미를 드리운다. 인간은 살 집을 짓기 위해 땅을 파고, 또한 죽음의 집을 위해 땅을 파는 것이다. 시적 화자는 꽃이 보이지 않는데 꽃향기가 만개하는 곳에다 묘혈을 판다. 그런데 그렇게 분명히 묘혈을 팠는데 보이지 않는 꽃처럼 묘혈도 보이지 않는다. 실상 묘혈을 최종적으로 완성할 수 있는 것은 죽음뿐이지만, 인간에게 죽음은 불가능한 경험이다. 살아가는 인간은 모두 죽음

쪽으로 가까이 더 가까이 가는 중이지만, 결정적으로 죽음을 경험할 수는 없다. 죽음은 경험의 주체 자체가 말소되는 사건이기 때문이다. 그런 의미에서 주체에게 죽음이 불가능한 영역이라고 한다면, 묘혈 또한 불가능한 건축이라 할 수 있다. 그러나 꽃향기가 '보이지 않는 꽃'의 존재성을 알리듯이 굴착의 행위는 '보이지 않는 묘혈'의 시간을 절박하게 예고한다. 이 시에서 불가능한 죽음, 불가능한 묘혈에 가장 육박하는 일종의 혼신의 연기(演技)는 "보이지 않는 묘혈로 꽃을 깜빡 잊어버리고 들어"가서 "정말 눕는" 행위일 것이다. 바로 그 자리에서 "꽃이 또 향기"로울 때, 다시 말해 내가 꽃의 향기를 감각할 때, 나와 죽음(묘혈)의 간극은 돌연히 생생해진다. 이상은 굴착의 실행으로 자신을 죽음에 가장 가까이 밀어붙이면서 그 불가능한 건축, '보이지 않는 묘혈'을 '절벽'이라고 명명했다. 죽음과 거의 맞닿은 그 자리는 역설적으로 몸의 감각적 능력이 최대치로 살아나는 자리였을 테니, 꽃의 향기는 말할 수 없이 참으로 향기로웠을 것이다.

죽은 자의 집인 무덤까지도 포함하여 모든 건축물은 그 자체로 자족적인 작품으로 거기에 서 있는 것이 아니다. 어떻게 사용되느냐는 문제와 언제나 관련되는 건축에서 신체적 거주성을 완전히 지울 수는 없다. 이 점을 좀 더 부각시켜 말한다면, "사람이 살고 있는 집은 살아있는 사물"이다. "하나의 집은 인간의 껍질이자 그의 연장이고 그의 펼쳐짐이며 그의 정신적인 발산"이라고 말할 수 있는 것이다.[36] 이렇게 신체적 거주성과 함께 건물 내부와 외부의 유동성을 고려한다면, 건축은

36) Andrew Ballantyne, 장정제 · 송규만 역, 『건축과 철학―들뢰즈와 가타리』, 시공문화사Spacetime, 2010, 51~52쪽.

"축적과 안정화의 운동일 뿐 아니라 공간을 여는 방식이자 살아가는 방식"이기도 한 것이다.[37] 그런 점에서 견고한 체계와 구조적 질서를 표상하는 은유로서의 건축은 허구적인 관념이랄 수 있다. 이상 문학에서 그 독특한 문학적 인상을 주도한다고도 할 수 있는 집, 방, 문, 계단 등의 건축적 공간과 요소는 주체의 특이한 상황과 욕망을 드러내는 데 그 무엇보다도 효과적으로 활용된다. 달리 말하면, 문학적 주체의 특이한 시각과 상황과 욕망을 다양한 건축적 공간과 요소에 적극적으로 개입시켜 이상은 낯설게 변형된 건축적 공간을 한국문학사에 선보였다고 하겠다.

이를테면, 이상이 건물 내부를 "위에서내려오고밑에서올라가고위에서내려오고밑에서올라간사람은밑에서올라가지아니한위에서내려오지아니한밑에서올라가지아니한위에서내려오지아니한사람"(「AU MAGASIN DE NOUVEAUTES」)의 단절적인 동선들로 그려낼 때, 그 건축적 공간은 인과적인 연결이 끊어지면서 부조리해진다. 그리고 이와 같은 상하의 이동이 동시적으로 포착될 때 "저여자의下半은저남자의上半에恰似"해지는 괴물적인 결합이 발생하고, 이런 괴물성은 "四角이난케—스"로 변형되고 이 사각형 상자가 "걷기始作"하는 장면으로 현출된다. 말하자면 "四角形의內部의四角形의內部의四角形"이 걷기 시작한 것인데, 그렇다면 가장 큰 사각형이랄 수 있는 건물 자체도 그 혼잡한 보행을 따라 흔들릴 것만 같다. 「운동(運動)」이라는 시편에서도 건물 사용자의 상하 이동의 동선이 추적되는데 그리하여 그 건축적 공간에는 이

37) 엘리자베스 그로스, 앞의 책, 29쪽.

상 특유의 운동성과 흐름이 생긴다. 이 점에서도 「운동」이라는 시의 제목은 곱씹어 볼 만하다.

이상이 유난히 집착했던 건축적 요소는 '문'이었다. '문(門)'은 이상의 문제적 상황이 특히 잘 드러나는 자리이기도 하고, '안'과 '밖'의 경계에서 작동하는 그 건축적 기능 또한 꽤 흥미롭다. 이와 관련해 몇 편의 시를 살펴보기로 한다.

> 너는누구냐그러나門밖에와서門을두다리며門을열나고외치니나는찾는一心이아니고또내가너를도모지모른다고한들나는참아그대로내여버려둘수는없어서門을열어주려하나門은안으로만고리가걸닌것이아니라밖으로도너는모르게잠겨있으니안에서만열어주면무엇을하느냐너는누구기에구타여다친門앞에誕生하였느냐
>
> —「正式 4」 전문 (『전집』 1, 97쪽)

> 門을압만잡아단여도않열리는것은안에生活이모자라는까닭이다. 밤이사나운꾸즈람으로나를졸른다. 나는우리집내門牌앞에서여간성가신게아니다. 나는밤속에들어서서제웅처럼작구만滅해간다. 食口야封한窓戶어데라도한구석터노아다고내가收入되여들어가야하지 않나. 집웅에서리가나리고뾰족한데는鍼처럼月光이무덨다. 우리집이알나보다그러고누가힘에겨운도장을찍나보다. 壽命을헐어서典當잡히나보다. 나는그냥門고리에쇠사슬늘어지듯매여달렷다. 門을열려고않열리는門을열려고.
>
> —「家庭」 전문(『전집』 1, 103쪽)

같은 사람이 같은 門으로 속속 들어간다. 이 집에는 뒷문이 있기 때문이다.

―「遺稿」 부분(『전집』 1, 150쪽)

「정식 4」에서 나는 문의 안쪽에 있고, 「가정」에서 나는 문의 바깥에 있다. 「정식 4」에서 나는 문을 두드리는 누군가의 끈질긴 요청을 받고 있지만, 나는 그의 방문 목적도 모르고 더구나 그가 누군지도 잘 모른다. 다만 그가 간절하고 절박하게 문을 열어달라고 외치니 차마 거절하지 못하고 문을 열어주려고 했다. 그러나 이 문의 비밀은 안에서뿐만 아니라 밖에서도 잠겨 있다는 것이다. 그러므로 안에서 문고리를 풀었다고 해서 문이 열리는 건 아니다. 그에게 이 문은 일종의 수수께끼다. 문의 수수께끼를 풀지 못하고 끙끙대는 그는 '닫친 문' 앞에서 탄생한 자이다. 열리지 않고(열 수 없는) '닫친 문'이란 실상 '막다른 골목'이나 '벽'과 마찬가지다. 이와 같은 상황은 사실 나의 상황이기도 하다. 그에게 '닫친 문'은 나에게 '닫친 문'이기도 한 것이다. 이 문의 구조는 안에서도 문을 열어야 하고 동시에 밖에서도 문을 열어야 하기 때문이다. 이 경우, 누군가에게 문을 열어줄 수 없다는 것은 내가 문을 열고 나갈 수 없다는 사실을 함축하는 사태인 것이다. '닫친 문' 밖에 누군가를 세워두고 있는 이 시의 상황은 '닫친 문' 안쪽에 감금되어 있거나 자폐되어 있는 나를 거울상처럼 가진다.

「가정」이라는 시에서도 문은 열리지 않는다. 이 시의 경우엔 내가 문 안쪽으로 들어가려고 시도하는 자의 역할을 하고 있다. 그러나 "내 문패"를 성가시게 생각하는 나는 어쩐지 문 안쪽으로 사실은 들어가고 싶지 않은 자처럼 느껴진다. 문 안쪽에서 운영되는 가정의 "생활이 모자라는 까닭"은 충분한 '수입원'이 되지 못하는 나의 생활적 무능력에 있으니, '문패'에 찍혀있는 내 이름은 공허하다. '집'은 건축적 골격 따위에 문제가 생겨서가 아니라 "생활이 모자라는 까닭"으로 병을 앓고 있다. 그리고 나는 "안 열리는 문을 열려고" "문고리에 쇠사슬 늘어지듯 매여 달"려 있지만, '쇠사슬'이 암시하듯이 문 앞에 묶여 있는 꼴이다. 이 시의 '나' 또한 "닫친 문 앞에 탄생"한 족속이다.

개폐 기능을 가지는 문은 '막다른 골목이면서 뚫린 골목'이라고 할 수 있다. 「유고」의 한 구절에서, 문은 이상이 천착했던 '골목'의 이미지를 나누어 가진다. 마치 분신술이라도 사용하는 것 마냥 "같은 사람이 같은 문으로 속속 들어"가는 기이한 광경은 관찰자의 눈에는 보이지 않는 '뒷문'이 있기에 가능했던 것이다. 두 개의 문(관찰자의 눈에 보이는 문 하나와 그 눈에 보이지 않는 문 하나)은 「유고」의 다른 구절, "한마리의 뱀은 한마리의 뱀의 꼬리와 같다. 또는 한사람의 나는 한사람의 나의 父親과 같다"에서 이루어지는 것처럼 원환(圓環) 고리를 만들어낸다. 이러한 원환의 궤적에서도 '뚫린 골목이면서 막다른 골목'으로 계속 질주하는 자를 목격하게 된다.

4. 몸의 건축성을 해체하는 몸

"空氣構造"(「선(線)에관(關)한각서(覺書) 7」), "種子 模型", "病집"(「황(獚)의 기(記) 작품(作品) 제이번(第二番)」) 등의 용어에도 새겨져 있듯이 이상의 건

축적인 사고와 상상력은 근본적인 수준에서 행사된다. 특히 이상 시에서는 '인체'와 '건축'의 상호교환성이 두드러진다. 그에게 있어서 인체는 일종의 시적 무대나 실험실과 같은 장소인데, 그 몸은 유동적으로 변형되는 기이한 건축물처럼 보인다. 그것은 공사를 완료한 건축물이라기보다는 언제나 재구축 중이거나 해체의 작업 중에 있다.

서구적인 전통에서 건축은 그 근원적인 형태나 의미를 찾는 데 인체를 참조해 왔다. 이때에 인체는 '신성한' 비례나 '아름다운' 비례의 근원이었던 것이다. 가령, 로마의 건축가 비트루비우스가 인간의 신체 주변에 그려 넣었던 사각형과 원은 건축물의 형태로 전환되었다.[38] 건축학도 이상에게 상당한 감응을 주었으리라고 여겨지는 현대 건축의 거장 르 코르뷔지에(1887~1965)도 건축적 비례의 척도로 인체 모형을 활용하였다.[39] 비례의 척도나 근원을 찾으면서 인체를 건축에 참조할 때, 그 인체는 2차원적인 것이었다.

그러나 이상에게서 발생하는 인체와 건축의 상호교환성은 이와는 전혀 다른 방식으로 이루어진다. 이상에게 신체는 건축적 모델의 가능성으로 탐구되는 것이 아니라, 그 무엇보다도 먹고 싸고 섹스하고 잠자

---

38) Andrew Ballantyne, 앞의 책, 47~48쪽 참조.

39) 당시 경성고공에서 이상에게 '건축사'를 가르친 후지시마 가이지로 교수는 조선총독부 기관지 『조선과 건축』에 중요한 필자였고, 여기에 최초로 모더니즘 건축이론을 소개한 인물이기도 하다. 이상은 적어도 경성고공 시절부터는 『조선과 건축』을 탐독한 독자였으리라 추정된다. 르 코르뷔지에의 건축은 이 잡지 1929년 제3호에 소개되었는데, 조선총독부 건축과의 하시즈메가 쓴 「코르뷔지에 씨의 건축에 대하여」는 그의 건축을 '시적(詩的) 언어'의 차원에서 논했다. 김민수는 르 코르뷔지에의 건축이론에 이상이 특별하게 감응하였다는 것을 그 이론과 이상 시의 관련성을 따져 물으면서 밝힌다.(김민수, 앞의 책, 142~143 · 163 · 238~240쪽) 르 코르뷔지에가 건축적 비례의 척도로 사용한 모뒬로르 체계는, 레오나르도 다빈치의 '비트루비안 맨(Vitruvian Man)'에 적용된 인체 비례의 황금비에 대한 제안을 받아들여 모뒬로르 맨의 비율을 구성하고 이를 활용한 것이다.(엘리자베스 그로스, 앞의 책, 37쪽)

고 피 흘리는 생리적인 활동이 이루어지는 장소라는 점에서 '집'인 것이다. 예를 들면, 오장육부가 피에 젖어 있는 내부 공간은 "浸水한 畜舍"와 같은 것이다.[40] 내부를 가진 '신체-집', 그 내부의 사건들이 이상에게는 중요하고, 더불어 내부와 외부의 다종다양한 관계들이 표출되는 방식에 그의 시적 관심은 쏠려 있다. 이상은 표면과 깊이를 가진 3차원 공간성의 개념을 담지하는 신체를 무대화함으로써 신체의 얘기되지 않은 불균형과 갈등과 분열과 혼동을 현시한다. "몸은 건축의 이야기되지 않은 조건으로 남아 있"다고 한다면,[41] 이상은 도리어 건축적인 방법론을 특이하게 변형하여 몸의 이야기되지 않은 부분을 형상화하는 데 활용한다. 그리고 몸의 이야기되지 않은 부분은 구성적 주체의 말해지지 않은 부분과 겹쳐지는 것이었다.

> 여기는 도모지 어느나라인지 分間을 할수없다. 거기는 太古와 傳承하는 版圖가 있을뿐이다. 여기는 廢墟다. '피라미드'와같은 코가있다. 그구녕으로는 '悠久한 것'이 드나들고있다. 空氣는褪色되지않는다. 그것은 先祖가 或은 내前身이 呼吸하던바로 그것이다. 瞳孔에는 蒼空이凝固하야 있으니 太古의 影像의 略圖다. 여기는 아모 記憶도遺言되여 있지는않다. 文字가 달아없어진 石碑처럼 文明의 '雜沓한 것'이 귀를 그냥지나갈뿐이다. 누구는 이것이 '떼드마스크'(死面)라고 그랬다. 또누구는 '떼드마스크'는 盜賊맞았다고도 그랬다.
>
> 죽음은 서리와같이 나려있다. 풀이 말너버리듯이 수염은 자라지않는채

40) "臟腑 그것은浸水한畜舍와다를것인가"(「診斷 0:1」, 『전집』 1, 70쪽)
41) 엘리자베스 그로스, 앞의 책, 38쪽.

거츠러갈뿐이다. 그리고 天氣모양에 따라서 입은 커다란소리로 외우친다.

—水流처럼.

—「자화상(自畵像)(습작(習作))」 전문(『전집』 1, 130쪽)

이상이 그린 「자화상」은 몸의 이야기되지 않는 부분인 '죽음'을 경유하여 '폐허'의 풍광 위에 얼굴의 구성요소를 재배치한다. 광활한 폐허의 공간에 흩어진 눈 코 입은 하나의 인격을 암시하는 인상이나 표정으로 모아지지 않는다. 인간적인 인상으로 모아지지 않는 이 자화상은 광활한 자연의 풍경이 그러하듯 한눈에 파악되지 않는 압도적인 크기와 죽음을 넘나드는 가늠할 수 없는 시간을 암시하면서 숭고의 감정까지 불러일으킨다. 여기, 이 자화상의 공간은 "도무지 어느 나라인지 分間을 할 수 없"는, 개인적인 아이덴티티를 초과하고 무화하는 자연과 시간의 해체의 흐름 속에 있다. 여기에 흩어져 있는 코와 눈과 귀와 입과 수염은 폐허에 남은 유적의 구조물과 같다. 그것은 말하자면 흔적과 같은 것이다. 죽음의 집 "피라미드와 같은 코", "그 구멍으로는 '유구한 것'이 드나들고 있다." 이곳에서 비로소 "공기"는 "유구한 것", 다시 말하면 "내 자신이 호흡하던" 것이면서 '아버지의 아버지의 아버지의 …… 아버지'로 이어지는 "先祖"가 호흡하던 것, 시간의 흔적이 뒤섞여 있는 것임이 밝혀진다. 동공(瞳孔)에는 "太古의 影像의 略圖"가 응고하여 있고, "文字가 닳아 없어진 石碑처럼" 문명(文明)의 소음이 "귀를 그냥 지나갈 뿐"이니, 눈(시각)과 귀(청각)는 주체의 인식론적인 감각기관이라기보다는 그 또한 시간의 흔적이 담기는 장소일 따름이다. 그것은 인식론적인 편집권을 행사하지 못하고 수동태의 상태로 그곳에 내맡겨져 있다. 이 수동성은 이야기할 것과 이야기하지 않을(못할) 것을 분간하지 않는 신체의 조건이기도 하다. 이상은 "죽음이 서리와 같이 내려"앉아 풀도 말라버린 폐허의 풍광에서 "데드마스크"(dead mask)를 찾았다. 그러나 데드마스크를 도적맞은 것처럼 죽음을 망각하고 작동하는 신체에게는 죽음의 구강(口腔)을 거쳐서 나오는 바람소리가 들리지 않을 것이다.

이상은 실존적 조건으로 죽음을 누구보다도 강렬하고 절실하게 느꼈다. 그것은 한편으로 결핵을 앓고 있는 "病집"과 같은 자신의 몸이 신체적으로 환기하는 바였고, 다른 한편으로 "문학병"[42]이라 고백했던 그의 문학적 욕망이 가닿는 자리이기도 했다. "사람은絶望하라, 사람은誕生하라, 사람은 誕生하라"(「선(線)에관(關)한각서(覺書) 2」)라는 선언적 외침에서도 탄생의 조건으로 어떤 유의 죽음을 깔고 있다고 하겠다. 이상은 새로운 존재로 재탄생하기 위해 세포 수준까지의 교체를 꿈꾸었지만,[43] "그 끈적끈적한" 육친의 목소리를 벗어난 "新鮮한逃亡"에 이르는 길에서 매번 미끄러졌다.[44] 그때마다 실패는 고통스럽지만 다시 시작하는 자리가 되는 문학적 운동의 계기들이었다. 그는 존재론적 전환의 장소로서 '몸'의 조건과 상황과 가능성을 깊이 검토하고 기발하게 실험하면서 새로운 몸을 고안하는 데 골몰했다.

---

42) "膏盲에 든, 이 文學病" 운운한 것은 김기림에게 보낸 편지에서였다. '고(膏)'는 심장의 아랫부분, '황(盲)'은 횡경막 윗부분을 뜻하는 말로, '膏盲'은 사람 몸의 가장 깊은 곳을 일컫는 말이다.(「私信(四)」, 『전집』 3, 244쪽)

43) "七年이지나면 人間全身의 細胞가 最後의 하나까지 交替된다고한다. 七年동안나는 이 肉親들과 關係없는 食事를하리라. 그리고 당신네들을 爲하는것도 아니고 또 七年동안은 나는 爲하는것도 아닌 새로운 血統을 얻어보겠다－하는 생각"(「肉親의章」, 『전집』 1, 126쪽)

44) "그러나내新鮮한逃亡이 그끈적끈적한聽覺을벗어버릴수가업다"는 「肉親」이라는 시의 마지막 구절이다.(『전집』 1, 115쪽)

목발의길이도歲月과더불어漸漸길어져갔다.

신어보지도못한채山積해가는외짝구두의數爻를보면슬프게걸어온距離가짐작되었다.

終始제自身은地上의樹木의다음가는것이라고생각하였다.

—「척각(隻脚)」 전문(『전집』 1, 141쪽)

내키는커서다리는길고왼다리압흐고안해키는적어서다리는짧고바른다리가압흐니내바른다리와아내왼다리와성한다리끼리한사람처럼걸어가면아아이夫婦는부축할수업는절름바리가되어버린다無事한世上이病院이고꼭治療를기다리는無病이끗끗내잇다.

—「지비(紙碑)」 전문(『전집』 1, 99쪽)

위의 시들에 나타나듯이 이상은 자신의 신체를 "不均衡한 建築物"(「황(獚)의 기(記) 작품(作品) 제이번(第二番)」)처럼 '절름발이'로 표상하곤 했다. 「척각」에서는 잘린 한쪽 다리를 목발이 대신한다. 목발을 짚고 걸어온 세월을 "점점 길어져"간 목발의 길이가 형상화하고 "신어보지도 못한 채 山積해가는 외짝 구두의 수효"가 느끼게 한다. 목발의 길이가 길어져갔던 것은 키가 크는 데 따라 균형을 맞추기 위한 것이었을 테지만, 실상 인간의 키가 '수목'처럼 계속 자라는 건 아니다. 그러나 길어져갔던 목발의 길이를 쌓여가는 외짝 구두의 숫자와 더불어 떠올리는 시적 화자에게는 나무의 속성이 분배된다. 이 신체에는 "슬프게 걸어온 距離"가 새겨져 있고, 동시에 외짝 구두들처럼 그 어디로도 걸어갈 수 없는 나무의 상태가 드리워져 있다. 이 시에서 불균형한 신체는 이렇게 실존적 모순과 갈등을 몸의 감각으로 표현한다.

「지비」의 경우에 '나'는 키가 커서 다리가 길고 왼쪽 다리가 아픈 사람이다. 아픈 왼쪽 다리를 대신하는 자리에 등장하는 존재가 바로 키가 작아서 다리가 짧고 오른쪽 다리가 아픈 아내다. 그러므로 나는 아내의 아픈 오른쪽 다리를 대신하는 자리에 있다고도 할 수 있다. 그렇게 해서 성한 두 다리가 만들어진다. 그러나 아프지 않은 두 다리는 오른쪽이 길고 왼쪽이 짧아서 다시 어떤 '불균형한 건축물'처럼 기우뚱한 상태가 된다. "성한 다리끼리" 절름발이가 되는 상황을 통해서 "無事한 세상이 병원이고 꼭 치료를 기다리는 無病이 끝끝내 있다"라는 이 시의 마지막 구절을 읽어볼 수 있다. 나의 애로사항을 아내가 보충하고 아내의 애로사항을 내가 보충하는 방식으로 새로운 신체를 고안하지만, 아프지 않은 것들로만 합체한 이 신체 각각의 '무병(無病)'함이 새로운 신체의 조화를 보증하지는 않는다. 타자와의 접합 혹은 새로운 관계의 시도는 늘 예상하지 못하는 사태를 향해 열려 있으며, 그렇기 때문에 위험한 도약이기도 한 것이다. 불어로 절름발이의 남성형과 여성형을 그 제목으로 하고 있는 시 「BOITEUX · BOITEUSE」의 도입부는 이 점에서 다시 생각해볼 만하다. "긴 것 // 짧은 것 // 열十字 // 그러나 CROSS에는기름이묻어있었다 // 墜落 // 不得已한平行 // 物理的으로아펐었다."[45] 긴 것과 짧은 것의 교차 지점에 묻어 있는 기름은 미리 계산에 넣을 수 없었던 요소이고, 때문에 십자가 형태의 구조물은 추락하게 되었다. 이 시는 서구 기독교적 체계 안에 은폐되어 있는 불균형과 미끄러짐을 빗

45) 『전집』 1, 39쪽.

대면서 여기에 세속적인 두 남녀의 관계 안에서 빈발하는 어떤 불균형과 미끄러짐의 정황을 포개 놓는다.

「지비」는 신체적 변형을 실험한 한 가지 사례라고 할 수 있다. "大理石의 女人이 포오즈를 바꾸기 위해서는 적어도 살을 깎아 내지 않으면 아니된다"(「유고」)고 썼듯이, 이상은 대리석처럼 굳은 삶의 특정한 포즈를 바꾸기 위해서는 신체의 '과격한' 변형을 시적으로 감행해야 한다고 생각했다. 또한 단단한 대리석 건물처럼 표상되는 신체에 감추어져 있는 유동성을 낯설게 드러내고 충격적으로 강조하려고 했다. 이상 시에서 기관들은 분명한 자기자리를 고수하지 않고 흘러다니며 상호 교환된다. 그의 시에서는 해골이 깨어지기도 하고, 팔이 나뭇가지처럼 새로 돋아나기도 하고,[46] 팔이 끊어지기도 하고, 끊어진 두 팔로 촉대마냥 방안을 장식하기도 한다.[47] "해면(海綿)에 젖은 더운 물이 끓고 있"는 근골(筋骨)들 "그 하나하나에 노크"해보고 있는 자도 등장한다.[48] 그런가 하면, "나는 第三番째의 발과 第四番째의 발의 설계 중"이고, 또 누군가는 발을 자른다. 또한 심장의 위치는 위에 있는지 가슴에 있는지 불분명한 상태이고, 폐가 맹장염을 앓기도 한다.[49] "목 위와 목 아래가 서로 명함을 교환하"고,[50] "파릿한 靜脈을 切斷"했는데 "샛빨간 動脈"임이 드러난다.[51] 내출혈이 심해지면 밖으로 나갈 '문'을 찾듯이 필사적으로 피부에서 생채기를 구하려고 애쓰는 모습도 연출된다.[52] 여기에서 피부의 외

46) 「烏瞰圖 : 詩第十一號」, 『전집』 1, 91쪽.
47) 「烏瞰圖 : 詩第十三號」, 『전집』 1, 92쪽.
48) 「內科」, 『전집』 1, 145쪽.
49) 「一九三一年(作品 第一番)」, 『전집』 1, 174 · 176쪽.
50) 「斷想」, 『전집』 1, 200쪽.
51) 「街衢의추위」, 『전집』 1, 147쪽.

상(外傷)은 출구를 암시하는 것이었다. 그러나 모종의 '문'을 찾았다 하더라도 "겹겹이 中門일 뿐"이기 일쑤여서 "어디가 열려야" 하는지는 여전히 수수께끼인데,[53] 이상은 내부와 외부 '사이'를 공간화하면서 그 경계에서 고투하는 장면을 보여주기도 한다.[54] 이렇듯 이상은 신체의 공간성을 적극 활용하고 변용하면서 그간 한국문학사에서는 볼 수 없었던 낯선 '잔혹극'을 펼쳐보였다.

이상에게 실존적으로 가장 문제적인 신체 공간은 '폐(肺)'였다고 할 수 있다.

> 캄캄한空氣를마시면肺에害롭다. 肺壁에끄름이앉는다. 밤새도록나는옴살을알른다. 밤은참많기도하드라. 실어내가기도하고실어들여오기도하고하다가이저버리고새벽이된다. 肺에도아츰이켜진다. 밤사이에무엇이없어젔나살펴본다. 習慣이도로와있다. 다만내奢侈한책이여러장찢겼다. 憔悴한結論우에아츰햇살이仔細히적힌다. 永遠이그코없는밤은오지않을듯이.
>
> ―「아츰」 전문(『전집』 1, 102~103쪽)

이 시에서 '폐'는 '방'의 공간성으로 표상된다. 이 '폐-방'은 끊임없이 공기를 "실어내가기도 하고 들여오기도" 한다. '공기', 즉 호흡을 자각한다는 것은 사실 특별한 일이다. 호흡은 생명의 조건이지만, 그렇기

52) "內出血이뻑뻑해온다. 그러나皮膚에傷차기를어들길이업스니惡靈나갈門이업다. 가친自殊로하야體重은점점무겁다."(「沈沒」, 『전집』 1, 111쪽)
53) 「最低樂園」, 『전집』 1, 135쪽.
54) "나의內面과外面과 / 이件의系統인모든中間들은지독히춥다"와 같은 구절은 이 점을 인상적으로 보여준다.(「空腹 -」, 『전집』 1, 41쪽)

때문에 우리와 가장 가까이 있고 가장 흔한 일, 가장 자명한 일이어서 망각되는 것이기도 하다. 호흡에 대한 각성은 생명의 조건을 감지하는 일이며 죽음을 가장 가까이 느끼는 상황에서 일어난다.[55] 이 시에서 호흡에 대한 각성은 '몸살'을 앓는 밤중에 계속된다. 여기서 '폐'라는 공간을 계속해서 자극하는 '공기'는 밤이라는 시간의 색채감을 띠는데, 그 "캄캄한 공기"는 그 자체의 속성이 아니라 '공기'와 '폐' 간의 작용에서 비롯되는 문제적인 성질의 것이다. 바로 그러한 '검은 공기'는 "폐벽(肺壁)"에 그을음으로 내려앉아 밤이라는 시간과 폐라는 공간의 이질적인 차원을 모호하게 만든다. 그리고 '공기'와 '폐' 사이에서 부각되는 문제 상황은 '코'라는 신체부위를 망각하게 한다. "코 없는 밤"이라는 인상적인 표현이 이를 잘 말해준다. '공기'와 '폐-방' 사이에서 일어나는 상호 침투의 소란, 즉 모종의 통증이 진정되면서 서서히 망각되는 시간에 새벽이 오고 아침이 밝아 폐에도 어둠이 걷히고 불이 켜진다. "밤사이에 무엇이 없어졌나 살펴"보니, "습관이 도로 돌아와 있"고, 가래와 피를 뱉느라 그랬는지 "책이 여러 장 찢"겨 있다. 이러한 사정을 달리 정리해보면, 밤사이에 일어난 '공기'와 '폐-방' 간의 사건은 습관을 이탈하는 예외적인 것이었고 "奢侈한 책"보다 언제나 더 절박한 몸의 사건이었다고 할 수 있다.

이상에게 신체의 공간성은 '공복(空腹)'의 상태로 제시되거나 정서화되는 경우가 많다. 그것은 '위장(胃腸)'이라는 특정 기관의 상태에 한정되는 것이 아니어서, "배고픈 얼굴"[56]의 상황이기도 하고, 신체의 모든

55) 김행숙, 「숨 쉬는 일에 대하여」, 『시안』, 2009 봄(『에로스와 아우라』, 민음사, 2012, 59쪽).
56) 「얼굴」, 『전집』 1, 47~49쪽. 이 얼굴은 "어머니의 얼굴만을 보고 자라" "어머니의 얼굴만을

'구멍'들에서 환기되고 감각되는 채워지지 않는 욕망을 가리키는 명명법이었다. '공복(空腹)'이라는 용어에 문자적으로도 새겨져 있는 '비어 있음'은 그러므로 결코 투명한 것이 못된다. 일례를 들면, "어스름 속을 헤치고" 걷고 있는 한 사내의 신체는 지금 "空腹을 운반" 중이다. 그러나 그 사내의 신체 "안자루[袋]는 무겁다."[57] 이 '공복'의 공간은 그냥 비어 있는 공간이 아니라, 그 '비어 있음'으로 하여 욕망과 갈등의 분자(分子)들이 마구 움직이며 충돌할 수 있도록 제공된 일종의 싸움터 같은 공간인 것이다. 그래서 어떤 여자는 "입[口]" 속에서 "물과 같이 때때로 미쳐서 騷亂해지고 "溺死"의 상태에 처하기도 하는 것이다.[58] 이 공복의 공간은 감추어져 있던 무의식적이고 시적인 언어들이 분출하는 장소이기도 하다. "腹話術이란 결국 言語의 貯藏倉庫의 經營일 것"이라 말했던 이상은 "나의 배의 發音은 마침내 三角形의 어느 頂點을 정직하게 출발하였다"고 쓰고 있다.[59]

熱心으로 숭내낸 것"으로, 이 '흉내내기'는 자신의 신체를 공간 속의 특정 지점(정체성의 지점)에 위치시키지 못하는 자가 공간 자체에 의해 사로잡히거나 대체되는 국면을 보여주는 것이라고 할 수 있다.(엘리자베스 그로스, 앞의 책, 67~72쪽 참조)

57) 「獚」, 『전집』 1, 169쪽.

58) 「狂女의告白」, 『전집』 1, 50쪽.

59) 「獚의 記 作品 第二番」, 『전집』 1, 181쪽.

5. 결론

이상의 비평적 지지자를 자처했던 당대의 문우 김기림은 "19세기를 옹호할 수 있는 아무러한 말도 알지 못한다"고 단언한 바 있다.[60] 기림이 고창했던 20세기적인 시적 모더니티는 '언어의 건축물'을 제작하는 과학적인 시학에서 구해진다. 19세기와 20세기를 선명하게 분할했던 기림과 달리, "19세기와 20세기 틈바구니에 끼워 졸도"할 지경이라고 썼던 이상에게[61] 20세기적인 것이란 그 선명한 정체를 드러내지 않는 것이었고, 그래서 문학적 실천 속에서 계속해서 추궁하고 실험해야 하는 것이었다. 김기림의 모더니즘 시학 체계에 포획되지 않는 이상의 문학은 그 체계가 감추는 균열에서 자라는 것이었고, 그 체계 바깥으로 삐져나가는 것이었다. 실상 그 자신이 건축학도였고 건축기술가였던 이상에게 건축적인 사유와 상상력은 단지 은유적인 관념이 아니라 세속적인 삶에서 건져 올려진 것이었다. 1930년대 모더니즘 시의 두 가지 양상을 대변한다고도 할 수 있는 기림과 이상은 두 사람 모두 '건축'을 키워드로 하고 있었으나 그 건축적 상상력이 작용하는 방식과 그 효과는 자못 대조적이기까지 했다.

시인이기에 앞서 건축기술자였던 이상에게 주어졌던 최초의 공식적인 지면 『조선과 건축』은 이상의 시쓰기와 관련하여 몇 가지 점에서 주목할 만하다. 문학 제도 바깥의 기호공간이었던 『조선과 건축』이라는

---

60) 「오전의 시론」(1935.4.21~23), 『김기림 전집』 2, 155쪽.

61) 이 표현은 기림에게 보내는 이상의 편지에 적혀 있다.(「私信(七)」, 『전집』 3, 252쪽)

지면은 이상에게 당대의 문학적인 기대지평이나 요구로부터 크게 간섭받지 않을 수 있는 자유로운 글쓰기 공간을 제공하면서 이상의 시쓰기에 호응하였다. 이 기호 공간에서는 시, 소설, 에세이 사이의 장르적인 경계가 모호한 이상의 글쓰기를 심문할 문학적인 제도나 문학 독자의 요구가 개입하지 않았던 것이다. 장르론적인 차원에서도 이상의 문학은 문학제도의 건축적인 체계를 불투명하게 만드는 것이었다. 또한 이 잡지는 이상이 시에 획기적으로 도입한 숫자와 수학기호와 도형과 도안 등을 시적 어휘로 응용하고 실험하기에도 용이한 자리였다. 더불어, 이상은 기하학적 사고나 아인슈타인의 상대성 이론에서 촉발되고 변형되는 상상력들, 현미경, 망원경, X-광선 같은 과학기술의 산물들을 시에 외적 저항 없이 적극적으로 활용할 수 있었다. 비(非)시적인 언어의 계열이었던 과학 언어의 시적 가능성은 이때부터 이상에 의해 탐사되었던 것이다.

『조선과 건축』에 실린 연작시들의 표제(「조감도」, 「삼차각설계도」, 「건축무한육면각체」) 대부분이 건축 모델을 염두에 두고 있었는데, 이 지면 이후의 이상 시들에서도 건축적인 사유와 감각은 폭넓게 적용되었고 내적으로 깊숙이 스며들어 있었다. 이상 시를 통해서 드러나는 건축물은 유한한 결정체로 완결되어 있는 자율적인 구조물이 아니라 주체가 공간을 살아가는 방식에 잠식되고 변형되는 불확정적이고 생성적이며 기형적인 양상으로 노출된다. 형이상학적인 지평에 세워지는, 그 자체의 질서와 체계로 구축된 구조주의적인 건축의 관념은 세속적인 차원의 건축에서 불가능한 것이다. 이는 이상 시에서 어떠한 잉여도 없는 '구성적인 주체'의 불가능성을 되비추는 것이기도 하였다. 이상은 건축적인 토대를 마련하는 작업인 '굴착'에 시적으로 골몰하는 면모를 보이기도 하는데, 이때에 땅을 파는 굴착의 행위는 건축적 존재의 내적 근거를 끊임없이 묻고 재검토하고 해체하는 과제에 이끌리는 것이었다. 그에게 굴착 행위는 내적 불순물을 없애는 과정이 아니라 오히려 내적 장애물을 발굴하여 건축적 주체의 불가능성을 드러내는 효과를 불러일으킨다. 또한 이상은 굴착에서 '불가능한 죽음'의 집(무덤)을 찾으면서 '불가능한 건축'의 또 다른 차원을 드러내기도 하였다. 그리고 건축공간 내부에서 살아가고 또 그 안팎을 가로지르는 존재가 어떻게 건축의 유동성을 만들어내고 그 기능과 의미를 변형시키는지, 이 글에서는 몇 편의 시를 통해 구체적으로 살폈다. 이상이 한국문학사에 선보인 이 모든 낯설고 기이한 건축적 공간은 건축적 모더니티의 우산 아래에서는 불가능한 공간이었다.

끝으로 이 글에서는 '인체와 건축의 상호교환성'이라는 관점에서 이상 시가 무대로 삼고 있는 몸에서 일어나는 사건들을 살펴보았다. 그 몸은 전통적으로 건축에 이상적인 비례를 제공해왔던 개념적인 인체가 아니었다. 유동적으로 변형되는 기이한 건축물처럼 보이는 이상 시의 몸에서는 피부 아래, 또는 인격적 가면 아래, 또는 견고한 관념적 표상 아래 감추어졌던 불균형과 분열과 혼동이 환상적이고 극적으로 연출된다. 그는 데드마스크를 유적의 파편들이 흩어져 있는 광활하고 황량한 폐허의 풍광으로 그리면서 주체의 인식론적 편집권이 무장해제 당한 수동적인 신체를 통과하는 해체적인 자연과 시간의 흐름을 드러내기도 하였다. 그에게 죽음의 문제는 실존적인 조건이면서 또한 존재론적 전환의 계기로 가정되고 실험되어야 하는 것이었다. 존재론적 전환의 장소로 그는 몸의 조건과 현실과 가능성을 탐문하면서 신체의 다양한 변형과 유동성을 고통스럽게 현시하고 실험한다. 실패를 문학적 운동의 계기들로 삼았던 그는 싸움터와 같은 몸의 공간에서 피 묻은 시적 언어의 조각들을 찾으려고 했다. 관념적인 건축의 이야기 되지 않은 부분이 몸이라면, 이상은 건축적인 방법론을 특이하게 활용하면서 몸의 이야기되지 않은 부분을 분출시킨다. 그리고 몸의 이야기되지 않은 부분은 구성적 구체의 말해지지 않은 부분을 끄집어내는 것이었다. 이 몸은 몸의 건축성을 해체하는 몸이라고 할 수 있다. 이상 시에서 모더니티의 다른 출구를 찾는다면, 그것은 건축의 불가능성으로 작동하는 생성적인 건축과 그 불가능성을 비극적으로 체현하는 몸의 생채기에서 어렵게, 어렵게 더듬어질 것이다.*

---

* 이 논문은 2014년 『한국시학연구』 39호에 게재된 논문을 재수록한 것임.

1950년대 모더니즘 시에 나타난 과학기술의 표상

'시의 과학화'라는 테제와 시적 형상

강계숙

1. '시의 과학화'와 그 세대적 전유

1930년대 중반 기교주의 논쟁[1]을 통해 '전체로서의 시'를 제시하였던 김기림은 "내용과 기교를 통일한 시"[2]라는 그의 정의가 '형식논리학'에 머물러 있다는 임화의 비판[3]에 대해 별다른 이의를 제기하지 않는다. 하지만 내용과 기교를 어떻게 변증법적으로 통일할 수 있을 것

1) '기교주의'라는 화제를 중심으로 김기림, 임화, 박용철 간에 오고간 논쟁으로, 김기림의 평문「시에 있어서의 기교주의의 반성과 발전」(『조선일보』, 1935.2.10~14)에 대해 임화가 비판을 가하면서 촉발되었다. 김기림은 이 평문에서 근대시의 순수화 경향이 '기교주의'로 나아가고 있다는 진단을 한 뒤 이를 극복하기 위한 방안으로 '내용과 기교를 통일한' '전체로서의 시'를 제시한다.

2) 김기림,「시인으로서 현실에 적극 관심」,『조선일보』, 1936.1.1.~5; 김기림, 『김기림전집 2 – 시론』, 심설당, 1988, 102쪽.

3) 임화,「담천하의 시단 1년」,『신동아』, 1935,12.

인가의 문제는 논쟁 이후 김기림의 비평적 화두로 자리 잡게 된다. 임화와 박용철의 비판에 적극 응대하지 않는 대신 김기림은 새로운 화제로 관심을 옮기는데, 그것이 '전체로서의 시'의 방법적 구현과 관련되어 있음을 논쟁 직후 발표한 평문에서 확인할 수 있다. 「과학과 비평과 시—현대시의 실망과 희망」은 일본 유학중 발표한 글인데, 이 글에서 김기림은 '시와 과학의 결합' '시(학)의 과학화'라는 테제를 제시한다.

> 질서는 오직 신학적인 형이상학적인 선사 이래의 낡은 전통에 선 세계상과 인생태도를 버리고 그 뒤에 **과학 위에 선 새 세계상**을 세우고 그것에 알맞은 인생태도를 새 '모랄'로 파악함으로써 얻을 수 있었던 것이다. (…중략…) 우리는 드디어 **시와 과학은 결코 서로 대립하고 부정하는 것이 아니고 조화할 수 있는 것임을 또 조화해야 할 것을 깨달아야 했다. 시가 조직하고 통일할 것은 과학적 세계상에 알맞은 인생 태도일 것이다. 그래서 그것은 과학적 태도와 근저에 있어서 일치하는 것**이리라. (…중략…) 30년대 전반기에 모색한 것은 바로 **시의 과학적 파악과 그것에 의한 시의 실천**에 대한 노력이었다. 그 노력과 분투에 비해서는 혹은 얻은 것이 성과보다도 실패가 더 많았을지 모른다.[4] (강조—인용자)

부제에서도 암시되듯 위 인용문은 기교주의에 봉착한 현대시의 '실망'을 '희망'으로 바꾸는 일이 "시의 과학적 파악과 그것에 의한 시의 실천"에 있다는 김기림의 생각을 보여준다. 그렇다면 '시의 과학적 파악

---

4) 김기림, 「과학과 비평과 시—현대시의 실망과 희망」, 『조선일보』, 1937.2.21~26; 김기림, 앞의 책, 32쪽.

과 그 실천'이 가리키는 바는 무엇인가? 위 내용에 따르면 그것은 시가 우선 "과학 위에 선 새 세계상을 세우고" 그러한 세계상에 "알맞은 인생 태도"를 취하는 것이다. 이를 김기림은 "새 '모랄'"이라고 칭한다. 그리고 이것은 「모더니즘의 역사적 위치」에서 서술된 바 "문명에 대한 시적 감수(感受)에서 비판에로 태도를 바로 잡는 것", 이를 통해 "사회성과 역사성을 이미 발견된 말의 가치를 통해서 형상화하는 일"[5]로 설명된다. 문명의 비판이라는 '모랄'을 새로운 인생 태도로 삼기 위해 과학의 방법이 근저에 있어야 한다는 그의 논리는 자못 분명하다. 하지만 문명의 사회성과 역사성을 '말의 가치'를 발견함으로써 형상화한다는 것의 의미는 분명치 않다. 이에 대해 김기림은 「시와 과학과 회화—새로운 시학의 기초가 된 언어관」에서 시의 과학화가 언어에 대한 새로운 인식을 정립함으로써 가능해진다는 점, 즉 "언어를 모든 미신과 윤리와 편견에서 떠나서 과학적으로 파악하는 일"이 중요함을 답으로서 제시한다. 이로써 "과학적 시학은 언어의 구체적 사실의 분석과 함께 언어에 대한 모든 신화를 깨뜨리고 그 대신 과학을 가져올 것이다."[6] 이 같은 논리적 추이에 따르면, 언어에 대한 과학적 접근은 시와 과학의 결합을 구현하는 필요조건에 해당할 것이다.[7] 그러나 과학과 결합한 시의 새로운 형상에 대한 김기림의 설명은 여기서 그친다. '내용과 형식이 통일된' '전체로서의 시'가 시작(詩作)이라는 구체적 실천을 통해

5) 김기림, 「모더니즘의 역사적 위치」, 『인문평론』, 1939.10; 김기림, 위의 책, 57쪽.
6) 김기림, 「시와 과학과 회화—새로운 시학의 기초가 된 언어관」, 『인문평론』, 1940.5; 김기림, 위의 책, 26쪽.
7) 이에 대한 더 자세한 설명은 졸고, 「기교주의 논쟁의 시론적 의의」, 『현대문학의 연구』 54집, 한국문학연구학회, 2014, 248~249쪽 참조.

비로소 완성된다는 사실이 시인이기도 했던 김기림에겐 이론화의 노력보다 더 중요한 실존적 과제로 인식되었으리라는 것을 짐작할 수 있는 대목이다.

김기림에 의해 본격화된 시와 과학의 결합은 이후 1950년대 모더니스트들 시인에 의해 이념적 지향과 목표로 표방되면서 시작(詩作)상의 고유한 방법을 모색하는 데로 나아간다. 김기림이 시학의 과학화를 어떻게 이룰 것인가에 주목하였다면, 이들 모더니스트들은 김기림이 말한 바 "과학적 세계상"을 시에 어떻게 반영·조직할 수 있을 것인가에 더 관심을 기울였다고 할 수 있다. 가령 김규동은

> 현대시는 스스로의 과학적 명제를 지닌다. 그리고 또한 과학적 시학으로서의 방법론을 가지는 것이다. 시는 치밀한 방정식의 추리 방식과도 같은 방법으로 운산되는 것이다. 그럼으로 제작되는 시는 항상 담담한 기분의 상태(상징주의)이거나 넋두리(단순한 운율의 무도)가 되어서는 안 되는 것이다. 또한 현대시 속에는 오늘의 과학문명이 '세계'로서 들어오되 불쑥 뛰어 들어오는 것이 아니라 잘 여과되어서 들어와야 한다.[8)]

고 말한다. 문맥에서 시사되듯, 현대시의 대전제는 과학적 명제 및 과학적 방법론의 보유이다. 그런데 이러한 전제는 과학에 바탕을 두지 않는 시는 현대시가 아니라는 역명제를 낳는다. 즉 과학을 시학의 방법론으로 삼지 않은 시는 '낡은 시'이며, 역으로 시의 과학화를 지향하

---

8) 김규동, 「현대시의 위치－개성과 독자성의 문제를 중심으로」, 『사상계』 26호, 1955.9, 178쪽.

는 시는 새로운 시, 곧 현대시가 된다. 이러한 등식은 시의 현대화를 과학화와 동일시하고, 그것을 역사적 필연과 보편으로 논리화한다는 점에서 시와 과학의 결합이라는 테제가 김기림 이후의 세대에겐 더 급진적이고 과격한 형태로 맥락화되었음을 보여준다. 김규동을 위시한 1950년대 모더니스트 시인들에게 과학적 시는 도모해야할 기획이자 추구되어야 할 목적이었다. 이것은 과학을 둘러싼 또 다른 신화화라 할 수 있다. 과학(화)을 현대적 가치체계의 최고·최상의 우위에 놓고 그것을 절대화하는 신화적 관점의 팽배를 고려할 때, 다음의 장면은 더더욱 의미심장하다.

일동이 탄 것은 객차 — 내부를 보니 그것도 옛날에 일본사람들이 남기고 간 그대로다. 순오는 대체 사회주의 사회의 발달이란 어떤 곳에 제일 잘 나타나 있는지 아직 모르지만 기차 안 구조로 보아 이것이 사회주의 사회의 진보의 진상이라면 침을 뱉고 싶었다. 일제 시대라면 누구보다도 제일 먼저 저주하고 일본을 제국주의라고 욕하는 그들이 어찌하여 이러한 것에는 무관심한 것인가? (…중략…) 순오의 날카로운 심미안에서 판단하여 볼진대 객차 속에 남아 있는 구태의연한 일본식 구조 이것은, 라이프 잡지 같은 것을 통하여 본 미국의 문명보다도 훨씬 더 앞서 있을 것이라고 꿈꾸고 있었던 사회주의 사회의 문명이라고는 도저히 생각할 수 없을 만큼 빈약한 것이었다. 이 전쟁 전에는, 아니 불과 서너 달 전까지 우상같이 생각하고 행복스러울 것이라고 동경하고 있었던 이북 인민들이 타고 다니던 차는 이런 차가 아니고 따로 더 훌륭하고 멋진 장비를 갖춘 차이었을 것이며, 지금 달리고 있는 레일이 아닌 다른 레일이 반드시 또 어디 있어서 그 호화 차는 그

철로 위를 지금 이 시간에 이 기차와 똑같은 방향으로 달리고 있을 것이라고 밖에는 생각이 들지 않았다.[9]

김수영의 미완성 소설 「의용군」의 주인공인 순오는 좌익 시인인 임동은[10]을 동경했으나 6·25의 발발로 다시 그를 대면하자 월북하지 못한 "자신의 미약한 과거"에 대해 부채의식을 느끼고 의용군에 지원한다. 사회주의 혁명 전선에 비로소 참여하게 되었다는 기쁨은 잠시, 북으로 향하던 순오는 의용군을 태우기 위해 도착한 기차에 오른 순간 큰 실망감을 느낀다. 순오에게 기차는 사회주의의 발전 정도를 가늠하는 척도이다. 운송수단의 구태의연함에 심리적 충격을 받은 그는 의용군의 자진입대가 잘못된 결정이었던 게 아닐까라는 불안을 느낀다. "라이프 잡지 같은 것을 통하여 본 미국의 문명"에 비해 기술적으로 얼마나 앞서 있는가가 순오의 의식 속에서 사회주의 국가의 진보성을 판별하는 기준으로 작용한다. 기술의 발전도가 문명의 우열을 판정하는 척도로 작동하는 것은 '과학은 바로 문명' 이란 등식이 근대 초부터 조선인의 의식을 장악한 지배담론이었다는 사실을 떠올리면 새삼스러울 것이 없다. 하지만 "우상"인 듯 머릿속으로 상상했던 사회주의 국가의 상(像)을 '모든 인민이 평등한 사회'로서의 그것이 무엇인지 구체적으로 떠올릴 수 없었던 것과 달리, "훌륭하고 멋진 장비를 갖춘 차" "똑같은 방향"의 다른 레일 위를 달리고 있을 호화로운 기차로 이미지화하는

9) 김수영, 「의용군」, 『김수영전집 2－산문』, 민음사, 2003, 627～628쪽.

10) 소설의 자전적 성격을 고려할 때, 임동은은 임화로 추정된다. 김수영과 임화의 관계에 대해서는 최하림, 「김수영의 개인사의 문제들과 검토」, 임홍배·김명인 편, 『살아있는 김수영』, 창비, 2005, 235～236쪽 참조.

것은 기술의 발전도를 선진화된 문명의 표식이자 최우선의 가치로 내면화하고 있음을 시사한다. 기술적으로 더 발달한 사회를 더 진보한 곳으로 감지하고, 그러한 조건이 충족되지 않는 사회에서의 자기희생적 참여가 미망일 수 있음을 예감하는 순간, 순오의 환상은 눈앞의 광경을 부인하고 "다른 레일" 위를 달릴 호화로운 기차로 옮겨간다.

'현대 = 과학' '문명화 = 과학화'란 정의는 1950년대 모더니스트들에게도 강력한 영향력을 지닌 진리 값이었다. 이들이 두 번의 전쟁 — 제2차 세계대전과 한국전쟁 — 을 직접 체험한 전후세대라는 점에서 이러한 도식이 더욱 강력한 신화로 자리 잡았는지도 모른다. 한국전쟁 당시 북한군 치하에서의 삶을 회고한 박인환은 미국의 과학기술이 세계 최고라는 사실이 당시 상황을 견디게 한 유일한 희망이었다고 하면서, "'유엔군이 참전했다'는 것을 알고 미국의 현대 과학 무기의 사용은 공산군을 여지없이 무찌르고 앞으로 수일간이면 서울이 다시 탈환될 것이라고 믿고 살았다"[11] 고 적은 바 있다. 미국을 사회주의 국가의 힘을 가늠하는 비교잣대로 생각하는 이유가 첨단 기술의 보유라는 믿음에 근거하고 있음을 확인시키는 대목이다. 하지만 과학-기술을 현대(화)의 신화로 파악하는 이러한 시각은 이들이 스스로를 '문명의 적자(嫡子)'로 의식한다는 데서 힘입은 바 크다. 낡은 객차가 일제 시대의 것임을 목격한 순오가 침을 뱉고 싶을 만큼 깊은 환멸감을 느낀 것은 그의 "날카로운 심미안" 때문이고, 이 "심미안"이 현대문명 내에서 형성된 산물이자 기술의 발전을 향유하는 자만이 소유할 수 있는 주관적 감성으로 의식된다는 점에

11) 박인환, 「암흑과 더불어 3개월」, 맹문재 편, 『박인환전집』, 실천문학사, 2008, 549쪽.

서, 순오는 자기정체를 현대문명의 실존적 체현으로 인식하는 인물이라 할 수 있다. 1950년대 모더니스트들은 적어도 순오의 이러한 자기인식을 공유하고 있었으며, 자신들이 이미 문명이자 '더' 문명이 되어야 한다는 목적의식을 다른 어떤 세대보다 강하게 견지하였다. 이로 인해 시의 과학화라는 테제는 그들 자신에 의해 수행될 수 있고, 수행되어야 한다는 의식이 뚜렷했던 세대이기도 하다. 그러나 목적과 결과, 실천과 효과는 종종 상위(相違)하는 법이고, 그 차이의 간극이 매우 크다는 이유로 이들 모더니스트들은 문학사에서 오랫동안 가장 실패한 시인들로 평가받았다. 하지만 주목해야할 것은 목적과 결과 간의 괴리가 형상 그 자체로서 내포하는 바가 무엇인지, 그를 통해 배태된 문학적 표상이 가리키는 바는 무엇이고 그것의 역사성과 시대성의 의의는 무엇인가 하는 점이다. 때로 이념의 내용이 아니라 이념이 추구된 결과로서의 언어적 표상이 더 많은 의미를 함축하기 때문이다.

따라서 1950년대 모더니스트들에 의해 시의 과학화라는 테제가 주장된 담론적 배경을 살피고, 시의 과학화가 실제 어떤 형상으로 나타나는가를 확인하고 규명하는 것이 무엇보다 필요하다. 과학과 시의 결합이 이 시기 모더니스트들에게 중요한 과제로 인식되었던 만큼, 이에 대한 고찰은 이들의 세대적 공통의식과 시학적 특수성을 밝히는 방법일 수 있으며, 이를 통해 이 시기 모더니즘 시의 역사적 의미망을 재구성하는 또 다른 길이 열릴 수 있다. 또한 담론 구축의 이면과 그것의 시적 형태를 분석하는 작업을 통해 시의 과학화라는 테제가 자연의 탈신화화가 아닌 과학의 재신화화를 구축하게 된 사정이 자연스럽게 드러날 수 있다.

2. 담론 구축의 이면과 시적 형태

1) '반(反)-자연'으로서의 과학

'신세대'로 간주되었던 1950년대 모더니스트들의 비평 담론을 살펴보면, 시의 과학성이 언급되기에 앞서 '음풍농월'하는 자연을 서정의 본령으로 형상화하고, 그러한 자연 속에서 초속과 달관의 태도를 취하는 당대의 시적 경향을 공격하는 내용을 쉽게 발견할 수 있다. 가령 신시론 동인 1집인 『신시론』의 「ESSAY」를 보면, "그들은 청록(靑鹿)이 되어 동양식 화원(東洋式 花園)에서 꽃과 나비와 함께 놀 수는 없었다. / 그들이 육체적(肉體的)으로 부정(否定)해 왔든 낡은 아름다움이었기에. / 거기에 진정(眞正)한 과학(科學)과 생명(生命)이 없기 때문에"[12]라는 구절에서 '그들'은 신시론 동인인 자신들을, '청록'은 이들이 비판한 청록파 시인을 가리킨다. 자신들은 청록파의 경우처럼 "진정한 과학과 생명"이 없는 "동양식 화원에서 꽃과 나비와 함께" 노는 '낡은 시'를 거부한다는 것이 서문의 주된 내용이다. 청록파의 자연이란 반(反)-과학, 반(反)-문명의 세계로서, 이를 부정하는 자신들의 시는 그러한 자연을 배격하고 "진정한 과학"의 추구를 목적으로 하며, 그것이 진정한 "생명"을 담은 시임을 선언하고 있는 셈이다.

'science'의 역어로 성립한 '과학'이란 개념이 '자연' 개념의 근대적 전

12) 박인환 외, 『신시론』, 산호장, 1948; 맹문재, 「『신시론』의 작품들에 나타난 모더니즘 성격 연구」, 『우리문학연구』 35집, 우리문학회, 2012, 211~212쪽에서 재인용.

회와 깊은 연관을 맺고 있다는 사실[13]을 굳이 떠올리지 않더라도, 1950년대 모더니즘 시의 과학기술의 표상과 이미저리는 청록파를 위시한 전통 서정시의 자연 형상을 대타적으로 의식한 바탕에서 형성된다. '자연 = 반(反)과학 = 서정 = 전통시' '반(反)자연 = 과학 = 반(反)서정 = 모더니즘 시'라는 도식은 많은 모더니스트들이 견지한 사유 틀이었으며, 이는 당대의 시단에서 서정의 변혁이 필요함을 역설하는 근거가 되었다. 이봉래와 김규동의 입론은 이를 대표적으로 보여준다.

> 일찍이 '에마뉴엘 · 루니에'는 오늘날 기계와 기술의 진보가 인간성을 압박하고 시 정신을 마비시키고 있는 것은 기술적 진보가 비인간적인 탓이기 때문에가 아니라 기술적 진보를 이용하고 있는 사회의 구조에 그 결함이 있다고 지적한 적이 있었는데, 이것은 곧 시의 과학성을 거부하고 시의 현실성조차 무시하는 나머지 위희(慰戱)의 세계에서 말초감각이나 신비적인 자연관조나 체념적인 정서 등을 무당의 넋두리처럼 노래함으로써 자기도취와 현실도피를 꾀하고 있는 소위 청록파 시인들에게 주는 통렬한 포고문이라 볼 수 있다.[14]

> 낡은 시인들은 화조풍월 속에 기대여 서정을 잡았으나 새로운 시인들은 기계와 전쟁과 '프로이드'의 정신분석학이 빚어내는 현란한 새 세계에서 무한한 서정의 영토를 찾아내고 있었던 것이 사실이다. 외형에 나타나는 서정

13) 김성근, 「동아시아에서 '자연'이라는 근대어휘의 탄생과 정착–일본과 한국의 사전류를 중심으로」, 『한국과학사학회지』 32집, 한국과학사학회, 2010, 283쪽.
14) 이봉래, 「현대시의 새로운 기능」, 『자유세계』, 1952.4; 최예열 편, 『1950년대 전후문학비평자료』 1, 월인, 2005, 841쪽에서 재인용.

을 쓰는 것이 아니고 의식의 흐름 속에 딩굴어 가는 개개의 특수한 서정을 시 속에 기록해가려는 노력이 바로 그것이었다. (…중략…) 자연의 풍물에 교체된 현대문명 자체의 인상 한 오리, 초하(初夏)의 바람결 대신에 우리의 머리 위를 스쳐가는 젯트기의 속도가 얹어주는 인상 — 그런 것이야말로 현대인의 새 서정을 마련해줄 수 있는 아름다운 동기가 되어야 할 것이다.[15)]

'화조풍월'의 관조가 낡은 세계에 기댄 낡은 서정이라는 비판의 이면에는 기술적 진보가 사회의 목표와 구조로 자리 잡아 가는 곳이 현재의 세계이므로, 이러한 "새 세계"의 형상을 충실히 반영하는 것이 시의 '현실성'이라는 논리가 전제되어 있다. 이 현실성의 구현이 곧 시의 '과학성'이다. 문제는 시의 '현실성'으로서의 '과학성'을 이들이 어떻게 인식했는가라는 점이다. 김규동에 의하면, 그것은 "현대문명 자체의 인상", 예컨대 "젯트기의 속도가 얹어주는 인상"을 시에 직접 도입하고 형상화하는 것이다. 그런데 이 구절은 두 가지 내용을 함축한다. 하나는 문명 자체의 환유로 '제트기의 속도'가 지목되고 있다는 것이고, 다른 하나는 시가 형상화할 것은 그러한 문물 및 속도가 시적 자아에게 불러일으키는 인상, 즉 주관적 감응임을 지시하고 있다는 점이다. 이는 제트기라는 특정의 제재와 그것이 초래하는 정서적 반응이 시의 모티브로서 자연 묘사의 자리를 대신 차지해야 함을 은연중 가리킨다. 꽃과 새와 바람으로 외형화된 서정의 '영토'는 제트기라는 현대적 기계문물에 의해 재영토화되어야 하는 것이다.

15) 김규동, 「현대시와 서정－낡은 세대와 교체되는 새 세대」, 『한국일보』, 1956.6.4; 최예열 편, 위의 책, 995~996쪽 재인용.

이처럼 자연에 대한 강한 대타(對他)의식에 기반한 시적 정체성의 형성은 그 같은 의식에 영향 받는 정도가 크면 클수록 역으로 그것에 구속될 가능성 또한 커진다. 즉 서정을 이루는 기존의 방식에서 '화조풍월'의 기능과 역할이 크다고 의식될수록 서정의 변혁은 마치 자연물의 그 상징적 자리를 점유하기만 하면 달성되는 것으로, 자연을 밀어낸 자리에 기계물을 놓으면 서정의 새로운 '영토' 탈환이 자동적으로 이루어지는 것으로 착각될 소지가 많다. 실제로 이를 입증하듯, 김규동 뿐만 아니라 1950년대의 많은 모더니즘 시에서 더 발전된 기계장치들이 현대문명의 표상인 듯 시의 직접적 제재로 등장하는 경우가 많다. 그만큼 과학문물의 소재적 도입과 반영이 서정의 혁신을 위한 동기이자 출발점이라는 믿음이 확고하다. 하지만 대부분의 모더니즘 시가 모방원칙에 충실한 소박한 반영론에 머물고 만 것은 현대의 표상을 기술 발전의 대표적 문물과 동일시한 데서 비롯하며, 자연과 과학을 상호 대립적 관계로 파악하고, 자연을 기존의 서정시를 지배하는 상징적 대타자로 상정함으로써 그것의 위치를 기술이 대신 점유하면 새로운 서정의 출현이 자동적으로 일어나는 것으로 이해한 데서 연유한다.

이러한 논리는 그 단순논법으로 인해 시작(詩作)상에서도 한계를 지닐 수밖에 없다. 벤야민의 통찰처럼 모더니즘이 기술에 의해 변화된 지각의 형태와 운동, 그것의 예술적 만족의 표현인 한, 시의 현실성으로서 과학성을 성취하고 방법화하는 길은 지각의 변화와 그 향유를 어떻게 미적으로 형식화할 것인가에 초점이 맞춰져야 한다.[16] 하지만

16) 이러한 미적 형식화의 성공은 아이러니하게도 모더니스트들이 강하게 비판한 청록파의 시에서 확인된다.

기술매체에 의한 지각의 변화가 새롭게 형식화된 시를 모더니스트들의 시에서는 찾아보기 힘들다. 기술의 발달이 초래하는 감각의 변이가 날카롭게 인지되지 못하였기 때문일 수도 있으나, 그러한 감각적 변이를 가능케 할 물적 토대가 전후 현실에서는 충분히 갖추어지지 못하였다는 점을 생각할 수 있다. 무엇보다 앞서 서술한 바 과학문물이 초래하는 주관적 감응과 정서에 이들이 더 압도되었다고 볼 수 있다. 이들의 시가 정지용의 시와 견주어 자주 폄하된 까닭도 정지용이 자연과학

머언 산 청운사
낡은 기와집

산은 자하산
봄눈 녹으면

느릅나무
속잎 피어가는 열두 굽이를

청노루
맑은 눈에

도는
구름

—박목월, 「청노루」 전문

「청노루」는 발표 당시부터 실재하는 토속적인 자연 풍경의 묘사로 여겨졌다. 이 시에 묘사된 풍경이 사실적인 것으로 받아들여진 이유는 질서정연한 시선의 이동에 힘입은 바 크다. 그런데 이 시선의 이동은 카메라 앵글이 원경에서 근경으로 초점이 옮겨가는 기술적 시각의 움직임에 따른 것이라는 점이 도외시되어 왔다. 「청노루」는 카메라 렌즈의 작동에 따른 시선의 움직임으로 화면이 구성되는 형식을 취하고 있다. 롱 쇼트(long shot)에서 클로즈 쇼트(close shot)로, 이후 빅 클로즈 업(big close up)으로 카메라 렌즈가 작동하는 방식에 따라 시선이 구성되고 있는 것이다. 영화 관람을 통해 익숙해진 이러한 카메라 렌즈의 시각은 타고난 자연적 / 생물학적 시선이 아니라 기술화된, 다시 말해 기술적 매체를 자기 몸으로 연장한 인공적 감각이다. 기술적 매체에 힘입어 육체적으로 연장된 시각인 탓에 카메라 렌즈가 바라보는 이 시의 자연 풍광은 사실적이라는 착각을 불러일으킨다. 그리고 이 사실성 탓에 '청노루'라는 상상된 인공자연은 실재하는 자연으로 인지된다.

적 정확성, 특히 감각에 의거한 면밀한 관찰을 통해 사실성의 구축을 시의 기본방식으로 고수한 데 반해,[17] 이들 모더니스트들은 감각의 작동과 사실적 관찰이 필요한 자리에 주관적 감상을 표출하고 있기 때문이다. 가령 제트기 속도의 감각적 육화 및 그에 상응하는 언어적 형식화보다 그러한 속도가 유발하는 인상, 주관적 느낌과 정서의 구현에 몰두하는 경우가 더 많다. 시작(詩作)을 이끄는 인상의 최초 동기가 최첨단의 기술물이면, 그에 따른 감정 상태와 내용이 무엇이든 그것은 이미 '과학적인 것'의 체현으로 여겨지고, 동기유발의 원인이 물리적 기술력에 바탕을 둔 문물인 한 어떤 정서든 그것의 표출은 정당한 것으로 간주된다. 이 시기의 많은 모더니즘 시들이 과학문물의 소재적 반영을 전면에 내세우면서 그러한 반영물에 기댄 자기감정의 표출을 터부시하지 않은 것은 주관적 인상의 구현을 서정의 본령으로 여기는 기존의 시적 관념에서 크게 벗어나지 않았기 때문이며, 한편으로 그만큼 시적 자아의 내면이 강한 감정의 지배하에 있었다고 할 수 있다. 실제로 제트기, 로켓, 헬리콥터, 항공기 등이 비애, 설움, 슬픔 등과 함께 결부되어 등장하는 경우가 잦다. 이것들은 대체로 시적 자아의 눈물샘을 더욱 자극하는 소재로 나타난다.[18]

감각의 변이를 자기의 신체로 육화하는 방식이 누락되는 한, '반(反)-자연'으로서의 시의 과학화는 논리적으로, 실천적으로 허점이 많을 수

17) 김우창은 이러한 태도를 견지한 정지용을 가리켜 "과학적 감수성을 지닌 정확한 시인" "자연과학의 자연관에 가까이 있는 시인"이라고 칭한다. 김우창, 「산과 한국의 시」, 최정호 편, 『산과 한국인의 삶』, 나남, 1993, 105~109쪽.

18) 기계물의 시적 표상이 비애, 설움, 슬픔 등과 결합된 형태로 나타난다는 사실은 1950년대 모더니즘 시를 살필 때 간과될 수 없는 주요 특징이다. 이에 대해서는 이 글의 3장에서 더 자세히 기술될 것이다.

밖에 없다. 그럼에도 불구하고 과학기술의 산물을 감각적 육체로서 자기화하려는 예외적 시도를 박인환의 「열차」에서 찾아볼 수 있다. 이 시에서 기차는 탈 것의 수단에 그치지 않고 시적 화자의 자기표상으로 나타난다.

> 폭풍이 머문 정거장 거기가 출발점 / 정력과 새로운 의욕 아래 / 열차는 움직인다 / 격동의 시간 / 꽃의 질서를 버리고 / 공규(空閨)한 나의 운명처럼 / 열차는 떠난다 / 검은 기억은 전원(田園)에 흘러가고 / 속력은 서슴없이 죽음의 경사(傾斜)를 지난다 // 청춘의 복받침을 / 나의 시야에 던진 채 / 미래에의 외접선(外接線)을 눈부시게 그으며 / 배경은 핑크 빛 향기로운 대화 / 깨진 유리창 밖 황폐한 도시의 잡음을 차고 / 율동하는 풍경으로 / 활주하는 열차 // 가난한 사람들의 슬픈 관습과 / 봉건의 터널 특권의 장막을 뚫고 / 피비린 언덕 너머 곧 / 광선의 진로를 따른다.
>
> — 박인환 「열차」 중

이 시에서 "죽음의 경사"를 서슴없이 지나는 "활주하는 열차"의 속력과 율동은 "꽃의 질서"를 버리고 "격동의 시간"을 관통하는 "나의 운명"을 구현한다. 이것이 운명의 시간성을 현현하는 까닭은 금속성의 육체를 통해 "광선"의 속도를 감각적으로 물질화한 존재이기 때문이다. 광포할 만치 빠른 속도감이 없다면, "봉건의 터널 특권의 장막"은 뚫릴 수 없다. 격렬한 파괴와 폭발과 희생을 수반하는 열차의 속력은 피할 수 없는 필연적 힘을 내재하고 있기에, 그것은 "운명"이란 말 외에 달리 표현할 길이 없다. 주목할 것은 무시무시한 속력을 내며 달리는 열차가

"전원"과 "황폐한 도시"를 가로질러 나아간다는 점이다. "내 가슴보다 도 / 더욱 쓰라린 / 늙은 농촌의 황혼" 속에 "절름발이 내 어머니가" "나를 부"르고, "부서진 추억을 안고 / 염소처럼"(박인환, 「전원시초」) 울었던 곳으로 묘사되는 "전원"이 전근대의 세계를 상징한다면, "핑크 빛 향기로운 대화"를 공허한 무의미로 만드는 "황폐한 도시"는 전쟁으로 폐허화된 몰락한 근대 세계를 상징한다. 열차는 이 두 세계를 공간적으로 돌파하며 미래의 시간을 향해 질주한다. "광선의 진로"를 따라가는 열차가 도착할 "아름다운 새날"(「열차」)이 새로운 세계로서의 '현대'라는 점은 두말할 나위가 없다. 열차는 낡은 근대를 타파하고 혁신적인 '현대'를 건설할 주인공, 즉 '시민'[19]의 다른 이름이기도 하다. 이러한 열차를 자기 이미지로 삼고 있는 '시민'은 서정적 자연세계의 반(反)-과학성을 거부하고, "황폐한 도시"를 양산한 제국주의적 근대세계를 부정하며, 그 시간적・공간적 한계와 울타리를 뛰어 넘어 국제적 / 세계사적 발전의 코스로 진입하는 코스모폴리탄이다. 이 코스모폴리탄들의 가장 큰 무기가 과학이라는 점은 '음풍농월'의 자연을 반(反)-과학이라는 이유로 배격하고, 과학기술을 현대문명의 핵자로 설정한 순간부터 부인할 수 없는 원칙으로 드러난다. 1950년대 모더니스트들에게 과학성의 보유는 코스모폴리탄으로서의 자기정체성을 정립하는데 반드시 필요한 필요충분조건이었다고 할 수 있다.

19) 『새로운 도시와 시민들의 합창』(박인환 외, 산호장, 1949)에서 '시민'이란 자기명명은 결코 우연의 소산이 아니다. 그리고 이 '시민'은 곧 '세계시민'을 뜻한다.

2) '국제성'의 획득으로서의 과학

널리 알려져 있다시피, 1950년대 모더니스트들은 대부분 해방과 함께 한국사회가 세계사적 보편성이 담지된 '국제적 코스'를 따르고 있다고 인식하였다. 김기림의 시집을 논하며 박인환이 "조선과 세계의 진실한 코스는 결정되어 있"[20]다고 했을 때의 "진실한 코스"란 한국이든 세계 일반이든 낡은 근대로부터 새로운 현대로 나아가는 '코스'를 가리킨다. 또한 이봉래가 "우리들은 '니체'나 '세스토프'가 살고 있던 시대와 지금 신세대가 살고 있는 오늘의 현실과는 여러 가지 의미에서 엄청난 차이가 있다는 것을 부정할 수 없을 것이다. 그것은 첫째 과학의 진보로 인하여 인간이 기계에 예속하게 되었다는 뜻에서 신세대가 살고 있는 오늘의 현실은 그 어느 시대보다 특징적이라 아니 할 수 없다"[21]고 했을 때, "오늘의 현실"이란 세계사적 동시성이 예외 없이 적용되는 시대다. 물론 이봉래의 말에서 확인되듯, 그러한 역사적 보편성과 동시성은 "과학의 진보"를 기반으로 가능해진다. 후반기 동인의 멤버였던 김경린은 40여 년이 지난 후에도 자신들의 세대적 특수성을 "8·15해방과 더불어 자유의 물결과 현대의 과학문명이 눈부신 속도로 유입되어 왔음은 물론 우리 민족도 세계적인 동시성 속에서 호흡하고 성장할 수 있게끔 지위가 격상된 데 따른 의무와 노력"[22]을 기울여야 했다는 데서 찾는다.[23] 김경린은 이미 『새로운 도시와 시민들의 합창』의 시

20) 박인환, 「김기림 시집 『새노래』 평」, 『박인환전집』, 232쪽.
21) 이봉래, 「신세대론－작가를 중심으로 한 시론」, 『문학예술』, 1956.4, 134쪽.
22) 김경린, 「8·15와 시인들의 알레르기·3」, 『현대시』, 1991.1, 296쪽.
23) 1950년대 모더니스트들의 시대 진단 및 코스모폴리탄적 자의식에 대해서는 졸고, 「김종삼

작메모에서 '국제적 발전의 코스'를 따르는 것을 당면한 시의 과업으로 표명한 바 있다.

> 저속한 '리알리즘'에 대항하기 위하여 출발한 현대시는 또한 우연하게도 놀라운 속도를 갖고 온 지구에 전파되었다. (…중략…) 그들(우리의 선배들 ―인용자)은 너무나 강한 현실의 저항선을 넘어 신영토를 개척하지 못하였기에 시의 국제적인 발전의 '코-스'와는 정반대의 방향에 기우러져 가고 말었든 것이다. 그러나 생리적, 화학적, 그리고 정서적 등의 세계가 끊임없이 확대되여 가듯이 시의 세계도 하나의 역사적인 '코-스'를 향하야 발전하여 가고 있는 것이 엄연한 사실이다. (…중략…) 시는 종국에 있어서 전진하는 사고인 것이다.[24]

시의 발전방향이 논의의 중심이지만, 위의 메모는 당대 모더니스트들이 지녔던 시대감각의 일면을 잘 보여준다. 주목할 것은 현대시의 진행이 "놀라운 속도"를 자랑한다는 것과 "진실한 코-스"인 국제성의 담보는 이러한 속도의 확보 없이 가능하지 않음을 피력하는 대목이다. "시는 종국에 있어서 전진하는 사고"라고 할 때, '전진'은 속도를 전제로 하며, 이것은 궁극적으로 현대문명의 발전을 빠른 속도로 일궈내는 과학적 · 기술적 토대를 바탕으로 할 때 현실성을 띌 수 있는 개념이다. 그만큼 역사와 시대와 사회, 심지어 시조차도 세계사적 보편성에의 진

시의 재고찰―이중언어 세대의 '세계시민주의'와의 상관성을 중심으로」, 『한국학연구』 제30집, 인하대 한국학연구소, 2013, 203~209쪽 참조.

24) 박인환 외, 『새로운 도시와 시민들의 합창』, 산호장, 1949, 11쪽.

입을 위해 기존의 물적 토대와 한계를 넘어선 '국제성'을 보유해야 한다는 생각이 강박적일 정도로 강하다. 그렇다면 그것은 어떻게 이룰 수 있는가?

답은 앞서 암시되었듯 '과학'에 있다. 학문 체계로서든, 지식으로서든, 혹은 세계관으로서든 가치중립성과 객관성은 과학의 본질에 속하는 것으로 이해된다. 과학이 기술적 도구로서 공학적 실리를 도모하는 방법이 될 때는 현실적 이해관계들, 예컨대 특정의 국가와 공동체에 귀속되거나 특정의 자본에 좌우될 수 있지만, 과학은 그 자체로는 국가와 민족, 인종과 종족을 초월하는 보편성과 일반성의 추구를 근본으로 한다. 분과학문으로서든, 지식체계로서든 과학은 발생학적으로 그 성격상 국적과 국경을 넘어서 사물의 일반적 질서와 원리를 밝히는 영역으로 여겨진다. 달리 말해, 현실세계의 제반 영역 중 규모와 영향력, 수용과 적용의 범위, 효과의 파장 면에서 국제성의 면모가 가장 뚜렷한 영역이 과학 영역이다. 게다가 과학은 문명 그 자체와 의미론적으로 동일하게 인식되어 왔다. 현대문명을 자기정체성의 근간으로 여기는 한, 그리고 세계사적 코스로의 진입과 국제성 획득이 역사적 과제로 인식되는 한, 과학은 그러한 목표에 도달하는 가장 빠른 지름길이다. 현대성의 핵심, 그것은 바로 '과학이 되는 것(becoming science)'이다. 적어도 1950년대 모더니스트들에게 이것은 논리적 참이었다. 국제성을 담보해주는 과학, 현대성으로서의 자기정체를 확립해주는 과학은 이들의 코스모폴리탄적 자의식과 결합하여 "전진하는 사고"의 추구, 달리 말해 시의 과학화라는 문학적 테제를 추동한다. 그런데 이러한 담론적 주장은 주로 몇몇 기술적 표상을 재료화하는 방식으로 이행된다.

가늘어져 가는 / 나의 그림자 우에 / 오늘도 / 국제열차의 폭음이 지나간다 // 다감한 지역에 / 푸른 계절이 오면 / 잊어진 사람아 // 검은 층계 우에 / 흰 발자국을 따러 / 빛나는 광선이 올 것을 알라

— 김경린, 「빛나는 광선이 올 것을」 중[25)]

오늘도 / 성난 타자기처럼 / 질주하는 국제열차에 / 나의 / 젊음은 실려가고 // 보랏빛 / 애정을 날리며 / 경사진 가로에서 / 또다시 / 태양에 젖어 돌아오는 벗들을 본다.

— 김경린, 「국제열차는 타자기처럼」 중[26)]

창백한 태양의 계곡을 뚫고 / 폭군처럼 질주하는 국제열차의 창가에 기대여 / 아! 나는 기중기에 걸린, / 여자의 허리를 조망할 것입니다.

— 김규동, 「기도」 중[27)]

오늘도 불안한 세기의 하늘을 향하여 / 항공기는 육지를 떠나고, // 난해한 나의 '이메—지'의 이마 위를 / 급행열차의 폭음이 스쳐간다.

— 김규동, 「항공기는 육지를 떠나고」 중[28)]

'국제열차'가 현실의 경험적 산물이 아니라 관념 속에서 주조된 추상적 표상이라는 것은 분명하다. 중요한 것은 이러한 관념적 추상성 아

25) 위의 책, 27~28쪽.
26) 김경린 외, 『현대의 온도』, 도시문화사, 1957, 20쪽.
27) 김규동, 『나비와 광장』, 산호장, 1955, 23쪽.
28) 위의 책, 147쪽.

니라 이 같은 기술적 소재를 빌어 의도한 바가 무엇인가라는 점이다. '국제열차'는 '시민'으로서의 정체성, 즉 코스모폴리탄으로서의 자의식을 물리적 사물의 형태로 구체화하려는 이들의 욕망을 반영한다. 그것이 실재하는 사물의 재현인지 아닌지, 실제 경험의 반영인지 아닌지는 중요치 않다. 기차에 대한 자신들의 감각적 체험을 바탕으로 도래할 미래 세계의 기술적 일부를 '지금 여기'의 것으로 앞당겨 끌어와 감수(感受)하는 상상적 작업이라는 점에서, 이것은 마치 현실 공간의 바탕 위에 가상의 영상을 겹쳐놓는 증강현실(Augmented Reality)의 이미지와 유사하다. 그리고 이 가상의 열차가 달릴 법한 지리적 공간은 더 이상 '한국'이라는 좁은 사회도, '동양'이라는 특수한 문화권도 아니다. 1950년대 모더니즘 시에 '지구'라는 시어가 자주 등장하는 것은 이와 무관하지 않다. '세계시민'의 거주지와 활동지역은 그 명칭과 성격에 걸맞게 우주 및 천체를 배경으로 한 '지구' 전체여야 한다.

> **지구**의 표면을 달리는 / 선수들의 손바닥 위에 / 빛나는 속도를 보라
>
> — 김경린, 「나부끼는 계절」 중[29)]

> 코페르니크스의 승리 / 회전하는 **지구** 우에 / 닥어오는 것 / 물결이여 / 네 습성을 따라 / 지금 모든 인류도 / 옳은 시간의 조류 사이로 / 안개를 뚫고 함대처럼 간다
>
> — 임호권, 「시내」 중[30)]

29) 박인환 외, 앞의 책, 22쪽.
30) 위의 책, 50쪽.

낙하를 부정하는 파다기는 날개처럼 / 나는 실상 **지구** 속에 있었던 것이다. / 빛 속에서 어둠이 생길라고 했다

— 이철범, 「붕괴1」 중[31)]

아직은 끝나지 않은 시간 위 / **지구**의 변두리에선 / 또 하나의 전쟁이 일 것만 같다고 / 빈 거리 / 계엄령이다

— 이철범, 「빈 손의 자유 속에서」 중[32)]

지구의 외랑에서 이러서는 / 저 '넌 · 휘그래이슌'의 건축은 미지의 벗과 / 세계에 대한 나의 발언이었음으로

— 이활, 「〈뮤-즈〉에게 보내는 초대장」 중[33)]

상처진 폐부들을 부둥켜 안고 / 그렇게들 **지구**의 오솔길에서 우글거리면서

— 이상로, 「오욕의 낮으로」 중[34)]

시야에 가득 차가는 인류의 유혈! / **지구** 위에 언쳐진 / 무수한 인간의 손들을 보라.

— 김규동, 「참으로 난해한 시」 중[35)] (강조－인용자)

31) 김경린 외, 『현대의 온도』, 도시문화사, 1957, 133쪽.
32) 위의 책, 141쪽.
33) 위의 책, 159쪽.
34) 김규동 외, 『평화에의 증언』, 삼중당, 1957, 74쪽.
35) 김규동, 『나비와 광장』, 산호장, 1955, 123쪽.

'세상' '세계'라는 단어가 쓰일 자리에 어김없이 '지구'가 등장한다. 이들의 시에서 '지구'는 세계사적 발전 코스에 진입한 자신들의 새로운 정체에 부합하는 공간이다. '세상' '세계'와 달리 과학적 개념어로 여겨진다는 점도 '지구'라는 표현을 선호하는 이유로 볼 수 있다. '지구'라는 단어가 지리적 감각을 전제하기 때문이다. '지구'는 지도라는 시각적 표상과 깊이 결부되어 있다. 근대적 교육을 받은 이들이라면 지구에 대해 배울 때 지구의(儀), 지구본을 놓고 학습한다. 전 세계 지도가 둥글게 만들어진 구체(球體)가 바로 지구이다. 한편 그것은 천문학에서 인간이 사는 물리적 공간을 우주의 구조 및 천체의 현상·운행과 관련하여 지칭할 때 쓰는 학문적 개념이다. 이렇게 학습된 개념으로 인해 '지구'라는 단어는 우주의 지도, 천체의 지도, 지표면의 지도를 동시에 연상시킨다. 지도의 이미지를 떠올리지 않고 '지구'를 연상하기란 힘들다. 결국 '국제열차'가 달리는 "지구의 표면", "지구 위", "지구 속", "지구의 변두리", "지구의 외랑", "지구의 오솔길"은 세계지도를 배경으로 해서 이미지화되는 과학적/문명적 공간일 수밖에 없다. 그곳에 거하는 시적 화자들은 자연스럽게 과학적/문명적 세계 전체를 활동무대로 삼는 '세계시민'의 위상을 얻는다.

그런데 "지구 위"를 달리는 '국제열차'들은 왜 '폭음'을 내는 것일까? 그것들은 왜 "성난 타자기처럼/질주"하거나 "폭군처럼 질주"하는가? 흥미롭게도 많은 모더니즘 시들에서 '국제열차'와 '국내열차'는 서로 상반된 성격을 띤다. 국내열차인 '기차'는 대부분 "먼 속에서 울려오는/기적소리"[36) "고향을 찾아/달려오는 기적소리"[37) "기적소리 — 금쯤 어느 산촌, 나리꽃 피었다 지는 조그만 역에 닿으려는 첫 발성"[38) 등

주로 향수에 젖은 청각에 힘입어 감각화된다. 심지어 그것은 성차(性差)의 측면에서 '여성적 기차'이다.

> 기적소리는 / 분명히 아기를 잃은 젊은 엄마의 울음소린가 보다. / 기적소리는 / 분명히 아들과 딸들을 기다리는 / 북쪽 어머님들의 슬픈 앓음소린가 보다. // 또한 기적소리는 / 모든 할 일을 다하고 / 사랑하는 이의 뒤를 따르는 / 어느 알뜰한 여자가 / 마지막 그 애인의 무덤 앞에 / 소리 없이 엎드리는 모습과도 같은 / 순수를 지니고 있는가 보다.
>
> — 김규동, 「기적소리는 추억을 그리는 화가」 중[39)]

기차는 많은 시편에서 '기적소리'라는 환유를 통해 향수, 추억, 여수(旅愁)를 불러일으키는 것으로 이미지화된다. 위 시에서 그것은 아예 여성성의 표상으로 전경화된다. '기적소리'는 여인의 울음소리인 것이다. 이처럼 기차는 노스탤지어를 촉발하는 대상, 혹은 노스탤지어 그 자체다. 다음의 구절은 기차와 노스탤지어를 직접 연관 짓고 있다.

> 철도가 부설되는 날부터 / 함부로 / 마을을 교란하던 기관차가 / 나에게 / '노스탈쟈—'를 배워준 이래 / 나의 가슴은 / 미래로 향작(向作)한 채 / 둥구렇게 부풀어만 갔다.
>
> — 이활, 「세계의 층층대로 올라간 기억의 얼굴들」 중[40)]

---

36) 임호권, 「생활」, 박인환 외, 앞의 책, 38쪽.
37) 이활, 「어느 고요한 한 나절의 일지」, 김경린 외, 앞의 책, 156쪽.
38) 이상로, 「불온서정」, 김규동 외, 『평화에의 증언』, 삼중당, 1957, 64쪽.
39) 위의 책, 138쪽.

국제열차가 '폭음'을 내며 폭군처럼 질주한다면, 국내열차는 비애와 노스탤지어를 빚어내는 '기적소리'를 내며 달린다. 이러한 대비가 시사하는 바는 뚜렷하다. 전자가 카리스마 넘치는 강한 남성성을 표상한다면, 후자는 눈물에 젖은 감상적 여성성을 표상한다. 이 같은 젠더적 분화는 자기 이미지의 형성과 관련한 1950년대 모더니트스들의 분열적 내면을 상징적으로 보여준다. 전자의 이미지가 이상적 자아에 해당한다면, 후자의 이미지는 현실적 자아에 해당한다. 이 두 자아 간의 간극은 '남성적 국제열차 — 여성적 국내열차'의 차이만큼이나 넓고 깊다. 문제는 이 차이를 해소할 논리적 · 경험적 매개를 찾기 힘들다는 사실이다. 이것은 남성적 국제열차와의 동일시가 상상적 동일시를 기반으로 하며, 이러한 동일시는 여성적 국내열차가 완전한 변태(變態)를 이루지 않는 한 현실화의 가능성이 탈각된 것에 가깝다. 그런데 여기에 내포된 의미는 단순치 않다. 과학기술에 의한 재소원화(再疎遠化) 혹은 재소외화가 발생할 가능성이 커지기 때문이다. 실제로 이들 모더니즘 시에서 이러한 징후를 발견하기란 어렵지 않다.

40) 김경린 외, 앞의 책, 163쪽.

3. 재신화화되는 기술표상과 '비애'의 감정

김기림이 『태양의 풍속』(1939) 서문에서 비유한 '오전의 명랑성'은 "어족과 같이 신선하고 기빨과 같이 활발하고 표범과 같이 대범하고 바다와 같이 명랑하고 선인장 같이 건강한 태양의 풍속"[41]이다. 시집의 표제로 '오전', '태양', '명랑성'을 전면에 내세우기 전부터 그는 여러 시론에서 "음울, 패배감, 은둔, 탐닉"과 상반되는 "건강하고 명징한 명랑성"[42]을 현대시가 지향해야할 특징으로 꼽은 바 있다. 그런데 힘찬 에너지로 가득한 자연물에 비유된 이 명랑성은 애초에 과학기술을 둘러싼 선험적 이미지에서 발원한다. 그는 「현대예술의 원시에 대한 욕구—현대시의 성격, 원시적 명랑성」에서 현대시의 원시성에의 동경이 근본적으로 명랑성의 추구에 의거한 것이며, 이것의 현대적 변주가 야만과 조야의 경도로 나타난다고 말한다. 하지만 이 약동하는 생명력의 현대적 태생지는 도시문명 속에서 기계들이 발하는 아름다운 교향악이다. 그렇기에 김기림은 현대시가 나가야할 바를 다음과 같이 선언한다. "퇴폐와 권태와 무명 속에서 허덕이는 현대시를 현재의 궁지에서 건져내 가지고 태양이 미소하고 **기계가 아름다운 음악을 교향하는 가두**로 해방하지 않으면 아니되리다."[43](강조—인용자) 기계의 활기찬 생

41) 김기림, 「어떤 친한 '시의 벗'에게」, 『태양의 풍속』, 1939, 학예사; 김기림, 『김기림전집 1—시』, 심설당, 1988, 15쪽.

42) 김기림, 「현대시의 육체—감상과 명랑성에 대하여」, 『시원』, 1935.4; 김기림, 『김기림전집 2—시론』, 심설당, 1988, 111쪽.

43) 김기림, 「현대예술의 원시에 대한 욕구—현대시의 성격, 원시적 명랑성」, 『조선일보』, 1933.8.9~10; 김기림, 『김기림전집 2—시론』, 심설당, 1988, 88쪽.

명력이 지닌 명랑성이 현대예술의 "어떤 위대한 불만"[44]과 결합된 형태가 고갱 등의 원시성에의 충동이며, 이는 결국 낡은 문화가 처한 "야만에의 복귀"가 아니라 "문화의 영역에 있어서의 새 출발"에 필요한 "힘의 회복"[45]이다.

주목할 것은 그가 명랑성의 본원을 기계의 표상에서 찾고 있다는 점이다. 과학성과 명랑성은 일관되게 동일시되는데, 시의 과학성을 지지하는 "명징한 지성"이 "건강하고 명징한 명랑성"[46]의 다른 이름으로 불리는 것은 이에 따른 결과다. 김기림에게 과학성은 곧 명랑성이며, 명랑성은 과학성의 본질이다. 그것은 "애매와 감상에 대립"[47]하고, 음울과 퇴폐와 애수의 "암흑을 초극한 후의 대낮"[48]이다. 과학성과 명랑성의 이 선험적 관계는 그가 「과학과 비평과 시」(1937), 「과학으로서의 시학」(1940)을 주창할 수 있었던 중요한 근거에 해당한다. 그러므로 과학-기술의 표상은 그의 시론에선 명랑성의 논리적 풀이로, 시에선 명랑성의 현현으로 이미지화된다. 과학(성)과 명랑성의 이러한 결합은 이후 1950년대 모더니스트들에게도 지속되는데, 이들에 의해 과학기술의 이미지는 훨씬 더 극치의 명랑성으로 고양된다. 오히려 그 극단성으로 인해 김기림이 경계했던 "감정의 비만"과 "비대증"[49]의 성격을 띠게 된다.

---

44) 김기림, 위의 글, 86쪽.
45) 위의 글, 88쪽.
46) 김기림, 「현대시의 육체—감상과 명랑성에 대하여」, 『시원』, 1935.4; 김기림, 『김기림전집 2—시론』, 심설당, 1988, 110~111쪽.
47) 위의 글, 109쪽.
48) 위의 글, 110쪽.
49) 위의 글, 112쪽.

푸른 하늘을 탄환과도 같이 날래게 날아가는 '제ㅅ트'기의 아름다운 편대를 바라볼 때 우리들은 흔히 한여름 분수의 공원에라도 들어선 같은 쾌감을 느낀다. / 이 쾌감은 분명히 '제ㅅ트'기의 그 눈부신 속도에서 오는 것일 터이다. (…중략…) 수송기나 정찰기의 날음이 어떤 목적을 향하여서만 있는 것이라고 한다면 '제ㅅ트'기는 그 비상 자체 속에 벌써 무한히 아름다운 비밀을 감추고 있는 듯싶다. 수송기나 정찰기의 비행이 노인들의 보행이라고 한다면 초음속 '제ㅅ트'기의 비상은 젊은 청춘들의 아름다운 경기와 무용을 연상시킨다. (…중략…) 하나는 산문의 경우요, 하나는 시의 경지다. 어찌 시를 생각지 않을 수 있으랴 — (…중략…) 그 날래인 속도는 무엇보다도 솔직히 현대의 성격을 상징해 주는 하나의 뚜렷한 견본이다.[50)]

1950년대의 많은 모더니즘 시는 기술적 산물의 기계성·물질성·즉물성·속도감 등을 자주 강조한다. 동양적 자연 창출이 서정시의 전통으로 명명되던 당대의 시적 경향을 부정하기 위한 형식이기도 하지만, 자연에 대한 탈신화화를 목적으로 하는 과학의 기능과 역할을 상기할 때, 이는 필연적 현상이기도 하다. 하지만 위 글에 기술된 "제트-기"의 이미지는 지나친 명랑성과 낙관성에 치우쳐 있다. 이 때문에 과학의 기술적 응용과 그 결과물을 재신화화한다는 혐의가 짙다. 과학기술의 주관적 이상화(理想化)라 할 수 있는 이러한 태도에 대해 고석규는 날카로운 지적을 한 바 있다. "'필요 이상으로 슬픈 표정을 하는 것'이 편석촌이 반역하려던 감상이라고 한다면, '필요 이상으로 기쁜 표정을 하는

50) 김규동, 「현대시와 Mechanism」, 『새로운 시론』, 산호장, 1959, 63~64쪽.

것'"은 "실은 음풍영월하던 개방된 감상에 못지않게 감상적"인 것으로, "과학물질에 대한 맹목적 경악"과 "기계물질의 외재성에 대한 탄(憚)으로만 이루어진 오프티미즘적 방관이야말로 은폐된 것 같으면서도 가장 두드러진 감상"[51]이라고 비판한다. 그의 비판이 정당하다는 것은 '제트기', '전투기', '항공기', '헬리콥터' 등을 적극적으로 이미지화한 김규동의 시편을 살펴보면, 이러한 비행수단의 기술 표상들이 기계의 기계성·속도감에 걸맞게 표상되기보다 종국에는 자연물에 기대어 비유되는, 말하자면 기계를 다시금 자연화하는 메타포에 의존하고 있다는 데서 확인된다. 그리고 그러한 메타포들이 어떤 특정한 감정을 자아내면서 동시에 그러한 감정의 과잉을 애써 감추는 기능을 한다는 점에 주목할 필요가 있다.

> 낙하하는 화환의 밀림 / 불길이는 전쟁의 해안 / 어두운 태풍경보의 초침 위에 / 육중한 물리 / 저의 역학을 뽐내며 / 열차는 속력을 놓는다. // 눈발처럼 휘날리는 / 뉴—스의 파편 / 하강하는 구름 속 / 항로를 더듬는 Z기의 비행마다 / 질식한 비둘기의 울음소리가 있다.
>
> —김규동, 「뉴—스는 눈발처럼 휘날리고」 중[52]

> 뻴딩의 / 시계탑이 / '루 · 콜비쉐'의 건축처럼 / 말없이 기울어 갈 때 / 초연 냄새에 절은 수목은 / 구름의 계곡에서 / 쎄이버 전투기의 비상을 바라보고 있었다. // 푸른 하늘엔 / 수많은 전쟁의 기억이 남고 / 아득히 살아진

---

51) 고석규, 「모더니즘의 감상」, 『고석규 문학 전집 2—여백의 존재성』, 마을, 2012, 76~80쪽.
52) 김규동, 『나비와 광장』, 산호장, 1955, 29~30쪽.

/ 군용도로의 숲 속엔 / 세계의 가을을 전해주는 / 버레 우름소리가 흩어져 가고 있었다.

— 김규동, 「가을과 죄수」 중[53)]

높은 곳에서 하강하는 "Z기의 비행"소리는 "질식한 비둘기의 울음소리"이고, "쎄이버 전투기"가 비상하는 하늘 아래에는 "세계의 가을"을 알리는 "버레 울음소리"로 가득하다. 「현대시와 Mechanism」에서 서술된 밝고 화창한 이미지와 달리, 위 시의 비행기물은 애수에 차 있고, 그 지배적 분위기로 인해 감상성도 짙다. 이 비유들은 기술물의 기계성을 즉물적으로, 감각적으로 제시하는 것이 아니라 그러한 사물들의 물질성과 인공성을 자연물로 환원시켜 자아의 비애감을 강조하는 데 기여한다. 결국 제트기와 전투기는 시적 자아의 알 수 없는 슬픔을 자극하고 북돋우는 진원지다. 정체모를 비애감이 과학기술의 표상과 결부되어 있다는 점은 가령,

강을 건너는 / 헤리콥타—의 푸로페라 소리는 / 어느 흑인의 애가인가. / 눈에 뵈지 않는 황색 테-프를 뿌리며 / 아기자기한 기계는 / 푸른 건반의 하늘에 날고, / 우거진 숲 / 흑석동의 원경은 / 가느다란 슬픔에 홀로 젖는다.

— 김규동, 「2호의 시 – 강의 추상」 중[54)]

에서는 "헤리콥타—의 푸로페라 소리"가 흑인의 슬픈 노래로 들린다는 데서 잘 드러난다. 이 소리는 급기야 숲의 경치와 도시의 원경을 "슬픔"

53) 위의 책, 139~140쪽.
54) 위의 책, 131~132쪽.

으로 젖게 만든다. 선험적 논리에 따르면, 제트기, 전투기, 헬리콥터 등은 쾌감을 불러일으키는 "아름다운 무용"이고 건강하고 활기찬 현대의 "뚜렷한 견본"이지만, 정작 시적 이미지로 전환될 때 그것들은 정반대의 정서가 침윤된 '눈물'의 기원(起源)으로 표상된다.

'애수', '슬픔', '비애'로 대표되는 이러한 감정은 1950년대 모더니즘 시에만 나타나는 특수한 자질이라 할 수 는 없다. '설움'으로 통칭될 수 있는 이 감정 자질들은 근대 초부터 1950년대에 이르기까지 한국인들의 내면을 차지하고 있던 지배적 정서라 할 수 있다. 따라서 이에 대한 분석은 추후 면밀하고 광범위하게 다루어져야 할 문제이나, 1950년대 모더니즘 시에 나타나는 과학 표상에 국한시켜 살펴보면 두 가지 측면에서 이해될 수 있다. 우선 인용 시에서도 확인되듯, 현대의 견본으로 초점화되었다 해도 위의 기계들은 모두 전쟁 상황과 불가분의 관계에 있다. 시인의 의도는 현대성의 감각적 육화를 위해 제트기와 헬리콥터 등의 현대적 미를 구현하는데 정향되어 있을지라도, 이 신(新)-항공물들은 전쟁의 체험과 공포, 지울 수 없는 상흔에 깊이 맞닿아 있다. 그것은 이론적 목적과 기획에 좌우되지 않는 무의식의 영역에 속한다. 달리 말해, 정신적 외상(trauma)의 부분적 귀환에 해당한다.[55] Z기의 "날래인 속도"를 "시의 경지"라고 찬탄하지만, 김규동의 낙관적 칭송 이면에는 그것이 전쟁과 무관할 수 없으며, 이미 전쟁 그 자체를 내재한 가

55) 이 점이 김기림과 1950년대 모더니스트들 간의 차이라 할 수 있다. 김기림이 과학의 '명랑성'을 시화(詩化)할 때 의식의 조작을 일관되게 도모할 수 있었던 것과 달리, 1950년대 모더니스트들의 경우 '명랑성'의 경도에도 불구하고 그것에서 어긋나는 무의식적 정동(affect)이 기술 표상에 삼투되어 있다. 전후세대인 이들에게 과학-기술과 비애(설움)의 결합은 제작의 의도를 이탈할 수밖에 없는 무의지적인 것이다.

공할 기술이라는 무의식적 인지가 자리하고 있다. 가령 "열에 들뜬 검은 기계와 탄도 / 화약연기 속에 밀려오는 / 사람들의 환성과 원자의 불기둥— // 신이여! / 이는 / 당신이 최후로 인간에게 주는 / 화려한 악장이라 하였나이다"[56]라는 구절은 원자탄에 의한 대량살상의 공포를 인류의 종말과 직결시키고 있다.

자신의 내면에서 원인을 찾는 우울과 달리, 설움과 비애는 "자신의 의지와 관계없이 바깥으로부터 닥친 수난이 힘들어 마음에 고통과 슬픈 감정이 꽉 찼을 때 발생한다."[57] 자기 내부에서가 아닌 외부에서 닥친, 개인의 의지와 무관한 '바깥'에서 밀려든 수난일 때, 그것은 불가항력의 운명처럼 인식된다. 그리고 그러한 운명적인 것의 도래는 개인의 힘으로 극복하거나 타개할 수 없는 것으로 여겨진다. 대규모의 전쟁만큼 운명적 수난에 버금가는 예는 찾아보기 힘들다. 과학-기술의 명랑성으로 현대적 미를 재현한다는 미학적 당위가 운명에 짓눌린 자의 내면을 가득 채우고 있는 비애와 슬픔을 억제하기란 한계가 있다. 전후세대인 1950년대 모더니스트들에게 최첨단의 과학은 전쟁의 표상이기도 하다는 사실은 이들의 기술 표상에 비애감이 극복되기 힘든 외상처럼 부착되어 있는 정황을 설명해준다. 한편 전쟁 체험이 이러한 감정 형상의 외적 요인이라면, 시와 과학을 둘러싼 담론의 논리적 추이는 내적 요인에 해당한다. 앞서 과학기술에 대한 맹목적 낙관과 절대적 이상화가 또 다른 신화화임을 지적하였는데, 기술의 진보를 최상의 가치

---

56) 김규동, 「참으로 난해한 시」, 김규동, 『나비와 광장』, 산호장, 1955, 123쪽.
57) 정과리, 「서러움의 정치학—시는 지금, 이곳에서 무엇과 / 어떻게 싸우는가에 대한 사색」, 『포지션』 3호, 2013 가을, 23쪽.

로 설정하는 한, 그러한 인식은 기술 발전도에 따른 가치의 위계(hierarchy)를 반복 생산하게 된다.

「현대시와 Mechanism」에서 예시된 바 "수송기나 정찰기의 비행이 노인들의 보행이라고 한다면, 초음속 〈제ㅅ트〉기의 비상은 젊은 청춘들의 아름다운 경기와 무용을 연상시킨다"고 할 때, 여기에는 이미 가치의 서열이 전제되어 있다. '수송기 / 정찰기 = 노인 = 늙음'이고 '초음속 제트기 = 청춘 = 젊음'이라는 등식은 제트기를 수송기, 정찰기보다 더 진보한 것이자 더 '젊고' 현대적인 것으로 대조하는 순간 반박 불가능한 위계로 도식화된다. 이러한 위계는 유사 항목을 끊임없이 낳는데, 기차 / 마차, 국제열차 / 국내열차, 비행기 / 기차, 제트기 / 항공기 …… 등은 '더 우등한 것 / 더 열등한 것'의 계열을 양산한다. 이러한 위계는 땅과 하늘을 공간적으로 서열화하는데, 가령

> 오늘도 불안한 세기의 하늘을 향하여 / 항공기는 육지를 떠나고, // 난해한 나의 '이메—지'의 이마 위를 / 급행열차의 폭음이 스쳐간다.
>
> —김규동, 「항공기는 육지를 떠나고」 중[58]

에서 국제열차의 폭음이 땅을 장악한 남성성의 표상이라면, 그보다 우월한 항공기는 하늘을 지배하는 남성성을 표상한다. 문제는 이것들이 현실에선 실재하지 않는 결여태라는 점이다. 전후 한국사회에서 과학성 / 현대성은 결여를 메울 수 있는 보충물이 요구되던 새로운 상징 체

58) 김규동, 『나비와 광장』, 산호장, 1955, 147쪽.

계였다. 그런데 제트기, 전투기, 비행기, 헬리콥터 등 기술적 산물이 '내 것'이 아니라는 사실은 과학(성)의 부분표상, 즉 상징적 보충물마저 소유하고 있지 않은 엄연한 현실을 환기한다. 이는 과학기술로부터의 이중 소외라는 불가피한 상황에 직면케 한다. 과학기술에의 재소외화가 발생하는 것이다. 이러한 이중 소외는 종국에 '현대'로서의 자기정체를 긍정할 수 없게 만들고, 스스로를 충분히 현대화되지 못한 현대성의 미달로 인식케 한다. 1950년대 모더니스트들의 의식 속에서 더 '젊은' 것, 더 진보한 기술, '국제열차 → 항공기 → 제트기 ……'와의 상상적 동일시는 젠더적 측면에서 볼 때 부재하는 남성성을 보충하고자 더 강력한 남성성을 욕망하고 있음을 반증하는 무의식적 징표라 할 수 있다.[59] 강한 남성성은 현대성의 다른 이름이기도 하다. 그렇다면 이들의 슬픔과 비애가 최첨단의 기술 품목과 결합되어 나타나는 형상은 과학기술로부터의 재소외화에 따른 심리적 결과이자 남성적 주체로서의 자기정립이 실패한 데 따른 상징적 표식이라 할 수 있다. 이 실패의 느낌은 자신의 현존을 불현듯 비애에 젖은 자, 붕괴의 위험에 처한 자로 이미지화하는 데서 배어나온다.

> 시민들은 / 추억과 같은 눈물에 젖어 / 한 그루 나무를 가꾸고 있었다. // (…중략…) // 이윽고 / 태양이 파열하여 / 지구의 광명이 / 촛불 꺼지듯 할 날을 가슴에 안은 / 검은 그림자 // 불행한 행렬 / 오오 불행한 손길들이여!
>
> — 김규동, 「전쟁과 크리스마스」 중[60]

59) '국제열차 → 항공기 → 제트기 → ……'로 옮겨가는 위계의 생산과 더 나은 산물에 대한 관념적 희구는 강한 남성성에의 욕망이 환유적으로 이동하고 있음을 예시한다.

끝내 나는 아무것도 되지 못한다고 했다 / 무엇인지 바라고 있었다는 것과 / 한없이 무너져 가고 있는 나 / 지구의 벽에 쌓인 채 / 그대로 두 손을 휘저어 보았다 / 빈 곳을 향한 내 머리가 / 어느 교수대에서처럼 있었고

— 이철범, 「붕괴1」 중[61]

오늘도 / 불안한 물결을 / 헤엄쳐야 하는 세대의 비애를 / 나의 아버지들은 / 이해할 수 없다고 하는데

— 김경린, 「분실된 주말을 위하여」 중[62]

새로운 현대를 향해 거침없이 질주하던 '시민'은 '눈물'에 젖은 존재로, "아무것도 되지 못한" 자로, 그래서 마치 교수대에 효수된 시체처럼 한없이 무너지는 붕괴의 육화로 의식된다. '시민'의 선험적 낙관성에는 이러한 슬픔과 절망과 뼈아픈 좌절감이 함께 잠재되어 있다. 김경린은 자기 세대의 이러한 공통감각을 "불안한 물결을 헤엄쳐야 하는 세대의 비애"라고 표현하면서, 아버지 세대가 이해할 수 없는 근원적인 소외감임을 토로한다.

'눈물'과 결합된 과학 기술의 표상은 시의 과학화, 현대성으로서의 과학성의 추구가 내적으로 비애의 극복을 겨냥하고 있으나, 결과적으로 이러한 무의식적 기획이 실패에 이르고 있음을 함축한다. 그만큼 '과학성 = 현대성 = 남성성'에의 욕망은 환유적 보충물 — 비록 그것이

60) 김규동, 『나비와 광장』, 산호장, 1955, 73~74쪽.
61) 김경린 외, 『현대의 온도』, 도시문화사, 1957, 135쪽.
62) 위의 책, 25쪽.

현실과 괴리된 관념적 향유물일지라도—에 대한 강박을 낳는다. 이 강박이 고석규가 비판했듯 "필요 이상으로 기쁜 표정을 하는" 지나친 낙관적 감상을 초래하는 이유이다. 하지만 이 낙관적 감상 속에 숨어 있는 것은 코스모폴리탄으로서의 주체 정립과 '더 진보한' 현대화의 수행이 실패하였음을 인정할 수밖에 없는 비애의 '눈물'이다. 그리고 이것은 비단 1950년대 모더니스트들만의 특수한 감정이 아니라 당대 한국인들의 집단심성(mentalité)이라 해도 과언은 아니다. 그러므로 기술적으로 '우등한 것 / 열등한 것'의 위계를 내면화하여 '우등한 것'과의 동일시를 통해 현실과의 괴리를 상상적으로 봉합하는 방식이 아닌, 다른 형태의 '눈물'의 극복이 차후의 과제로 제시될 수밖에 없다. 실제로 과학성의 추구가 과학기술로부터의 재소원화를 낳는 아이러니한 결말을 벗어나는 또 다른 흐름을 모더니즘 시 내부에서 확인할 수 있다.

4. "문명에 대항하는 비결은/ 당신 자신이 문명이 되는 것"[63]

인간이 만든 기계는 사지를 제도는 날개를 제각기 달고는 인간을 향해서 노성을 퍼부으며 덤벼들고 애인은 사랑하는 까닭에 헤어지자고 한다. / 어떤 인간은 그 앞에 응전하고 또 어떤 인간은 신을 찾아 도피하고 또 어떤 인

63) 김수영, 「미스터 리에게」, 『김수영전집 1—시』, 민음사, 2003, 173쪽.

간은 철교 위에서의 투신을 기도한다. / 강물은 녹슬며 흘러간다. // (…중략…) 현대라는 이름이 흐릴 대로 흐려버린 유역이 이미 이루어졌고 그곳은 혈장미가 피는 지대 빨간빛에 물든 철조망에 둘러쌓이었고 낮을 밤에 이어 검은 '까운'을 걸친 마술사의 긴 그림자를 걸치어있다

— 김종문, 「나의 부호를 위한 시론」 중[64)]

김종문 시의 위 구절은 현대에 대한 비판을 상징적으로 담고 있다. 인간이 만든 기계와 제도가 "사지"와 "날개"를 달고 노성을 지르며 덤벼드는 모습은 괴물에 가깝다. '현대'라는 이름하에 구축된 문명세계는 구정물로 뒤덮인 강물처럼 혼탁해졌고, 피로 얼룩진 "혈장미"의 지대로 화했다. 낮과 밤의 구분은 사라지고, 영원히 계속되는 밤의 연속은 "검은 '까운'을 걸친 마술사의 긴 그림자"에 비견된다. 이러한 시적 상징은 과학기술의 발전에 기반한 현대문명의 유토피아적 명랑성을 정반대로 역전시킨다. 현대는 그로테스크한 어둠이 지배하는 세계이며, 그 속에서 살아 있는 생명의 기운을 느끼기란 불가능하다. 여기에는 현대에 대한 무조건적 승인을 거부하는 시선이 내포되어 있다. 하지만 이러한 부정적 이미지에서 문명비판의 내용과 목적, 구체적 지향 등을 찾기란 쉽지 않다. 김종문의 모더니티 비판이 지적 인식보다 모호한 감상에 머물러 있기 때문이다. 비판이 비판의 실천적 기능을 제대로 이행하기 위해선 부정되어야 할 대상과 문제적 지점을 정확히 포착하여 극복해야할 과제가 무엇인지를 구체적으로 제시할 수 있어야 한다.

---

64) 김규동 외, 『평화에의 증언』, 삼중당, 1957, 19~20쪽.

그런 점에서 과학성 / 현대성의 추구가 '눈물'로 귀착되고 마는 자기세대의 결말을 비껴가는, 그 세대적 출발점을 공유하면서 비판적 인식의 확보라는 '다른' 결과에 이른 예로 김수영을 주목할 수 있다.

김수영에겐 표피적인 난해성의 장막을 거두고 감상적인 모호성에 머물러 있는 한국시의 현대화를 위해 외부의 타자로 인식되는 현대성이 아니라 자기 내부에서 형성 중인 현대성의 발견과 그것의 실천적 수행이 새로운 숙제로 대두된다. 물론 그것은 4·19혁명 이후 본격화되는데, 1950년대 발표된 김수영의 시들에서 이미 동시대 모더니스트들과는 다른 기미를 확인할 수 있다. 그는 자아의 비애감을 표현하고자 기술물을 자연적 메타포로 환원하는 방식이 아니라 기술적 수단 자체를 비애의 담지체로 표상한다.

> 우리는 지금 동양의 풍자를 그의 기체 안에서 느끼고야 만다 / 비애의 수직선을 그리면서 날아가는 그의 설운 모양을 / 우리는 좁은 뜰 안에서뿐만 아니라 / 심지어는 항아리 속에부터라도 내어다볼 수 있고 / 이러한 우리의 순수한 치정을 / 헬리콥터에서도 내려다볼 수 있을 것을 짐작하기 때문에 / '헬리콥터여 너는 설운 동물이다' // —자유 / —비애 // (…중략…) / 너의 조상들이 우리의 조상과 함께 / 손을 잡고 초동물 세계 속에서 영위하던 / 자유의 정신의 아름다운 원형을 / 너는 또한 우리가 발견하고 규정하기 전에 가지고 있었으며 / 오늘에 네가 전하는 자유의 마지막 파편에 / 스스로 겸손의 침묵을 지켜가며 울고 있는 것이다
>
> — 김수영, 「헬리콥터」 중[65)]

김수영에게 '헬리콥터'는 자기 내부의 설움을 일깨우는 대상이다. "너무나 오랫동안 자기의 말을 잊고 / 남의 말을 하여 왔으며 / 그것도 간신히 떠듬는 목소리로밖에는 못해 왔"던[66] "동양"을 "풍자"(「헬리콥터」)하기 때문이다. 그런데 그러한 자기 안의 설움을 '헬리콥터'가 깨닫게 해주는 까닭은 '헬리콥터' 또한 "설운 동물"이기 때문이다. "1950년 7월 이후에야" 비로소 그 존재를 알았을 만큼 "우리"에게 그것은 발달된 서구 문명의 기술적 표식이지만, 김규동이 찬탄했던 바 시와 청춘의 상징이 아니라 더 진보한 항공기에 지금의 위의(威儀)를 내어주게 될, 그래서 언제든 퇴락한 기계물이 될 수 있는 도구이다. 그러한 한시성을 잘 알기에 수직선을 그리며 날아가는 자신을 "항아리 속에서" 내어다보며 감탄하는 "우리"의 감정을 "순수한 치정"으로 내려다볼 수 있는 것이다. "우리"의 감탄이 기술 우위의 이면과 폐해를 모르는 막연한 동경임을 알기 때문이다. 그만큼 "우리"의 시선은 역으로 '헬리콥터'로 하여금 자신의 실체를 자각케 하는 기능을 한다. '헬리콥터'는 사용가치가 떨어지면 언제든 용도 폐기될 존재이다. '헬리콥터'는 "우리"만큼, '나'처럼 "설운 동물이다." 그것이 "스스로 겸손의 침묵을 지켜가며 울고 있는" 이유이다.

이러한 의미는 기술문명 내부에 상존하는 부정성에 대한 정확한 인식을 함축한다. 기술문명에 대한 절대적 긍정은 기실 그것을 자기의 '바깥', 절대적 외부로 사유할 때 가능한 발상이다. 자기 '안'의 현존성으로 인식되지 않는 한, 과학-기술-현대문명은 절대적 타자일 수밖에

65) 김수영, 『김수영전집 1－시』, 민음사, 2003, 82～83쪽.
66) 김수영, 「헬리콥터」, 위의 책, 81쪽.

없다. 이러한 타자인 한, 문명 내부의 부정성, 즉 그것의 타자성 또한 인식될 수 없다. 김수영은 '헬리콥터'의 설움을 말함으로써 기술문명 내의 부정성과 타자성을 가리키고 있다. 이는 '헬리콥터'를 자기 '바깥'의 산물이 아니라 자기 '안'의 소산으로, "우리"의 문명으로 인식하고 있음을, 적어도 "우리"가 희구하는 현대의 구조적 속성이 새로움의 끊임없는 추구와 교체와 무화(無化)의 연속이며 그것이 그치지 않는 '비애'와 '설움'을 양산한다는 것을 김수영이 직시하고 있음을 암시한다. 이처럼 김수영은 과학-기술-현대문명의 타자성을 '내 안'의 타자성으로 인식한다. "설움이 설움을 먹었던 시절"(「헬리콥터」)을 지나온 "우리"는, '나'는 이미 과학문명이자 현대성 그 자체이며, 그것의 부정성을 내재한 존재인 것이다. '비애' 속에서 '자유'를, 그리고 '자유'에 내재된 '비애'를 동시에 말할 수 있는 것은 이 때문이다.

문명의 부정성을 자기 부정성으로 사유한다는 것은 곧 문명 비판을 자기비판으로 이행할 수 있음을 의미한다. 김기림은 "과학적 세계상에 알맞은 인생 태도"란 "문명에 대한 시적 감수에서 비판에로 태도를 바로 잡아야"[67]하는 것이라고 했지만, 그것의 실천적 방법은 김수영에게서 비로소 그 가닥을 찾게 되었다고 할 수 있다. 그것은 아마도 김수영이 말한 바 "문명에 대항하는 것은 / 당신 자신이 문명이 되는 것"이라는 테제로 요약될 수 있을 것이다. 문명과의 싸움이란, 후진적 문명이든 미숙한 현대든, 바로 그러한 것인 '자기'와의 싸움, 현대와의 현대식 싸움이 되어야 한다는 것 말이다. 그 같은 치열한 자기비판 속에서

67) 김기림, 「모더니즘의 역사적 위치」, 위의 책, 57쪽.

"남의 말"이 아닌 "자기의 말"로 이행될 한국식 현대와 그 현대와의 대항이, 대항의 정확한 실천이, 그 가운데 비로소 "우리"의 비애와 설움이 극복되는 진정한 자유의 이행이 가능해질 수 있을 것이다. 김수영이 4·19혁명에서 본 것은 그러한 가능성임을 혁명 이후에 쓰인 그의 시들이 입증해주고 있다. 그의 대항은 1950년대 시 속에서 이렇게 '비애'의 정체를 직시하는 가운데 그 싸움의 토대를 닦고 있다.*

---

* 이 논문은 2014년 『한국시학연구』 41집에 게재된 논문을 재수록한 것임.

제3부

식민지의 병(病), 그 지식과 서사

허병식 : 폐병쟁이들의 근대 | 서희원 : 1918년 인플루엔자의 대재앙과 문학 | 정준영 : 피의 인종주의와 식민지 의학

폐병쟁이들의 근대

한국 근대문학에 나타난 결핵의 표상

허병식

1. 세균의 근대

1885년 조선 정부의 서양 문물 도입에 대한 관심과 미국 선교회의 포교 전략이 맞아떨어져 조선 정부는 서양식 병원으로 제중원을 설립했다. 제중원 의사로 근무한 의료선교사 알렌과 헤런은 개원 초부터 자신들이 진료한 모든 환자에 관한 기록을 남겼다. 그들이 정리한 병명은 당시 국제적으로 통용되는 병명을 기준으로 한 것이다. 새로운 국제 기준에 따라 조선인의 병이 구분되고, 의학적 원리가 적용되며, 새로운 질서를 강제하는 힘이 그 이면에 작용하고 있었다. 19세기 후반에 이르기까지 서양 의학계의 성취는 질병을 분류하고 체계적인 의료 분과를 확정한 것이다. 이제 모든 병은 발생한 신체 부위 또는 병의 특징에 따라 세부적으로 분류되었다. 그리하여 모든 병은 생리학적 특성, 해부학적 특성, 신체 부위, 병의 여러 속성 등에 따라 일목요연하게 배치되었다.[1] 이 특수한 배치는 신체의 규율과 훈련, 권력관계를 표상하는 근대적 시선의 작동에 따른 것이다. 푸코는『임상의학의 탄생』에서 근대적 시선의 문제를 통해 근대 이후 임상의학의 존재를 증명해 가고 있다. 즉 질병에 대한 환상을 버리고 대상을 엄밀하게 분절하여 인식할 수 있게 된 18세기 이후의 시선의 변화가 근대의학의 탄생을 가능하게 했음을 증명하고 있다. 그 탄생의 현장에서 결정적인 장면은 지식의 객관성이라는 이름 아래 실증적인 시선을 요구하게 된 것이다. 이를 통해 푸코가 밝히고자 하는 것은 언어와 질병의 관계를 특정한 방법으로 분절했던 담화구성의 법칙이다. 근대의학은 자신의 실증성의 기원을 어떻게 하면 질병을 가장 효율적으로 인식할 수 있을까라는 문제에서 찾으려 했다. 이 실증성의 기반은 의학적 지식의 장을 재조직하려는 움직임이었다.[2]

1880년에서 1900년 사이에 의학은 매우 중요한 변화를 겪었다. 그 시기에 세균이 병이 발생하는데 핵심적인 역할을 한다는 사실이 처음으로 확실하게 증명됐다. 그리고 서구의 의사들은 수천 년 동안 여러 형태로 지속되었던 병의 원인과 본질에 대한 잘못된 생각들을 버렸다. 이 변화는 프랑스의 과학자 파스퇴르와 독일의 의사 로베르트 코흐에 의해 진행된 실험들을 통해 세균이 감염성 질환을 일으키는 원인이라는 사실을 증명함으로써 가능해진 것이다.[3] 코흐가 발견한 세균은 여

1) 신동원,『호환, 마마, 천연두—병의 일상 개념사』, 돌베개, 2013, 103~105쪽.
2) 미셸 푸코, 홍성민 역,『임상의학의 탄생』, 인간사랑, 1996, 15~19쪽.

렀이지만 그중에서도 가장 중요한 발견으로 기록될 업적은 결핵균의 발견일 것이다. 코흐의 결핵균 발견은 결핵의 원인을 규명하고 세균이론을 공식화하는 계기가 되었다. 세균학은 질병의 원인에 대한 정확한 이해가 가능하다는 하나의 상징으로 이해되었고 세균설에 입각한 위생활동은 서양의학을 전파, 수용하게 만드는 중요한 통로가 되었다.[4)]

결핵 감염의 증거는 신석기 시대 유라시아와 아프리카 유골들에서 이미 발견되고 있으며, 히포크라테스의 저서들은 결핵과 관련된 식별 가능한 징후들과 증상들을 기록하고 있다. 결핵은 모든 문명권과 국가에 나타났으며 어느 시대에나 의사들은 그 병을 치유해보려 애썼다.[5)] 결핵이라는 질환에 대해서는 고려시대의 한의사들도 이미 어느 정도의 지식을 지니고 있었으며, 그 지식은 조선시대에 더욱 풍부해졌다. 폐결핵에 대한 명칭은 중국의 여러 의서들에 나타나 있는 허로(虛勞), 폐로(肺癆), 노대(勞瘵) 등의 명칭을 그대로 사용하여서, 『향약집성방』에는 노대, 『동의보감』에는 노대 혹은 폐허(肺虛) 혹은 노수(勞嗽) 등으로 폐결핵 증상을 지칭했다. 그리고 Phthisis와 같은 의미가 있는 음허(陰虛), 양위(陽痿) 혹은 부족증(不足症) 등의 병명도 널리 사용되었다.[6)] 조선 말 개화기 자료 중 결핵(結核)이란 단어가 최초로 등장하는 것은 1899년 11월 25일 『독립신문』의 「우육검사」라는 기사이다. 그러나 결핵은 병의 원인과 증상을 연결하는 병리학적 개념에 가까웠고 일반인들이 쉽게 이해할 수 있는 단어는 아니었다. 당시 지식인들은 '결핵'이

---

3) 존 윌러, 이미리나 역, 『왜 하필이면 세균이었을까』, 몸과마음, 2004, 9~10쪽.
4) 최은경, 「개항 후 서양의학 도입과 '결핵' 용어의 변천」, 『의사학』 제21권 제2호, 2012.8, 227쪽.
5) 프레드릭 카트라이트 · 마이클 비디스, 김훈 역, 『질병의 역사』, 가람기획, 2004, 255쪽.
6) 三木榮, 『朝鮮醫學史及疾病史』, 大阪, 1963, 86쪽.

란 병명보다 '폐병', '부족증', '뇌점충병', '해소병'이란 단어를 더 선호하였다.[7)]

결핵이 전세계적으로 매우 오래된 역사를 지니고 있는 질병이며 동아시의의 전통 의학에서도 이 질병에 대한 명명과 처방이 존재하고 있었지만, 그 병의 치유에 성공하지 못했던 이유는 앞서 말한 근대적 시선의 유무와 관련이 있다. 『동아시아 의학의 전통과 근대』의 저자인 이종찬은 『동의보감』이 역병을 해결하는데 무력했던 이유로 두 가지를 들고 있다. 하나는, 『동의보감』의 지향점이 양생을 통하여 백성들의 몸을 성리학적 질서 속으로 의식화하려는 데 있는 한, 그것은 전염병에 대해 사회적으로 대응할 수 있는 실천적 전략을 제공할 수 없었다는 점이고, 다른 하나는 전염병을 사회적으로 통제할 수 있는 행정조직으로서, 대민 구료기관이었던 활인서와 혜민서가 제대로 기능을 하지 않았다는 점이다.[8)] 그러나 병의 문제를 인체 전체와 환경의 조화로부터 사유하는 것은 히포크라테스 이후 서양의학의 기본적인 관점이었다. 18세기의 의사들은 병을 '자연의 법칙에 위배됐기 때문에 발생하는 건강한 상태로부터의 일탈'이라고 보았다. 이는 히포크라테스와 갈렌으로부터 이어지는 유서 깊은 전통이기도 했다.[9)]

1850년대 중국어로 다섯 종의 의서를 발간하였고 1859년에 최초의 중서의학사전인 『의학영화자역(醫學英華字譯)』을 출간한 벤자민 홉슨은 『서의약론(西醫略論)』의 '노병(勞病)' 항목에서 "노병은 폐에 생기는 모래

7) 최은경, 앞의 글, 242~246쪽.
8) 이종찬, 『동아시아 의학의 전통과 근대』, 문학과지성사, 2004, 243쪽.
9) 존 윌러, 앞의 책, 19쪽.

같은 견고한 알맹이로 인해 생긴다"라고 'tubercle'을 소개하고 있다. 홉슨이 설명한 '노병'은 질병의 경과나 예후 등에 관해 자세하게 기술하고 '기(氣)'나 '충(蟲)'과 같이 서양선교사들이 보기에 미신적인 요소를 배제하는 등 기존의 한의학적 설명과 차이가 나는 것이었지만, 한의학의 '노대(勞瘵)'와 비교했을 때 증상 설명이 유사했고 병의 원인에 대한 설명이 다른 점이 없었다. 홉슨 당시의 서양의학은 세균이론이 명확하게 정립되지 않았기 때문에 전염 등의 성격보다 기후, 유전, 습도, 성교를 포함한 과도한 일 등의 요소를 강조하였고 중국 사람들에게 'phthisis'는 '노대'를 연상시키는 '노병(勞病)'으로 크게 무리 없이 받아들여졌다.[10] 이런 맥락에서 보자면, 『동의보감』이 역병을 치유하는데 무력했던 이유는 동아시아 고유의 문제로부터 온 것이라기보다는 세균설이라는 근대적 병리학을 이해하지 못했던 점에서 기인한 것이라고 보아야 할 것이다.

메이지 15년(1882) 코흐가 결핵균을 발견한 것이 계기로 내무성 위생국은 폐병에 대한 인식을 새롭게 가지게 되어, 메이지 18년 발행한 『제사회통계년감(第四回統計年鑑)』에서 '위생'에 관한 여러 통계 속에 '폐병'의 항목이 처음으로 등장하였다.[11] 조선에서도 병독, 세균 또는 미균으로 표현된, 작은 미생물이 병을 일으킨다는 세균설은 1899년 내부 위생국에서 반포한 각종 전염병 관리 규칙의 바탕이 되었으며, 이후 『제국신문』이나 『황성신문』에서 제기한 각종 논설 또한 이 같은 세균설에 바탕을 두었고, 그것은 일제강점기를 거쳐 오늘날까지 이어지고 있다.

---

10) 최은경, 앞의 글, 237쪽.
11) 福田眞人, 『結核の文化史 : 近代日本における病のイメージ』, 名古屋大學出版會, 1995, 47쪽.

이전의 모호한 병인론인 장기설에 비해 세균설에 입각한 검역 대책은 가시적인 세균, 과학적으로 밝혀진 세균의 서식 조건을 명확히 함으로써 검역 활동이나 개인위생 실천을 더욱 단호하고 강력하게 추진할 동력을 얻은 것이다. 이는 일제가 전염병 관리라는 이름으로 식민지의 조선인 감시를 강도 높게 시행하는 기반이 되었다.[12] 메이지의 제국주의자들은 세균설에 근거하여 질병의 발생 원인을 개인의 책임으로 전가하는 이념적 공세를 취하였다. 그들에게 세균설은 질병의 사회적 원인과 국가적 책임을 주장하는 사회주의의 비판을 무력화시킬 수 있는 과학적 이론이었다.[13] 이 과학적 이론은 이후 조선에 대한 식민주의적 통치의 위생적 기반으로 작동하였다. 이러한 제국주의적 시선은 식민지 이전에 조선에 거주하였던 거류민들 속에서도 일반화된 시각이었다.

> 위생기관을 완전하게 갖추는 것은 개명국에서도 여전히 어려운 일이다. 그러니 유치한 수준의 조선인들을 포함해 인구 20만 대도시에 섞여 생활하는 우리 일본인으로서는 아무리 애를 써도 이상적 경지에 도달할 수가 없었다. 따라서 해마다 각종 유행병 때문에 고통을 겪었다. 거류지 초창기부터 고심해 과거 20여 년 동안 자위 차원에서 경제가 허용하는 범위 내에서 피병원 避病院을 설치하고, 위생의를 촉탁해 왔다. 이로써 점차 위안을 찾아가는 추세이다.[14]

12) 신동원, 앞의 책, 226~227쪽.
13) 이종찬, 앞의 책, 229쪽.
14) 『국역 경성발달사』, 서울특별시사편찬위원회, 2010, 437쪽.

1880년에 일본인이 처음 경성에 거주하기 시작한 때로부터 1910년대에 이르는 30여 년의 시기의 역사를 일본거류민들이 스스로 기록한 『경성발달사』에서 엿보이는 조선의 위생상황에 대한 인식은 근대적 과학으로서의 세균설와 위생담론으로 무장한 메이지 일본인들이 식민지 조선의 위생을 어떻게 인식했는가에 대한 간명한 기록을 전하고 있다. 제국주의자들의 위생학적 담론 속에서 식민지 조선의 병에 대한 시각 또한 급격하게 변모하여 갔다. 이 글은 식민지 시기에 특히 결핵이라는 병이 표상되는 과정을 살펴보려 한다. 특히 결핵이 낭만화되고 탈낭만화되는 과정을 식민지 미디어와 문학 텍스트를 통해 살피면서, 결핵이라는 병의 표상의 역사를 검토하고자 한다.

2. 식민지 미디어 속의 결핵인식

1877년 일본이 설립한 최초의 서양식 병원인 부산의 제생의원과 미국인 선교의사 알렌이 고종에게 건의하여 1885년 설립한 제중원에서 이미 결핵성 질환을 치료했다는 기록이 있으나 당시는 서양의학에서도 결핵치료법이 불확실했음으로 결핵환자의 대부분이 한방이나 민간요법에 의존했을 가능성이 많으며 결핵에 관한 기록이 많지 않다. 그러나 결핵이 적지 않았을 것이라는 점은 추측할 수 있다. 1918년 4월에 발행된 시라이시[白石保成]의 저서 『조선위생요의(朝鮮衛生要義)』에 의하면 조선은 한기 강력하고, 공기 건조하여 추위에 대응하기 위한 생활상태 등에 의하여 폐결핵병 환자가 매우 많으며 1914년부터 1916년까지 3년 간 진료를 받은 결핵환자 수를 보면 매우 많은데, 원래 민도가 낮은 조선에서는 의사의 치료를 받지 않은 결핵환자가 더 많을 것으로 추측된다고 했다. 시라이시의 저서에 따르면 1916년 중 조선인의 호흡기병 사망자수는 61,159명이고 이는 전체 사망자수의 16.5%에 해당되며 그 대부분이 폐결핵이라 했으므로 당시에 결핵이 퍽 많았다는 것을 알 수 있다.[15]

당대의 미디어들은 결핵의 예방을 위한 올바른 의학지식을 전달하기 위해 노력했다. 그러나 그 이면에 엿보이는 것은 결핵을 둘러싼 온갖 억측과 미신들이 당대 사회를 지배하고 있었다는 점이다.

> 미국에서는 인구 열두 사람에 하나식 결핵병으로 죽는다. 그러타고 그대의 결핵 걸릴 가능성이 열둘에 하나라고 하는 것이 아니다. 그대의 부모와 환경과 이전의 건강 상태와 현재의 직업 등을 따라 결핵 걸릴 가능성이 많기도 하고 적기도 하다.
>
> 결핵병은 결핵균이라고 하는 미균때문에 생긴다. 이 미균은 문명세계에는 없는 곳이 별로 없다. 따라서 문명세계에 사는 사람은 스무살 전에 죄다 결핵균을 조곰식은 가지게 된다. 그러나 결핵균이 몸에 들어온다고 곳 결핵병에 걸리는 것은 아니다. 문명국의 인구는 구활까지가 결핵균을 가지고 잇으나 그중에서 당장 결핵병의 증세를 보이는 사람은 일활밖에 아니 되는 것을 보면 비록 결핵균을 가젓더라도 당장 해되는 것은 아니다.[16]

15) 『한국결핵사』, 대한결핵협회, 1998, 191~193쪽.
16) 韋博士, 「結核病의 原因과 豫防」, 『동광』 제26호, 1931.10.

미국 의사의 글을 번역한 것으로 보이는 위의 논설에서 주목하는 것은 결핵이 결핵균이라는 세균의 작용으로 발생한다는 점과, 문명 사회에 사는 사람들이 누구나 다 결핵균을 지니고 있는 상태라는 점이다. 따라서 결핵이나 결핵균을 마치 외부의 침략자처럼 공포의 대상으로 만들어서는 안 된다는 점을 이 글은 전달하고 있다. 근대의 병리학적 시각에 의해 세균의 실체를 포착하였으며 문명인이란 모두 어느 정도는 보균자들이기에 그것에 대해 공포심을 갖지 말라는 것이다. 독일의 학박사인 정석태는 이러한 문명과 세균 감염의 문제를 조금 다른 방식으로 전하고 있다.

> 우에 말한 白人種으로서는 黑人種보다 문명이 몬저된 까닭이라할지 結核菌과 접촉이 만흔 동시에 其의 선조몃대 몃백 년을 두고 結核菌의 抵抗力이 점차 발생이 되어 설혹 신체는 약할망정 結核病에는 그리 용이하게 걸니지 안는다는 것이 큰 조건이다. 그러면 黃人種은 半文明이라할 수 잇스니 따라서 結核菌 抵抗力조차 중립인 까닭으로서 사망하는 것조차 중용이 될 것이다.[17)]

정석태는 결핵균에 대한 저항력의 유무를 문명과 인종의 문제로 치환하여 설명하는 인종주의적 위생론을 펼치고 있다. 그의 설명 또한 앞에서 살핀 위박사의 견해와 비슷해서, 폐결핵균을 가진 것만으로 결핵에 걸리는 것은 아니며, 결핵균이 쉽게 전염되는 것도 아니라고 설명한다. 따라서 "그런고로 우리가 생각하는바와갓치 結核菌은 그리도 무

17) 鄭錫泰, 「肺結核病과 人生觀」, 『매일신보』, 1927.2.17.

서워할 恐怖를 가지지는 안이다"라고 강조하고 있다. 이러한 인식은 의학자들에게만 존재하는 것은 아니다.

> 春園은 右肺에 結核 兆朕이 보였다 하는도다! 북더기는 大門 中門에도 있으며, 앞뜰 뒤뜰에도 있으며, 廳上, 堂中, 실내, 아무데도 생기며 있는 것이라 방 안에 있다고 더 變이 아니며, 좌석 사이에 있다고 더 걱정될 이유가 없나니, 어딜는 지 얼른 쓸어 버려 더러움이 머무르지 않도록 하면 그만일지로다. 세인이 흔히 肺患에 대하여 일종 특별한 두려움을 가지며, 이 심리가 더욱 환자 자신의 신경으로 하여금 과도히 예민하게 하거니와, 없던 것이 생겨나려 하든지, 있던 것이 고쳐지려 할 때에 반드시 고생이 있으며, 創造革新될 분수가 큰 만큼 그 고생도 또한 적을 수 없나니, 고생에 대하여 무서움을 품기 전에 새 조직과 새 건강에 대한 기대와 위안에 念到할 필요가 있을 것이라, 一身중 가장 중요한 부분에 革新되려는 兆朕이 보일진대 새로와짐의 기대도 더 클 것이 아닌가. 새로와지리란 위안도 더 클 것 아닌가.[18]

최남선은 이광수가 결핵으로 와병중이라는 소식에 대하여 세균(북더기)이란 언제든 쓸어버리면 되는 대상의 하나라고 말하면서 폐환에 대한 두려움을 지닐 필요가 없음을 강조하고 있다.

실제로 당대의 결핵투병기들을 보면, 결핵에 대한 근대적 지식과 처방이 그들의 병을 완치하는 데 큰 도움을 주었다는 것을 확인할 수 있다.

18) 최남선, 「病友 생각」, 『청춘』 제13호, 1918.4.

"엇재든 큰 경험이외다. 살아만 나면 … 처음은 엇더케 공포를 가젓든지오. 원래 이런 병이란 처음이닛가요. 엇잿든 이 병에는 精神上 除惕이 제일이애요. 즉 공포와 의심을 업새버리는 것이 제일이애요. 그 다음은 잘 먹는 것이 좃쿠요. 그 다음은 복잡을 피하고 靜養하는 것이 좃타 합니다. 처음은 참 恐怖症이 만엇습니다. 병원에 잇슬 때 엇던 의사 친구가 이런 책을 보면 스스로 위안을 어드리라고 책 두 권을 가저다 줍듸다" 하며 醫學博士原榮이 저술한 『肺病は如何に養成すへきか』의 1책과 『肺病豫防療養教則』 1책을 내놋는다. 그리고 "이 책에서 큰 위안을 어덧습니다. 15分의 5, 6은 완치를 엇는다구요. 엇잿든 내 병은 이제부터는 난관은 넘은 셈이외다."[19)]

이러는 때에 내의 생명을 위하야 중요한 助言을 하여준 이가 셋이 잇다. 그 중의 한아는 鄭民澤君이니 漢方醫가 하로 멧번식 起動하기를 권할 때에 鄭君은 책임을 가지고 절대로 不可라 하면서 강경하게 반대하얏다. 그뿐만 아니라 鄭君은 온갓 口辯을 다하야 내의게 안심되고 낙관될 말을 말하여 주엇다. 그러기에 지금도 나는 '의사가 되랴고 하면 몬저 口辯과 熱誠이 잇서야 한다'고 주장한다. 그 다음의 한사람은 日本의 原榮이라고 하는 의학박사니 이사람은 자기자신이 학생시대에 肺病에 걸녀서 5箇年 동안을 辛苦하다가 全快한 사람인데 그후에 공부를 계속하야 의학의 학위까지 어든 사람이다. 그런데 이 사람이 『肺病豫防療養校則』(東京 本郷區 龍岡町 吐鳳堂書店 發行)이란 冊과 『肺病患者は如何に養生すできか』(東京 小石川區 關口町 主婦之友社 發行)이란 책자를 저작한 것이 잇는데 前者의 책은 崔碩寅君이 특별히 東京서

19) 春坡, 「새해에 病友들은 엇더하신가, 病友 金明植, 黃鈺, 玄相允君을 찻고」, 『별건곤』, 1926.2, 81쪽.

사서 보내준 것이오 後者의 책은 白麟濟君이 추천하여 준 것이다.[20]

첫 번째 인용은 춘파가 투병중인 문인들을 찾아가 그들의 이야기를 전달하는 내용이고, 두 번째 인용은 현상윤이 직접 자신의 투병기를 쓴 것이다. 이 인용들에서 엿볼 수 있는 것은 결핵이라는 병이 지닌 공포이며, 동시에 그 공포를 이기기 위한 투병과정에서 한의사의 조언이 아닌 양의의 조언이 중요하게 작용하였다는 점과 일본의 하라 사카에[21]가 쓴 의학서를 통해 결핵을 이겨나갈 힘을 얻었다는 점이다. 그것은 결핵에 대한 근대적 처방이 가져온 병에 대한 승리의 기록이라고 보아도 좋을 것이다.

세균설의 발견이 세균에 대한 공포로부터 인류를 해방시켰다는 것은 과학적 사실일 것이다. 그러나 사람들의 인식 속에서 그 과학적 진실은 하나의 이데올로기 혹은 프로파간다로 작동하면서 더욱 광범위하게 확장되어 갔다.[22] 그 이데올로기는 결핵에 대한 낭만적 신화를 낳았으며, 과학에 합류하지 못하는 온갖 미신과 소문들 또한 당대의 미디어들 속에 공존하고 있었다. “肺病에 神藥이라고 小兒腦漿을 攝取 어린애의 뇌를 써내먹엇다 無智가 나흔 이 犯罪”[23]라든가, “肺病에 幼兒

20) 玄相允, 「絶望에 빠진 肺病으로 新生을 엇기까지」, 『별건곤』 제20호, 1929.4, 51~52쪽.

21) 하라 사카에[原榮]는 제5고등학교에서 데라다 토라히코[寺田寅彦]과 함께 나츠메 소세키에게 하이쿠를 지도받았다. 이후 교토의과대학을 졸업하고 결핵 연구에 전념하였으며 유럽 유학 중에 결핵요양소와 병원을 시찰하였다. 귀국 후 그는 대중을 위한 결핵치료지도서를 발간하였는데, 특히 『通俗肺病豫防療養校則』은 폐병요양서를 집대성한 것으로, 이후 30년간 폐병요양법의 바이블이 되었다. 福田眞人, 앞의 책, 318쪽.

22) 이에 대해서는 가라타니 고진, 「병이라는 의미」, 박유하 역, 『일본 근대문학의 기원』, 민음사, 1996 참조.

23) 『매일신보』, 1934.8.18.

腦醬 남의 집 아이 무덤을 파고서 뇌장 써내다 먹은 사실 발각 共謀三名 모다 檢擧"[24] 라는 신문기사가 보여주는 결핵과 관련된 민간의 미신들은 당대의 미디어 공간 속에서 흔하게 발견된다. 또한 "北海道의 朔風에 滅亡하는 '아이누'族 나날이 멸망하여가는 '아이누'족, 일본인이 전하는 화류병이 원인, 直接原因은 肺病 梅毒"[25] 이라는 기사가 전달하는 세균의 제국주의적 전파에 대한 기사 또한 흥미롭다. 그러나 당대의 미디어를 지배한 결핵의 이미지는 지극히 낭만화되고 신화화된 결핵의 표상이다.

> 結核은 원악 才子의 病이다. 머리가 뛰어나게 좃코 재조가 남보다 만코, 눈물도 남보다, 우슴도 남보다 情熱도, 空想도 남보다 만흔 多情多恨한 才人에게 만타. 그리고 老壯보다 샛파란 靑春에게 만흐니 실로 병치고는 애닯은 病이라 아니 할 수 업다.
>
> 金起纏 씨도 그러커니와 이미 다 完快되엇지만 李光洙, 玄相允 秦學文 諸氏도 結核으로 가슴을 알엇섯고 죽은 高山樗牛가튼 才人도 이 病 때문에 쓰러진 터이다.
>
> 지금 여기 모힌 약 50명의 患者를 보아도 모도다 얼골은 白玉갓고 손은 女人손 가치 아름답게 생겻고 눈에는 精彩가 도는, 一見에 이 세상에서 몹슬 사람들이 아니고 가장 쓸만한 아름다운 사람들임을 알 수 잇겟다. 그네가 가을 달밤 유리창 미트로 흘너드는 月光을 향하야 얼마나 哀傷의 눈물을 흘니는지요, 그네가 봄날 안개와 산골로 흘너 나릴 때 芙蓉堂가으로 은은히

24) 『매일신보』, 1935.1.13.
25) 『동아일보』, 1926.6.4.

울니는 牧童의 갈피의 소리에 얼마나 가슴을 썩이는지요, 患者의 平均 年齡이 30과 40이라 하는 말을 드르매 그 생각이 더욱 간절하다.[26]

결핵에 대한 낭만적 신화의 중핵적 이미지는 그것이 천재의 병이며, 아름다운 청춘 남녀에게 발병한다는 점일 것이다. 폐병의 증상인 창백하고 파리한 외양은 미 혹은 미인의 조건으로 사람들에게 널리 받아들여지고 있는 점이었다. 이렇듯, 양(洋)의 동서를 넘어 어느 특정한 병을 둘러싼 사고방식이 이상하게도 합치하고 있는 것은, 그 자체로 현저하게 '젊고', '부귀한' 재력과 지혜 있는 사람들을 폐병이 습격한다는 점이 사람들의 주의를 끌도록 한 것이다.[27] 결핵 환자들을 위한 요양원인 새너토리엄(sanatorium)에 대한 탐방기사를 전달하고 있는 위의 인용문에서 기자가 전하고 있는 것 또한 바로 그러한 낭만화한 결핵의 중핵적 이미지이다. 이 기자가 직접 가서 확인한 요양원의 환자들에 대해서 아름다운 사람들이라고 증언하고 있는 대목은 결핵이 지닌 낭만적 이데올로기와 관련해서만 이해가 될 수 있는 대목일 것이다.

26) 「結核患者의 파라다이스 海州療養院」, 『삼천리』 제7권 제1호, 1935.1.1, 137쪽.
27) 福田眞人, 앞의 책, 128쪽.

3. 결핵의 낭만적 이미지와 결백의 수사학

서구에서 결핵에 걸린다는 것이 낭만적이라는 관념은 18세기 중반부터 생겨났다. 20세기 여성들의 마른 체형에 대한 숭배는 18세기 말에서 19세기 초에 결핵이 낭만화되면서 생겨난 은유였다. '낭만적 고뇌'로 알려진 문학적이고 성적인 태도는 대부분 결핵 그 자체, 또는 은유로 변형된 결핵의 모습에서 연유한다.[28] 이러한 미인박명, 요절, 천재, 예술가, 귀한 사람들, 죽음 직전의 아름다움, 청징(清澄)한 정신, 창조력이라는 폐병을 둘러싼 여러 가지 정(正)의 혹은 긍정적인 이미지는, 바로 그 대극에 있는 빈곤과 고뇌, 긴 질환의 고통이라는 부(負)의 혹은 부정적인 이미지를 완전히 불식시키지는 못하였어도, 억압하기에는 충분한 것이었다. 그러나 동시에 이렇게 미화된 이미지는 조금 다른 폐병에 대한 이미지도 형성시켰다. 그것은 이른바 파멸적인, 또한 천재적인 생활방식을 가진 자의 병이라는 이미지였다. 그 천재에 부수되는 이미지는, 일상성에 매몰된 사람들의 꿈을 일깨운다는 점에서 로만틱을 불러오고 있는 것일지도 모른다.[29]

메이지유신 이래 폐병은 소설 속에서 중요한 역할을 담당하기 시작했다. 폐병은 소설 속에서 하나의 에피소드로 등장하여 이야기를 이끄는 모티브가 되어 갔다. 이러한 유행의 가운데에서 폐병의 낭만화에 결정적인 역할을 한 것은 도쿠토미 로카[蘆花德富健次郎]의 소설 『호토토

28) 수잔 손택, 이재원 역, 『은유로서의 질병』, 이후, 2010, 49쪽.
29) 福田眞人, 앞의 책, 170쪽.

키스[不如歸]』의 출현이었다. 한 실업가의 아들과 결혼한 육군대장의 딸이 결혼 후 수일 만에 폐병으로 몸져 누웠다가 결국은 사망한 메이지 26년의 실제 이야기를 소재로 삼은 이 소설은 메이지 31년부터 『국민신문(國民新聞)』에 연재되고 33년에 출판된 후 베스트셀러가 되어, 10여년 동안 100판이 넘게 출판되었다.[30)]

이 소설에 등장하는 인물들의 배치에서 엿보이는 특징 중의 하나는, 이 작품이 중장(中將), 자작, 남작, 귀족원의원 등 당시의 상류사회를 무대로 하고 있다는 점이다. 결핵이 상류사회의 고귀한 사람들에게 찾아오는 질병이라는 점은 결핵을 여타의 질병과는 다른 이미지로 만들어 가는데 결정적인 역할을 하였다. 대부분의 치명적인 질병들은 주로 가난한 하층민들을 공격했다. 사람들은 전염병을 게으름과 나약함으로 인한 천벌이라고 생각하는 경향이 있었다. 그러나 결핵은 이런 사회적 편견을 무시했다. 결핵은 부자와 가난한 자, 선한 자와 악한 자, 부지런한 자와 게으른 자들을 무차별적으로 공격했다. 이에 당황한 부유층들은 결핵을 결백한 사람이 겪는 불행으로 묘사했다. 한 저명한 의사는 '결핵은 젊고 아름다운 사람을 희생자로 선택하는 것을 좋아한다'고 기록했다. 결핵 환자에 대한 동정심이 섞여 있는 이런 편견은 환자들을 도덕적인 비난에서 해방시켜 주었을 뿐 아니라 자신에 대한 수치심을 덜어주었다.[31)]

후쿠다 마히토는 『호토토키스』에 대해 이렇게 말한다. "이 소설에서 로카는 '폐결핵'이라는 언어가 지니고 있는 일종의 마술적인 힘을, 자연

30) 위의 책, 119~120쪽.
31) 존 윌러, 앞의 책, 160쪽

의 위협을 묘사함에 의해, 즉 비유에 의해 서술하고 있다. 그것은 수잔 손탁이 「은유로서의 병」에서 접근한 것처럼, 그 과잉한 비유에 의해 불치의 병 폐병은 '악마'의 등장을 상기시키는 것이다." 후쿠다 마히토는 이 문장을 쓴 이후에 "폐결핵! 망망한 들판에 홀로 선 여행객의, 머리 위로 닥쳐오는 황혼녘의 저녁 먹구름을 바라보는 마음이야말로, 어쩌면, 어쩌면 하고 그 병을 기다린 나미코의 마음이었더라"라고 시작되는 한 구절을 인용하고 있다.[32] 이 대목이야말로 독자들에게 나미코의 질병에 대한 동정과 공감을 지니도록 강력하게 이끄는 대목이었다는 점은 다음과 같은 근대 초기 번역에 대한 설명에서도 확인할 수 있다.

> 그 밖에도 폐결핵을 앓는 나미코의 불안한 심정을 서술하는 대목이 삭제되었다. 예컨대 "폐결핵! 망망한 들판에 홀로 선 여행객의, 머리 위로 닥쳐오는 황혼녘의 저녁 먹구름을 바라보는 마음이야말로, 어쩌면, 어쩌면 하고 그 병을 기다린 나미코의 마음이었더라"라고 서술되는 이 대목이 『불여귀』에서는 삭제된다. 사토 마사루가 지적한 바와 같이 "자신에게 덮쳐올 불안, 피멸의 예감의 비유"에서 "폐결핵에 걸려 있는 것이 확실하고 그것으로 발생하는 새로운 사태 속에 서성거리"는 "나미코의 마음"을 서술하는 이 대목은, "폐결핵!"하고 마치 나미코가 독백하는 듯한 지문으로 나미코를 동정하는 서술자의 시선이 드러나는 대목이다. 『불여귀』에서 이 대목을 삭제한 것은, 나미코를 동정하는 서술자의 시선을 배제하여, 독자의 나미코에 대한 동정과 공감의 여지를 차단하려는 의도라고 할 수 있을 것이다.[33]

32) 福田眞人, 앞의 책, 123~124쪽.
33) 권정희, 「도쿠토미 로카[德富蘆花] 『호토토기스[不如歸]』의 번역과 번안」, 『민족문학사연

조중환의 『불여귀』 번안과정에서 폐병을 앓는 나미코에 대한 동정과 연민을 차단하려는 시도는 당대 조선의 가부장적인 시각이 반영된 결과라는 것이 인용문의 저자가 보여주는 관점인데, 그것은 『불여귀』가 지니고 있는 결핵의 낭만화가 당대의 조선 사회에서 삭제된 채 소통되는 계기가 되기도 하였을 것이다. 그러나 결핵의 낭만적 이미지가 식민지 조선에서 완전히 소멸된 것은 아니었다.

한국 근대문학에 나타나는 결핵에 대한 체험은 질병에 대한 근대인들의 모순적이고도 양가적인 반응을 가장 선명하게 보여주고 있다는 점에서 흥미롭다. 식민지 초기, 문명화에 대한 선각자적 사명감을 드러낸 수많은 논설들과 문학작품을 통해 이광수는 위생학적 관점에서 사회체제를 양분하고 근면하고도 건강한 신체의 관리가 새로운 문명국일원이 되는 일임을 설파했다. "이렇게 文藝는 그의 强烈한 刺擊力과 무서운 宣傳力(차라리 傳染力이라 함이 그 宣傳의 强하고 速함을 表하기에 適當할 듯)으로 人民에게 臨하여 그의 精神的 生活의 指導者가 되나니"[34]라고 말할 때나, "例컨댄, 아직 다른 아무 主見이 없는 小兒에게 一種의 思想을 注入한다 하면, 그는 十에 八, 九 그 小兒의 將來의 一生에 影響함이라"[35]라고 말할 때 엿보이는 전염력이나, 주입 같은 표현들은 세균학에 기반한 근대적 병리학에 대한 이해가 그 주장의 배경에 자리잡고 있다는 추측을 가능하도록 해준다. 이는 또한 질병을 좀 더 도덕적인 관념을 통해 받아들이는 기독교와 밀접한 연관이 있다. 질병은 정신상태

구』 22권, 2003, 244쪽.

34) 이광수, 「문사와 수양」, 『이광수전집』 16, 삼중당, 1966, 18쪽.

35) 위의 글, 19쪽.

를 극화하는 언어, 신체를 통해 말을 하는 의지이다. 질병은 환자 자신도 인식하지 못하고 있던 욕망을 드러내 보여주는 것이고, 해독해야 할 주제가 된 것이다. 질병은 사회가 타락했다거나 부당하다는 사실을 생생하게 고발해 주는 은유로 사용되어 왔다.[36)]

> 그러면 이렇게 重大한 責務를 가진 文士는 어떠한 準備와 態度를 가져야 할까. 나는 斷言하기를 醫師와 같은 準備와 態度를 가져야 하리라 합니다. 醫師가 學識과 經驗이 淺薄하고 手術이나 投藥에 對한 謹愼이 부족하면 人의 生命을 求하는 醫術은 도리어 人의 生命을 害하는 醫術이 되고 말 것이외다. 그러나 修養 없는 文士는 修養 없는 醫師보다 더욱 社會에 끼치는 害毒이 크다 할지니. 대개 醫師의 接하는 患者의 範圍는 個人的이요, 또 局部的이로되, 文士의 接하는 讀者의 範圍는 全民族的 내지 世界的이라[37)]

「문사와 수양」에서 "불량한 문사들은 아름답고 사랑스럽고 민족의 희망인 청년남녀에게 아편을 주사하고 독주를 먹여 그네의 덕성과 지혜와 용기와 건강을 痲痺합니다"라고 설파하며, "결핵균이나 매독균 같은 작품을 民族中에 산포하는 문사는 결핵균과 매독균과 한 가지로 민족의 敵"[38)]이 된다고 말한 이광수의 병리학은 1920년대의 담론공간에 서 주도적인 인식으로 작동하고 있었다. 코흐나 파스퇴르가 증명하고자 하였던 병인으로서의 세균감염은 특정한 세균이 몸 속에 침입하

36) 수전 손택, 앞의 책, 68~71쪽, 106쪽 참조.
37) 이광수, 앞의 글, 20쪽.
38) 위의 글, 25쪽.

면 그것이 질병을 일으키는 원인이 된다는 단순한 원리였다. 그러나 그것은 전체로서의 환자의 신체나 그를 둘러싼 환경이 아니라, 세균이라는 특정한 물질이 신체에 침입함으로써 질병을 불러온다는 것을 확인해 줌으로써 근대적 병리학의 구성을 가능하도록 하였다. 이광수가 이러한 세균설의 배치 속에서 결핵균과 매독균을 공격할 때, 그는 근대적 시선을 지닌 주체로서 식민지의 담론장에 개입하고 있었던 것이다. 그러나 그의 작품 속에 등장하는 결핵의 표상은 이와는 상이한 것이다.

결핵이 종종 천재들의 운명적 질환이라고 이해된다는 점은 앞에서 확인한 바 있다. 이광수의 「어린 벗에게」의 네 번째 편지에 등장하는 '당시 조선유학생계에 수재이던 모씨(某氏)'의 표상은 이러한 천재의 형상과 폐병의 유비관계를 보여준다. 화자의 설명에 따르면 그는 "帝大 문학과에 재하여 才名이 隆隆하던 중, 그중에도 독일문학에 精詳하고 또 天稟의 詩才가 있어 입을 열면 노래가 흐르고 붓을 들면 詩가 솟아나는 者"로서, 조선학생 중에 일본문단에서 명성을 획득한 그야말로, 천재적인 인물이다. 그가 당시 '만인을 뇌쇄하는 미모'를 지닌 김랑과 불타는 사랑에 빠진 것을 전하던 화자는 그 모씨가 "天才의 흔히 있는 肺病이 있어 몸은 날로 衰弱하고 詩情은 날로 淸純하여 가다가 去年 春三月 피는 꽃 우는 새의 아까운 人生을 버리고 구름 위 白玉樓의 永遠한 졸음에 들었나이다"[39]라고 보고하며 천재의 파멸로서 결핵이 지니는 비극적 초상을 완성하고 있다.

1924년 『조선문단』 창간호에 발표한 「혈서」는 결핵의 표상과 관련

39) 이광수, 「어린 벗에게」, 『이광수 전집』 14, 삼중당, 1966, 58~59쪽.

된 이광수의 입장을 이해할 수 있게 해주는 흥미로운 텍스트이다. 동경 유학생인 화자가 하숙집 주인으로부터 자신을 방문한 어느 일본인 여학생에 대한 이야기를 전해 듣는 장면에서 시작하는 이 소설은, 자신을 남몰래 사모하게 된 여학생 노부코의 구애를 화자가 계속해서 거절하게 되는 서사로 이어지고 있다. 노부코가 그를 사랑하게 된 계기는 억압적인 가정의 분위기에 반발해서 화자의 지인인 오빠가 추천한 화자를 무조건적으로 자신의 연인으로 상정하게 된 것이고, 화자가 그 사랑을 거부하게 되는 것은 그가 지니고 있는 신념, 텍스트에서 여러 번 반복하지만 검열에 의해 삭제되어 그 내용을 정확하게 파악할 수 없는 모종의 (정치적인) 신념에 몰두하기 위해서이다. 식민지 조선의 일본유학생으로서 필생의 사업으로 정치적인 활동을 택한 자에게라면, 식민 모국인 일본의 여성과 결혼하는 일이란 결코 받아들일 수 없는 선택이었을 것이다. 따라서 화자는 "갸름하고 좀 여윈 듯한 흰 얼굴, 높은 듯한 코, 호리호리한 몸, 약간 허리를 굽히고 재게 걷는 걸음, 모퉁이를 돌아설 때에 반짝 보이던 흰 버선 신은 발"[40]을 겨우 확인하였을 뿐 한 번도 대면하지 못한 노부코를 매몰차게 외면하게 된다. 그러나 이러한 사태를 일거에 역전시킨 사건이 발생하게 되니, 그것은 바로 결핵의 발병이다. 애초에 그녀의 외양에 대한 단편적인 묘사에서부터 전해 오던 결핵의 예감[41]은 화자가 그녀에 대한 거부의 의사를 분명히 전달하고 난 후에 분명한 증상이 되어 그에게 찾아온다. 노부코의 오빠가 가져

40) 이광수, 「혈서」, 위의 책, 134쪽.

41) 노부코가 완고한 군인의 딸로 그려지고 있는 것은 『호토토키스』의 나미코를 떠올리게 만드는 대목이기도 하다.

온 그녀의 폐병 발병 소식이 그것이다. 화자는 위급하다는 그녀에게 찾아가 자신의 신념을 뒤집고 사랑을 맹세하지만, 결국 그에게는 그녀의 사망소식이 들려온다. 그녀 오빠의 부탁으로 노부코의 무덤에 찾아간 화자는 "나는 다른 사람들이 꽃을 다 고르기를 기다려서 희고 가냘퍼 보이는 꽃을 골랐다. 왜 그런지 모르나, 그런 꽃이 우리 노부꼬에게 합당할 듯한 까닭이다"[42]라고 말하며 다시 한 번 결핵이 지니는 이미지를 확인한다.

「혈서」가 갖는 의미는 식민지 시기 이광수의 문학적 행정이 보여준 전체적인 맥락과 관련하여 논의할 필요가 있을 것이다. 계몽주의자, 민족주의자로 시작한 그의 문학적 행정이 결국 내선일체를 받아들이는 대동아주의자로 귀결된 것은 누구나 아는 일이다. 그 문학과 인생의 여로에서 보여준 여러 가지 '결절들'에 대해서는 많은 연구가 발표되어 있고 앞으로도 그러할 것이다. 그러나 「혈서」의 서사가 보여주는 것은 어쩌면 이광수의 초기 문장에서부터 이미 민족의 완강한 경계를 뛰어넘는 내선결혼의 서사가 예비되어 있었다는 점이다.

> 그 보를 끄르는 내 손가락은 심히 떨렸다. 마침내 보는 끌려지었다—. 그 속에서는 면주로 만든 일본 여자의 옷 한 벌과 가죽 껍데기 한 일본말 성경 한 권과 당용일기(當用日記)라고 제목 박은 일기 한 권이 있고, 그 일기책 틈에 파르무레한 봉투 하나가 보인다. 나는 얼른 그 봉투를 꺼내었다. 아무 것도 쓴 것이 없다. 그것을 뜯어 본즉, 그 속에서는 리본 끝 같은 비단 헝겊 하

42) 위의 글, 149쪽.

나가 나오고, 그 비단 헝겊에는 빨간 피로,

"わがとこしなへの背の君よ

先き立ち行く妻 信子"

라고 예쁜 초서로 썼다. 번역하면 이러하다—.

"나의 영원한 지아비여

앞서 가는 아내 노부꼬"

라는 뜻이었다.

며칠 전에 썼는지는 모르거니와, 핏빛이 아직도 새롭다.[43)]

죽은 여학생인 노부코가 전한 그것은 민족을 위한 정치적 여정을 준비하던 식민지의 유학생의 신념을 일거에 무너트린 창백한 결핵 환자의 붉은 핏빛으로 쓰여진 글씨였다. 결핵에 걸린 환자가 자신의 피로 전하는 사랑의 압도적인 위엄 속에서 혈액이 부여하는 민족의 경계는 의미를 상실한다. 화자가 자신의 신념을 거두고 그녀와의 영원한 사랑을 맹세하도록 만든 것은 바로 식민 본국의 일본인 여성 노부코에게는 아무런 잘못도 없다는 것, 순결한 그녀와의 사랑을 맹세하는 것이 다른 어떤 일보다도 중요하다는 것을 확인하여준, 결핵 환자가 지닌 결백을 전하는 수사학이다. 그 결백의 수사는 결핵이 지니는 낭만적 이미지를 경유하여 그에게 주어진 것이다. 이것은 결핵균이 민족의 적이라는 이광수의 주문(主文, 呪文)이 마침내 당도한 자리이다.

43) 위의 글, 147쪽.

4. 몰락과 처벌로서의 결핵 표상

나도향의 초기 작품인 「피 묻은 편지 몇 쪽」은 이광수의 작품과는 조금 다른 맥락에서 민족과 병의 유비를 보여준다. 서울에서 폐병에 걸려 마산의 바다로 요양하러 간 인물의 독백을 담고 있는 이 소설에서 폐병에 걸린 주인공은 "이 병이 멀지 않은 장래에 나의 생명을 빼앗지나 않을까 하는 의구의 생각"[44]에 무서움을 느끼고 있음을 고백하고 있다. 병의 요양을 위해 마산에 내려온 그는 그 도시가 마음 속에 동경하던 아름다운 마산이 아니라 '환멸과 섬섬함을 주는 마산'이었다고 고백하고 있다. 그가 마산의 모습에서 '조선 사람의 쇠퇴라든지 우리의 몰락'에 대한 감각을 느꼈다고 말하는 이유는 이후의 서사에서 드러난다. 그것은 '지저분한 부두'인 구마산(舊馬山)과 '깨끗하고 한적한' 일본 사람의 시가인 신마산(新馬山)의 대비에서 분명하게 드러나는 것이다. 조선의 근대 도시들이 제국 일본의 식민지 개발로 인한 이중도시의 면모를 지니고 있다는 점은 잘 알려져 있는데, 하루에도 여러 번 각혈을 하며 죽음을 눈앞에 둔 절망 속에 빠져들어가는 모습을 보여주던 「피 묻은 편지 몇 쪽」의 화자는 "나라가 침체된 때, 그 나라의 모든 문명이 쇠퇴했을 때 어찌 예술 하나만 찬란한 광채를 내겠습니까? 마찬가지로 심신이 아울러 쇠폐하여가는 나로서 무슨 사랑을 향락할 수가 있겠습니까?"[45]라고 말하며 개인의 절망을 국가의 몰락으로 환치하는 모습

44) 나도향, 「피 묻은 편지 몇 쪽」, 『나도향 전집』 상, 집문당, 1988, 283쪽.
45) 위의 책, 290쪽.

을 보여주고 있다.

자신이 폐병환자였던 나도향의 결핵 서사는 그러나 그의 장편 『환희』에서 그 절정에 이른다. 『환희』는 배다른 오누이 관계인 이영철과 이혜숙의 이야기를 중심으로 전개된다. 혜숙은 이광수의 「혈서」에 나오는 노부코가 그러하였던 것처럼 오빠인 영철의 말을 듣고 얼굴도 본 적 없는 김선용에게 마음을 주게 된다. "자기의 오라버니가 그렇게 칭찬을 하니까 으레히 퍽 좋은 사람이려니 하고 또 일본까지 다녀왔으니 공부도 많이 하였으려니 하였다"[46] 는 것이 선용을 그리는 그녀의 마음이다. 그러나 그와의 첫 만남의 자리에 끼어든 은행가의 아들 백우영의 존재는 이후 지속적으로 혜숙의 마음 속에 갈등을 일으키는 요인이 된다.

> 혜숙은 백우영을 오늘 만나기 전까지는 김선용에게 모든 촉망을 두었으며 모든 공상에 현실을 기대하였으니 백우영을 만나 보고 나니까 거미줄 얽듯 공중에 얽어 놓은 공상이 한낱 꿈같이밖에 생각되지 않는다. 백우영에게 모든 환희(歡喜)와 열락(悅樂)을 얻을 수 있을 것 같을지라도 김선용의 보이지 않는 장래에서는 그것을 찾아볼 것 같지는 않았다. 백우영은 모든 미(美)의 소유자라 할 수 있을지라도 김선용은 그렇지 못하였다.[47]

일본으로 공부하러 떠난 선용에게 전해 줄 편지를 지니고 있던 혜숙은 길에서 백우영을 만나자 그와 선용의 현재와 장래를 저울 위에 올려놓고 누구를 선택하는 것이 이로울지 따져본다. 아무 것도 가진 것 없

46) 나도향, 『환희』, 『나도향 전집』 하, 집문당, 1988, 112쪽.
47) 위의 책, 206~207쪽.

고 용모도 보잘 것 없는 김선용에 비한다면, 은행가의 아들이자 미모의 소유자인 백우영의 존재가 부각되어 그녀에게 다가오는 것은 자연스러운 일이다. 혜숙은 마침내 김선용을 소개한 오빠 영철을 원망하게 되고, 점점 더 두터워만 가는 백우영에 대한 사랑을 확인하게 된다. 그녀는 백우영의 집을 방문하였다가 그의 유혹에 넘어가 처녀성을 잃고 그 날 저녁에 길 위에서 방황하다가 오빠 영철과 조우한다. 여동생을 만난 영철이 묘사하는 그녀의 인상(像)은 주목할 가치가 있다. "영철의 눈에는 오늘 아침까지 연지같이 붉던 입술이 시푸르둥둥하게 보이며 기쁘게 반짝이던 맑던 눈동자가 송장의 눈같이 으스스하게 보이는 듯하였다. 그리고 따뜻한 살냄새가 그윽하던 그 육체는 시들시들하고도 차디차게 보였다."[48] 마치 병에 걸려 죽어가는 환자의 모습을 보는 것처럼 여동생을 바라보는 영철의 시선 속에서 드러나는 그 상(像)은 결핵에 걸린 자의 초상이다.

이후 백우영과 이혜숙이 결혼식을 올리게 되고, 그 소식을 듣고 자살을 기도하였던 김선용이 귀국한 후에 처음으로 예배당에서 혜숙을 만나게 된다. "선용의 온몸으로 돌아가던 성(聖)되고 정하던 피가 당장에 식어 버리는 듯하고 분하고 얄밉고 간악하게 보이는 생각이 그의 가슴으로 치밀어 올라온다"라는 서술자의 목소리나 "지금 그 이브를 속이던 뱀과 같이 간악하게 생각되는 혜숙의 주정(酒精)의 타는 빛과 같은 파란 목소리가 섞이었던 것을 생각하여 아주 마음이 좋지 못하였으며 그 혜숙을 당장에 몰아 내쫓고 싶었다"[49]라는 표현 속에 담긴 기독교

48) 위의 책, 220쪽.
49) 위의 책, 255쪽.

적 징벌의 암시는 "화색 있고 불그레하던 두 뺨은 어느덧 여위어 버리고 대리석(大理石)의 그 빛같이 희고 누르고 푸르렀다. 그의 동그스름하고 매낀하던 목은 그전과 같지 않고 각이 지고 해쓱하여졌다"[50]라는 창백하고 파리한 결핵의 표상을 동반하고 있다. 이러한 예감이 틀리지 않다면, 분명 선용을 배반한 행위에 대한 처벌은 결핵이라는 이름으로 혜숙(정월)에게 주어져야 할 것이다.

> 정월의 관골(觀骨) 위의 피부는 꽤 불그레하다. 다른 곳은 다―창백하나 그곳뿐이 불그레할 뿐이다.
>
> 이렇게 서로 바라보고만 있을 수 없는 선용은 바깥으로 '나가야 나가야' 하고 일어날까 일어날까 할 때 갑자기 정월은 기침을 시작하였다. 그리고 가슴을 문지르며 못 견뎌 하였다. 다른 사람들은 다만 바라만 보고 있었다. 이정월은 두 다리를 모으고 쪼그리고 앉아 얼굴이 새파랗게 질려 자꾸자꾸 기침을 재쳐한다. 그러다가는 입을 가린 흰 비단 수건에 빨간 핏덩이가 묻어 나왔다.[51]

『환희』의 결말부에서 영철은 자신의 병든 누이 동생을 데리고 부여로 여행을 떠난다. 아는 사람이 초청했다는 부연 설명이 제시되기는 하지만, 서사의 맥락에서 보자면 이 여행이 돌연한 일탈인 것은 분명하다. 그렇다면 왜 두 사람이 부여행을 선택할 수밖에 없었는지에 대해서 조금 살펴볼 필요가 있을 것이다. 부여는 백제 멸망 이후 오랜 세월 동안

50) 위의 책, 261쪽.
51) 위의 책, 262쪽.

망각된 고도(古都)였다. 1920년대까지 산견되는 백제와 부여의 이미지는 쇠망한 고대왕국의 그것이고, 몰락한 역사의 한 장면에 대한 회한의 정조가 자동화되어 나타나고 있다. 부여라는 도시에 대한 근대적 이미지가 생산되기 시작한 것은 1915년에 발족한 「부여고적보존회」가 재단법인으로 변경된 1929년을 전후한 상황이었다.[52] 1922년에서 23년에 연재된 『환희』에 나타나는 부여의 표상이 몰락한 고도의 그것이라는 점은 분명하다. 그렇다면 영철과 혜숙(정월)의 부여행은 다른 것이 아니라 그들의 몰락을 완성하기 위한 결행이라고 보아야 할 것이다.

평제탑과 영월대와 사자암을 돌아 본 혜숙(정월)은 무리를 해서 고란사까지 험한 길을 내려간다. "옥 같고 대리석(大理石)같이 고운 살이 얼크러지고 터지어 빨간 피가 지금도 흐르는 듯"[53] 한 낙화암을 보기 위함이다. 백마강에서 배에 오른 그녀는 가슴을 쥐어짜듯 각혈을 하여 강물 위에 자신의 피의 흔적을 새긴다. "언제든지 언제든지 이 아름다운 이름을 가진 낙화암 아래 떠돌다가 몇 해 후에든지 이곳으로 선용을 실은 배가 떠나 갈 때 이붉은 피를 보고 내가 여기 다녀갔던 것을 알리어 주었으면 하였다"[54] 는 것이 그녀의 바람이지만, 서사의 징벌은 그녀를 추동하여 결국 백마강에 몸을 던지게 만든다. 혜숙이 남자들과의 연애를 통해 얻고자 했던 삶의 환희(歡喜)는 "우리 인생이 한낱 환희(幻戲)인 까닭이로다"[55] 라는 서술자의 냉소적인 마지막 구절이 알려주는

52) 식민지 시기에 전개된 백제의 고도 부여의 문학적 표상에 대해서는, 허병식, 「폐허의 고도와 창조된 신도(神都)」, 황종연 편, 『고도의 근대』, 동국대 출판부, 2012 참조.

53) 나도향, 앞의 책, 371쪽.

54) 위의 책, 372쪽.

55) 위의 책, 379쪽.

헛된 환각 속으로 사라진다. 삶을 진정한 환희의 무대로 만들 수 없었던 식민지의 여성은 결핵이라는 표상이 던져주는 몰락과 처벌 속에 갇혀 백마강의 깊은 물속으로 잠겨버린 것이다.

5. 여공애사 혹은 결핵의 탈낭만화

메이지유신 이후 식산흥업이라는 사회적 분위기 속에서 결핵이 만연되어가는 상황을 여공들의 기록을 중심으로 검토한 후쿠다 마히토는 도시화, 산업화, 결핵 유행이 근대화 과정에서 나타나는 특징의 삼위일체라고 말했다.[56] 공장의 노동이 부여하는 엄격한 작업과 빈약과 주거와 식사가 여공들을 피폐하게 만들고 결국 결핵의 발병으로 이어지게 되는 이야기는 메이지 일본에만 해당하는 것은 아니다. 식민지 조선에서도 이러한 사정은 다르지 않았다. 1930년대 이후 도시의 팽창과 교통 및 산업의 발달, 교육의 보급 등 집단생활의 증가는 결핵감염의 기회를 증대시켰으며 더욱이 도시나 일본의 방직공장으로 뽑혀갔던 농촌처녀나 청년들이 그 열악한 근로환경을 견디지 못하고 결핵에 걸려 귀향하면 결핵이 없던 처녀지에 결핵을 만연시키는 결과를 초래했다.[57] 이러한 결핵의 사회사는 결핵과 관련된 낭만적 이미지를 비

56) 福田眞人, 앞의 책, 30쪽.
57) 『한국결핵사』, 대한결핵협회, 1998, 253쪽.

판적으로 이해하도록 만들기에 적합한 것이다. 결핵의 탈낭만화를 가장 적절하게 구사한 것은 식민지의 풍자 작가 채만식이었다.

> 계봉이는 신경도 제 건강과 한가지로 건실하다. 그렇기 때문에 그는 현대적인 지혜를 실한 신경으로 휘고 삭이고 해서 총명을 길러 간다.
>
> 만약 그렇지 않고서 지혜에 좀먹힌 말초신경적인 폐결핵 타입의 영양(令孃)이었다면 (하기야 그렇게 생긴 계집애는 아직은 없고 이 고장의 지드나 발레리의 종자(從者)들이 쓰는 소설 가운데서 더러 구경을 할 따름이지만, 그러므로 가사 말이다) 그렇듯 우둔하고 바보스런 승재의 안면 근육은 아예 그만한 풍자나 비판으로는 결말이 나질 않았을 것이다.[58)]

채만식은 『탁류』에서 주인공 계봉이의 외양을 묘사하면서, “지혜에 좀먹힌 말초신경적인 폐결핵 타입의 영양”이라는 표현을 동원하여 결핵의 낭만적 이미지를 공격한다. 식민지 조선의 현실에 대한 풍자를 담고 있는 『탁류』에서 의사인 남승재와 더불어 계봉이가 긍정적인 인물로 그려지고 있는 점은 현대적인 지혜와 과학의 유용성에 대한 작가의 신념을 보여주는 대목이라 볼 수 있을 것이다. 그의 단편 「병(病)이 낫거든」은 결핵을 둘러싼 낭만적 이미지를 넘어 ‘여공애사’로서의 결핵 이야기를 들려주고 있다. 『탁류』에서 ‘폐결핵 타입의 영양’이 시골에는 존재하지 않는다고 했지만, 「병이 낫거든」에 등장하는 업순이는 뜻밖에도 “목이 길고 가늘고, 가슴이 좁고 눈이 크고, 살결이 무르고 식성이 고르지 않아 편

58) 채만식, 『탁류』, 동아출판사, 1995, 494쪽.

식을 하고, 이런 소위 선병질(腺病質)의 체질이었다. 그런데다가, 공기 좋은 농촌에서 나서 농촌에서만 자랐기 때문에, 가령 호흡기 계통의 질병에는 매우 저항력이 약한, 따라서 도회지의 공기가 적당치 못한 체질이었다"[59]라고 묘사되고 있다. 이러한 외양에 대한 묘사만으로도 업순이의 앞날에 어떤 질병이 기다리고 있을지를 예측하기는 어렵지 않다. 그녀는 가난한 가정을 돕기 위하여 도회의 공장으로 일하러 나가는 것을 주저하지 않았고, 여공으로 일한 지 일년 반 만에 결핵에 걸리게 된다.

> 경미하나마 폐에 동통이 있고 미열이 계속되면서, 기침과 담과 도한이 있고. 식욕이 없고. 그리고 전신적으로 심한 수척이 오고. 그런데 환자는 선병질의 체질로서 농촌에서 나서 농촌에서 자라다가 불시에 많은 사람이 한 곳에 모여 집단생활을 하는 도회지의 공장으로 왔었고.
>
> 이만하면 십중 팔구는, 그 경미한 동통이 있다는 부분을 중심으로 폐가, 상당히 진행된 결핵의 증상이기에 우선 충분한 재료일 수가 있는 것이었다.
>
> 그러나 업순이 자신은 물론, 그 주의에 있는 사람들은, 도시에 그런 방면의 지식이랄지 경험이 있질 않았었다. 따라서 그것을 판단하거나 알아챌 바가 없었다.[60]

선병질의 체질을 지닌 어린 여성이 도회지의 집단생활을 통해 다다르게 되는 병상이 결핵의 그것이라는 것은 서사가 충분히 준비하고 있던 결론이었을 것이다. 그러나 그러한 점을 업순이와 그 주변 사람들은

59) 채만식, 「病이 낫거든」, 『채만식 전집』 8, 창작과비평사, 1989, 126쪽.
60) 위의 글, 128쪽.

인식하지 못한다. 이는 1940년대에 이르기까지도 결핵에 대한 사회적 인식이나 결핵예방의 정책이 존재하지 않았다는 점을 알게 해 준다.

세브란스의학전문학교의 강사였던 이영춘은 일제 식민통치를 겪으면서 조선의 농촌이 퇴화하고 있다는 것을 인식하고 일본 구마모토 농장의 지원으로 조선농촌위생연구소와 부속 결핵요양원을 설립하려고 시도하였다. 그가 1945년 3월에 조선총독부에 제출한 그 취지문에 따르면, "결핵과는 인연이 멀다고 생각되는 조선의 농촌에 있어서도 수개년의 경험으로 봐서 매년 놀라운 증가 경향을 나타내고 있다"는 것이다. "특히 농민들은 결핵에 대한 무준비 무저항 상태에서 초감염(初感染) 후 바로 발명하는 과정을 밟기 때문에 그 피해가 잔혹하다"는 주장은 당대 식민지 농촌의 상황을 직시하도록 만들어 준다.[61]

이러한 당대의 사회적 맥락을 고려한다면, 「병이 낫거든」의 서술자가 업순이의 상황에 대해 건조하게 논평하고 있는 다음의 대목은 식민지의 현실에 대한 예리한 비판을 수행하였다는 작가에 대한 평가에 값하는 것일 터이다.

> 참으로 업순이가 지금, 제 병이 어떠한 병인 줄을 안다면. 소위 사형을 선고받았음이나 다름없다는 그런 끔찍한 병인 줄을 안다면. 현대 의학의 가장 정수를 다하고, 돈을 얼마든지 들이고 해도, 열에 둘이나 셋이 살아나기가 어렵다고 하는 그런 무서운 병인 줄을 안다면.
>
> 약간 슬프고 마음이 어둡고가 무어랴. 사뭇 기절을 않으리.[62]

61) 『한국결핵사』, 대한결핵협회, 1998, 254~255쪽.
62) 채만식, 앞의 글, 138쪽.

작품은 "병이 낫거든, 인제는 시집이나 가는 거라고" 중얼거리는 업순이의 독백으로 끝나는데, 그 꿈이 실현되지 않을 것은 분명하다. 집단노동이 강제하는 빈약한 식생과 열악한 환경이 당대의 여성노동자들을 결핵의 장소로 몰아간 과정에 대한 건조한 묘사는 채만식의 작업이 목표하고 있던 바가 이전의 문학에 만연하였던 결핵의 낭만적 이미지를 탈낭만화시키는 것임을 증명하고 있다.

'여공애사'의 희생자로서 업순이의 최후를 분명하게 목격하고자 한다면, 강경애의 장편 『인간문제』를 읽어야 할 것이다. 이 작품에 등장하는 선비가 업순이의 죽음을 대리해서 보여주고 있기 때문이다. 선비는 황해도 용연의 시골 마을에서 경성을 거쳐 인천의 방직공장에 노동자로 들어가는 여성이다. 경성제대에 다니는 식민지 엘리트이면서도 식민지의 노동자 농민들의 비참한 현실을 목격하고 부르주아의 일상을 떠나 가출을 감행하여 노동자로 투신한 신철이 결국 자신의 집으로 돌아가는 것과는 달리, 시골 출신의 교육받지 못한 소녀로 고향에서 지주로부터 성폭행을 당하고 고향을 떠난 선비가 갈 수 있는 곳은 존재하지 않는다. 그녀를 기다리고 있는 것은 다음과 같은 소문 속의 죽음이다.

> "어젯밤 대동방적공장에서 여성 동무 하나가 병으로 인하야 해고되었는데 ……."
>
> 그때 자전거가 휙 지나치자, 물고기 비린내가 훅 끼친다. 첫째는 물고기 장수를 눈결에 보고 철수의 말을 다시 한번 속으로 되풀이하여 보았다. 그때 그는 가슴이 묵직함을 느꼈다.
>
> "병인즉은 폐병인데 …… 후!"[63]

이후 선비의 죽음을 확인한 첫째가 "신철이와 나와 다른 것이란 여기 있었구나!"라고 말하며 부르주아 청년과 자신들의 차이를 확인하고 '인간문제'에 투신하는 것이 소설의 결말이다. 『인간문제』가 1932년에 인천에 설립된 동양방적공장과 그곳의 노동자들의 생활을 포착하는 당대성을 지니고 있다는 연구들을 참조한다면, 이 작품 속에서 결핵으로 희생되는 선비의 모습은 또한 결핵의 탈낭만화와 관련된 선명한 이미지라고 할 수 있다.

6. 결론을 대신하여

수잔 손택은 질병이 두 가지 가설을 통해서 확대되었다고 주장했다. 첫 번째 가설은 모든 사회적 일탈 행위가 질병으로 간주될 수 있다는 것이다. 이 경우 질병에 걸린 사람은 비난받기보다는 치료받고 교정되어야 하는 존재가 되었다. 두 번째 가설은 사람들은 자신이 원했기 때문에 병에 걸리게 된 것이며 스스로의 선택에 의해 질병을 치유할 수 있다는 것이다. 이 경우 병에 걸린 사람들은 자신들이 당연히 병을 앓을 만한 짓을 했을 것이라는 죄책감으로부터 자유로울 수 없었다.[64] 이러한 질병에 대한 상반된 태도는 결핵을 매개로 삼아 한국 근대문학

63) 강경애, 『인간문제』, 동아출판사, 1995, 303쪽.
64) 수전 손택, 앞의 책, 86~87쪽 참조.

형성기의 두 작가에게 드러나고 있다.

이광수의 「혈서」는 식민 본국의 일본인 여인 노부코의 결핵을 가부장적인 가정에 반발하여 자신의 정념을 펼쳤다가 얻게된 순결한 마음의 발로로 이해한다. 따라서 그녀의 사랑을 사후적으로 추인하고 받아들임으로써 제국 일본과 식민지 조선의 경계를 무화시키는 사랑의 실천이 작품의 화자를 통해 이루어지는데, 이때 그 순결한 마음을 전하고 민족의 경계를 무화시키는 것은 노부코에 의해 피로 쓰여진 글자를 통해 전달된다.

이와는 달리 나도향의 『환희』는 자신의 실수로 인해 결핵이라는 처벌을 받을 수밖에 없었던 혜숙의 삶을 조명하고 있다. 그녀는 뒤늦게 자신의 잘못을 인정하고 그에 대한 죄갚음으로 죽음을 선택한다. 그녀는 결핵이라는 질병을 스스로에 대한 처벌로 받아들이고 선용에 대한 뒤늦은 자신의 연모를 전하기 위해 흘러가는 강 위에 피로 쓴 흔적을 남기지만, 그 알 수 없는 글자는 끝내 선용에게 전해지지 않을 것이라는 점을 독자들은 알고 있다. 아름답고 재주 있는 사람이 걸리는 질병인 결핵에 걸렸음을 사람들이 처음 확인하는 증상은 각혈이라는, 피의 분출이다. 이광수와 나도향이 선명하게 새겨넣은 결핵 걸린 자의 피로 쓴 글자들은 한국 근대문학 형성기의 결핵의 표상을 알려주는 표지로서 기억될 필요가 있을 것이다.

결핵의 표상으로서 피로 쓰인 글자가 보여주는 두 가지 방식이 결핵의 낭만화와 관련을 지닌다면, 채만식과 강경애의 소설은 결핵을 탈낭만화시킴으로써 당대 사회를 조명하는 분명한 성과를 보여준다. 결핵이란 주체의 죄와 관련된 어떤 질병이 아니라, 식민지 사회의 저개발된 상황에서 발생한 지극히 자연스러운 현실이었음을 직시하도록 만들어 주는 것이 채만식과 강경애의 소설이다. 이들에게 결핵이란 식민지 조선의 가난한 현실을 환기시키는 질병으로 표상되고 있다. 이는 한국 근대소설에 나타난 결핵의 이미지에 대한 새로운 관점의 접근을 가능하게 만들어 주는 것이다.*

---

* 이 논문은 2015년 『한국학연구』 36집에 게재된 논문을 일부 수정한 것임.

1918년 인플루엔자의 대재앙과 문학

서희원

1. 마음의 질병에서 죽음의 재앙으로

질병에 대한 동양의 전통적인 사유에 따르자면 육체의 건강은 정신을 비롯한 음양의 조화가 이루어진 상태를 의미했다. 질병은 섭식(攝食)이 충분하지 않거나 몸가짐의 잘못으로 신체의 조화가 깨졌을 때 발생하며 이를 위해서는 자양을 위해 약제를 복용하거나 수양을 통해 깨어진 조화를 다시 복원시키는 방법이 합당한 것으로 인지되었다. 이러한 육체와 질병에 대한 사유는 조선의 성리학적 철학체계와도 상응하는 것이었다. 성리학에 따르자면 우주에 존재하는 모든 현상과 생명은 이(理)와 기(氣)로써 구성되었으며, 이와 기에 의해 생성 변화된다고 말해졌다. 인간의 신체 역시 이와 기라는 근원적 존재의 결합 양태로서 우주와 연결되어 있는 것이었다.[1] 성리학에서 흔히 하는 말처럼 이와 기는 서로 떠날 수 없으며, 서로 섞이지도 않는 것이었다[理氣不相離 理氣不相雜]. 이러한 관점에서 보자면 인간 육체의 건강은 이와 기의 결합이 조화를 이룬 상태와 다를 바 없었다.

동양의학에서는 감기를 고뿔, 감모(感冒), 외감(外感), 풍한감모(風寒感冒), 사시상한(四時傷寒), 감숭(感祟), 감한(感寒), 풍사(風邪) 등의 단어로 표현하였으며, 이는 외부의 추위와 같은 사기(邪氣)가 피모공(皮毛孔)이나 비강(鼻腔) 등으로 들어와 질병이 발생한다는 사유를 잘 알려주고 있다. 감기(感氣)라는 일반적인 명칭이 알려주는 것처럼 이 병은 육체의 기운이 쇠한 상태에서 발병하는 것으로 자연과 인간의 조화 또는 정신과 육체의 균형이 깨어진 결과로 이해되었다. 하지만 개항 이후 조선에 전파되기 시작한 서양의 근대의료 체계는 인간의 신체에 대한 전혀 다른 이해를 말하고 있었다. 이에 따르자면 인간은 일종의 유기체적인 기계이며, 신체는 뼈와 혈관, 신경으로 연결된 기관과 각 기관들이 수행하는 소화나 호흡, 순환, 배설과 같은 역학적 작용에 의해 유지되는 물질이었다.[2] 서양의 의학이 설파하는 인간에 대한 생리학적 이해 속에서 질병의 원인은 설명되었으며, 이를 위한 위생과 보건이 강조되었다. 19세기 내내 콜레라와 같은 전염병에 시달렸던 조선의 사정[3]을 생각할 때 서양의 의료체계에 기반을 둔 위생의 관념은 질병과 육체, 생활환경에 대한 새로운 인식의 전환을 가져온 강력한 규율이었다. 특히

1) 유초하, 「동서의 철학적 전통에서 본 육체」, 『문화과학』, 1993 가을, 126~128쪽.
2) 송헌석, 「생리위생학」, 『서북학회월보』 제19호, 1910.1.
3) 신동원, 「조선 말의 콜레라 유행, 1821~1910」, 『한국과학사학회지』 11권 1호, 1989, 56~65쪽.

인간의 신체에 흡입되어 몸 전체를 순환한 후 배설되는 물은 질병 예방을 위한 위생 활동이 집중되는 대상이었다. 위생에 있어 이에 못지않게 강조된 것이 공기였다.

> 동물의 호흡이란 것은 흉부에 폐가 有ᄒᆞ야 흡입ᄒᆞᆯ 時마다 공기중에 在ᄒᆞᆫ 산소를 흡취ᄒᆞ야 전신의 혈액을 신선케 ᄒᆞ고 호출ᄒᆞᆯ 時마다 각 혈관에셔 集來ᄒᆞᄂᆞᆫ 탄기를 체외로 배출ᄒᆞ야 항상 혈맥의 순환을 평활케 ᄒᆞᄂᆞᆫ 작용을 계속홈이니 약차 작용이 잠시라도 정체ᄒᆞ면 혈액이 불순ᄒᆞ야 곳 신체건강에 해를 급ᄒᆞᆯ 者 필연ᄒᆞᆫ 결과니 然則 공기ᄂᆞᆫ 동물의 생명을 보전ᄒᆞᄂᆞᆫ 第一의 요소라 칭ᄒᆞ리로다. 此로 由ᄒᆞ야 觀ᄒᆞ면 위생상에 가장 양호ᄒᆞᆫ 공기ᄂᆞᆫ 가급적 진애와 탄기가 少ᄒᆞ고 비교적 산소가 多ᄒᆞᆫ 者를 의찬ᄒᆞᆯ지니 人家조밀ᄒᆞᆫ 도회처보다 해변산향이 거처에 우호ᄒᆞᆯ 것은 오인이 이미 문험숙지ᄒᆞᄂᆞᆫ 바로다.[4)]

『태극학보』에 소개된 장응진의 글에서 알 수 있듯이 호흡은 인간을 비롯한 모든 동물에게 있어 생명을 유지하게 하는 가장 중요한 요소였으며, 도시가 아닌 자연에서 마실 수 있는 신선한 공기는 건강한 육체를 유지하게 하는 조건이기도 하였다. 이와 함께 공기가 인간의 건강과 질병 특히 감기와 같은 호흡기 질환에 밀접하게 관계되어 있다는 과학적 상식도 빠르게 알려졌다.[5)] 호흡기 질환을 일으키는 원인으로 지목된 것은 눈에 보이지 않는 미세한 균[細菌, 黴菌]이었으며, 이를 통해

---

4) 장응진, 「공기설」, 『태극학보』 제1호, 1906.8, 27~28쪽.
5) 풍계생, 「공기욕설(空氣浴說)」, 『대한학회월보』 제1호, 1908.2.

전염병이 감염되고 또 전파된다는 사실도 소개되었다.[6]

이 당시에는 대중적으로 잘 알려지진 않았지만 사실 병리학적으로 감기(common cold)와 독감(influenza)은 병을 일으키는 바이러스의 종류와 그 증세에 있어 확연한 차이를 가지고 있는 질병이었다. 하지만 감기는 "만병의 근본"인 동시에 "감기가 곧 만병"이라는 주의를 받고 있었음에도 불구하고 며칠이면 완쾌되는 대수롭지 않은 질병으로, 독감(毒感)은 그 명칭처럼 감기의 증세가 심하고 조금 더 오래 지속되는 질병으로 취급되었다.[7] 강한 전염성을 가지고 있지만 병세가 그렇게 위중하지 않은 까닭에 감기는 쇠약해진 육체의 상태를 나타내는 질병인 동시에 마음의 질병으로, 독감은 그것의 조금 더 심한 상태로 인식되었다.

감기(독감)로 마음의 상태와 고통을 재현하는 것은 한국의 근대문학 초기에 발표된 소설뿐만 아니라 현재의 문학작품에서도 쉽게 발견할 수 있는 상투적 은유이며, 흔한 플롯의 방식이다. 1917년 『청춘』에 발표된 이광수의 소설 「어린 벗에게」에서 주인공 이보형은 "중한 한감(寒感)"을 앓고 있다. "원래 상해란 수토가 건강에 부적하여 이곳 온지 일 주일이 못하여 소화불량증을 얻었사오며 이번 병도 소화불량에 원인한가 하나이다. 첨 이삼 일은 신체가 권태하고 정신이 침울하더니 하루 저녁에는 오한하고 두통이 나며 자고 나니 이번은 전신에 모닥불을 퍼붓는 듯하고 가슴은 바짝바짝 들이타고 조갈증이 나고 뇌는 부글부글 끓는 듯하여 가끔 정신을 잃고 군소리를 하게 되었나이다."[8] 이러

6) 김진초, 「미균론(黴菌論)」, 『태극학보』 제2호, 1906.9.
7) 「춘과 위생－감기도 극히 주의」, 『매일신보』, 1915.3.15.
8) 이광수, 「어린 벗에게」, 『소년의 비애－이광수 단편선』, 문학과지성사, 2006, 38쪽. 이 글에서 같은 판본의 책을 인용할 때는 별다른 독서의 혼돈이 생기지 않는 경우 인용한 구절 옆에

한 진술은 이보형이 앓고 있는 독감이 불결한 환경과 쇠약해진 육체의 결과이며, 그 병의 증상이 어떠하다는 것을 독자에게 상세하게 알려준다. 하지만 이와 함께 병의 원인으로 제시되고 있는 것은 사랑을 잃고 낯선 이국의 도시에서 고독하게 지내고 있는 이보형의 상처 받은 마음이다. "사랑할 이도 없고 사랑하여줄 이도 없는 외로운 병석"(42)이라는 표현에서 알 수 있듯이 그의 병은 고독한 심적 상태에서 일정부분 기인한 것이며 그렇기에 사랑하는 여인(김일련)의 간호를 통해 육체와 마음의 완치에 도달할 수 있었던 것이다. 이는 소설의 후반부에 해삼위(블라디보스토크)로 가는 배에서 우연히 김일련을 만나고 그녀를 구하기 위해 차가운 겨울 바다에서 한 시간 이상 표류했던 이보형이 심각한 육체적 훼손이나 큰 병을 앓지 않는 것과는 대조적이다. 사랑을 통해 정신과 육체의 혼연한 일체를 맛본 주인공에게 외부의 사기나 한기는 침범할 수 없는 것이며, 질병이 발병한다 하더라도 곧 완치되는 것이었다.

"나는 감기로 삼 일 전부터 누웠다"라는 문장으로 시작하는 이광수의 또 다른 소설 「방황」(1918)에서 감기는 소년의 미성숙함을 표상하는 소재로 사용된다.[9] "나는 늘 적막하다. 늘 춥고 늘 괴롭다. 사방에서 고마운 친구들이 내 몸을 덥게 하려고 입김을 불어주건마는 대한에 발가벗고 선 나의 몸은 점점 더 추워갈 뿐이다."(104) '적막하고 춥다'는 진술은 '나'의 육체적 상황뿐만 아니라 심리적 상태를 더 잘 알려준다. 소설의 서사는 이것이 사회적 의무와 개인적 욕망의 길항에서 방황하고 있는 '나'의 고민에서 기인한 것임을 분명하게 말하고 있다. 하지만 감

간략하게 쪽수만을 병기하는 방식으로 처리하겠다.

9) 이광수, 「방황」, 위의 책, 98쪽.

기의 완치에 오랜 시간이 걸리지 않는 것처럼 이는 성숙을 향해 발전해 가는 자아가 응당 겪게 되는 일종의 성장통과 크게 다르지 않다.

하지만 「방황」이 발표된 1918년 3월 이후 짧은 기간(짧게는 1919년 3월까지 길게는 1921년까지) 동안이긴 하지만 독감은 단순한 마음과 육신의 미약한 상태를 표현하는 질병이 아니라 실질적으로 인간의 목숨을 위협하고 앗아가는 강력한 전염병으로 변이되어 세계를 강타하였다. 일반적으로는 '스페인 독감'이라고 알려진 인플루엔자의 재앙은 전 세계를 병들게 하고 무수한 인간의 생명을 파괴하였다. "조선에 만세가 일어나던 전해의 겨울"[10] 즉 1918년에 전 세계적으로 확산된 인플루엔자는 불과 2년 남짓한 시간 동안 제1차 세계대전에서 사망한 사람보다 훨씬 더 많은 희생자를 냈고, 그 끔찍한 결과와는 달리 너무나도 빨리 사람들의 기억에서 사라졌다.

1918년 인플루엔자가 창궐하고 있던 시기의 대부분을 일본에서 지낸 바 있는 염상섭은 실제로 이 독감이 식민지조선과 일본 그리고 전 세계에 전파되며 벌어지는 참상을 목도하였다.[11] 게다가 염상섭은 함께 『폐허』지의 동인으로 활동하였던 남궁벽이 독감에 의해 너무나도 허망하게 죽음을 맞이하는 것을 옆에서 지켜보기도 하였다. 염상섭이 1921년 12월 『개벽』에 발표한 「남궁벽 군의 사를 앞에 놓고」라는 글에는 남궁벽의 돌연한 죽음에 대한 사정이 비교적 소상하게 보고되어 있

10) 염상섭, 「만세전」, 『만세전－염상섭 중편선』, 문학과지성사, 2005, 7쪽.

11) 인플루엔자의 재앙에서 고통 받는 것은 일본도 다르지 않았다. 오사카에서는 "하루에 평균 이십인" 이상의 사망자가 나오고 있으며(「대판에 毒感復發」, 『매일신보』, 1919.1.19), 동경에서도 "매일 평균 이십여 명이 사망"하고 있었다(「유행전에 예방하라－내지에서는 이 독감의 두 번째 유행에 죽는 사람이 많다 한다」, 『매일신보』, 1919.2.5).

다.[12] 염상섭은 동경으로 떠나기 전 남궁벽과 "패밀리호텔 6호실 K군 방"에서 마지막으로 만났을 때 그가 한기에 떨며 "열에 띠운 벌건 눈"을 하고 있었다고 그 순간을 상세히 묘사하고 있다. 하지만 "'감기쯤이야……' 하는 생각으로 등한히 여겼"고 별다른 위문 없이 동경으로 떠났으나 그가 "감기로 견고"한 지 "겨우 전후 10여 일" 만에 사망하였다고 적고 있다. 물론 남궁벽의 죽음을 1918년 인플루엔자에 의한 것으로 분명하게 말할 수는 없으나 감염 이후 빠르게 사망에 이른 병의 진행속도를 볼 때 같은 병이라는 추측도 그리 무리한 것으로 여겨지진 않는다.[13] 보다 중요한 것은 염상섭의 기억에 독감이라는 질병이 친우의 돌연한 죽음과 함께 각인되었다는 사실이다.

"조선에 만세가 일어나던 전해의 겨울이었다"(7)라는 유명한 문장으로 시작하는 염상섭의 초기 대표작 「만세전」(1924)은 잘 알려진 것처럼 『신생활』에 연재하던 당시(1922) 제목은 『묘지』였다. 많은 연구자들은 이런 개명이 작품의 주제를 적절하게 대변하는 좋은 선택이었다고 지적한다. 염상섭에 대한 주목할 만한 작가론을 쓴 이보영은 "3·1운동은 한민족의 자유의식의 발전을 위하여 역사적으로 필연적인 장거였

---

12) 남궁벽의 죽음에 대해서는 김동인도 「속 문단회고」(『매일신보』, 1931.11.11~22)라는 글에서 술회한 바 있다. 김동인은 1921년 겨울 "패밀리호텔"에 기거하며 "식도원"이란 곳에서 남궁벽과 함께 저녁을 먹으러 갔고, "그날 몹시 시장한 듯" 하였던 남궁벽은 과식으로 탈이 났고 며칠 후 "별세의 부고를 받았다"고 적고 있다. 김동인은 허망한 남궁벽의 죽음을 놓고, "남궁도 죽을 운이기에 죽었을 것이다. 음식을 과식하였다고 죽는다면 사람의 목숨같이 믿기 힘든 것은 없을 것이다. 그러나 왜 그런지 여에게는 남궁의 죽음이 여의 책임과 같아서 미안키 짝이 없다"고 말하며 이에 대한 "일종의 책임감"을 느낀다고 썼다. (김동인, 「속 문단회고」, 『김동인전집』 16, 조선일보사, 1988, 322~324쪽) 하지만 남궁벽의 죽음 이후 10년의 시간을 두고 작성된 김동인의 회고보다는 거의 동시적으로 작성된 염상섭의 회고가 더욱 신뢰할 수 있다고 판단된다.

13) 염상섭, 「남궁벽 군의 사를 앞에 놓고」, 한기형·이혜령 편, 『염상섭 문장 전집 1 : 1918~1928』, 소명출판, 2013, 179~186쪽.

다. 「만세전」은 바로 3 · 1운동 전 해 겨울의 사건을 취급하고 있다. 따라서 그 겨울은 3 · 1운동의 전야와도 같다. 그런 뜻이 「만세전」이라는 제목에 함축되어 있다. 암담한 식민지의 밤은 침략자로부터 해방되기 위하여 3 · 1운동의 전야로 전진해야 했으며 『묘지』라는 제목을 「만세전」으로 고친 것은 작자의 그런 전야의식 혹은 전야적 결의의 소산이었다. 그것은 일제의 악랄한 수탈정책과 탄압으로 인한 원주민의 몰락, 유랑, 공포의 암야가 '신생'의 전야일 수도 있다는 것을 암시한다"고 이러한 염상섭의 선택을 설명한 바 있다.[14)]

하지만 "조선에 만세가 일어나던 전해의 겨울이었다"라는 문장에서 강조의 방점을 "만세"에 찍지 않고 "전해의 겨울"에 놓고 읽는다면 그리고 총독부 공식 발표로 식민지조선에서만 "十四萬名"이 넘는 사망자를 낸 1918년 인플루엔자의 사정을 생각한다면 『묘지』라는 제목도 "원주민의 몰락, 유랑, 공포의 암야"라는 작품의 주제를 어느 정도는 형상화할 수 있는 명칭이었다고 말할 수 있을 것이다.[15)] 어떠한 이유 때문인지 정확하게 말하기는 어렵지만 염상섭의 「만세전」은 1918년의 참혹한 겨울을 배경으로 하고 있으나 인플루엔자와 관련된 사항은 이인화가 지나치는 식민지의 풍경 속에 깊숙이 내재한 죽음의 감각 이상으로 서사에 돌출되지 않는다. 이인화 아내의 죽음이 "유종(乳腫)"(133)과

---

14) 이보영, 『난세의 문학－염상섭론』, 예림기획, 2001, 123쪽.

15) 「惡性輪感의 사망자가 실로 14만 명－알흔 사람은 760만 명 호열자 흑사병의 이상이다」, 『매일신보』, 1919.1.30. 경무총감부의 조사를 인용한 이 기사에 따르자면 독감의 환자는 "7,588,392명이오 사망자가 140,518명이라는 실로 놀라운 숫자를 보였"으며 "조선사람이 내지인이나 외국인에 비하여 사망자의 비례가 많은 것은 치료법이 완전히 못하였을 뿐 아니라 보통 감기로만 알고 약도 쓰지 아니하고 감기는 밥상 밑으로 내려간다 하여 그 병을 없수이 여긴 때문"이다.

같은 해산 후유증에서 기인했다는 사실은 비교적 소상하게 적혀 있지만 "그해 가을부터 해산 후더침으로 시름시름 앓던 나의 처"가 갑자기 "위독"(7)해진 이유에 대해서는 별 다른 설명을 하지 않고 있으며, "어머님 병환"을 핑계로 "연종시험"을 중단하고 귀국하는 사정에 대해 "의외에 얼른 승낙"(11)을 해준 H교수의 "허가"에 대해서도 화자는 소상하게 기술하지 않는다. 하지만 경성으로 귀국하기 전 동경의 "M헌"의 여급과 희롱하던 이인화가 "P자를 껴안으며 키스를 하려" 하자 "무심코 섰던 P자"가 보이는 "에구머니, 사람을 죽이네!"(22)라는 농담에 섞인 히스테리컬한 반응은 일본을 비롯한 전 세계에 유행 중이던 인플루엔자와 그 예방법에 대한 강력한 시행을 고려하지 않으면 이해할 수 없는 장면이다.[16] 인간의 타액으로 전염되는 질병이 대유행하고 있기에 이인화의 행위는 말 그대로 '죽음의 키스'가 될 수 있기 때문이다. 이인화가 이동하고 있는 공간은 그 출발지에서 목적지까지 모두 인플루엔자가 만들어낸 죽음의 참혹한 광경을 노출하고 있었으며, 사람들은 병든 육체의 고통과 갑작스럽게 늘어난 시체의 처리방법(공동묘지법)을 놓고 골머리를 앓고 있던 중이었다. "다른 것은 그만두더라도 나의 주위는 마치 공동묘지 같습니다. 생명력을 잃은 백의의 민-망량 같은 생명들이 준동하는 이 무덤 가운데에 들어앉은 지금의 나"(164)라는 이인화의 토로는 '만세전'의 은유인 동시에 "전해의 겨울"에 대한 직접적 재현으로도 읽을 수 있다.

---

16) 당시 신문기사에는 이 독감이 "기침 할 때에 튀는 침방울에 병독이 섞여 공중에 비산하였다가 거기서 호흡하는 사람에게 병이 생기"는 까닭에 "목구멍과 코속을 조심"해야 된다는 경고를 하고 있다. 「전 조선을 석권하는 독감은 세계적 대유행인가」, 『매일신보』, 1918.10.22.

이 전염병에 대한 문학적 재현은 질병의 유행 시기와 거의 겹치는 『창조』의 발행 기간에 발표된 몇몇 소설에 등장할 뿐이다. 흥미롭게도 1918년의 대재앙은 그 죽음의 규모에 비해 놀라울 정도로 빠르게 역사에서, 문학의 고증에서, 개인의 기억에서 잊혀졌다. 이 글은 식민지조선에 전염된 대재앙에 대한 기록의 탐색이며, 만연한 죽음이 발생시킨 문학에 대한 변이된 사유 그리고 망각의 이유에 대한 모색으로 기획이 되었다.

2. 세계의 "멸망", 1918년 인플루엔자

20세기 인류 최대의 재앙이라고 불리는 1918년 인플루엔자의 시작은 인간이 일상적으로 경험할 수 있는, 그저 사나흘 정도면 사라지는 신열과 몸살, 두통을 동반하였던 독감과 그리 다르지 않았다. 다른 점이 있다면 1918년 인플루엔자에 걸린 사람과 접촉한 대부분의 사람들을 환자로 만들어버리는 강력한 전염성, 그리고 보통의 독감이 주로 면역력이 떨어지는 노인과 어린아이들에게 피해를 줬던 것과는 달리 젊고 건강한 성인들을 공격하는 기이한 전파 방식이었다. 제1차 세계대전의 소용돌이 속에서 허우적거리던 유럽의 다른 나라와는 달리 신문의 기사 대부분을 전시 체제에 맞게 검열할 필요를 느끼지 않았던 스페인은 국왕 알폰소 13세를 포함한 국민 800만 명을 감염시켰던 1918년

봄의 독감을 대대적으로 보도하였다. 이 덕분에 원산지 표기법과는 상관없게도 이 인플루엔자는 '스페인 독감'이라는 별칭을 얻게 되었다. 유럽 전역으로 확산된 '스페인 독감'은 전쟁의 지휘관들에게 작전에 차질을 주는 귀찮고 성가신 고문관 정도로 여겨졌다. 1918년 봄 세계의 상당 부분은 독감에 몸살을 앓았지만 병은 심각해 보이지 않았고 고통도 깊게 느껴지지 않았다. 하지만 그해 여름이 지나고 가을이 시작되었을 때 상황은 급변하였다. 흔히 하는 말처럼 두 번째가 진짜였다.

불길한 보고는 8월 말 미국의 보스턴 항에 도착한 해병들 사이에서 나타나기 시작했고, 인플루엔자는 매사추세츠 주의 데번스 병영을 습격해 그곳을 통제불능의 기지로 만들고는 미국 전역으로 퍼져나갔다. 상황은 걷잡을 수 없을 만큼 심각해졌다. 미국 육군 헌병 사령관은 유럽에서 끊임없이 군인을 요구하고 있음에도 불구하고 신병 소집을 취소하였지만 감염은 들불이 번지듯 퍼져 나갔다. 9월 한 달 동안 12,000명의 미국인이 독감으로 사망하였다. 그리고 국제 무역과 전쟁으로 인해 더욱 긴밀해지고 가속화된 국가 간의 교통은 이 끔찍한 질병을 세계인의 것으로 만들었다. 며칠 혹은 빠르면 몇 시간 만에 살아있는 인간을 시체로 만들어버리는 이 질병의 진행을 막을 수 있는 것은 아무 것도 없었다. 당시 의사들은 이 병이 보여주는 죽음의 징후를 다음과 같이 묘사하였다. "얼굴은 푸르죽죽한 암갈색으로 변하고 기침에 피가 나오기 시작한다. 발이 검은색으로 변한다. 마침내 종말이 가까워지면 미친 듯이 숨을 몰아쉬게 된다. 입에서 피 섞인 침이 부글부글 새어나온다. 그리고 죽는다. 사실상 익사하는 것이다. 허파에 붉은 액체가 가득 차게 되니까."[17] 사인을 정확히 기록하지 않았던 당시의 열악한 의료 환경과 사인을 분명하게 판독할 기술이 없었던 탓에 1918년 인플루엔자로 인한 전 세계의 사망자 수는 연구자에 따라 크게 차이를 보이지만 적게는 2,000만 명에서 많게는 당시 세계 인구의 5% 이상인 1억 명에 육박할 수도 있다고 보고되고 있다.[18)]

이미 근대 자본주의 시스템에 병합된 극동의 식민지조선도 '1918년의 인플루엔자'에 전염되는 데는 그리 오랜 시간이 걸리지 않았다. 1918년 9월 28일 평북 강계에서 "삼백여 명"의 환자가 발생하였고 각 관청에서 결근자가 속출하는 "머리와 및 관절 등"이 "몹시 아픈 감기"가 보고되었지만 이는 통상적인 독감으로 여겨졌고 이를 대재앙의 징후로 여기는 사람은 없었다.[19)] 심지어 조선총독부는 10월 12일에 "본년과 같이 전염병이 발생하지 않은 해는 처음 볼뿐"이라며 현재의 도립병원에 해당하는 19개의 자혜의원을 중심으로 한 근대적 의료체계와 경찰과 같은 규율체계의 성공적 결합을 자찬하였다.[20)] 하지만 불과 3일 후 만주 여행을 하고 돌아온 경성중학교 학생들을 시작으로 "유행성 감기"에 대한 보도는 신문의 사회면을 빠르게 잠식하였다.[21)] 이 질병은 『동의보감』에서 설명하는 병의 개념, 즉 생식 활동과 생명 활동을 가능하게 하는 정(精), 생명을 유지시키는 기본 요소인 기(氣), 마음이 깃든 장기나 신체 부위를 총괄하는 신(神)의 부조화가 만병의 근원이라고 여기는 사유를 통해서는 전혀 인지할 수 없는 생소한 바이러스의 대변이를 원인으

17) 지나 콜라타, 안정희 역, 『독감』, 사이언스북스, 2003, 26쪽. 1918년 인플루엔자의 진행에 대해서는 이 책 「전염병의 해」를 참조하였다.

18) 마이크 데이비스, 정병선 역, 『조류독감』, 돌베개, 2008, 36~37쪽.

19) 「평북 강계군에 악성의 유행병, 몹시 아픈 감기」, 『매일신보』, 1918.9.28.

20) 「금년의 환절기는 전염병이 극히 적었었다」, 『매일신보』, 1918.10.12.

21) 「경중생 다수가 여행중에 병들어」, 『매일신보』, 1918.10.15.

로 하고 있었다.[22] "독감"은 원산과 경성, 인천, 평양, 대구를 비롯한 전국으로 퍼져나갔다. 더욱 심각한 것은 방을 덥게 하거나 부족한 수분을 충분히 섭취하거나 기존의 약을 쓰는 것도 치료에 도움이 되지 않는다는 불길한 경고가 동반되기 시작했다는 것이다.[23] 학교는 휴교조치가 내려졌고, 온 집안의 식구나 한 마을의 사람들 대다수가 병에 쓰러졌다. 그제서야 이 "돌림 감기"의 정확한 명칭이 "인푸루엔사(인플루엔자)"라는 사실이 알려졌고, 전염 경로가 "기침할 때에 튀는 침방울에 병독이 섞어 공중에 비산하였다가 거기서 호흡하는 사람에게" 전파되는 에어로졸 형태의 호흡기 감염이며, 이 인플루엔자가 전 세계를 휩쓸고 있다는 상황이 인식되었으나, 총독부는 지독한 고통을 동반할 뿐 사망하는 경우는 없다는 식의 보고를 하며 조선인들에게 정확한 정보를 제공하지 않고 있었다.[24] 하지만 인플루엔자로 인한 사망자가 보도 통제로 감출 수 없을 만큼 속출하자 상황은 급격히 변화하였다. "이번 독감은 성질이 극히 맹렬하여 삼사 일 동안을 시름시름 앓다가도 별안간 병세가 변하여 폐경상한이 되면 하루 사이에 그만 죽어버리는" 경우가 많다는 보도가 나오기 시작했고,[25] 그 고통을 참지 못해 환자가 자살하거나,[26] 모든 식구가 죽고 홀로 남은 가장은 미쳐버렸다는 끔찍한 소식도 전해졌다.[27] 빠르게 각종 질병을 정복하였던 의학계나 과학계에서도 어떠한 희소식이 들리지 않았다. 전 세계의 상황은 가히 종말이라고 부를 수 있

---

22) 신동원, 『호환 마마 천연두—병의 일상 개념사』, 돌베개, 2013, 64~69쪽.
23) 「목하 유행하는 독감은 조심하여야 한다」, 『매일신보』, 1918.10.17.
24) 「전 조선을 석권하는 독감은 세계적 대유행인가」, 『매일신보』, 1918.10.22.
25) 「독감은 악성으로 변한다」, 『매일신보』, 1918.10.24.
26) 「재통은 극히 위험하다」, 『매일신보』, 1918.10.25.
27) 「독감이 산출한 비극—네 식구가 죽고 가장은 미쳤다」, 『매일신보』, 1918.12.12.

을 정도로 심각해졌다. 매일 전 세계의 대도시에서 수천 명의 사람들이 죽어간다며 자본주의 문명이 "멸망"하고 있다는 표현도 사용되기 시작했다.[28] 종로 관내에서만 발생한 인플루엔자의 환자가 "이만 육천백 명"에 달했고,[29] 인천에서는 사망자가 "매일 20명"이라는 소식이 전해졌다.[30] 11월이 되자 상황은 어떤 표현도 이를 정확하게 표현할 수 없을 정도로 악화되었다. 평양 인구의 절반 이상이 병을 앓고 있고,[31] 충청남도는 독감으로 인하여 벼 수확이 어려울 정도이며,[32] 충남 홍성군에서는 매일 사망자가 "백 명"[33]에 달했다.

1918년을 세계의 "멸망"으로 감각하게 하였던 식민지조선의 인플루엔자는 10월에 첫 사망자가 확인되고, 11월에 정점에 이르렀으며, 1919년 1월에 거의 사라진 것처럼 보였으나 1920년까지 곳곳에서 보고가 되었고 1921년에도 간헐적으로 발병하였다. 1915년부터 1923년까지의 인구 10만 명당 사망률은 1.98~2.42% 정도를 유지하였으나, 1918년 한 해는 이것이 약 3.09~3.42%까지 치솟았다. 이를 토대로 1918년 당시 식민지조선의 추정인구 16,697,017명에 대입해 계산하면 최소 143,787명에서 최대 203,107명이 사망한 것으로 추정된다. 가장 높은 사망률을 보인 것은 50세 이상의 고령층이며, 그 다음이 20~40세 이상의 청장년층이었다.[34] 인플루엔자의 사망원인은 호흡기병, 감모(감

---

28) 「남미연방의 각 도회는 독감으로 멸망될 지경」, 『매일신보』, 1918.10.26.

29) 「종로 관내만 이만육천」, 『매일신보』, 1918.10.31.

30) 「인천도 사망자가 매일 이십 명」, 『매일신보』, 1918.11.3.

31) 「지방에는 여전하다」, 『매일신보』, 1918.11.13.

32) 「독감으로 인하여 수확이 극난」, 『매일신보』, 1918.11.16.

33) 「일군의 사망자 매일 백명」, 『매일신보』, 1918.11.22.

34) 이상원, 「우리나라 신종 인플루엔자 대유행 예측 모델링 및 1918년 대유행에 대한 적용과 분석」, 충북대 박사논문, 2009, 17~21쪽.

기), 전염성병으로 기록되었는데, 이는 1918년 당시 조선총독부 공식통계의 사인분류 중 큰 증가를 보였던 항목이 이 세 가지였다는 사실로 짐작할 수 있다.[35)]

1918년의 인플루엔자에 대한 몇 가지 사항들 — 그 놀라운 사망률과 당시의 의학기술을 무용지물로 만든 증상, 그리고 갑작스런 사라짐 등 — 에 대해서는 과학기술이 그 변이의 과정을 설명할 수 있게 된 최근의 연구들을 통해서만 확인할 수 있다. 인플루엔자는 크게 A, B, C로 구분된다. 인플루엔자 B와 C는 오랜 세월 동안 인간의 육체와 길항하며 면역체계의 방식으로 적응되어 왔다. 하지만 주로 오리와 물새류를 보유숙주로 하고 있는 인플루엔자 A는 야생의 상태에 놓여 있다. 문제는 인플루엔자 A가 다른 조류와 포유동물, 그리고 인간에게까지 전염되는 횡단의 초기 단계에 놓여 있다는 사실이다. 인플루엔자 A의 단백질은 해마다 아미노산을 바꾸는 항원 소변이(antigenic drift)를 하고 있으며 경우에 따라서는 종의 장벽을 뛰어넘는 돌연변이 바이러스를 만들어 낸다. 이런 변화를 항원 대변이(antigenic shift)라고 부른다. 이러한 혁명적 변이를 통해 탄생한 신종 인플루엔자 바이러스는 기존의 인플루엔자 감염으로 획득한 면역체계나 백신으로는 방어가 불가능하고, 사람간 감염이 활발하게 일어날 경우 인구 대비 20~50%의 발병률과 치사율이 높은 대유행으로 번질 수 있다. 최근의 연구에 따르자면 1918년

---

35) 당시 조선총독부 연감에 따르자면 사인은 "전신병, 정신병, 신경계병, 순환기병, 안과계병, 호흡기병, 소화기병, 치아병, 운동기병, 이병, 비후병, 피부병, 비뇨생식기병, 외상, 익사, 기형, 노화, 부인과병, 중독, 신생물, 기생충병, 각기병, 감모(감기), 전염성병, 진단불명질환"으로 구분되고 있다. 국립통영검역소 편, 『통감부 · 조선총독부 통계연보의 전염병 및 검역 관련 자료』 1, 2004.

에 발생한 대유행병은 조류 인플루엔자(avian influenza virus, AI)와 같은 신종 인플루엔자의 변이에서 출발했으며, 그렇기에 그 증상이 말단 호급기관에서부터 시작해 허파의 기능을 정지시키는 것으로까지 진행되었을 것이라고 보고하고 있다.[36]

이러한 사정을 감안할 때 1918년의 인플루엔자는 어떠한 과학적 지식도, 의학적 예방과 치료도, 심지어는 질병과 죽음이 경험적·종교적 혹은 문학적 재현을 통해 형성하고 있었던 인간에 대한 사유 자체를 뒤흔드는 엄청난 충격이었다. 어쩌면 인플루엔자에 대한 놀라운 망각은 그 충격이 만들어낸 사유와 기억의 구멍 혹은 웜홀(worm hole)을 통해 이루어 졌을지도 모른다. 그리고 망각된 상태로 고스란히 간직된 공포와 충격은 현재의 시간에 직접적으로 연결되어 있는 듯이 보인다. 항원 대변이를 거친 신종 인플루엔자에 대한 불길한 소문이 아무런 예고도 없이 찾아오는 것은 이러한 연결과 관련이 깊다.

3. 문학과 죽음, 황홀과 환멸–김동인 「마음이 옅은 자여」

김동인의 회고에 따르자면 "『창조』는 1918년 11월에 계획되어 1919년 2월에 창간호를 내었다."[37] 주요한의 발의와 김동인의 동의에 의해

36) 인플루엔자와 1918년에 발생한 신종 인플루엔자에 대한 설명으로는 마이크 데이비스, 정병선 역, 앞의 책; 이상원, 앞의 글을 참조하였다.

한국 최초의 순문예지 『창조』는 태동하였고, 동인으로 전영택과 김환, 최승만이 뒤늦게 합류하였다. 『창조』라는 제호를 논의한 것은 김동인, 주요한, 전영택 삼인이었던 것으로 보이며, "문예, 문학, 여명, 창조, 금강, 개척, 왕관" 중에 "宗敎味가 있는 듯한 혐이 없지는 않으나" "그중 점잖고 의의 있고 경박치 않으며 너무 노골적도 아닌 가장 적당한 이름"인 "창조"로 결정하였다고 한다.[38] 전영택도 이러한 정황에 대해서는 비슷하게 회고하지만 그는 "제호를 『창조』라고 한 것은 내 제안인 것으로 기억된다"고 분명하게 밝히고 있다.[39] 어찌되었듯 김동인은 『창조』라는 제호가 가진 종교적인 색채를 그리 마음에 들어 하지 않았던 것 같다. 그는 다른 회고에서 제호에 대한 "별별의 논이 다 나왔으나 결국에는 『창조』라 하기로 하였다. 宗敎臭 있다는 비난도 있었으나 예술은 즉 창조라는 의미에서 이렇게 작정을 한 것"이라고 하며 대수롭지 않다는 태도로 말하기도 하였다.[40]

새삼스러울 것도 없는 『창조』 동인의 결성 과정에 대해 정리하는 이유는 이들이 문학적 창의를 결집하고 있는 시기가 전염병의 전 세계적인 창궐 과정에 놓여 있다는 사실과 신학도였던 전영택이 발의한 종교

---

37) 김동인, 「문단회고」(1931), 『김동인전집』 16, 조선일보사, 1988, 309쪽. 김동인은 지면에 따라 주요한과 밤을 보내며 『창조』의 발간을 논의했던 시점을 다르게 말하고 있다. 1938년에 발표한 다른 글에서 김동인은 주요한이 자신의 하숙집을 찾아온 날은 "대정 7년(서기 1918년) 크리스마스 저녁"이라고 밝히고 있지만 『창조』 1호가 1919년 2월에 발간된 사정을 고려할 때 이러한 진술은 문자 그대로 믿기 어렵다.(김동인, 「조선문학의 여명－『창조』 회고」, 같은 책, 416쪽)

38) 김동인, 「문단 십오년 이면사－『창조』 잉태(여를 주인공으로 삼고)」(1934), 『김동인전집』 16, 375쪽.

39) 전영택, 「『창조』와 『조선문단』과 나」(1955), 표언복 편, 『늘봄전영택전집 제3권－시 · 희곡 · 전기 · 문학론』, 목원대 출판부, 1994, 497쪽.

40) 김동인, 「조선문학의 여명－『창조』 회고」(1938), 앞의 책, 417쪽.

적 색채의 제호에 큰 이견 없이 동의하고 있다는 사실을 말하기 위함이다. 1918년의 인플루엔자가 중요한 이유는 김동인과 전영택이 각각 『창조』에 발표한 그들의 초기 대표작 「마음이 옅은 자여」(『창조』 3~6호, 1919.12~1920.5)와 「생명의 봄」(『창조』 5~7호, 1920.3~7)이 공통적으로 이 세계적 전염병과 그것이 창궐하는 공간의 비극을 중요한 소재와 배경으로 사용하고 있기 때문이다. 또한 이들의 소설이 예술에 대한 이상주의적 태도와 전염병이 창궐하고 있는 현실 사이에서 길항하는 소설가의 내면을 다루고 있기 때문이다.[41)]

전영택은 자전적 소설인 「생명의 봄」에 대해 다음과 같이 언급한 바가 있다. "특기할 것은 3·1운동 이후에 우리 사회에는 여러 가지 전에 없던 사건이 많이 일어나고 사상적 변화가 현저히 있었으나, 『창조』의 내용에는 필자가 쓴 「생명의 봄」(3호부터 연재된)이라는 소설에 아내가 만세를 부르다가 잡혀 들어가서 감옥생활을 하는 이야기를 쓴 이외에는

41) 이 내면을 이해하는 데 있어 중요한 것은 말할 것도 없이 기독교이다. 김동인의 경우 소설에 대한 자신의 예술관을 피력하면서, "소설가 즉 예술가요. 예술은 인생의 정신이요, 사상이요, 자기를 대상으로 한 참 사랑이요, 사회 개량, 神人合一을 수행할 자이요. 쉽게 말하자면 예술은 개인 전체이오. 참 예술가는 人靈이오. 참 문학적 작품은 신의 囁이오"라고 하며 소설가의 창조적 주체성에 자리 잡고 있는 '창의'를 강조한 바 있다.(김동인, 「소설에 대한 조선 사람의 사상을」(1919), 앞의 책, 139쪽) 김동인의 이러한 선언은 낭만주의 그리고 "유대교, 기독교 문화를 배경으로 하여야 의미가 통하는 것일 뿐만 아니라 예술에서의 창조적 주체성을 강조하는 담론 속에서 비로소 중요성을 띠는 것이다."(황종연, 「낭만적 주체성의 소설」, 『탕아를 위한 비평』, 문학동네, 2012, 435쪽) 하지만 전영택의 경우는 김동인의 방식과 구분해서 읽어야 한다. 그는 「생명의 봄」에서 자신이 참여하고 있는 동인지 동인들의 문학관과 흡사한 낭만주의적 예술가의 자의식을 보여주었다고 평가되지만 그는 기본적으로 기독교적 세계관에 심취한 신학도였다. 그런 그에게 예술가는 곧 신이라고 자임하는 김동인의 태도는 동의하기 어려운 것이었음에 분명하다. 「생명의 봄」에서 그가 보여주는 예술(소설)에 대한 강렬한 자의식은, 비록 소설에서 종교적 가치에 버금가는 삶의 비의로 종종 비춰지기도 하지만, 그것이 내포되어 있는 기독교적 섭리 안에서 고려되어야 할 사항이다. 전영택이 표방하는 주체에 어울리는 이름을 준다면 그것은 신이 아니라 "묵시"의 현현(顯現, epiphany)을 체감하는 선지자가 적당하다.

별로 시대적 영향도 받지 않고 순수한 문학작품을 내놓은 것이었다. 그 일례를 들면 소설도 동인의 「마음이 옅은 자여」와 요한의 「실험실」이란 시같은 것이었다. (…중략…) 동인의 작품에는 자연과 현실에 대한 충실하고 핍절한 묘사와 대조하고 기탄없는 인생의 해부와 폭로가 있었는데, 이런 것을 읽고 그들의 예술에 고개를 숙인 독자도 있었거니와 혹은 애국정신과 민족사상도 없다고 하고 자연주의에 흐른 타락문학이라고 이해 없는 욕을 하는 축도 있었다."[42] 전영택의 언급처럼 「마음이 옅은 자여」와 「생명의 봄」은 시대적 영향이 깊게 투영된 현실의 소설적 재현이다. 「마음이 옅은 자여」를 이 소설이 배경으로 하고 있는 1918년 4월부터 11월까지의 시간과 염상섭의 작명법을 고려해 김동인의 '만세전'이라고 부를 수 있다면, 1919년 12월을 배경으로 하고 있는 「생명의 봄」은 전영택의 '만세후'라고 지칭하는 것도 가능할 것이다. 이런 명명법을 그리 좋아하지 않는 사람들도 많겠지만 '만세'라는 용어를 사용하는 것은 이 단어가 작품에 투영된 시대적 영향과 소설적 재현의 맥락에 독자의 시선을 고정시키는 효과를 가지고 있기 때문이다. 또한 3·1운동이라는 거대한 정치적 사건에 의해 망각된 전염병의 창궐을 역설적인 방식으로 강조한 이 글의 맥락과도 연결되는 바가 있기 때문이다.[43)]

김동인의 「마음이 옅은 자여」는 서울 유학을 마치고 고향인 평양으로 돌아와 "K학교 보통과 교사"로 재직하고 있는 K의 이야기를 담고 있

---

42) 전영택, 「창조시대 회고」(1949), 표언복 편, 『늘봄전영택전집 제3권-시·희곡·전기·문학론』, 목원대 출판부, 1994, 491쪽.

43) 1918년 인플루엔자에 대한 문학적 재현을 고찰할 때 중요한 것은 전영택과 김동인의 소설이다. 하지만 전영택은 인플루엔자의 재앙을 일종의 기독교적 종말로 인지하고 있다는 차이를 갖고 있다.

다.[44] 「마음이 옅은 자여」는 김동인의 예술에 대한 이해와 문체에 대한 작가적 실험을 중요한 특징으로 하고 있으며, 서사는 편지, 일기, 소설의 형태로 복잡하게 전개되고 있다.[45] 작품의 프롤로그는 1918년 9월 21일에 K가 C에게 보내는 편지이다. 이 편지에서 K는 1917년 봄 "서울 B학당을 졸업한 뒤에는 곧 고향인 평양으로 내려왔"(63)다는 사정과 홀어머니와 아이를 돌보지 않고 친정에서 지낸 아내에 대한 원망, "구

44) 김동인, 「마음이 옅은 자여」, 『김동인전집』 1, 조선일보사, 1987, 65쪽.

45) 김동인의 「마음이 옅은 자여」에 대한 기존의 해석은 이러한 문체에 대한, 그리고 이를 통해 도달하고자 한 예술에 대한, 작가적 실험에 집중되어 있으며, 이 작품이 다루고 있는 1918년 인플루엔자의 대재앙과 이것이 소설의 주제를 형성하는 방식에 대해서는 대부분 고찰하지 못하고 있다. 김윤식은 『김동인 연구』에서 초기의 김동인을 사로잡은 것은 "일본 문장으로, 일본 문체로서만 존재하"고 있었던 "제도적 장치로서의 순문학"을 식민지조선에 도입하고자 하는 작가적 열망이라고 지적하며, "김동인은 그렇게 했다. 「약한 자의 슬픔」이 그것이고 「마음이 옅은 자여」가 그것이다. 그러니까 거기엔 민족 의식이란 전혀 끼여들 틈이 없다"고 쓰고 있다.(김윤식, 『김동인 연구』, 민음사, 2000, 65쪽) 김윤식이 주목하고 있는 것은 「마음이 옅은 자여」가 1918년 양력 4월에 있었던 김동인의 결혼과 금강산 신혼여행의 체험을 담고 있는 일종의 '사소설'이며, 편지 형식의 도입을 통해 실험하고 있는 '고백체'의 의미이다. 황종연은 「마음이 옅은 자여」의 기차여행 장면을 주목하며, "한 낙백한 젊은이의 자기갱생이라는 문맥 속에 등장하는, 그 기적을 일으키고 구원을 가져오는 예술이라는 관념"이 김동인 소설의 핵심을 이루고 있다는 사실을 지적한 바 있다. 황종연은 "김동인 소설을 대표하는 것은 자신의 변형적, 창조적 능력에 현혹되어 있는 개인의 아이러니컬한 이야기임이 명백하다. 그러나 아무리 그렇더라도 김동인의 낭만주의는 철없는 유아론과 구별해서 이해해야 한다. 그의 낭만적 아이러니 감각은 어떤 종류의 자아의 환상도 궁극적으로 안전하게 놔두지 않는다. 개인의 자아가 그 자신에게 집중한 가운데 노출하는 허위, 분열, 전도에 대한 그의 날카로운 감각은 완전하다고, 최종적이라고 자처하는 주체적 자아의 관념을 용인하지 않는다"고 지적하며, 그 실례를 「김연실전」에서 찾고 있다. 하지만 "자아의 환상"을 전도시키는 좋은 예가 「마음이 옅은 자여」에 사용된 인플루엔자임을 지적하지는 못하고 있다.(황종연, 「낭만적 주체성의 소설」, 『탕아를 위한 비평』, 문학동네, 2012, 418 · 448쪽) 「마음이 옅은 자여」를 경유하여 김동인에 대한 주목할 만한 해석을 제출한 연구에서 1918년 인플루엔자에 대한 언급과 이를 통해 독해를 찾기 어렵다는 사실은 흥미롭다. 이 망각과 미견(未見)은 연구자의 사려 깊지 못함을 말해주는 것이 아니라 역사적 · 문학적 망각이 집단적인 차원에서 이루어졌음을 알려주고 있기 때문이다. 이경훈은 「번역과 번역문학, 근대와 근대문학」이란 글에서 「마음이 옅은 자여」를 분석하며 소재로 사용된 '스페인독감'에 주목한 바 있는 드문 연구자이다. 이경훈이 이를 통해 주목하고 있는 것은 "번역과 무역이 활성화되는 길과 독감이 전염되는 길은 하나"라는 사실 즉 한국 근대문학은 "기원의 산물이기보다는 관계의 산물"이라는 사실이다.(이경훈, 「번역과 번역문학, 근대와 근대문학」, 『대합실의 추억』, 문학동네, 2007, 186 · 187쪽.)

주 전쟁의 영향이 우리나라에는 물가 고등으로 나타"난 것을 핑계로 "약간 토지나 있는 함종"(65)으로 어머니와 아들과 아내를 내려 보내고 혼자 평양에서 교사 생활을 하고 있는 K의 고독한 삶, 마치 "한 줄기의 빛"(66)처럼 나타난 Y라는 여성과의 연애, 그리고 그해 10월 9일 정혼자와 예정된 결혼을 진행하는 Y 때문에 자살까지 결심한 속내를 C에게 알려주고 있다. 경우에 따라서는 편지로, 동봉한 일기와 유서로 K는 자신의 세세한 내면을 C에게 고백하고 있는 것이다. 이러한 프롤로그를 포함한 소설의 서사는 1장이 시작하는 "시월 아흐렛날"(110)에서부터 병으로 죽은 아내와 아들의 무덤을 방문하는 "십일월 보름께"(150)에서 시간이 약간 흐른 "며칠 뒤"의 심경을 토로하는 14장으로 끝이 난다.

「마음이 옅은 자여」에서 서사 내 시간이 중요한 것은 그것이 동시대적인 대재앙의 전개와 겹치고 있고 이를 통해 김동인은 소설의 주제를 형상화하고 있기 때문이다. 소설의 서사에 노출된 시간의 표식에는 흥미롭게도 1918년 인플루엔자의 흔적이 마치 바이러스처럼 스며들어 있다.[46] 9월 20일 어머니에게 보내는 유서에서 K는 자신의 불효와 내적인 고통을 호소하는 마지막에 어머니의 건강을 염려하며 이렇게 쓰고 있다. "세계를 돌던 돌림고뿔이, 우리나라에도 들어와서 온 곳이 다 ― 흉흉한 이때에 저 같은 불효의 생각은 잊으옵시고 노체후 내내 은총 가운데 안녕히 지내시옵소서."(110) 유서를 받고 결혼식이 거행되는 날짜(10월 9일)에 맞춰 평양으로 올라온 C는 세상의 적막 속에 혼자 남겨

46) 주목해야 할 것은 김동인이 「마음이 옅은 자여」에서 기록하고 있는 재앙의 시간과 『매일신보』가 보도하고 있는 질병의 경과 사이에 보름 이상의 간격이 존재한다는 사실이다. 김동인의 소설을 좀 더 정확한 기록으로 신뢰한다면 여기에 조선총독부의 보도통제가 분명하게 있었다는 것을 짐작할 수 있다.

져 있다는 공포에 휩싸여 "시커먼 거이… 허—연 거이… 그저 무서워…"(113)라고 울먹이는 K에게 금강산 여행을 제안한다. C의 제안에 K는 동의하고 그들은 10월 10일 낮 기차를 타고 서울로 떠나기로 한다. 짐을 "열두시쯤 정거장으로 보내 달라고 부탁"한 그들은 "산보차 모란봉"(115)으로 향한다. 모난봉 꼭대기에서 평양시내를 바라보며 K와 C는 근대적 도시로 성장하고 있는 평양과 경성을 자연의 풍경에 비교하며 흥미로운 대화를 나눈다.

> "K! 평양서 무슨 내음새가 나는지 맡아 보았나?"
>
> "하하하하 냄—새가 나나? 무슨 내?"
>
> "걱정 말게. 자넨 그 축에 안 섞겠네. 수전노내, 돈내, 물질내, 허영내!"
>
> "난 안심했다. 서울선 무슨 내가 나나?"
>
> "자네 모르나? 대감내, 건달내, 비단내, 셋방내, 무식내!"
>
> "금강산선 무슨 내가 날까?"
>
> "아마 신선 썩은 내가 나겠지."
>
> "하하하하, 또 중내…."
>
> "그래. 저 저—기 저 바위가 주암이지."
>
> "응."
>
> "거친 물의 핍박을 받을지언정 속은 역시 만년 불변이요, 동해물과 백두산 다— 마르고 닳아두, 나는 변치 않는단 정신이로구만!"(115~116)

소설가인 C와 문학에 심취해 있는 K가 금강산에서 찾으려고 하는 것은 C가 "주암"에서 읽어내고 있는 것과 흡사한 심미적 가치이다. 명

승고적을 자랑하던 유흥의 도시에서 서북경제의 중추가 되는 상공업 도시로 성장하고 있는 평양과 명실상부한 식민지조선의 수도인 경성에서 역겨운 자본과 물질에 중독된 인간, 궁핍한 빈민의 냄새가 난다면 타박하는 C의 뼈 있는 농담과 대비되고 있는 자연의 풍경은 그들이 금강산에서 찾으려고 하는 미적 경험이 무엇인지 짐작하게 한다. 근대 이후 미학에 대한 철학적 논의들이 알려주는 것처럼 자연과 예술의 경험을 통해 얻게 되는 미적 체험은 범속한 일상의 테두리를 인지하게 하며 동시에 인간이 지닌 충만한 감각과 강렬한 의지를 자극하여 이를 넘어서는 움직임을 고양한다. 숭고나 현현 같은 용어들이 지칭하고 있는 것이 바로 이러한 미적 깨달음의 순간과 이를 통한 각성이다. 낭만주의적 예술가의 전형을 보여주는 듯한 C의 태도와 함께 주목해야 할 것은 이런 언급에 격렬하게 동의하기보다는 대화를 이어가는 수준의 응답을 하고 있는 K의 태도이다. 프롤로그에 언급된 것처럼 K는 "논문 하나와 창작 하나"를 잡지에 발표하고 "원고 팔백 장"짜리 소설을 "자비출판"(81)하려는 C와는 달리 아직 예술가로서의 삶을 결정하지 못한 아마추어이다. K는 자신의 인생에 대한 자문을 "내 일과 비슷한 소설을 구하여 거기서 위로를 얻으려고"하는 동시에 소설에서 찾지 못한 해답을 "인생의 활사실(活事實) 가운데 내게 유사점이 있는 것"(70)에서 찾는 습관을 가지고 있다. 예술가로 살고 싶지만 생활의 굴레에서 자유롭지 못한 K의 내면은 "자네 맘 속에서 무얼 다투지 않나?"(81)라고 묻는 C의 질문을 통해 나타난다. 이러한 사정을 고려할 때 Y의 배신과 결혼으로 자살까지 결심한 K를 데리고 금강산으로 향하는 C의 목적은 그를 삶의 번뇌에서 해방시켜줄 장엄한 대자연의 미적 체험에 있는 것이다. 하지만 김동인은 이 장면의 마지막에 이들이 가진 예술에 대한 태도를 풋내 나는 것으로 비웃기라도 하는 듯 평양 시내를 가득 채운 죽음의 냄새와 그것의 정체를 적어 놓고 있다.

> 그들은 칠성문 안까지 와서 인력거를 잡아타고 정거장으로 향하였다. 가는 길에, 서기산 화장장에서는, 일천구백십팔년의 돌림고뿔로 죽은 사람을 태우는 내가, 높이 동북편 하늘로 세상 사람들을 비웃는 듯—이 장려하는 듯—이 길—게 뻗치고 있다.(117)

1918년은 염상섭이 「만세전」에 쓴 것처럼 총독부의 공동묘지법과 화장에 대한 조선인들의 반발이 거세게 일고 있었던 시기이다. 이러한 때에 사람들을 태우는 연기와 냄새가 하늘로 치솟고 있다는 김동인의 진술은 전염병 사망자의 숫자가 매장을 감당할 수 없을 만큼 폭증하고 있음을, 전염병의 확산을 막는 방책 중 하나가 과학의 무기력함을 말해주는 시체의 소각임을 어렴풋하게 알려주고 있다. 소설의 화자가 인용한 문장에 덧붙이고 있는 "비웃는 듯-이 장려하는 듯-이"라는 언급은 모란봉 정상에서 노닥거리는 애송이 예술가들에 대한 조롱이기도 하지만 그 뒤에 연속되는 유명한 기차장면에 대한 냉소적 처리이기도 하다. 사람을 연소할 때 나오는 끔찍한 냄새와 연기에 극명하게 대조되는 "안락한 쏘파—"(117)와 "고요"한 기차의 일등칸에 앉은 K는 자기만의 "슬픔, 외로움과 갑갑함"(118)에 몰입된 상태로 멀어져가는 평양의 하늘을 보며 상념에 잠긴다. K는 밤하늘의 풍경과 평소 즐겼던 "베—토벤의 '월광소나—타'를 휘파람으로 불면서 발로 곡조를 맞"(118)춘다.

휘파람과 몸의 율동, 창밖의 풍경, 그리고 기차의 바퀴소리에서 들려오는 "음악"이 만들어내는 "오-케스트라 합주"에서 황홀감을 느낀 K는 자신의 몸을 휘감는 미적 체험 속에서 "어떤 삶에 철저한 철리를 안 것 같"은 깨달음을 얻게 된다. 그리고 그는 "해의 빛도" "달의 빛도" 아닌 "신비의 눈에 비친 신비의 빛"을 목도하고 이것이 보여주는 "서방 십만억토의 극락세계- 요단강 저편의 대낙원!"의 현현을 강렬하게 경험한다. 그리고 "아-, 이것을 모르고, 스물네 해를 살았다!"(119)는 격렬한 감탄을 연거푸 토로하며, "이 시간이 K에게는 제일 값있는 시간의 하나"(120)임을 자각한다. 하지만 고통을 각인한 시체의 사후경직에 대조되는 "안락한 쏘파-", "극락세계" "대낙원"과는 비교도 할 수 없는 참혹한 "서기산 화장장", "아름다운 음악과 향기"(119)가 가득한 황홀한 미적 경험을 지향하는 주체에게 감지되지 않는 "죽은 사람을 태우는 내", 의도됐다고 밖에 읽을 수 없는 장면의 연속은 K의 깨달음을 대단히 냉소적으로 읽게 만든다. "아-, 이것을 모르고, 스물네 해를 살았다!" K가 그리고 항상 일등석만 타고 다닌다는 C가 진정으로 모르고 있는 것은 그들의 공간을 가득 채우고 있는 죽은 자들의 고통과 그 육체에 새겨진 모순, 그리고 빠르게 소각되고 있는 '증언'하는 시체이다. 어쩌면 K와 C가 금강산의 장엄한 풍경 속에서 찾고 있는 미적 경험은 "망원경을 거꾸로 쥐고 멀리서 나이아가라 폭포를 보면, 이것이 즉 비봉폭"(132)으로 보이는 것과 같은, 예술적 자아도취가 만든 환상에 불과할지도 모른다.

아이러니하게도 K의 미적 현현이 가진 허위를 폭로하고 있는 것은 "비봉폭"의 지류에 빠진 후 앓게 된 "고뿔"(135)이다. 체온이 "삽십구 도"

까지 올라간 K는 뜨겁게 불을 땐 여관방에 앉아 있다. "K의 온몸에는 땀이 우쩍 났다. 땀의 시시한 내음새는 이불 틈으로 나와서 K의 코로 몰려들어간다. K의 코와 입에서는 단-기운이 훅-훅 나온다. K의 온몸, 특별히 팔과 다리와 허리는 참을 수 없도록 저릿저릿하다."(137) 옆방에서는 "어떤 노인 둘이 앉아서 잠도 안 자고 이야기를 하고 있다. 무슨 이야기인지는 모르되 밤 공기를 진동시켜서 때때로 둥둥 울리는 소리가 들린다."(137) 오한과 고통 때문에 온몸에 감지되는 "저릿저릿"한 자극, 몸에서 흐르는 땀과 그것의 "시시한 내음새", 옆방 목소리에 공명하며 "斷-續-斷-續-" 울리는 "둥둥 하는 소리"(138) 속에서 K는 영문도 모를 "슬픔"에 빠져 자신의 인생을 추체험하는 환상을 본다. 이것은 K의 통곡으로 변하고 그는 C에게 가족이 있는 "함종"으로 자신을 데려가 달라고 애원을 한다. 환각은 악몽처럼 변해 눈을 감고 누운 그를 엄습한다. "붉은 열정의 불꽃"은 "끝없이 넓은 붉은 막"(138)으로 변하고, 그것은 한 점으로 모아져 "조-그만 피의 줄기"가 되고 "그 피의 근원"에 놓인 "사람의 형용"을 한 "꺼-먼 물건"(139)으로 그를 이끈다. "사람 같던 것은 차차 어떤 무서운 형용을 하여-. '나를 이렇게 한 것은, 그 누구오니까!' 하는, 머리를 풀어헤친 여성으로 변하고, 그 피의 근원은 그 여성의 가슴에 있다…."(139) "K는 온 주의력을 끝까지 날카롭게 하"여 이 시체가 아내라는 것을 발견하고, 이 악몽의 메시지가 "안해는 죽어 간다! 폐염!"(139)임 깨달으며 놀라 자리에서 일어난다. 하지만 K는 이 악몽이 전달해주는 불길한 예감을 대수롭지 않게 여기며 금강산 여행을 마친 후 가족이 있는 "함종"으로 돌아간다. K는 무엇인가를 감춘 듯한 어머니의 태도에서 육체의 고통과 함께 찾아온 불길함이 "갈색의 악마"(147)가 되어 죽음의 곡절을 되묻는 환청을 듣고는 어머니를 채근해 아내와 아들의 비참한 죽음을 알게 된다.

팔월 그믐께(음력) K의 안해는 이번 세계를 휘돈 돌림고뿔에 걸려서 자리에 누웠다. K의 아들도 그와 함께 고뿔이 들렸다. 구월 초생께는, K의 아들 순덕이는 낫—지 못하였어도, K의 안해는 전쾌에 가까웠다. 고뿔이 낫—는 것과 함께 그에게는 발광증이 또 일어났다. 구월 초사흗날 K의 안해는 없어졌다. 동리에서 모두 나서서 찾은 결과, 그가 산 중동에 기절하여 있는 것을 발견하였다….

—병세는 갑자기 더하여졌다. 이때부터 일승일강, 모자가 서로 발걸음을 맞추어서 앓았다. K의 안해가 열이 날 때는 K의 아들도 나고, K의 안해가 좀 내릴 때는 아들도 따라 내리고, 이렇게 며칠 지내다가 모자의 병은 함께 폐염으로 변하였다….

K의 안해는, 죽을 줄은 벌써 깨닫고, 죽기 전에 한 번만 남편의 얼굴을 보고 싶다, 다만 한 번이라도 만나 보고 싶다, 그저 죽으면 고혼이 되겠다고 매일 울며 부르짖고, 아들도 아부지 아부지 하며 우는고로, K의 어머니는 평양까지 갔으되, K는 금강산을 갔다므로 할 수 없이 그냥 돌아왔다. 돌아와서 보니, K의 안해는 일어나 앉았는데, 이상한 것은 그의 낯이 K의 낯과 거반 같이 된 것이다. 한참 있다가 오후 한시쯤 안해가 죽고, 이튿날 새벽 두시쯤 아들이 따라 죽었다. 안해가 죽을 때 마지막 말도, 순덕의 아부지를 다만 한 번이라도 보고 싶다는 것이다. 이날이 K가 금강산서 도착한 도착한 날이다. 이튿날 뒷뫼 공동묘지로 가져갔다. 운운…. (149)

K는 어머니의 애기를 듣고 "톨스토이의 『전쟁과 평화』 가운데 안드레-의 처의 죽은 낯에서 안드레가 본 그 표정-"을 떠올리며 자신의 귓가에 울리던 곡절을 묻는 환청의 "모-든 수수께기"를 "해석"(149)한다. 그리곤 심장을 칼로 꿰뚫는 것 같은 먹먹한 고통을 느낀다. 소설의 마지막 장면은 두려움에 머뭇거리며 방문하지 못했던 아내와 아들의 무덤을 찾아 뜨거운 회한의 눈물을 흘리는 K의 모습과 이를 통해 "'마음이 열은 자'는 나의 안해는 물론 아니고, 또는 Y도 아니고, 그 實로는 이 나-K 이다"(151)라는 참된 삶의 각성을 얻은 K의 고백으로 마무리된다.

「마음이 열은 자여」는 1918년 인플루엔자의 대유행과 K의 금강산 유람, 삶에 천착하지 못한 예술가적 허세를 보여주는 미적 현현과 죽음의 현현이라고 부를 수 있는 환상의 대비를 통해 김동인이 "참 사랑"과 "참 삶"의 실천적 행위라고 부른 예술에의 궁극적 추구가 무엇인지를 보여주고 있다. 어머니의 애기를 들은 K가 톨스토이의 『전쟁과 평화』를 연상하며 삶의 차가운 비의를 깨닫는 장면이 알려주는 것처럼 참된 의미의 미적 체험이란 것은 분명 존재한다. 그것이 알려주는 바는 세상이란 아름답고 향기로운 "극락세계"나 "대낙원"이 아니라 시체의 악취와 그것을 태우는 역겨운 냄새가 진동하는 "화장장"과 다름이 없다는 사실이다. 김동인이 소설에서 추구한 미적 지향은 황홀보다는 환멸이라는 것은 너무나 자명하다. 그가 창조하려 했던 세계는 환멸의 "예술적 진화" 위에 비로소 세워지는 "문명"과 "행복"이다.[47] 아이러니하게도 신이 되려 했던 소설가는 그의 세계를 창조하기 위해 먼저 악마처럼 삶의 허위

47) 김동인, 「소설에 대한 조선 사람의 사상을」(1919), 『김동인전집』 16, 141쪽.

를 파괴해야만 했다. 낭만적 아이러니는 그의 소설에 있어서도 그리고 그의 삶에 있어서도 중요하게 고려되어야 할 사항이다.

4. 재앙의 망각과 문학의 빈곤

1918년의 인플루엔자는 전 세계를 종교적 종말이 현실화된 것처럼 느껴질 정도의 공포로 몰아넣었고, 식민지조선에서도 최소한 14만 명 이상의 사상자를 발생시켰다. 하지만 인플루엔자에 의한 전염병이 심각한 수준으로 반복되지 않으면서 철저한 망각 속으로 사라졌다. 과장되게 말하자면 1918년 인플루엔자에 의해 죽음을 맞이한 사람들은 두 번 죽었다. 질병에 의해 육체가 정지하였고, 개인의 고유한 이름과 인격이 망각 속으로 익사하였다. 누구도 신문에 실린 기사화된 죽음이나 통계자료에 기록된 끔찍한 숫자를 기억하거나 슬퍼하지 않는다. 프로이트가 지적한 "살인하지 말라"라는 십계명의 아이러니가 잘 알려주는 것처럼 인간은 타인의 죽음을 접해도 본능적인 집단적 슬픔이나 연대감을 감각하지 못한다. 더 나쁜 것은 엄청난 숫자의 죽음을 동반하는 대재앙이나 학살, 고층 건물의 붕괴 등에서 묘한 희열감을 주는 도착적인 숭고의 감정까지 느끼기도 한다는 사실이다.

카뮈는 『페스트』에서 이렇게 쓴 바 있다. "그는 역사상으로 알려진 약 30회에 걸친 대대적인 페스트가 약 1억의 인명을 빼앗아갔다고 속으로 생각했다. 그러나 1억의 사망자란 무엇일까? 전쟁을 겪을 때, 하나의 사망자가 지닌 의미를 아는 일은 드물다. 그리고 인간의 죽음이란 죽는 것을 누가 보았을 경우에만 의미를 갖는 것이므로 긴 역사를 통하여 내려오면서 뿌려진 1억의 시체라는 것은 상상 속의 한 줄기 연기에 불과한 것이다. (…중략…) 적어도 그 이름 모를 시체더미 위에 낯익은 사람들의 얼굴을 올려놓을 수 있을 것이다. 그러나 물론 이것은 실현 불가능한 이야기일 뿐만 아니라, 누가 1만 명씩이나 남의 얼굴을 알고 있단 말인가?"[48] 카뮈의 언급을 참고하자면 1918년 인플루엔자의 망각에는 시대를 기록할 책무를 다하지 못한 문학이 있다. 미국은 이 전염병에 직접적인 피해를 보았음에도 불구하고 이 시기의 작품들 중 토머스 울프의 『천사, 고향을 보라』와 캐서린 앤 포터의 단편 「창백한 말, 창백한 기사」에만 인플루엔자가 중요하게 다뤄졌다. 이외에는 존 더스 패서스의 『1919』와 어니스트 헤밍웨이의 『죽은 자의 자연사』에만 아주 짧게 언급되었을 뿐 어떤 작가도 1918년의 인플루엔자를 기억하지 않았다.[49] 사정은 한국도 다르지 않았다. 과문한 탓도 있겠지만 내가 조사한 바로는 김동인의 「마음이 옅은 자여」와 전영택의 「생명의 봄」 외에는 어떠한 작가도 이를 중요하게 언급하거나 기억하지 않았다. 거의 시차가 없다고 말해도 될 시기에 창작되었음에도, 게다가 소설의 서사 시간은 1918년 겨울을 다루고 있지만 염상섭의 「만세전」은 약간의 암시 외에는 인플루엔자에 대한 직접적 거론을 담고 있지 않다.[50]

---

48) 알베르 카뮈, 방곤 역, 『페스트 · 이방인』, 범우사, 1991, 46쪽.

49) 앨프리드 W. 크로스비, 김서형 역, 『인류 최대의 재앙, 1918년 인플루엔자』, 서해문집, 2010, 361~367쪽.

50) 1918년 인플루엔자에 대한 망각을 다루고 있진 않지만, 독일 작가 제발트가 제2차 세계대전

이러한 집단적 망각의 이유 중 하나로 들 수 있는 것은 1918년의 인플루엔자가 그 당시의 사람들에게는 충분히 경험했고 예상할 수 있었던 전염병 중 하나였다는 사실이다. 20세기 이후로만 한정해도 조선의 사람들은 1899년과 1900년 사이에 흑사병을 경험했다. 1902년에는 콜레라가 유행해 전국적으로 12,873명이 사망했다. 1904년에는 성홍열을 앓았으며, 1907년과 1909년에 다시 발병한 콜레라는 각각 376명과 1,652명의 목숨을 빼앗았다.[51] 콜레라는 1918년 인플루엔자의 습격으로 황폐해진 식민지조선에서 다시 창궐해 총독부의 방역 사업을 비웃기라도 하는 듯 1919년에 11,084명, 1920년에는 13,568명의 사망자를 발생시켰다.[52] 물론 1918년의 인플루엔자는 이 모든 전염병을 합산한 것보다 많은 사람을 죽게 만들었고, 그것의 유행에는 의료 기술이 발달했다고 여겨지던 서양의 국가들도 예외가 되지 못했다는 차이는 분명 있다.

망각의 또 다른 이유로 들 수 있는 것은 이후의 사람들에게 보다 중요한 영향력을 끼친다고 판단했던 정치적 사건이 전염병의 유행 시기와 겹쳤다는 점이다. 세계사적으로 보자면 제1차 세계대전의 종전과 파리강화회의에서 윌슨이 주창한 민족자결주의이며, 국내사적으로 보

말 영국에 의해 행해진 독일 폭격과 문학의 철저한 망각을 지적한 강연도 이 논문의 주제와 연결되는 부분이 많다. 제발트는 문학과 역사의 집단적 망각에 대해 단적으로 이렇게 말한다. "내 생각에, 자신들이 보았던 것을 기록하고 그것을 우리 기억 속에 짜넣어두는 데 한 세대의 독일 작가 전체가 그토록 무능했던 가장 주요한 원인은 후세에 남길 자기 이미지를 미화하는 데 이와 같은 방식으로 집착했기 때문이다." W. G. 제발트, 이경진 역, 『공중전과 문학』, 문학동네, 2013, 10쪽.

51) 신동원, 『한국 근대보건의료사』, 한울아카데미, 1997, 239~250 · 405~409쪽.

52) 백선례, 「1919~20년 식민지 조선의 콜레라 방역활동－방역당국과 조선인의 대응을 중심으로」, 『사학연구』 제101호, 한국사학회, 2011, 209쪽.

자면 민족자결주의의 영향을 받았다고 여겨지는 1919년 3·1운동의 발발이다. 「만세전」의 결말부에서 이인화는 동경의 여급 정자에게 답장을 하며 "이제 구주의 천지는 그 참혹하던 도륙도 중언을 고하고 휴전조약이 완전히 성립되지 않았습니까? 구주의 천지, 비단 구주 천지뿐이리요. 전 세계에는 신생의 서광이 가득하여졌습니다"(165~166)라고 쓰며 "진정한 사랑"에 대해 언급한다. 전영택은 짧은 회고의 글에서 3·1운동의 "심경과 체험을 테마로 삼아서 쓴 것이 그 뒤에 『창조』를 본국으로 옮겨다가 속간한 제3호(실제로는 5호부터 연재되었다-인용자)부터 연재한 「생명의 봄」이었다. 만세운동은 실패하여 죽음과 겨울같은 압제와 고난이 닥쳐왔으나 이제 생명의 봄이 돌아올 날이 멀지 않다는 것이 이 소설의 결말이었다"[53]고 쓰고 있지만 이 소설의 상당부분이 1918년 인플루엔자에 전염된 아내의 투병과 완치, 그리고 기홀병원에서 목도한 전염병의 참상을 다루고 있다는 사실을 기억하진 못한다.

이 글의 서두에서 인용한 염상섭 「만세전」에 대한 평가가 알려주는 것처럼 1918년의 "그 겨울은 3·1운동의 전야와도 같다."[54] 서론에서도 인용한 바 있는 이보영은 「만세전」이란 제목을 "상징적, 도덕적인 시간의 의미, 곧 3·1운동의 전야라는 깊은 의미를 간과"하며 "물리적인 시간으로만 간주"해도 되지 않고, "염상섭이 「묘지」를 「만세전」이라는 제목으로 고친 적극적인 의도를 무시"하며 "「묘지」라는 작품으로 검토"해서도 안 된다고 쓰고 있다.[55] 그의 연구는 분명 주목할 만한 해

53) 전영택, 「나의 문단 자서전-그 시대의 나의 생활회고기」(1956), 표언복 편, 『늘봄전영택전집 제3권-시·희곡·전기·문학론』, 목원대 출판부, 1994, 508쪽.

54) 이보영, 『난세의 문학-염상섭론』, 예림기획, 2001, 123쪽.

55) 위의 책, 124쪽. 이보영은 이재선이 『한국 현대소설사』에서 「만세전」을 단순한 물리적 시

석의 성과를 제시하고 있지만 그것과는 별개로 하나의 텍스트를 특정한 시간과 사건의 핀에 고정시키는 방식은 찬성하기 어렵다. 3·1운동이 엄청난 희생자를 낸, 민족의 자주적 열정을 고취시킨 중요한 정치적 사건인 것은 분명하다. 하지만 긴 시간의 면을 하나의 점으로 응축시켜 이해하는 태도는 수용하기 어렵고, 받아들여서도 안 된다. 이러한 간소한 방식은 필연적으로 과도한 의미의 집중, 그리고 왜곡과 망각을 동반하기 때문이다.

고통은 역사적 격변이나 사건이 잘라낸 절단면 위에 선혈처럼 맺히는 이슬이 아니라, 그것의 응결을 가능하게 하는 편재된 일상의 대기에 가득 차 있는 피냄새를 머금은 습기와 같다. 소설이 서사의 요약을 훨씬 초과하는 단어와 잡다한 에피소드를 통해 보여주고자 하는 것은 어느 정도의 훈련을 받은 독자라면 누구나 읽어낼 수 있는 응결된 고통이 아니라 서사의 전개를 위해 사건과 인물 주변으로 모여드는 시대의 분위기이며 통절한 아픔을 감내하는 인간의 군내 나는 입에서 나온 젖어 있는 탄식이다. 흥미롭게도 김동인은 자신이 가진 소설 창작의 방법을 소개하는 글에서 플롯과 소재를 담고 있는 "사건"과 인물의 "성격"을 중요하게 언급하고 그 다음으로 "분위기"를 든다. "플로트와 인물뿐으로는 또한 한 전기나 인물의 사업군에 지나지 못할 것으로서 소설이 되기 위하여는 그 전체를 포용한 분위기라는 것이 있어야 하겠다. 역사가 '인생의 사진'이요, 소설이 '인생의 회화'라는 것을 시인하려면 소설에는 분위기라는 것이 없지 못할 것임을 비인할 수 없다."[56] 김동인의

간으로 다뤘으며, 김종균은 『염상섭연구』에서 「만세전」을 「묘지」로 호칭하는 어리석음을 범했다고 비판하고 있다.

용어를 사용하자면 "분위기"는 소설에 담긴 과도한 단어와 문장, 번다하다고 느껴지는 단속적 에피소드를 통해 비로소 인식이 되는 잃어버린 시간이며, 그것 속에서 살아가는 인간들의 감각이다. 「마음이 옅은 자여」에 사용된 1918년의 인플루엔자는 역사적·문학적 망각과 미견에 의해 인지되지 못한 '분위기'이다.*

56) 김동인, 「소설작법」(1925), 『김동인전집』 16, 164쪽.
* 이 논문은 2014년 『한국문학연구』 47집에 게재된 논문을 재수록한 것임.

피의 인종주의와 식민지 의학

경성제대 법의학교실의 혈액형인류학

정준영

1. 시작하며

혈액형심리학, 혈액형별 성격, 혈액형별 궁합, 혈액형별 다이어트, 혈액형 점(占)……. 혈액형을 가지고 자기와 다른 사람의 성격을 따지고, 관계의 궁합을 예측하는 광경을 우리는 주변에서 드물지 않게 목격할 수 있다. 가벼운 대화의 소재로나 사용되며, 혈액형을 따지는 사람조차 대부분 이를 심각하게 생각하지는 않기 때문에 종종 간과되곤 하지만, 많은 사람들이 몇 가지 혈액형을 기준으로 사회적 성격과 관계를 바라본다는 것은 매우 독특한 문화적 현상이다. 더욱이 혈액형 성격론 또는 혈액형 심리학이란 것이 생각만큼 과학적 근거가 강하지 않고, 지역적으로는 유독 한국, 일본, 대만 등 일부 동아시아 국가에서만 유행한다는 사실까지를 고려해 본다면, 이런 독특한 혈액형 문화가 어떠한 역사적 과정을 통해 우리 사회에 형성되었으며, 이러한 형성과정이 특별히 어떠한 사회적, 문화적 함의를 가지는가라고 질문을 던지는 것은 사회학적으로도 전혀 무의미하지는 않을 것 같다.

이 글은 이런 질문에 답하는 첫 작업으로써 한국사회에 혈액형 분류가 도입되는 과정에 주목하고자 한다. 우리 사회에 혈액형 분류가 처음 도입되었던 것은 일제시기, 구체적으로는 1920년대였다. 그런데 흥미로운 것은 지금은 심심풀이로 생각되는 혈액형 분류가 당시에는 최첨단의 의학논의로 간주되고 있었고, 더군다나 인종 혹은 민족의 차별적 상황을 과학적으로 정당화하는 인종과학의 성격이 강했다는 사실이다. 당시 일본인 의학자와 조선인 의학자들은 서구에서 발표된 최첨단의 연구 성과를 바탕으로 대단히 신중하고 엄격하게 혈액형의 분포를 조사하고 그것이 개인의 성격 및 민족적 위계와 어떤 관련이 있는지를 추적했다. 연구가 진행됨에 따라 개인의 차원에서 혈액형은 평생 바뀌지 않을 뿐 아니라 유전되는 것이며, 집단의 차원에서 민족, 인종마다 고유한 혈액형 분포의 비율이 상당히 안정적으로 유지된다는 현상이 관찰되었고, 이에 따라 혈액형 연구는 점차 인종학, 인류학, 심리학, 범죄학, 고고학 등의 분과학문들과 결합하여 복잡한 정치적, 사회적 함의를 가지기 시작했던 것이다.

여기에서는 일제시기 식민지 조선에서 이루어진 혈액형 연구에 주목하여, 이것이 당시 우리 사회를 식민지로 통치했던 제국일본의 인종주의가 가졌던 독특한 성격 및 과제와 관련해서 어떠한 함의를 가지는지를 탐색하고자 한다. 일제시기 혈액형 연구는 경성제국대학 의학부,

경성의학전문학교, 세브란스의학전문학교 등 식민지 의학연구(교육)기관을 중심으로 이루어졌다. 혈액형 문제는 당시 첨단 의학연구 분야였던만큼, 기초 및 임상의학을 막론하고 다양한 분야에서 혈액형과 관련된 연구보고가 이루어졌다. 하지만 혈액형의 체계적인 조사를 수행했던 중심 분야는 '사회의학'적 성격이 강했던 법의학 분야, 특히 경성제국대학 법의학교실이었다. 1929년 설치된 경성제대 법의학교실은 1930년부터 4년에 걸쳐 조선인의 혈액형 분포상황에 대한 체계적인 조사를 실시했고, 1934년부터는 범위를 확대하여 5년간 만주, 내몽고 지역의 동북아시아 제(諸)민족에 대한 혈액형 조사를 수행하여 방대한 데이터베이스를 확보하였다. 더욱이 경성제대 법의학교실은 당시 생체계측 등의 방법을 통해 일본인과 주변 민족들 사이의 인종적 차별성과 위계를 통계적으로 입증하려고 시도하고 있었던 경성제대 해부학교실의 체질인류학 연구와 긴밀한 협력관계를 확보하여, 혈액형 인류학이라 할 수 있는 연구영역을 개척하고 있었다.

이 글에서는 경성제대 법의학교실을 중심으로 이루어졌던 식민지조선의 혈액형 연구 성과를 서구 의학계에서 진행되었던 혈액형 인류학의 연구흐름 및 일본 본토의 혈액형 연구경향 속에 위치 지움으로써, 식민지 의학의 '인종과학'이란 무엇이었으며, 나아가 인종적으로 유사한 주변지역을 식민지로 병합했던 비(非)백인제국주의국가 일본에서 인종주의가 어떤 독특한 성격과 과제를 안고 있었는지를 살펴보고자 시도한다.

식민지 의학이 가지는 인종주의적 함의라는 문제는 이미 기존 연구에서도 상당한 주목을 받아 익숙한 연구주제 중 하나가 되어 있는 상황이다. 특히 경성제대 해부학교실이 중심이 되어 수행했던 체질인류학 연구에 대해서는 이미 많은 연구 성과들이 발표되었다.[1] 식민지 의학의 체질인류학이 일본인의 인종적 차별성을 어떻게 '과학적'으로 규명하려 했으며, 이러한 조사를 수행하고 데이터베이스를 구축하는 과정에서 식민권력이 얼마나 체계적으로 개입하고 지원했는가도 상당 부분 밝혀진 바 있다. 여기에서 주목하는 혈액형 연구의 문제도 이런 맥락에서 인종주의와의 관련성을 충분히 주목할 만하지만, 식민지에서 행해진 혈액형 연구에 대한 구체적인 관심은 상대적으로 미약했다.[2] 그마나 식민지 의학의 혈액형 연구를 주목했던 경우에도 해부학교실 중심의 체질인류학 연구의 연장선상에서 언급하는 수준에 그치는 것이 많았다. 하지만, '피'와 '혈통'이라는 것이 문화적으로는 인종적, 민족적 함의를 강하게 띠고 있다는 점, 더욱이 혈액형의 발견을 통해 피의 유전성이 과학적으로 입증되었다는 점, 그리고 인간집단이 몇 가지 혈액의 형태를 통해 비교적 명확히 구별될 수 있으며, 실제로 인종 또는 민족 사이에 혈액형 분포의 차이가 발견된다는 점 등을 고려한다면, 혈액형의 문제는 해부학 중심의 체질인류학 연구와는 차별화된 지점에서 일본 인종주의의 특징, 더 나아가 비(非)서구제국주의로서 일본

1) 이들 성과들 중 중요한 것 몇 가지만 거론해도 다음과 같다. 坂野撤, 『帝國日本と人類學者, 1884-1952年』, 勁草書房, 2005; 김옥주, 「京城帝大医學部의 体質人類學」, 『醫史學』 17-2, 2008; 박순영, 「일제 식민통치하의 조선 체질인류학이 남긴 학문적 과제와 서구 체질인류학사로부터의 교훈」, 『비교문화연구』 10, 2004.

2) 松田薫, 『血液型と性格の社會史』, 河出書房, 1991; ジェニファー・ロバートソン, 「優生學的植民地主義: 日本における血のイデオロギ」, 『思想』 995, 2007年3月; Jennifer Robertson, "Blood Talks: Eugenic modernity and the Creation of the new Japanese," *History and Anthropology* 13-3, 2002; 大村政男, 『新編 血液型と性格』, 福村出版, 2012 등의 연구는 당시 혈액형 연구가 인종과학과 어떤 관련을 맺고 있었는지를 적확하게 제시하고 있다는 점에서 이 글을 작성하는데 크게 참고가 되었지만, 식민지 의학의 경향을 본격적으로 분석하지는 않았다.

식민주의가 직면했던 과제를 밝히는데 유효한 열쇠가 될 수 있을지도 모른다. 따라서 이 글에서는 조선의 체질인류학적 연구, 그중에서도 '혈액형인류학' 연구의 흐름에 주목해서, 이들 연구의 결과가 '식민지 조선'이라는 정치적 맥락과 결합하여 어떠한 이데올로기적 의미를 함축하게 되는지를 살펴보겠다.

2. 동화주의와 인종적 차별성 - 일본 인종주의의 딜레마

잘 알려져 있듯이, 제국일본이 식민지통치의 공식적인 이데올로기로써 시종일관 표방했던 것은 동화주의였다.[3] 1870년대 이후 직접통치보다는 '보호통치(protectorate)'를 선호했던 서구열강들의 전반적인 식민지배 추세와는 달리, 일본은 1910년 '합방'이라는 형식을 통해 조선을 직접 통치하기로 결정했다.[4] "동양의 평화를 영원히 유지하고, 서세동점(西勢東漸)을 미연(未然)에 방지(防止)"[5]하기 위해서는 "천황폐하의 일시동

3) 물론 식민권력이 표방했던 '동화주의'가 구체적으로 어떤 내용과 정치적 함의를 가졌는지에 대해서는 시기와 상황에 따라 달랐기 때문에 주의해서 살펴 볼 필요가 있다. 이런 점에서 '동화주의'는 일본의 식민주의를 설명하는 개념이 아니라, 오히려 일본의 식민주의를 이해하기 위해서는 분석되고 설명되어야 할 개념이라는 일본의 교육사학자 고마고메 다케시의 지적은 지극히 타당하다. 駒込武, 『植民地帝國日本の文化統合』, 岩波書店, 1996를 참조. 실제로 1990년대 중반 이래 한국학계에서도 동화주의를 문제영역으로 삼고 분석을 시도한 논문들이 다수 발표되었다.

4) Peter Duus, *The Abacus and the Sword : The Japanese Penetration of Korea, 1895-1910*, University of California Press, 1995, 8~11쪽.

5) 「社說 : 日鮮融化論」, 『每日申報』, 1915.2.8.

인(一視同仁)하에서" 조선인에게 문명의 혜택을 누리게 하고, 나아가 조선을 문명화할 필요가 있다는 것이 이유였다. 그리고 조선병합은 "피아(彼我)가 상합(相合)하여 일가(一家)를 이루는" 것으로 "구미제국(歐米諸國)의 식민지(殖民地)에 비해 완전히 그 취지를 다르다"고 강변했다.[6] 지리적으로 "본국(本國)과 격절(隔絶)"하고 인종과 풍속도 "본국인(本國人)과 융화(融化)"되기 어려운 구미의 식민지와는 달리, "지세상접(地勢相接)하고 인종상동(人種相同)"한 조선은 일본에 "혼합융화(混合融化)"되는 데 전혀 장애가 없으며 조선에 대한 통치는 식민지지배가 아니라는 것이다. 통치기간 내내 조선총독부는 일본인과 조선인의 인종적 차별성보다는 문화적, 역사적 동질성을 식민통치를 정당화하는 논리로 내세웠고, 최소한 이념형(ideal-type)적으로는 '조선인의 일본인화'를 지향했다. 현실에서 명백히 드러나는 식민지적 차별은 "시세(時勢)와 민도(民度)의 차이"라고 해서 일시적이고 잠정적인 것으로 간주되었다.

이처럼 일본의 식민주의는 자신의 식민지를 공식적으로는 '식민지'라고 부르기를 거부하는 독특한 형태를 띠고 있었기 때문에, 식민지통치를 정당화하는 메커니즘 또한 서구의 식민주의와 차별화되는 측면이 강했다. 대표적인 것 중 하나가 바로 인종주의 문제였다. 사실 피부색과 외모라는 가시적 지표를 통해 차이를 즉각적으로 드러내는 인종주의는 서구열강이 식민지통치에 정당성을 부여했던 가장 강력했던 이데올로기적 무기 중 하나였다. 더욱이 18세기 이후 인종주의의 영향력은 문화와 과학의 영역에까지 확대되어, 인간과 사회를 대상으로 하는 과학적

6) 『朝鮮統治三年間成績』, 朝鮮總督府, 1914, 10쪽.

실천들 대부분이 인종주의적 전제로부터 자유롭기 어려웠다고 말할 수 있을 정도로 강력한 문화적 헤게모니를 행사하고 있었다.

그런데 이런 인종주의의 영향력은 일본의 식민주의에서는 서양만큼 현저하게 드러나기 어려웠다. 일본의 식민주의가 인종주의에 바탕을 둔 서구열강의 식민지지배에 비판적이었다는 점은 이미 언급했지만, 일본의 학계는 서구 과학 및 의학적 성과가 드러내는 노골적인 인종주의적 함의에 대해서도 비판적인 태도를 취하는 경우가 많았던 것이다.[7)]

이것은 당시 비(非)서구국가로서 유일하게 식민지제국을 구축했던 일본이 처했던 딜레마적인 상황과 무관하지 않았다. 일본은 청일전쟁과 러일전쟁을 거치면서 '간신히' 제국주의 열강과 어깨를 나란히 할 수 있었다. 동북아시아에서 자신들을 대신해 러시아의 남하를 막아줄 대행자를 찾고 있었던 제국주의 헤게모니국가 영국의 전폭적인 지원과 불간섭주의를 기반으로 태평양 지역의 현상유지를 바랬던 미국의 묵인이 있었기에 가능한 일이었다.[8)]

게다가 일본이 식민지로 삼았던 주변 동북아시아는 문화와 역사의 측면에서 전통적으로 일본에 앞서거나 최소한 대등한 지역이었다. 자본주의 세계체계가 야기한 압도적인 물질문명적인 격차를 '백인'이라는 가시적인 지표로 치환하여 이를 통해 식민 지배를 인종주의적으로 정당화했던 서구 제국주의 열강의 전형적인 지배방식을 일본이 그대로 활용하는 것은 불가능했다. 서양의 시각에서 일본인은 '식민화된' 주변 동아시아인들과 다르지 않는 '비(非)백인'에 불과했고, 주변 동아

7) 小熊英二, 『單一民族神話の起源 : 〈日本人〉の自畵像の系譜』, 新曜社, 1995를 참조.

8) 川島眞・服部龍二 編, 『東アジア國際政治史』, 名古屋大學出版會, 2007을 참조.

시아의 시각에서 보아도 일본적 근대가 내세웠던 문명적 격차를 가지고 식민 지배를 받아들일 리가 만무했기 때문이다.

일본이 식민지제국을 구축하면서 주변 동아시아 지역에 대해 '동문동종(同文同種)'과 '동조동원(同祖同源)'을 정당화의 원리로 전면적으로 내세웠던 것도 이 때문이었다. 일본 내부적으로도 일본민족의 형성을 '혼합민족론'의 입장에서 구축하려는 경향이 우세하였는데, 현재 일본민족의 고유성과 단일성을 다양한 문화와 민족을 수용하여 자신의 것으로 만들어 내는 역사적, 문화적 능력에서 찾으려는 시도로 이어졌다. 이러한 상황에서 주변민족에 대해 일본민족의 우월성을 주장하는 논의는 주류의 학술담론, 문화담론에서 밀려나 주변화되는 경향이 강했다. 이러한 '인종주의'의 주장은 인종적 유사성을 바탕으로 주변민족을 일본민족으로 동화(同化)시키려고 했던 식민지통치의 공식적 이념과 충돌할 가능성이 농후했기 때문이다.

하지만 이러한 충돌의 가능성이 곧 일본의 식민주의가 인종주의를 배제한다는 것을 뜻하지는 않는다는 사실은 주의할 필요가 있다. 주변 동아시아 민족의 '동화 = 일본인화'란 극단적으로 추구될 경우, 논리적으로는 식민지배자로서 일본민족의 현실적 위상을 잠식해버릴 위험성을 안고 있었기 때문이었다.[9] 동화주의와 배치되지 않는 선에서 일본민족의 현재의 특권적 위상을 '자연적인 것 = 당연한 것'으로 정당화할 수 있는 인종주의의 논리는 여전히 식민 지배를 위해서 필요했던 것이다.

따라서 일본 식민주의가 처했던 이러한 딜레마적 상황과 관련해서,

---

9) 정준영, 「경성제국대학과 식민지헤게모니」, 서울대 박사논문, 2009, 88~90쪽.

최근 이를 인종주의의 차원에서 분석하려는 시도가 나타나고 있는 것은 주목할 가치가 있다. 사카이 나오키(酒井直樹, Naoki Sakai), 후지타니 다카시(Takashi Fujitani), 고마고메 다케시[駒込武] 등의 연구자들은 일본의 식민주의에서 동화주의를 지나치게 강조하여 이를 서구의 식민주의와 대립되는 일본 특유의 현상으로 간주해왔던 기존의 식민사 연구의 경향을 강력하게 비판하면서, 일본 식민주의의 존재방식을 19세기와 20세기 초반 "제국의 시대" 속에 맥락화(脈絡化)하여 서구 식민주의와 더불어 비판의 도마 위에 올려야 한다고 주장한다.[10] 이들에 따르면, 인종주의를 보다 적극적으로 규정하여 "피부색 등 자의적으로 뽑힌 특징을 중요한 기준으로 선택해 이런 특징을 가지고 인간집단을 범주화하고 부정적 또는 긍정적 평가를 부여하며 특정 인간집단을 배제 또는 포섭해나가는 이데올로기"[11]로 간주한다면, 인종주의는 일본 식민주의와 대립하는 것이 아니라 오히려 그 핵심 개념으로 포착할 수 있으며, 이를 통해 일본의 식민주의가 가지는 특징을 '세계사적' 시각에서 비판적으로 분석할 수 있는 가능성이 열리게 된다는 것이다.

동화주의에 바탕을 둔 일본 식민주의를 서양의 식민주의와 차별화되는 일본 특유의 현상으로 치부하면서 분석을 사실상 포기하는 대신, 일본의 식민주의가 인종주의를 중심에 두면서도 왜 공식적으로는 동화주의를 강조하면서 인종주의에 거리두기를 할 수 밖에 없었는지를 규명함으로써 일본의 식민주의를 세계 제국주의의 역사 속에 제대로 위치 지울 수 있으며, 식민주의 비판의 맥락에서 더불어 평가할 필요가

10) 駒込武,「帝國のはざまから考える」,『年報 日本近代史』10, 2005, 10쪽.
11) Robert Miles, *Racism*, Routledge, 1989를 참조.

있다는 이들의 주장은 일본의 식민주의를 이해하는데 함의하는 바가 크다. 더욱이 이러한 시각은 구미의 식민주의와 일본의 식민주의 사이에 존재했던 대립뿐만 아니라, 양자 사이에 존재했던 '적대적인 공범관계'를 비판적으로 고찰해 볼 수 있는 가능성도 열어 놓는다.

이러한 점에서 서구의 혈액형 연구에서 촉발된 식민지 의학의 혈액형 인류학 연구는 일본의 식민주의가 처했던 딜레마적인 상황이 무엇이었는지를 명확하게 드러내는 사례 중 하나였다. 피부색과 머리색, 외모 등 가시적인 지표에 집중했던 다른 인종과학과는 달리, 혈액형 인류학은 가시적으로는 식별하기 어려운 '피'의 인종주의에 근간해 있었기 때문에, 공식적으로 '인종적 근친성'을 식민통치의 근거로 표방했던 제국일본이 그런 근친성에서 비롯된 '불안'을 해소하고, '비가시적으로' 일본인의 인종적 우월성을 확인할 수 있는 과학적 장치가 될 수 있었다. 더욱이 식민지 의학의 혈액형인류학 연구는 당시 최첨단 의학의 일종이었던 서구의학계, 인류학계의 혈액형 연구와 동시대적으로 진행되고 있었기 때문에, 단순히 서구의 인종과학에 수동적으로 대응하는 것을 넘어 한편으로 서구 인종과학에 대응하기도 하고, 다른 한편으로 공모하기도 하면 '적대적인 공모관계'를 구축하고 있었다.

과학적 연구를 표방하며 철저하게 실증적 차원에 이루어졌던 이들의 연구결과가 연구자들의 '개인적' 입장과는 별도로 식민통치와 긴밀하게 결부되어 있었고, 또 식민권력의 상황변화에 조응하여 변화해 나갔던 것도 이 때문이었다.

3. 혈액형과 인종주의-그 역사적 계보

그렇다면 혈액형 인류학이라는 인종과학은 어떻게 형성된 것일까. 먼저 혈액형 연구가 인종주의와 결합하게 된 역사적 계보를 서구의 연구흐름을 통해 살펴보자.

1901년 오스트리아의 면역학자 란트슈타이너(Karl Landsteiner)에 의한 혈액형의 발견은 19세기 이후 현대의학의 발전, 그중에서도 외과의 진보에 있어서 획기적인 사건으로 평가된다.[12] 당시까지 외과수술은 세 가지 난제에 직면해서 발전이 지체되고 있었다. 첫째 수술의 통증을 어떻게 완화시킬 것인가 하는 마취의 문제, 둘째 수술 중이나 수술 이후에 발생하는 염증의 문제, 셋째 수술 중에 필연적으로 발생하는 출혈의 문제가 그것이었다. 혈액형의 발견에 의한 안전한 수혈법의 개발은 외과수술의 난제 중 하나였던 출혈의 문제를 단숨에 제거해서 외과수술의 혁신적인 발전을 초래했다. 란트슈타이너의 혈액형 발견은 관련 의학 분야의 발전에 기여했을 뿐 아니라, 제1차 세계대전 등 살상의 규모가 확대되어가던 당시 사회적 상황에서 많은 생명을 구하는 결정적인 계기가 되었음은 물론이다.

혈액의 유형으로 인간을 4가지로 분류할 수 있다는 그의 발견[13]은 단순히 의학적 발전에 한정되는 것이 아니라, 이를 넘어서 동시대 사람

12) 黃尙翼, 『역사 속의 醫人들』, 서울대 출판부, 2004, 229~280쪽.

13) 실제 1901년 Landsteiner의 논문에는 3개의 혈액형집단만이 밝혀졌다. 네 번째 혈액형집단의 존재는 이듬해인 1902년 Landsteiner의 제자들인 Castello와 Sturli에 의해 규명되었다.

들의 사회적 상상력, 특히 인종학적 상상력을 자극하는 계기가 되기도 했다. 독일의 내과학자 폰 둔게른(Emil von Dungern)은 동물의 혈액형에 대한 임상조사를 통해 대부분의 포유류는 B형이며, 침팬지와 사람에서만 A형이 발견된다는 사실을 발견하고는 혈액형의 기원과 진화, 유전 문제에 관심을 가지기 시작했다.[14] 그는 독일의 72개 가계, 348명을 대상으로 혈액형 조사를 실시하여 혈액형이 세대 간에 멘델의 법칙에 따라 유전된다는 사실을 확인하였고, 그 결과를 제자 힐슈펠트(Ludwick Hirschfeld)와 공동으로 논문으로 발표했다.[15] 란트슈타이너가 혈액형을 발견했던 시점부터 이미 인종주의적 사고가 혈액형 연구의 발전에 중요한 동기로 작용하기 시작했던 것이다.

폰 둔게른의 제자 힐슈펠트는 스승의 인종주의적 전제를 발전시켜, 혈액형은 B형에서 A형으로 진화한다는 가설을 설정하고 이를 현존하는 인종, 민족에 대한 혈액형 검사를 통해 검증하려고 시도했다. 1918년 당시 세르비아육군의 중앙세균검사소에 근무했던 힐슈펠트는 제1차 대전이 끝난 후 마케도니아 평원에 유럽과 아시아, 아프리카의 군대가 집결해 있었던 것을 착안하여, 이들 주둔군인 및 인근 피난민들을 대상으로 광범위한 혈액형 조사를 실시했다. 그는 16개 나라 8,500명의 혈액형 샘플을 채취하여 민족 또는 인종들 사이의 혈액형 분포의 차이를 관찰했다. 이 조사결과를 발표한 것이 1919년 10월 *The Lancet*지(誌)에 게재된 「상이한 인종들 사이의 혈액의 혈청학적(血清學的) 차이－마케도니아 전선(戰線)에서의 조사결과(Serological difference between the blood of different

14) 松田薫, 『血液型と性格の社會史』, 河出書房, 1991, 35～40쪽.
15) Laurence H. Snyder, "The Inheritance of the Blood Groups", *Genetics* 9, 1922, pp.467～468.

races : the result of researches on Macedonian Front)」라는 논문이다.

THE LANCET,] DRS. L. & H. HIRSCHFELD: SEROLOGICAL RACIAL DIFFERENCES. [OCT. 18, 1919 675

SEROLOGICAL DIFFERENCES BETWEEN THE BLOOD OF DIFFERENT RACES.

THE RESULT OF RESEARCHES ON THE MACEDONIAN FRONT.

BY DR. LUDWIK HIRSCHFELD,

DOCENT AT THE UNIVERSITY OF ZURICH;

AND

DR. HANKA HIRSCHFELD,

OF THE CENTRAL BACTERIOLOGICAL LABORATORY, ROYAL SERBIAN ARMY.

Race Problems and Researches in Immunisation.

〈그림 1〉 힐슈펠트의 *The Lancet* 수록논문 표지[16]

이 논문에서 힐슈펠트는 상이한 인종이나 민족들 사이에 나타나는 혈액형 분포의 차이를 나타내는 지수(指數)로써 '생화학적 인종계수(Biochemical Race Index $= \frac{A형\ 인자(A+AB)}{B형\ 인자(B+AB)}$)'를 제시했다. 그는 B형에 비해 A형이 진화된 형태라는 가설이 현실에 존재하는 인종과 민족의 혈액형 분포에서는 백인종일수록 A형의 출현빈도가 높아지고, 유색인종일수록 B형의 출현빈도가 높아지는 경향으로 나타날 것으로 가정했다.

그리고 실제 조사의 결과가 자신의 예측대로 나타났다고 주장했다. 그는 O형이 평균적으로 분포할 것으로 가정한 후 A형과 B형의 빈도에 주목했는데, 유럽열강 국가의 경우 A형 인자를 보유한 사람이 B형 인자를 보유한 사람보다 2배 이상 많은 반면(영국인(4.5), 프랑스인(3.2), 이탈리아인(2.8), 독일인(2.8), 오스트리아인(2.5)), 유색인종 식민지의 경우에는 반대의 결과가 나타난다는 것이다(흑인(0.8), 베트남인(0.5), 인도인(0.5)). 힐슈펠트는 인종계수가 2.0 이상인 인종 / 민족을 '유럽형', 그리고 1.3 미만인 인종 / 민족은 '아시아-아프리카형'으로 분류하고, 2.0과 1.3 사

16) L & H Hirschfeld, "Serological difference between the blood of different races : the result of researches on Macedonian Front", *The Lancet* 2, 1919, p.675.

이의 인종/민족 집단, 예컨대 아라비아인(1.5), 터키인(1.8), 러시아인(1.3), 유태인(1.3) 등을 '중간형'이라 이름 붙였다. 그리고 이러한 조사결과를 바탕으로 인도가 B형 인종의 발상지, 북유럽이 A형 인종의 발상지일 가능성을 제기하기도 했다.

이런 힐슈펠트의 연구결과는 제1차 세계대전 직후 혈액형의 치료적 기여에 대한 관심이 높아져 있었던 상황 속에서 세계적인 주목을 받게 되었다. 게다가 이후의 후속 연구들은 개별 민족/인종의 고유한 인종계수는 한 지역에서 여러 민족/인종과 뒤섞여 장기간 살아간다고 해도 쉽게 사라지지 않으며, 특유한 혈액형의 속성이 유전을 통해 비교적 안정적으로 유지된다는 사실도 확인해 주었다.

독일인과 헝가리인, 집시가 수백 년간 혼거하고 있는 헝가리의 지역을 조사한 베르자르(Verzār)와 베젝키(Weszeczky)의 1921년 연구는 이곳에 거주하는 민족을 인종계수를 통해 살펴보면 독일인이 2.9, 헝가리인이 1.6, 집시가 0.6으로 나타낸다고 보고했다.[17] 이 지역의 독일인, 헝가리인, 집시들은 장기간 섞여 살아왔음에도 불구하고, 각 민족의 인종계수는 고유한 차이를 드러내고 있다는 것을 보여준 것이다. 이것은 독일인이 북유럽계, 헝가리인이 우랄-알타이계, 집시가 인도계라는 당시의 언어학, 역사학의 연구결과와도 일치하는 것으로, 인종계수가 인종/민족 집단을 식별하는 고유한 지표로 사용될 수 있음을 강력하게 암시하고 있었다.

실제로 힐슈펠트 이후의 혈액형 연구는 새로운 과학적 발견을 바탕으

17) 桐原眞一・白麟濟,「日鮮人間ニ於ケル血液屬別百分率ノ差異及血液屬別特有性ノ遺傳ニ就テ」,『朝鮮醫學會雜誌』40, 1922.12, 4~5쪽에서 재인용.

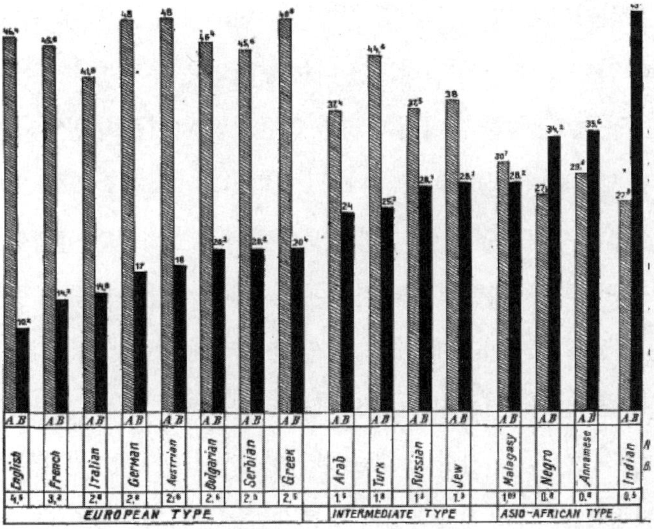

〈그림 2〉 힐슈펠트의 인종분류[18]

로 인종계수를 통한 인종 / 민족의 구분을 보다 정밀하게 보완해 나가는 한편, 인류학, 범죄학, 심리학 등의 분야에서 인종계수의 응용 가능성을 모색하는 방향으로 나아갔다. 가령 미국에서 1910년대부터 혈액형 연구의 보급을 위해 열정적으로 활동했던 의학자 오텐버그(R. Ottenberg)는 힐슈펠트를 비롯한 당시 혈액형 연구의 성과를 취합하여 혈액인류학의 분류체계를 더욱 정교하게 가다듬었는데, 그의 작업은 당시 혈액형 연구의 경향을 특징적으로 잘 보여주는 사례라고 할 수 있다.[19]

당시 세계 각지에서는 힐슈펠트를 따라 혈액형 분포조사를 바탕으로 다양한 인종, 민족들에게 고유한 인종계수를 부여하는 연구가 '유행

18) L & H Hirschfeld, "Serological difference between the blood of different races : the result of researches on Macedonian Front", *The Lancet* 2, 1919, p.678.

19) R. Ottenberg, "A Classification of human races based on geographic distribution of the blood groups", *The Journal of the American Medical Association* 84-19, 1925.

처럼' 확산되고 있었다. 하지만 각 인종 / 민족에 대한 인종계수가 축적될수록, 인류를 세 가지 집단으로 나누는 그의 분류체계가 현실에서 관찰되는 인종 / 민족들 사이의 다양한 인류학적 차이들이 반영되지 못한다는 문제점도 분명하게 드러나기 시작했다. 이 지점에서 오텐버그(Ottenberg)가 주목했던 것이 태생학 분야에서 보고되었던 혈액형 O형에 관한 연구였다. 개체발생론의 차원에서 볼 때, 사람의 혈액형 중 A형과 B형은 임신 6개월 이후에, AB형은 임신 3~6개월 사이에 관찰되기 시작한다. 즉, 임신 3개월 이전까지 모든 태아의 혈액형은 O형이라는 것이다. 이것은 B형을 가장 오래된 혈액형으로 보아왔던 종전까지의 연구를 뒤집는 것으로, 개체발생이 계통발생을 반복하는 것이라면 O형이 가장 원초적인 유형일 수도 있다는 것을 강하게 암시하고 있다.

더욱이 미국 코넬대학의 면역학자 코카는 미국 인디언들의 혈액형 조사를 통해, 힐슈펠트의 분류법이 잘못되었음을 강력하게 시사하는 논문을 발표했다.[20] 그는 947명의 인디언을 조사했는데, 그 결과가 O형 77.7%, A형 20.1%, B형 2.1%, AB형 0.4%로 나타났다고 보고했다. 이를 인종계수로 표시하면, 8.2가 되는데 힐슈펠트의 분류법으로는 유럽형 중에서도 A형이 가장 높은 유형이 되고 만다. 코카는 이러한 조사결과를 근거로, O형 혈액형의 분포가 지역, 민족과 상관없이 평균적으로 분포할 것이라고 가정하고 인종계수를 설정했던 힐슈펠트의 논의는 한계가 분명하다는 사실을 지적했던 것이다.

오텐버그는 코카의 아메리카 인디언 연구가 힐슈펠트 분류 방식의

---

20) Arthur F. Coca & Olin Deibert, "A study of the occurrence of the blood groups among the American indians", *Journal of Immunology* 8, 1923.

한계와 인종분류의 지표로서 O형의 비율의 중요성을 단적으로 보여주는 사례연구라고 확신했다. 이들 인종은 인종계수만으로 본다면, 10.0, 8.8로 '유럽형'보다 오히려 높은 수치를 보여주지만, 실제로는 전체 혈액형 중에서 O형이 다른 혈액형에 비해 극단적으로 높게 나타난다(아메리카 인디언 77.7%, 오스트리아 원주민 57.0%). 따라서 인종계수에 의한 인종분류만으로는 불충분하며, O형의 비율도 인종분류에 같이 반영해야 한다는 것이 오텐버그의 입장이었다. 그는 1925년의 시점까지 세계 각지에 보고된 혈액형 비율과 인종계수를 취합하는 한편, 이를 6개의 범주로 나누었다. 그는 힐슈펠트 분류의 '중간형'에서 남중국인, 일본인, 헝가리인등 O형의 비율이 낮은 인종을 '호남형(湖南型)'으로 독립시켰고, '아시아-아프리카형(型)'도 O형의 비율이 B형의 비율보다 낮은 "인도-만주형"과 O형의 비율이 높은 "아프리카-남아시아형"으로 나누었다. 힐슈펠트의 분류체계라면 "유럽형"으로 분류되었어야 할 아메리카 인디언, 오스트레일리아 원주민, 에스키모 등은 "태평양-아메리카형"으로 독립시켰다.[21)]

이처럼 1919년 발표된 힐슈펠트의 연구는 식민통치를 통해 구축되었던 인종의 위계적 질서를 '자연적인 것'으로 정당화하는 새로운 과학적 근거로서 서구 학계에 큰 영향을 미쳤다. 힐슈펠트가 인종계수를 만들 때 설정했던 가설은 코카, 오텐버그 등 후속 연구자들에게 철저하게

---

21) 이후에도 인종계수를 기초로 해서 혈액형에 따라 민족과 인종을 분류하려는 시도는 혈액형의 속성에 관한 연구 및 세계 각 지역의 혈액형 분포에 관한 보고가 속속 이루어짐에 따라 끊임없이 다시 그려졌다. 이런 혈액형 인류학의 연구들이 당시 서구 인종주의 및 우생학과 어떻게 연관되면서 진전되어 나갔는지는 보다 정밀한 고찰이 필요한 연구 과제라고 할 것이다. 이 문제는 추후의 연구과제로 남긴다.

논박 당했지만, 정작 인종계수만큼은 '생화학계수', '민족지수' 등 이름을 달리하면서도 계승되어 '혈액형 인종주의'의 과학성을 뒷받침하는 '보편적 기준(global standard)'으로 자리 잡았던 것이다. 지구적 자본주의의 형성과 제국주의화라는 역사적 과정 속에서 설정되었던 서유럽인 열강과 식민지 유색인종의 이분법은 혈액형의 분포와 비율로 수치화(enumeration)되는 과정을 통해, 인종들 사이의 본질적인 차이로 고착되었다. 더군다나 이러한 인종주의적 함의는 혈액형 연구라는 당시로서는 최신 과학의 외피를 쓰고 있었기 때문에, 차별 받은 유색인 사회조차도 무조건 거부하기 어려웠을 만큼 강력한 문화적 권위를 가지고 있었다. 혈액형 연구를 포함한 서구의 인종주의 과학에 대해서 비(非)서구 사회로는 유일하게 '제국주의'를 확립할 수 있었던 일본이 양가적인 태도를 취할 수밖에 없었던 것은 어떻게 보면 당연한 일이었다.

4. 혈액형 인종과학과 일본의 의학계

사실 힐슈펠트의 연구결과는 1919년 발표 당시부터 일본의 의학계에서도 초미의 관심사로 부각되었다. 군진의학(軍陣醫學)과 긴밀하게 결합되어 있었던 당시 일본의 의학계에 있어서 수혈기술의 개발은 중요한 당면과제였기 때문이다. 그리고 힐슈펠트의 인종계수도 곧바로 중요한 연구과제로 부각되었다. 당시 일본 의학계에서 혈액형의 문제가 완전히 낯선 주제는 아니었다. 독일 유학 당시 폰 듄게른에게 배웠던 하라 기마타[原來復]는 이미 1916년 나가노에서 혈액형 조사를 실시하기도 했다.[22] 하지만 1919년의 인종계수 발표 이후, 혈액형 조사는 훨씬 더 뚜렷한 목표의식을 가지고 일본 각지에서 실시되었다. 힐슈펠트의 인종분류에서 일본인은 어디에 위치하는가의 질문이 그것이다. 앞서도 언급했지만, 당시 서구에서 유행했던 인종주의 과학에 대해서 일본 학계의 입장은 다소 모호했다. 일본은 주변 동아시아 지역에 대해서는 '탈아입구(脫亞入歐)'를 표방하며 '제국'으로 군림할 수 있었지만, 서구인의 시선에서 보았을 때는 일개 유색인종의 국가에 불과하다는 현실이 가장 적나라하게 드러나는 영역이 바로 인종주의 과학이었기 때문이다. 그리고 이런 문제는 혈액형 인종주의에 있어서도 마찬가지로 나타났다.

일본의 주변, 즉 조선인과 만주인의 혈액형 분포를 조사해서 이를 힐슈펠트의 분류에 입각해서 분석하려는 시도는 비교적 일찍부터 나타났다. 규슈제대 법의학교실의 후카마치 호즈미[深町穗積]는 조선과 만주를 여행해서 서울과 평양에서 조선인 혈액형 사례 363건, 중국 동북3성(봉천성 · 길림성 · 흥룡강성)에서 만주인 혈액형 사례 199건을 수집했고, 이 자료를 근거로 1922년 조선인의 인종계수는 1.16으로 중간형의 하위범주에 해당하며 만주인은 0.75로 아시아-아프리카형에 해당한다고 보고했다.[23]

이러한 식민지에 대한 '한발 빠른' 조사시도와는 별도로, 일본 본토

---

22) 原來復에 대해서는 松田薰, 『血液型と性格の社會史』, 河出書房, 1991, 13~34쪽을 참조.
23) 深町穗積, 「朝鮮人及滿洲人ノ人種學的生物化學的比率ニ就テ」, 『國家醫學雜誌』 430號, 1922.

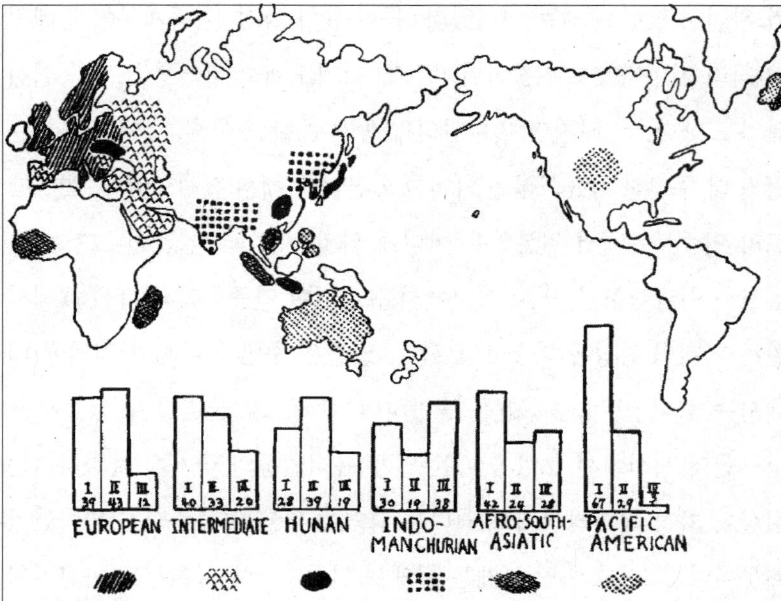

Distribution of populations having different types of blood group combinations; below, average percentages of Blood Groups I, II and III in each type.

〈그림 3〉 오텐버그의 인종분류[24)]

전역을 대상으로 혈액형의 분포를 체계적으로 조사하고 이를 힐슈펠트의 분류에 적용하려는 시도는 상대적으로 소극적인 양상으로 나타났다. 후카마치의 앞선 연구에 따르면, 조선인과 만주인의 혈액형 분포를 보고할 당시 일본 본토에 관한 학술보고는 모두 3건으로, 힐슈펠트의 연구 이전에 이미 혈액형에 관심을 가졌던 하라 기마타[原來復]의 나가노 사례보고를 제외하면 마쓰바라[松原]라는 외과의사의 센다이 사례보고, 그리고 후카마치 자신이 수행한 규슈 사례보고 뿐이었다. 이

24) R. Ottenberg, "A Classification of human races based on geographic distribution of the blood groups", *The Journal of the American Medical Association* 84(19), 1925, p.1395.

후에도 일본 의학계에서는 특정 지역을 대상으로 하는 혈액형 조사가 계속 이루어졌고, 또 이런 사례연구들을 바탕으로 일본인의 평균적인 인종계수를 추정하는 시도들도 이루어졌지만, 지역별 인구비례를 바탕으로 일본 전역에서 혈액샘플을 체계적으로 추출하고 이를 통해 일본인 전체의 평균적인 인종계수를 분석하는 연구는 좀처럼 나타나지 않았다. 1940년 동경제대 법의학교실 후루하타 다네모토[古畑種基] 교수팀에 의한 연구에 이르러서야 비로소 체계적으로 구축된 혈액형 데이터베이스를 바탕으로 일본인의 혈액형분포가 가진 특징을 통계적으로 엄밀하게 분석한 결과가 보고되었다.[25] 식민지 의학의 혈액형 분포 조사와 비교했을 때, 오히려 뒤늦은 측면이 없지 않았던 것이다.

그런데, 흥미로운 것은 1920~30년대 당시 일본 본토에서 혈액형에 대한 관심은 결코 낮았던 것이 아니었다는 사실이다. 의학계에서는 혈액형과 관련된 서구의학의 연구 성과를 거의 실시간으로 받아들여, 여러 가지 임상실험을 통해 다양한 방면에서 의학적 활용이 모색되고 있었고, 의학 밖의 심리학, 범죄학 등 인접 학문분야에서도 이런 의학적 성과를 주목하여 이를 응용한 다양한 연구결과를 발표했다. 일본 대중들의 혈액형에 대한 관심도 1930년에 이르면 '혈액형 붐'이라 지칭될 정도로 높아져 있었다. 그렇기 때문에 혈액형인류학과 관련된 연구들의 이러한 '뒤처짐'은 다소 의외로 비춰질지 모르겠다. 이것은 혈액형인류학, 특히 인종계수에 대한 일본 의학계의 곤혹스런 입장과도 무관하지 않았다.

---

25) 小林ちよ, 「日本に於けるABO式血液型分布の統計的觀察」, 『犯罪學雜誌』 14, 1940, 727~735쪽.

〈표 1〉 일본 내지의 혈액형분포와 인종계수[26]

조사지역	조사총수	혈액형(%)				인종계수
		AB	A	B	O	
關東	104,060	9.11	37.39	22.18	31.32	1.49
奧羽	28,522	9.41	36.36	22.73	31.50	1.42
東海	48,429	9.04	38.01	22.06	30.89	1.51
北陸	73,030	9.75	37.14	22.53	30.58	1.45
近畿	52,425	9.39	38.68	21.74	30.19	1.45
中國	29,965	9.58	39.96	21.34	29.12	1.55
四國	19,437	8.90	41.04	21.13	28.93	1.60
九州	124,105	9.62	39.48	20.75	30.15	1.66
北海道	9,674	9.37	37.04	21.90	31.69	1.62
총계	489,647					1.53

동경제대 법의학교실의 통계적 분석에 따르면, 일본인의 평균적인 인종계수는 대략 1.53이었다. 이 연구 이전의 학술보고에서도 일본인 전체의 평균적 인종계수는 대체로 1.5~1.7 사이로 추정되었다. 즉 일본인은 힐슈펠트의 분류체계에 따르면 '중간형'에 속했다. 아무리 서구열강과 어깨를 나란히 하고 식민지제국을 구축하고 있어도, 인종과학의 시각에서는 일본인은 여전히 유럽인들과 '구별'되는 유색인에 불과하다는 사실이 여기서도 여실히 드러났다. 그나마 조선, 만주 등 주변 동아시아 민족은 일본의 '중간형'보다도 못한 '아시아-아프리카형'이라는 사실이 밝혀졌지만, 이러한 차이마저 일본 내부지역으로 초점을 좁히면 경계가 모호해진다는 사실을 숨기기 어려웠다. 〈표 1〉을 보아도 알 수 있듯이, 인종계수의 측면에서 일본 내부의 지역차가 상당했다. 일본열도 남부로 갈수록 인종계수가 높아져 '유럽형'에 가까워지는 반

26) 小林ちよ, 「日本に於けるABO式血液型分布の統計的觀察」, 『犯罪學雜誌』 14, 1940, 731쪽.

면, 일본열도 북부로 갈수록 인종계수가 낮아져 '아시아-아프리카형'에 근접하는 현상이 관찰되었다. 1920년대 일본의 지역 수준에서 수행된 조사 보고를 살펴보면, 일본 남부의 규슈지방의 인종계수는 1.84로 '유럽형'에 근접한다는 보고가 있는가 하면, 일본열도 북부의 일부 지역은 조선 남부지방과 크게 차이가 나지 않은 인종계수를 나타내는 경우도 있을 정도였다. 즉 그나마 인종계수를 통해 확인되는 일본인과 조선인의 격차 또한 그리 명확하지 않다는 문제가 생겨났던 것이다.

따라서 이러한 상황에 대해 당시 일본의학계 내부에서는 힐슈펠트의 인종계수, 오텐버그의 인종분류를 완전히 부정하는 것은 아니지만, 서양에서처럼 인종계수를 인종의 우월성을 입증하는 결정적인 기준으로 간주하는 것에 대해서는 회의적인 견해가 강했던 것으로 보인다. 특히 군인들을 대상으로 수행된 다양한 혈액형 시험은 이런 회의적 견해를 더욱 강화하는 데 결정적인 역할을 했다. 열등한 혈액형으로 알려진 B형이 군인으로서의 직무에는 훨씬 더 적합한 직무능력을 발휘한다는 임상실험의 보고나 혈액형에 따라 군인들의 적성과 능력이 다르게 나타난다는 연구결과[27] 등은 개인의 사회적 성격을 식별하는데 혈액형이 유효한 수단이 될 수 있음을 암시했다.

그리고 이러한 임상적 결과는 심리학자 후루카와 다케지[古川竹二]에 의해 기질설과 결합하여 혈액형 성격론 혹은 혈액형 기질상관설 등으로 발전해 나갔다.[28] 이후 일본의 혈액형 연구는 서구의 혈액형 인종

27) 平野林・失島登美太, 「人血凝集反應ニ就テ」, 『軍醫團雜誌』 157, 1926; 中村慶, 「血液種屬ト兵卒ノ個性ニ就テ」, 『軍醫團雜誌』 169, 1927; 岩波浩, 「海軍兵學校生徒の血液型と諸觀察」, 『犯罪學雜誌』 5-4, 1932.

28) 후루카와의 혈액형기질상관설에 대해서는 大村政男, 『新編 血液型と性格』, 福村出版, 2012,

주의의 영향을 지속적으로 받으면서도 개인의 사회적 성격을 규명하는 방향으로 발전해 나갔고, 인적 자원의 적절한 배치와 활용을 통해 동원을 극대화하려는 제국일본의 정책과 긴밀하게 결합하면서 크게 '융성'하게 된다.

그런데 '혈액형과 성격'이라는 일본 특유의 혈액형 연구경향이 반드시 혈액형 인종주의를 부정하거나 배제하는 것은 아니었다는 사실은 주의를 요한다. 후카마치의 연구에서 보듯이 힐슈펠트의 인종계수와 오텐버그의 인종분류는 주변 민족에 대한 일본 민족의 인종적 우월성을 정당화하는데 여전히 유효할 수 있었기 때문이다. 따라서 제국일본은 서구 인종주의과학이 내포하는 노골적인 유색인차별의 논리에 대해서는 일정 정도 비판적 거리를 유지하면서도, 인종의 위계적 질서에 대한 과학적 정당화는 주변 민족에 대한 식민지지배에 적용하여 차별과 통합의 경계를 재조정해나갔다. 일본 본토의 혈액형 연구가 혈액형 인종주의보다는 혈액형과 사회적 성격 사이의 관계를 규명하는 방향으로 나아갔던 데 반해서, 식민지의 연구는 혈액형 인종주의에 입각해서 일본과 식민지, 주변 민족 사이 인종주의적 위계질서를 과학적으로 정당화하고, 더 나아가 동화주의를 표방했던 식민권력과 긴밀히 결합하면서 혈액형을 통해 민족의 이동과 결합을 측정하는 방향으로 차별화된 것도 이 때문이었다. 내지(內地)와 외지(外地)로 차별화된 제국일본의 혈액형 연구는 서구열강과 일본이 인종주의를 매개로 어떻게 적대적인 공모관계를 형성하고 있었는지를 여실히 드러내고 있었던 것이다.

2장을 참조.

5. 식민지조선의 혈액형 연구

앞서 살펴보았듯이, 일본 본토의 혈액형 연구는 1930년대 들어 사회적 성격과의 관련성을 중심으로 '붐(boom)'이라고 할 수 있을 정도로 대중적 관심의 대상으로 부상했지만, 식민지 조선에서는 본토와는 다소 상이한 방향에서 일찍부터 혈액형 연구가 진행되고 있었다. 힐슈펠트의 인종계수 및 인종분류에 입각해서 일본과 주변 동아시아 민족의 위계적 상관관계를 명확하게 밝히는 혈액형 인류학 연구가 그것이다. 여기서 중심적인 역할을 했던 것이 뒤에서 다룰 사토 다케오[佐藤武雄]가 주임교수로 있었던 경성제대 법의학교실이었지만, 식민지 의학에서 혈액형 인종주의에 대한 학문적 관심은 힐슈펠트의 연구결과가 발표된 직후인 1920년대 초반까지 거슬러 올라간다.

1) 인종적 차별성과 역사적 근친성

식민지에서 조선인의 인종계수를 조사하여 이를 재조일본인의 사례와 비교하는 연구가 처음으로 발표된 것은 일본 본토에서 조선인과 만주인의 인종계수를 추정한 규슈제대 후카마치[深町穗積]의 연구와 거의 같은 시기인 1922년이었다. 경성의학전문학교 외과교실의 기리하라 신이치[桐原眞一]와 백인제(白麟濟)가 발표한 「일선인 사이에 있어서 혈액속 백분율의 차이 및 혈액속별 특유성의 유전에 대해서(日鮮人間ニ於

ケル血液屬別百分率ノ差異及血液屬別特有性ノ遺傳ニ就テ)」가 그것이다. 이들은 조선총독부의원의 외래환자, 병원직원, 경성감옥 수인 등 대상으로 재조일본인 502명, 조선인 1,167명의 혈액형을 조사한 후, 그 결과를 1922년 7월 『동경의사신지(東京醫事新誌)』 2,299호에 발표했다. 그리고 이후 여기에 충북과 전남의 조선인 사례를 보강하여 같은 제목으로 1922년 12월 『조선의학회잡지(朝鮮醫學會雜誌)』 40호에 게재했다. 이 연구는 서울과 평양만을 조사했던 후카마치[深町穗積]의 연구가 가졌던 한계를 보완하여 조선인의 지역적 차이가 의미하는 바를 밝히려고 했는데, 조사의 결과는 다음과 같았다.

〈표 2〉 후카마치와 백인제의 조선인 및 재조일본인 혈액형조사 결과[29]

조사지역	혈액형(%)				인종계수
	AB	A	B	O	
평북(354)	7.6(27)	27.4(97)	34.5(122)	30.5(108)	0.83
경기(311)	7.1(22)	32.8(102)	32.8(102)	27.3(85)	1.00
충북(112)	12.5(14)	36.6(41)	33.0(37)	17.9(20)	1.08
전남(171)	12.9(22)	41.5(71)	15.7(44)	19.9(34)	1.41
재조일본인 경성(502)	7.8(39)	42.2(212)	20.6(103)	29.4(148)	1.78

이 표에서도 알 수 있듯이, 키리하라와 백인제는 힐슈펠트의 인종분류에 따라 재조일본인과 조선인 사이에는 인종적 위계가 존재한다는 결론을 내렸다. 재조일본인의 인종계수는 1.78로, 인종분류상 "중간형"으로 분류될 수 있는데 반해, 조선인의 경우에는 인종계수로 보면 대체로 "아시아-아프리카형"에 속한다는 것이다. 다만 조선인의 인종계수

29) 桐原眞一・白麟濟, 「日鮮人間ニ於ケル血液屬別百分率ノ差異及血液屬別特有性ノ遺傳ニ就テ」, 『朝鮮醫學會雜誌』 40, 1922에서 재구성.

는 지역별로 상당한 차이를 보이는데, 특히 남부지방의 경우 "중간형"에 속하는 곳도 관찰되었다. 키리하라와 백인제는 이런 결과가 힐슈펠트의 연구 및 일본 본토의 연구와도 부합된다고 결론내리지만, 조선 남부의 사례는 일본민족과 조선민족 사이의 역사적, 언어적 유사성과 관련이 있을지도 모른다면서 다음과 같은 추정을 덧붙였다.[30)]

> 이 결과에 의해 大和民族과 朝鮮民族의 선조가 누구인가를 추정하기 어려운 것은 물론이지만, 그래도 다른 역사학적, 인류학적, 또는 언어학적 연구과 여러 가지로 서로 대조해 보면 대체로 다소의 추정도 할 수 있지 않을까.

실제로 1910년대 말, 1920년대 초반 당시의 식민사학자들의 역사인식은 '일선동조(日鮮同祖)'라는 식민통치의 취지에 원칙적으로 동의하면서도 현실의 조선인과 일본인의 차이를 받아들이는 입장을 취하고 있었다. 이는 역사적으로는 조선 고대사를 조선 남부(南鮮)와 조선 북부(北鮮)로 분할하여, 조선 남부의 경우 일본과의 밀접한 역사적, 문화적, 인종적 관련성을 강조하는 반면 조선 북부는 낙랑유적 등의 발굴성과를 바탕으로 중국 한족(漢族)세력의 유입에 주목하는 경향으로 나타났다.[31)] 일본인은 조선 남부의 사람을 포함하여 아시아대륙 각지에서 민족이 건너와 "우승열패(優勝劣敗)"와 "구축(驅逐)", "합체(合體)"의 과정을 거쳐서 이루어졌으며, 따라서 일본의 조선지배는 남조선과의 역사적 근친성을 감안한다면 필연적인 사건이라는 논리였다.[32)] 게다가 이

30) 위의 글, 281쪽.
31) 黒板勝美, 「朝鮮の歴史的觀察」, 『朝鮮』 78, 1921, 57쪽.

러한 역사인식에는 지금의 일본인은 지금의 조선인과 같지 않으며, 심지어 현실의 한반도 남부의 조선인들과도 완전히 일치하지 않다는 사실이 전제되어 있어서, 현재 일본인의 우월적 위치와 식민 지배를 정당화하는 장치를 갖추고 있었다. 조선 북부와 남부 사이에 확연하게 인종계수의 차이가 관찰된다는 키리하라와 백인제의 논의는 한편으로 지금의 조선인은 일본인에 비해 인종적으로 열등하다는 사실을 과학적 사실로 인정하면서도, 다른 한편으로 조선의 지역수준으로 내려가면 조선남부와 일본 사이의 '일선동조'의 가능성도 열어두려 한다는 점에서 당시 '관학' 식민사학자들의 역사인식과 궤를 같이 하는 것이다. 이처럼 인종주의의 전제와 동화주의의 과제를 실증적 데이터의 통계적 질서 속에서 결합시키고자 했던 식민지 의학 특유의 관점이 이미 이 연구에서 분명히 드러나고 있었다고 할 수 있다.

2) 분열하는 '조선인'의 범주, 재편되는 '조선인'의 위상

그리고 이러한 식민지 의학 특유의 혈액형인류학은 1926년 경성제국대학 의학부가 설립된 이후, 법의학교실에 의해 보다 발전된 형태로 진행되었다. 법의학교실은 1929년에 설치되었는데, 동경제대에서 법의학을 전공하고 동경지방재판소 의무촉탁으로 있었던 사토 다케오[佐

---

32) 黑板勝美, 今西龍 등 1910~20년대 조선총독부의 촉탁을 맡아 관학자로 활동했던 일본인 역사가들의 활동에 대해서는 정상우, 「조선총독부의 『朝鮮史』 편찬사업」, 서울대 박사논문, 2011을 참조.

藤武雄]가 교실의 주임교수로 부임했다. 사토의 법의학교실은 식민당국의 요구에 응해 법의학적 자문을 제공하는 한편, 혈청학 및 혈액형과 관련된 연구를 주도했다. 사토 다케오의 이력을 추적해보면, 그가 경성제대에 부임하기 이전에 혈액형에 관련된 연구를 발표한 사실은 확인되지 않는다. 물론 그는 대학 재학 당시부터 법의학과 더불어 혈청학을 전공하고 있었기 때문에 혈액형 연구 자체가 낯선 것이 아니었던 것은 분명하다. 하지만 법의학교실이 설치된 후 1년 남짓 된 시점에서 교실의 연구 인력을 대략 갖추자마자 곧바로 조선인의 혈액형 분포상황에 대한 체계적인 조사에 착수했다는 사실[33]은 단순히 주임교수 사토의 연구관심에서 비롯된 것으로 보기에는 무리가 있다. 법의학교실의 조선인혈액형 조사가 1931년에는 '동조궁 삼백 년 기념회(東照宮三百年記念會)'로부터 450엔, 1933년과 1934년 '제국학사원(帝國學士院)'으로부터 1,350엔 등 경성제대의 다른 교실에 비해서도 압도적인 재정적 후원을 받았다는 것이 이를 예증한다.

1934년까지 총 4년간 계속된 법의학교실의 조선인 혈액형조사는 조선 전역을 크게 3개의 권역, 즉 북부, 중부, 남부로 나누어 수행되었다. 조사지역으로는 북부에 해당하는 함남, 함북, 평남, 평북 4개 도(道)에서 19곳, 중부에 해당하는 강원도 1개 도의 3곳, 남부에 해당하는 경남, 전남 2개 도에서 10곳, 그리고 행정상 전남으로 구분되지만 언어와 풍속, 역사가 다른 제주도 1곳이 선정되었는데, 여기에서 도합 24,929건의 혈액 샘플이 채취되었다. 이처럼 이들이 권역을 나누고, 조사지의 선정에 신중을 기했

---

33) 佐藤武雄・國房二三・ 野村捷一・ 萩森壽,「朝鮮人の血液型に就いて(第一報)」,『社會醫學雜誌』539, 1931.

던 것은 기존 연구에 대한 이들의 비판적 입장에서 비롯한다.

그들이 보기에, 경성의전의 키리하라 · 백인제(白麟濟) 연구, 규슈제대의 후카마치의 연구는 사례수도 작고, 통계적 의미에서 대표성을 확보하지도 못했기 때문에 이들이 산출한 인종계수는 신뢰하기가 어렵다. 그런데 더 큰 문제는 이들 연구가 인구의 이동이 잦고 사람들이 뒤섞여 살고 있는 도시지역을 사례지로 설정했다는 점이다. 헝가리의 연구사례[34] 등을 통해서 특유한 혈액형의 속성은 유전을 통해 비교적 안정적으로 유지되며 따라서 인종 / 민족 집단을 식별하는 고유한 지표가 될 수 있다는 사실이 드러났지만, 사람의 이동이 많지 않아 '피의 섞임'이 적을수록 지역의 고유한 혈액형 분포의 속성은 더욱 명확하게 드러날 것이다. 그들이 보기에 기존의 연구들은 조사의 편의성 때문인지 서울, 평양 등 도회지를 중심으로 혈액형 조사를 했으며, 따라서 이렇게 산출된 수치가 과연 경기도(조선 중부)와 평안남도(조선 북부)의 혈액형적 특징을 드러내는 것인지 불분명해지고 말았다. 법의학교실이 조사를 계획할 당시부터 혈액형 샘플의 추출에 있어서는 당시 조선의 인구학적 특징을 반영하는 한편, 지리적으로 인구이동이 불편하고 역사적으로도 큰 이동이 없었던 곳, 다시 말해 '순혈(純血)'의 지역을 조사지로 선정하기 위해 세심한 노력을 기울였던 것도 이 때문이었다.

"경성제국대학에 봉직하고 있다는 지리적 이점"을 십분 활용하여 조선인 혈액형 분포에 대한 방대하고 정교한 데이터베이스를 구축하고, 이 결과를 혈액형인류학의 입장에서 분석한 것이 경성제대 법의학교실의 이

34) 앞서 언급한 Verzār와 Weszeczky의 1921년 연구가 대표적이다.

〈표 3〉 경성제대 법의학교실의 조선인 혈액형 조사 결과[35]

조사지역	표본수	혈액형(%)				인종계수
		AB	A	B	O	
조선북부	11093	9.81	30.60	31.07	28.51	0.99
조선중부	6468	9.60	31.49	29.70	29.21	1.05
조선남부	6465	11.37	35.99	26.67	25.79	1.25
조선전체	249	10.25	37.34	29.53	27.88	1.07

름으로 일본 본토의 『범죄학잡지』에 발표한 「조선인의 혈액형(朝鮮人の血液型)」이란 연구이다.[36] 식민권력의 체계적인 협조와 후원을 바탕으로 혈액체취의 엄밀성을 강화했다는 점, 경성제대 해부학교실의 인체측정 작업과 연동해서 그 결과를 참조해가면서 연구를 진행했다는 점[37] 등에서 이 연구는 기존의 조선인 혈액형 연구뿐 아니라 당시 일본 본토에서 이루어지고 있었던 혈액형 연구 전체를 압도하는 측면이 있었다.

기존의 조선인 혈액형에 대한 연구가 조사의 한계를 의식하며 조선인 전체의 평균적인 인종계수를 논문에서는 명시적으로 도출하지 않았던 것에 비해 법의학교실의 이 연구는 통계기법의 엄밀성에 대한 자신감을 바탕으로 조선인 전체는 1.07, 조선북부는 0.99, 조선중부는 1.05, 조선남부(제주도를 제외한)는 1.25이라는 평균적인 인종계수를 추출해냈다. 그리고 이런 결과를 힐슈펠트의 인종분류 뿐만 아니라, 힐슈펠트 이후의 혈액형 인류학의 연구 성과에 대입시켜, 세계인종의 혈청학적 지도 위에 조선민족의 위치를 확정하고자 했다. 가령 A형과 B형의 관계에

35) 佐藤武雄・國房二三・野村捷一・萩森壽, 「朝鮮人の血液型」, 『犯罪學雜誌』 1359, 1935쪽에서 재구성.

36) 佐藤武雄・國房二三・野村捷一・萩森壽, 「朝鮮人の血液型」, 『犯罪學雜誌』 1359, 1935, 692쪽.

37) 佐藤武雄・國房二三・野村捷一・萩森壽, 「朝鮮人の血液型に就いて(第一報)」, 『社會醫學雜誌』 539, 1931, 1~2쪽.

초점을 두는 힐슈펠트의 인종분류에 입각하면, “조선북부, 중부 및 전 조선은 ‘아시아-아프리카형’에 속하고 조선남부는 가까스로 ‘중간형’에 속”한다. 하지만 O형의 비율까지 같이 고려하는 오텐버그의 인종분류에 입각해보면, 조선민족은 A, B형에 비해 O형이 적기 때문에 어떤 범주에 속하지 않고 ‘호남(湖南)’형과 ‘인도만주’형의 중간쯤에 위치하는 것이 된다. 그런데 A, B, O, AB 4가지 혈액형에서 3가지 유전인자의 빈도수를 추출하는 베른슈타인(Felix Bernstein)의 기법[38]을 활용하여 조사의 결과를 보정하고, 보정된 결과를 오텐버그의 인종분류를 유전인자 빈도의 비율을 가지고 재조정한 스나이더(L. Snyder)의 인종분류[39]에 적용해 보면, 조선 전체 및 조선북부, 조선중부는 ‘인도만주’형에 속하는 반면 조선남부는 일본이 속한 ‘호남’형에 속한다는 결론이 도출된다.

결국 전체적으로 보았을 때 법의학교실의 연구는 경성제대 법의학교실의 연구는 남쪽으로 내려갈수록 인종계수가 높아진다는 경성의전의 연구결과와 비슷한 결론에 도달한 것으로 보인다. 하지만 키리하라[桐原眞一]·백인제의 연구가 조선 내부의 지역적 차이, 즉 조선남부와 북부의 혈청학적 차이를 가설적으로 추정했던 데 반해서, 법의학교실의 연구는 조선북부와 조선남부는 최소한 혈액형인류학의 입장에서는 “완전히 별개로 발달해 온” 명백히 다른 실체라는 점을 분명히 했다. ‘조선인 전체’라는 범주에서는 ‘일본인’과의 인종적 차이를 분명히 하면

38) 독일 수학자 펠릭스 베른슈타인이 혈액형 연구에 끼친 영향에 대해서는 James F. Crow, “Felix Bernstein and the First Human Marker Locus”, *Perspectives : Anecdotal, Historical and Critical Commentaries on Genetics*, the Genetics Society of America, 1993을 참조.

39) Laurence H. Snyder, “Human Blood Groups : Their Inheritance and Racial Significance”, *American Journal of Physical Anthropology* 60(2), 1926.

서도, 과학적으로는 '조선인 전체'보다는 '조선북부'와 '조선남부'라는 지역범주가 더 중요하다는, 다시 말해 조선이라는 민족범주의 해체를 함의하고 있다는 점에서 주목할 필요가 있는 것이다.

이처럼 지역범주의 차원에서 조선이라는 범주를 해체하여 조선남부와 일본 본토 사이의 인종적 근친성을 객관적이고 과학적인 사실로 추인하고 나면, 조선북부는 주변 동북아시아 제(諸)민족들과 어떠한 혈청학적 연관성을 가지는가의 질문이 자연스레 부각된다. 그런데 여기서는 법의학교실이 조선북부와 관련을 맺는 주변 제민족 중에서 중국인, 즉 '한족(漢族)'을 의도적으로 배제하고 있다는 점은 주목할 필요가 있다. 이것은 인종계수로 볼 때, 북만(北滿)지역, 몽고지역의 경우에는 조선남부에서 조선북부로 갈수록 인종계수가 낮아지는 패턴이 그대로 연장되는데 반해서, 한족이 밀집한 중국의 지역으로 갈수록 인종계수의 패턴이 역전되어 다시 높아지는 현상이 관찰되는 것에서 비롯된 것으로 보이는데, 이런 관찰은 중국인이 같은 패턴이 확인되는 '일본-조선-만몽'과는 다른 인종임을 드러내는 객관적 증거로 내세워졌다.

더욱이 이 연구가 발표되었던 1930년대 중반은 제국일본이 대륙침략을 본격화하여 만주지역에 괴뢰국가 만주국을 설립했던 시점과 맞물려 있었다. 만주국을 세운 일본은 침략행위의 정당성을 이데올로기적으로 확보하기 위해서, 만주를 중국에서 분리하려는 다양한 수준의 '문화공작'을 시도했다. 만주지역에 살았던 몽고족, 만주족을 위시한 '북방민족'의 역사적 존재성이 부각되었고, 이를 통해 한족 중심의 화베이 지역과 북방민족 중심의 만주, 내몽고, 신장(新疆) 지역이 역사적으로 애초부터 분리된 지역이라는 주장이 강화되었다. 그리고 이 만주의 '북방민족들'과 일본의 '내지인'들 사이를 매개하는 조선사의 역할 또한 점차 강조점이 변해가는 양상을 보이게 된다. 앞서 살펴보았듯이 1910년대와 1920년대 주류 식민사학자들의 역사인식이 조선사의 정체적, 종속적 성격을 드러내기 위해, 한사군(漢四郡)의 설치 등 조선 북부의 중국지배를 강조하는 경향이 강했다면, 1930년대에는 예맥, 고구려, 여진 등 조선북부에서 활동했던 민족들이 강조되고 이들을 만몽(滿蒙) 지역 북방민족들의 민족적 이동과 긴밀히 연관 지워 파악하려는 경향이 현저해졌다. 즉 조선사를 대륙의 동북아시아에 종속시켜 일본 중심의 이른바 '만선사(滿鮮史)'를 구축하려는 시도로 나타났다.[40] "예로부터 한편으로는 지나(支那), 다른 한편으로는 내지(內地)에 깊은 관계를 맺고 있었"던 조선에서, "고래(古來) 만몽(滿蒙)과 밀접한 관계를 가지고 있었으며 왕시(往時) 문명동점(文明東漸)의 무렵에도 교량이 되어 왔"[41]던 조선으로 인식의 전환이 꾀해졌던 것이다. 그리고 여기에는 일제의 대륙침략과 관련하여 조선은 "또다시 문명서점(文明西漸)의 교량이 되어야 할 사명을 가진"[42]다는 인식이 덧붙여졌다.

이렇게 미묘한 정치적 시점에서 법의학 교실은 일본인・조선인과 중국인의 인종적 연관성을 과학적 증거를 들어 부인하는 한편, 북방민족

40) 일본인 식민사학자들의 '滿鮮史' 인식에 대한 고전적 설명으로는 김용섭, 「일본・한국에 있어서 한국사서술」, 『역사학보』 31, 1966을 참조할 것.

41) 앞의 인용은 1926년 경성제대 설립 당시 초대총장 服部宇之吉이 대학의 사명을 언급하면서 썼던 표현이고(『文教の朝鮮』 10, 1926.6, 3~7쪽), 뒤의 인용은 부임과 더불어 만주국을 시찰하고 온 4대 총장 山田三良이 경성제대의 사명을 시대에 맞게 재규정하면서 썼던 표현이다(『京城帝國大學學報』 73, 1933.4.6).

42) 山田三良의 앞의 인용 글. 참고로 일제의 대륙침략과 더불어 경성제대의 대학이념 또한 변화를 겪게 되었는데, 이에 대한 분석으로는 정준영, 「경성제국대학과 식민지헤게모니」, 서울대 박사논문, 2009, 186~191쪽 참조.

에 관한 기존의 혈액형 연구에 입각하여 조선북부와 만몽인 사이에 인종적 연관성을 가설적으로 설정한다. 조선북부의 인종계수는 단순히 일본과 만몽의 중간에 위치하는 것이 아니라, "만몽(滿蒙)에서 북선(北鮮)으로, 조선의 북부에서 남부로, 그리고 남선(南鮮)에서 일본으로 이행(移行)했다는 것을 말해주는 점변적(漸變的) 가치 내지 형자(形姿)"를 드러낼지도 모른다. 다시 말해, 만몽지역, 몽강지역에 대한 엄밀한 혈액형 조사를 통해 "일본인, 조선인, 만몽인은 서로 점변적(漸變的)으로 이행(移行)하고 혼성(混成)하는 과정"을 통해 만들어졌다는 사실을 과학적으로 입증할 필요가 제기된 것이다. 조선인 혈액형 조사를 일단 갈음했던 법의학교실이 후속작업으로 만몽인, 즉 몽고족 및 퉁구스족의 혈액형분포조사에 착수했던 것은 논리적으로 지극히 당연한 수순이었다.

3) '순혈'에서 '혼혈'로, 동아(東亞) 제(諸)민족의 이동

경성제대 법의학교실은 조선인 혈액형에 대한 조사 작업이 일단 완료되고 분석만을 남겨 놓은 1934년 여름부터 북만주와 내몽고 일대의 '만몽인(滿蒙人)'에 대한 혈액형 조사를 본격적으로 착수했다. 5년간에 걸친 이 조사는 주로 하계방학이 이용되었는데, 법의학교실의 연구 인력들은 5차례에 걸쳐 북만주의 오지와 내몽고, 신강(新疆) 지역에 파견되어 혈액형 샘플을 채취하여 분석을 수행했으며, 매 조사의 결과를 정리하여 일본법의학회에 발표하고, 『범죄학잡지』에 투고했다.[43] 조사

43) 경성제대 법의학교실의 만몽조사의 결과는 다음과 같이 보고되어 있다.

의 시기와 장소, 대상과 샘플 수를 정리해보면 다음과 같다.

〈표 4〉 경성제대 법의학교실 연구팀의 만몽 · 몽강지역 혈액형 조사내역[44]

	조사 시기	조사 지역	조사 대상	조사 사례수
1차	1934년 8월 상순부터 약 3주간	- 만주국군관학교(鄭家宅) - 하얼빈에서 러시아로 이어지는 濱州線철도부근의 興安警備軍 5곳	漢人을 제외. 몽고족(4족) 퉁구스족(4족)	총 335건 (몽고족 335건, 퉁구스족 520건)
2차	1935년 7월 2~27일 (25일간)	- 만주국 북부 및 북동부 오지 (龍江省, 濱江省, 黑河省, 興安東省의 8곳과 2개의 도시)	몽고족(1족) 만주족을 포함한 퉁구스족(5족)	총 755건 (몽고족 60건, 퉁구스족 695건)
3차	1936년 7~8월 1달간	- 龍江省 9곳 - 興安東省 2곳	다른 부족과 고립되어 수렵생활에 종사하는 퉁구스족(4족)	총 163건 (퉁구스족 163건)
4차	1937년 7월 상순부터 9월 상순까지 약 2달간	- 興安北省 3곳 - 龍江省 1곳 - 興安東省 3곳 - 熱河省 1곳 - 興安西省 1곳 - 내몽고 察合爾省	몽고족(3족) 퉁구스족(3족) 야쿠트족	총 670건 (몽고족 506건 퉁구스족 162건 야쿠트족 2건)
5차	1940년 8월 3~26일 (23일간)	- 熱河省 - 내몽고연합자치정부		

위의 표에서 알 수 있듯이, 법의학교실의 만몽인 혈액형 연구는 대체로 관동군이 군사적으로 장악했던 만주국의 국경지대에 집중되어 있으며, 남만주철도회사 즉 만철이 관할했던 철도를 중심으로 인근에 고립적으로 생활했던 몽고족 부족들과 퉁구스족 부족들이 주요한 조

1차 조사결과 : 佐藤武雄 · 島崎浩, 「第一回滿蒙人(蒙古族 · 通古斯族)血液型調查」, 『犯罪學雜誌』 11, 1937.
2차 조사결과 : 佐藤武雄 · 牧藤久吉, 「第二回滿蒙人(蒙古族 · 通古斯族)血液型調查」, 『犯罪學雜誌』 11, 1937.
3차 조사결과 : 國房二三 · 牧藤久吉, 「第三回滿蒙人(蒙古族 · 通古斯族)血液型調查」, 『犯罪學雜誌』 12, 1938.
4차 조사결과 : 牧藤久吉, 「第四回滿蒙人(蒙古族 · 通古斯族)血液型調查」, 『犯罪學雜誌』 12, 1938.
5차 조사의 기록은 佐藤武雄, 「血液型檢查準備調查並ニ法醫學上ノ調查概況」, 『滿蒙文化研究會パムフレット』 6, 1942에 소개되어 있다.

44) 『법죄학잡지』 등에 수록된 경성제대 법의학교실의 조사보고를 바탕으로 재구성. 조사보고의 상세한 내역은 주 43을 참조.

사대상이 되었다. 이들도 고립적인 생활 때문에 '피의 뒤섞임'이 없는 '순혈(純血)'상태를 오랫동안 지속해 왔기 때문에, 인종계수의 측면에서 북방민족의 역사적 특징을 보존하고 있는 것으로 가정되었다. 그런데 흥미로운 것은 법의학교실의 만몽지역 조사는 횟수를 거듭할수록 만주국의 국경지대에 더욱 근접해갈 뿐만 아니라, 5차 조사에 이르면 국경을 넘어 새롭게 일본의 점령지역이 된 내몽고지역까지 확대되어갔다는 사실이다. 다시 말해, 일본의 군사적 팽창과 맞물려 조사의 범위가 확장되어가는 양상을 보였던 것이다.

따라서 조사는 항상 군사적 위험에 노출될 수밖에 없었으며, 만주와 내몽고를 점령한 일본군의 보호와 지원이 절대적이었다. 그래서 경성제대 의학부 졸업생이었던 정근양은 1936년 당시 법의학교실의 풍경을 다음과 같이 묘사했다.[45)]

> 法醫學教室에서는 只今 滿洲, 朝鮮 各處로 巡廻하며 血液型決定에 教員을 總動員시키고 있다. 奬學金도 받어 가며 일을 하고 있다. 이 調查를 하기 爲하야 教授와 助手 한 名이 滿蒙을 旅行中 匪賊의 襲擊을 받어 奇蹟的으로 一命을 求할 수 있었다는 것은 아직 우리들 記憶에 새로운 바이다.

이 인용문에서 장학금이란 1935년부터 복부보공회(服部報公會)로부터 3년간 지원받은 3,000엔을 의미하는 것 같은데, 법의학교실의 조사활동은 제국정부의 금전적 지원과 대륙을 점령한 관동군의 보호 속에

45) 鄭槿陽, 「研究室風景」, 『四海公論』 2-6, 1936.6, 107쪽.

"비적의 습격"이라는 위험을 무릅쓰고 이루어진 "대륙문화전쟁을 위한 첨병"이었다. 당시 경성제대 교수 오다카 토모[尾高朝雄]의 표현처럼, "군기(軍旗)가 나아가는 곳에는 과학의 깃발도 같이 나아가야 하는 것"[46]에 다름 아니었던 것이다. 그리고 이 결과가 만몽인 혈액형 조사를 통해 구축된 일본을 중심으로 조선, 만주, 몽고가 동심원적 구조를 형성하는 거대한 인종적 지도였다.

그런데 경성제대 법의학교실은 1940년대에 들어서면서 또 한 번의 인식의 전환을 모색하게 된다. 사토는 법의학교실의 주임교수로서 1941년 경성제대 대륙문화연구회가 주최한 대륙문화강좌에서 '혈액형을 통해 본 동아 제(諸)민족의 이동(血液型より見たる東亞諸民族の移動)'이라는 제목으로 대중강연을 했다.[47] 이 강연에서 그는 법의학교실의 조선인혈액형 연구와 만몽인혈액형 연구의 성과를 하나로 집대성하면서도, 이전까지의 견지해왔던 혈액형인류학의 기본 전제를 뒤집는 새로운 견해를 제시했다.[48]

> 대동아공영권 내의 각 민족을 혈액형을 통해 관찰할 때, 지역적으로 민족적으로 혼혈을 극도로 피하거나, 혼혈이 이루어지기 어려운 상태에서 (…중략…) 현재에 이르렀다고 대략 인정되는 민족, 즉 아이누, 몽고족, 고사족, 필리핀, 남양, 말레이 등의 민족은 대체로 특징 있는 혈액형 출현상태를 보인다. 하지만 그렇지 않은 곳은 서로 이주, 혼혈, 교류가 있었다는 것은 지도

46) 京城帝國大學大陸文化硏究會 編, 『蒙疆の自然と文化 : 京城帝國大學蒙疆學術探險隊報告書』, 古今書院, 1939, 15쪽.
47) 佐藤武雄, 「血液型より見たる東亞諸民族の移動」, 『續大陸文化硏究』, 岩波書店, 1943.
48) 위의 글, 427쪽.

상의 위치 또는 역사적인 관계, 潮流 관계를 통해서도 이해될 수가 있는데 마찬가지로 혈액형조사의 성적을 보아도 역시 납득할 수 있는 바이다.

이것은 혈액형인류학이 이주, 혼혈, 교류의 흔적을 추적하는 작업에도 적극적으로 활용될 수 있다는 것을 암시하는 대목이다. 앞서 언급했듯이 힐슈펠트 이래 인종계수를 이용한 혈액형조사는 혈액형이 인족/민족의 고립된 고유성을 표현할 것이라는 전제에 바탕을 두고 있었다. 그리고 경성제대 법의학교실도 조선인혈액형, 만몽인혈액형 연구의 단계에서는 인종계수의 정밀한 추출을 위해 고립된 지역을 사례로 채택하는 등 이런 '순혈'의 전제를 철저하게 지켜왔다. 그랬던 법의학교실이 이제는 입장을 바꾸어 인종계수와 혈액형의 분포는 집단의 고유한 속성을 드러내는 것이 아니라 집단들 사이의 고립과 교류를 의미할 것이라는 가설을 설정했다.

'순혈(純血)'이 아니라 '혼혈(混血)'에 초점을 맞추어 일본, 조선, 만주, 몽고 각 지역들 사이에서 일어났을 것으로 추정되는 '집단 간 이동과 교류'를 본격적으로 추적하기 시작했던 것이다. 1935년의 연구에서 법의학교실 연구팀은 이미 인종계수가 조선인의 인종/민족의 개별성을 드러내는 것이라기보다는, '北鮮→中鮮→南鮮→內地'이라는 피의 교류와 연속성을 의미하는 것일 수도 있다는 가설을 제시한 바 있다. 하지만 1941년의 이 강연에서는 혈액형을 통해 표현되는 민족의 인종적 고유성을 완전히 부정하는 것은 아니지만, 이런 고유성은 혼혈이 불가능하거나 어려웠던 일부 고립 인종/민족에 한정한다. 오히려 대체로 민족과 인종은 역사적으로 끊임없이 교류와 이동, 그리고 혼혈을 계속해 왔으며, 아시아 각국의 혈액형 조사의 결과는 "인도→滿蒙族→滿洲人→北鮮人→南鮮人→일본인", 즉 일본인의 탄생으로 최종 수렴되는 이동과 교류의 계보를 보여준다는 것이다. 이러한 법의학교실의 입장 변화는 급박한 전황 속에서 '대동아공영권'을 모색했던 당시 제국일본의 입장과 긴밀하게 연관되어 있었음은 물론이다.

6. 나가며

이처럼 제국일본의 혈액형 연구는 서구인들에 대해서는 '인종적 열등성', 식민지인들에 대해서는 '인종적 근접성'으로 특징 지워지는 제국일본의 독특한 위상 속에서 한편으로는 서구인의 인종적 시선을 무력화시키고 다른 한편으로는 식민지인들에 대한 인종적 차별과 위계를 정당화하는 유력한 과학적 도구로 작동했다. 특히 식민지 의학의 혈액형 연구는 동화주의를 표방했던 식민권력의 정책적 지향과도 긴밀한 연관을 맺으며 이를 뒷받침했다. 일본의 식민지주의는 '백인 대(對) 유색인종'이라는 이항대립적인 인종주의의 구도에 저항하면서도 혈액형이라는 가시적 지표를 통해 식민지지배로부터 야기된 차이를 회복 불가능한 본질적 차이로 치환하는 인종주의의 통합과 배제의 원리를 그대로 답습한다는 측면에서 서구의 식민지주의와 '적대적 공모관계'를 형성하고 있었다. 그리고 이와 같은 적대적 공모관계는 과학적 권위와 결합되면서 식민지에 강력한 문화적 헤게모니를 구축하는 계기가 되었다. 수혈문제에 대한 실천적 관심에서 경성의전에서 키리하라(桐原眞一)와 같이 혈액형 조사를 수행했고 나중에 모교의 교수가 되었던 백인제는 "조선인(朝鮮人)은 아(亞), 아형(阿型), 일본인(日本人)은 중간형(中間型)"[49]이라고 해서 조선인의 인종적 열등성을 추인했다. 경성의전 학생시절, 조선인에 대한 민족적 차별에 반발해서 3·1운동 주도했다고 알려진 백인제가 혈액형 인종과학의 과학적 권위에 굴복하는 태도를 보였던 것이다. 마찬가지로 3·1운동 당시 옥고를 당했으며 이후 조선인 최초의 법의학자가 된 세브란스의전 교수 최동(崔棟)은 1935년 『조선의보(朝鮮醫報)』(제5권 3호)에 「조선인의 혈액」이란 논문을 발표했다. 경성제대 법의학교실의 조선인 혈액형 연구를 노골적으로 의식하면서 작성된 이 논문에서 최동은 별다른 논리적 근거를 제시하지 않은 채, 혈액형의 지리적 분포를 통해 백두산을 기점으로 고대 조선민족이 한반도에 확산되는 과정에 대해 장광설을 펼쳤다.[50]

> 조선민족의 구성이 遙遠한 太古에 在하야 滿蒙古代民族과 밀접한 지리적, 문화적 관계가 있다면, 최초에 비교적 A형이 풍부한 족속이 백두산 밑으로 南下해서 前住民되는 비교적 O형이 多數한 족속을 강원도지방에 이전시키고, 황해도 경기도 지방을 통과해서 최종적으로 남선지방에 정착했으며, 그 후 수세기를 經한 후 再次 백두산을 기점으로 동서방면으로 이번에는 비교적 B형이 풍부한 족속이 재차 남하하야, 평안도, 황해도와 경기지방에 다

49) 인용된 문구는 『동아일보』 1927년 7월 21일 자 기사의 제목이다.

50) 崔棟, 「조선인의 혈액」, 『朝鮮醫報』 5-3, 1935.

수 정착한 후 그 일부는 남선지방에 도착하여 선주민과 혼혈한 흔적을 窺知할 수 있지 아니한가 한다.

경성제대 법의학교실이 식민권력과의 체계적인 결합 속에서 엄밀한 통계적 기법을 통해 정밀하게 구축했던 '동아(東亞) 제민족(諸民族)의 이동(移動)'과 교류가 최동의 논문에서는 전도된 형태로 등장했던 것이다. 이만큼 혈액형 인종과학은 일본과 서양의 적대적 공모관계 속에서 강력한 과학적 권위를 확보하고 있었다. 그리고 식민지적 학지(學知)를 생산하는 경성제대의 존재이유는 이와 같은 과학적 권위가 창출하는 식민지 헤게모니의 효과에 일정정도 기대고 있었다.

이상에서 혈액형 연구가 처음부터 인종주의적 함의를 강하게 띠고 있었으며, 특히 일제시기에 수행된 조선인들에 대한 혈액형 연구는 당시 제국일본이 처했던 비서구 제국주의로서의 딜레마와 밀접히 연관되어 있었음을 확인할 수 있었다. 1945년 이전부터 일본에서 '비정상적'일 정도로 유행했던 혈액형 성격론에 관한 연구들 또한 서구와 아시아 사이에 미묘하게 끼인 존재로써 일본이 가졌던 인종과학에 대한 양가적 입장, 그리고 전쟁에 치달으면서 한정된 인적 자원을 최대한 적합하게 배치하려는 국가주의적 욕망과 무관하지 않았다. 우리가 무심코 따져보는 혈액형 언설 속에는 이처럼 식민지적 근대를 관통하는 지식-권력의 계보가 감추어져 있다는 사실을 유의할 필요가 있으며, 향후 오늘날에 이르기까지의 이러한 지식의 계보를 밝혀나가야 하지 않을까 한다.*

---

* 이 논문은 『의사학』 21권 3호에 게재된 논문을 수정·보완한 것임.

제4부 | 노동-기계와 전쟁-기계

철(鐵)과 탄(炭)의 장면

광업과 자원의 인간학

김예림

1. 광업 혹은 마이너 트랜스내셔널리즘과 내셔널리즘

광물과 광업은 쉼없이 돌아가는 뜨겁고 숨가쁜 근대 풍광에 깊은 구도를 제공한다. 생산, 증산, 재생을 향해 설계된 근대라는 거대한 기계의 작동을 광물과 광업이라는 근원적 에너지원에 대한 인지 없이 상상하기란 불가능하다. 광물과 광업에 대한 국가의 애착도 같은 맥락에서 이해할 수 있다. 이것을 지키거나 확보하지 못하면, 주어지는 것은 국가의 부전, 정지, 고사뿐이다. 그러므로 자원을 어디서 어떻게 얼마만큼 얻어낼 것인가는 언제나 중요한 문제가 아닐 수 없다. 하지만 역사적으로 증명되어 온 이 자명한 사실보다 중요한 것은 광물과 광업이 동력과 역동의 원천인 만큼 죽음과 폐기의 원천이기도 하다는 점이다.

탐광, 개갱(開坑), 굴진(掘進), 채취, 제련 등 모든 채광의 메커니즘이 공유하는 속성을 "뒤로 돌아갈 수도 취소할 수도 없는 일방통행로를 따라 움직"이는 "단절과 불연속의 전형"으로 파악한 것은 지그문트 바우만이다.[1)] 그에 따르면 광업의 역사는 결국 "다 캐내어져 버린 광맥과 갱도들의 무덤의 역사"다.[2)] 이 말은 끝없는 산출과 획득이라는 사건이 일어나고 있는 장소가 곧 피폐와 고갈이라는 사건이 일어나는 장소이기도 하다는 의미다.

피폐와 고갈은 자연의 영역에서만 발생하지 않는다. 광물과 광업의 의미론을 구성하는 일이 궁극적으로는 광업 노동자의 존재론을 환기하는 일이 될 수밖에 없는 것은 소진이 자연의 사건만이 아니기 때문이다. 혹독한 극단의 저지대로 밀려나 인정체제의 외부에 머물기를 강요당해온 이 집단은 그 자체로 이미 사회, 정치, 경제적 조건의 모순을 응집하고 있다. 나쓰메 소세키는 『갱부』(1908)에서 "평범한 인간의 얼굴이 아"닌 "순전한 갱부의 얼굴"을 "광대뼈가 불쑥불쑥 높이 솟아 있었다. 턱이 앞으로 튀어나와 있었다. 동시에 좌우로 넓적했다. 눈이 단지처럼 안으로 들어가 거침없이 안구를 안쪽으로 빨아당기고 있었다. 콧잔등이 무너져 있었다. 다시 말해서 살이라는 살은 전부 뒤로 물러나고 뼈란 뼈는 전부 함성을 지르며 앞으로 나와 있었다고 평하면 될 것이다. (…중략…) 한마디로 말하자면 영맹(獰猛)해 보였다. 신기하게도 그 영맹한 얼굴들이 하나의 공동체가 되어 있는 듯"[3)]하다고 묘사한 바

1) 지그문트 바우만은 농업과 광업을 대비시킨 루이스 멈포드에 기대 근대적 창조의 필연이자 전제로서의 '파괴'에 대해 논한다. 지그문트 바우만, 정일준 역, 『쓰레기가 되는 삶들』, 새물결, 2008, 48쪽.

2) 위의 책, 49쪽.

있다. 『갱부』에서 제시되는 광산노동자의 인상학(physiognomy)은 음울한 기분과 나름의 절박감에 젖어 동광(銅鑛)으로 들어온 19세 부르주 청년의 눈을 빌어 구성된 것이다. 그렇기는 하지만, 서로 닮아있는 얼굴들이 근대 광산 노동자 집단이 자신들의 종족적 분계에도 불구하고 유사한 계층적 속박과 구속에 의해 공유하게 된 삶의 상태와 감각을 압축하고 있다 해도 크게 틀리지 않을 것이다.

그래서 시간차를 갖는 한 조선인 (철산)광부의 목소리를, 음산하고 사나운 저 얼굴 주인의 목소리로 들어도 될 듯하다. 그는 "우리들은 광산 노동자입니다. 망치와 징을 밥그릇으로 삼고 몇십몇백길 되는 굴속에서 말하자면 생명을 내놓고 일하는 가련한 노동자입니다. 우리들에게는 일정한 임금이 있습니다. 하로의 고정한 임금이 있습니다. 그것을 받아갖이고 우리는 그날그날의 생활을 무의식하게 지내는 광부입니다. 만리타향의 부모처자를 다버리고 이산에서 저산으로 전전하며 자유롭게 햇빛도 보지 못하고 어느 때 어떻게 될는지 제 운명을 제가 아지 못하는 다시 말하면 우리들에게는 귀한 생명도 없습니다. 그나 그뿐이겠습니까 갓닥잘못하다가는 어느 사이에 죽는지 아지도 못하게 흙속에 제물장사를 지내고마니 참 기막힌 노릇이"[4)]라고 말한다. 그런데 누군가는 "그 지긋지긋한 쓰라린 광산생활"이 "다시 동경되어", 농사짓던 고향을 "탈출"하여 광산으로 들어가 "가련한 생활"을 거듭하기도 한다.[5)]

---

3) 나쓰메 소세키, 박현석 역, 『갱부』, 현인, 2011, 147쪽.

4) 오복동, 「광산야화－노다지도 그림의 떡」, 『광업시대』, 1937.5, 46쪽.

5) 박봉거, 「광산생활 40년기－추억과 회고는 오즉 슬프다」, 위의 책, 46쪽. 그 역시 "세상에 광산 노동 인부처럼 가장 신산하고 불행한 사람은 없을 것이다. 동령에 솟는 맑은 햇빛을 보고

자의에 의해서건 타의에 의해서건 또는 거대한 정치경제 구조의 그물에 걸려서건 알려지지 않은 사적 경위에 의해서건, 이들은 이곳 저곳을 유랑하고 전전하다가 광업 지대로 흘러들어와 모두가 '공인'하는 가장 처참하고 혹독한 노동에 종사한다. 그러면서 평범치 않고 영맹해 보이는 형상을 갖게 된다. 때로는 도주하여 흔적 없이 사라지기도 하고 파업과 투쟁을 일으켜 잡음을 내기도 하면서 지하에 결박된 생존을 지속한다. 노동력을 고정시키고 정주시키는 것이 "국가의 주요 사업"이지만, "패거리들의 유랑성과 몸체의 유목을 동시에 타파하기를 염원하는"[6] 국가는 자기 사업에 크게 성공하는 만큼 미세하게 실패하곤 한다. 들뢰즈·가타리는 "국가 입장에서는 전혀 적합지 않은 능동적 역량과 수동적 역량(유동성과 파업)을 보유한 채" 광범위하게 돌아다녔던 "유목적이고 이동적인" 집단을 보기 위해 고딕 건축의 현장으로 눈을 돌리는 한편 광산 및 광물과 관계하는 야금술과 대장장이에도 주목했다.[7] "물질의 흐름, 혼합, 도주의 원류로서 역사상 이에 비할 수 있는 것은 없"다고 설명되고 있는 광산.[8] 이 현장을 불규칙하게 왕래하면서 채우고 있는 자들이 바로 광업 노동자인 것이다. 이들은 강고한 자연

어두컴컴한 굴속에 들어가 하로종일 일을 할 때에는 실로 자기의 생명이 그 굴속을 버서나야부터 있는가 싶었다"(44쪽)고 쓰고 있다.

6) 질 들뢰즈·펠릭스 가타리, 김재인 역, 『천개의 고원』, 새물결, 2001, 707쪽.

7) 위의 책, 특히 690~718쪽 참고. 석공, 목수, 대장장이 등의 동업조합이 형성하는 유목과학과 왕립과학의 국가적 표준 사이의 균열과 불화에 대해 논하고 있다. 동업조합은 여기저기 대성당을 건축하고 사방에 공사현장을 흩뿌리면서 광범위하게 돌아다녔다.

8) 다음과 같은 점, 즉 우선 제국이 확실한 관리하에 두었을 때도 비합법적인 광산 개발이 빈번하게 벌어졌다는 점 그리고 광부들이 광산에 침입해 들어오는 유목민이나 야만족, 농민반란군 등과 손을 잡았다는 점에서 그러하다. 들뢰즈·가타리가 유목적인 매끈한 것과 정주적인 홈패인 것과의 '사이'에서 야금술을 지닌 대장장이에 주목하는 것도 같은 맥락이다. 대장장이는 "광물적 형태에 순종하는 자"이며 이들의 삶과 생활 자체가 마치 광상의 광물처럼 땅에 구멍을 뚫는 혈거 방식을 취한다. 이에 관한 논의는 위의 책, 특히 12장 참조.

과 잔혹한 자본 그리고 교활한 국가가 교접하는 이중 삼중으로 두터운 지표를 작은 칸델라 불빛에 의지해 뚫으면서 이동한다.

이 글에서는 광업 노동자에 작용하는 세 가지 힘 가운데 자본과 국가를 결합시켜 문제의 중심에 놓고, 광물과 광업 그리고 광업노동자가 일련의 시대적 현실을 근거로 어떤 정치적 의미를 갖게 되었는지를 분석한다. 시기적으로는 식민지 전시 체제기부터 해방기에 이르는 시점에 주목할 것이다. 이 작업을 위해서는, 앞서 언급한 광업 노동자의 유동성과 광산 노동의 가혹함이라는 문제가 숙고되어야 한다. 광업 노동과 노동 주체가 갖는 이와 같은 성격은 특정한 역사적 국면에 작동하는 현실적, 상징적 계기들의 조합에 의해 어떤 경향성으로 편향, 고정되어 표현되었다. 기본적으로 각종 '하류의 인간들'에 직접 의존하여 운영되는 이 자원-개발-산업-노동의 장은 이것이 국가적 차원에서 갖는 현저한 중대성 때문에 언제나 정치경제적 소용돌이의 한가운데로 휘말려 들었다. 제국주의 시기에는 경계를 넘어 이동하고 부유하는 하층 다중[9]과 징용자가 거쳐 지나갔고 이후 제국주의의 붕괴와 맞물려 열린 냉전기에는 주로 정치적 경위로 생겨난 수용자들이 강제 이식되어 노역에 동원되곤 했다.[10] 이러한 사실로부터 이 자원-노동-산업의 월경

---

9) 제국의 경계와 노동자 이동 조절 장치 그리고 하층 다중의 유랑에 대해서는 김예림, 「노동의 제국」, 『사이』 13, 2012에서 다루었다.

10) 강한 냉전 감각의 탄광 체험 수기 혹은 탈출 수기로는 최관오, 『지옥길 이만리』, 삼양흥업주식회사, 1960. 그는 1946년 대련에서 간첩 혐의로 소련군에게 체포된 후 보르쿠타 탄광지대 강제노역에 동원된다. 필자는 보르쿠타 지역에 대한 정보, 수용소에서의 생활, 광내 상황 및 노동에 관해 쓰고 있는데 "이 글을 쓰는 까닭은 생생한 이 기록은 일개 최관오의 고난의 기록이 아니라 실로 내 민족, 아니 전세계 자유인민의 겪은 수난사이며 울분의 역사이기 때문"이라는 언급에서 볼 수 있듯이 공산주의에 대한 환멸과 비판이 깔려 있다. 그는 1953년 귀국통지를 받고 한국으로 돌아온다. 그리고 또다른 반공주의 탄광수기로는 한재천 · 권달순, 『죽엄의 洞窟 : 牧師와 炭鑛夫의 手記』, 고려출판사, 1954를 참고할 수 있다.

적이고 횡단적인 속성은 분명하게 드러난다. 그러나 동시에 광물-광업은 국가주의적인 속성 역시 뚜렷하게 갖고 있다. 이 점은 국민국가가 벌이는 자원-노동-산업 보존을 위한 여러 기획들을 통해 쉽게 파악할 수 있다. 두 속성은 물론 동전의 양면처럼 서로 맞물려 있지만 말이다.

그런데 역사적 측면에서 보면, 뚜렷하게 마이너 트랜스내셔널리즘(minor transnationalism)[11]적 기원과 구조를 갖는 이 장이 내셔널한 구조로 재편되는 이전(移轉)과 전환의 단계가 있다. 이 글에서 다루려고 하는 시기가 그러하다. 제국주의 붕괴를 전후하여 거시적인 정치적 관계가 변동함에 따라 광물이나 광업은 제국의 것이 아니라 민족국가의 것으로 전환되었다. 개발과 운영의 권한들이 '자국'에 귀속되었고, 실제 노동(자)계도 에스닉 편성 면에서 이질-혼종적 상태를 벗어나 동질-동족화되었다. 이러한 변화 과정에 조응하여 이데올로기적 작용 또한 일어났다. 광물과 광업 그리고 광업노동자를 두고, 국가 또는 민족 상상의 편린들이 들러붙거나 관통했다. 이 일이 어떻게 벌어지고 진행되었는지를 구체적으로 살펴보는 것이 이 글의 목적이다. 내가 보고자 하는 현장을 '철과 탄의 장면'이라고 바꿔 표현할 수 있겠다. 이 장면에는 철과 탄이라는 핵심적인 광물자원이 나오고, 광물자원을 향해 움직인 사람들과 억압적·이데올로기적 기구도 나온다. 이들이 공재하는 상황에서, 유동적인 하층 다중이 어떤 서사틀에 정위되고 어떤 의미를 걸치게 되었는지를 파악할 것이다.

철과 탄은 수많은 유용 광물을 대유하는 차원에서 쓴다. 철과 탄을

---

11) 이 용어는 Françoise Lionnet · Shu-mei Shih(ed.), *Minor Trnsnationalism*, Duke University Press 2005에서 빌어온다.

언급하는 근거와 관련해서 두 가지 정도 부연한다면, 우선 철과 탄이 "인간 생활에 가장 깊은 관계를 갖는"[12] 것으로 석유와 더불어 강조된 당시의 사정이 있기 때문이다. 더불어, 재현의 장에서 중요하게 다루어졌기 때문이기도 하다. 물론, 문학적 재현이 광물 및 광업 자체 혹은 그에 대한 일반 담론과 언제나 발을 맞춰 나란히 움직인 것은 아니다. 그러므로 나의 해석의 판도는 재현 장의 실제를 반영하여 구성한 것이다. 철과 탄 가운데 훨씬 더 빈번하게, 뚜렷한 계통과 계보를 형성하면서 출현한 쪽은 아무래도 탄(광)이다. 따라서 논의의 주된 부분은 탄(광)을 중심으로 이루어질 것이다. 그럼에도 불구하고 철을 함께 놓는 이유는 이 물질을 중심으로 그려진 풍경이 제국주의 시기의 어떤 상황을 인상적으로 담고 있다는 데 있다. 철과 탄 외에 우리는 또하나의 흥미로운 지점으로 금(金)의 장면이란 것도 구상해볼 수 있을 것이다. 기존의 연구가 밝혀 놓았듯이 이 대목은 근대의 경제와 문화 그리고 "인간사"를 이해하기 위해서 반드시 주목해야 할 지점이다. 하지만 금은 재현되거나 문제화되는 방향이 철과 탄의 경우와는 좀 달랐기 때문에 여기서는 분석의 대상으로 삼지 않는다.

12) 筑豊石炭鑛業會, 『炭鑛讀本』, 1936, 1쪽.

2. 제국의 광석과 버력

전시, 제국의 내지와 외지를 함께 훑고 있던 바람은 크게 자원의 "보전(補塡)"과 "증산"으로 정리할 수 있다. 보전과 증산을 위한 갖가지 과학적 "창조"와 응용의 중요성이 학계와 일상을 관통하며 정책적으로 강조되고[13] 비상시 국방자원 충족을 위한 "과학 총동원"이 본격적으로 추진되기 시작했다.[14] 물질과 정신 전 영역을 포괄하는 총력전 체제에서 "물질의 연구"를 맡은 "과학"은 "발명, 발견, 대용품 이용, 폐품갱생 등 무엇보다도 자원, 물자의 부족"[15]을 보충하는 방법을 찾는 데 매진하고 헌신할 것을 요구받았다. 이렇게 해서 광범위한 자원 보전 행태의 영상이 구성된다. 특히 대용품 공업과 폐품 회수는 이 시기 자원-과학 전쟁의 보전 논리를 산업적, 일상적 층위에서 구현하고 실행하는 핵심적인 방책이었다. 『(신흥(新興))대용품공업(代用品工業)』(1938)을 보면 주요 "국책적 대용품" 목록에는 석유, 고무, 피혁, 수지, 금속 등이 올라 있고, 특히 석유 대용인 석탄액화연료 연구가 매우 시급한 것으로 거듭 역설되고 있다. 예를 들어 『사랑의 수족관』 후반부에 나오

13) 원료와 자원문제가 중요하게 논의되기 시작한 것은 만주사변 시점부터이나 체계적이고 구체적인 정책들이 쏟아져나온 것은 1930년대 중반을 넘어서면서다. 특히 대용품 공업이 "큰 파문을 던지지 시작한 것"은 1936년 일호(日濠)회담 결렬로 인한 양모 불매의 결과다. 1937년에는 대용품에 관한 관민협의회를, 1938년에는 부족원료 보존과 창조를 위한 내각 직속 과학심의회를 설치한다. 당시의 정책에 대해서는 中井武雄・門田榮男, 『(新興)代用品工業』, 松山房, 1938, 210~211쪽 참고.

14) 1940년대 과학기술 신체제를 여성 과학자와 인조성에 초점을 맞춰 젠더적 관점에서 분석하고 있는 연구로는 한민주, 「과학전의 시대, 총후여성과 인조의 상상력」, 『문학과 과학』 1, 소명출판, 2013 참고.

15) 賀田直治, 『事變と經濟戰』, 朝鮮貿易協會, 1938, 235쪽.

는, 연인 사이의 편지에 생경하게 돌출되어 있는 인조석유 제조와 석탄 액화 기술에 대한 언급은 당시의 산업 및 과학 정책의 주요 언어와 이슈를 옮겨 적은 것이다.[16] 대용품 공업과 더불어 합성물 제조를 위한 합성화학 분야 역시 중차대한 위상을 갖게 되었다.[17]

대용품 공업 못지않게 강조된 것이 폐품회수이다. 폐품회수는 산업의 차원에서뿐만 아니라 대중의 일상의 차원에서도 수행되어야 하는 것이었다. 물자공급의 부족을 위해 시행한 일가(一家) 일품(一品) 장려 운동 등이 폐품회수의 거시-미시 연동을 잘 말해준다. 무엇보다도 폐품회수는 '쓰레기'에 대한 지금까지의 인식을 '재활용'으로 바꿔내야 하는 일과 맞붙어 있으며, 더 중요하게는 '쓰레기' 관리에 관한 새로운 규칙과 규율을 만드는 일과 연결되어 있다. 당시 나온 폐품회수 관련 문헌에 따르면 종래 통제되지 않았던 폐품회수업자의 조직화와 회수 및 배급의 제도화 · 합리화가 주요하게 해결해야 할 사안으로 제시되었음을 알 수 있다.[18] 폐품회수 관련 정책을 검토하는 과정에서 조선인과 조선인 고물상의 존재에 새삼 주의를 기울이고 있다는 점 역시 확인할 수 있다. 폐품은 도회에서 많이 나오고 그 만큼 회수도 용이한데, 도회를 중심으로 오십 리 내지 삼십 리 권내의 지방에서 "반도인 매출인(賣出人)"이 격증하고 있는 것으로 파악되고 있다. 즉 동경의 접속현, 나고야 중심, 오사카 중심, 큐슈 일대는 전체 매출인 가운데 반수 이상 또는 8, 9할이 조선인이라는 것이다. 일본은 "반도인 쓰레기 매출인이 계속

---

16) 김남천, 『사랑의 수족관』, 인문사, 1940, 483~485쪽 참고.

17) 대용품과 합성품, 각종 주요 자원, 일본 대용품 공업의 현황 등에 대한 자세한 정보와 설명은 中井武雄 · 門田榮男, 앞의 책에서 얻을 수 있다.

18) 渡邊男二郎, 『經濟警察の基礎知識』, 新光閣, 1938, 124쪽.

증가"하는 현상을 두고 "우리나라 고물업계에 일대 전환기(エポック)을 이루는 이상한 진출"[19]이라는 해석을 내놓았다.[20]

대용품, 합성품, 폐품이 보전의 움직임을 대표하고 있다면, '증산'의 광경은 어떻게 펼쳐지고 있었을까. 대용품이든 합성품이든 이 모든 것의 생산과 개발을 가능하게 하는 자원은 석탄이었다. 증산의 리스트에 오른 광물은 한두 가지가 아니었다. 하지만 이 시대의 제일의적 원리인 '증산'에 다가갈 때, 기본 연료인 석탄을 캐고 또 캐야 한다는 요구가 가장 먼저, 제일 크게, 전면에서 들린다. 당연하게도 증산은 기반 노동력의 공급 확대 없이는 불가능하다. 증산의 메커니즘 속에서 대규모의 조선인과 중국인이 노동자, 징용자, 연행자의 처지로 경계를 넘어 일본으로 들어가 지하 깊이로 내려갔다. 일본 내부에서 조선인 광부가 급증한 것은 1930년을 전후한 시점이다.[21] 조선인 광부의 증가와 연동하여 눈에 띄는 현상은 1928년 광부노역부조규칙 개정에 따른 여성의 갱내 노동 금지, 1930년의 수인(囚人)노동 폐지, 그리고 1931년 미츠이[三井] 미야

19) 關根康喜, 『廢品回收及再生品』, 成史書院, 1939, 131~132쪽. 더불어, 조선에서의 폐품회수 정책 및 제도 마련에 대한 자세한 논의로는 김인호, 「중일전쟁시기 조선에서의 폐품회수 정책」, 『한국민족운동사연구』 66, 2008 참고. 그리고 아시아태평양 전쟁기의 금속회수 정책의 전개는 김인호, 「태평양전쟁 시기 조선에서 금속회수운동의 전개와 실적」, 『한국민족운동사연구』 62, 2010.

20) 중일전쟁기 조선의 고물상에 대해서는 김인호, 「중일전쟁 시기 조선 내 고물상 부정의 실태(1937~1940)」, 『한국민족운동사연구』 66, 2011. 이에 따르면 조선에 고물상 취체법이 처음으로 적용된 것은 1912년이다. 고물상은 1942년까지 약 2만여 명이 종사할 정도로 조선 내에서 규모가 큰 직종이었다. 고철 특수와 함께 고철 절도 사건도 많이 발생했고 이에 연동하여 고물상 부정도 빈번하게 일어났다.

21) 켄 카와시마는 1920~30년대 일본의 조선인 노동자에게 공장 취업 기회가 거의 주어지지 않았다는 점에 주목하면서 식민지 이주 노동자의 취업 불안정성, 불확실성, 우연성(요행성)의 정치경제적 맥락을 분석한 바 있다. 그가 제시한 『조선일보』 통계에 따라 1917년의 경우를 보면, 16,590명의 조선인 노동자 가운데 다수(6,110명)가 후쿠오카, 홋카이도 등의 탄광에 고용되었다. Ken C. Kawashima, *The proletarian gamble*, Duke University Press, 2009, p.30 재인용.

노하라[宮原]갱의 갱내 마사역(馬使役) 폐지로 이어지는 정책상의 변화다. 이 규정들이 실제로 얼마만큼 지켜졌는지는 명확하게 알 수 없지만 전체적으로 여성, 수인, 말의 빈자리를 외부에서 들어온 노동자들이 채우는 구조였다는 점은 파악 가능하다.[22] 이후 조선인 탄광노동자는 지속적으로 늘었는데, 이들은 주로 위험한 갱내 작업에 동원되었다.[23]

지금까지 살펴본 물자전(物資戰)의 정세에, 철과 탄이라는 "국방자원"과 관계 맺고 있던 외지의 노동자 군상이 담긴 슬라이드를 삽입해 보자. 이들을 다루고 있는 텍스트의 도움을 받아 우리는 보전과 증산의 소리가 울려 퍼지는 제국 광장의 장면을, 그 밑바닥을 흐르는 하류들의 삶과 의식의 장면으로 전환시켜 볼 수가 있다. 이런 점에서 주목해야 하는 두 개의 광경은 이북명의 「철을 파내는 이야기」와 윤기영의 〈석탄〉(희곡)에서 펼쳐진다. 「철을 파내는 이야기」는 말 그대로 전시 '쓰레기들'에 대한 이야기로, 고철 특수 시절의 실상을 포착하고 있다. 앞서 폐품회수 정책을 논하면서 폐품과 도회주변의 조선인(혹은 조선인 고물상) 사이의 연관을 간단히 살펴보았는데, 「철을 파내는 이야기」는 이 문제를 매우 예리하게 포착한 흥미로운 텍스트다. "어느날 저녁 — 자세히 말하면 쇼와 13년 4월 하순의 어느 따뜻한 날 저녁이었다. 몸집이 작은 한 익살꾼이 K천변의 쓰레기장 앞에 서 있었다. 팔장을 낀 채 무

---

22) 池田浩士, 『石炭の文學史』, インパクト出版會, 2012, 109쪽 참고.

23) 1939년부터 1945년까지 72만 명 이상의 조선인이 일본으로 송출되었는데 이 가운데 34만 명이 탄광에 배치된다. 1945년 6월 현재 홋카이도 탄광노동자 구성을 보면 갱내 노동자는 조선인이 압도적으로 많다. 조선인 = 32,110명, 일본인 = 25,230명, 중국인 = 2,616명, 포로 316명이다. 위의 책, 211~212쪽 참고. 한편, 전시체제기 죠반탄전을 대상으로 조선인 노무자 사망 실태를 분석한 연구로는 정혜경, 「전시체제기 죠반탄전 관련 명부자료를 통해 본 조선인 노무자의 사망실태」, 『한국민족운동사연구』, 2009를 참고할 수 있다. 조선인 노무자의 사망통계, 사망자 연령, 사인 및 노동 환경 등을 파악할 수 있다.

언가 이해할 수 없다는 듯한 반신반의의 표정이다. 과연 돈이 될 것인가—익살꾼은 생각했다. 그러나 전쟁이 나면 뭐든 부족하기 쉬우니까 말이야—혼잣말을 우물거리며 자꾸 아랫입술을 이리저리 핥았다."[24]로 시작되고 있는 이 소설에서 쓰레기는 크게 두 종류다.

먼저 제일 '중대한' 쓰레기는, 사실 결코 쓰레기가 아닌 쓰레기 곧 버려진 쇳조각이라는 폐물자다. C수전회사 사택 구역에 2년 넘게 퇴적되어 온 "쓰레기 더미"가 있는데 이 쓰레기산에 고철이 여기저기 나뒹굴고 있다. 고철이 돈이 된다는 것을 우연히 알게 된 인물은 쓰레기산과 쓰레기장을 뒤지면서 "손이 갈퀴처럼 되도록 열심히"(152) 파내며 철을 모은다. 그는 공사장을 전전하는 인부였지만 수전회사 작업을 하다 다친 후로는 삯일도 하지 못한다. 곳곳의 쓰레기장과 후미진 구석을 다니며 철을 파내는 일은 그뿐만이 아니라 그의 가족 전체의 일이 되버린다. 이들은 발전소 쓰레기장, 보일러 석탄찌꺼기 버리는 곳, 대장간 쓰레기장을 헤매다니면서 철을 줍고, 자기가 주워 모은 것들을 서로에게 비밀로 하는 경쟁자가 되고 만다. 이 가족의 이야기가 알려지면서 마을 사람들도 하나 둘 쇳조각 줍기를 시작한다. 이 과정에서 진짜 쓰레기, 즉 잠시 폐기된 국가 자원을 몰래 주워 팔아먹고 사는 '인간쓰레기'들이 은밀하게 생겨나 공공연하게 번성한다. 버려진 쇳조각을 악착같이 주워 팔던 주인공은 수전회사가 폐품회수 운동을 시작하고 공공 단체가 수집과 회수를 담당하게 되면서 결국에는 동선(銅線)암거래(やみ取引)범으로 잡혀들어간다. 폐품과 재생품에 대해 설명하면서 곧바로 인

---

24) 이북명, 「철을 파내는 이야기」(『국민문학』, 1942.10), 이경훈 편역, 『한국 근대 일본어 소설선』, 역락, 2007, 145쪽. 이하 인용 쪽수는 본문에 적는다.

간쓰레기(人間の屑)와 그 재생(갱생)의 중요성을 논하는 당시의 즉물적 인식을 빌자면,[25] 이들은 정확하게 인간쓰레기 범주에 속하는 셈이다. C수전회사 폐품 회수에 협조하는 수집행위가 "애국관념의 자발적 봉사"라면, 고물을 주워 사리사욕을 채우는 "인간 폐품"의 행위는 "증오해야 할 아리아리(我利我利)의 발로"(172)인 것이다.

국방자원을 훔치고 암거래로 질서를 어지럽히는 식민지 룸펜프롤레타리아의 생존 방식은 물자전-경제전 상황에서 새롭게 생겨난 경제경찰의 단속, 검거 및 계도의 그물에 걸릴 수밖에 없다. 경제경찰관 정책은 중일전쟁 발발과 함께 물자수급과 가격통제의 필요가 높아지면서 1938년 무렵에 신설되었다. 일본에서 경제경찰이라는 개념 자체가 출현한 것은 가솔린 배급제도 시행 시점부터이며, 1938년에는 조선에서도 정책화된다. 경제경찰이 맡은 주요 임무는 "통제의 뒤를 파고들어 국책 수행을 저해하고 사리사욕을 취하는" 모든 행위에 대한 "단호한 처리"였다.[26] 산업도시의 변두리 또는 공장지대 주변의 탁하고 뿌연 빈민(가)의 생활에 지속적인 관심을 가졌던 이북명의 소설은 제국 체제하 뜨내기 노동자의 성격을 묘사하는 데 빛나는 면모를 보여준다. 산업쓰레기장 주변을 떠돌면서 뒷거래를 일삼는 수상쩍은 '지상(地上) 광

---

25) 關根康喜, 앞의 책, 특히 6장 3절「さて人間の屑は?」, 7장 3절「再び人間の屑について」참고. 사회생활에 적응성이 없는 자(= "환경부적응자", 125쪽), 국가에 유효한 인간이 아닌 자(129쪽)들이 이에 속하지만, 모든 폐물을 재생할 수 있는 것처럼 인간쓰레기(= "인간폐품")도 재생할 수 있다.

26) 경제경찰 제도에 대해서는 渡邊男二郎, 앞의 책 참고. 인용은 22쪽에서 한다. 이 책에 따르면 일본에서는 1938년 8월 1일경부터 몇몇 부현에 신설되기 시작했고, 조선의 경우는 1938년 11월 5일 관보로 공포되어 바로 실시되는 것으로 보인다. 조선의 상황은 1938~40년까지 여러 신문 기사를 통해 알 수 있으며, 제도의 방침이나 목적뿐 아니라 경제경찰 강습회나 간담회, 좌담 관련 소식도 파악 가능하다.

부' 무리가 서성대는 「철을 파내는 이야기」 역시 그러하다. "높은 산 정상에서 발전소 뒤까지 네 줄의 두꺼운 선을 친 것 같은 수압철관로가 저녁 해를 받아 둔하게 빛나고 있"(152)는 회색지역에서 버려진 철을 파내는 인간 "두더지"(150)의 불법 노동과 매매(賣買)행위는 자원 보전의 이면, 즉 땅에 떨어진 철조각에 의지해 사는 저발전 지대 빈곤층의 비참하고 남루한 실상을 표현하고 있다.[27)] 전시의 인간쓰레기는 이렇게 '지상(地上)의 쓰레기산'에서 철을 캐는 기형적인 사이비 광부의 형상으로 나타난다.

이것이 자원 보전의 장과 연관지을 수 있는 하층의 진상(眞相)이라면, 증산의 영역에서는 이들이 어떻게 그려지고 있는지 살펴보자. 증산론이 겨냥하는 대표적인 물질-장소인 석탄-탄광 및 탄광노동자의 의미론적 구성은 윤기영의 희곡 〈석탄〉에서 전형적으로 드러난다. 『매일신보』(1943.2.8~3.25)에 게재된 「석탄」은 만주의 조선인 광주(鑛主)와 그의 가족의 시점에서 구성된 탄광 서사다. 가진 재산을 탄광에 투자했지만 4년여 동안 실적이 좋지 않아 투자처를 잃고 위기를 맞은 광주가 "사랑하는 탄광을 배반할 수는 없"다는 우직한 "신념과 이념"[28)] 으로 임금을 받지 못해 작업을 중단, 거부한 광산노동자를 설득하여 다시 생산의 장으로 나아가게 한다는, 국책적 성격이 뚜렷한 텍스트다. 광주

---

27) 이러한 방향과는 전혀 달리, 폐품회수 철모으기에 협조하여 돌아간 조부가 모아 놓은 오래된 고철을 헌납하는 조선 중간층 가정 남성의 '온화한' 철이야기로 유진오, 「할아버지의 고철」(조선도서출판주식회사 편, 노상래 역, 『반도작가단편집』, 2008)를 비교하여 읽어볼 수 있다. 이에 대한 자세한 분석은 여기서는 생략한다.

28) 이재명 편, 『해방전(1940~1945) 중 · 단막극집』 6, 평민사, 2004, 323쪽. 이하 인용 쪽수는 이 판본에 의거하여 본문에 표기한다. 『매일신보』 게재본에는 해독이 어려운 부분이 상당히 많은데 '*'의 경우 평민사 판에서도 *로 표기한 부분임을 밝혀둔다.

는 분노에 차 몰려온 광부들을 앞에 놓고 "지금 우리 국가는 석탄이 부족이 됩니다. 석탄이 부족이 되면 생사부문인 대공장이 문을 닷게 됩니다. 그것은 국가에 막대한 손(損)이요, 개인의 생활문제에 ○하게 되는 것입니다. 여기서 국가는 석탄을 부르지젓스며 땅 속에 잇는 자원, 즉 금 은 석유 탕구스탱 수은 석탄 흑연 삼십 여 종의 개발을 부르지젓습니다. 우리는 일개인의 생활문제, 일개인의 리윤문제로 말미암아 국가의 손을 끼처서는 안될 것입니다. 그것은 완전히 비국민일 것입니다"라고 연설한다. 광주(鑛主), 파두(把頭), 노동자는 언젠가는 석탄이 나올 것이라 확신하며 단결하여 일터로 복귀한다.

조선인 광주를 축으로 짜여진 서사의 전체 상황을 위치를 바꿔 광산 노동자의 자리에서 다시 구성해볼 수 있다. 이들은 "갑을병정무기"로 표기되고 덩어리로 무리지어 있다. 이 가운데 유일하게 이름과 목소리를 가진 영찬은 작자의 '주요인물 소개'에 따르면 "갱부로 변덕이 만으며 홀로 떠도라다니는 청년"(304)이다. 이 "변덕"많은 청년은 광주의 진심어린 호소와 "광주를 위해 작업을 하며 한발 더 나아가 나라를 위하야 봉사하"자는 파두의 설득에 감화 받아 "노가다는 노가다의 의리가 잇다"(352), "세상에는 도가다가 몰상식하니 몰인정하니 허두, 도가다는 도가다의 의리가 잇"(353)다는 내용의 '인부(人夫) 도덕론'을 외치며 작업에 앞장선다. 국가 논리에 입각한 이 시기 대부분의 언설이 그러하듯이, 「석탄」은 갱부를 "비국민"이 되지 않기 위해 변모하는 존재로 표현한다. 탄광 종업자는 "사회인으로서, 인간생활의 최고사명인 문화의 발전 향상에 중요한 역할"을 하는 한편 "일본국민으로서 (…중략…) 각종 산업에 필요한 연료를 공급하는, 우리 국가를 부유하고 강하게 만드는 의의를 지닌 일을 하고 있다"[29]는 공허한 수사는 형태 없고 형상 없으며 생존을 위한 임금에 '집착'하여 소란을 일으키는 광부들에게 국가가 원하는 국민으로서의 광부라는 마스크를 씌운다. 마스크는 그들의 입을 막아, 더 이상 불평과 불만의 소리가 들리지 않게 만든다. 「석탄」은 하층노동자의 현실과 마스크 사이에, 텅 빈 공간을 만들면서 채우고 지워버렸다.

「철을 파내는 이야기」와 「석탄」을 통해 확인하게 되는 것은 전시 자원을 끼고 드러나는, 광부 혹은 변질된 광부집단의 상황이다. 이들(사이비) 광산노동자들은 비루한 비국민(「철을 파내는 이야기」)과 각성하는 비국민(「석탄」)이라는, 표면적으로는 서로 달라 보이는 습성과 품행을 갖고 나타난다. 하지만 이들이 제국 체제에서 처해 있는 조건과 놓여 있는 위치는 말할 것도 없이 같았다. 존재의 누추함에 대한 직접적 표현도, 누추함으로부터 벗어나려는(벗어나야 한다는) 당위적 표현도 구조적으로는 모두 누추함에 대한 인정에서 비롯되는 것이다. 해방 이후에, 이들의 비천함은 주로 식민지(인) = 민족의 비천함을 지시하는 것으로 인식되고 재구성된 듯하다. 이러한 상상의 공식은 해방 후 재현의 장에서 탄광과 탄광노동이 왜 민족-민족국가의 복원과 재생의 장소로 호출되었는지 그리고 탄광 노동자가 어떻게 신생하는 민족의 상징으로 설정되었는지를 설명해준다. 지금까지 살펴본 제국주의 시기의 철과 탄의 장면은 1945년 이후에는 모두 지워진다. 지워지고 생겨난 공백을 채운 것은 3절에서 살펴볼, 전혀 다른 그림을 그리려는 의지였다.

---

29) 筑豊石炭鑛業會, 『炭鑛讀本』, 筑豊石炭鑛業會, 1936, 4쪽.

3. 빛나는 갱(坑)과 갱생

자원, 광업 그리고 광업노동(자)의 민족(국가)주의적 복원과 복권은 해방과 더불어 전면적으로 이루어진다. 우선, 민족(국가)주의적 상상틀에 들어온 탄광과 탄광노동(자)은 식민화가 초래한 민족의 심대한 훼손 자체를 생생하게 증거하는 상징으로 등장하기 시작한다. 1945년 이후 구성되는 탄의 장면은, 당시의 상징체계가 대부분 그러했듯이 민족(국가) 갱생의 열망 속에서 짜여졌다고 요약할 수 있다. 이러한 의미론적 전환의 과정에서 안회남의 작업은 중요한 의미를 갖는다. 그는 비교적 빨리 그리고 성공적으로 탄광 징용노동자 이야기를 민족의 이야기로 조절했다. 이 이야기들은 탄광노동 자체를 중심 모티프로 삼은 것은 아니지만 탄광노동 또는 탄광노동자됨이라는 의미 요소를 제한다면 온전히 읽힐 수 없다. 안회남은 단편집 『불』(1947)의 서문에서 "우리가 민족적으로 당한 비애와 오욕 염오의 이야기를 그냥 직선적으로 보고하고 전달하기 위"[30]해 쓰기를 시도했다고 언급한 바 있다. 물론 「섬」이나 「불」, 「밤」처럼 순전히 민족이라는 공동체로 환원시켜 해석하기는 어려운 잘 포획되지 않는 서발턴의 존재성을 포착한 경우도 있지만 몇몇의 작품은 비교적 쉽게 '민족이야기'로 코드화되는 문법을 갖고 있다.

이런 점에서 안회남이 남긴 돌아온 타자들의 초상은 탄의 장면의 민족주의적 선회라는 포스트콜로니얼적 전환을 알리는 문턱의 서사로

30) 안회남, 『불』, 을유문화사, 1947(『한국 근대단편소설대계』, 태학사, 1988).

읽어도 좋을 것이다. 그가 애초 하층 다중과는 사회적 신분을 달리하는 위치에 있었다는 점, 자의에 의해 이동 노동을 한 것이 아니라 강제적으로 끌려가 탄광 지대로 가게 되었다는 점, 이동 경험을 통해 자신과는 다른 사회적 집단을 일상에서 깊이 접하게 되었다는 점 때문에, 조선인 탄광노동자는 그에게 지식인으로서의 자의식, 빈곤층에 대한 연민, 책임감, 거리감 등 복합적인 의식과 감정을 불러일으키는 존재일 수밖에 없었다.[31] 그래서이기도 하겠지만 그가 시도한 탄광-탄광노동(자) 표상의 민족주의적 전환은 징용이라는 억압적 조건을 기반으로 하여 서정적인 분위기를 띠고 이루어졌으며, 정서적 효과를 발휘하는 면이 상대적으로 강하다.

그러나 해방기에는 이와는 전혀 다른 방식으로 연출된 탄의 장면이 또 있다. 탄광-탄광 노동(자)을 민족의 갱생과 국가의 재건이라는 지점으로 연장해간다는 점에서 두 유형은 근본적으로는 서로 만난다고도 볼 수 있다. 하지만 두 경향 사이에는 무시할 수 없는 차이가 있다. 즉 안회남이 강요된 탄광노동에서 놓여나 '제자리로' 복귀한 자들을 통해 피식민자의 탄광노동과 탄광노동자됨의 탈구적 성격을 드러내고 있다

31) 연기군 농민과 함께 조선을 떠나는 과정을 다룬 「사선을 넘어서」(『협동』(조선금융조합연합회), 1947.1.3); 귀국 후 함께 징용갔던 "동무"과의 만남을 그린 「그 뒤 이야기」(『한국 근대단편소설대계』, 태학사, 1988) 등을 들 수 있다. 「鐵鎖 끊어지다」에서는 일본인 탄광노동자에 대해서도 언급한다. "세상에서는 광부하면 무뢰한이 많고 고약하고 포악한 사람들로 인정하나 직접 보고 그 단순하며 착한데 조서근이는 놀랐다. 조선서는 도저히 흥행을 못할 삼류 사류의 엉터리 가극단을 조선 사람들이 조직을 하여가지고 구주의 탄광지대로 돌아다니는데 그들 일본인 광부들은 그것을 좋아해가며 본다. 조서근이는 엉터리 조선 가극단 구경을 하며 웃고 손벽을 치는 일본인 광부를 물끄러미 구경하며 있었던 것이다. 산골 일본사람들의 문화 정도가 조선의 농촌보다도 떨어지는 것은 물론 조선 사람이 거꾸로 일본 사람을 다스리고 있는 것같은 묘한 착각을 가져보기도 했었던 것이다. 그런 순진한 국민의 앞에 일본 제국주의적 전쟁관과 전쟁 정책이 여지없이 폭로되며 있는 꼴이 조서근이는 통쾌했던 것이다". 『한국 근대단편소설대계』, 태학사, 1988, 748쪽.

면, 앞으로 분석하게 될 텍스트는 이와는 노선과 방법을 달리하면서 탄(광)을 중심으로 민족-국가 갱생의 가능성을 찾는 것이다. 이 표현의 장에서 우리는 식민화와 강제노역의 경험을 가진 민족은 과연 무엇을 기반으로 다시-태어날 수 있는가라는 질문에 '기술'이라고 답하는 확고한 신념의 체계를 만나게 된다. 탄광과 탄광노동(자)은 집단적인 갱생이 매우 실제적인 경로로 실험, 실행, 실현되는 장소로 나타난다. 해방기 탄의 장면이 갱신되고 민족이 재생하는 맥락을 살펴보기 위해서는 이 표상 지대에 대한 파악이 필수적일 듯하다.

일본의 패전 이후 조선의 탄광은 복구, 운영, 재조직이라는 긴박한 '새출발'의 과제를 맞는다. 이 시기에 나온 두 편의 북조선 기행을 통해, 북쪽에서 이루어진 산업시설 복원과 정비가 그것의 목격자에게 어떤 감동을 불러일으켰는지 확인할 수 있다. 온낙중의 『북조선 기행』[32](1948)과 서광제의 『북조선 기행』(1948)이 그것이다. 모두 북에서 이루어지는 체제 정비 및 복구의 속도와 규모에 감탄을 아끼지 않는다. 온낙중은 북조선이 노동자를 위한 설비를 훌륭하게 구축해나가고 있다는 데 주목한다. "소동과 소음 없이 공장과 제철소를 또 탄광과 철도를 건설하고 있으며 생활의 복리를 창조하고 있으며 전세계에 의복과 식량을 공급하고 있는 노동자 및 농민이 새 생활의 진실한 창조자들이며 또 영웅들임"(76)을 확인한 그는 제철소, 흥남공장 등이 노동자의 힘으로, 노동자를 위한 공간으로 어떻게 변모했는지를 기술한다(69~77). 광산노동자를 위해서는 1947년 초부터 온돌 및 문화주택을 새로 공급하

32) 온낙중, 『북조선기행』, 조선중앙일보 출판부, 1948, 76쪽. 이하 인용 쪽수는 본문에 표기.

고 그밖에 이발소, 치료소, 부식물 공장, 식당, 양화점, 피복점 등이 증설되었다고 전하고 있다(43).

서광제의 『북조선기행』 역시 북조선의 "급진적인 발전"에 경탄하는 것으로 시작한다. 그의 눈에는 "일제가 파괴하고 간 공장 발전소 기업소와 침수되였든 탄광, 광산들"이 "우리의 노동자와 기술자의 손으로 복구발전"되어 "민족경제발전의 거대한 역할"[33]을 하고 있음이 생생하게 보인다. 흥남인민공장, 성진제강소, 부전·장진발전소, 신의주방적과 함께 변모상이 언급되고 있는 「아오지 탄광」 부분을 살펴보자.

> 패망 당시 왜놈들은 여기에 불을 질렀다. 불만 질러서 안될 것은 폭파를 시켰다. 이리하여 놈들이 질른 불은 열흘을 넘어부터서고 갱내 기계설비로 되어 있던 이백마력, 삼백마력 권양기의 파괴만도 십오 대가 넘었고 두 군데의 변전소를 폭파시키는 소리는 천지를 뒤흔드렀고 놈들이 살던 잘지어논 사택, 구락부, 학교, 극장등도 그들이 지른 불길에 태반이 타버렸다. 그뿐 아니라 탄광에 필요한 중요문서, 도면 등을 파기, 소각 등의 방법으로 이 역시 남겨놓지 않았다. (…중략…) 그러나 조국을 사랑하는 애국적 노동자들의 열성과 창조력은 여기서도 유감없이 발휘되여 7천 명을 헤이든 것이 해방직후에는 오백 명 내외밖에 되지 않었것만 부흥에 성공하였든 것이다.(119)[34]

33) 서광제, 『북조선기행』, 청년사, 1948, 106쪽. 이하 인용 쪽수는 본문에 표기.

34) 그밖에 해방기 삼척탄광 복구에 관해서는 황충운, 「삼척탄광 현지보고」, 『광업기술』, 1946.10. 해방 시점의 혼란과 종업원 소개(疏開), 미군 진주, 10여 일 후 미군 철거, 사장(이종만) 취임, 1차 재건계획 실시의 과정이 서술되어 있다. 식민지 시기를 포함, 남한에서의 탄광업에 대한 통시적인 정리는 대한석탄공사, 『대한석탄공사 50년사 : 1950~2000』, 2001 참고.

이 두 명의 『북조선기행』의 필자는 1948년 무렵의 북조선에서 거대한 개발과 산업화를 통해 강건하게 구축되고 있는 사회주의 유토피아의 금속성 스펙터클을 본다. 그들이 바라보는 눈부신 발전의 현장 핵심에는 '탈식민'이라는 의미소가 결정적으로 작동하고 있다. 탈식민의 인식은 이제 조선의 모든 것이 우리의 것이라는(혹은 우리의 것이어야 한다는) 확신, 민족의 역량은 더 이상 탈취되지 않고 마음껏 발휘될 것이라는(발휘되어야 한다는) 기대를 바탕으로 한다. 주인됨과 주체됨의 서사로 구축되는 것이다. 이 같은 이념이 산업노동의 장에서는 어떻게 구현되었을까. 여기에 노동자가 국가와 민족의 부흥을 위해 능력과 노력을 다해야 한다는 것이 제일의적 도덕으로 내화되어 있다는 점은 두말할 것이 없겠다. 하지만 이들이 어떤 물적, 이념적 계기를 통해 노동자-민족이 주인이 되고 주체가 될 수 있다고 생각한 것인지는, 이 명제가 지속적으로 반복되어 새로울 것이 없다 해도 좀 더 미세하게 검토할 필요가 있다. 탄광(노동) 현장을 비추는 소설은 이 문제에 대해 하나의 답을 제공해준다.

관련해서 가장 주목해야 할 점은 '식민주의적 노예 노동으로부터의 완전한 탈피'라는 설정일 것이다. 탄광 노동의 가혹함과 탄광 노동자의 피폐는, 노동(자)이 압도적인 자연과 직접 대면한다는 데서만 비롯되는 것이 결코 아니다. 일반적으로 탄광노동(자) 안팎으로 연결되어 나오는 제국, 식민지, 전쟁, 빈곤층, 유랑자, 수인과 같은 복잡한 역사적 연원의 표식들이 말해 주듯이 절대적인 고갈과 소모는 고통스러운 자연과의 대결이 아니라 고통스러운 자연과의 대결에 언제든 이용해도 좋은 존재를 만들고 활용하는 인공의 시스템에서 기인하는 것이다. 그래서 새롭게 정비 중인 신생 민족(국가)은 식민 권력의 생산 체제를 비판하고 나아가 재편하려는 일련의 차이화의 작업을 전면화하기 마련이다. 자본주의와 사회주의의 공장 체제를 생산의 정치(the politics of production)라는 문제틀에서 규명한 마이클 부라보이에 따르면 식민주의하의 산업 생산을 다른 생산체제와 구별해 주는 요소는 노동 과정 자체에 있다기보다는 생산관계들을 규제하는 메커니즘 즉 특정한 정치적 장치들에 있다. 그의 현지조사와 분석은 탈식민 시기의 아프리카 광업(잠비아 구리광산)을 대상으로 이루어졌다. 그가 강조하는 것은 식민지 시기 아프리카 구리 광산이 동의보다는 힘에 의해 운영되었고, 하나의 인종 집단이 다른 인종 집단에게는 부여되지 않은 정치적, 법적, 경제적 권리를 전유하여 지배권을 장악했다는 점이다. 이러한 생산체제를 그는 식민지적 전제(專制)라고 명명한다.[35)]

생산의 장에서의 식민지적 전제 체제의 일소는 탈식민 주체에게 주어진, 완수해야 하는 중대한 과제가 아닐 수 없다. 그렇다면 이 과제의 수행은 단지 '지향'되었을 뿐 아니라 구체적으로 어떻게 '기획'되었는가? 혹은 어떻게 기획되면 가능해질 것이라 상상되었는가? 국가건설, 민족부흥이라는 이념이 전환가능성을 생산하는 심층의 이데올로기적 자원이었다면 또다른 결정적인 자원은 기술의 발전과 진보라는 실제적인 계기에서 나올 수 있었다. 기술의 발전과 진보는 식민지기의 온갖 '저발전'의 수치(數値)를 뛰어넘는 꿈과도 같은 획기적인 증산을 가능하게 할 것이고, 더 의미 깊게는 이를 노동자-노동력 착취가 아닌 과

35) 마이클 부라보이, 정범진 역, 『생산의 정치』, 박종철출판사, 1999, 289쪽.

학적이고 합리적인 노동 방식에 의해 달성하게 해줄 것이다. 식민지적 전제 체제로부터의 탈각과 생산노동의 탈식민적 재편에서 기술의 발전이 갖는 의미는 매우 중요하게 부각된다. 한설야의 「탄갱촌—지하에서 싸우는 사람들」(1946)[36]과 황건의 「탄맥」(1949)[37]을 병치시킬 때 이 점은 뚜렷하게 드러난다. 두 텍스트는 탄광노동 현장 특히 갱내 작업에 대한 집중적인 묘사를 중심축으로 삼고 있다. 채광 작업 자체를 이렇게 본격적으로 세밀하게 클로즈업한 경우는 식민지 시기와 해방기 이후의 남한의 자료들을 종합해 봐도 찾기 힘들다.

「탄갱촌」과 「탄맥」의 광산과 광산노동은 극한 노동에 시달리는 날것의 신체와 죽음을 부르는 폭력으로 가득했던 과거와는 전혀 다른 것으로 그려진다. 기술문명의 빛이 진입한 지하 세계는 마치 "공장지대" 같아 보인다. 땅 밑 깊숙이 열려 있는 '문명세계'는 "손으로 석탄을 파먹던 시대가 지나가고 전기로 파내는 새시대가 왔"다는 감격, "탄광이라니 그저 옛날 모양으로 굴을 파고 산더미로 담아내는 그런 근경을 그려보았으나 막상 파보니 이건 전판이 으리으리하고 다리가 꼬이는 전기와 기계와 철선으로 얼크러진 어마어마한 판국"(「탄갱촌」, 57)이라는 경이감을 불러일으킨다. 이 지대에서 탈식민의 광산 노동자는 각종 중장비를 소유하고 숙련기술을 체득한, 전문적인 지식의 습득자이자 탐구자로 일하고 있다. 이들에 의해 광산과 광산 노동은 새로운 생산의 질서를 갖게 되는 것이다.

---

36) 텍스트는 한설야, 『단편집』(『단편집 탄갱촌』), 조쏘문화협회중앙본부, 1948에 실린 판본으로 한다. 이하 인용시 제목과 쪽수를 본문에 표기.
37) 황건, 「탄맥」, 『조선단편집』 2(북한 현대문학총서), 태학사, 1992. 이하 인용시 제목과 쪽수를 본문에 표기.

전동기 앞에 들어앉은 남일은 일을 시작할 생각보다 또 연구였다. 동발 아귀 맞추는 것은 해방 후에 배운 동발군이지만 자기도 자신이 있었다. 문제는 동발들의 각도 문젠데 이 바퀴있는 뒤동발은 전동기대가 들리지 않게만 하면 될 것이고 그쪽 동발은 이쪽 이 바퀴가 사슬에 끌리므로 뒤로 밀리는 것과 돌리는 것을 막으면 될 것이고 문제는 바로 이 바퀴 앞 동발을 잘 세우느냐 못세우느냐에 있을 것이다 (…중략…) 스위치를 넣었다. 어떤 일인가 덜덜 떨리라 했던 전동기는 꼼짝 안하고 물러가리라 했던 동발은 그대로 서있는 것이였다. 그대로 돌아만 가는 전동기 소리가 너무나 신기하게 들렸다. 사슬 콘베아 역시 확실히 이 바퀴에 걸려 그대로 돌고 있었다. "됐다…", "됐다!" (「탄맥」, 119)

그러나 이번의 돌격은 덮어놓고 석탄 많이 파내는데 있지 않었다. 왜놈들이 강도 전쟁을 하노라고 언제 기계 수리할 사이 없었고 또 물자도부족했던 관게와 그보다도 낭중은 공장이고 탄광이고 조선 사람을 만탕 처넣고라도 어떻게 강도 전쟁을 이어낼가 하는 판이여서 이 탄광도 구새들기 시작한지 오래다. 그런데 또 지난번 돌격운동으로 전반적 수리에 착수 못하였다. 그래서 이번 돌격 운동은 말하자면 탄광 기계 전부의 수리와 개조에 중점을 두고 있었다. 다시 말하자면 왜놈의 착취에서 지루 늙어빠진 이 탄광을 로동자의 손으로 갱소년시키자는 것이다. 그 운동은 이미 개시된지 오래다 (「탄갱촌」, 113)

"고도의 사상성과 고도의 기술"(「탄맥」, 118)을 종합하고 있는 노동자상의 구현이 사회주의적 전망을 가진 노동소설의 핵심인 만큼, 광산현장을 배경으로 해서도 이 이념은 예외없이 실현되고 있다. 두 텍스트가 공통적으로 취하는 방법론 곧 채탄방법과 기술용어들의 의식적인 노출이 갖는 효과는 분명해 보인다. "할 수 없게 되어 캄캄한 굴속에 밀려들어와 매맞고 병신이 되고 죽어 넘어"(「탄맥」, 126)진 비숙련 조선인 노동자는 접근하거나 구사할 수 없었던 용어들이 서사 전면에 나열되고 전시되면서, 무조건적인 명령과 종속으로 굴러가던 폭력적인 노예노동의 장소는 동의와 열의에 기반한 숙련노동자가 지배하는 전문적이고 실험적인 장소로 갱신된다. 탄광 기술공업학교를 배경으로 하고 있는 「탄갱촌」에서 제시되고 있듯이, 광산 노동의 식민지적 전제 체제의 극복은 이론과 실습을 함께 갖춘 체계적인 기술 교육의 제도화를 통해 완성되는 것이다. 이 교육장에서 젊은 "인재"(= 기술자)들이 생장하여 민족과 국가의 갱생을 주도하리라는 확신이 제국 붕괴 후 제출된 탄의 장면에 새겨져 있다.[38] 이제 식민지 시절의 광산노동자는 새로운 세대의 광산노동자를 교육하는 주체로 등장한다. 직접적인 노동의 경험은 개선된 기술과 결합하면서 살아서 전수되는 지식으로 변환되는 것이다. 후식민의 애국주의적 탄광 노동(자)의 출현은 이렇게 해서 이루어진다.

그러나 균열 없고 밀도 높은 낙관과 당위로 꽉찬 이 노동화(畵)만으로는, 식민지적 전제 체제와 탈식민적 체제가 사실상 얼마만큼 달랐는지 그리고 어떻게 달라질 수 있었는지라는 질문에 선뜻 답할 수가 없다. 게다가 이 그림은 더 달라질 것을 요구하는 시끄러운 광부도 있었

38) 이러한 경향은 북한의 노동시에서 반복, 강화되고 있다. 탄광을 노래하는 시들을 포함하여 노동시는 『로동자의 노래』(직장문학써클시집), 북조선직업총동맹 군중문화부 발행, 1949 참고.

을 것이라는 상상 혹은 달라질 것을 원망(願望)하면서도 소리내지 않는 / 못한 광부도 있었을 것이라는 상상같은 것은 그다지 의미 없다고도 말하는 듯하다. 그렇다면 프레임 안에 들어오지 않은 것들에 대해서는 어떤 이해가 필요할까. 다시 들뢰즈 · 가타리에 기댄다면, 전쟁기계란 국가 장치와는 다른 종류에 속하며 다른 본성을 가질 뿐 아니라 다른 기원에서 유래한다. 이들은 인도유럽어족의 전통에서 나타나는 전사 = 전쟁기계는 국가가 전쟁기계를 전유할 때의 형식인 군사제도와는 전혀 다르다는 점을 강조한다. 차이의 핵심은 전사가 지닌 환원불가능성이다.[39] 그렇다면 노동기계도 마찬가지가 아닐까. 유랑하는 하층 노동자, 정주하기 힘든 하류는 전사 = 전쟁기계와 같은 맥락에서, 환원불가능성을 강하게 품은 존재라 할 수 있다.[40] 그러나 국가에 의해 종종 전유되면서 이들이 지닌 환원불가능성의 여지는 점령당하곤 한다. 국가가 전쟁기계를 전유할 때 '군사'로 구성되듯이, 노동기계 또한 국가에 의해 내화될 때 '산업역군', '노동역군'으로 구성되는 것이다.

광업 노동자는 국가 주도의 환원 메커니즘이 대대적으로 반긴 집단으로, 크게 삼중의 이유로 쉽게 재구성될 수 있었다. 즉 이들은 국가가 가장 중대하게 여기는 영역에 종사했기 때문에 통치의 필요에 따라 종종 호명되곤 했다. 그러나 공적 소통의 기회는 현저하게 적게 분배받았기 때문에 처해있는 실상이 외화되거나 전달되기 어려웠다. 그리고 지

39) 질 들뢰즈 · 펠릭스 가타리, 김재인 역, 『천개의 고원』, 새물결, 2001, 671~678쪽.

40) 이 문제와 관련해서는 큐슈 탄광촌 이족 코뮨의 잡지를 대상으로 탄광 노동자들이 형성한 고유의 세계와 삶의 문법을 분석하고 있는 신지영, 「"쌈짓돈"의 공유, "쌈짓돈"의 공유, "듣고-쓰기"라는 표현」, 『석당논총』, 2013을 참고할 수 있다. 이 연구는 당사자들의 말하기를 통해 그들이 지녔던, '지상'의 질서로 결코 수렴되지 않는 이타성을 증언하는 과정을 흥미롭게 포착한다.

상에서는 잘 보이지 않는 땅 속을 왕래했기 때문에 존재 자체가 아예 잘 감지되지 않았다. 이같이 관심과 고립이 이상하게 뒤얽힌 상태에서, 취약한 집단을 향한 국가주의적 환원의 작업은 자의적으로 매우 용이하게 지속될 수 있었다. 생산 행위는 말할 것도 없고 이것이 동반하는 고통마저도 대부분 보람있고 의미있는 것으로 일방적으로 전환되었다. 해방기에 대두한 민족국가 건설 혹은 노동자국가 건설의 전망도 환원불가능성의 여백을 국가와 민족의 노동자라는 자격으로 꽉 채워 점하는 방향으로 움직였다. 「탄갱촌」을 통해 선명하게 파악할 수 있는 것처럼 국가-수령은 지표를 뚫고 들어와 지하 곳곳을 밝혔고 잘 보이지 않는 어두운 것들은 환한 국가 = 빛 속에서 흩어져 사라져 버렸다.

4. '오작동'하는 노동기계

근대의 거대한 산업경관이 생산성 중심주의를 바탕으로 생성, 유지되었음은 자명한 사실이다. 자본주의 국가와 사회주의 국가 모두 이 점에서는 크게 다를 바 없다. 두 체제는 기술, 개발, 발전의 환상을 실현하기 위해 노동(력)을 둘러싸고 다양한 경쟁과 몰입 혹은 착취와 보호의 방법을 계발했다. 이러한 근대의 산업경관은 지상에서만이 아니라 지하에서도 볼 필요가 있다. 생산의 체계 전체를 물질적으로 가능케 하는 근원이 땅 밑바닥에 있기 때문이기도 하고 이 공간 자체가 혹독한 노동이 전개되는 장이기도 하기 때문이다. 표상의 역사를 따라 지금까지 살펴본대로 지하에서의 일은 여러 방향에서 의미론적 각색을 거쳤는데, 이 절에서는 '오작동'하는 지하노동자를 향했던 시선에 잠시 주목해보자.

이들의 '오작동'이 주요하게 포착된 것은 식민지 시기 좌파 작가에 의해서다. 위에서 분석한 「탄갱촌」의 작가 한설야는 약 20여 년 전인 1928년 단편 「합숙소의 밤」을 통해 만주의 조선인 노동자를 중심으로 계급갈등과 종족(ethnic) 갈등이 분출하는 제국 탄광 노동의 현실을 묘파한 바 있다.[41] 발표 시기대로 따라 읽으면 「합숙소의 밤」의 세계가 해방 후의 「탄갱촌」의 세계로 이어진 셈인데, 이 과정에는 식민지기와 국가건설기를 거쳐가는 좌파 작가의 인식론적 일관성과 자기모순이 함께 보이는 듯하다. '계급'과 '민족' 두 축이 이루는 의미 지대를 다소 불규칙하게 움직이던 의식은, 1945년 이후에는 '국가'와 '지도자'를 향해 흔들림 없이 고정되기에 이른다. 「탄갱촌」이 이 고정을 알리는 텍스트라면 1920년대 후반의 「합숙소의 밤」은 제국에 분노하는 한 탄광 노동자의 '전야'를 그리는, 충돌과 일탈의 운동에너지가 훨씬 더 강한 텍스트다. "지나 쿠리"와 조선인이 몰려드는 만주 탄광 왕국의 밤은 그

41) 한설야는 「합숙소의 밤」이라는 제목으로 두 편의 단편을 발표한다. 하나는 「合宿所の夜」(『滿洲日日新聞』, 1927.1.26~27)이고 또다른 하나가 이 글에서 다루고 있는 「합숙소의 밤」(『조선지광』, 1928.1)이다. 일본어 작품 「合宿所の夜」은 「합숙소의 밤」과는 달리 '각성해가는 프롤레타리아'가 서사 및 가치론의 핵심은 아니다. 만주 탄광의 합숙소를 배경으로 조선인 광부의 암울한 세계를 그리는 데 중점을 두고 있다. 물론 이 작품에서도 계급적, 종족적 갈등은 상황에 내화되어 있다. 두 텍스트의 관계 및 차이 그리고 변화에 대한 해석으로는 유수정, 「두 개의 「합숙소의 밤」과 '만주'」, 『만주연구』 Vol.9, 2009 참고. 「合宿所の夜」 외에 「暗い世界」에서도 조선인 여성을 중심으로 만주 탄광 지역의 갈등을 묘사하고 있다. 「合宿所の夜」, 「暗い世界」는 大村益夫・布袋敏博 編, 『近代朝鮮文學日本語作品集 : 1901~1938(創作篇.1), 錄蔭書房, 2004.

야말로 마이너 트랜스내셔널리즘의 역학 구도를 고스란히 보여주는 전형적인 세계다.

> 밤이다. 탄광 왕국(B시)의 찬란한 밤이다. 구시가와 신시가 사이의 호떡 같은 둥글넓적한 언덕에까지 붉은 붉푸른 불이 한량없이 많다 (…중략…) 3백 년을 파먹을지 4백 년을 파먹을지 모른다는 땅속의 검은 금강석을 선탄장으로 긁어 올리는 오만스러운 높은 대다. 마치 옛날 귀신이 맨 꼭지로 나덤비던 밝고도 까만 시절의 귀신의 집같이 방자스러운 높은 대가 두 호이나 남북에 번지르고 섰다. 그러나 그 괴로운 지옥같은 세상을 벗어나 하늘나라로 사람을 지시하는 듯하던 귀신의 뾰족집의 위엄은 지금의 이 검은 대 속에 잠겨들어가고 말지 않았는가. 아 무서운 거리다.[42]

이 "무서운 거리"에서, "겨울 돈벌이로 농촌에서 게바라"들어도 "그래도 웬만하면 째진 양피 조각이나마 걸고 다니는" "지나 쿠리"와 "불쌍한 목으로는 만주에서도" "제일 첫째일" 조선인이 "땅짐과 먼지와 석탄젓국에 젖은 고막쥐 같은 얼굴"로 돌아다니며 일한다. 두 종족집단은 연대나 동정(同情)의 교감 없이 삭막하게 공존한다. 연대나 동정의 교감이 없는 까닭은 이들이 점점 더 좁아지는 탄광 인력시장에서 서로 생존경쟁을 벌여야 하는 관계에 있기 때문이다.

어느 정도 코드화된 문법에도 불구하고 「합숙소의 밤」의 탄광노동(자) 표상이 시사적인 까닭은 앞서 말했듯 탄광노동의 마이너 트랜스내

42) 한설야, 서경석 편, 『과도기』, 문학과지성사, 2011, 42쪽.

셔널리즘적 성격이 여실히 묘사되어 제국주의적 광업의 역사정치적 속성이 인상적으로 드러나 있기 때문이다. 물론 길게 보면 이 혼종적 측면을 감지한 한설야의 촉각은 결국 '민족'과 '국가' 정향의 순일적 서사를 낳는 쪽으로 나아갔지만 말이다. 더불어 주목할 만한 또다른 이유를 찾는다면 일하지 않고 '음모'를 계획하는, 노동 기계의 반란형 작동에 대해 이야기해주는 바가 있기 때문이다. 반란형 작동의 핵심에 (민족의식을 동반한) 계급의식이라는 '대의적' 각성의 계기가 있다는 점에서, 「합숙소의 밤」의 경우는 「철을 파내는 이야기」의 인물이 취한 '비굴한 행위'라는 오작동과는 전혀 다른 방향을 갖는다. 「합숙소의 밤」과 「철을 파내는 이야기」에 제시된 '오작동' 가운데 어느 편이 이념적으로 더 올바르거나 가치 있는지를 따지는 일은 그리 의미 있어 보이지도 않으며 이 글의 관심사도 아니다. 강조하고 싶은 것은 노동기계의 고장이나 불량을 구상하는 복수의 경로가 있었다는 점이다. 한 편에 「철을 파내는 이야기」가 있다면 다른 한 편에 「합숙소의 밤」이 또다른 질감의 가능성을 제시해주고 있는 것이다. 이렇게 다르면서도 서로 만나는 장면들을 함께 이어 놓을 때, 광업 노동자가 국가-자본의 높고 강한 파고에 부딪치면서 생겨난 미세한 대항이나 길항의 포말 같은 것도 보다 섬세하게, 보다 많이 볼 수 있을 듯하다. 광업과 자원의 인간학이라는 것도 이러한 방법론을 통해 구성할 수 있지 않을까.*

---

* 이 논문은 2014년 『한국문학연구』 47집에 게재된 논문을 재수록한 것임.

냉전의 육화, 스파이의 비/가시적 신체 형상과 '최초'의 소제/미제 간첩단 사건

공임순

1951년 3월 로젠버그 부부의 재판이 이루어졌다. 반역죄가 아니라 스파이 죄(간첩죄)가 적용되었는데 그들은 사형선고를 받았다. 그들이 극형에 처해진 것은 '냉전'이라는 시대적 분위기로 '빨갱이 사냥'의 폭풍이 몰아쳤기 때문이다. 참고로 로젠버그 부부가 소련에 제공한 정보 가운데는 한국전쟁 때 미국이 원자폭탄 9개를 중국에 투하하기 위해 준비했다는 내용도 들어 있었다고 한다.

— 운노 히로시[海野 弘], 『스파이의 세계사』[1)]

1) 운노 히로시[海野 弘], 안소현 역, 『스파이의 세계사』, 시간과공간사, 2005, 338쪽.

1. 스파이, 한반도의 양단과 '냉전과학'의 첨병

한반도의 지역적 냉전은 1948년을 기점으로 한다. 우리가 흔히 부르는 48년 체제란 한반도의 남과 북에 세워진 두 개의 지역 정(치)체와 분리되어 논할 수 없다. 이 두 개의 지역 정(치)체는 냉전이라는 전 세계적인 진영 논리 속에서, 스스로를 한반도의 유일한 '중앙정부'로 표방했다. 남과 북의 두 지역 정(치)체의 수립을 목전에 둔 시점에서, 오기영이 밝힌 다음과 같은 말은 그래서 더욱 무게감을 띠고 다가오게 된다.

> 이제야 UN은 사십육 찬성에 의한 가능지역 선거와 그 정부를 지지하려 할지라도 영(零)에도 기능이 있어서 불가능지역이 생겼고 이 불가능지역에서도 선거를 실시하며 헌법을 발포하며 정부를 수립하였음을 무시할 수 없을 것이다. 이로부터 두 개의 정부는 서로 각자의 능력을 육성하기까지 그 기반의 강화에 노력할 것은 각자의 입장에서 틀림없이 당연한 일이다 (…중략…) 이론이야 어떻거나 남의 정부가 반쪽 정부라면 북의 정부도 반쪽 정부를 면하지 못한다. 명분이야 어떻거나 남의 정부가 미국의 세력하에서만 권위를 유지할 때에 북의 정부도 소련의 세력하에서만 권위를 유지할 수 있을 것이다. 장차 이 두 개의 정부는 각자의 권위를 민중에게서 획득하려고 노력할 모양이지만 모르거니와 이 노력은 부자연한 흥분상태에서 발휘되지 않을까? 이 말은 무슨 말이냐 하면 민중에게 진정한 자유가 허용되기 어려우리라는 말이다. 남의 민중이 남의 정부를 반대할 자유가 허락되지 않고 북의 민중이 북의 정부를 반대할 자유가 허락되지 않을 것이다.[2)]

그가 지적한 것처럼, 국제연합(UN)에 의한 46 대 0의 압도적 표차는 선거가능지역을 만들어내는 한편, 이의 반대급부로 영(零)이라는 선거불가능지역을 새롭게 출현시켰다. 선거가능지역이 그의 말처럼 선거를 실시하고 헌법을 발포하며 정부를 수립했던 것과 마찬가지로 문제는 이 영(零)의 선거불가능지역도 "선거를 실시하며 헌법을 발포하며 정부를 수립"하려 했다는 데 있다. "UN 총회는 비록 46 대 0으로 조선 문제를 가결하였고 그 결의대로 추진하려 하나 막상 조선에 벌어진 냉엄한 현실은 46 대 0이 아니라 1 대 1"[3]이라고 하는 지역적 냉전의 데칼코마니(decalcomanie)가 펼쳐진 것이었다. 선거가능지역과 선거불가능지역이 국제연합(UN)에 의해서 나누어지고, 이 양분된 두 지역에서 국제연합(UN)의 의도와는 무관하게 두 개의 지역 정(치)체가 나란히 들어서는 양단의 현실은 한반도를 "46 대 0이 아니라 1 대 1"로 만들었다. 국제연합(UN)에 의한 두 개의 지역 정(치)체의 출현에 빗대어 박기준이 "UN이 발족할 때의 정신과 골자는 세계평화의 추진에 관하여 국제사회의 거지구적인 조직방법을 강구하자는" 데 있었지만, "제2차 세계전쟁에 대한 포괄적 평화체제도 서기 전"에 "미소의 양 진영은 UN을 자가선전을 위한 절호의 무대"[4]로 삼았음을 통렬하게 비판했던 것과도 일맥상통하는 흐름이었다.

"남조선은 유엔 결의대로 (선거가) 진행되었으나 유엔 결의로써는 소련의 결의를 번복시킬 수 없었고 그 거부권은 마침내 예정대로 북조선

2) 오기영, 「북조선정부」, 『삼면불』, 1948, 21~22쪽.
3) 오기영, 「UN과 조선독립-조선위원단에 주노라」, 『신천지』, 1948. 2, 30쪽.
4) 박기준, 「남한 신국가와 세계-대한민국과 UN」, 『신천지』, 1948. 8, 15쪽.

의 인민공화국의 성립을 보"[5]게 되는 이러한 한반도의 두 지역 정(치)체의 수립은 "남의 정부가 반쪽 정부라면 북의 정부도 반쪽 정부를 면"치 못하게 할 것임을 예고했다. 즉 "명분이야 어떻거나 남의 정부가 미국의 세력하에서만 권위를 유지할 때에 북의 정부도 소련의 세력하에서만 권위를 유지할" 수밖에 없으리라는 "반쪽 정부"의 불안정한 미래상이 그것이었다. "북조선의 인민정권에 비견할 만한 정치조직을 남조선에다가 조속히 형성"하려는 "남북정세의 동정(動靜)"이 "결국은 미소정책의 『대리인』으로써의 「코스」를 걷게"[6] 하리라는 이러한 "반쪽정부"의 불안정한 위상은 여기에 어떠한 미사여구를 동원하든지간에 '괴뢰(위성)국'의 혐의를 양쪽 모두 벗어날 수 없게 했음은 물론이다. 이를 방증이라도 하듯이 한반도의 두 지역 정(치)체는 자신들에게로 쏟아진 '괴뢰(위성)국'의 오명을 상대방에게로 되돌리는 상호 적대와 분열을 심화시켜가게 되는데, 지역적 냉전의 대리주체(agency)로 화한 두 지역 정(치)체는 적어도 (동)아시아에 있어서만은 38선을 경계로 한 세계 냉전의 동서 대립을 이른바 '남북 적대'로 치환하고 굴절해갔던 것이다.

냉전은 19세기 이래로 전통적으로 이어져온 러시아와 서구의 동서대립과는 그 질을 달리한다고 슈퇴버(Stöver)는 지적한 바 있었다. 그에

5) 홍종인, 「통일이냐 · 분열이냐－미국의 "한국" 승인 문제를 중심으로」, 『신천지』, 1948.8, 10쪽.

6) 박기준, 「평화의 수인(囚人) 조선－남북정부와 철병문제」, 『신천지』, 1948.7, 40쪽. 그는 미소 냉전의 대리주체로 변한 한반도의 두 지역 정(치)체는 "이렇게 되면 북에서 소련군이 물러가도 남에서도 미군이 철퇴한 후에도 조선인 자체의 싸움이 남북 사이에 전개될 것은 명약관화"하다고 경고한다. "남정(南征)과 북벌(北伐)이 공공연하게 떠돌게 되면 조선의 내전 상태는 불가피"하며, "그 막다른 골목은 새로운 외세의 도입"일 수밖에 없다는 것이 그의 주된 논거였다. 그의 우려와 같이 남정과 북벌의 의지를 한국전쟁의 열전으로 화한 한반도의 두 지역 정(치)체는 '괴뢰(위성)국'이라는 비난을 상대방에게로 되돌리는 증오와 불신을 깊숙이 뿌리내리게 된다. 3장과 4장에서 논할 미제와 소제 간첩단 사건은 이의 한 방증일 것이다.

따르면, 제2차 세계대전의 종식 이후에 맞이한 냉전의 세계 질서는 비록 그것이 전통적인 동서 대립의 외양을 띠고 있는 듯이 보일 때조차도, 이미 기존의 동서 대립과는 현저한 차이를 내포하고 있다는 것이다. 이는 기존의 "동서 대립과는 달리" 냉전은 "실제 전쟁에서나 볼 수 있는 모든 것이 동원되어 장기적이고 적극적으로 추진된 '비평화' 상태"를 견지했다는 점에서였다. "인류가 이전에는 경험하지 못했던" 미증유의 사태를 일러 그는 냉전으로 지칭하며, 이 숱한 논쟁 끝에 자리 잡은 냉전에 대해 기존의 동서 대립으로는 포괄할 수 없는 새로운 맥락과 함의들을 덧붙이게 된다. 이런 관점에서, 그가 의미하는 냉전은 기존의 동서 대립의 단순한 연장이나 지속일 수 없었다. 그중의 하나로 그가 꼽고 있는 것이 바로 "'비평화' 상태가 불과 몇 시간 안에 무제한적 핵전쟁으로 발전해 엄청난 수의 인간을 살상할 수 있게" 되는 잠재적인 핵위협이었다. 이러한 잠재적인 핵위협을 배경으로 실제 "핵폭탄의 투입만"을 제외하고는 "그 밖의 모든 것이 총동원"되는 총력전이 세계 냉전의 현실로 자리 잡게 되었음을 슈퇴버는 지적한다. 더불어 그는 "정치-이데올로기적, 경제적, 기술-과학적, 문화-사회적 대립의 양상"은 "다른 진영에 호의적"이거나 심지어 "중립을 지킨 사람들"[7]을 향한 의심과 불신 나아가 배제와 절멸로 나아가게 했음을 주장하고 있기까지 하다.

이러한 슈퇴버의 견해는 적어도 세계 냉전의 동서 대립을 남북 적대로 치환하고 굴절해간 한반도의 경우 역시 예외일 수 없음을 알려주고

7) 베른트 슈퇴버(Bernd Stöver), 최승완 역, 『냉전이란 무엇인가—극단의 시대 1945~1991』, 역사비평사, 2008, 14~17쪽.

있다. 다시 말해 한반도의 두 지역 정(치)체의 존재로 인한 심화되는 남북 적대는 설령 그것이 기존의 남북 대립과 유사한 외양을 띠었다손 치더라도 이미 그것은 기존의 남북 대립으로 포괄할 수 없는 새로운 냉전의 현실에 맞닥뜨리게 했음을 의미하는 것이다. "제2차전을 계기로 해서 소련이 획득한 영토와 병합할 수 있는 세력 범위는 제정 노서아시기부터 내려오던"[8] 슬라브 민족의 생존권 신장의 차원에서라든가 "1917년 혁명 이후"에 "일찍 일로전쟁의 패배를 설욕하면서 태평양 진출의 귀중한 지점으로서 소련이 조선의 북반을 점령"[9] 했다고 하는 기존의 남북 대립이 지속적으로 원용되고는 있었지만, 이미 그것은 한반도의 남과 북에 데칼코마니처럼 들어선 두 지역 정(치)체에 의한 남북 적대와는 그 질적인 차별성을 내포했다고 할 수 있다. 이의 한 예증이 종전 직후부터 제기된 "하나의 세계냐 두 개의 세계냐"를 이은 "전쟁이냐 평화냐"였다. 이 시기의 최대 관심사 중 하나였던 이 "전쟁이냐 평화냐"[10]는 슈퇴버가 말한 세계 냉전의 "비평화 상태"에 대한 동시대적인 위기감을 한반도의 양단된 현실에 되돌리는 바로미터로 작용했기 때문이다.

---

8) 박기준, 「평화로 가는 길」, 『신천지』, 1948.11・12 합병호, 107쪽.

9) 오기영, 「민족 위기의 배경－냉정전쟁에 희생되는 조선독립」, 1948.4, 6쪽.

10) 이동주, 「전쟁으로 가는 길」, 『신천지』, 1948.9, 16쪽. 그는 이 글의 첫 도입부를 아예 "마지막에는 두 갈래 길 밖에 없다. 전쟁이냐 평화냐"로 못 박는다. 「전쟁으로 가는 길」은 그 제목에서 알 수 있듯이, 제3차전의 발발 가능성을 대단히 높은 것으로 상정한다. 반면 박기준은 「평화로 가는 길」을 『신천지』, 1948년 11・12 합병호, 109쪽에 싣고, 「전쟁으로 가는 길」이 "이 세대의 지식인을 대변하는 가장 전형적인 시국관이요, 미소관"임을 지적하게 된다. 이 두 사람 간에 오간 설전은 제3차전의 증대되는 위기감과 맞물려 세간의 이목을 집중시켰다. 한반도의 현실을 되비추는 이러한 제3차전의 당면한 위기감은 "전쟁이냐 평화냐"의 양 선택지를 불가피한 현실로 받아들이게 했는데, 이 높은 관심사를 반영하듯이 『신천지』는 이동주의 글이 실린 동호에 좌담회 「세계는 어디로 가느냐」를 마련하기도 했다.

"UN에서 화부(華府)에서 남경(南京)에서 그리고 서울 명동 다방 골목에서도 전쟁설을 대유행"시킨 것도, "외국통신과 외지에서 얻은 몇 가지 단편적 지식을 가지고서 미·소의 병기를 비교하고 작전을 논하는 어마어마한 자칭 군략가들"[11]을 새롭게 출현시킨 것도 이러한 배경에 힘입어서였다. 제1·2차 세계대전을 거치며 "인류는 그들 자신의 과학적 정수를 모아 제조"[12]한 핵무기를 실제 사용할지도 모른다는 당면한 위기감을 한반도 역시 공유했던 것이다. 이러한 핵전쟁의 임박한 위기감은 한반도를 제3차 대전의 화약고 내지 극동의 희랍(希臘) 혹은 백림(柏林)으로 불리게 했으며, 세계 냉전의 동서 대립을 남북 적대로 체화해간 한반도의 양단된 현실은 이 제3차전의 발단지가 어쩌면 한반도가 될지도 모른다는 광범위한 불안과 공포를 실어 날랐다. 이로써 두 지역 정(치)체의 존재로 인한 양단의 현실은 '핵무기 없는 핵전쟁'의 가능성까지 포함한 제3차전의 발발 위기를 그야말로 자신의 실제 현실로 인식케 되는 보기 드문 동시대성을 한반도에 뿌리내렸다고 할 수 있다.

"UN총회든 코민테른이든 모두 다 38선 위에 불러놓고 38선에 숨은 원한의 원자탄이 터지게 되는 순간 지구는 두 쪽으로 깨어져 소멸되고 말리라는 것을 알려주자"[13]고 하는 핵전쟁의 극단적 상상력이 이 심화되는 한반도의 남북 적대를 일깨워주기 위한 수단으로 동원되곤 했

---

11) 박기준, 「전쟁이 가져오는 건 ……」, 『동아일보』, 1948.10.30.

12) 이주운, 「기독교의 경제윤리」, 『민성』, 1947.4, 11쪽.

13) 이선근, 「UN의 동향과 미소 관계 전망」, 『동아일보』, 1948.1.14. 이선근은 이 글에서 38선의 철폐를 위한 미소 화해와 협조를 요청하는 극약 처방으로 핵전쟁의 위기감을 동원한다. 하지만 그는 한반도의 두 지역 정(치)체의 수립이 가시화된 이후, 한반도의 이북을 철저히 부정하는 일관된 태도를 보여주었다. 이 뚜렷한 움직임이 그의 신라 화랑도이다. 그는 신라의 화랑도를 무사정신의 표본으로 삼고, 오로지 북벌을 통해서만 한반도가 통합될 수 있음을 주장하게 되는데, 이런 점에서 그의 신라 화랑도가 갖는 당대적 문제성이 존재했다 할 것이다.

다. 더불어 "2차 대전 종결 후 겨우 4년 간" "냉전 종결을 기대할 수는 없더라도 '냉랭한' 그대로 점차 동결을 지향하는 가능성을 대망하고 싶"다는 현상유지에 대한 바람도 "강제적 평화라도 열전(熱戰)보다는 낫"[14]다고 하는 비관적 전망 위에서 널리 유통되었다. 제3차전의 전면전을 막기 위한 이러한 '냉랭한' 평화는 그러나 그것이 '냉정전쟁(冷靜戰爭)' 의미하는바 그대로 상호간의 군비 경쟁을 통한 '화기(火氣) 없는 전쟁' 혹은 '총성 없는 전쟁'인 한에서, 지극히 위태롭고 유약한 것일 수밖에 없었다.

이 양대 진영의 냉전 논리에 편승하여 "냉전에서 새로운 형태인 방위동맹은 다른 한 개의 세계인 공산세력을 민주세력으로 방위하여서 온 세계로 하여금 세계 종언을 의미하는 원자탄전쟁을 일어나지 않게 하자는 데 그 의의"가 있음을 강조하는 이른바 핵전쟁을 억제하기 위한 "태평양방위동맹의 주창자가 되지 않으면 안 될 것"[15]이라는 동맹의 필요성도 한쪽에서 급속하게 힘을 얻어갔다. 이 모든 것의 연장선상에서 "38선을 깨치고 통일한 국토로 함에는 외교적으로는 물론이요 군사적으로도 제3차 대전이란 국제적 연관성을 가지고 해결하지 않으면 안 될 것"[16]이라는 한국전쟁을 계기로 보편화되는 핵전쟁을 통한 제3차전의 옹호까지도 가능하게 했음을 간과해서는 안 될 것이다. 그런데 문제는 이 일련의 논의들이 한반도의 두 지역 정(치)체가 지닌 역량이나 권리와는 무관하게 펼쳐졌다는 점에 있다. 즉 한반도의 두 지역 정(치)체가 과

14) 이기녕 편역(編譯), 「북대서양조약의 의의」, 『신천지』, 1948.5・6 합병호, 15・72쪽.
15) 이건혁, 「태평양동맹의 의의」, 『신천지』, 1949.9, 94쪽.
16) 함상훈, 「외교와 무력에 의한 통일」, 『민성』, 1949.2, 23쪽.

연 이 핵무기를 소유하고 사용할 수 있는지의 여부와는 하등 상관없이 동시대의 상존하는 핵전쟁의 위기감이 심화되는 남북 적대의 현실을 반영하며, 한반도를 세계 냉전의 최전선에 위치시키는 자기 구성의 역학을 만들어냈음을 위 사례는 여실히 보여주고 있는 것이다.

따라서 슈퇴버가 말한 실제 "핵폭탄의 투입만"을 제외하고 "그 밖의 모든 것이 총동원"되는 총력전은 한반도의 '핵무기 없는 핵전쟁'의 가능성을 상존한 채 지역적 냉전의 심화에 따른 냉전의 사회적 양극화를 일상의 현실로 자리 잡게 했다. 38선을 경계로 한 두 지역 정(치)체의 존재는 "다른 진영에 호의적"이거나 심지어 "중립을 지킨 사람들"을 향한 의심과 불신 나아가 배제와 절멸의 자기 분단선을 긋게 했던 셈인데, 이 극적인 사례가 한반도의 남과 북에서 양산된 이른바 제5열의 스파이들이었다. 주지하다시피 스파이는 제1·2차 세계대전을 거치면서 강화된 첩보전의 산물이었지만, 냉전의 사회적 양극화는 이 스파이들을 단지 첩보전의 산물로만 머무르게 하지는 않았기 때문이다. 라틴어 'intellegere'에서 유래한 인간의 이해력을 뜻하던 '인텔리전스(intelligence)'가 '첩보'로 개념 전이될 만큼 냉전은 점증하는 정보기관과 숱한 스파이들의 존재로 인해서 핵전쟁을 대리한 첩보전의 유례없는 시대를 기록했지만,[17] 이 실재하는 인간 정보원들뿐만 아니라 진영 논리에 입각한 체제 보존과 방위의 산물로서 출현했던 것이 제5열이라 불리던 자기 내부

---

17) 인텔리전스(intelligence)의 의미 변화에 대해서는 정노순 · 조성권, 「Intelligence의 개념과 정보기관의 존재 필요성에 대한 고찰」, 『국제문화연구』, 2010을 참조했다. 라틴어 동사 'intellegere'에서 유래한 인텔리전스(intelligence)는 인간의 이해력으로 널리 통용되다가 첩보를 전담하는 정보기관으로 그 의미 변용을 겪게 된다. 국가와 지역에 따라서 인텔리전스(intelligence)는 정보국(정보원) 내지 첩보국으로 명칭을 달리하며 쓰이고 있다.

의 스파이들이기도 했던 것이다. 양 진영 간의 치열한 첩보전의 틈바구니 속에서, 제5열로 불린 실제와 가상을 오간 적의 가시적 모형으로 기능했던 이 스파이들의 신체 형상은 세계 냉전을 지탱하는 유력한 통치 수단이 되어 보이지 않는 적의 존재를 알리는 극적 보조역을 담당했다고 할 수 있다.

"스파이는 결코 남에게 알려지지 않"는 비밀공작을 수행해야 하며, 따라서 이미 "그 존재가 알려졌다는 것은 실패한 스파이"[18]라는 운노 히로시[海野 弘]의 견해는 이 실제와 가상을 오간 스파이들의 신체 형상과 관련해서 많은 시사점을 제공한다. 적어도 스파이는 음지의 존재답게 자신을 외부에 절대 노출시켜서는 안 되기 때문이다. 그러나 적과 우리를 가늠하는 가시적인 타깃이 되어 양대 진영에 의해 부단히 발견되고 재창조된 이 실제와 가상을 오간 스파이들의 신체 형상은 "외부의 적과 연결된 내부의 세력으로 이를 규정해 탄압하도록 유도하고 또한 그럴 수 있는 구실을 제공"[19]했다. 스파이의 신체 형상에 내포된 이러한 가정된 적의 위협과 공포는 한반도의 심화되는 남북 적대의 현실과 길항하며 지역적 냉전 및 이 글이 주되게 논하고자 하는 한반도판 내지 동아시아판 스파이 사건을 추동하는 기저의 원동력이 되었음을 유념할 필요가 있다.

이 글은 한반도의 지역적 냉전이 한국전쟁의 열전으로 화하는 속에

---

18) 운노 히로시[海野 弘], 앞의 책, 19~20쪽.

19) 박찬표, 『한국의 48년 체제』, 후마니타스, 2010, 64쪽. 박찬표는 한반도의 두 지역 정(치)체의 수립을 48년 체제로 공식화한다. 그가 의미하는 48년 체제는 대한민국에 한정되어 있는데, 그것은 냉전 반공 체제이다. 때문에 한반도 이북에 대한 성격 규정은 이 책에서는 이루어지고 있지 않다. 위 본문에서 인용된 내용은 한반도 이남, 즉 대한민국에 한정된 것임을 밝혀둔다.

서 창출된 이 한반도판 내지 동아시아판 스파이 사건을 한번 논해보려 한다. 이를 위해 이 글은 "과학이라고 말할 때 당신은 어떤 유형의 앎의 자격을 (인정 내지) 박탈"[20] 했는지와 연관된 푸코(Foucault)의 사유를 출발점으로 삼는다. 왜냐하면 그의 이와 같은 문제의식은 이 글이 염두에 두고 있는 '냉전과학'과도 직결된 바 크기 때문이다. '냉전과학'은 푸코가 의미한 어떤 것은 '과학'이라는 이름으로 인정과 허가의 대상이 될 수 있었으며, 또 어떤 것은 배제와 금지의 대상이 되어야 했는지를 세계 냉전의 현실과 결부시켜 사유할 수 있는 '과학'의 정치성을 환기하는 개념에 다름 아니기도 하기에 말이다.

이 글은 스파이가 과학과 사상(이념) 및 선전이 결합된 '냉전과학'의 첨병이었음을 전제한다. 그것은 앞에서도 지적했듯이 한반도의 심화되는 남북 적대의 현실이 반영된 세계 냉전의 지역적 위상으로서이다. 실제와 가상을 오간 스파이들의 신체 형상은 한반도의 두 지역 정(치)체의 자기 보존과 방어의 욕구를 추동하며 세기적 스파이에 필적하는 위상을 이들에게 부여하게 했다. 이 사례가 이 글의 3장과 4장에서 논하게 될 그 이름도 거창한 '최초'의 소제 / 미제 간첩단 사건이다. 이 글은 3장과 4장의 소제 / 미제 간첩단 사건을 본격적으로 규명하기에 앞서 양 정(치)체 모두가 수도로 지정한 '서울'을 중심으로 한 스파이 서사를 구상했던 이광수의 마지막 미완의 장편소설 「서울」을 2장에서 먼저 살펴보게 될 것이다. 한반도의 두 지역 정(치)체가 마치 경쟁이라도 하듯이 데칼코마니처럼 연출한 '최초'의 소제 / 미제 간첩단 사건은 이광

20) 미셸 푸코(Michel Foucault), 박정자 역, 『사회를 보호해야 한다』, 동문선, 1998, 27쪽.

수라는 걸출한 작가에 의해서 그 대중적인 기반을 확보할 수 있었기 때문이다. 그의 소설을 통해서 가시화된 가상적인 스파이들의 신체 형상은 한반도를 세기적 스파이에 못지않은 스파이들의 온상으로 인식케 했음은 물론 세계 냉전의 최전선(내지 최첨단)이 한반도임을 환기하는 서사적 효력을 발휘했다. 친일과 반공의 자리바꿈이 연쇄적으로 일어나는 가운데 한반도 이남의 지배엘리트와 그 궤를 같이 했던 이광수의 마지막 신문연재소설 「서울」은 이런 점에서 여러 모로 우리의 시선을 끈다. 이어질 2장의 주된 내용은 이것이다.

2. 서울 다시 그리기 – 이광수의 「서울」과 '상해'에서 온 스파이

한반도의 대표적인 친일파로 분류되어 반민특위에 의해 구속·수감되기도 했던 이광수는 그의 마지막 신문연재소설인 「서울」을 1950년 1월 『태양신문』에 발표했다. 그런데 이 소설은 본격적인 스파이 서사를 채 펼치기도 전인 5~60회를 끝으로 그 연재가 중단되고 말았다. 이 이유에 대해 한편에서는 "좌경(左傾)한 사람들로부터 지나치게 공산당을 때린다는"[21] 견해를 제출하는가 하면, 다른 한편에서는 "대학생들이 공산청년동맹의 지하조직에서 활동하고 행동하는 장면이 매일매일 계

21) 노양환, 「후기」, 『이광수전집』 19, 삼중당, 1966, 437쪽. 노양환은 이 「후기」에서 「서울」의 연재 중단 이유를 좌익 측의 반발에 있었음을 드러낸다.

속해서 묘사되기 시작"하여 "청년 학생들에게 공산주의 사상을 선전하고 선동하는 것 같다는 견해를 가지고서 주필 겸 편집국장을 공보처장실로 여러 번 호출하여"[22] 연재가 중단되었다는 다른 한편의 의견도 제시된다. 좌익계의 불만과 정권의 압박이라는 이 상충되는 견해 속에서 「서울」의 연재 중단 이유는 끝내 알 수 없는 것이 되고 말았지만, 그럼에도 분명한 것은 이 소설이 좌우 양쪽에서 모두 문제시되었다는 점이다.

그렇다면 이 대목에서 궁금해지는 것은 '왜' 이광수는 좌우 양쪽에서 모두 문제시될 미완의 신문연재소설 「서울」을 쓰고자 했는가이다. 그것도 한반도의 두 지역 정(치)체에 의한 남북 적대가 심화되던 시점에서, 그가 다른 무엇도 아닌 '서울'을 작품 전면에 내세운 이유가 궁금해지는 것이다. 이 시기 '서울'은 주지하다시피 한반도의 이남인 대한민국의 수도이기도 했지만, 1949년 9월 8일의 "조선민주주의인민공화국의 수부(首府)는 서울시다"[23] 라는 한반도의 이북에 의해서도 수도로 명시되었기 때문이다.

한반도의 두 지역 정(치)체 모두가 수도로 명시한 '서울'의 이러한 달라지는 공간지정학은 이광수의 실제 의도가 무엇이었든지간에 양쪽

22) 김팔봉, 「한국 신문 수난사」, 『김팔봉문학전집』 5, 문학과지성사, 1989, 286쪽. 김팔봉의 이 「서울」의 연재 중단과 관련된 언급은 김혜인, 「난민의 세기, 상상된 아시아—이광수의 「서울」(1950)을 중심으로」, 『대중서사학회』, 2010에서 도움을 받았다.

23) 「조선민주주의인민공화국 헌법」, 『조선중앙연감』, 1950, 11쪽. 북한은 남한의 제헌헌법에 해당하는 1948년 9월 8일의 건국헌법 제6장 103조에서 "조선민주주의인민공화국의 수부(首府)는 서울시다"라고 규정했다. "대한민국의 영토는 한반도와 그 부속도서로 한다"고 명시한 남한의 헌법에 맞서 북한 역시 수도를 서울로 지정한 것이었다. 이 건국헌법의 조항은 1972년 사회주의헌법 제정 시 "조선민주주의인민공화국의 수도는 평양이다"로 변경되기 전까지 효력을 발휘했는데, '서울'은 이런 측면에서 한반도의 두 지역 정(치)체의 심화되는 남북 적대를 상징하는 장소이기도 했음을 드러내준다.

모두로부터 의심의 시선을 피할 수 없게 했다. 소설의 주인공도 아니고 그렇다고 이 소설의 중심사건도 아닌 한반도의 두 지역 정(치)체 모두가 수도로 지정한 '서울'을 작품의 전면에 내세웠다는 점은 그의 연재 중단이 말해주고 있듯이 한반도의 유동하는 현실과 맞물려 민감한 반응들을 이끌어낼 수밖에 없었기 때문이다. 서울을 실질적으로 점유한 한반도의 이남인 대한민국과 '서울'을 회복 내지 탈환해야 할 남정(南征)의 대상으로 여겼던 한반도의 이북인 조선민주주의인민공화국간의 격화되는 적대 의식은 '서울'을 단순한 지리적 공간 이상의 의미를 띠게 했던 것이다. 이와 연관하여 이광수의 「서울」은 그의 친일과 반공의 자리바꿈이라는 개인사적 차원과 한반도의 두 지역 정(치)체의 존재로 인한 심화되는 지역적 냉전의 시대사적 차원을 동시적으로 매개하는 중층성을 내포한다.

그의 개인사적 차원에서, 그는 해방 당일 서울에 있지 않았다. 그의 유일한 문하생인 박정호를 데리고 사릉에서 농사를 짓고 있었기 때문이다. 일종의 피난을 겸한 그의 지방행은 '서울'로부터의 거리두기를 자의든 타의든 가능하게 했다. 천황의 충실한 적자로 내선일체의 필봉을 일본 제국의 패망 직전까지 행했던 차라, 일본의 패전과 조선의 해방은 그에게 당혹스러움 그 자체였을 터였다. 그럼에도 그는 이 소식을 당일 접하지 못하고 다음날 삼종제 이학수로부터 전해 듣는 뒤늦은 시차를 드러낸다.[24] 이는 그의 지방행이 낳은 의도치 않은 산물이기

24) 이광수의 사릉행이 해방 직후에 갖는 의미에 대해서는 김윤식, 『이광수와 그의 시대』, 솔, 1999가 상세하다. 그는 이광수의 사릉행과 『돌베개』의 사상이 갖는 동질성을 지적하면서, 도산 안창호의 전기가 이광수의 자신감을 회복하는 계기가 되었음을 강조하고 있다. 이런 맥락에서 신생 대한민국의 수립이 갖는 의미는 그의 논의에서 상대적으로 간과되고 있다는

도 했다. 서울과의 물리적 거리가 이 뒤늦은 시차를 가능하게 했던 셈인데, 이로부터 그는 '서울'로 상징되는 일체의 정치적인 움직임으로부터 거리를 두는 개인사적 행보를 보여주게 된다.

삼종제 이학수가 전해준 일본 패망과 조선 해방의 충격적인 소식에도 불구하고, 그는 이전과 다름없이 농사일에만 전념한다. '서울'과의 물리적 거리가 낳은 이러한 일체의 정치적인 움직임으로부터의 퇴각은 그를 불가피하게 방관자의 자세로 돌아서게 했다. "집에서 다녀가라는 말도 아니 듣고 사릉에 박혀"[25] 있던 그가 바쁜 농사철임에도 유일하게 사릉을 떠나 서울행을 결심했던 것은 "맹장을 뗀지가 한 달 밖에 안 되는 막내딸 정화가 중학교 입학시험"(188)을 치르던 때였다. 학교마당 한 구석에 자리를 잡고 앉아서 시험장에 들어간 딸을 기다리는 그의 모습은 영락없는 학부모의 모습 그것이었다. 그런데 그의 이러한 학부모로서의 위치와 대별되는 '서울'의 숨 가쁜 모습이 대조적인 풍경을 이룬다. 그의 자리 '저편'에서 벌어지는 "덕수궁에는 미소공동위원회가 열리고 좌우익의 정치가들은 바쁘게 머리와 입을 움직이는"(499) 광경이 그것이다. 이러한 대조적인 풍경은 그와 '서울'과의 물리적이고 심리적인 거리를 표상하는 것이자 '서울'의 급변하는 정세와도 분리된 그의 처지와 위상을 환기시키는 것이기도 했다. 그와 서울과의 이러한 거리두기는 적어도 그가 사릉에 칩거하는 동안에는 계속되었는데, 이것이 그가 신병을 이유로 '서울'에 돌아오면서 더 정확히 말하자면 한

점이 아쉬움을 남긴다.

25) 이광수, 「돌베개」, 『이광수전집』 14, 삼중당, 1962, 188쪽. 이후 인용과 관련해서는 본문의 쪽수로 대신한다.

반도의 두 지역 정(치)체의 수립이 가시화되는 1948년을 기점으로 이러한 거리두기는 마침내 그 종지부를 찍게 된다.

서울로 되돌아온 후 그는 한반도의 두 지역 정(치)체의 서막을 연 신생 대한민국의 탄생을 맞아 「나는 독립국 자유민이다」라는 축시를 발표한다. 그런데 이 시는 그가 해방 직후에 취했던 방관자적 태도와는 현격한 차이를 드러내고 있었다. 그는 이 시를 통해서 "일본 쫓은 미국이 온 것은 몰라도 난데없는 개경군 아라사는 왠일고?"라는 한반도의 지역적 냉전을 한반도를 분할 점령한 미소의 공동 책임이 아닌 오로지 소련의 탓으로 돌리는 달라진 주체 위치와 인식을 선보이게 되기 때문이다. 이의 단적인 방증이 그의 시선 '저편'에서 마치 그와 무관한 듯이 펼쳐졌던 "미소공위 남북협상"을 "붉은 요술"의 "놀림감"[26]으로 치부하는 양상이다. "붉은 요술"의 "놀림감"이라는 이 특정한 부정적인 언사는 과거 그가 취했던 수동적인 입장에서 벗어나 신생 대한민국의 공민으로서 현실 참여와 개입의 의지를 명확히 하는 것이나 다름없었기 때문이다.

따라서 그가 "붉은 요술"의 "놀림감"으로 그와 무관하게 펼쳐진 과거 서울의 모습을 환기하는 순간 그것은 오로지 부정과 청산의 대상이 될 뿐이었다. "마치 유치한 종교의 신조와 같이 무조건 무비판적으로 믿는다거나 또는 미처 충분한 비판도 있기 전에 혹은 구변 좋은 권유나 혹은 일시의 열정적인 감격을 이용한 서약으로 꼼짝달싹 못하게 얽"[27]매인 온갖 미망과 환시 및 무질서와 혼란이 난무했던 공간으로 과거 서울을

26) 이광수, 「나는 독립국 자유민이다」, 『이광수전집』 9, 우신사, 1979, 508쪽.
27) 이광수, 「내 나라」, 『이광수전집』 10, 우신사, 1979, 238쪽.

위치하는 것과도 이는 일맥상통했다. "붉은 요술"의 "놀림감"이라는 특정한 언사에 내포된 이러한 과거 서울에 대한 부정적인 인식은 또한 이제 "내 나라의 내 정부"인 신생 대한민국의 탄생을 맞아 '서울'이 신생 대한민국의 '수도'로서 그 위상에 걸맞게끔 거듭나야 한다는 뜻을 깔고 있기도 했다. 과거 무력했던 자신과의 결별을 이 '서울'이라는 공간에 투사하고 있는 그의 개인사적 행보는 "건국 선거에 투표하는 날 조국은 나를 용납"(509)하여 불렀다는 시대사적 의미와 겹쳐지면서, 용서받은 자의 자격으로 침묵과 방관을 벗어던지고 그 특유의 계몽가적 입지를 회복하는 분기점이 되고 있음을 이 일련의 사례는 보여주고 있다.

"시기 질투 훼방 이간 중상 그리고 나라 망치는 무기인 거짓말 편당심" 등등을 "다 고만 버"리고 "설사 남만 못한 정부일지라도 내 나라의 내 정부"(508)인 신생 대한민국에 대한 전적인 신뢰와 낙관이 거듭 주장된다. 그의 이러한 변화되는 행보가 상쟁과 상애의 익숙한 이분법을 동반하여 이루어지고 있다는 점은 주목되는 부분이다. 그는 기존의 상쟁과 상애의 이분법을 "진실로 무서운 것은 원자탄이 아니요, 원자탄을 던지려는 사람의 마음"(237)이라는 당대적 맥락에 담아내며 신생 대한민국을 향해서는 "서로 화해하자 협력하자"고 하는 상애를 반면, 그의 「서울」과 관련해서 무엇보다 문제되는 상쟁을 "악을 쓰고 욕설을 하고 때리고 죽이고 지독히 서로 미워"(241)하는 주의자 / 혁명가들에게로 고스란히 되돌리고 있기 때문이다.

"저 이른바 혁명가들의 지긋지긋한 아우성을 더 참을 수가 없고 피 묻은 칼을 들고 날뛰는 양을 보기에 진저리가 난"(241)다고 하는 그의 주의자 / 혁명가들에 대한 극도의 불신과 혐오는 "머릿살 아프고 피비

린내 나는 혁명의 주의니" 하는 것은 "자네 혼자 자네 집구석에서나 하"[28]라는 절규 속에서 재확인된다. 더불어 "자네더러 혁명가 되라 칭한 일"도 없으니 "그 주의 그 혁명일랑 부대 길에 나와 시끄럽게"는 하지 말아달라는 배타적 구획과 경계짓기가 "반민법의 대상이 된 사람들은 대한민국의 정면의 적이 된 공산당에 가담할 사람들이 아니요, 유식 유산층이라 하여 도리어 다른 대한민국 지지자와 함께 공산혁명의 숙청이 될 사람들이니 그들은 숙명적으로 대한민국을 사수할 사상과 처지"[29]에 있다는 친일과 반공의 자리바꿈과 연동하며, 그의 마지막 미완의 장편소설 「서울」을 틀 짓게 된다. 따라서 그가 왜 하필 한반도의 두 지역 정(치)체에 의한 남북 적대가 심화되어가던 시점에서 '서울'을 중심 무대로 한 대중적 스파이 서사를 그리려 했는지가 여기서 명확해진다. 즉 그는 서울을 오로지 신생 대한민국의 수도로만 재정위하는 것으로 그의 친일과 반공의 자리바꿈을 정당화하는 한편 한반도의 지역적 냉전을 이 스파이의 신체 형상으로 표현하려 했던 것이다.

「서울」은 그의 이전 소설의 패턴과 유사한 규원과 병달 그리고 음전과 인순간의 어긋나는 애정의 삼각관계가 그 기본 플롯이다. 대표적인 민족주의자인 부친 이한종 밑에서 자라난 규원과 음전 남매가 긍정적인 인물상을 대변한다면, 이와 대립되는 위치에 있는 인물이 이 소설의 안타고니스트인 '상해'에서 온 서병달이다. 그는 상해(중국) 공산당의 지령을 받고 '서울'에 침투한 전형적인 스파이의 신체 형상을 지닌다.

28) 이광수, 「지배자」, 위의 책, 545쪽. 이 시는 미발표 시로 『내 노래』라는 미발표 시첩에 실린 것이다.
29) 이광수, 「친일파의 변」(『나의 고백』), 『이광수전집』 13, 삼중당, 1963, 285쪽.

그가 비록 "양반의 자손이요, 민족 운동 지사의 혈통"[30)]이기는 하지만 "외가가 중국인"이고 상해에서 자라났다는 피와 지역의 혼종성은 그의 이중적 정체성과 연관해서도 문제가 되는데, 이를테면 부모를 일찍 여읜 그가 "효도를 할 부모가 없으므로 부모에 대한 도덕을 지킬 필요가 없"다든지 "일반 사람에 대하여서 어른을 공경한다든가, 가난한 사람을 불쌍히 여긴다든가 하는 마음을 떼어버리기는 것이 옳다고까지 뻗댈 수 있다는 것은 매우 편리"하다는 묘사가 그러하다. 이러한 그의 이중적 정체성은 주의자 / 혁명가들에 항용 따라붙는 뿌리 없음의 상징으로, 이 소설에서는 "민족의식을 극복한다는 것은 이익된 점이 많았다"라는 것으로 구체화되고 있다. "중국 아이들이나 병달 자신이나 민족의 차별을 벗어나고 평등한 소비에트 연방의 인민"(170)이 될 수 있게 했던 것도 이른바 이러한 주의자 / 혁명가들의 뿌리 없음과 결코 무관할 수 없었기 때문이다.

"소비에트 연방의 인민"이 되어 모든 "인습에서의 해방"과 "양심에서의 해방"을 추구한 서병달의 이와 같은 국제 공산주의자로서의 면모는 "청년-특히 대학생과 중학 상급생들의 마음"(167)을 뒤흔들었던 중국 내전과 혁명의 산물이기도 했다. "청년은 냉정한 객관적 비판에 보다 열렬한 독단적 광신적인 부르짖음에 귀를 기울이고 싶"어하는 생래적인 특성상 중국 내전과 혁명의 혼란 와중에 썩어빠진 중국 국민당보다는 "누더기를 입고 병사의 한 떼와 딩구는"(169) 중국 공산당에 그를 기울어지게 했기 때문이다. 이러한 그의 국제 공산주의자로서의 면모는

30) 이광수, 「서울」, 『이광수전집』 19, 삼중당, 1966, 166쪽. 이후 인용은 본문의 쪽수로 대신한다.

이광수가 그토록 혐오하고 비난했던 "붉은 요술"의 저 지긋지긋한 주의자 / 혁명가의 초상을 그가 어떤 식으로든 내재할 수밖에 없었음을 의미한다. "민족주의와 소련 계통의 공산주의자가 합작한다는 것은 다른 일에는 몰라도 국가를 건설하는 정치적인 일이면 되지도 아니할 요술"이라고 말했던 맥락에서 보자면, 주의자 / 혁명가의 이 부정적인 초상을 내재한 서병달은 한 국가(대한민국) 안에 공존할 수 없는 배제와 타도의 대상이었음에 틀림없다.

"애국심과 민족의식"을 본능이라 할 만하게 깊이 뿌리"박고 있었음에도 "공산주의의 이론에 의하면 세계의 무산자(기실은 공산당원을 가리키는 것이다)를 동포로 알고 소련을 조국으로 여기"(170)는 국제 공산주의자인 서병달은 음전과 규원 남매가 표상하는 민족주의자와는 신생 대한민국의 수도인 '서울'에서 같이 머무를 수 없다. 그런 그가 부친의 고국이기도 한 신생 대한민국의 수도인 '서울'을 교란하고 전복하기 위해 상해(중국) 공산당의 지령을 받고서 깊숙이 잠입했던 것이다. 그는 음전과 규원 남매로 표상되는 소위 민족주의자의 긍정적인 초상과 대별되는 지점에서, 이러한 주의자 / 혁명가의 부정적인 초상을 마치 운명처럼 내재한 채 "대한민국이 자리가 잡히기 전에 그 기초를 무너뜨려"(178)야 하는 파괴적 임무와 사명을 띤 불온한 스파이가 되어 그 대단원을 치달아가는 시점에서 아쉽게도 이 소설은 전술했던 이유들로 말미암아 연재가 중단되고 말았던 것이다.

이런 점에서 그의 뛰어난 화술과 세련된 몸차림 및 폭넓은 사교와 인맥까지 그는 세기적 스파이에 못지않은 자질과 역량을 지닌 인물로 등장한다. 정계를 비롯해서 실업계와 학계를 망라한 그는 "자기의 본신을 터럭 끝만큼이라도 내어놓지 않고 민족주의자, 애국자의 가면을 쓰고 마치 점잖은 유생이나 크리스찬이나 기껏해야 미국식 교육을 받은 신사로 행세"(182)했다. 그의 이러한 교묘한 위장과 변신술은 신생 대한민국의 수도인 '서울'이 이 드러나지 않는 스파이들의 침투와 위협에서 결코 안전하지 않으며, 신생 대한민국의 토대가 극히 취약한 것임을 알리는 지배 효과를 발휘하게 된다. "지금 당장에 38선 이남을 공산군이 점령할 수만 있으면 그것이 상책이지마는 미국이 현재의 실력을 가지고 있는 동안 그것은 불가능"하다는 이른바 "아시아 전체의 공산주의 혁명"(178)의 교두보로서 재정위되는 신생 대한민국은 소련을 원점으로 한 공산화된 중국 대륙과 한반도의 이북을 잇는 가정된 적의 형상과 더불어 이 스파이들의 중심 무대가 되는 것이다. 이 외적인 경계선을 따라 "상해 함락 후에 떠났다 하면 공산당일 의심이 농후하지마는 함락 직전에 떠났다 하면 공산당은 아"(165)니라는 사회 내부의 분단선이 재구축되었다. 1949년 10월 중국 본토의 공산화가 초래한 이러한 지역적 냉전의 심화와 확대 속에서, 이광수의 「서울」은 당대를 풍미한 스파이 서사와 궤를 같이 하며 한반도의 남과 북에 한정되지 않는 한반도판 내지 동아시아판 스파이 서사를 그리려 했음을 짐작케 하는 대목이다.

"서구로 뻗으려던 소련의 야욕과 투지는 중국의 본토 제패에 일층 기세를 올려서 아세아로 그 예봉을 돌"려 "공산주의의 결정적 행동화는 민주주의 진영 내의 반공의 극동 보루"인 신생 대한민국을 그 "최첨단"[31] 에 서게 했다. 신생 대한민국의 이와 같은 새로운 위상 재정립은 이광수

31) 「현실을 보라」, 『경향신문』, 1950.3.3.

의 「서울」이 드러내는 것처럼 실제적이고 가상적인 스파이들의 위협과 공포 또한 극대화시키게 된다. 이광수의 「서울」이 그려간 이 한반도판 내지 동아시아판 스파이 서사는 한반도의 두 지역 정(치)체에 의해 마치 데칼코마니처럼 상연된 그 이름도 거창한 '최초'의 소제 / 미제 간첩단 사건을 대중적 차원에서 뒷받침하는 역할을 수행했다. 그것도 이광수라는 걸출한 대가의 손을 거친 이러한 한반도판 내지 동아시아판 스파이 서사는 한반도의 두 지역 정(치)체가 소제 / 미제 간첩단 사건을 실제 '현실'로 화할 수 있게 한 대중적 토대가 되었음도 물론이다.

국제 스파이들의 보이는 / 보이지 않는 전장이자 최전선으로 신생 대한민국은 3장의 국가보안법이라는 비상시의 초법을 정당화하게 된다. 국가보안법의 첫 적용 사례인 국회 프락치 사건은 바로 이 국가보안법의 초법적인 권한 행사 속에서, 그 이름도 거창한 '최초'의 소제 간첩단 사건으로 비화되고 변질되어갔던 것이다. 이광수가 국회 프락치 사건의 여파 와중에 불기소 처분을 받고 풀려나와서 「서울」을 『태양신문』에 연재하기 시작했다는 점을 고려하면, 이 사건이 이광수의 「서울」과 맺는 연관성은 더욱 의미심장한 면이 있다. 이광수의 「서울」이 미처 다 보여주지 못했던 본격적인 스파이 서사를 마치 보상이라도 하듯이 실제 현실로 화한 신생 대한민국에서 최초로 발생한 소제 간첩단 사건은 4장의 미제 간첩단 사건과 어울려 한반도의 남과 북을 전도된 거울상처럼 마주보게 했다. 국회 프락치 사건, 일명 남로당 프락치 사건이 일약 신생 대한민국에서 최초로 발생한 소제 간첩단 사건이 되기까지의 전개 과정과 양상이 이어질 3절의 주된 내용이다.

3. 소제(蘇製) 간첩단—국회 프락치 사건과 '최초'의 '국제' 스파이들

이광수에 의해 미처 다 완성되지 못한 국제 스파이들의 파괴적 음모와 공작은 긍정적 인물과 부정적 인물의 확연한 대비 속에서, 그 서술되지 않은 끝을 예상케 했다. 즉 서병달의 스파이 음모와 활동은 끝내 성공하지 못할 것이며, 종국에는 규원과 음전 남매로 표상되는 민족주의자가 신생 대한민국을 짊어질 차세대로 우뚝 설 것이라는 사실 말이다. 하지만 이광수의 「서울」은 이 대단원의 막을 내리기도 전에 소설이라는 장르 자체의 특성이 갖는 구체적인 묘사의 벽에 부딪혀 좌우 양쪽에서 모두 제지되는 비운을 맛보고 말았다. 하지만 이광수의 「서울」을 실제 현실에서 극화하고 재현한 스파이 서사가 신생 대한민국의 정치 중심지인 국회를 무대로 그 아쉬움을 달래주게 된다. 신생 대한민국의 수도인 서울, 그것도 그 중심지인 국회를 무대로 한 국회 프락치 사건, 일명 남로당 프락치 사건이 그것이었다. 이광수의 「서울」과 마찬가지로 소련을 원점으로 중국 대륙과 한반도 이북을 거쳐 신생 대한민국의 수도인 서울의 정치 중심지인 국회에서 암약한 국제 스파이들의 존재가 이광수의 소설 속 상상을 실제 현실로 화하게 했던 셈이었다. 이러한 국제 스파이들의 존재는 예외상태를 일상적 현실로 하는 항구적인 장치와 조치들을 정당화하는 토대이기도 했는데, 이것이 바로 비상시를 이유로 제정되고 실시된 초법적인 국가보안법이었다.

"긴급사태나 비상사태 등 예외적 상황에 대응"하기 위해 비상시의 입법으로 만들어진 "잠정적 조치"가 점점 더 "현대 정치의 지배적 패러다임"이 되고 "통치술로 전환"[32] 되는 이러한 예외상태의 항구적 일상화는 신생 대한민국을 국가보안법이라는 초법적 형태로 둘러싸게 했다. 이 비상시의 입법인 국가보안법은 아감벤(Agamben)이 말한 "민주적 헌법의 토대를 이루는 법률과 하위 규정이라는 위계적 법체계 질서와 갈등을 빚고 의회에 배타적으로 부여되어야 하는 입법권을 집행 권력에 위임"(23)하는 국가의 전권 행사로 귀결되었다. "입법, 행정, 사법 권력의 구분을 일시적으로 폐기"하고 모든 권력이 집행 권력, 즉 행정부에 위임되는 국가보안법은 1948년 10월의 여순사건이 그 직접적인 계기가 되었다. 여순사건을 계기로 그 동안 상정이 미루어지고 있던 내란행위특별조치법이 기존 형법상의 내란죄와 이름이 중복된다는 이유로 국가보안법으로 그 명칭을 달리한 채 1948년 12월 1일에 공포 및 실시를 본 것이었다.

국가보안법의 전사(前史)인 내란행위특별조치법은 "지금 내란이라고 하는 방사"가 "무슨 긴급대책이든지 무슨 긴급조치법이든지"를 "정부와 서로 협조해서 정부가 그런 안을 내놓든지 국회에서 그런 안을 내놓든지 이번에는 무엇이든 시급히 작성해서 이 사태를 수습하며 앞으로 장래에 치안문제 등에 있어서 반드시 하지 않아서는 안 될"[33] 것이라는 비상사태를 근거로 발의되었음을 고려하면, 이를 대체한 국가보안법의 성격은 짐작하고도 남음이 있다. 이것은 향후 이 법의 적용 과정에서 여실히 드러날 것이었지만, 입법 시점부터 국가보안법은 내란행위에 대한 처벌뿐만 아니라 "내란 유사의 목적을 가진 결사·집단의

32) 조르조 아감벤(Giorgio Agamben), 김항 역, 『예외상태』, 새물결, 2009, 16쪽.
33) 정광호, 「내란행위특별처벌법 기초의 건」, 『국회속기록』, 제1회 89차, 1948.10.27.

구성과 가입까지"[34] 도 임의대로 처벌할 수 있는 전권이 국가에 부여되었다는 점에서 큰 우려와 반발을 자아냈다. "마음대로 총칼을 가지고 달려드는 반도들에게 총칼을 가지고 대항해서 무찔러버리는 것"이 필요함에도 불구하고 "민주주의니 무엇이니 해서" "그 현장이 아니면 번연히 알고서도 구속"을 못하고 "구속을 해봤자 재판소에 넘기면 증거 불충분으로 내놓는" 등의 "불순분자를 숙청"하는 데 방해가 되는 "우리 법규의 시정"[35] 일 뿐이라는 국가보안법의 제정 취지는 "이 법을 가지고 좌익의 탄압을 목표하였다고 할지라도 그 목표는 달성되지 않을 뿐만 아니라 민족적 양심을 가진 애국투사가 이 법망에 걸려서 불순도배의 손에 쓰러지리라는 것이 역력"[36] 하다는 반대 의견과 팽팽히 대립했던 것이다. 비상시를 이유로 국가보안법이 행사하는 이 초법적 권한은 무엇보다 이 법의 제정을 둘러싸고 갈등했던 국회가 그 첫 시험대가 되었다는 사실에서 특기할 일면을 지닌다.

"금후 사태의 발전을 구라파를 보거나 중국 발전을 보거나 현 세계를 보거나 남한에서 진전되어 가지고 있는 사태를 보거나 우리는 공산당에 굴복하고 소비에트 위성국가로 해 나가는 데 만족한다 할지 모르지만 그렇지 아니하면"[37] 이 법의 제정 및 실시에 반대하지 않아야 할 것이라는 주장에 대해 "이적 행위라고 규정을 할 것 같으면 국회에서 도각(倒閣)이라고 하는 그것으로 말미암아 이 국회도 커다란 집단으로 해석하고 이 국회부터서 이 법에 걸리지 않을까"라는 타당한 우려와

34) 박원순, 『국가보안법 연구』 1, 역사비평사, 1989, 80쪽.
35) 곽상훈, 「국가보안법안 제1독회」, 『국회 속기록』, 제1회 99차, 1948.11.9.
36) 노일환, 「국가보안법안 폐기에 관한 동의안」, 『국회 속기록』, 제1회 105차, 1948.11.16.
37) 김준연, 「국가보안법안 폐기에 관한 동의안」, 『국회 속기록』, 제1회 105차, 1948.11.16.

불안을 동반했다. 마치 미래를 예견하는 듯한 "본 법 제1조의 집단이라고 했으니 국회보다 더 큰 집단이 어디"[38]에 있겠느냐는 반문을 실제 현실로 화한 국회 프락치 사건, 일명 남로당 프락치 사건은 현역 국회의원의 면책 특권을 무시하고 체포와 구금으로 이어졌다. 이 국회 프락치 사건, 일명 남로당 프락치 사건은 한반도의 지역적 냉전이 사회 내부의 양극화를 더욱 심화시키리라는 예고나 다름없었다.

국회 프락치 사건은 1949년 5월 17일 국회 소장파의 리더격인 이문원이 체포되면서 시작되었다. 신문에서조차 그가 체포된 지 며칠이 지나서야 보도가 되었을 만큼, 그에 대한 체포는 전격적이었다. 당시 언론의 보도는 국회 내 소장파의 핵심 리더인 이문원의 체포가 "국가보안법 위반혐의로 추측"된다고 전하면서, 그의 체포가 "동일 동씨에 대한 영장이 발부된 것으로 보아 일시적인 구속"이 아닌 것 같다는 조심스러운 의견을 타진케 했다. 그만큼 이 사건은 국회의원에 대한 국가보안법의 첫 적용 사례였다는 점에서, 조심스러운 보도 태도가 견지되었던 것이다. "남로당 서울시당부 프락치 위원 정해근(鄭海根) 등과 아서원에서 회합"[39] 했다는 이문원의 죄목은 일차적으로 그가 남로당원과 접촉했다는 것이었고 다음으로 소위 남로당이 내건 7원칙에 동조 내지 공명했다는 것이었다. 이는 "국권을 파괴하거나 위정권(僞政權)에 부수(附隋)할 목적으로 결사 또는 집단을 구성한 자는 하(下)에 의하여 처단"한다는 국가보안법 제2조를 보강한 "전조(前條)의 목적으로나 전조(前條)의 결사 또는 집단의 지령으로써 목적한 사항의 실행을 협의·

38) 조국현, 「국가보안법안 제1독회」, 『국회 속기록』, 제1회 105차, 1948.11.16.
39) 「국회의원 이문원(李文源), 국가보안법 위반혐의로 체포」, 『동아일보』, 1949.5.20.

선동 또는 선전을 한 자는 1년 이상 10년 이하의 징역에 처"[40] 한다는 제3조가 적용된 결과였다.

국가보안법 제3조의 이른바 "실행협의죄"로 체포된 이문원을 필두로 하여 국회 프락치 사건은 국회의원 13명과 사건 관련자 2명이 포함된 총 15명의 체포 및 구속으로 마무리되는 대형 공안 사건으로 비화되고 변질되어갔다. 특히 국회부의장직을 맡았던 김약수가 동료 의원 6명과 체포된 제2차 검거는 이 국회 프락치 사건을 신생 대한민국에서 최초로 발생한 소제 간첩단 사건이 되게 하는 변곡점이나 다름없었다. 왜냐하면 국회 프락치 사건은 이 7명의 의원을 체포한 제2차 검거를 계기로 이문원의 남로당에 대한 동조 내지 공명이 "작년(1948) 12월부터 금년 2월에 이르는 동안"에 "남로당에 가입"[41] 하여 동료 의원들을 포섭하고 선동한 것으로 그 죄목이 변경되고 확대되었기 때문이었다. 따라서 국회 프락치 사건은 신생 대한민국에 '최초'로 발생한 소제 간첩단 사건이 어떠한 경과와 과정을 거치며 만들어졌는지를 보여주는 일종의 리트머스지로 기능했던 셈인데, 이는 향후 이어질 숱한 소제 간첩단 사건이 비록 '최초'라는 레테르를 더 이상 달지는 않았다고 하더라도 국회 프락치 사건과 유사한 궤적을 밟아간 데 따른 결과였다.

국가보안법의 첫 적용 사례답게 이 사건은 결심공판을 포함하여 총 18회의 공판을 거쳐 1950년 3월 14일, 즉 "이른 아침부터 모여든 방청객으로 인하여 입추의 여지도 없는 초만원"을 이룬 가운데 "최후 언도

40) 「국회의원 최태규(崔泰奎), 국가보안법 위반혐의로 체포」, 『동아일보』, 1949.5.21.

41) 「구속된 노일환(盧鎰煥) · 이문원(李文源) 의원, 수사과정에서 남조선노동당(南朝鮮勞動黨) 가입을 자인한 것으로 전해짐」, 『서울신문』, 1949.6.30.

공판인 제19회 공판"[42]이 사광욱(史光郁) 판사의 주재하에 열렸다. 여기서 피고인들 전원은 최고 10년에서 최하 1년 6개월이라는 검찰의 구형량과 거의 차이가 나지 않는 선고 형량을 받게 된다. 이들이 고문에 의한 거짓 자백임을 밝혔을 뿐만 아니라 증거 불충분이 계속해서 지적되었지만, 이것은 사법부의 판단에 하등 영향을 미치지 않았다. 이 사건의 피고인들이 1심 재판 후에 전원 항소함으로써 제2심 재판을 앞둔 시점에서 발발한 한국전쟁은 한 연구자의 적절한 지적과 같이 이 사건을 "영구 미제 사건"[43]으로 남겨놓게 했다.

국회 프락치 사건은 그 사건의 '진위' 여부와는 관계없이 소련을 원점으로 한 중국 대륙 및 한반도 이북과 서울을 잇는 국제 스파이들의 존재를 실재하는 '현실'로 실감케 했다. 국회 프락치 사건이 총 3회에 이르는 국회의원의 체포와 구속을 거치는 사이에 이들의 남로당에 대한 공명 및 동조는 남로당에 대한 가입 및 포섭으로 점차 그 범죄 혐의가 확대된 데 따른 필연적인 결과였다. 이런 점에서 1950년 3월 14일에 있었던 최종 선고 이전에 이미 이 사건은 '유죄'였다. 검찰의 구형량과 같은 선고 형량이 증명하듯이, 이 사건은 국가보안법이라는 초법적 그물망에 걸려드는 순간 이미 유죄로서 확정되고 공포되었던 것이다. 이

---

42) 「국회프락치사건 최종언도공판에서 전원 유죄 판결」, 『동아일보』, 1950.3.15. 참고로 13명의 국회의원에 대한 구형량과 선고형량은 다음과 같았다. "노일환(37) 징역 10년(구형 12년), 이문원(48) 동 10년(동 12년), 김약수(57) 동 8년(동 8년), 박윤원(42) 동 8년(동 8년), 김옥주(39) 동 6년(동 6년), 강욱중(42) 동 6년(동 6년), 김병회(34) 동 6년(동 6년), 황윤호(37) 동 6년(동 6년), 최태규(32) 벌금 10만 원, 동 3년(동 2년), 이구수(38) 동 3년(동 2년), 서용길(39) 동 3년(동 5년), 배중혁(30) 동 3년(동 4년), 신성균(44) 동 3년(동 4년)"이었고, 사건 관련자로 기소된 변호사 오관(36)은 "동 4년(동 5년)", 이문원의 외조카 최기표(35)는 "확정일부터 집행유예 3년, 징역 1년 6월(구형 2년 6개월)"이었다.

43) 김정기, 『국회 프락치 사건의 재발견』 II, 한울, 2008, 169쪽.

들에게 덧씌워진 '유죄'의 그늘은 총 18회에 이르는 공판에도 불구하고 이들의 목소리를 전혀 들리지 않게 했던 이유였다. 더구나 이 사건의 최종 선고에 앞서 이 사건의 대중적 유죄 인식에 결정적으로 기여한 것은 아래의 두 사진이 예증하는 대중매체에 의한 극적 각색과 재구성이었다. 국가보안법의 초법적인 지위를 이광수의 「서울」에 비견되는 대중적인 스파이 서사로 뒷받침했던 이러한 극적 각색과 재구성은 국회 프락치 사건, 일명 남로당 프락치 사건을 신생 대한민국에서 최초로 발생한 소제 간첩단 사건으로 변질시키는 데 일조했던 것인데, 이 대중매체들의 원조에 힘입어 이 사건에 쏟아진 대중들의 관심과 반향 또한 여기에 맞추어 조절되고 통제되었음도 물론이었다.

두 장의 사진 중 왼쪽은 1949년 7월 23일에서 7월 29일까지 『동아일보』에 "특별취재기사"로 실렸던 「국제 스파이 사건 진상」이고, 오른쪽은 이 사건의 담당경위였던 김호익의 『(한국에서 최초로 발생한) 국제간첩사건』이다. 이 각각의 신문기사와 대중보급용 책자는 국회 프락치 사건, 일명 남로당 프락치 사건을 그 제목 그대로 한국에서 '최초'로 발생한 '국제' 스파이 사건으로 자리 잡게 했다. 일종의 풀 스토리(full story)를 제공한다는 차원에서 이 사건의 최종 선고가 있기 이전인 1949년 7월 23일부터 7월 29일까지 총 7회에 걸쳐 연재된 왼쪽의 「국제 스파이 사건 진상」은 이광수의 「서울」 못지않은 대중적 스파이 서사를 선보이게 된다. 사건의 발생에서부터 이들의 발각과 체포까지의 전 과정이 담긴 이 「국제 스파이 사건 진상」은 "김약수 등 국회의원 사건 체포로만 알려져 있는 이 사건의 본질을 만천하 독자 앞에 적나라하게 소개하기 위해서 본사특수취재방법에 의해서 파악된 사건의 진상을 소개"[44)]

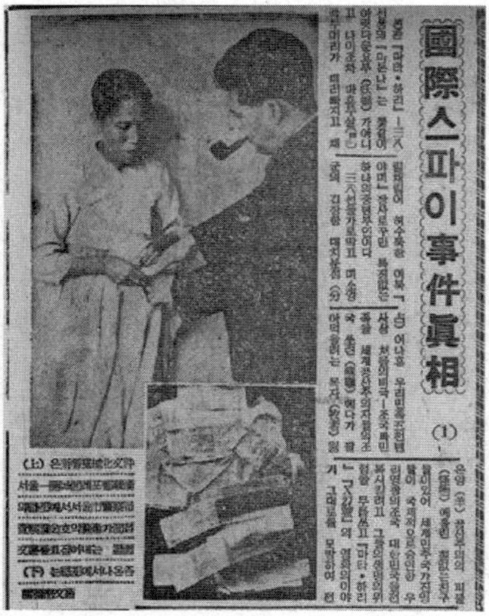

〈그림 1〉『동아일보』의 「국제스파이사건 진상 1」

〈그림 2〉 담당경사 김호익의 『국제간첩사건』 광고(『경향신문』, 1949.12.18)

한다는 취지를 표방하며, 오른쪽의 『(한국에서 최초로 발생한) 국제간첩사건』에 앞서 '국제' 스파이 사건으로 이 사건을 틀지었던 것이다.

"12일 오후 4시 30분경 동 사찰과 별관"에서 "남로당 이용운(李龍雲)(36)"[45]에 의해 피살된 김호익의 『(한국에서 최초로 발생한) 국제간첩사건』은 여기에 더해 '최초'라는 레테르를 가미하게 된다. "내무부추천도서"로까지 선정된 김호익의 이 『(한국에서 최초로 발생한) 국제간첩사건』은 『동아일보』의 「국제 스파이 사건 진상」보다 진일보한 몇 가지 장치들을 동반하게 되는데, 그중의 하나가 이 책자의 부제목이기도 했던 「일명 김호익의 수사일기」로 대변되는 매일의 사건 일지였다. 이 부제목과 같이

44) 「국제스파이사건 진상 1」, 『동아일보』, 1949.7.23.
45) 「서울시 경찰국 사찰과 김호익(金昊翊) 경감, 남조선노동당원에게 저격당하여 사망」, 『서울신문』, 1949.8.14.

실제 담당형사인 김호익의 수사 일지를 바탕으로 한 책자의 구성은 사건 탐지에서부터 추적 및 그로 인해 겪는 담당형사의 고충과 좌절 그리고 성공의 이야기가 『동아일보』의 「국제 스파이 사건 진상」과는 또 다른 실감을 전해주게 된다. 그것은 이 사건의 '사실성'을 담보하는 현장의 기록과 보고임을 앞세운 서술 전략이 큰 몫을 차지했다. 김호익의 『(한국에서 최초로 발생한) 국제간첩사건』은 『동아일보』의 「국제 스파이 사건 진상」과 더불어 국회 프락치 사건, 일명 남로당 프락치 사건을 일약 한국에서 '최초'로 발생한 '국제' 스파이(소제 간첩단) 사건으로 만드는 가교 역할을 수행하며, 이 사건의 대중적인 유죄 인식에도 결정적인 기여를 한 셈이었다.

대중매체에 의한 이 사건의 극적 각색과 재구성은 국가보안법의 첫 적용 사례인 국회 프락치 사건, 일명 남로당 프락치 사건을 또한 한반도의 남과 북에 한정되지 않는 한반도판 내지 동아시아판 스파이 서사로 변모시켰다. 이 사건에 쏟아진 대중들의 관심과 반향을 신생 대한민국을 위험에 빠뜨리는 국제 스파이들의 가공할 파괴 음모로 변모시킨 대중매체의 극적 각색과 재구성은 눈에 보이지 않는 이들의 존재를 가시적인 신체 형상으로 전경화했다. 국가보안법을 논란 끝에 통과시킨 바로 그 국회가 이 드러나지 않은 국제 스파이들의 암약 무대가 되었다는 공공연한 경고와 위협은 "다른 진영에 호의적"이거나 심지어 "중립을 지킨 사람들"을 향한 배제와 분리 그리고 절멸의 자기 분단선을 긋게 했던 것이다. 이 사건에서 빠뜨릴 수 없는 인물로 대중매체의 스포트라이트를 한 몸에 받은 인물이 유일한 여 스파이 정재한이었다. 그녀는 이 사건의 결정적인 단서를 쥔 핵심 증인이기도 했는데, 문제는 그녀가 실제 법정에서는 끝내 그 모습을 드러내지 않았다는 점이다. 그녀의 존재 자체가 심지어 의문에 붙여지기까지 했던 여 스파이 정재한은 왼쪽 상단 사진이 말해주듯이 오로지 대중매체를 통해서만 유통되고 재생산되었던 것이다. 그녀의 이와 같은 비 / 가시적인 신체 형상 속에서, 이 사건은 일약 최초의 소제 간첩단 사건으로 변모하는 극적 원동력을 얻게 되는데 이를테면 아래와 같은 화려한 수식어의 향연이 그것이다.

『동아일보』의 「국제 스파이 사건 진상」은 왼쪽 상단의 전면 사진과 함께 여 스파이 정재한을 "(조)선판 마타・하리-38선상의 마돈나"로 칭한다. 이 화려한 수식어는 왼쪽 상단 사진의 모습과는 분명 차이가 있다. 그럼에도 위 신문기사는 그녀를 "(조)선판 마타・하리-38선상의 마돈나"로 일단 칭한 후에 이를 정정 내지 보충하는 "꽃 같이 아름다운 요부가 아니고 나이조차 마흔두 살 꼭두머리가 더러 빠지고 차림차림이 허수룩한 이북 야미 장사로 꾸민 특징 없는 하나의 부인"으로 소개한다. "(조)선판 마타・하리-38선상의 마돈나"라는 화려한 수식어가 극히 무색해지는 이 괴리와 간극에도 불구하고 굳이 그녀가 "(조)선판 마타・하리-38선상의 마돈나"로 불린 이유라면 여 스파이 하면 으레 뒤따르게 마련인 스테레오타입이 작용한 탓이 클 것이다. 여 스파이 하면 자동적으로 연상되는 마타하리와 마돈나의 섹슈얼한 신체성이 정재한을 또한 여기에 비견되는 "(조)선판 마타・하리-38선상의 마돈나"로 칭하게 된 이유가 되었을 것이라는 말이다. 하지만 사진 속 그녀의 행색이 보여주는 이 화려한 언사와의 격차는 이를 상쇄할 수 있는 또 다른 장면을 필요로 했는데, 그것이 바로 그녀를 쫓는 담당형사들의 추격전이었다.

평범하기 짝이 없는 중년의 장사치 여성이 이처럼 세기적 여 스파이에 비견되는 "(조)선판 마타 · 하리-38선상의 마돈나"의 신체 형상을 띠게 되는 것은 "38선상에서 여자 스파이를 잡는 스릴"을 담당한 사찰형사들의 활약상을 통해서였다. 개성과 서울의 남로당 아지트를 오가며 "레포(연락원)"로 활동한 여 스파이 정재한은 담당형사들의 이러한 "38선상에서 여자 스파이를 잡는 스릴"의 추격전 속에서, 비로소 세기적인 여 스파이에 필적하는 위상과 역할을 부여받을 수 있었던 것이다. 이러한 담당형사들의 끈질긴 추격전 끝에 그녀는 마침내 꼬리가 잡히고, 신생 대한민국의 수도인 '서울', 그것도 '국회'에 잠입한 광범위한 국제 스파이 조직이 드디어 그 숨겨진 실체를 드러내게 된다. "세계 민주국가 진영들이 국제적으로 승인한 우리 영광의 조국 대한민국을 전복"하고자 "생명을 무릅쓰고 마타 · 하리 X27호의 영화의 이야기 그대로를 모방"한 "전율할 국제 스파이" 조직이 그 감춰진 베일을 벗고 맨얼굴을 드러내는 순간이었다.

이런 점에서 보자면 정재한의 특징 없는 외양조차 "레포(연락원)"로서 그녀의 정체와 본색을 숨기기 위한 교묘한 위장과 변장술의 일부일 수 있었다. 이 교묘한 위장과 변장술에 힘입어 그녀는 서울과 개성을 오가며 "동년 6월 16일 개성서 압수"하여 재판정에 제출된 "증제일호"[46]의 기밀문건을 말 그대로 실어 날랐기 때문이었다. 그녀에게서 발견된 "증제일호"의 기밀문건에는 위 신문기사의 표현을 빌리자면,

46) 「국회프락치 사건 판결문」, 『다리』, 1972.4, 201쪽. 국회 프락치 사건의 공판 기록은 1972년 4월부터 8월까지 "미발표자료"로 실린 「국회프락치 사건 판결문」이 거의 유일하다. 이전까지 이 사건은 담당검사였던 오제도와 선우종원 등의 회고와 진술에만 일방적으로 의존하는 경향이 많았다. 이 공판 기록은 국회 프락치 사건의 피의자들이 상당한 고문을 받았으며, 결심 공판에서 이들은 고문으로 인한 거짓 자백이었음을 밝혔음에도 재판정에서 이것이 전혀 받아들여지지 않았음을 알려준다.

"참으로 무시무시한 정보들"로 가득 차 있었다. 이 "증제일호"의 기밀문건에는 총 16가지에 이르는 "국군과 경찰의 고급 정보들"이 빼곡히 담겨 있었던 것이다. "증제일호"의 기밀문건에 담긴 "미 군사기밀과 민국 정부의 군사 기밀을 비롯한 각종 중요 기밀들"은 전율할 "막부의 제5열"[47]의 존재에 대한 반박할 수 없는 증거로서 제시되었다. 따라서 여 스파이 정재한은 그녀를 쫓는 담당형사들의 추격전과 이 "증제일호"의 기밀문건을 통해서 "(조)선판 마타・하리-38선상의 마돈나"라는 수식어가 아깝지 않는 이 사건의 중심에 설 수 있었던 것인데, 여기에 더해 세기적 여 스파이들의 전매특허라 할 은밀한 신체 부위가 이 스파이 행위를 위한 도구로 사용되었다고 하면 이 사건의 극적인 긴장감은 배가될 수밖에 없었다. 이를 마치 증명이라도 하듯이 전율할 "막부의 제5열"을 일망타진하는 결정적 단서가 된 "증제일호"의 기밀문건은 다름 아닌 그녀의 은밀한 신체 부위인 국부에서 발견되었음이 아래의 인용문에서 공통적으로 지적되고 있다.

> 김 경위는 부인의 저고리 위로 윗몸을 만져보았다 (…중략…) 마침내 결심하였다. "치마는 입은 채 속곳을 벗으시오" 파출소 숙직실로 데리고 들어가서 김 경위는 단호한 태도로 이렇게 말하였다. 순간 부인의 얼굴에 전율의 파동이 일며 창백해졌다. "어서 그걸 꺼내시오. 안 꺼내면 내가 끄집어낼 테니…" 그제서야 비로소 부인은 체념하였는지 떨리는 손을 치마 속으로 넣어 손수건으로 꽁꽁 묶어 마치 '아이스케-키' 만한 종이뭉치를 꺼냈던

47) 「전율! 막부의 제 5열」, 『동아일보』, 1949.7.23.

것이다 (…중략…) 손수건에서 나온 종이뭉치 그것은 인찰지에 복사(複寫)로 그야말로 깨알 박듯이 그득히 적어놓은 '스파이' 보고 문서였던 것이다.

나는 비상한 결심을 하고 어젯밤에 '즈르-스' 속에다 넣은 문건이 나오지 않으면, 소위 민주경찰의 위신으로서, 남의 유부녀의 속곳까지 벗겨보았다는 죄로 인책 사임할 것을 각오하고 최후의 수단으로 치마를 벗으라고 하였다 (…중략…) 정은 한참이나 어물어물하더니, 하는 수 없이 치마를 벗어 책상 위에다 놓는다. 치마를 책상 위에 놓으려고 허리를 굽힐 때 어디선지 부스럭하고 종이소리가 났다 (…중략…) 나는 모든 인간적인 도덕적 양심을 버리고 속바지까지 벗으라고 명령하였다. 그때서야 정은 발을 꼼짝 못하고 목석 같이 말조차 못하고 서 있을 따름이었다. "우리가 손을 대고 꺼낼 때까지 그러질 말고 어서 당신 손으로 꺼내는 것이 어떠하십니까?" 한즉, 그때서야 하는 수 없이 눈물을 머금고 '월경대' 비슷한 기다란 주머니 속에서 모든 문건을 꺼내는 것이었다 (…중략…) 그 문건을 나의 가방 속에 다 넣고, 또 다른 것이 없냐고 물어본즉 없다고 하므로 나는 그 말을 계기로 몸 전체를 낱낱이 조사하고 수색해 보았다. 결국 그 문건은 국부에서 나온 셈이다. 정의 국부에다 월경대 비슷한 것을 만들어가지고 거기에다 문서를 다 넣었던 고로 결과로 보아서는 국부에서 나왔다 아니할 수 없다.[48)]

재판정에 "증제일호"로 제출되어 유죄 선고의 결정적인 증거가 된 기밀문건은 그녀의 은밀한 신체 부위인 국부에서 발견되었다는 점이

48) 김호익, 『(한국에서 최초로 발생한) 국제간첩사건』, 삼팔사, 1949, 158~159쪽. 이후 분문의 인용은 쪽수로 대신한다.

위 인용문의 한결 같은 주장을 이룬다. 두 번째 인용문은 첫 번째 인용문에 비해서 상대적으로 이 과정이 길게 서술되어 있는데, 그것은 신문과 책자의 매체 차이에서 비롯되었을 여지가 크다. 무엇보다 "증제일호"의 이 기밀문건은 "38선상에서 여자 스파이를 잡는 스릴"과 결부된 그녀의 몸수색 과정에서 발견되었다. "소위 민주경찰의 위신"과 "인책사임을 결심"하면서까지 감행한 그녀의 몸수색 과정에서 발견된 이 "증제일호"의 기밀문건은 그럼에도 발견 경위는 왜 다른 것인지에 대해서는 별다른 설명이 없다. 첫 번째 인용문의 "떨리는 손을 치마 속에 넣어 손수건으로 꽁꽁 묶"은 "'아이스케-키' 만한 종이뭉치를 꺼내는 것"과 두 번째 인용문의 "눈물을 머금고 '월경대' 비슷한 기다란 주머니 속에서 모든 문건을 꺼내는 것"과는 분명 차이가 있었음에도 그녀의 국부설이 지닌 압도적 무게감은 이 모든 차이를 사소한 것으로 만들고 마는 것이다. 1970년 9월 『세대』지에 「남로당 국회 프락치 사건」을 회고한 오제도는 정재한에게 "용변을 보도록" 했더니 "왼손을 음부 쪽으로 가져가더니 잠시 주춤하는 것"을 보고 뛰어 들어가서 "왼손을 잡아 당기자 손아귀에 쥐어졌던 무엇인가가 변소 발판 위"에 떨어졌고, 그것이 "국부 속에서 나온 문제의 암호문서"[49]였다는 또 다른 이야기를 들려준다. 손수건에서 월경대 비슷한 주머니 그리고 왼손까지 "증제일호"의 기밀문건이 발견된 세부 경위는 이처럼 차이를 보이지만, "증제일호"의 기밀문건이 결국 "국부에서 나온 셈"이라고 하는 국부설만은 일관되게 유지되고 있는 것이다.

---

49) 오제도, 「남로당 국회 프락치 사건」, 『세대』, 1970.9, 208쪽.

"정의 국부에다 월경대 비슷한 것을 만들어가지고 거기에다 문서를 다 넣었던 고로 결과로 보아서는 국부에서 나"온 것이라고 하는 궁색한 변명을 동원해가면서까지 정재한의 국부설이 주장되는 이유라면, "만 3년간"에 걸쳐서 "억대로 추산되는 거액의 공작비를 사용"해 가며 "각종 중요 기밀"을 "북조선 박헌영에게서 다시 모스크바로 전달"해온 적의 드러나지 않은 위협과 공포를 '물질적'으로 환기하기 위해서였을 것이다. 여성의 은밀한 성적 신체마저도 자신의 목적을 위해서라면 주저 없이 사용하는 이 국제 스파이들의 "잔인하고도 악착스러운"(104) 면모에 대한 경고와 각성이 서로 다른 발견 경위에도 불구하고 아니 발견 경위의 차이를 무시하고서라도 그녀의 국부설을 지속적으로 재생산하게 되는 동력이었다고 할 수 있다. 더불어 이러한 국제 스파이들의 냉혹한 조직력과 침투력에 맞서서 "과학적 수사"(169)의 필요성이 강조되었다. "낙지발과 같이 뻗어 있고 그물망과 같은 관련을 가진 괴뢰조직을 괴멸"시키자면 "성급한 수사방법을 일척(一擲)하고 당장에 효과는 나타나지 않더라도 물적 증거에 대한 내사를 치밀히 하"[50]는 "과학적 수사"는 필수적이라는 것이었다. 이 신생 대한민국이 표방한 "과학적 수사"의 성과로 제시되고 있는 것이 이들의 방대한 규모와 숫자를 말해주는 "암호해표"와 "조직도표"였다.

"한쪽은 그 어느 때보다 복잡한 체계를 개발해 냈고 다른 쪽은 상대방의 체계를 공격할 더욱 막강한 암호 분석 기술을 개발"[51]하는 세계 냉전의 첩보전이 한반도에서도 동일한 형태로 벌어졌다. 세계 냉전의

50) 「사설－인권옹호와 수사 일원화」, 『동아일보』, 1949.10.7.
51) 어니스트 볼크만(Ernest Volkman), 이창신 역, 『스파이의 역사』 1, 이마고, 2003, 114쪽.

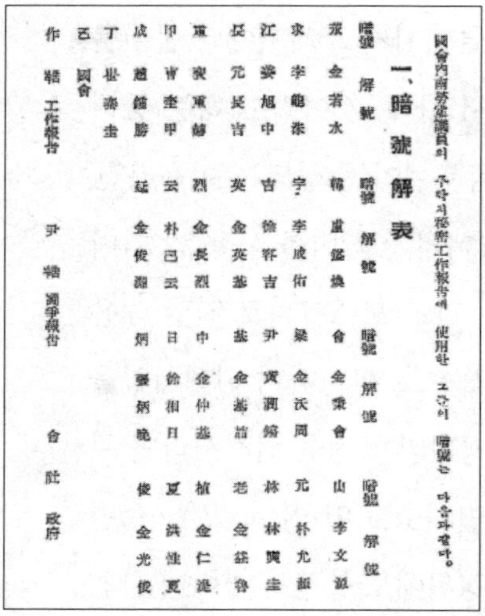

國會內南勞黨議員의 프락치秘密工作報告에 使用한 그들의 暗號는 다음과 같다.

一、暗號解表

〈그림 3〉 국회프락치사건, 일명 남로당의 "암호해표"
(김호익, 『국제간첩사건』, 삼팔사, 1949)

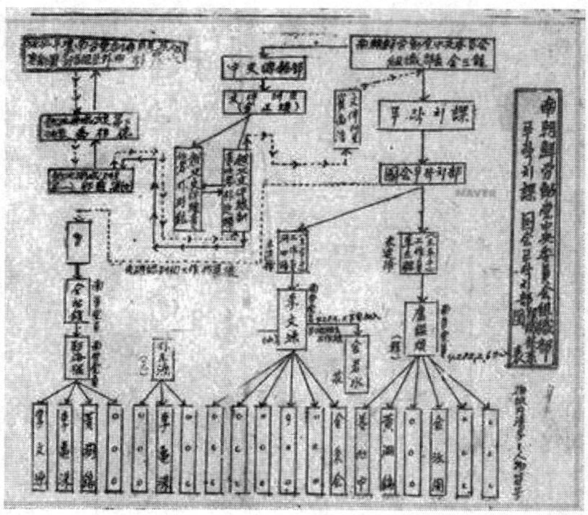

〈그림 4〉 국회프락치사건, 일명 남로당의 "조직도표"(『동아일보』, 1949.7.3)

두 주축국인 미소의 첩보전을 방불케 하는 이 "암호해표"와 "조직도표"는 정재한의 국부에서 발견된(혹은 발견되었다고 강변된) "증제일호"의 기밀문건을 단서로 하여 신생 대한민국의 믿음직한 공권력의 "과학적 수사"가 거둔 최대의 성과였다. 이 과정에서 "'아이스케-키' 만한 종이뭉치"에 무려 16개의 기밀문건이 들어갈 법한가에 대한 의심은 정재한의 국부설을 둘러싼 세부적 차이만큼이나 여기서는 중요하지 않았다. 오히려 세계 첩보전에 상응하는 "암호해표"와 "조직도표"는 소련을 원점으로 한 중국 대륙과 한반도의 이북과 이남, 그것도 '국회'에서 암약한 이 방대한 국제 스파이들의 가공할 침투와 위협을 가시화하는 증거로서 제시될 수만 있다면, 그것으로 충분했던 것이다.

"오늘 국회에서 반역국회의원이 발언한 의사기록은 내일 오후 4시경 소련 「크레믈린」 본부"(168)에 전달되는 국제 스파이들의 침투 루트는 외군 동시철퇴안과 남북평화통일안 등을 외친 "소위 국회소장파들"이 "거의 전부가 반국가적이요, 반정부적"(125)인 "공산도당 제5열로 움직인"(73) 것임을 실증했다. 이 "소위 국회소장파들"은 "세계정책의 하나로서 각국의 민족과 조국을 말살시켜 자유와 민주주의 사상을 탄압하여 자국의 연방화"(68)를 꾀하는 소련의 "공산도당 제5열에 조종"(72)된 바 되어 신생 대한민국을 위험에 빠뜨린 장본인이었다. 따라서 신생 대한민국의 수도인 서울은 이 방대한 국제 스파이들의 조직적인 침투와 위협에서 결코 안전하지 않음을 국회 프락치 사건, 일명 남로당 프락치 사건은 여실히 일깨워주었다. 소련을 최종점으로 한 이 잠재적인 적색 공포를 근저에 깐 채 국회 프락치 사건, 일명 남로당 프락치 사건은 신생 대한민국에서 최초로 발생한 소제 간첩단 사건으로 자리매김했다. 이 최초의 소제 간첩단 사건과 마치 각축이라도 하듯이 한반도 이북에서 미국을 원점으로 한 구라파 대륙과 한반도의 이남 및 이북을 잇는 최초의 미제 간첩단 사건이 발생한다. 한반도의 지역적 냉전이 한국전쟁이라는 열전으로 화하는 가운데, 전과 후를 나누어 각기 한반도 이남과 이북에서 펼쳐진 최초의 소제 / 미제 간첩단 사건은 한반도를 공히 세계 냉전의 최전선으로 위치시키며 이 적대를 사회 내부의 양극화로 똑같이 되돌리게 되는데, 이어질 4장은 한반도 이남에서 최초로 발생한 소제 간첩단 사건과 그 데칼코마니를 이루는 남로당계의 미제 간첩단 사건에 대한 이야기이다.

4. 미제(美製) 간첩단

—공화국 전복 음모와 미 정보부의 '고용' 스파이들

한국전쟁은 세계 냉전의 동서 대립을 남북 적대로 체현해간 지역적 국제전의 양상을 띠면서 전개되었다. "한국전쟁은 비록 지리적으로 아시아의 작은 국가에 국한되었고 또 한국인 사이의 갈등으로 시작된 분쟁"이었지만, 양대 진영은 "그 어느 때보다도 한국전쟁 때" 제3차 "세계대전이 발발할지도 모른다는 공포"를 가장 극심하게 체험했다. "6개 대륙에서 20개국을 대표하는 군대가 참전"[52] 한 한국전쟁은 한반도의 두 지역 정(치)체가 양대 진영을 등에 업고 대표 선수격이 되어 치른 세계 냉전 이후 첫 국제전이었다. 이 양대 진영을 대변한 지역적 국제전의 성격으로 인해 한국전쟁은 무려 3년여에 걸친 전쟁을 이어가는 동안 서로에 대한 파괴와 배제 및 절멸을 멈추려 하지 않았다. 한반도의 두 지역 정(치)체가 한국전쟁 이전부터 외친 남정(南征)과 북벌(北伐)이 한국전쟁에서 비로소 그 완전한 실현을 보는 듯한 공방의 가중은 한쪽에 의한 한쪽의 완전한 복속과 통합만을 유일한 승리의 공식으로 남겨놓았기 때문이었다.

한반도의 두 지역 정(치)체에 의한 완전한 복속과 통합의 승리 공식은 전선의 이동에 따른 진격과 후퇴를 곧 생사여탈의 현장으로 만들었다. "인명피해"만 해도 "사망과 실종, 부상을 포함하여 무려 500만 명"

---

52) 윌리엄 스툭(William Stueck), 김형인 · 김남균 · 조성규 · 김재민 역, 『한국전쟁의 국제사』, 푸른역사, 2001, 12쪽.

에 이르는 "이토록 짧은 기간에 이토록 좁은 영토에서 이처럼 집중적으로 많은 인명이 손실된 전쟁은 근대 이후로 없"[53]었다고 할 만큼, 배제와 절멸이 물리적으로 실현된 전쟁이기도 했다. 이 참혹한 전쟁의 끝에 남겨진 것이라곤 개성이 북한에, 강원도의 철원과 인제, 고성, 속초, 양양 등이 남한에 위치하게 되는 현상유지였다. 한반도의 두 지역 정(치)체를 거의 빈사 상태로까지 몰고 간 이 참혹한 전쟁의 결과는 1953년 7월의 휴전협정을 통해서 38선이 휴전선으로 대체되는 전쟁 이전 상태로의 복귀였던 것이다.

한국전쟁이 38선에서 휴전선으로 그 이름만 달리한 채 전쟁 이전의 상태로 복귀하게 되면서, 38선을 경계로 한 남북 적대는 휴전선을 경계로 한 남북 적대로 더욱 심화되고 격렬해졌다. 한국전쟁은 "2차 대전 미국이 일시적으로 누려온 핵무기 독점이 1949년 소련의 핵실험으로 상실된 이후 발생"한 최초의 지역적 국제전답게 모든 것이 총동원된 총력전을 일상의 현실에 또한 뿌리내리게 했다. "1951년 4월 맥아더의 사직과 때를 같이하여 조립된 원자탄들이 원자력위원회로부터 북한과 중국에 사용하기 위해 군사통제부로 이송"[54]되기도 한 임박한 핵전쟁의 위기감은 한국전쟁 내내 제3차전이라는 확전의 가능성과 공존하며, 한반도를 '핵무기 없는 핵전쟁'의 시험장으로 만들었다. 비록 미소에 의한 실제 핵무기의 투입은 없었다손 치더라도, 이 핵전쟁에 상응하는 총력전은 한국전쟁을 계기로 하여 지역적 냉전의 심화와 확대를 돌이

53) 박명림, 『한국전쟁의 발발과 기원』 II, 나남출판, 1996, 884쪽.
54) 브루스 커밍스(Bruce Cumings), 「한반도의 냉전 종식을 위하여」, 『한미관계사』, 실천문학사, 1990, 177쪽.

킬 수 없는 현실로 마주하게 했던 것이다.

한국전쟁으로 인한 이 지역적 냉전의 심화와 확대는 "2차 대전에 종지부를 찍은 것은 원자탄"[55]임을 상기시키며 "원자폭탄이 가공스러운 것"이고 "죄악"이라는 것도 알지만 "원자탄에 맞아 죽을지언정 공산당의 노예는 되고 싶지 않"[56]다는 핵전쟁에 대한 한쪽의 과신을, 반면 다른 한쪽에 의한 "미 제국주의자들이 아직 조선에서 원자탄을 쓰지 않은 것"은 "그들에게 무슨 인도주의가 있어서 그런 것은 결코 아니라 원자탄을 써도 별 효과가 없고 또 원자탄을 쓰면 국제적으로 자기들에게 더 큰 화가 미칠 것이 두려"[57]워서 쓰지 못할 뿐이라는 핵전쟁의 공포를 기저에 깐 무용론으로 맞서게 했다. 핵전쟁의 고양된 위기감을 배경으로 한 이러한 배제와 절멸의 적대성은 한국전쟁의 열전이 한반도에 초래한 씻을 수 없는 후유증의 하나였지만, 그럼에도 박명림의 주장에 의하자면 한국전쟁은 역설적이게도 한반도의 두 지역 정(치)체에 의한 "분단 질서를 공고히" 하는 데 일조했다.

"분단의 역설"(889)이라고 불러도 좋을 이러한 한반도의 두 지역 정(치)체에 의한 상대적인 공고화는 "한국전쟁은 이승만이 예상했던 대로 위기의 이승만 정권을 반석 위에 올려" 놓은 것과 동궤에서 "한국전쟁 이후 북한의 김일성은 자신의 정적을 효과적으로 제거할 수 있게 됨으로써 '김일성 유일체제'의 기반을 닦"[58]았다고 주장한 김동춘의 인식

55) 「유엔 원조가 긴요, 국군단독방어 불능」, 『동아일보』, 1952.10.25.

56) 「신성모 국방부장관, 원자탄 사용을 희망」, 『경향신문』, 1950.12.4.

57) 김일성, 「조선노동당은 조국해방전쟁승리의 조직자이다」, 『김일성저작집』 7, 조선노동당출판사, 1980, 180쪽.

58) 김동춘, 『전쟁과 사회』, 돌베개, 2002, 292쪽.

과 일맥상통한다. 한국전쟁의 이러한 "분단의 역설" 속에서, 1953년 반(反)종파투쟁의 일환으로 벌어진 남로당계의 숙청 사건이 그 막을 올렸다. 한국전쟁이 채 끝나기도 전인 1953년 2월에 이들에 대한 체포 및 구금 그리고 동 8월의 재판까지 일사천리로 진행된 이 남로당계 숙청 사건은 1952년 12월의 조선노동당 중앙위원회 제5차 전원회의를 통해서 이미 그 윤곽을 드러내고 있었는데, 여기서 제시된 비판과 투쟁의 논리는 다음과 같았다.[59)]

> 조국과 인민의 엄중한 시기에 일부 당 지도일꾼들 속에는 자기 사업 특히 당에서 맡겨진 사업을 충실히 진행할 대신에 그를 충실히 집행하지 않고 사업에서 발생한 자기의 잘못을 검토 시정하지 않고 당에 대한 무원칙한 불평만 부리고 심지어 불평분자들끼리 모여서는 이렇구 저렇구 시비하며 자기 의견을 당 조직에는 건의하지 않고 회의할 때나 당면해서는 말하지 않고 뒤에 앉아서는 횡설수설하며 당의 결정과 혁명에는 복종치 않고 자기 의견만 제일이라고 생각하며 간부 배치를 구실로 하여 당 조직규율을 살피지 않고 되는 대로 말공부만 하는 분자도 적지 않으며 (…중략…) 과거 혁명 역사가 있다고 틀만 차리고 큰일은 하지도 못하며 적은 일은 또 하지도 않는 분자도 있으며 친척관계 동창관계 친구관계 한 고향 한곳에서 일하다 왔다느니 또는 남조선이니 북조선이니 이것들만 캐고 그들을 개인적으로 끌어당기고 그들의 잘못은 그저 묵과하고 그들과 투쟁하지 않는 옳지 못한 현

59) 서동만, 『북조선 사회주의 체제 성립사』, 선인, 2005, 430~431쪽. 서동만의 견해뿐만 아니라 이 시기 북한사 연구에서 1952년 제5차 전원회의가 남로당계 숙청을 예고하는 사건이었음은 공유되는 의견이라 할 수 있다.

상들이 우리의 일군들 속에는 얼마든지 있습니다. 이와 같은 현상들은 다 자유주의적 현상들입니다 (…중략…) 또한 우리 당 내에는 종파는 없다고 하지만 종파주의자들의 잔재는 아직 남아 있습니다. 당내에 나타나 있는 종파주의 잔재들은 우리 당의 단결과 통일을 방해할 수 있습니다.[60)]

"당성을 강화하며 자유주의적 경향과 종파주의 잔재들과의 투쟁"(315)이 선언된 제5차 전원회의는 "친척관계 동창관계 친구관계 한 고향 한 곳에서 일하다 왔다느니 또는 남조선이니 북조선이니 이것들만 캐"며 "그들의 잘못은 그저 묵과하고 그들과 투쟁하지 않는 옳지 못한 현상들이 우리의 일꾼들 속"에 있음을 엄중하게 경고했다. "미영제국주의 무력 침범자들과 가혹한 전쟁을 진행하고 있"는 현 시점에서 "일부 당 지도일꾼들"이 "당 사업에는 충실히 임"하지 않고 "당에 대한 불평불만"만을 뒤에서 늘어놓고 있다는 강한 질타였다. 그것은 자유주의적 경향의 대표적인 양상이며, 따라서 이러한 "소부르주아적 자기본위사상"에 근거한 "자유주의적 경향들"에 대한 "견결한 투쟁"이 강도 높게 요구된 것이다. 이 자유주의적 경향과 더불어 "그의 능력 여하 성분 여하 사상적 진보 여하를 불문하고 당성이 없든지 있든지 간에 불관하고 자기와 친한 사람이면 혹은 과거 자기 그룹에 속하였던 자라면 혁명운동에 변절한 자들까지도 추천 등용"하는 종파주의적 잔재의 반혁명이 또한 문제시되었다. "과거 '혁명생활'에서 깨끗지 못한 것을 서로 엄폐

60) 조선노동당 중앙위원회 제5차 전원회의에서 진술한 보고」, 1952.12.15, 『북한연구자료집』 2, 고려대 아세아문제연구소, 2010, 316~317쪽. 김일성, 「당의 조직적 사상적 강화는 우리 승리의 기초」, 앞의 책을 참조.

하여 주며 허장성세하며 자기들끼리 서로 추어주고 싸고도"는 이 반당과 반혁명의 "종파분자들의 행동"은 "입으로는 다 옳고 속으로는 딴 것을 꿈"꾼다든지 "당면하여서는 다 좋게 하고 배후에서는 딴 장난을 하는 양면"행동으로 발전할 수 있다는 점에서 더 이상 "묵과할 수 없는 범죄"(317)로 간주되고 비판되었던 것이다.

반당과 반혁명의 이와 같은 "자유주의적 경향과 종파주의 잔재들"에 대한 "견결한 투쟁"은 이 잘못된 행위들을 "그냥 남겨둔다면 그들의 결국 출로는 적의 정탐배로 변하고"(317) 말리라는 반국가의 죄목이 첨가된 스파이 행위로 최종 귀결되었다. "결국 그 출로가 적의 정탐배"일 뿐이라는 이 최종 귀결점은 이른바 1953년에 발생한 남로당계 숙청 사건의 신호탄이나 다름없었다. 이들에게 덧씌워진 범죄 행위는 정확히 이 수순을 따라 전개되었기 때문이다. 따라서 제5차 전원회의의 실제 사례로 화한 남로당계의 숙청 사건은 그 최종 귀결점인 "적의 정탐배"라는 예정된 결론을 향해 치달아갔다고 할 수 있을 텐데, 이는 전술했다시피 이들에 대한 2월의 체포와 구금 및 7월의 기소 그리고 8월의 재판을 통해서 최저 12년형에서 최고 사형의 가혹한 형벌이 증명한다.[61] 이로써 한반도 이북의 두 주축 중 하나였던 남로당계의 약화와 소멸이 뒤따랐고, 한반도 이북은 한반도 이남의 국회 프락치 사건과 마찬가지로 향후로도 이어질 숱한 미제 간첩단 사건이 정초되는 지역적 냉전의 사회 양극화를 일상에 깊숙이 뿌리내리게 된다.

61) 이들에 대한 최종 형량은 10명에 대해서는 사형, 두 명은 각 12년형과 15형이 선고되었다. 사형은 이승엽, 조일명, 임화, 박승원, 이강국, 배철, 백형복, 조용복, 맹종호, 설정식이었고, 윤순달은 12년 형에 이원조는 15년 형에 각기 처해졌다.

박헌영을 필두로 한 남로당계의 숙청 사건은 한국전쟁의 패배에 대한 책임 전가의 측면에서 논의되는 경우가 대다수이다. 하지만 그 못지않게 이 사건을 모스크바의 '축소판'으로 해석하고자 하는 한반도 이남의 적대적 시각도 적지 않았다. 이를테면 "소련에서의 말렌코프파가 베리야를 숙청한 이유와 불가리아에서 코스토프를 숙청한 이유와 루마니아에서 안나·포커를 숙청한 이유와 너무나 근사한 것을 발견하지 못할 자는 없을 것"이라는 양 진영론에 입각한 해석이 그것이었다. "북한괴뢰집단에서만 예외가 될 수 없"다고 하는 이 피의 숙청은 "동음이곡(同音異曲)의 감이 없지 않"[62]다는 양대 진영의 관점에서 접근되고 재해석되었다. 따라서 "박헌영 파가 숙청당한 그 이유에 이제 새삼스럽게 놀랄 자가 있을 것 같지는 않다"는 사필귀정의 논리가 공공연히 통용되었는데, 그럼에도 "박헌영 파가 대한민국 및 미국과 내통하여 기밀을 제공하는 동시에 정부를 전복하려고 기도"한 것에 대해 "사형"이 "언도"된 것은 "건전한 상식을 가진 자"라고 하면 "그러한 죄상을 믿을 것 같지 않"[63]다는 간첩 혐의에 대해서는 유독 의심과 반발을 불러일으켰다. 이는 "전(前) 재한(在韓) 국무성 관리이며 금번 평양방송에 의하여 김일성정권 전복 음모의 선동자라고 비난된 해롤드·노블 박사"가 "AP 기자와의 회견 석상"에서 밝힌 "자기는 이 음모와 하등의 관계도 없"[64]다는 주장이 힘을 보탰다.

"대한민국 및 미국과 내통하여 기밀을 제공"한 소위 "아메리카의 스

62) 손오공, 「박헌영 일파가 숙청되기까지—친소파·연안파·국내공산파의 실태」, 『희망』, 1953.9, 42~43쪽.
63) 「박헌영, 숙청의 의미」, 『동아일보』, 1953.8.12.
64) 「북한 숙청 선풍의 진상」, 『경향신문』, 1953.8.12.

파이라는 범죄 구성"이 그 "첫 구절부터가 얼마나 허위"적이고 "괴뢰의 취조기록이 얼마나 사실을 왜곡"[65]하는지를 알려준다는 이 의심과 불신의 시선을 끝내 떨쳐버릴 수 없게 했던 남로당계의 숙청 사건은 무엇보다 "적의 정탐배"라는 이들의 간첩 행위를 중심으로 재판이 진행된 데 따른 불가피한 반응 중의 하나이기도 했다. 이들에 대한 기소장에 근거하여 범죄 혐의를 다음과 같이 정리한 김남식에 따르면, 그것은 "① 미 제국주의를 위해 감행한 간첩 행위 ② 남부 민주역량 파괴, 약화, 음모와 테러, 학살 행위 ③ 공화국 정권 전복을 위한 무장 폭동 행위"[66]의 세 가지였다. 그런데 이 세 가지 범죄 행위 중에서도 유독 ①의 간첩 행위가 재판 과정 내내 부각되었던 것이다. "박헌영 일파가 정권 탈취를 기도했을 것"[67]이라는 ②와 ③의 혐의만으로 충분했을 이 사건이 ①의 간첩 혐의에 집중되었다는 것은 날조와 조작의 가능성을 짙게 했음에도 사실상 재판은 ②와 ③이 아닌 ①의 간첩 혐의에 더 무게 중심이 두어졌던 것이다. 이런 점에서 이들의 재판은 한반도 이남의 국회 프락치 사건과 같이 하나의 요식 행위에 지나지 않았다. 왜냐하면 제5차 전원회의에서 공표된 그대로 ②와 ③의 반당과 반혁명 및 반국가는 "결국 그 출로는 적의 정탐배"일 뿐이라는 ①의 간첩 행위에 모아졌기 때문이다.[68] 1955년 12월 15일에 비공개로 열린 박헌영에 대한 선고

---

65) 김창순, 「북로당과 남로당」, 『신태양』, 1957.8, 105쪽.

66) 김남식, 『실록 남로당』, 신현실사, 1975, 571쪽.

67) 김창순, 앞의 글.

68) 북한 형법은 형법 초안을 거쳐 1950년 4월 1일에 공포・실시되었다. 이 형법에서 눈에 띄는 대목은 제25조의 내용이다. "최고 재판소는 다음의 사건을 제1심으로 관할 재판한다. ① 특별히 중대한 국가 주권 적대(敵對)에 관한 죄 ② 최고 인민 회의 대의원, 내각의 성원, 도 인민 위원회 대의원 및 각급 재판소 판사의 공무상 범죄"였다. 이 규정에서 알 수 있듯이, 박헌영을 필두로 한 남로당계의 숙청 사건은 ①의 범죄 행위를 요건으로 최고 재판소의 관할 적

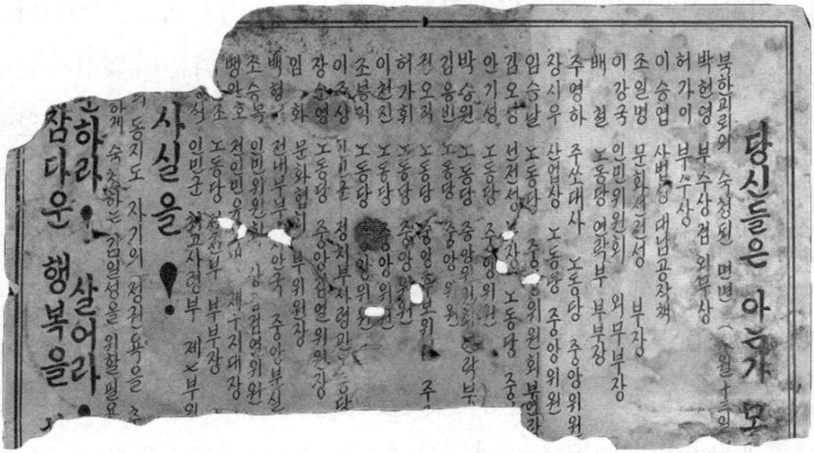
당신들은 아는가 모
북한괴뢰의 숙청된 면면
박헌영 부수상겸 외무상
허가이 부수상
이승엽 사법상 대남공작책
조일명 문화선전성 부상
이강국 인민위원회 외무부장
배철 노동당 연락부 부부장
주영하 주쏘대사 노동당 중앙위원
장시우 산업상 노동당 중앙위원
사실을!

〈그림 5〉 잔존 빨치산에게 뿌려진 남로당계 숙청의 삐라(박성모 제공)

만을 제외하고 단 4일 만에 남로당계 핵심 인물 12명에 대한 유죄 선고가 내려진 이 남로당계 숙청 사건은 따라서 한반도 이북에서 '최초'로 발생한 미제 간첩단 사건이 되어 한반도 이남의 소제 간첩단 사건과 그 데칼코마니를 연출했던 것이다.

이 사건을 한반도 이남의 '최초'의 소제 간첩단 사건과 데칼코마니로 연출하는 데 있어서 빠뜨릴 수 없는 인물은 한반도 이남의 정재한과 동일한 경로를 밟은 여 스파이 현 앨리스(Alice Hyun)였다. 국회프락치 사건을 한국에서 최초로 발생한 소제 간첩단 사건으로 비화하는 결정적

용 대상이 되어 공판이 진행되었던 것이다. 특히 ①에 해당하는 국가 주권 적대에 관한 죄는 형법 제13장의 "국가 주권 적대에 관한 죄"의 각칙 제64조부터 제81조의 적용을 받았는데, 이들에게 공통적으로 적용된 각칙 제68조는 다음과 같았다. "조국에 대한 반역 즉 간첩 행위, 군사적 국가적 비밀의 전달, 원수의 편으로 넘어가며 혹은 외국으로 탈주하는 등 조국의 국가적 독립을 침해하거나 조국의 군사상 위력과 영토 불가침에 손해를 주는 행위를 공화국 공민으로서 한 자는 사형 및 전부의 재산 몰수에 처한다. 특히 정상이 경한 경우에는 10년 이상의 징역 및 전부의 재산 몰수에 처한다", 조선민주주의인민공화국 사법성, 『법전』 1, 조선민주주의인민공화국 사법성 사법출판부, 1950, 45 · 118쪽.

단서의 소지자로 대중매체에 의한 "(조)선판 마타하리이자 38선상의 마돈나"로 극화되었던 정재한과 같이 현 앨리스 역시 유일한 여 스파이로 이 사건을 미제 간첩단 사건으로 만드는 데 일익을 담당하게 된다. 그녀는 정재한과 동일하게 실제 법정에는 자신의 모습을 드러내지 않음으로써 오로지 부재하는 채로 자신의 현존을 실증했다. 이 실제와 가상을 오간 전형적인 여 스파이 현 앨리스의 신체 형상은 박헌영을 필두로 한 남로당계의 숙청 사건을 일약 한반도 이북에서 최초로 발생한 미제 간첩단 사건으로 자리매김하는 극적 보조역을 담당한 셈이었는데, 이러한 현 앨리스의 비 / 가시적인 신체 형상은 한반도 이북이 한반도 이남과 다를 바 없는 국제 스파이들의 최전선이자 이들의 파괴적인 음모와 활동에서 한반도 이북이 결코 안전하지 않다는 한반도 이남의 역전된 거울상으로 위치시켰던 것이다.

〈그림 6〉 미제고용간첩을 앞세운 공판 기록

무엇보다 현 앨리스가 구현하는 이 은밀한 국제 스파이들의 침투와 활약상은 그녀가 "미국 정탐 기관의 앞잡이"[69] 혹은 "미국 정탐부의 탐정꾼"(129)으로 지칭된 여타의 남로당계 숙청 인사들과 구분되는 "미국 간첩"(26)으로 일관되게 명명되었다는 점에서도 특기할 일면을 지닌다.

69) 조선민주주의인민공화국 최고재판소, 『미제국주의 고용간첩 박헌영 리승엽 도당의 조선민주주의인민공화국 정권 정복 음모와 간첩사건 공판 문헌』, 국립출판사, 1956, 19쪽.

그녀의 소재와 출신이 특정되는 이러한 "미국 간첩"이라는 명명은 한반도 이남을 근거지로 한 여타의 남로당계 인물들과는 차별성을 드러냈기 때문이었다. 기소장에서 언급된 그녀의 이력은 "조선 민족으로 미국 국적을 가지고 있으며 기독교 신자"이자 "제2차 대전 후 미군이 남반부에 상륙하였을 때 상면하였던 씨 · 씨 · 아이 · 지 · 케에서 미국 군대로 비밀 공작"하던 "미국 정보원"(93)으로 "1948년 6월 하지의 지령에 근거하여 정치적 망명객으로 가장하고 미국으로부터 구라파를 통하여 북반부"에 들어왔다.[70] "미국 정탐 기관이 장기간에 걸쳐 양성 훈련하여 북조선 지역에 파송"(24)한 "미국 간첩"들의 존재 중에서도 단연 그녀의 존재가 두드러진 것도 이와 무관하지는 않았을 것이다. 왜냐하면 그녀는 미국을 원점으로 한 구라파와 한반도의 이남 및 이북을 두루 거친 지역적 냉전의 궤적을 그야말로 자신의 신체에다 육화한 월경과 이동의 산 증거임에 다름없었기 때문이다.

"조선 민족이면서 미국 국적"을 지닌 그녀의 이러한 태생적 혼종성은 이 사건을 "박헌영과 그 도당들을 사촉하여 조선을 자기들의 직접

70) 현 앨리스(Hyun Alice)의 이력과 관련해서는 정병준, 「현 앨리스 이야기－어느 진보주의자의 삶과 파국적 종말」, 『역사비평』, 2012를 참조할 수 있다. 정병준은 박헌영 공판 기록에서 현 앨리스라는 이름을 발견한 후 그것을 단서로 그녀를 추적한 결과를 이 논문에서 발표했다. 그의 끈질긴 노력이 빛을 발한 이 논문의 소개에 의하면, 현 앨리스의 한국 이름은 현미옥이고 상해임시정부 수립에 중요한 기여를 한 감리교 목사 현순의 큰 딸이다. 현 앨리스는 아버지 현순이 1903년 하와이 이민 당시에 통역을 맡아 거기서 머무는 동안 출생했다. 미국의 속지주의 원칙에 따라 그녀는 한국계 미국 시민권자가 되었고, 이것이 재판 과정에서 그녀에 대한 의혹을 더욱 키운 배경이었다. 그녀는 1923년 상해에서 박헌영과 교류를 가졌고, 1946년 미국 공산당원으로 주한 미 24군 정보참모부 예하의 민간통신검열단(CCIG-K)에 소속되어 활동했다. 하지만 좌익계와의 연루 혐의로 1946년 추방되다시피 미국으로 되돌아온 현 앨리스는 같은 공산당원인 이사민과 함께 1949년 체코를 거쳐 북한으로 들어갔다. 입북 후 그녀는 중앙통신사와 외무성에서, 이사민은 조국전선에서 일하다가 남로당계 숙청사건의 발발과 동시에 이들 역시 처형된 것으로 보이는데, 이들의 향후 행적은 공식 문헌상으로는 아직 밝혀진 바가 없다.

적인 식민지로 만들고 소련과 중국을 침략하기 위한 발판"(86)으로 삼으려는 "미제 침략자들"의 "직접적인 지시와 사촉에 의한"(104) 것이라는 한반도의 남과 북에 한정되지 않는 한반도판 내지 동아시아판 스파이 서사를 구체적인 '현실'로 상연할 수 있게 했다. 자연히 "공화국 북반부에 광범한 간첩망을 설치하고 미국 본토 내에 있는 정탐부와 연계를 취하면서 직접적으로는 남조선에 있는 미 정탐 기관의 지령"(93)에 따라 움직여간 "박헌영을 두목"으로 한 이 일단의 간첩 행위 역시 "자기의 상전"인 "미제 침략자들의 흉악한 야망을 실현시키기" 위한 "미 제국주의의 고용 간첩"(13) 사건일 수밖에 없게 했던 것이다.

이들의 간교하고 추악한 "간첩 파괴 암해 행위"(18)는 특히 "미 제국주의자들"이 "공화국 북반부에 무력침략을 개시"한 "조국해방전쟁 시기"(120) 동안에 더욱 노골화되었다. "미 제국주의자들의 직접적 발광과 병행"하는 이들의 "리간, 대립, 불신을 조성시키는 갖은 모략을 계통적으로 감행"한 반당과 반혁명은 "적군의 진격에 호응하여 당과 정부를 전복하기 위한 무장폭동을 결행하는"(110) 반국가, 즉 공화국 전복 음모를 본격화했기 때문이다. 그런데 이 모든 범죄 행위 뒤에는 "미 제국주의자들의 조선에 대한 침략 행위의 일환"(51)인 직접적 주범인 미국의 "지령"이 놓여 있었다. 따라서 "적발되는 그 순간까지 미 제국주의자들에 충실"(96)한 "미제의 가장 흉악한 간첩"(105)인 박헌영을 두목으로 한 이 "미제의 고용 간첩들"에 대한 단죄는 이들을 직접적으로 "사촉"하여 "우리나라와 우리 민족에게 만대에 잊지 못할 원한과 재난을 남겨" 놓은 "미제 침략자들에 대한 전 인민적 증오와 저주"이자 "그들에 대한 복수에 불타는 준엄한 세기적 심판"(86)이라는 세계 냉전의 심장부에 놓인 미국을 향한 지역적 냉전의 격화를 이들의 신체 형상을 경유하여 노정했던 셈이었다.

국회프락치 사건이 한반도 이남에서 최초로 발생한 소제 간첩단 사건이 되는데 있어서 "증제일호"로 제출된 기밀문건은 이 사건에서도 예외 없이 등장했다. 세계 첩보전의 필수 요소라 할 각종 "정치, 경제, 군사 등 각 방면에 걸친 중요한 국가 기밀 정보들"(91)이 "조직적이고 계통적으로 미국 탐정 기관에 제공"(26)되었다는 것이다. "특히 전쟁 과정에 있어서는 각종 군사 기밀을 제공"하는 방식으로 "미 제국주의의 무력전쟁"(129)을 원조했을 뿐만 아니라 "전쟁의 장기화에 따"른 "정치 경제 군사 경제적 위력을 약화"(96)시키기 위한 파괴와 전복 음모도 동시에 수행되었다. 이러한 광범위한 정보 수집과 탐지는 1946년의 "공화국 내각 각료들의 이력 문건"에서부터 "1949년 당 중앙 정치 위원들을 비롯한 당 지도 간부들의 이력 문건"(94)에 이르기까지 다방면에 걸쳐 있었다. 그럼에도 국회 프락치 사건과 마찬가지로 이 기밀문건들이 얼마나 그에 준하는 핵심적인 정보를 담고 있었는지는 기실 중요하지 않았다. 내각 각료들의 이력과 당 중앙 정치 위원들의 이력이라는 것이 그토록 특비(特秘)에 속하는 것인지도 문제가 되지 않았다. 더불어 이러한 기밀정보들을 빼내기 위해 미 정탐부에서 파견한 "미제 고용 간첩들"을 고위직에 굳이 등용할 필요가 있었는지도 이 맥락에서는 그리 요긴치 않았다. 다만 "세기적 심판"에 어울리는 세기적 스파이의 신체 형상을 만들기 위한 알리바이로 이 기밀문건이 요구되었을 뿐이었다. 따라서 "미 제국주의자들"의 "직접적인 사주와 사촉"에 의한 "미제 고용 간첩들"의 극악하고 가증스런 범죄를 확증하기 위한 알리바이로서 이 기밀문건이 재판정에 제시되고 이것이 그대로 증거로 채택되는 한반도 이남의 최초 소제 간첩단 사건과 유사한 경로를 보여주게 된다.

한반도 이북에서 최초로 발생한 이 미제 간첩단 사건은 한반도 이남의 소제 간첩단 사건과 달리 조직도표와 암호해표 등이 총망라된 화려한 눈요깃감은 상대적으로 적었다. 대신 이 사건에서 "미제 고용 간첩들"의 "두목"(52)인 박헌영의 경우, 그의 간첩 활동이 1939년 언더우드와의 접촉 시점으로까지 거슬러 올라가는 극적 각색과 재구성을 낳게 된다. 가령 그는 일제에서 미제로 바통을 넘겨가며, "1939년 10월 5일경 서울 종로 3정목 요리점 백합원에서 연희전문학교 교장이고 기독교 선교사로 가장한 미국정보기관의 탐정인 언더우드를 상면하고 그의 요청을 응낙"한 후 "미 제국주의자들의 조선 침략에 간첩으로서 충실히 복무할 것을 언약"(111)했다는 것이었다. 이러한 과거에 대한 소급적 재구성은 박헌영이 "1919년경 서울에서 잡지 『여자시론(女子時論)』의 편집원으로 있을 때"부터 언더우드와 친교를 맺고 그를 위해 활동한 철저한 "숭미사상(崇美思想)"(105)의 소지자가 되는 사회주의 활동 전반에 대한 부정적 낙인을 찍게 했다.

박헌영을 "일제 시대 공산주의 혁명운동을 하노라고 하면서 내면으로는 숭미사상에 지배"(68)된 "그의 첫 출발부터 공산주의자도 아니었으며 진실한 애국자도 아"니었다는 다만 "완전히 미제의 국제 스파이로 전락"하여 "미제의 아세아에 대한 정책의 충실한 선전자"(87)로 만들고 만 이 최초의 미제 간첩단 사건은 "자기는 이 음모와 하등의 관계도 없"음을 밝힌 노블을 비롯하여 하지와 언더우드, 니콜스 등의 다양한 미 고위 관료와 정계 인물들을 두루 포함시켰다. 일종의 종합선물세트와도 같은 이 조직망의 정점에서 박헌영은 그의 사회주의자로서의 삶 전체가 거부당하는 불운을 맛보아야 했다. 1955년 12월 15일에 행해진 박헌영의 선고 공판은 "중간 간부 및 하급 당원에 이르기까지 대대적인 숙청 작업"을 동반하면서 "가장 불이익을 당한 부류가 남로당 계열이나 월북했던 자들"[71]이게 하는 한반도의 남북 적대를 그 내부에서 되풀이하게 했다. 따라서 "전쟁 기간 중에 쿠데타 음모가 있었다면 그 사실만으로도 체포가 가능"했을 텐데 "정작 사건의 전말은 공화국 전복 음모 사건"이 아니라 왜 "미제의 간첩 사건"[72]이 되어야 했는지를 되물은 박태균의 시의 적절한 질문은 "국회프락치 사건"은 "대한민국의 전복 사건"이 아니라 "왜 소제 간첩 사건"이 되어야 했는지와 중첩되어 한반도가 그려간 이 남북 적대의 양상을 동시적으로 사고할 필요성을 제기한다.

국회 프락치 사건이 한국에서 최초로 발생한 '국제' 스파이 사건이라는 그 이름도 거창한 소제 간첩단 사건으로 변모되는 양상을 남로당계의 미제 간첩단 사건은 동일하게 보여주었다. 이러한 맥락에서 정작 필요한 질문은 '어째서'이기보다는 '어떻게'가 더 적절해 보인다. 두 개의 소제 / 미제 간첩단 사건은 한반도의 남과 북에서 데칼코마니처럼 펼쳐지며 세계 냉전의 동서 대립을 남북 적대로 체화해간 한반도의 두 지역 정(치)체를 전도된 거울상으로 되비추게 했기 때문이다. 결국 한국전쟁이라는 열전으로 화하고 만 이 한반도의 심화되는 남북 적대는 최초이자 '최대' 규모의 숙청 사건인 소제 / 미제 사건을 낳으며, 이를 통한 서로

71) 고태우, 「국내 공산주의자들의 종말—박헌영 숙청」, 『북한 현대사 101장면』, 가람기획, 1996, 128쪽.

72) 박태균, 『한국전쟁』, 책과함께, 2005, 331쪽.

의 적대를 자신의 내부로 고스란히 되돌리게 된다. 지역적 냉전의 이러한 심화와 확대 속에서, 한반도의 남과 북에 한정되지 않는 한반도판 내지 동아시아판 스파이 서사가 지속적으로 창출되고 재생산되었다. '핵무기 없는 핵전쟁'이 한반도를 세계 냉전의 최전선에 위치시켰듯이 세기적 스파이에 필적하는 이 음지의 드러나지 않는 스파이들이 한반도를 무대로 활동하고 있을지도 모른다는 가정된 공포와 위협이 제5열이라는 실제적이고 가상적인 스파이 형상을 또한 틀지었다. 한반도를 세계 냉전의 심장부인 미소에 가닿게 하는 이 지역적 냉전의 심화와 확대야말로 이 글이 1절에서 제기했던 냉전과학과 냉전심성을 근저에서 견인한 원동력이기도 했다. 정치와 이념과 선전이 뒤얽힌 냉전과학과 냉전심성은 그 실제 역량과 권한과는 무관하게 스스로를 과신하고 과시하는 두 지역 정(치)체의 닮은꼴을 만들어냈는데, 이것이 소제와 미제 간첩단 사건으로 시현되고 연출되었음은 재언을 요치 않는다.

5. 한반도의 지역적 냉전과 보이는/보이지 않는 '냉전과학'의 신체정치학 – 결론을 대신하며

1972년 4・15 문학창작단은 김일성의 일대기라고 할 총서 '불멸의 역사'의 첫 권인 『1932년』을 발간한다. 이 『1932년』을 시작으로 총서 '불멸의 역사'는 총 33권이 간행되었고 현재도 진행 중에 있다. 총서 '불멸의 역사'가 발간된 경위와 관련해서는 1970년대라는 시대적 배경이 우선적으로 문제 삼아져야 할 것이지만, 총서 '불멸의 역사'는 북한의 공식 문헌과 똑같이 국가사로서 그 역할을 십분 다하고 있다.[73] 1932년을 기점으로 한 이 영웅적 일대기가 주목되는 점은 북한의 공식 문헌에서는 좀처럼 찾기 힘든 현 앨리스와 박헌영의 미제 간첩단 사건이 해방 후편의 창작집을 통해서 언급되고 있다는 점이다. 총서 '불멸의 역사'는 실제와 가공의 인물을 뒤섞어가며 김일성이라는 유일 수령 형상을 구축할 목적으로 기획된 대규모 집체창작집이고 보면, 총서 '불멸의 역사'가 박헌영을 필두로 한 남로당계 미제 간첩 사건을 구현하고 있는 방식은 흥미로운 대목이 아닐 수 없다. 해방 전편과 해방 후편으로 크게 대별되는 총서 '불멸의 역사'에서, 출간일로는 다른 해방 후편보다 뒤처지지만 시기상으로는 해방 후편의 첫 권인 『개선』은 이를 다음과 같이 서술한다.

> 앨리스 현이라는 조선족 미국 여성은 하와이에서 태어나서 거기서 자라며 초등교육과 중등교육을 받은 다음 부모의 고국인 조선에 건너 와서 서울 이화여전에서 유학하였답니다. 여전을 졸업한 다음에는 상해로 가서 거기서 7~8년간 지내며 박헌영의 정부가 되었지요. 나하고 같이 와세다를 다닌 동창 한사람이 그 무렵에 상해에 가서 지냈는데 그도 허정숙이만 못지않게

73) 총서 '불멸의 역사'와 관련해서는 강진호 외, 『북한의 문화정전, 총서 '불멸의 력사'를 읽는다』, 소명출판, 2009를 참조할 수 있다. 여기에서 필자는 "총서의 탈식민적 시각과 메타 담론"을 김일성의 청년상과 결부시켜 논의했는데, 4·15문학창작단에 의해 집체 창작으로 지어진 이 총서는 김일성의 영웅적 형상을 부각시키기 위해 긍정적·동조적·반동적 인물들을 다양하게 교차하는 인물 구성을 보여준다. 이 반동적 인물의 한 자리를 박헌영을 필두로 한 남로당계 인물들이 차지했음은 두말할 나위가 없다.

앨리스 현에 대해 잘 알고 있습니다. 그 앨리스가 박헌영이 모스크바에 갈 때 미국으로 돌아갔는데 현재 미육군보도부 G-2요원(민간통신정보요원)으로 도쿄의 맥아더사령부에 배속되어 도쿄에 와 있다는 거요. 그 여자는 맥아더가 하지에게 보내는 명령서를 가지고 서울로 날아 온 미군 연락군관을 통하여 박헌영에게 편지를 보낸 모양이요. 현 앨리스와 박헌영 사이의 관계는 단순히 치정관계로만 볼 수 없는 어딘가 께름칙하게 생각되는 흑막 관계도 있는 것 같소. 앨리스가 미군첩보요원이란 것이 수상쩍다는 거요. 그 앨리스가 상해시절에는 뭣이었겠느냐 하는 것도 의문스럽구.[74)]

위 예문에서 발화의 주체는 조선공산당 장안파의 거두 이영이다. 이영은 박헌영의 재건파와 공공연히 맞섰던 실제 인물이기도 한데, 위 예문은 장안파의 거두인 이영의 입을 통해서 박헌영을 "박서방"이라 칭하며 대단히 부정적으로 그를 언급한다. "박헌영이 그 자식은 어찌나 무서운 놈인지 무얼 하려고 마음먹으면 못 하는 짓거리라 없는 놈"(259)라든지 "박헌영의 낯가죽이 두터워서 여느 사람들 같으면 창피스러워 엄두도 내지 못할 갖은 치사한 꾀임수"(260)를 마다하지 않는다든지 김일성을 청자로 한 그에 대한 이야기는 온통 부정적인 것 일색이다. 이 이야기 와중에 현 앨리스의 이야기가 등장하고 있는 것이다. 현 앨리스는 상해시절부터 박헌영과 은밀한 치정관계를 맺은 그의 "정부"로 언급되고 있는데, 문제는 그것이 단순한 치정을 넘어 "어딘가 께름칙하게 생각되는 흑막 관계"가 있음을 넌지시 암시하는 대목이다.

---

74) 최학수, 『개선』, 문학예술출판사, 2002, 261쪽.

박헌영이 주도한 조선공산당 재건파와 대립했던 장안파의 거두 이영이 발화자가 된 이유는 박헌영을 부정적으로 묘사하기 위한 일종의 서사 장치였을 것이다. 이를 통해서 상해 시절부터 맺어온 박헌영과 현 앨리스와의 부도덕한 관계가 부각된다. 이 둘 간의 부도덕한 관계는 이강국의 연인 김수임이 한국판 마타하리의 전형으로 이강국의 '정부'라는 자리를 결코 벗어날 수 없었던 것처럼 현 앨리스를 박헌영의 '정부'로 규정짓는 효력을 낳는다. 현 앨리스와 박헌영 간의 이 부도덕한 관계는 이영이 암시하고 있듯이 향후 벌어질 대규모 미제 간첩단 사건의 복선으로 작용하게 될 터였다. 박헌영의 라이벌이자 숙적인 이영의 입을 통해서 전달되는 이들의 어딘가 불투명한 관계는 "흑막 관계"로 상징되는 미제 간첩단 사건으로 수렴될 것이기 때문이다. 그것도 한반도 이북의 북로당계가 아닌 남로당계의 인물이 그를 부정하는 이 대목은 한반도 이북이 아닌 한반도 이남을 분파투쟁의 부정적 장소로 화함과 동시에 그의 간첩 행위가 오랜 기원을 가진 것임을 환기하는 이중의 효력을 거두게 된다.

해방 후편의 첫 권인 『개선』을 통해서 제시된 박헌영의 부정적 형상은 한국전쟁을 배경으로 한 『승리』에서는 정확히 "미제의 고용 간첩 이승엽을 남조선공산당의 정치위원으로 등용하여 그의 간첩활동을 보장한 것도 박헌영"[75]이라고 하는 확정된 언술로 변모된다. 현 앨리스를 박헌영의 "정부"로 위치시킨 『개선』은 『승리』를 통해서 그 예고된 복선을 명확히 했다고 할 수 있을 텐데, 박헌영을 필두로 한 남로당계

75) 김수경, 『승리』, 문학예술종합출판사, 1994, 237쪽.

의 대규모 미제 간첩단 사건은 북한의 공식 문헌에서는 박헌영의 "첫 애인"으로 지칭된 현 앨리스를 "정부"라는 좀 더 노골적인 표현으로 대중적 스파이 서사의 골격을 완성했다고도 볼 수 있다. "미국 간첩"이자 "미국 정보원"으로 일컬어진 현 앨리스가 박헌영의 "정부"로 일단락되는 한반도 이북의 이 최초의 미제 간첩단 사건은 한반도 이남의 소제 간첩단 사건과 병행하며 이 중심에 박헌영이 개입된 남로당계를 정위하는 자기 분열과 모순을 보여주게 된다. 왜냐하면 박헌영을 필두로 한 남로당계는 한반도의 이남에서는 소제 간첩단이, 반면 한반도의 이북에서는 미제 간첩단이 되는 형용모순을 피할 수 없었기 때문이다.

이들의 존재가 표상하는 한반도의 남과 북의 이러한 자기 분열과 모순은 냉전을 열전으로 화한 한반도가 또 다른 전선을 자기 내부에 그어갔음을 의미하는 것이기도 하다. 홉스봄이 말한 세계 냉전의 특징적인 암살과 스파이가 실제와 가상을 오가며 한반도의 두 지역 정(치)체를 견인하고 규정했음을 소제 / 미제 간첩단의 두 주역이 된 박헌영을 필두로 한 남로당계의 유무형의 존재는 말해준다.[76] 그 이름도 거창한 최초의 소제 / 미제 간첩단 사건은 한반도판 내지 동아시아판 스파이 서사를 만들어내며, 미 / 소를 원점으로 한 중국 / 일본과 한반도의 이남 / 이북을 거치는 지역적 냉전의 루트를 이 스파이들의 신체 형상으로 육화하고 전시했다. 따라서 이들이 지녔다고 가정되는 고도의 기술

76) 에릭 홉스봄(Eric Hobsbawn), 이용우 역, 『극단의 시대－20세기의 역사』 상, 까치, 1997, 321쪽. 홉스봄은 "패권이나 절멸을 위한 투쟁의 수사에 실제로 부합하고자 했던 냉전은 기본적인 결정을 정부가 취하는 전쟁이 아니라 공인 · 비공인의 다양한 첩보기관들이 서로 벌이는 그늘 속의 싸움"이었음을 지적한 바 있었다. 그의 말처럼 "그늘 속의 싸움"으로 변모한 첩보전은 "국제적 긴장의 가장 특징적인 부산물인 스파이와 암살"을 세계 냉전의 보편적인 현실로 가정하거나 상상하게 했다.

력과 조직력에 맞서는 자기 방위와 보존의 테크놀로지가 거짓 / 유사 과학과 진정한 과학의 양분법 위에서 과학, 이념, 선전이 결합된 복합체로서 '냉전과학'을 일상의 현실로 뿌리내리게 했던 것이다. 실제 현실과 얼마나 부합하는지 그리고 얼마나 정교한 것이었는지와 무관하게 으레 스파이 서사에 뒤따르곤 했던 각종 암호해표와 조직도표 등이 한반도의 스파이를 세기적 스파이의 반열에 올리려는 두 지역 정(치)체의 과시 욕구와 맞물려 또한 상용되는 레퍼토리로 자리잡았다. 이 끝나지 않는 제5열의 스파이들은 우리가 외면한 잘려나간 우리의 일부이기도 하다는 점을 깨닫는 것에서부터 한반도의 냉전은 그 탈(脫)냉전의 길을 모색할 수 있을 것임을 이 글의 결론 삼아 마지막으로 덧붙여 두고 싶다.*

* 이 논문은 2015년 『현대문학의 연구』 55호에 게재된 논문을 재수록한 것임

해방 전후 '유령인구'의 존재론

한민주

조사원 : "食口가 몇이오."

주인 : "보시는대로 네 사람입니다."

조사원 : "幽靈은 없오?"

주인 : "글세요, 幽靈까지야 낸들 압니까?"

―「《明朗燈》; 幽靈人口」, 『경향신문』, 1948.12.10

1. 맬서스의 묵시록

오늘날까지도, 통계는 사회문제를 측정하는 객관적인 방법으로 널리 인정받고 있다. 각종 통계들에서 추출된 법칙은 현상에 대한 원인

분석과 해결책 및 예방으로 이어지면서 현사회를 상상적으로 재구성한다. '식민지 통계' 역시 그 자체로 식민지를 재현하는 효과가 있기 때문에, 제국이 식민지를 어떻게 인식하고 있었는가를 드러내 줄 수 있다. 이 글은 식민지 통계 자체가 재현하고 있는 식민지상과 그 상에 대한 피식민자들의 전유 방식을 검토함으로써 '식민지 통계'에 대한 해석적 접근을 시도해 보려 한다. 특히 일제 말기 전시동원체제 부터 해방 후 미군정기에 출현했던 '유령인구'라는, 셀 수도 없고 세지 않을 수도 없는 형용모순의 현상에 주목하고자 한다. 물론 조선총독부의 통계에 대한 식민지 좌파 지식인들의 관심과 『수자조선연구(數字朝鮮硏究)』를 중심으로 한 담론적 대응에 대한 연구들은 기존에 나와 있다.[1] 선행연구에서도 밝혀진 것처럼 당대 지식인들은 총독부의 통계자료에 대한 개입적 재해석을 통해 식민지 조선에 대한 지식-권력의 재구성을 시도했던 것이다. 이와 마찬가지로 현시점의 한국 근대사 이해에도 조선총독부의 통계는 유력한 '과학적' 논거로 활용되며 첨예한 재구축의 대상이 되고 있다. 그러나 식민지 통계가 오차와 불신으로 측정된 불확정적인 산물인 것처럼 식민지 경험은 계산할 수 없는, 형언할 수 없는 무언가로도 존재했을 것이라 생각한다. 따라서 이 글은 어떻게 다시 셀 것인가를 둘러싼 정치적 쟁점에서 빗겨나 있는 '셀 수 없는 것'들에 주목하고 있는 것이다.

통계학을 비롯한 과학적 지식은 인간 정신과 행동의 토대를 변형시

1) 『수자조선연구』에 대한 논의는 정병욱, 「숫자를 통해 본 조선인의 삶-『數字朝鮮硏究』(이여성 · 김세용, 세광사, 1931~35)」, 『역사와 현실』 21권, 1996과 서호철, 「이여성 · 김세용, 『숫자조선연구』, 식민지와 통계의 내밀한 관계 분석」, 『인문학의 싹』, 인물과사상사, 2011; 최재성, 「『수자조선연구』의 체제와 내용분석」, 『사림』 44호, 2013.2를 참조할 것.

켜왔다. 그런데 과학과 과학지식은 해당 시기의 구성틀을 기반으로 개념화되기 때문에 정치적이고 사회적이다. 새로운 발견은 처음부터 진실로 인정되는 것이 아니라 설득적인 수사를 통해 보편적인 것으로 자리 잡아 가기 때문에 정치적인 활동성을 띠게 마련이다. 이러한 과정 속에서 문학적 상상력이 지식을 생산하기 위한 하나의 형식으로 기능하였다. 따라서 근대 과학과 문학은 예술적 실천으로 지식을 창조하고 표현하는 수행을 공유하면서 정치적인 것이 되었던 것이다. 객관성으로 포장된 식민지 통계가 공평분배에 대한 피식민지적, 계급적 환상을 자극하며 근대문학 속에 '보고'나 '고발'의 형태로 재현되었던 사례들은 상반되는 것처럼 인식되던 두 분과 영역이 공조적인 관계 속에서 조선의 근대문화 형성에 관여했음을 방증한다. 그러나 두 영역은 서로 침범할 수 없는 고유의 영역이 존재하기에 결코 봉합될 수 없는 얼룩을 남기는 것 역시 기정사실이다. 이것이 식민지 통계를 해석하는 데 있어 근대문학을 동시적으로 살펴야 할 주요 이유이다.

식민지시기 조선 총독부의 통계자료와 정치에 대한 불신은 조선인과 내선 일본인 인구비율에서 가장 극명하게 드러난다. 1920년대 일본제국은 일본 인구의 급증을 우려하고 상대적으로 조선이 황무지임을 강조하며 일본인구의 식민지 이주를 부추겼다. 이때 일본 국민의 국제적 이주는 국가의 경제적 성장에 기여할 뿐 아니라 민족적 정체성, 통치권, 안정성을 이끌어 올 수 있다는 주장으로 정당화되었다. 그리고 1930년대에 이르면 조선 인구증가율의 급증을 통계로 제시하면서 조선인들의 만주 이민을 정책상 적극 추진한다. 따라서 통계상으로 볼 때 조선 영토 내 조선인 인구 비율은 위험 수위에 다다라 있었던 것이다. 조선 지식인들

〈그림 1〉「산아제한국제회의」, 『조선일보』, 1925.3.30

의 각종 통계 해석은 일본내지인의 증가 비례가 현저함을 지적하며 현재와 같은 추세대로만 방임한다면 멀지 않아 일본이주민이 조선의 토지 및 경제권을 거의 다 차지할 날이 올 것이라고 예언하였다.[2] 장래 조선인의 '몰락'을 예견하는 인구통계 수자는 조선의 낙후와 결여상태뿐만 아니라 미래 조선의 운명까지 예견하고 있었던 것이다.

근대 인구통계학은 맬서스의 인구론과 조응하면서 조선의 종말을 선언하는 파국의 상상력에 닿아 있었다. '인구는 기하급수적으로 증가한다. 반면 물질은 산술급수적으로 증가할 뿐이다'라는 맬서스의 주장은 인구증가율이 억제되지 않을 경우 반드시 닥칠 인류재앙을 예고한 것이었다. 근대 세계의 인구과잉 문제는 "만일 금일의 증가률에 변동이 업다하면 지금으로부터 약 백년 후의 세계 인구는 실로 현재 인구의 삼십이 배"[3]라는 각국 전문가들의 연구발표로 더욱 심각한 사회 현상이 되었다. 『조선일보』의 만화논평에서 확인할 수 있듯이, 1925년 뉴욕에서 개최된 '국제산아제한회의'는 "인구가 과잉되는 고로 생존경쟁이 축일격심(逐日激甚)의 도(度)를 가(加)하니 이것을 방지하기 위하야 산아제한법을 장려하

2) 「경성에 밀리는 일본인 매년에 천여호격증」, 『동아일보』, 1928.7.14.
3) 「백년 후 지구, 6백8억이상, 20년간 반수가 늘어」, 『조선일보』, 1927.6.5.

자"[4]는 취지하에 있었다. 만화는 한정된 영토를 넘어서는 "지구의 만원" 상태를 재현함으로써 인구 격증이 초래할 위기감을 시각화하며 공포를 조성하고 있다. 결국 이러한 인류 대재앙의 대안은 "국제산아제한회의"라는 깃발이 표명하듯이 '신말서스주의'와 '산아제한론'이 되는 것이다.

근대 조선에 소개된 맬서스의 인구론은 그 주장의 오류를 지적하고 비판하는 방식으로 수용되었다. '신맬서스주의'는 "빈궁한 사람이 도덕적 자제를 하지 안는 결과 자녀가 과다(過多)하야 고생함이 자작얼(自作孼)이라 도덕적 자제의 필요함을 알게함이 사회개량의 유일한 길"[5]이라고 말하며, 혼인 연령이나 피임법 등의 인구증가 방지책을 주장하면서 마거릿 생거(Margaret Sanger)의 '산아제한론'과 손을 잡은 것처럼 세계인에게 인식되었다. 조선사회에서 '신말서스주의'와 '산아제한론'은 부르주아 계급의 이익에 공조한다는 이유로, 민족적 정서에 어긋난다는 이유로, 그리고 식량문제상의 이유로 찬반론을 발생시켰다.[6] 따라서 맬서스에 관한 당대인들의 인식은 극단적인 상상력을 촉발시키는 문화적 현상으로 이어지기도 하였다. 인구이론을 직접실행하기 위한 실천적 '맬서스주의자'의 재현이 그 단적인 사례다. 1800년대 불란서에서 일어나는 의문의 연쇄살인사건을 재현하고 있는 최병화의 「살인괴담, 늙은 살인마(일명 말사스鬼)」(『별건곤』 64호, 1933.6)는 연쇄 살인범의 살인 이유를 "아는 사람은 알 것이다. 그 사람이야말로 실천적 아루사스주의자(?) 인구리론의 테로리스트[直接行動]인 까닭이다"라고 서술하고 있다.

---

4) 「산아제한국제회의」, 『조선일보』, 1925.3.30.
5) 「新말서스主義」, 『동아일보』, 1924.10.24.
6) 「산아제한국제회의」, 『조선일보』, 1925.3.30.

그러나 "문제는 생산에 잇지안코 분배에 잇스며 빈궁은 자연법칙으로부터 나오는 것이 아니오 사회관계로부터 나오는 것"[7]이라는 맬서스 이론 비판은 곧 실업인구로 대표되는 계급의 문제로 치환되었다. 자본주의 기계의 발달은 식량부족의 우려보다는 오히려 노동력 과잉으로 실업인구를 격증시켰기 때문이다. 따라서 조선 사회의 실업인구 비율은 해가 갈수록 급증하였다. 이러한 실업인구의 해결을 위해 자연히 '이주' 문제가 발생할 수밖에 없던 것이다. 이미 1920년대부터 조선은 '도항(渡航) 노동자' 문제가 만연해 있는 상태였다. 이런 지경에 일본으로부터 국내로 이주하는 일본인 실업인구의 증가는 문제적이지 않을 수 없었다. 일본은 1926년도에 인구와 식량문제 해결을 위한 조사회를 설치하고 이민정책을 세워 국민에게 적극 장려한 상황이었다. 그렇기에 일본인들의 조선유입에 대한 조선인들의 불만과 공포감은 상당했다. 1930년대 "지구를 개척하는 '파이오니아'가 되라"라는 만주 이민 정책의 프로파간다는 "'말사스'의 말과가티 기하급수로 증가하는 인구의 장래를 위하야 또는 보다 나흔 생활을 지금의 우리와 또는 우리의 후손이 누리도록 하게하기 위하야 우리는 해외에 관심을 아니가질 수 업다"[8]며 조선인을 만주와 중국의 개척자로 호출하였다.

식민지 조선에서 맬서스의 정책적 전유는 인구의 이동촉진뿐만 아니라 식량 위기감을 조성하는 데 적극 활용되었다. 식량 위기만큼 국민을 대통합시키기 좋은 방책은 없을 것이다. 따라서 대체식량 개발과 같은 과학의 영역은 국가의 식량 통치 영역과 접속할 수 있는 계기가

---

7) 「인구문제에 대하여」, 『조선일보』, 1928.11.5.
8) 「해외로 나간다면?」, 『동아일보』, 1933.1.1.

마련된다. 김동인의 「K박사의 연구」(『신소설』, 1929)는 맬서스의 인구위기론을 모티브로 삼아 대용식 연구에 나선 K박사의 이야기이다. 대변에서 그냥 남아 있는 자양분을 추출하면 "식료품 문제에 위협받는 인류의 큰 복음"이 아닌가라는 박사의 희망은 시식회에서 성공을 거두지 못하고 하나의 해프닝에 그친다. 이 에피소드는 빈곤의 역사로 점철된 조선의 근대사에 얽힌 하나의 풍경이라고 볼 수 있다. 1920년 조선은행부총재 카노 도쿠사부로[加納德三郞]는 맬서스의 주장에 동조하며, 조선인의 "빈궁급(貧窮級)의 생활상 퇴화퇴보를 거듭함"은 "'말사스'의 언설로보면 인구법칙에 필연한 빈궁도태(貧窮淘汰)의 극치"[9]를 보여준다는 담화를 발표했다. 그는 이러한 조선 민족의 빈곤상을 극복하고 부를 증진할 수 있는 방법으로 '농업 개량'을 제시하였다. 그러나 이 담화는 "내지(內地)의 인구증식은 실로 경탄할만한 일이오. 따라서 미곡의 소비도 기(其)비례로 증가할 것은 갱론(更論)할 필요가 무(無)하나 일용품 중에 제일 필요를 감(感)하고 식료품 중 최(最)히 밀접한 관계를 유(有)한 것은 미곡이다"[10]라며 제국 일본의 식량위기와 조선 산미증식을 강조하는 결론에 이른다. 주지하듯이, 1920년 산미증식계획을 통해 조선은 일본의 식량공급지 역할을 하였다. 조선과 대만 등 식민지에서 식량을 공급받고 있음에도 불구하고 일본인의 식량문제는 일본인구의 증식률에 미치지 못한 상태였기 때문에 식민지정책으로 적극 홍보되었다. 따라서 산미증식정책은 '쌀'을 둘러싼 조선과 일본의 입장 차이를 발생시켰다. 이처럼 식민지 조선과 일본 제국의 인구식량문제사는

9) 김태양, 「조선인영양문제론(10)」, 『동아일보』, 1928.3.18.
10) 加納德三郞, 「조선의 民富를 증진케하랴면 농업을 勉勵하라」, 『매일신보』, 1921.4.11.

'쌀'의 중요성을 정치적으로 예각화시키는 도정이었다.[11]

'쌀' 문제가 가장 첨예한 정치적 갈등의 대상이 되었던 시기는 '미곡 통제정책'이 실시되었던 해방 전후의 전시체제였다. 이 시기는 불란서 패망의 원인이 맬서스의 인구론에 영양 받은 바 크다고 지적하며,[12] "만히나라! 잘기르자!"[13]라는 모토가 동아신질서 확립의 절대적 지상 명령이 되었다. 그러나 전시체제는 '식량안보'의 문제, 즉 모든 국민이 1년 동안 먹을 수 있는 식량이 충분히 있는지가 가장 중요해지는 시기이다. 이같이 전시체제에 필요한 인적자원의 증가와 한정된 전시 식량 상황이란 모순 속에 정치적 상황이 처해 있었기에 정부는 식량공급의 정치학을 발동시켰다. 해방 전후 정부의 식량정책 모토는 '식량수급은 불안하지 않다'였다. 따라서 식량의 공정한 분배를 위해 그 어느 때보다 자주 인구조사와 통계가 이루어졌다.

2. 이주하는 자들, 식민지 '유령인구'의 발생

전시체제기 과학동원정책의 주요 실행안 가운데 하나는 대용품 공학이었다.[14] 주식인 쌀을 대용할 부식류의 개발과 인조계란, 인조육

---

11) 渡邊農務課長, 「인구식량문제는 국내산업으로 해결, 미곡법적용도 가능성 충분」, 『매일신보』, 1927.12.24 참조.

12) 「佛國의 경제적 敗因(完)」, 『동아일보』, 1940.7.2.

13) 「만히나라! 잘기르자! 年出生육십이만명」, 『동아일보』, 1939.1.7.

같은 새로운 대체 식품을 개발해 내는 과학적 사명이 과학자뿐만 아니라 주부의 영역으로 확장되었다. 전시체제기 '대용품 공학' 가운데 '대용식개발'은 '인조과학'의 상상력을 마음껏 발휘할 수 있는 영역이었다. 하야카와 타다노리(早川タダノリ)는 '황도영양학(皇道營養學)의 범죄성'을 지적하며, 이러한 대용식의 개발과 식량배급을 위해 제공되었던 제국의 영양학 지식이 지닌 폭력성을 비판하고 있다.[15] 그의 말에 따르면, 총동원체제에서 '영양은 배급량에 풍부하다'라는 선전문구로 배급내용과 양을 정당화했다는 것이다. 이러한 사정은 조선에서도 마찬가지였다. 각종 곤충의 영양가를 살피며 이를 식용으로 사용할 수 있다는 글들이나 산에서 나는 독초조차 영양학상 이상 없다고 설득하는 대용식담론들이 그러한 사례가 될 것이다. 물론 그러한 다양한 대용식의 변주 중심에는 농경민족으로서의 특징이라고 할 수 있는 '쌀'이 놓여 있었다. 전시체제기 미곡 통제정책의 시작은 1939년 「미곡배급통제법」이 제정 · 시행되면서부터였다. 1937년 중일전쟁으로 전시 식량 수요가 증가하는 가운데 1939년 조선에 닥친 대한해로 식량 부족문제가 발생했다. 따라서 이 시기 식량관리의 직접적 계기는 식량 특히 쌀의 절대 부족이었다.[16]

총독부는 식량난이 국가나 국민에게 위기로 작용하기 때문에 제도적 차원에서 곡물 순환과 경제적 통치의 근본 원칙을 세워야 한다고 주

14) 이에 대한 논의는 한민주, 「과학전의 시대, 총후여성과 인조의 상상력」, 황종연 편, 『문학과 과학 1－자연 · 문명 · 전쟁』, 소명출판, 2013을 참조할 것.

15) 早川タダノリ, 『神國日本のトンデモ決戰生活』, 合同出版, 2010, 120~121쪽 참조.

16) 이송순, 「식민지기 조선의 식량관리제도와 해방 후 양곡관리제도의 비교－식량관리법령에 대한 분석을 중심으로」, 『한국사학보』 32호, 2008.8, 418쪽 참조.

장했다. 세계각지의 식량전쟁에서 식량문제를 해결할 수 있는 민족만 이 결국 영원의 발전을 이룩할 것이라는 담론의 조성도 이어졌다.[17] 이같이 중요한 식량문제를 위해 정부는 다양한 대책을 마련하기 시작했다. 1939년부터 조선에서는 절미(節米), 대용식, 혼식 등의 장려운동을 보급시켰으며 소비 유통기구의 정비로 가격의 통제를 위한 조선미곡주식회사를 설립했다. 1940년 12월에는 조선미곡주식회사의 활동을 보증하는 조선미곡배급조정령이 발포되었고, 1943년에는 조선식량관리령이 법규로 마련되어 식량대책의 근본방침을 세웠다. 이처럼 식량의 국가관리가 강화되면서 생산-유통관리를 넘어 배급통제(소비통제)까지 행하는 식량의 종합배급기구가 정비되었다.[18]

정동조선연맹에서는 한해대책활동방침 협의결과 식량확보를 목표로 전조선적인 절미운동(節米運動)을 실시하였다. 그 세부적인 실천항목은 첫째, 흰쌀에서 검은 쌀로 전환할 것, 둘째, 쌀의 낭비를 배제할 것, 셋째, 대용식의 철저화를 기할 것이었다.[19] 이러한 정부의 곡물 통치는 '정의' 실현이라는 명분이 분명히 앞설 필요가 있었다. 따라서 공평 분배에 대한 이상(理想)은 식량난을 '국민운동'으로 해소할 수 있는 원동력이 된다.[20] 1940년부터는 매월 1일을 '대용식일'로 정해서, 국민 "각자 입에 맞는대로 혹은 우동, 혹은 수젭이, 회사 관공서에서는 간단한 빵을 사용하야 제1회 대용식일을 명실공히 일심합력으로 맞이하엿다."[21] 이와 동시에 정부는 식량배급의 공정을 기하기 위해 매점매석

17) 山本正植, 「세계식량전」, 『조광』 8권 12호, 1942, 122쪽.
18) 고승제, 「식량의 국가관리」, 『조광』 9권 9호, 1943, 62쪽.
19) 「식량확보를 목표코 절미운동에 착수」, 『동아일보』, 1939.8.17.
20) 「식량을 국민운동으로!」, 『동아일보』, 1940.1.28.

을 방지하고 곡물의 편재를 교정하려 하였으며, 민간의 식량사정을 정확하게 조사하기 위해 각 가정의 혼식상황과 식량소유고조사에 착수하였다.[22] 그리고 총독부는 긴박한 식량사정이 해소될 때까지 "미, 잡곡 등의 수입출입, 재고고(在庫高)의 통계"[23]를 일반 대중매체에 발표하지 않기로 결정하였다. 시정(施政) 선전 효과를 위해 보도되던 총독부의 통계정보는 기밀사항으로 민중에게 차단되기 시작했던 것이다. 정보 처리 수단을 의미하는 총독부의 통계는 자력적인 통계장치를 마련하지 못한 조선인들이 정보를 얻고, 이해하고, 예견하고, 예방할 수 있는 방법이었다. 그런데 통계자료는 매우 방대한 양의 정보를 요구하기 때문에 국가만이 정보를 수집할 수 있는 재원 혹은 수단을 갖추고 있었다. 따라서 정보를 확보한 기관의 정보 공개와 차단은 통치 권력을 가시화할 수 있다.

조선에서는 징병제와 인구 동태 파악을 위해 1942년 10월 15일 '기류령(寄留令)'을 실시한다. 이 조선기류령은 본적 이외에서 살 때에는 반드시 의무적으로 현주소를 신고하게 하여 '국민의 이동상황'을 분명히 파악하고 징병제, 의무교육제, 식량배급문제의 정확성과 효율성을 기하는 데 주목적이 있었다.[24] 원적지를 떠나 90일 이상을 예정으로 다른 지방에 가 있게 될 사람은 14일 이내에 부, 읍, 면에 계출해야 했다. 〈조선기유령의

---

21) 「오늘이 대용식일」, 『동아일보』, 1940.2.11.

22) 「식량조사에 재동원」, 『동아일보』, 1940.4.2.

23) 「米穀통계 당분발표중지」, 『매일신보』, 1940.3.20. 모리타 유우조위[森田優三]의 회상에 따르면 1930년대에 전시 분위기가 농후해지면서 통계자료의 공표는 국가기밀이란 이유로 제한되어서 1940년도 국세조사 결과는 간단한 개요수자를 제외하고는 공표치 않는다든지 『제국통계연감』도 1940년부터는 편집을 못하였다. 또 공업통계의 공표도 1942년부터는 중지 했다.(森田優三, 『統計遍歷私記』, 일본평론사, 1980, 24쪽 참조)

24) 「징병실시와 不可分, 遺漏업시 屆出하라」, 『매일신보』, 1942.10.21.

〈그림 2〉「寄留屆出잊지마라」, 『매일신보』, 1942.10.6

실시〉 포스터는 국가가 유동적인 존재의 현거주지를 분명히 파악할 수 있도록 자진신고를 요청하고 있는 것이다.[25] 이 포스터에서 강조하고 있는 것은 현재 머물고 있는 '거소(居所)'의 신고이다. "호적은 사람의 신분관계를 공증할뿐이고 호적에 등기된 사람이 실지로 어데살고 잇는 것은 알수업는 것임으로 지금과 가치 사회생활이 복잡하야저서 고향을 떠나서 사는 사람이 만흔때에 거주관계를 분명히 하는 것이 기류제도"[26]이기 때문이다. 보다 치밀한 통계자료를 확보하기 위해서는 유동적인 인구의 정확한 동태 파악이 우선해야 했던 것이다.

그러나 분배의 정의 실현을 위한 대국민운동의 일환임에도 불구하고 혼식상황의 조사 결과, 시국을 이해하지 못하는 비국민적 가정이 다수 발견되었다.[27] 게다가 식량배급기구에 대한 주민들의 원성은 매우 높았다.[28] 전시체제의 식량배급은 세대별로 이루어졌기 때문에 가족수의 차이에 대한 불공정이 생길 뿐 아니라 애국반장의 적실성, 식량배급소 저울질의 정확성 등 불공정한 배급 문제가 뒤따랐다.[29] 최정희의

25) 「寄留屆出잊지마라, 애국반장을 통하야 제출요망」, 『매일신보』, 1942.10.6.
26) 「기류계는 금일부터 기한내의 勵行잊지마라」, 『매일신보』, 1942.10.15.
27) 「혼식 안하겠는가?」, 『매일신보』, 1941.7.23.
28) 「町會의 처사에 불만, 아현정 2구 식량배급개혁을 陳情」, 『매일신보』, 1940.12.12.
29) 「決戰町總代鼎談會」, 『조광』 10권 4호, 1944, 28쪽.

「2월 15일의 밤」(『녹기』 1942.4)에서 '선주'가 애국반 모임에 나가 본 상황은 "나오지 않는 사람들에게는 배급전표를 주지 않는다는 둥, 이미 나누어준 것도 다시 빼앗는다는 식이었으며 사람들이 모여도 구장과 반장은 당국에서 내려오는 지시를 기계적으로 전달할 뿐이었다." 또한 박태원의 「어서크자」(『방송소설명작선』, 조선출판사, 1943, 63쪽)에서 남수는 애국반 반장인 아버지의 권위를 "고무신이든 빨래비누든 똑 아버지가 표들을 논아 주셔야만 모두들 사가질수가 있습니다. 그리고 쌀표든 소금표든 모두 아버지가 도장을 찍어주셔야만 됩니다"라는 방식으로 서술하고 있다. 따라서 공정한 배급을 요청하는 투서들이 끊이지 않았다.[30] 사실 전시체제하 물자의 공평분배라는 이상은 잘 실현되지 않았던 것이다. 전시체제에 들자 매점매석 경향이 현저해지고 그에 따라 미가가 날로 앙등하는 양상을 나타내자 총독부는 미가폭등의 억제를 위한 미곡대책을 마련하지만 임시적일 뿐 큰 효과를 기대하기는 어려웠다.[31] 정부의 방책이 이렇게 미약했던 것은 조선민중의 식량난 해소보다는 '식량난에 대한 공상적인 공포'를 조성하는데 더 목적이 있었던 것이 아닌가라는 추정도 가능해진다. "식량난의 현실에 의거한다는 것은 식량난을 막으려고 하기 보다는 다른 현실적 요소들을 작동시켜 식량난 현상이 스스로 소멸하게 만들려고 했다"[32]는 푸코의 지적처럼.

전시체제기에 이르러 식량배급 문제와 함께 '유령인구(幽靈人口)'라는 단어가 신조어로 등장한다. 인구조사에서 발생하는 유령수자는 생활

30) 「공정명랑한 배급을 요망, "지도자여 실정을 파악하라"」, 『매일신보』, 1945.7.31.
31) 전강수, 「전시체제하 조선에 있어서의 미곡정책에 관한 연구—유통통제를 중심으로」, 『경제사학』 14권, 1990, 86쪽.
32) 미셸 푸코, 오트르망 역, 『안전, 영토, 인구』, 난장, 2011, 175쪽 참조.

필수품의 일부가 배급제로 전환되면서 산출되었다.[33] 식량 이중배급을 위해 거주자를 허위로 신고하는 경우가 많았던 것이다.[34] 따라서 정부는 "식량의 확보와 수급의 만전을 기하기 위하야 통장제(通帳制)에 의하야 식량을 배급해왓는데 일부에서는 식구수를 느리어 식량의 배급을 더바드려는 부덕한 행위를 하는 사람이 잇는 모양이라하야 각호별로 가족수를 엄밀이 조사하여" 유령인구를 적발하려 했다.[35] 그러나 유령인구를 조사한 통계 결과는 총인구수의 증감에 기대어 추론될 수밖에 없었기 때문에 정부당국이 통계수자에 대한 확신을 전혀 얻을 수 없는 상태였다.[36] 결국 당국은 "금후인구수를 더욱 세밀이 조사한 후 식량대책의 만전을 기함은 물론 부정하게 신고를 한자에게 대하야는 식량의 배급을 일시 중지하는 등 응징할 방도를 강구"[37]하는 쪽으로 정책을 펼쳐나간다. 그래서 양곡배급의 원활을 문란케하는 유령인구를 적발하기 위한 적극적 방책으로 애국반장, 각 정(町)회장 등을 총동원하여 새벽에 "불의타적(不意打的)으로 엄중 조사"[38]하는 불심 검문을 실시했다. 이렇게 해서 적발된 유령인구들은 배급의 공정을 방해했기 때문에 사기죄로 기소 처벌되었다.[39] 또한 당국의 법적 규제를 통해 '유령적 존재'는 '총후(銃後)의 수치'라는 관념이 형성되었다. 정부의 '물품적정배급정책'에 협력하지 않고 허위신고를 해서 배급을 많이 받

33) 「유령인구 一掃될 듯, 지난 1일에 한 국세조사 9월에 집계」, 『매일신보』, 1944.5.21.
34) 「유령인구 십팔만!, 근절안되는 경성의 식량 이중배급」, 『매일신보』, 1941.7.
35) 「쌀배급 만이타려 食口 속이면 안돼, 강원도서 유령인구 조사」, 『매일신보』, 1942.6.30.
36) 「과연 대경성 부민은 팔십구만육천명인가」, 『동아일보』, 1940.5.1.
37) 「一萬의 幽靈人物, 춘천인구는 實數보다 萬名急增」, 『매일신보』, 1940.7.6.
38) 「흥남유령인구판명」, 『매일신보』, 1941.6.17.
39) 「幽靈人口 一掃와 府民의 協力」, 『매일신보』, 1942.7.11.

는 것은 '총후국민'으로서의 자질에 부합하지 못한 것이었기에 자연히 '비국민성'의 표지가 장착될 수 있었던 것이다. 유령적 존재를 만드는 행위는 "자기만 조흐면 그만이라는 개인주의사상의 굴레를 벗지 못한 것으로서 국민도덕상 타도할만한 것 될 뿐 안이라 국법상으로 사기죄를 구성케되는 것"[40]이었다. 게다가 부정배급을 받는 유령인구의 범죄형벌은 애국반원 전체의 연대책임으로 돌아가게 되어 있었다.

당국은 임시인구조사 결과 얻은 통계자료를 토대로 식량배급과 소비의 적정화에 착수하였다. 정회에서는 식량매출표와 통장발행 당시 만들어 둔 각 호별 가족수효대장과 임시인구조사시 받은 인구신고서를 대조하여 가족이동상황을 정확히 파악한 뒤 매출표나 통장을 새로 발행 혹은 정정해서 사용토록 하였다.[41] 식량배급통장은 유령인구 색출 목적으로 처음에 세대별에서 개인별로 개편되었다가 배급수속의 불편 때문에 다시 세대별 단일통장으로 개편하게 된다.[42] 그러나 인구조사나 배급표 제도 같은 여러 색출노력들로 인해 "판명된 수자가 유령인구의 전체라 할 수는 업는터이고 아직도 판명되지 안흔 유령인구가 상당히 잇슬 것을 예상"[43]할 정도로, 유령인구의 완전한 소탕은 불가능한 것처럼 인식되었다.

유령인구 발생의 원인은 "허위(虛僞)의 가공적(架空的) 인구하야 자기만 더만히 쓰랴고 배급을 더 밧는 일", "근로동원기타로 다른 곳에 이동

40) 「식량배급과 국민의 반성」, 『매일신보』, 1942.8.2.
41) 「업서질 유령인구 14만, 임시인구조사의 결과를 토대로 종래의 쌀매출표를 정확하게 정리」, 『매일신보』, 1942.7.29.
42) 「帳通糧食, 세대별로 변경」, 『동아일보』, 1948.2.27.
43) 「銃後의 羞恥 幽靈人口」, 『매일신보』, 1944.11.11.

한 식구를 그대로 두고 있는 일", "공장 광산 등에서 실제 수 이상의 신고를 하여노코 배급밧는 일", "숙박객을 허위로 기재하야 배급을 더밧는 여관"의 경우들에서 발생하고 있었다. 이처럼 유령인구 현상의 원인은 이동이 잦아지는 당시의 정황을 역이용한 부풀리기부터 실제 이동하여 빠져나간 가족을 있는 것처럼 말하는 방식에 이르기까지 다양했다. 그런데 이런 현상의 주원인은 전시 인구의 '이동'과 관련이 깊다. 일제 말기의 총동원체제는 전시 인적 자원과 물적 자원의 합리적인 재배치를 통치의 주요 의제로 삼았다. 그러므로 "소개(疎開) 기타의 사유로 격증하는 인구의 이동"[44]에 따라 유령인구는 상당히 증가했던 것이다. 전시정책으로 정부가 내세운 소개는 사실 '식량배급' 문제에서 골치를 썩고 있었다. "시골로 소개하면 식량배급을 잘 바들 수 업다는"[45] 국민의 인식이 지배적이었던 것이다. 따라서 "경성 등 중요도시의 인원 소개가 예상이상으로 성적이 조치 못한 것도 그 원인의 대부분은 여기"[46]에 있던 것이다. 이처럼 전시동원 정책에 있어서 조선인들은 국외로의 식민지개척과 국내에서의 소개 및 근로동원 등을 위해 '이주시켜야 할 자'들이었다. 그러한 자들을 대상으로 한 인구조사는 이미 통계의 부정확성을 안고 시행하는 것이었다. 공정분배 같은 평등의 원칙을 내세운 총독부의 시책은 '이동'에 대한 의미는 포착하지 않은 채 통계 숫자에만 의지하고 있었던 셈이다. 사실 유령인구는 과학적 확실성을 추구하는 통계의 구멍이자, 통치의 구멍이었던 것이다.

44) 「유령인구를 적극적발, 한사람도 업도록 町과 班에서 협력」, 『매일신보』, 1945.7.31.
45) 「疎開案內」, 『매일신보』, 1945.4.12.
46) 「절대로 안심하라, 우선으로 배급확보」, 『매일신보』, 1945.5.5.

3. 귀환하는 자들, 해방 후 '유령인구'의 계승

"'통제 바깥'에 놓여 있는 전체 세계는 기술적 비전을 성가시게 만들며 되돌아온다."[47] 해방을 맞이하였으나 빈곤의 역사는 계속되었고 해방 전보다 '유령인구' 기사가 더 폭주하였다. 해방과 더불어 혼란상태에 빠진 민생은 무엇보다도 식량난으로 허덕이고 있는 형편이었다. 사탕 배급 이야기를 다루고 있는 최태응의 콩트는 이러한 해방공간의 상황을 잘 전달하고 있다. "쌀 있는 놈만이 걱정없이 지낼 수 잇는 세상이래서 덮어놓고 쌀장수를 하려고 악이받힌 세상에서 다 소이 건셈들고 바로 잡으려기는 새레 배급소에 매달려서 배급기관을 이용할 수 있는 사람은 일제 시대에만 그런 것으로 알었드니, 오히려 더 통 크게 해먹는 세상이오."[48] 주목할 점은 해방 이후 통계학적으로 남조선의 인구가 엄청나게 증가했다는 것이다. 그 증가 원인은 "일부 도시에 유령인구가 증가한 것과 북조선으로부터의 피난민, 소수의 이농가(離農家)에 의한 것"[49]이었다.

해방기의 정부 당국은 일제 잔재의 청산을 프로파간다로 내세우고 있었음에도 불구하고 국가사회 관리 체제를 그대로 답습하는 경우가 많았다.[50] 해방이 되었다고 해도 미군정하의 인민들은 쌀배급을 받았

---

47) 제임스 C. 스콧, 전상인 역, 『국가처럼 보기』, 에코리브르, 2010, 46쪽.
48) 최태응, 「사탕」, 『백민』, 1946.5, 57쪽.
49) 「非農家이백만, 남조선에 증가」, 『동아일보』, 1947.12.19.
50) 「인구조사 정신은 정확한 국력 통계에, 징병관계 운운은 낭설, 사실대로 정확한 보고를」, 『조선일보』, 1949.4.29.

고, 애국반에 의해 유령인구를 조사받았으며, 연대책임을 졌다. "다음 배급날까지 목숨을 지탕해나갈야면 야미쌀을 어데가서 팔어와야 할게 제다." 그러나 "지난달에 쌀 한 말에 백삼십 원 하든 것이 이달에 들어선 이백육십 원으로 껑충 뛰여올랐다."[51] 소설 속 등장인물들은 해방에 대한 희망이 환상에 불과했음을 '쌀'과 같은 현실적 문제에서 지각했다. 그것은 비단 소설 속 인물들의 문제만은 아니었다. "'독립도 되기 전에 굶어죽게 되었다. 쌀을 달라! 독립보다 쌀을 달라!'라고 절규하고 있다. 이 얼마나 비통한 소리냐! 작년 겨울부터 우리 민족은 쌀 문제로 피여나지 못했다."[52] 이처럼 쌀 배급이 여의치 못한 사정은 으레 유령인구를 생기게 하는 것이었다.

1946년 중앙 식량행정처에서는 주민들의 원성으로 '쌀 두 말 자유반입'을 허용하였으나 통제에 문란이 생길 염려가 있으므로 현재까지의 한세대 단위의 식량배급통장 대신 개인별 배급통장을 발행하여 다량반입의 방지와 유령인구로 인한 부정배급을 방지하려 하였다.[53] 또한 1947년에는 인구동태의 정확성을 기하고 총선거를 위한 투표와 배급 등의 행정을 원활히 하기 위해서 당국은 공민증(公民證) 발행으로 유령인구를 소멸시키려 하였다.[54] 1947년 남조선 전반에 시행된 인구조사는 "남조선의 합법적 주민임을 증명하는 동시에 선거 식량배급 등에도 도움이 되는 것이며 유령인구 제거"[55]에도 도움이 될 '등록표' 배부의

51) 金松, 「만세」, 『백민』, 1945.12, 38쪽.
52) 「식량해결과 獨立戰取」, 『백민』, 1946.5, 5쪽.
53) 「쌀수집대체로 順調」, 『경향신문』, 1946.12.1.
54) 「시민에게 公民證 쌀통장도 개인별로」, 『동아일보』, 1947.2.12.
55) 「유령인구는 철저히 제거」, 『경향신문』, 1947.2.20.

자료를 마련하기 위한 것이었다. 『경향신문』에 실린 만화는 "등록표제(登錄標制)가 맨들어논 기현상(奇現象)"을 재현하고 있다. "등록표 실시 통에 불어난 유령인구가 어마어마한 수효에 달한다고 한다. 그것도 그럴밖에 — 열손꾸락지문(指紋)을 다찍어 등록을 하면 쌀표도 십(十) 통이 나올테지. 똑같은 식구이면서도 어느 사람은 가마니 채 메고 가서 밀은 팔어서 용돈을 쓴다니 정직한 사람만 손해라 — 그러나 원인은 배급량이 원체 부족한 탓도 있으리……"[56]라는 만화의 설명에서 볼 수 있듯이 등록표제로 발급된 식량배급표는 시민의 불평을 초래했다.

〈그림 3〉「탐조등(10) 서울에 부쩍 는 유령인구」, 『경향신문』, 1947.4.16

1948년 서울시에서는 유령인구 퇴치와 식량배급 기구의 강화를 위해 식량사무소의 역할을 대행할 '식량대책협의회'를 구성하였다.[57] 서울시 식량대책협의회에서는 "부정배급을 받은자와 준 자, 이사를 하고 10일 이내에 이사한 수속을 안한자, 1개월 이상 여행 혹은 기타 사유로 거주치않고 배급을 탄자, 배급표 신청시 인구수에 부정기재를 하고 이를 인정한 반장, 통장, 동장 등 그 외에 식량급물자를 위반 행위로 받었

---

56) 「탐조등(10) 서울에 부쩍 는 유령인구」, 『경향신문』, 1947.4.16.
57) 「시민에의 배급사무담당, 서울시식량대책협의회를 구성」, 『경향신문』, 1948.1.7.

을 때에 세대주도 같이 처벌됨"[58]이라는 법령168호 '식량 및 물자 배급 위한 행위 처벌'을 유령인구 정리방법으로 제정 공포하였다. 물론 유령 인구처벌법령이 다른 범죄에 비하여 너무 과중하다는 여론도 존재했다.[59] 그러나 이 법령의 발동으로 유령인구와 부재인구의 정리가 쾌속조로 이루어진다는 기사들이 보도되었다.[60] 전국적으로 유령인구 소탕 작전을 위해 '유령인구 소멸주간'[61]을 실시하거나, 각 구와 동회별로 연락을 취하고 가가호호로 조사에 착수하는 등, 유령인구의 발본적 소탕에 이천여명의 적발대 총동원까지 시도했던 것이다.[62] 이와 동시에 유령인구적발의 효과는 매우 컸음이 인구 수치로 재현되어 연일 보도되었다.

그런데, 당국의 유령인구 소탕작전은 쌀 배급에 대한 시민들의 불만이 가시화될 수 있는 자료로 기능하게 된다. 미곡의 자유매매가 금지되어 있는 상태에서 매상가격 인상은 농촌을 파멸시키고 있었다. 따라서 미곡매상가격을 위시한 모순된 식량정책의 시정과 농촌대책 수립의 요청들이 속출했다.[63] 그리고 "종로구 원서동 동민 약 사십 명이 우리는 한달에 삼, 사천 원밖에 않되는 수입으로 현재의 배급량인 이홉오작으로는 먹고살 수 없어 유령인구를 만들지 않으면 못견디는 처지이니까 유령인구를 정리하려면 먼저 양곡을 3홉5작으로 증배하여달라고

58) 「不正없이 道義心발휘를, 유령인구는 자진하여 一掃하라」, 『경향신문』, 1948.3.6.
59) 「전기료재고려중, 재만동포구출무기연기」, 『경향신문』, 1948.2.26.
60) 「매일 천여명식 줄어」, 『동아일보』, 1948.3.7.
61) 「유령인구천여소멸」, 『경향신문』, 1948.4.13.
62) 「유령식구조사는」, 『경향신문』, 1948.3.19; 「度를 넘친 유령인구조사, 시간외폭행엔 보고하라」, 『경향신문』, 1948.3.21.
63) 「秋穀收集의 哀愁曲」, 『동아일보』, 1948.1.18.

시장에 진정서를 제출"[64]하는 '쌀 증배 진정 사건'이 발생했다. 서울시청에는 유령인구를 적발하였는데도 불구하고 쌀배급을 줄이는 당국의 처사에 불만을 품은 진정부대가 매일 밀려들어와 항의를 하였다. 그러나 이에 대한 경찰당국의 대처는 "진정부대 대표자를 취조한 결과 남로당의 지령으로 움지긴 것"[65]이라는 식으로 쌀 증배 진정사건을 정치적 모략으로 무마하며 시민들의 항의를 일갈했다.[66] 그러나 '미곡진정부대'의 증배요구는 연일 계속되었다.

식량행정처에서는 식량사찰대를 조직하고 유령인구 식량배급의 부정사실 등을 적발하면서 유령인구의 특이성을 몇 가지로 유형화하였다.[67] 이 가운데 '이북동포와 전재동포'에 대한 내용은 주의를 요한다. 인구 동태 조사의 통계는 실제 인구와 식량 배급받는 인구를 비교하는 근거가 되었으며, 이때 증가된 식량인구의 원인은 '전재민(戰災民)'으로 추정되고 있었다.[68] '유령인구'라는 텅빈 기호는 '전재민', 총선거 대비 유령 유권자 뿐 아니라 '미소공동위원회'에 참여하고자 하는 '정치유령 정당과 단체',[69] '이중삼중 배급의 모리배', '일제 잔재',[70] "비애국

64) 「유령인구 만들지 안토록 양곡증배하라」, 『조선일보』, 1948.3.21.

65) 「米穀增配陳情은 남노당계의 모략소치?」, 『경향신문』, 1948.4.9.

66) 공임순은 "상호간의 인식차를 '선동자'로 대변되는 좌익 계열의 음모와 모략으로밖에 이해하지 못하는 미군정 당국의 일관된 입장은 한반도 주민들의 탈식민화와 해방(자유)화의 의지에 대한 직접적인 차단막"이었다고 주장한다.(공임순, 「원자탄의 매개된 세계상과 재지역화의 균열들—종전과 전후, 한반도 해방(자유)의 조건들」, 『서강인문논총』 31호, 2011.8, 13쪽)

67) 「多數의 유령인구를 적발, 敵產家屋確保策이 特異」, 『경향신문』, 1947.5.15.

68) 「서울인구백이십만여, 매년 일만여명의 새일꾼 증산」, 『동아일보』, 1947.2.7.

69) 「悔悟의 送年(2) 정치유령인구」, 『조선일보』, 1947.12.21; 「共委참가신청서에 나타난 奇現象, 실재인구의 4배에 해당, 남조선 각정당원과 단원에도 유령?」, 『경향신문』, 1947.6.27; 「市議서 문제된 성암동 유령인구사건, 寄留조작으로 선거간섭」, 『경향신문』, 1958.7.4.

70) 「餘滴」, 『경향신문』, 1947.2.21.

자,"[71] "비양심적 시민"[72]이라는 타락하고 불순한 기표들로 대체되었다. 이 불온한 기표들은 통치 권력의 입장에서 그 이동을 허용하기보다 차단하고 싶은 것들이었다.

식민지 조선의 국외 이주민들은 종전(終戰) 후 '전재민' = '유령인구'의 형국이 되었던 것이다. 그것은 마치 정부 당국이 수행하고 있는 미곡정책의 허실을 은폐하기 위한 마녀사냥처럼 보였다. 미군정에서는 쌀배급이 줄어든 원인인 유령인구의 대부분이 월남하는 한인이라고 통계조사를 보도했다.[73] 식량사무소의 유령인구통계로도 부재인구는 주로 전재민에 해당된다고 하였다.[74] 따라서 국내인의 전재민에 대한 적대감은 국외로부터 그들이 엄청나게 입국하고 있다는 통계수치를 통한 두려움으로 인해 한층 증폭되었다. 미군정은 행정을 위한 통계숫자를 국민 '동요'의 산물로 악용하였던 것이다. 이 같은 현실과 맞물려, 해방기 만주에서 돌아온 전재민을 집 한 칸 없이 배급기일에 맞춰 쌀을 구하지 못하는 굶주린 군상들로 재현하는 이야기들[75]이 등장한다. 이야기 속 전재민은 고국에서도 차별받는 존재다. 전재민은 해방된 고국에 돌아오지만 "유령세대를 만드러놓고 전재민이 혹시 들어올가봐 방어진을 치고 있는 사람"[76]들 때문에 집을 구하지 못해 남의 집 담벼락에서 의지하거나, 식민지시기 파놓았던 방공호에 살고 있다. "산이라고 해도 층암절벽은 아니었다. 삼선교(三仙橋)와 돈암교(敦岩

71) 「幽靈人口 今月末內抹殺」, 『경향신문』, 1948.1.17.
72) 「幽靈人口를 淸掃」, 『동아일보』, 1947.1.26.
73) 「食糧減配원인은 越南人의 격증으로」, 『동아일보』, 1948.7.16.
74) 「매일 천여명식 줄어」, 『동아일보』, 1948.3.7.
75) 박연희, 「쌀」, 『백민』, 1946.5, 58쪽, 콩트.
76) 엄흥섭, 「집 없는 사람들」, 『백민』 3권 3호, 1947.5, 62쪽.

橋) 사이에 놓인 그다지 높지 않은 구릉, 그러나 언덕이라기보다는 분명히 산줄기의 끝이었다. 이 산줄기를 타고, 허연 신작노가 크다랗게 카아부를 그리며 돌아간 산지일대(山地一帶)의 구멍들 속에 그들은 살고 있었다."[77] 만주나 일본에서 돌아온 전재민들이 고국에서 차지할 수 있는 공간은 식민지배의 퇴물인 '구멍' 뿐이었던 것이다.

그러나 동족 내의 차별을 불사하고 전재민을 희생양으로 한 유령인구 적발은 계속 진행됐다. "서울에 유령인구가 다시 늘어간다고 시당국에서 경고. 유령인지라 나타났다간 사라지고, 사라졌다간 다시 나타날 것은 정리(定理) 아닌가?"[78]라는 풍자처럼 유령인구 증가율은 계속 정부 당국의 배급 상황에 영향을 미쳤다. 유령인구의 증가는 현 배급량을 유지하기 곤란한 정치 상황을 정당화하는 차단막으로 기능했다. "쌀증배는 유령인구 숙청에 있다"는 서울시 식량과장의 말은 곧 "유령인구가 늘면 늘수록 배급량은 점차 감소되는 것이다."[79] 서울시 '유령인구조정위원회'에서는 유령 적발을 위해 지속적으로 단속에 나섰다. 서울시에서는 42회 식량 배급부터는 삼홉배급을 실시하기로 보도하였고, 삼홉배급을 확보하기 위해서 단호한 유령인구 조사 실시의 필요성을 발표한다.[80] 그러나 삼홉배급의 약속은 이뤄지지 않았다.

농림부장관은 유령인구가 많다며 배급을 실시하지 않고 있는 서울시 당국에 삼홉배급이 이루어지지 않는 실질적 원인이 있다고 주장했다. 이에 서울시 당국자는 농림부가 서울시 인구에 대하여 너무나 차이진

---

77) 김동리, 「혈거부족」, 『백민』 3권 2호, 1947.3, 36쪽.
78) 「瞻星台」, 『경향신문』, 1948.7.29.
79) 「우선 쌀만 이합육작 배급, 유령인구 정리되면 삼합」, 『조선일보』, 1948.12.15.
80) 「유령인구 박멸단행 앞서」, 『경향신문』, 1948.11.17.

통계 수자를 가지고 있다고 맞대응한다.[81] 배급 정책상의 갈등은 정부 각 기관이 측정한 통계수자의 차이에서 비롯된 것이었다. 삼홉배급에 대한 정부의 재검토 과정에서 국민의 실망은 엄청났다. 서울시에서는 또다시 '유령인구만 없어지면 약속대로 삼홉배급을 확보하겠다'고 언명하며 서울시 내 각동 애국반을 통하여 반 단위로 연대책임제를 실시하여 유령 소탕 작전에 들어섰다. 그러나 이 유령인구조사는 조사 당시 부재식구에 대한 부정확한 처리로 '산유령'이 발생했으며, 유령인구 적발시 반원 전체의 배급을 정지하는 연대책임으로 인해 시민들의 원성을 샀다.[82] 게다가 각 구, 동, 반에 유령 적발을 배당하여 적발하는 방식은 "생유령(生幽靈)이래도 공출하지 않으면 안 될 눈물겨운 처지에 있는 것이다."[83] 결국 해방기 인구조사는 "생유령제조 조사"[84]가 되었던 것이다. 이미 2차에 걸친 유령인구조사로 말미암아 억울하게 생유령이 된 실제 인구의 복귀 수속 등 번잡한 문제의 발생에 골치를 앓은 일반 시민들은 2차 유령인구조사결과를 기준으로 하지 못하고 또다시 3차 조사를 실시하는 시당국을 더 이상 신뢰하지 못하게 된다. 시민들은 정부가 약속한 삼홉배급은 허울 좋은 말뿐이라고 비판하며 유령조사에만 급급한 시당국의 처사를 맹렬히 비난하였다.[85] 당국은 미곡부족이 문제인 상황에서 식량수요량을 계산하여 적절한 공급계획을 수립하는 것이 유령인구정리보다 선행해야 하는데, 근본문제를 해결하지 않고 있던 것이

81) 「戊子의 嘆, 식량편, 하도 굶주렷다. 새해에는 삼합배급 될까」, 『경향신문』, 1948.12.25.
82) 「幽靈食口相互發制보다 大量不正受配處罰이 急」, 『동아일보』, 1949.1.20.
83) 「유령인구적발은 좋지만 "生幽靈" 供出이란 웬말」, 『경향신문』, 1949.2.19.
84) 「유령인구20만, 실재 인구도 其中 포함」, 『조선일보』, 1948.12.10.
85) 「걸핏하면 유령조사」, 『동아일보』, 1949.2.2.

다. 따라서 "유령청산도 긴요하겟지만 그러한 현상을 자아내여주고 잇는 경제상의 근본 토대를 개선함과 동시에 부당히 저렴한 배급가격을 인상함으로서 농민에게 생산의욕을 발휘하게하며 한편 일반소비자에게 수요능력을 부여함으로서 국가산업의 생산증강"[86]을 꾀해야 한다는 것이 당시 시민들의 바람이 되었다.

4. 불확정성의 과학과 문학

이 글은 전시체제기와 해방 직후 미군정기에 연속하여 등장하는 인구통계상의 '유령인구'를 중심으로 국가 통치성의 차원에서 식민지 통계가 지닌 문제점과 그 정치성을 드러내었다. 인구 통계 구성은 국가의 행정적 실천으로 이해할 수 있다. 근대 통계의 기반은 질서화하고 통치하고자 하는 대상을 '셀 수 있는 것'으로 만들어야 하는 것이었다. 그러므로 '셀 수 없는 상태'는 그 통계와 통치의 '틈'을 보여주는 역할을 한다. 그런데 사실상 셀 수 없는 것에 국가는 책임질 필요도 없다. 그것은 오히려 피통치자가 책임져야 할 상황이 된다. 게다가 앞서 살핀 것처럼 이 '유령적 현상'은 민중의 입장에서 혁명의 매개가 되기도 한다. 셀 수 있는 것과 셀 수 없는 것, 통치와 혁명 등 은폐와 폭로를 둘러싼

86) 「유령인구문제」, 『자유신문』, 1948.12.14.

이 이중적인 기능은 불확정적인 통계학의 운명라고 할 수 있다. 그런 측면에서 '유령인구'는 과학적 사고의 하나로 이해되어 온 통계의 모순성을 적실히 드러내주는 문제 현상이었던 것이다.

근대 조선인들에게 하나의 과학적 세계관으로 인식됐던 통계적 사고의 정착과정을 살피기 위해 다시 김동인의 「K박사의 연구」로 돌아가 보자. 대용식 시식회를 망치고 "자네 오핼세. 과학의 힘으로 부정한 놈은 죄 없애 버린 게 왜 똥이야. 오핼세"라는 K박사의 말에 답한 조수의 발언은 과학에 대한 근대인의 인식과 문학의 자율성을 이해하는 데 시사하는 바 크다. "선생님, 그렇지 않아요. 분석해 보면 아무리 정한 게라 해두 똥으로 만든 것을 먹고야 왜 구역을 안해요? 세상사는 그렇게 공식(公式)대로 되는 것이 아니니깐요"(81쪽)라는 조수의 말은 '공식'으로 대표되는 과학적 확실성에 대한 회의적인 태도를 반영하고 있는 것이다.

통계와 통계학의 발전은 일찍이 세금 징수와 병역 부과를 위한 근거자료의 마련이라는 실용적 목적에서 본격화된 것이지만, 점차 우리가 세계를 바라보는 관점에 관한 문제로까지 발전해 갔다. 그 문제란 바로 세계가 결정론적으로 움직이느냐, 아니면 세계의 움직임에 우연이라는 것이 끼어들 여지가 있느냐의 문제이다. 양자역학의 근간을 이루는 불확정성의 원리가 이미 확립되어 있는 오늘날과는 달리, 근대 조선의 과학과 통계학에 대한 이해는 결정론적 세계관에 지배되었다. 근대 초기 지식인들 상당수가 진화론적 세계관에 입각해서 "물질적 생활자료의 원천이 되는 것이 자연과학"[87]이라고 생각했다. 역사적인 부채감을 지닌 식민지 조선의 지식인들에게 '진보'를 약속하는 이용후생의 자연과학은 굉장한 현실타개의 무기로 비쳤던 것이다. 과학에 대한 관심이 증가하고 있었고, 통계는 과학의 권위를 사회정책 수립에 도입하는 방법을 제시했다. 그리고 통계적 지식은 인간사회가 자연과 같이 분석 가능한 규칙과 질서를 갖추고 있다는 믿음을 주었다. 그러나 자연과 마찬가지로 인간의 생활도 자연과학적 법칙의 지배를 면하기 어렵다는 결정론적 세계관이 근대에 우세했던 것이 사실이지만 "인간의게는 다른 수리적 계산의 대상과 갓지 아니한 것이 잇나니 이는 인간의 심리작용의 결과인 희망이라는 것이 잇는 까닭"[88]이라는 회의와 저항의 진동 역시 근대과학문화사를 함께 관통하고 있었다. 수리적 과정은 결정론적이지만, 그것을 관찰하는 인간은 본질적으로 그 이상의 것을 욕망하는 존재이기에, 하나의 사물이라는 것이 수리적 계산으로만 결코 정확히 설명될 수 없음을 인지하고 있었던 것이다. 게다가 세계는 사회적 관계의 끊임없는 동요와 지속적인 불확실성에 놓여 있기에 유동성을 두드러진 특징으로 삼고 있다고 볼 수 있다. 그러나 결정론은 이러한 특성을 모두 무시하고 인간의 자유를 지속적으로 부정하며 법칙화하고 수량화하려 했던 것이다. 대량관찰을 통해 법칙을 구성하는 통계는 개인에 대한 것을 밝혀낼 수는 없다. 따라서 통계적 법칙은 인간의 자유 의지가 환영으로 보이게 한다.[89] 인간의 자유 의지 때문에 통계는 불확정적일 수밖에 없다.

그런데 근대 초기 조선에 형성된 통계적 사고는 확률이나 개연성을

87) 이헌구, 「금일의 조선과 자연과학의 사명(속)」, 『동아일보』, 1924.4.21.

88) 方生, 「자아의 발견」, 『동아일보』, 1924.5.17.

89) Theodore M. Porter, *The Rise of Statistical Thinking, 1820 ~1900*, Princeton UP, 1986, p.150 참조.

염두 하지 않은 채 결정론적 사유에 지배되었다. 독일의 물리학자 하이젠베르크는 1927년에 '불확정성원리'를 제창한다. 갈릴레이 이후 이백 년간 아무도 의심할 생각조차 하지 않았던 측정의 원리적 불확정이란 것을 발견하게 된 것이다. 우리가 세계를 바라보는 관점이 통계적이고 비결정적인 세계관으로 바뀌게 되는 계기를 마련한 것이다. 이러한 물리학계 이론의 여파가 식민지 조선에 영향을 미친 것은 1930년대 중반부터이다. "사실물리학의 기초적 제관념 즉 시간, 공간, 물질, 에넬기, 인과율 등등이 모다 변혁기 또는 전형기에 입각한 것"으로 파악했기 때문에 근대 지식인들은 '현대물리학의 위기적 징후'로 받아들였다.[90] 특히나 자연과학 개념을 실험측정의 조작으로 이해하고 자연과학정신은 자연을 지배하기 위한 생활태도로 이해했던 실증론자들에게 완전한 측정의 불가능함이란 그들의 존재 기반 자체를 흔드는 일이었다.[91] 이 당시 "인과율이니 우연론이니하야 요사이 퍽들 떠들고 잇"던 것은 이를 증명한다.[92] 당시 전 세계 과학자나 지식인들은 불확정성원리의 수용에 대해 고민할 수밖에 없었다. 동경문단에서는 불확정성원리에 기대어 필연적인 법칙성을 거부하고 예술의 자율성을 주장한 '우연문학론(偶然文學論)'이 대두되기까지 하였다.[93] 이 같이 과학자와 문학자를 비롯한 근대 지식인들은 '인과율의 붕괴'에 대한 당혹감을 그 수용방안 모색으로 극복하려 했다.

---

90) (동경물리학교) 강성호, 「현대물리학의 위기」, 『동아일보』, 1938.9.2.

91) 연전이과교수 한인석, 「(科學講座) 自然科學의 方法과 科學的 精神, 誌上文化講座(第二回), 延禧專門學校敎授篇」, 『삼천리』 13권 12호, 1941.12, 105~110쪽.

92) XYZ, 「인과율과 우연론(上)」, 『동아일보』, 1936.2.23 참조.

93) 정근양, 「우연과 필연－그 이론적 출발과 귀결(상)」, 『조선일보』, 1936.6.18.

김용관은 하이젠베르크의 불확정성원리를 "인과적인 성격을 가지지 아니하고 차라리 자유의지적인 신비성에까지 맷기려하는 형편"이라 부정하고, "변증법적 논리상에서서 재음미"[94] 할 필요가 있다고 주장한다. '실현(實現)과 가능(可能)', '인과와 개연' 등의 통일된 변증법적 이해를 말하는 김용관의 '변증법적인 인과성의 개념'은 당대의 과학적, 세계관적 위기를 뚫고 나아갈 수 있는 것이었다.[95] 1930년대 '발명학회'와 '과학조선'의 선도자인 김용관의 이런 주장이 어느 정도 파급력이 있었는지는 확인할 수 없지만 인과성과 개연성의 변증법적 법칙성을 이끌어 내어 인과율의 위기를 구제해 보려 했던 당대 지식인들의 세계관을 살필 수 있다. 그는 이언 해킹의 표현을 빌리자면 우연을 길들이고 있던 것이다.

'인과율의 붕괴'에 전혀 영향을 받지 않던 문학자의 경우도 있다. 1940년대 신물리학 지식이 확산된 상태에서, 이광수는 에네지불변의 법칙이라는 고전물리학 이론에 입각해 인과론을 설명하고 있었다. 그에게 "인과의 리(理)는 물리학이나 화학의 근본원리다. 그러할 뿐아니라 우리 일상생활에도 근본원리다."[96] 또한 이광수는 인과성을 우주의 진리라고 주장하며, 세상의 불공평을 원망하는 사람들은 "요행(僥倖)의 신, 우연(偶然)의 신, 제발의 신, 설마의 신, 이외(意外)의 신들"[97] 을 우상으로 삼고 있는 자들이라고 비판했다. 이광수에게 질서란 곧 인과가 정확하게 행함을 의미했던 것이다. 그는 이것을 가르쳐 "지공무사(至公無

94) 김용관, 「인과성과 개연성(1)」, 『동아일보』, 1939.12.22.
95) 김용관, 「인과성과 개연성(4)」, 『동아일보』, 1939.12.28.
96) 춘원, 「因果의 理(1)」, 『매일신보』, 1940.3.8.
97) 춘원, 「因果의 理(2)」, 『매일신보』, 1940.3.9.

私)라 하고 공평(公平)"이라 말했다. 따라서 그의 논리대로 라면 이 우주와 인생은 가장 공평하게 섭리(攝理)되고 있는 것이다. 이처럼 이광수는 신의 섭리라는 인과성을 공평이라는 도덕관념과 과학이라는 객관으로 포장하여 자신의 세계관으로 삼았다.

그리고 또 한 사람, 백철은 그의 소설 「전망」(『인문평론』 2권 1호, 1940.1)에서 새로운 질서에 적합한 신인간형으로 창조되는 소년에게 뉴턴의 만유인력을 가르치고, 소년의 미래상으로 이 영국 과학자의 모습을 오버랩시키고자 했다. 수학과 이과에 탁월하며 실험하고 "일일히 실증을 해가는" 소년의 과학적 태도는 동양의 찬란한 미래를 꿈꿀 수 있을 뿐 아니라 '화려한 전망'과 예측이 가능하다. 백철이 소망했던 19세기식 뉴턴 과학에 기반한 근대적 세계관은 인과관계의 법칙이 지배하는 결정론이었다. 그런 그가 "금일도 우연이 시대를 지배하고 잇는 시대이다"[98]라며 '시대적 우연'을 인정하고 받아들이는 태도를 보인다. 백철의 좌뇌에는 뉴턴주의적 법칙에 대한 믿음이 있었고, 우뇌에는 불확정성의 원리를 통한 사상적 전회의 정당화가 있었던 것일까. 이 두 근대 문학자들의 인식세계를 탐구하는 작업에서 조차도 자연과학과 도덕적이고 정치적인 사유·실천의 상호작용을 이해해야 할 필요를 느낀다. 통계학이란 것 자체가 '유령인구'처럼 이미 셀 수 없는, 불확정적인 것을 안고 진행해야 하는 운명인 것처럼 계측될 수 없는 자유의지는 늘 근대문학과 과학(공식)의 세계 이면에 존재하기 때문이다.*

98) 백철, 「시대적 우연의 수리-사실에 대한 정신의 태도(1)」, 『조선일보』, 1938.12.2.
* 이 논문은 2014년 『사이間SAI』 16호에 게재된 논문을 재수록한 것임.

필자 소개 (게재순)

황종연(엮은이) 현 동국대학교 국어국문・문예창작학부 교수. 저서로 『비루한 것의 카니발』, 『탕아를 위한 비평』, 『신라의 발견』(편저), 『문학과 과학』 1・2(편저) 등이 있다.

조형래 동국대학교 대학원 국어국문학과 박사. 현 동국대학교 문화학술원 연구원. 논문으로 「학회지의 사이언스」, 「두 '신문(新文)', 과학 개념의 정착과 암면(暗面)으로의 소행(溯行) – 『신문계』」 등이 있다.

구인모 동국대학교 대학원 국어국문학과 박사. 도쿄대학 대학원 종합문화연구과 초빙펠로우. 현 연세대학교 언어정보연구원 HK교수. 저서로 『유성기의 시대, 유행시인의 탄생』, 『한국근대시의 이상과 허상』, 번역서로 『식민지 조선인을 논하다』 등이 있다.

김동식 서울대학교 국어국문학과 및 동 대학원을 졸업했으며 1999년 「한국의 근대적 문학개념 형성과정 연구」로 문학박사 논문을 제출했다. 저서로는 『냉소와 매혹』, 『소설에 관한 작은 이야기』, 『기억과 흔적』 등이 있으며, 주요 논문으로는 「신소설과 철도의 표상」, 「1910년대 이광수 문학론과 한국 근대문학의 비민족주의적 기원들」, 「한국문학 개념 규정의 역사적 변천에 관하여」, 「1930년대 비평과 주체의 수사학」 등이 있다. 현재 인하대학교 한국어문학과 교수로 재직 중이다.

송민호 서울대학교 대학원 국어국문학과 박사. 현 홍익대학교 국어국문학과 교수. 개화기에서부터 근대 문예 형성기 및 식민지시기를 대상으로 하여, 언어, 미디어, 지식, 과학 등에 관련된 다양한 주제에 대해 폭넓은 관심을 가지고 연구하고 있다.

윤대석 서울대학교 대학원 국어국문학과 박사. 현 서울대학교 국어교육과 교수. 한국 근대소설 및 현대소설 교육 전공. 저서로 『식민지 국민문학론』, 『식민지 문학을 읽다』 등이, 역서로 『국민이라는 괴물』, 『키메라 – 만주국의 초상』 등이 있다.

김행숙 고려대학교 대학원 국어국문학과 박사. 현 강남대학교 국어국문학과 교수. 1999년 『현대문학』으로 등단하여, 시집 『사춘기』, 『이별의 능력』, 『타인의 의미』, 『에코의 초상』을 냈다. 그 외에 『문학이란 무엇이었는가』, 『창조와 폐허를 가로지르다』, 『마주침의 발명』, 『에로스와 아우라』 등의 책을 썼다. 현재 강남대 국문과 교수로 재직하고 있다.

강계숙 연세대학교 대학원 국어국문학과 박사. 현 명지대학교 국어국문학과 교수. 논문으로 「김수영 문학에서 '이중언어'의 문제와 '자코메티적 발견'의 중요성」, 「김종삼의 후기 시 다시읽기－'죄의식'의 정동과 심리적 구조를 중심으로」, 「불안의 정동, 진리, 시대성－박인환 시의 새로운 이해」 등이 있고, 저서로 『미언』, 『우울의 빛』이 있다.

허병식 동국대학교 대학원 국어국문학과 박사. 현 동국대학교 문화학술원 연구교수. 논문으로 「식민지의 접경, 식민주의의 공백」, 「가라타니 고진과 한국 근대문학의 종결(불)가능성」 등이 있다.

서희원 동국대학교 대학원 국어국문학과 박사, 현 동국대학교 다르마칼리지 강의초빙교수. 논문으로 「『탁류』 속의 나쁜 피－채만식의 병리학적 서사에 관한 시론」, 「근대의 영웅, 부자의 탄생」 등이 있다.

정준영 서울대학교 대학원 사회학박사. 교토대학 교육학부 외국인연구자. 현 서울대학교 규장각한국학연구원 교수. 「식민지 의학교육과 헤게모니 경쟁」, 「식민지 교육정책의 원점－이자와 슈지의 동화주의와 청각적 근대성」, 「경성제대 교수들의 귀환과 전후 일본사회」 등의 논문을 발표했으며, 저서(공저)로는 『식민권력과 근대지식－경성제국대학 연구』, 『한국 근현대 인문학의 제도화』 등이 있다.

김예림 연세대학교 대학원 국어국문학과 박사. 현 연세대학교 학부대학 교수. 대표 논저는 저서로 『국가를 흐르는 삶』(2015), 공저로 *Alterities in Asia*(2010), 『전후의 탄생』(2013), 논문으로 「정체(政體), 인민 그리고 베트남(전쟁)이라는 사건」 등이 있다.

공임순 서강대학교 대학원 국어국문학과 박사. 현 서강대학교 인문과학연구소 연구원. 저서로 『식민지의 적자들』, 『스캔들과 반공국가주의』, 『식민지 시기 야담의 오락성과 프로파간다』 등이 있고 역서로는 『페미니즘 위대한 역설』 등이 있다.

한민주 서강대학교 대학원 국어국문학과 박사. 현 홍익대학교 교양학부 강사. 논문으로 「인조인간의 출현과 근대 SF문학의 테크노크라시－인조노동자를 중심으로」, 「불온한 등록자들－근대 통계학, 사회위생학, 그리고 문학의 정치성」 저서로 『낭만의 테러－파시스트 문학과 유토피아적 충동』, 『권력의 도상학－식민지 시기 파시즘과 시각문화』 등이 있다.